DROIT CIVIL

Tome 3

Les Obligations
Le Contrat

2e partie : Effets

Droit civil
sous la direction de Christian LARROUMET

Tome 1 : *Introduction à l'étude du droit privé*, 5e éd., 2006,
par Christian Larroumet

Tome 2 : *Les biens, droits réels principaux*, 5e éd., 2006,
par Christian Larroumet

Tome 3 : *Les obligations, le contrat*, 6e éd., 2007,
par Christian Larroumet

Tome 4 : *Les obligations, régime général*, 1re éd., 2001,
par Jérôme François

Tome 5 : *Les obligations, la responsabilité civile extracontractuelle*, 1re éd., 2007,
par Mireille Bacache-Gibeili

Tome 6 : *Les contrats spéciaux*,
par Blandine Mallet-Bricout, (en préparation)

Tome 7 : *Les suretés personnelles*, 1re éd., 2004,
par Jérôme François

Tome 8 : *Les sûretés réelles*,
par Sarah Bros, (en préparation)

Tome 9 : *Les successions*,
par Mireille Bacache-Gibeili, (en préparation)

DROIT CIVIL

sous la direction de

Christian Larroumet

Les Obligations
Le Contrat

Tome III, 2e partie : Effets

6e édition

par

Christian LARROUMET

Professeur à l'Université Panthéon-Assas (Paris)

ECONOMICA
49, rue Héricart, 75015 Paris

Titre III

Les effets du contrat [1]

1. *Bibliographie* : *Les effets du contrat dans les pays du marché commun,* Institut de Droit comparé de Paris, 1985 ; *Le juge et l'exécution du contrat,* sous la direction de Mestre, 1993 ; ENCINAS DE MUNAGORRI, *L'acte unilatéral dans les rapports contractuels,* 1995 ; LEONNET, Ethique des affaires et droit des contrats, *D.A.* 1995.57 ; PUTMAN, La révocation amiable, *in La cessation des relations contractuelles d'affaires*, 1997 ; LECUYER, Redéfinir la force obligatoire du contrat, *Petites Affiches* 6 mai 1998 ; MOLFESSIS, Le principe de proportionnalité et l'exécution du contrat, *Petites Affiches* 30 septembre 1998 ; ANCEL, Force obligatoire et contenu obligationnel du contrat, *Rev. trim. dr. civ.* 1999, 771.

590. – Les parties et les tiers. L'effet du contrat est de créer un rapport d'obligation entre les parties. Par conséquent, il s'agit soit d'obliger un seule des parties envers l'autre si le contrat est unilatéral, soit d'obliger les deux parties l'une envers l'autre si le contrat est synallagmatique. Il est un principe essentiel, affirmé à l'article 1165 du Code civil, selon lequel l'effet créateur de droits et d'obligations du contrat doit être limité aux parties contractantes, c'est-à-dire celles qui ont donné leur consentement à la formation du rapport contractuel. Parce que le contrat est une œuvre de volonté, il ne peut lier que ceux qui ont accepté de l'être. C'est le principe de l'autonomie de la volonté qui justifie le principe de l'effet relatif des contrats, encore dénommé relativité des conventions [1]. Cependant, il n'est pas possible de considérer que le contrat n'a pas d'impact sur la situation des tiers. En effet, le contrat, même s'il ne lie pas les tiers, constitue un fait dont ceux-ci doivent tenir compte parce qu'il leur est opposable [2]. Ainsi, si je suis obligé envers une personne par une promesse unilatérale de vente d'immeuble, il m'est interdit de vendre cet immeuble à une autre personne que mon cocontractant, le bénéficiaire de la promesse, auquel j'ai consenti le droit de lever l'option. Par conséquent, s'il est évident qu'aucune autre personne que moi-même et le bénéficiaire de la promesse n'est liée par un tel contrat, il n'empêche que, parce que le contrat est opposable aux tiers, ceux-ci doivent tenir compte de son existence, ce qui veut dire, en clair, qu'ils ne pourraient me proposer d'acheter l'immeuble qui a fait l'objet du contrat me liant au bénéficiaire. Si je consentais à la vente au profit d'un autre que le bénéficiaire, je violerais mon obligation contractuelle et le tiers acquéreur se

1. Sur le principe de l'autonomie de la volonté, v. *supra*, n° 111 et s.

2. On a parlé quelquefois du contrat considéré comme un fait social pour montrer par là que le contrat venait s'insérer dans un contexte dans lequel les membres du corps social ne peuvent ignorer les rapports contractuels qui lient d'autres personnes.

rendrait complice de cette violation dans le cas où il ignorerait le contrat de promesse, ce qui l'exposerait à des sanctions à l'initiative du bénéficiaire de la promesse. En d'autres termes, ce n'est pas parce que le contrat ne produit qu'un effet relatif qu'il n'est pas opposable aux tiers. Dans l'exemple, le tiers est un *penitus extraneus*, c'est-à-dire une personne totalement étrangère aux parties au contrat. Cependant, de même que le contrat lui est opposable et vient, par conséquent, limiter sa sphère d'initiative juridique, le contrat est aussi opposable à d'autres tiers, tels les créanciers ou les ayants cause des parties. Ainsi, mes créanciers sont tenus de subir, quant à leur droit de gage sur mon patrimoine, les conséquences des contrats que j'ai pu conclure, dans la mesure toutefois où ils n'ont pas été conclus en fraude de leurs droits. Bien mieux, dans certaines situations, il est admis que le contrat que j'ai pu conclure en ce qui concerne le bien transmis à un ayant cause particulier produira effet envers celui-ci. En ce cas, l'ayant cause est assimilé à une partie à un contrat et il n'apparaît plus comme un tiers. Il y a même des hypothèses dans lesquelles il est possible de faire naître un droit au profit d'un tiers, même s'il n'est pas un ayant cause et, en ce cas, il y a exception au principe de l'effet relatif des contrats. Bien au-delà d'une simple opposabilité du contrat aux tiers, le contrat les rattache au rapport d'obligation qu'il a engendré notamment pour les rendre créanciers.

Il convient d'envisager, d'abord, les effets du contrat entre les parties pour examiner, ensuite, les effets qu'il peut produire à l'égard des tiers.

Chapitre I

Les effets du contrat entre les parties

591. – Double effet du contrat selon son objet. On sait que le contrat peut produire deux sortes d'effets. D'une part, il crée un rapport d'obligation entre un créancier et un débiteur, chacune des parties pouvant avoir cette double qualité si le contrat est synallagmatique. D'autre part, il peut avoir quelquefois pour effet de constituer un droit réel ou une obligation réelle ou bien transférer un droit réel ou personnel [1]. Tel est le cas du contrat de vente, de la cession de créance, du contrat d'hypothèque, de gage ou de celui qui a pour objet la constitution d'une servitude. Dans cet ouvrage, il convient d'insister sur l'effet créateur d'un rapport d'obligation entre les parties.

592. – L'article 1134 du Code civil. Parce que le contrat repose sur les volontés des parties, même si ces volontés sont quelquefois enfermées dans certaines limites par la loi impérative et si la jurisprudence a pu impérativement inclure dans le contrat, conformément à son économie, des obligations qui n'ont pas été prévues expressément par les parties, il est dominé par le principe du respect de la parole donnée. C'est ce principe essentiel qui est affirmé à l'article 1134 du Code civil selon lequel « les conventions légalement formées tiennent lieu de loi à ceux qui les ont faites » [2]. En d'autres termes, dans les rapports des parties, le contrat s'impose avec la même force que la loi, à condition qu'il ait été légalement formé. En effet, un contrat qui ne respecterait point les conditions imposées par la loi pour sa validité serait nul et, par conséquent, n'obligerait point les parties, la nullité pouvant être invoquée dans les conditions

---

1. En ce qui concerne l'effet constitutif de droit réel ou d'obligation réelle du contrat et son effet translatif de droit, v. *supra,* n° 209 et s.

2. V. JAMIN, Une brève histoire politique des interprétations de l'article 1134 du Code civil, *D.* 2002. Chron. 901

et limites qui ont été précédemment envisagées [1]. L'article 1134 tire deux conséquences du principe qu'il affirme.

593. – La révocation des contrats. D'une part, « les conventions ne peuvent être révoquées que du consentement mutuel (des parties) ou pour les causes que la loi autorise ». Le respect de la parole donnée implique que seul le *mutuus dissensus* peut défaire ce qui a été fait par le *mutuus consensus* (cf. Com. 3 décembre 1985, *D.* 1986.IR.342, obs. Serra, *Bull. civ.* 4, n° 286, *Rev. trim. dr. civ.* 1986.746, obs. Mestre, qui considère qu'une clause de non-concurrence ne peut faire l'objet d'une renonciation unilatérale par son bénéficiaire, celui-ci étant tenu envers l'autre partie d'une contrepartie dont l'exécution peut être exigée par le créancier. V. aussi, dans le même sens en matière de contrat de travail, Soc. 30 mai 1990, *J.C.P.* 1991.IV.286 ; Soc. 13 octobre 1988, *J.C.P.* 1988.IV.394, qui retient la responsabilité d'une clinique qui a rompu unilatéralement, avant l'expiration de la période d'essai prévue, le contrat qu'elle avait conclu avec un médecin, lequel prévoyait une période d'essai d'une année, sans attribuer aux parties le droit de rompre avant l'expiration de ce délai, nécessaire pour déterminer si la collaboration était possible à long terme). Pour les mêmes raisons, il n'est pas concevable qu'une partie modifie unilatéralement les termes d'un contrat (cf. Soc. 13 juillet 1988, *Bull. civ.* 5, n° 144 *Rev. trim. dr. civ.* 1989.317, obs. Mestre, en ce qui concerne l'impossibilité pour un employeur de réduire la durée d'une clause de non-concurrence imposée contractuellement à un employé, lequel avait, en contrepartie, droit à une indemnité ; Civ. 1re, 25 janvier 1989, *D.* 1989.IR.41, qui admet qu'est sans effet envers le bénéficiaire la modification unilatérale par l'assureur d'un contrat d'assurance de groupe postérieurement à l'adhésion au contrat).

Toutefois, en raison de la prohibition de l'engagement perpétuel, il faut admettre que lorsqu'un contrat à exécution successive a été conclu pour une durée indéterminée, chacune des parties est en droit de le révoquer, à condition qu'elle n'abuse pas de ce droit, auquel cas elle commettrait une faute permettant de retenir sa responsabilité envers l'autre partie au contrat [2]. Il est vrai que le législateur a exceptionnellement admis le droit de révoquer un contrat à durée déterminée [3]. Qu'il s'agisse d'un contrat à durée indéterminée ou plus exceptionnellement d'un contrat à durée déterminée, le droit de révoquer unilatéralement le contrat est qualifié de droit de résiliation. Résilier un contrat veut dire mettre fin au contrat. Si la résiliation suppose les consentements des parties (Com. 1er février 1994, *R.J.D.A.* 1994, n° 621, *Rev. trim. dr. civ.* 1994.356, obs. Mestre), conformément au prin-

1. V. *supra,* n° 524 et s.
2. V. *supra,* n° 207 et 208.
3. V. *supra,* n° 207.

cipe du respect de la parole donnée, tel qu'il est affirmé à l'article 1134 du Code civil, le texte laisse entendre qu'elle est quelquefois possible unilatéralement. Il ne faut pas confondre cette résiliation qui met fin au contrat pour l'avenir seulement, c'est-à-dire sans rétroactivité, avec la résolution, qui est un mécanisme propre aux contrats synallagmatiques, lequel vient, à l'initiative d'une des parties, sanctionner l'inexécution de ses obligations par l'autre partie [1]. La résolution opère rétroactivement, en ce sens que le contrat ayant manqué son but, par suite de l'inexécution par l'une des parties, l'autre est en droit de le faire anéantir et de répéter l'exécution de son obligation. En d'autres termes, les effets de la résolution sont les mêmes que ceux de la nullité. Toutefois, il convient de faire deux observations.

En premier lieu, il est toujours possible aux parties à n'importe quel contrat de décider d'y mettre fin rétroactivement, en considérant que leur contrat n'a jamais été conclu. Par exemple, après la conclusion de la vente, le vendeur et l'acheteur peuvent parfaitement se mettre d'accord pour revenir sur ce qu'ils ont fait en décidant que la chose vendue sera restituée au vendeur et le prix à l'acheteur. En ce cas, il y a une résolution qui est fondée sur le *mutuus dissensus* et qui n'a rien à voir avec la résolution en cas d'inexécution de l'article 1184 du Code civil. Toutefois, il faut tenir compte du fait que cette résolution ne saurait toujours être admise au mépris des droits conférés à des tiers. Ainsi, si la chose vendue avait été revendue par l'acheteur, il est évident que le sous-acquéreur serait en droit d'invoquer la garantie de son propre vendeur. Au surplus, en ce qui concerne la perception des droits de mutation, le fisc serait aussi en droit de considérer que cette résolution n'est rien d'autre qu'une revente de la chose par l'acheteur au vendeur. Par conséquent, le *mutuus dissensus* peut se heurter à des obstacles qui lui enlèvent tout intérêt en pratique. Le *mutuus dissensus* ne saurait exister en dehors d'un accord des volontés des parties pour révoquer le contrat. Si, conformément au droit commun de la formation des contrats, cet accord n'a pas besoin d'être exprès (cf. Civ. 1re, 18 mai 1994, *R.J.D.A.* 1994, n° 1000, *Rep. not.* 1994.1123, obs. Delebecque, *Rev. trim. dr. civ.* 1995. 108, obs. Mestre), il ne saurait être question de l'admettre si la preuve des consentements des parties n'est pas rapportée. Or, il est arrivé que la jurisprudence prenne des libertés non justifiables à cet égard (cf. Com. 26 janvier 1993, *D.* 1994.69, note Moury, qui approuve une cour d'appel d'avoir admis que le silence de l'une des parties valait acceptation de l'offre de révocation de l'autre partie, laquelle avait réitéré plusieurs fois sa volonté de révoquer le contrat, ce qui n'avait provoqué aucune réaction de celui auquel cette volonté de révocation avait été manifestée).

1. Sur la résolution, v. *infra,* n° 701 et s.

En second lieu, s'il convient de ne pas confondre la résolution avec la résiliation, il peut arriver que les effets de la première soient équivalents à ceux de la seconde. Ainsi, lorsqu'il s'agit d'un contrat à exécution successive qui est résolu par suite de l'inexécution de ses obligations par l'une des parties, il n'est pas possible, de la même façon que pour la nullité, de faire produire un effet rétroactif à cette résolution, en raison de ce que l'on ne peut effacer le fait qu'une des parties a exécuté ses obligations [1]. En ce cas, la résolution opérera comme une résiliation [2].

Indépendamment de la faculté de résiliation dans les contrats à exécution successive et de la résolution des contrats synallagmatiques, le contrat lui-même et quelquefois la loi peuvent conférer à l'une des parties le droit de revenir sur le contrat une fois qu'il a été conclu. Ainsi en est-il lorsqu'une faculté de dédit a été stipulée dans le contrat. La faculté de dédit, qui peut être unilatérale, c'est-à-dire qu'elle n'est consentie qu'au profit d'une seule des parties, ou réciproque et en ce cas elle peut être exercée par chacune des parties, autorise celui au profit duquel elle est stipulée à reprendre son consentement. Par conséquent, elle anéantit le contrat lorsqu'elle est exercée (v. Civ. 1re, 15 mai 2001, *D.* 2001.IR.1847, arrêt selon lequel une vente avec clause de dédit ne peut pas être considérée comme définitivement conclue, ce dont il résulte qu'elle ne peut donner droit à une commission au profit de l'agent immobilier en application de l'article 6, al. 3 de la loi du 2 janvier 1970). Cet anéantissement est rétroactif, en ce sens que le contrat est censé n'avoir jamais été conclu [3]. En raison de l'avantage très grand qu'elle procure à son bénéficiaire, il est en général prévu que le dédit ne peut être exercé qu'en contrepartie d'une indemnité. Ainsi, l'article 1590 du Code civil prévoit, sous le nom d'arrhes, une faculté de dédit réciproque dans la vente. Cependant, le dédit ne constitue pas une exception au principe de l'irrévocabilité des contrats, tel qu'il est affirmé à l'article 1134, al. 2 du Code civil, puisqu'il doit être prévu par une stipulation du contrat et, par conséquent, n'est rien d'autre que l'exercice d'un droit résultant du contrat. En revanche, dans les cas exceptionnels où la loi attribue une faculté de dédit, que l'on qualifie de droit de repentir, à l'une des parties, il y a exception au principe de l'irrévocabilité. Tel est le cas, par exemple, en vertu de l'article L. 121-25 du Code de la consommation, relatif à la vente par démarchage, qui autorise l'acheteur à reprendre son consentement dans les sept jours ou encore des

1. V. *supra,* n° 577 et 578 en ce qui concerne l'absence de rétroactivité des effets de la nullité d'un contrat à exécution successive.
2. V. *infra*, n° 714.
3. Sur la qualification de la clause de dédit, v. Civ. 1re, 18 mars 1997, *R.J.D.A.* 1997, n° 755. V. GALLMEISTER, Le jeu de la clause de dédit à l'épreuve de la bonne foi, *Petites Affiches* 4 octobre 2001.

articles L 311-15 et s. du même Code, qui prévoient la même faculté au profit de l'emprunteur [1].

594. – L'exigence de la bonne foi. La seconde conséquence tirée par l'article 1134 du Code civil du principe du respect de la parole donnée est que « les conventions doivent être exécutées de bonne foi » [2]. La doctrine ancienne ne paraît pas avoir accordé une grande importance à cette disposition qui, pourtant, est sanctionnée en jurisprudence et peut être riche de développements. Il ne s'agit pas de la bonne foi dans la formation du rapport contractuel [3], mais au cours de l'exécution des obligations créées par le contrat. La mauvaise foi dont il est question à l'article 1134, al. 3 peut parfaitement justifier la responsabilité contractuelle du débiteur ou la résolution du contrat, lorsque celui-ci refuse d'exécuter ses obligations en ayant conscience de nuire au créancier. Cependant, il ne conviendrait pas pour autant de justifier, dans tous les cas, la responsabilité contractuelle et la résolution par l'article 1134, al. 3. En effet, ce texte suppose la mauvaise foi dans l'exécution d'une obligation contractuelle, c'est-à-dire la volonté de nuire à autrui ou la conscience de nuire en acceptant le dommage causé par le comportement qu'on adopte. En d'autres termes, il s'agit d'une faute volontaire. Or, ni la résolution pour inexécution, ni la responsabilité contractuelle ne supposent une faute volontaire. Non seulement, toute faute est suffisante pour retenir la responsabilité du débiteur qui n'exécute pas ou exécute mal son obligation, mais encore il y a de nombreuses hypothèses de responsabilité contractuelle dans lesquelles il suffit que l'inexécution de l'obligation soit imputable au fait du débiteur sans qu'il y ait lieu de lui reprocher une faute. Quant à la résolution, elle ne suppose pas davantage une faute et il suffit que l'inexécution soit imputable au débiteur.

L'exigence de la bonne foi dans l'exécution des obligations contractuelles n'est pas dépourvue de conséquences à plusieurs points de vue. C'est par référence au critère de la bonne foi qu'on appréciera le comportement du débiteur mais aussi celui du créancier.

Ainsi, le débiteur serait de mauvaise foi s'il prétendait que le contrat n'a pas mis telle obligation à sa charge et refusait en consé-

---

1. D'autres dispositions légales prévoient un droit de repentir au profit d'un contractant, avec ou sans contrepartie, c'est-à-dire le versement d'une indemnité. (art. 1794 C. civ., en ce qui concerne le contrat de louage d'ouvrage ou contrat d'entreprise ; art. L. 132-5-1 C. assurances, en matière d'assurances sur la vie ; art. L. 121-4 C. propr. intellect., à propos du contrat de cession des droits d'exploitation d'une œuvre de l'esprit ; art. L. 121-16 C. consomm. en ce qui concerne la vente à distance).

2. V. ANSELME-MARTIN, Etude critique du devoir d'exécuter les conventions de bonne foi, *Petites Affiches* 22 janvier 1997.

3. La bonne foi dans la formation du contrat est sanctionnée notamment par la nullité pour dol et par la responsabilité précontractuelle, lorsque la mauvaise foi d'une des parties est génératrice de préjudice pour l'autre, par exemple en cas de rupture abusive de pourparlers et, plus généralement, chaque fois que le comportement d'un contractant a été déloyal envers l'autre pendant la période de négociation du contrat.

quence de l'exécuter. À cet égard, il convient d'aller au-delà du strict accord des volontés pour mettre à la charge du débiteur toutes les obligations qui sont supposées par l'économie, objectivement appréciée, du contrat. C'est ainsi que la jurisprudence a pu faire naître à la charge du débiteur des obligations auxquelles il n'avait sans doute pas songé. Le contenu d'un contrat dépend autant de la volonté impérative du législateur ou de celle des juges que des volontés des parties. Le débiteur serait de mauvaise foi s'il entendait se soustraire à l'exécution de ces obligations greffées d'autorité sur le contrat. Au demeurant, l'article 1135 du Code civil, dont l'importance est essentielle à cet égard, énonce que « les conventions obligent non seulement à ce qui est exprimé mais encore à toutes les suites que l'équité, l'usage ou la loi donnent à l'obligation d'après sa nature » (cf. pour une application particulièrement significative, Civ. 1re, 15 mars 1988, *J.C.P.* 1988.IV.191, qui vise expressément l'article 1135 pour considérer que le contrat d'entretien d'une installation soumise à réglementation oblige à informer le client des modifications intervenues dans ladite réglementation de manière à lui permettre de les respecter. V. aussi, Civ., 1re, 28 février 1989, *D.* 1989.IR.96, dans une espèce du même genre ; Civ. 1re, 7 juin 1989, *D.* 1989.IR.200, à propos de l'obligation du fabricant d'un produit vétérinaire de fournir les renseignements indispensables à son utilisation, en particulier en ce qui concerne les contre-indications, l'arrêt fondant cette obligation sur l'article 1135 ; Paris 11 février 1999, *J.C.P.* 2000.II.10244, note Chazal, arrêt selon lequel la constitution d'un réseau de distribution par des contrats de concession implique, de la part d'un constructeur, des obligations d'assistance et de conseil qui ne prennent fin qu'après que les concessionnaires ont quitté le réseau, ce qui suppose qu'ils puissent partir sans perdre le fruit de leur participation à l'effort commun, contrepartie de leur engagement au sein du réseau, la solution étant fondée sur les art. 1134, al. 3 et 1135 C. civ.).

Encore que l'article 1135 ne soit pas toujours expressément visé dans les décisions judiciaires, c'est ce texte qui, au nom du dirigisme contractuel, a permis aux juges de compléter le contenu du contrat, en y incluant impérativement des obligations qui sont conformes à son économie. Les exemples en sont nombreux en droit positif[1]. Les auteurs ont parlé quelquefois de « forçage du contrat » quant à son contenu ou de « contenu obligationnel » implicite et impératif du contrat, montrant par

1. Encore que la jurisprudence ait souvent pu refuser de mettre à la charge d'une partie des obligations qui ne correspondent manifestement pas à l'économie du contrat. V. une excellente illustration dans Com. 6 mai 2002, *D.* 2002. Somm. 3008, obs. Ferrier, qui admet très justement que le concédant n'est pas tenu d'une obligation d'assistance envers le concessionnaire en vue de sa reconversion lors d'une rupture (régulière) du contrat.

là que le contrat n'est pas seulement l'œuvre des volontés des parties [1]. Lorsque les parties se bornent à échanger un consentement simplifié, le contenu du contrat est presque toujours implicite et c'est le juge qui le détermine. Le débiteur serait de mauvaise foi, s'il refusait d'exécuter ces obligations implicites sous le prétexte qu'elles n'auraient pas été expressément acceptées par lui. Toutefois, il faut tenir compte du fait que le contenu implicite du contrat, tel qu'admis par le juge, ne donnera lieu à une sanction à l'encontre du débiteur en cas d'inexécution que si ce contenu était impératif, et ne pouvait, par conséquent, être écarté par les volontés contraires des parties ou encore si, bien que non impératif, il n'avait pas été écarté par une volonté commune contraire. En effet, dans le cas où il ne serait point impératif, les parties au contrat pourraient toujours le remplacer par d'autres stipulations ou même l'écarter purement et simplement. En ce cas, il ne serait pas possible de considérer comme étant de mauvaise foi le débiteur qui refuse d'exécuter une obligation qu'il n'a pas entendu assumer en accord avec le créancier. Au demeurant, l'exigence de la bonne foi s'impose aussi à celui-ci et il serait certainement de mauvaise foi, s'il entendait obtenir l'exécution d'une obligation qui ne fait point partie du contenu du contrat [2].

Au surplus, aussi bien en ce qui concerne le créancier qu'en ce qui concerne le débiteur, l'exigence de la bonne foi s'applique non seulement au contenu du contrat, mais encore à leurs comportements lors de l'exécution des obligations. Ainsi, le débiteur serait de mauvaise foi s'il procurait au créancier une exécution de l'obligation occasionnant à celui-ci des dépenses qui ne correspondraient pas à son intérêt (par exemple, il expédierait aux frais du créancier une marchandise lourde par avion, alors qu'une expédition par voie terrestre ou maritime avait été envisagée par les parties, même si cela n'a pas été expressément constaté). De la même façon, le créancier serait de mauvaise foi s'il imposait au débiteur une exécution plus onéreuse et qui ne correspondrait pas à son intérêt (par exemple, en menaçant de faire résoudre le contrat sous prétexte que le bien acheté n'est pas livré immédiatement alors qu'il n'était pas disponible au moment de la vente, ce que savait l'acheteur, ce qui oblige le vendeur à se le procurer chez un autre fournisseur dont les prix sont plus élevés que ceux de son fournisseur habituel). Ainsi le bailleur, qui réclame à la caution des loyers échus depuis plus de deux ans alors qu'il n'a pas demandé la résiliation du bail tout en sachant que le preneur n'exerçait plus d'activité dans les lieux loués, se comporte de mauvaise foi (Com. 5 décembre 1995, *R.J.D.A.* 1996, n° 456, *Rev. trim. dr. civ.* 1996.899, obs. Mestre ; Civ. 1re, 16 juillet 1998, *J.C.P.* 1999.II.10000, note Fagés, l'arrêt se fondant sur l'art. 1147 C. civ. et non pas sur l'art. 1134. Cf. Paris, 30 avril 1987. *D.* 1987.IR.152, qui

1. Sur le dirigisme contractuel, v. *supra*, n° 120 et s.
2. V. observation Mazeaud, *Rep. not.* 1996.1007.

considère que « c'est avec une lenteur exclusive de la bonne foi » qu'une entreprise a fait part à son client d'une modification qu'elle entendait apporter au contrat en raison de l'indisponibilité de la chose qui faisait l'objet de son obligation, en l'occurrence un engin de transport affrété par le client. V. aussi, Paris, 22 juin 1987, *D.* 1987.IR.178, qui considère comme abusive la révocation en janvier d'une commande de vêtements passée en septembre précédent, la livraison devant intervenir entre janvier et avril ; Paris, 28 janvier 1988, *D.* 1988.IR.64, selon lequel celui qui cherche sciemment à échapper à l'exécution de son obligation contractuelle n'est pas de bonne foi et doit être condamné à l'exécution forcée ; Paris, 12 septembre 1988, *D.* 1988.IR.251, qui oblige un concédant à indemniser le concessionnaire pour avoir procédé à une résiliation de mauvaise foi du contrat de concession, les arguments invoqués par le concédant pour justifier la résiliation n'apparaissant pas comme sérieux et légitimes ; Paris 23 janvier 1998, *J.C.P.* 1998.IV.1089, arrêt selon lequel l'obligation de renseignement et de conseil s'applique tant lors de l'exécution du contrat que lors de sa conclusion, ce qui justifie qu'une banque soit sanctionnée sur le fondement des art. 1134 et 1147 C. civ. pour ne pas avoir informé une caution, dirigeant social, de ce qu'après le changement de dirigeant et la substitution du nouveau dirigeant dans l'engagement de caution de son prédécesseur, elle avait refusé de libérer ce dernier tout en lui ayant laissé croire qu'il y avait eu substitution dans l'engagement ; Paris 22 juin 2001, *D.* 2002.843, note Coulon, qui considère que, sans avoir mis le débiteur en demeure, alors que celui-ci n'avait pas exécuté ses obligations depuis trois ans, le créancier ayant laissé tacitement le contrat se reconduire pendant deux ans, celui-ci s'est comporté de mauvaise foi en tirant profit du silence de son cocontractant pour prolonger une situation qui ne pouvait évoluer qu'à son seul avantage) [1].

---

1. Pour une application intéressante de la bonne foi dans l'exécution du contrat, cf. Civ. 1re, 2 juin 1987, *D.* 1987.IR.152, *J.C.P.* 1987.IV.276, *Rev. trim. dr. civ.* 1988.119, obs. Mestre, *Bull. civ.* 1, n° 182, *Rep. not.* 1988. 1093, obs. Aubert, à propos d'une erreur commise par un transporteur aérien quant au tarif appliqué, celui-ci étant inférieur au tarif homologué. Le transporteur ayant, après l'accomplissement du voyage, demandé un supplément de prix au passager, la Cour de cassation a cassé la décision d'un tribunal qui avait condamné le passager au paiement de la moitié de la somme demandée par le transporteur. Pour la première Chambre civile, le supplément de prix n'est dû que si le passager a eu connaissance avant le voyage de l'erreur commise par le transporteur et, par conséquent, s'il n'a pas été de bonne foi dans l'exécution de la convention. Cette solution doit être approuvée. Le passager s'en remet au transporteur quant au tarif appliqué à un contrat d'adhésion. Dès lors, celui-ci est la loi des parties, en vertu de l'article 1134 du Code civil. Il n'en irait autrement que si le passager avait la conviction que le tarif était erroné, auquel cas il serait de mauvaise foi en exigeant l'application dudit tarif et l'exécution de son obligation par le transporteur. Cependant, il n'en est ainsi que si le passager a été de mauvaise foi pendant l'exécution du contrat. La découverte de l'erreur du transporteur après coup doit être sans incidence *(mala fides superveniens non nocet).*

Lorsque le dirigeant d'une société s'est porté caution pour une durée indéterminée des dettes de la société envers une banque, celle-ci manque à son obligation de loyauté et de bonne foi en s'abstenant d'informer la caution, qui a cessé ses fonctions de direction depuis plusieurs années, de l'augmentation très importante des sommes ultérieurement avancées à la société et dont il n'est pas établi que la caution a eu connaissance (Versailles 11 décembre 1997, *R.J.D.A.* 1998, n° 342).

Lorsque le débiteur n'a pas exécuté ses obligations, pour ne pas avoir mis en œuvre les moyens nécessaires pour satisfaire le créancier, il peut être considéré comme étant de mauvaise foi en fonction des circonstances, ce qui est une question de fait (Com. 31 mars 1992, *R.J.D.A.* 1992, n° 552) [1]. Dans le cas où l'une des parties à un contrat synallagmatique a violé son obligation avant d'avoir obtenu de son cocontractant l'exécution de la contrepartie à son profit, on ne doit point lui permettre de l'exiger en justice (Soc. 31 mars 1993, *D.* 1993.IR.132, à propos de la contrepartie financière d'une obligation de non concurrence qui n'a pas été exécutée). En effet, le débiteur qui a violé son obligation ne se comporterait point de bonne foi s'il demandait l'exécution de l'obligation incombant à l'autre partie. La Cour de Paris a fait appel au principe de l'exécution de bonne foi des conventions dans une espèce où une personne s'étant engagée à supporter certains frais tant que son cocontractant ne réaliserait pas un certain chiffre d'affaires, celui-ci ne pouvait au mépris de la bonne foi exiger le respect de cet engagement sur une trop longue durée, les parties ayant manifestement voulu que celui-ci fût limité à une durée raisonnable. Dès lors, s'il apparaît que le chiffre d'affaires envisagé ne pourra jamais être atteint, l'engagement doit être résilié (Paris 15 janvier 1993, *D.* 1993.IR.155). Il est remarquable de constater que le principe de l'exécution de bonne foi va jusqu'à autoriser le juge à résilier un contrat pour assurer le respect de ce principe. En effet, en exigeant une exécution sans limite de temps, le créancier se comporterait de mauvaise foi [2].

Sur le fondement de la bonne foi, les juges sont allés jusqu'à obliger une partie à renégocier des modalités du contrat lorsque l'exécution de

---

1. Cependant, la Cour de cassation a considéré que « l'obligation de bonne foi de l'article 1134 suppose l'existence de liens contractuels qui cessent par la défaillence de la condition suspensive à laquelle ils sont soumis » (Civ. 3e, 14 septembre 2005, *R.J.D.A.* 2006, n° 124, *J.C.P.* 2005.II.10173, note Loiseau, *D.* 2006., note Mazeaud, *Rep. not.* 2006.248, *Petites Affiches* 1er décembre 2005, note Messai-Bahri). L'affirmation du principe est incontestable. S'il n'y a plus de contrat, il n'y a plus de raison de faire encore produire des effets à l'exécution de bonne foi. Toutefois, encore faut-il tenir compte des circonstances dans lesquelles le contrat a cessé de produire ses effets. Or, les faits de l'affaire tranchée par l'arrêt soumis à la censure de la Cour de cassation pourraient permettre de penser que la défaillance de la condition suspensive n'était pas exempte de reproches à l'encontre du débiteur.

2. On aurait pu aussi bien considérer que le contrat n'était pas à durée indéterminée en raison des circonstances et, par conséquent, autoriser le débiteur à exercer une faculté de résiliation unilatérale (v. *supra,* n° 207). En effet, il ne saurait être question d'admettre l'existence d'un terme incertain si l'événement choisi comme terme ne peut se produire.

celui-ci par l'autre partie est devenue trop désavantageuse pour celle-ci (Com. 3 novembre 1992, *R.J.D.A.* 1993, n° 380, *J.C.P.* 1993.II.22164, note Virassamy, *Rep. not.* 1993.1377, obs. Aubert, *Rev. trim. dr. civ.* 1993.124, obs. Mestre, dans une situation où, à la suite de la libération des prix au détail, le prix de vente par le fournisseur à un distributeur était devenu supérieur au prix de vente de ce fournisseur à des consommateurs). On est ici à la limite de l'imprévision [1], l'article 1134, al. 3 du Code civil permettant d'obtenir ce qui ne peut l'être en raison du refus de l'imprévision.

C'est en faisant appel à l'inexécution de mauvaise foi de son obligation de participer à la désignation de l'expert chargé de fixer le prix de cession d'actions que la Cour de Paris a sanctionné un débiteur (Paris 20 septembre 1991, *Rev. trim. dr. civ.* 1993. 354, obs. Mestre). C'est sur le fondement de l'article 1134 du Code civil, encore qu'elle vise l'abus dans la fixation du prix plutôt que la mauvaise foi, que la Cour de cassation sanctionne un contractant qui a fixé un prix trop désavantageux pour son cocontractant alors que celui-ci était déjà obligé (Ass. plén. 1er décembre 1995, *D.* 1996.13, conclusions Jéol et note Aynés).

C'est l'article 1134, al. 3 du Code civil qui constitue le fondement de l'obligation de loyauté dans l'exécution des obligations contractuelles. Ainsi, le créancier de celui qui a garanti l'exécution de ses obligations par le locataire-gérant d'un fonds de commerce manque à son obligation de loyauté s'il continue ses livraisons au profit du débiteur, exploitant du fonds de commerce, sans aviser le garant dont il a aggravé les obligations par son inaction (Com. 31 mai 1994, *R.J.D.A.* 1994, n° 1129). Lorsque le contrat de bail exige l'autorisation du bailleur pour certains travaux dans l'immeuble loué, celui-ci serait de mauvaise foi si le refus d'autorisation n'était ni légitime, ni justifié, l'arrêt précisant que si les travaux avaient été interdits par le contrat, il n'y aurait pas eu lieu d'apprécier le comportement du bailleur (Paris 26 juin 2002, *D.* 2003.69, obs. Rouquet).

C'est encore sur le fondement de l'art. 1134 du Code civil que la jurisprudence ne permet pas à un créancier d'invoquer une clause résolutoire lorsqu'il le fait de mauvaise foi [2].

Cependant, si la Cour de cassation entend ne pas permettre à la bonne foi de ruiner l'économie du contrat voulue par les parties, ce qui est compréhensible, le moins qu'on puisse dire est que les formules qu'elle utilise manquent de précision dans certains arrêts. Ainsi, selon la chambre commerciale (10 juillet 2007, *D.* 2007.1955, obs. Delpech, *J.C.P.* 2007.II.10154, note Houtcieff), si « la bonne foi permet au juge de sanctionner l'usage déloyal d'une prérogative contractuelle », ce qui est parfaitement clair, « elle ne l'autorise pas à porter atteinte à la substance même des droits et obligations légale-

1. V. *supra,* n° 420 et s.
2. V. *infra,* n° 716.

ment convenus entre les parties », ce qui l'est beaucoup moins. On comprend, du moins, qu'indépendamment du contenu des droits et obligations, la bonne foi n'existe qu'à travers le comportement du débiteur ou du créancier, c'est-à-dire la façon dont il exerce ses droits ou exécute les obligations.

595. – Systèmes juridiques étrangers. La plupart des systèmes juridiques appartenant à la même tradition que le droit français fondent l'effet du contrat entre les parties sur le respect de la parole donnée. À cet égard, la filiation française de certains codes étrangers va jusqu'à une formulation identique du principe qui est exprimé à l'article 1134 du Code français. Tel est le cas en ce qui concerne le Code civil italien dont l article 1372 affirme que « le contrat a force de loi entre les parties » [1]. L'article 1983 du Code civil de la Louisiane reprend pratiquement mot pour mot la formule de l'article 1134 du Code français. Dans ces codes, l'assimilation du contrat à la loi quant à sa force obligatoire [2] est remarquable par la concision avec laquelle elle permet d'affirmer l'obligation du débiteur et le droit du créancier.

D'autres Codes civils ne reprennent pas généralement cette assimilation du contrat à la loi. Cependant, il n'en résulte pas pour autant que l'effet du contrat n'est pas fondé sur le principe du respect de la parole donnée. Celui-ci est inhérent au contrat. Ainsi, en dépit de l'absence de principe équivalent à l'article 1134 du Code français, le principe de la force obligatoire du contrat est tacitement supposé par le Code civil allemand, le Code Suisse des obligations et le Code libanais des obligations et des contrats. Au demeurant, les solutions admises dans ces systèmes juridiques sont tout à fait voisines de celles du droit français. Dans les systèmes de *common law*, s'il est évident qu'il ne saurait être question de l'affirmation d'un principe d'assimilation du contrat à la loi, il n'en demeure pas moins que la force obligatoire du contrat y est admise. En particulier, lorsque le débiteur n'exécute pas ou exécute mal l'obligation qu'il doit assumer en vertu de la promesse qu'il a faite, le créancier est en droit de requérir du juge une exécution par équivalent, c'est-à-dire des dommages-intérêts, parce qu'il y a *breach of contract*, c'est-à-dire manquement à la parole donnée.

1. Au surplus, cet article précise, comme son homologue français, que le contrat ne peut être révoqué que par le consentement mutuel ou pour les causes précisées par la loi. Les articles suivants, plus détaillés que ceux du Code français, développent des idées similaires sur la résiliation unilatérale (art. 1373), les obligations implicites supposées par la loi, l'usage ou l'équité (art. 1374) et l'exécution de bonne foi (art. 1375).

2. On ne saurait pousser plus loin l'assimilation du contrat à la loi, seule leur force obligatoire étant identique. Quant au reste, tout les sépare. La Cour de cassation n'a pas à assurer l'unité d'interprétation des contrats qui correspondent à la diversité et non pas à l'unité comme la loi. Le contrat doit être prouvé par le créancier qui en demande l'exécution, tandis que la loi s'impose d'elle-même.

596. – Sanction du non respect de la parole donnée. La force obligatoire du contrat et le principe du respect de la parole donnée supposent bien entendu une sanction. En effet, si le débiteur manque à l'exécution des obligations à laquelle il est tenu, il faut permettre au créancier d'obtenir la sanction de ce manquement. Cependant, la sanction de l'inexécution ou de la mauvaise exécution de l'obligation contractuelle ne doit être admise au profit du créancier et à l'encontre du débiteur que si cette inexécution ou mauvaise exécution est imputable au débiteur, c'est-à-dire résulte de son activité. Il se peut, en effet, que l'inexécution d'une obligation contractuelle ne soit pas imputable au débiteur. Dans une telle situation, si les sanctions qui sont normalement encourues par le débiteur ne sauraient être admises, puisque son activité ou son fait n'est pas à l'origine du manquement à la parole donnée, il n'en résulte pas pour autant que l'inexécution non imputable au débiteur ne pose pas de problème.

On envisagera successivement l'inexécution du contrat imputable au débiteur et l'inexécution qui ne lui est pas imputable.

Section I

L'inexécution du contrat imputable au débiteur [1]

597. – Contrats synallagmatiques et unilatéraux. L'inexécution, à laquelle on doit assimiler la mauvaise exécution, d'une obligation contractuelle peut être sanctionnée d'une façon différente selon la nature du contrat. Plus précisément, il convient de distinguer selon qu'il s'agit d'un contrat synallagmatique ou non. En effet, lorsqu'un contrat est synallagmatique, il y a, par hypothèse, des obligations de part et d'autre, c'est-à-dire que chacune des parties est à la fois créancière et débitrice de l'autre. Or, la réciprocité et l'interdépendance [2] des obligations engendrées par le contrat permettent d'envisager des sanctions particulières à l'encontre d'un débiteur, lorsqu'il n'exécute pas les obligations qui lui incombent. Cependant, ce n'est pas parce qu'un contrat synallagmatique engendre des sanctions qui lui sont propres, en cas d'inexécution imputable à l'une des parties, qu'il convient pour autant de ne pas soumettre cette inexécution aux sanctions qui sont admises pour tous les contrats. Si le créancier préfère recourir aux sanctions du droit commun des contrats, il a la possibilité de le faire.

1. *Bibliographie :* LAITHIER, *Étude comparative des sanctions de l'inexécution du contrat*, 2004 ; LAITHIER, La prétendue primarité de l'exécution en nature, *Rev. contrats* 2005.161.

2. Sur l'interdépendance des obligations engendrées par un contrat synallagmatique au cours de l'exécution du contrat, v. *supra*, n° 472 et 473.

Par conséquent, il y a des sanctions communes à tous les contrats, y compris les contrats synallagmatiques, et des sanctions propres à ceux-ci. On étudiera, d'abord, les premières et ensuite, les secondes.

Sous-section I
Les sanctions communes à tous les contrats[1]

598. – Exécution forcée en nature et par équivalent. Lorsque le créancier n'obtient pas du débiteur l'exécution volontaire de l'obligation à laquelle celui-ci est tenu, il est en droit d'en poursuivre l'exécution forcée, c'est-à-dire de contraindre en justice le débiteur à lui procurer satisfaction. Normalement, dans les systèmes juridiques de tradition civiliste et, en particulier, en droit français, l'exécution forcée doit être envisagée comme une exécution en nature, c'est-à-dire que le créancier peut poursuivre l'exécution de la prestation même qui lui est due en vertu du contrat. C'est ce qui explique que la preuve d'un préjudice n'est pas nécessaire lorsque le créancier poursuit l'exécution forcée en nature (cf. Civ. 3e, 25 janvier 1995, *R.J.D.A.* 1995, n° 632, à propos de la destruction de ce qui a été fait en violation d'une obligation de ne pas faire). Au contraire, dans les systèmes de *common law*, l'exécution en nature d'une obligation contractuelle *(specific perfomance)* est exceptionnellement admise. En effet, dans ces systèmes juridiques, le principe est celui d'une exécution par

---

1. *Bibliographie :* VINEY, Introduction à la responsabilité, 2e éd., 1995 ; VINEY et JOURDAIN, Les conditions de la responsabilité, 2e éd., 1998 et Les effets de la responsabilité, 2e éd., 2001 ; SAVATIER, *Traité de la responsabilité civile en droit français,* 2e éd., 2 vol., 1951 ; MAZEAUD, *Traité théorique et pratique de la responsabilité civile, délictuelle et contractuelle,* 6e éd., t. 1, 1965, t. 2, 1970, t. 3 (2 vol.) par CHABAS, 1978 et 1983 ; HUET, *Responsabilité contractuelle et responsabilité délictuelle*, thèse, Paris, 1978 ; DUERY, *La distinction de la responsabilité contractuelle et de la responsabilité délictuelle*, Institut de droit Comparé de l'Université Mc Gill, Montréal, 1986 ; LARROUMET, *Réflexions sur la responsabilité civile*, Institut de Droit Comparé de l'Université Mc Gill, Montréal, 1983 ; *Définition et domaine de la responsabilité contractuelle*, Harmonisation du Droit des affaires dans les pays du marché commun, Institut de Droit Comparé de Paris, 1981 ; RUDDEN et JUILHARD, La théorie de la violation efficace, *Rev. intern. dr. comparé*, 1986.1015 ; PICOD, L'obligation de coopération dans l'exécution du contrat, *J.C.P.*, 1988.I.3318 ; MOUSSERON, La gestion des risques par le contrat, *Rev. trim. dr. civ.* 1988.481 ; TALLON, L'inexécution du contrat : pour une autre présentation, *Rev. trim. dr. civ.* 1994.223 ; LEDUC, La spécificité de la responsabilité contractuelle du fait des choses, *D.* 1996. Chron. 164 ; REMY, Critique du système français de responsabilité civile, *Droit et Cultures* 1996.31 ; REMY, La responsabilité contractuelle : histoire d'un faux concept, *Rev. trim. dr. civ.* 1997.323 ; OPHELE, Le droit à dommages-intérêts du creancier au cas d'inexécution contractuelle due à la démence du débiteur, *R.G.A.T.* 1997.453 ; RADE, Réflexions sur les fondements de la responsabilité civile : l'impasse, *D.* 1999. Chron. 313 ; SAVAUX, La fin de la responsabilité contractuelle ?, *Rev. trim. dr. civ.* 1999.1 ; LARROUMET, Pour la responsabilité contractuelle, *Mélanges Catala*, p. 543 ; VINEY, La responsabilité contractuelle en question, *Mélanges Ghestin*, p. 921 ; BELLIVIER et SEFTON-GREEN, Force obligatoire et exécution en nature du contrat en droits français et anglais : bonnes et mauvaises surprises du comparatisme, *Mélanges Ghestin*, p. 91 ; FAURE-ABBAD, le fait générateur de la responsabilité contractuelle, 2003.

équivalent, c'est-à-dire sous forme de dommages-intérêts *(damages)*, lesquels ont pour objet la réparation du préjudice résultant pour le créancier de l'inexécution de son obligation par le débiteur. Au surplus, dans les cas où la *specific perfomance* peut être envisagée, le juge dispose du pouvoir de l'accorder ou de la refuser en fonction des circonstances, tandis que, dans l'hypothèse d'une exécution par équivalent, dès lors que l'inexécution est imputable au débiteur, le créancier est en droit d'obtenir des dommages-intérêts, sans que le juge puisse les lui refuser. En réalité, dans les systèmes de *common law*, en cas d'inexécution d'une obligation contractuelle, on considère que la promesse contractuelle a manqué son but et que, par conséquent, on ne peut, en principe envisager qu'une compensation au profit du créancier. Toutefois, s'il s'agit de l'obligation contractuelle de payer une somme d'argent, il est évident qu'il n'y a pas lieu de substituer une exécution par équivalent à une exécution en nature.

Dans les systèmes juridiques auxquels appartient le droit français, il est admis que le créancier a le choix de poursuivre une exécution en nature ou bien une exécution par équivalent (cf. Paris, 22 juin 1987, *D.* 1987.IR.178, qui admet qu'un vendeur, en cas d'inexécution par l'acheteur de son obligation d'honorer la commande, est en droit de réclamer des dommages-intérêts plutôt que de poursuivre l'exécution forcée de ladite commande). Toutefois, ce choix n'est pas toujours possible. D'abord, on sait que les obligations de donner, de faire ou de ne pas faire ne sont pas toujours soumises à cet égard au même régime juridique. Tandis que les obligations de donner et notamment celles qui portent sur une somme d'argent pourraient toujours faire l'objet d'une exécution forcée en nature, il n'en irait pas de même en ce qui concerne les obligations de faire et de ne pas faire. Cette question a été précédemment envisagée et il n'y a pas lieu d'y revenir [1]. Par conséquent, en ce qui concerne les obligations de payer une somme d'argent, dans les systèmes civilistes comme dans les systèmes de *common law*, il n'y a pas, en raison de l'objet de l'obligation, à distinguer entre l'exécution en nature et l'exécution par équivalent. Au demeurant, on sait que la distinction des trois sortes d'obligations et les éventuelles différences de leur régime juridique, lesquelles doivent être très sérieusement corrigées par rapport à ce que laissent supposer les dispositions du Code civil, ne sont pas propres aux obligations contractuelles et elles ont une portée tout à fait générale. Ensuite, à supposer que l'exécution forcée en nature eût été possible, il se peut que certaines circonstances la rendent impossible. Par exemple, la chose vendue n'a pas été livrée parce qu'elle a péri pour une raison imputable au vendeur, débiteur de la livraison. En ce cas, il est évident qu'on ne pourra pas envisa-

1. V. *supra*, n° 55 et s.

ger une exécution forcée autrement que par équivalent (cf. Com. 5 octobre 1993, *R.J.D.A.* 1994, n° 149, à propos de l'absence de livraison d'un véhicule commandé à un garagiste en raison de l'arrêt de sa fabrication par le constructeur, l'exécution par équivalent devant être réalisée par le paiement d'une indemnité correspondant à la valeur d'un véhicule de remplacement et non pas à celle du véhicule non livré, dont la valeur était inférieure).

599. – La responsabilité contractuelle. Lorsque l'exécution par équivalent est poursuivie par le créancier d'une obligation contractuelle contre le débiteur, le premier obtiendra du second une somme d'argent ayant pour objet de compenser l'inexécution, la mauvaise exécution ou le retard dans l'exécution de l'obligation. Cette somme d'argent est qualifiée de dommages-intérêts en raison de ce qu'elle répare le dommage ou préjudice résultant de l'inexécution ou de la mauvaise exécution du contrat. En effet, la responsabilité civile implique l'obligation de réparer le dommage causé à autrui dans l'exercice d'une activité quelconque, dès lors que le dommage est imputable à cette activité. Si un dommage a été causé par une personne à une autre, laquelle n'était pas créancière d'une obligation contractuelle envers la première ou si, bien que créancière en vertu d'un contrat, le dommage ne résulte pas de l'exécution d'une obligation engendrée par le contrat, il s'agit d'une responsabilité dite délictuelle ou mieux extra-contractuelle.

Si la responsabilité civile ne suppose pas, bien entendu, l'existence d'un rapport contractuel entre l'auteur du dommage et la victime, il n'empêche que l'inexécution ou la mauvaise exécution d'une obligation contractuelle, dès lors qu'elle permet de condamner le débiteur à des dommages-intérêts au profit du créancier en réparation du préjudice résultant de l'inexécution ou de la mauvaise exécution de l'obligation contractuelle, est la source d'une responsabilité civile du débiteur envers le créancier. L'exécution par équivalent d'une obligation contractuelle n'est rien d'autre que la responsabilité contractuelle ou responsabilité à raison de l'inexécution des contrats.

On a longtemps discuté de la nature de l'exécution par équivalent et de celle de la responsabilité contractuelle par rapport à la responsabilité extra-contractuelle. Peut-on considérer qu'il y a unité de la responsabilité civile, même si, sur certains points, les régimes juridiques des deux responsabilités sont différents, ou bien doit-on admettre que les deux responsabilités ont une nature différente ? S'il est vrai que les rédacteurs du Code civil n'ont pas entendu rattacher l'exécution par équivalent à la théorie générale de la responsabilité civile [1], il n'en demeure pas moins que le rapprochement entre les deux responsabilités a été fait par la doctrine dès le siècle dernier. Des arguments de

1. Au demeurant, il n'est pas question, dans le Code civil, de responsabilité contractuelle, mais seulement « des dommages-intérêts résultant de l'inexécution de l'obligation ».

poids militent en faveur de l'unité de la responsabilité civile. Les deux responsabilités ont la même fonction et le même objet : il s'agit de réparer le dommage causé, peu important que celui-ci résulte ou non de l'inexécution d'une obligation contractuelle. Sur bien des points, leur régime juridique est identique. Au surplus, si l'on doit considérer qu'il existe en droit positif plusieurs régimes de responsabilité civile, la ligne de démarcation entre ces régimes ne passe pas entre la responsabilité contractuelle et la responsabilité extra-contractuelle, mais entre la responsabilité objective ou de plein droit, c'est-à-dire la responsabilité qui peut être retenue même si le débiteur de la réparation n'a pas commis de faute à l'origine du dommage qui lui est imputable, et la responsabilité subjective, c'est-à-dire celle qui suppose la faute pour que soit admise l'obligation de réparation du dommage causé à autrui. Or, il y a des responsabilités objectives en matière contractuelle aussi bien qu'en matière extra-contractuelle, comme il y a des obligations de réparer le dommage causé qui reposent sur la faute dans les deux ordres de responsabilités.

Enfin, la législation moderne, non seulement en France mais dans d'autres pays, a tendu, dans plusieurs situations, à une unification des régimes des deux responsabilités, en supprimant certaines différences, pour assurer à la victime d'un dommage des droits identiques, qu'elle soit ou non créancière en vertu d'un contrat où que le dommage résulte ou non de l'inexécution d'une obligation contractuelle, sans compter que tout en causant un préjudice au créancier en vertu du contrat, le fait dommageable du débiteur contractuel peut en même temps causer un dommage à des tiers [1]. Les deux exemples les plus remarquables de l'unification des régimes de responsabilités contractuelle et extracontractuelle sont constitués, d'abord, par la responsabilité à raison des accidents de la circulation automobile, telle qu'elle résulte d'une loi du 5 juillet 1985 dont l'article 1er énonce qu'elle s'applique aux victimes d'un accident de la circulation « même lorsqu'elles sont transportées en vertu d'un contrat ». Cette loi assure le même régime d'indemnisation à un piéton et à un passager, lesquels sont soumis à la réalisation du même risque dans les mêmes conditions. Ensuite, une loi du 19 mai 1998

1. Par exemple, lorsque le transporteur de personnes n'accomplit pas correctement son obligation contractuelle de transporter le passager sain et sauf à destination, il cause un préjudice, d'abord, à celui-ci et, ensuite, à ses proches parents, notamment dans le cas où le passager est décédé des suites de ses blessures et qu'il en résulte pour les proches parents non seulement un préjudice matériel consistant en la privation des subsides qui leur étaient fournis par le défunt, mais encore un préjudice moral en ce qu'ils sont atteints dans leurs sentiments d'affection. Or, les proches parents sont des tiers par rapport au contrat de transport. On qualifie leur préjudice de préjudice par ricochet, en raison de ce qu'il est subi par l'intermédiaire du préjudice éprouvé par le passager, victime principale. C'est le même fait dommageable, c'est-à-dire l'inexécution de ses obligations par le transporteur, qui est à l'origine non seulement du préjudice éprouvé par le créancier contractuel, mais encore de celui qui est subi par des tiers.

(art. 1386-1 et s. C. civ.) a unifié les régimes de la responsabilité pour les dommages causés par les produits défectueux. En effet, l'article 1386-1 du Code civil affirme que « le producteur est responsable du dommage causé par un défaut de son produit qu'il soit ou non lié par un contrat avec la victime ». Les raisons de cette unification tiennent aussi à l'identité de situation, quant à la réalisation du risque, des créanciers contractuels du producteur et des tiers.

600. – Responsabilité civile et exécution par équivalent. L'argument le plus souvent avancé pour justifier la différence de nature et plus particulièrement de fondement de la responsabilité contractuelle par rapport à la responsabilité extra-contractuelle est que la seconde repose sur le fait juridique créateur d'un rapport d'obligation, tandis que la première ne serait qu'une façon particulière d'assurer l'exécution d'une obligation engendrée par un contrat. En d'autres termes, la responsabilité contractuelle ne serait rien d'autre qu'une exécution par équivalent de l'obligation contractuelle, celle-ci se substituant à l'exécution en nature. Ce serait toujours l'obligation contractuelle initiale qui serait exécutée. Par conséquent, le fait juridique ne serait pas à l'origine de la condamnation à des dommages-intérêts. Cette idée a toujours ses partisans de nos jours. Certains auteurs, à la fin du XXe siècle, ont même nié l'existence de la responsabilité contractuelle. Pour eux, il n'y aurait qu'une seule responsabilité civile, celle des articles 1382 et suivants du Code civil, qui traitent de ce qui correspond à la responsabilité dite délictuelle ou extracontractuelle. L'indemnisation du créancier d'une obligation contractuelle inexécutée ou mal exécutée ne serait pas assurée par une responsabilité civile, mais par une exécution par équivalent, qui n'aurait rien à voir avec la responsabilité civile. Cette opinion ne correspond absolument pas au droit positif et, en particulier, à une longue tradition jurisprudentielle depuis le XIXe siècle. L'expression « exécution par équivalent » n'est rien d'autre que la responsabilité à raison de l'inexécution des obligations contractuelles.

Dans les systèmes de *common law*, il ne paraît pas possible d'affirmer l'unité de la responsabilité civile, parce que l'exécution par équivalent, dans l'hypothèse de *breach of contract*, n'a rien à voir avec la réparation du dommage en vertu d'une *tort action*, c'est-à-dire d'une action en responsabilité extra-contractuelle. Le *law of torts*, c'est-à-dire ce qui correspond à la responsabilité extra-contractuelle, a été construit d'une façon techniquement différente des *damages* en cas de *breach of contract*. Il n'y a aucun rapport entre les deux institutions.

Dans les pays de tradition civiliste, on a perçu quels étaient les rapports étroits entre les deux ordres de responsabilité. Il est vrai que l'exécution par équivalent peut y être justifiée par le droit de gage général que l'on reconnaît à tout créancier d'une obligation personnelle, par opposition à une obligation réelle, sur le patrimoine de son débiteur, tel qu'il est affirmé à l'article 2285 du Code civil. Par là même, le débiteur contractuel, en s'obligeant à l'exécution d'une prestation déterminée envers le créancier, oblige l'ensemble de son patrimoine, ce qui justifie le droit du créancier de poursuivre l'exécution sur l'ensemble de ce patrimoine.

Cependant, le droit de gage général non seulement n'est pas propre aux créanciers en vertu d'un contrat, mais encore il ne saurait empêcher de considérer que, parce que le débiteur n'a pas exécuté ou bien a mal exécuté la prestation, le fait même de l'inexécution ou de la mauvaise exécution oblige à la réparation du dommage en résultant. Ce que pourra poursuivre le créancier sur l'ensemble du patrimoine du débiteur, ce n'est pas l'exécution de la prestation engendrée par le contrat, mais bien la compensation pécuniaire de cette prestation, parce qu'elle n'a pas été exécutée [1]. En d'autres termes, à l'exécution de la prestation est substituée l'obtention de dommages-intérêts. La prestation est convertie, elle change de nature. C'est le fait juridique de l'inexécution ou de la mauvaise exécution qui entraîne cette conversion. C'est la distinction entre le *debitum*, c'est-à-dire la dette, ce qui est dû par le débiteur, et l'*obligatio*, c'est-à-dire le pouvoir de contrainte du créancier, qui permet de concevoir le changement de nature de l'obligation contractuelle, c'est dire la conversion de la prestation en des dommages-intérêts [2]. La doctrine ne paraît pas avoir suffisamment perçu l'intérêt de la distinction entre les deux éléments de l'obligation à cet égard, dans les systèmes juridiques civilistes. Par conséquent, en raison du changement de nature et d'objet de l'obligation par l'exercice du pouvoir de contrainte du créancier, la responsabilité contractuelle, c'est-à-dire le droit aux dommages-intérêts au lieu du droit à l'exécution en nature, n'est pas la mise en œuvre de l'exécution prévue par les parties au contrat. Elle trouve son fondement dans l'inexécution de l'obligation et non pas dans la poursuite de l'exécution de ce qui avait été envisagé par les parties au contrat. Comme la responsabilité extra-contractuelle, elle repose sur le fait juridique, en l'occurrence l'inexécution ou la mauvaise exécution de l'obligation engendrée par le contrat. Cependant, parce qu'il s'agit d'une inexécution d'une obligation que le débiteur devait assumer en vertu de l'engagement qu'il avait pris, on peut concevoir, à certains points de vue, un particularisme du régime de cette responsabilité.

601. – Plan. On étudiera, d'abord, les éléments nécessaires pour que puisse être retenue la responsabilité du débiteur contractuel envers le créancier et, ensuite, les conditions dans lesquelles la responsabilité peut-être mise en œuvre ainsi que ses effets.

---

1. En revanche, si la prestation consistait en l'obligation de payer une somme d'argent, en raison de ce qu'il n'y a pas de place pour une exécution par équivalent, c'est l'exécution de la prestation même qui peut être poursuivie sur l'ensemble du patrimoine du débiteur. En ce cas, il n'y a pas à convertir la prestation en une somme d'argent, v. *supra*, n° 598.

2. V. *supra*, n° 24.

§ 1. Les éléments de la responsabilité contractuelle

602. – Les sources de la responsabilité contractuelle. Le Code civil a consacré les articles 1146 et suivants à la responsabilité contractuelle. Ils en constituent le droit commun, encore qu'il faille les compléter par certaines dispositions qui figurent aux articles 1136 et suivants qui traitent de l'objet et du contenu de l'obligation. Pourtant, ces textes ne sont pas toujours clairs et la jurisprudence a fait œuvre créatrice en donnant à la responsabilité contractuelle un contenu qui ne résulte pas de la seule lecture des articles du Code. Au surplus, dans la partie du Code civil consacrée aux contrats spéciaux, c'est-à-dire les articles 1582 et suivants consacrés à la vente, au louage, au prêt, au dépôt et au mandat notamment, il y a plusieurs dispositions concernant la responsabilité du débiteur dans tel ou tel contrat, sans compter les lois spécialement relatives à des contrats qui ne sont pas traités dans le Code civil. Il en résulte que la matière de la responsabilité contractuelle est disparate. Il n'y a pas lieu, dans un ouvrage sur les obligations contractuelles en général, d'étudier la responsabilité du débiteur propre à tel contrat, par exemple en tant que vendeur, bailleur, emprunteur, mandataire etc. Il convient de préciser quels sont les principes généraux de la responsabilité contractuelle, l'étude de la responsabilité particulière du débiteur en vertu de tel contrat devant être reprise dans un ouvrage sur les contrats spéciaux.

La façon dont le Code français a envisagé la responsabilité contractuelle ne lui est pas propre et on la retrouve dans tous les codes des systèmes juridiques qui appartiennent à la même famille que le droit français. Encore que les solutions puissent être différentes, le Code suisse des obligations procède, dans les articles 97 et suivants, comme le Code français, ces dispositions devant être complétées par celles qui concernent les contrats spéciaux. Le Code libanais des obligations et des contrats (art. 252 et s.) et le Code civil de Louisiane (art. 1989 etc.) font de même. Au demeurant, leurs dispositions à cet égard ne sont pas toujours plus claires que celles du Code français. Une place à part doit être faite au Code civil italien et au Code civil allemand. En effet, ces deux codes ne traitent pas spécialement de la responsabilité contractuelle. Bien qu'ils n'assimilent pas celle-ci à la responsabilité extra-contractuelle, ils n'envisagent la responsabilité contractuelle que dans le cadre de la violation d'une obligation préexistante et pesant d'une façon spéciale sur le débiteur, même si elle n'est pas d'origine contractuelle [1]. Par exemple, la violation d'une obligation imposée par la loi à une personne entraîne la mise en jeu de la responsabilité pour inexécution d'une obligation. Cette responsabilité pour violation d'une obligation spéciale se distingue de la responsabilité pour les faits illicites, qui correspond à la

1. Cf. les articles 1176 et 1218 et s. du Code civil italien et les § 241 et s. du B.G.B.

responsabilité extra-contractuelle du droit français, en raison de ce que celle-ci ne suppose pas l'inexécution d'une obligation spéciale, mais simplement la violation du devoir général de ne pas nuire à autrui. La méthode allemande et celle du Code italien sont intéressantes, en ce qu'elles permettent d'assimiler à la violation d'une obligation contractuelle tous les cas d'inexécution d'une obligation qui doit être spécialement assumée par un débiteur désigné, quelle que soit la source de cette obligation. Au contraire, dans les autres systèmes juridiques, on aura plutôt tendance à faire relever de la responsabilité extra-contractuelle la violation d'une obligation spéciale qui ne résulte pas d'un contrat ou d'un acte juridique.

603. – Les trois conditions de la responsabilité contractuelle. Le premier élément nécessaire pour qu'il y ait responsabilité contractuelle est un fait imputable au débiteur qui n'a pas exécuté ou mal exécuté son obligation contractuelle. Cependant, parce qu'il s'agit de responsabilité civile et, par conséquent, de la réparation d'un dommage éprouvé par le créancier du fait de l'inexécution ou de la mauvaise exécution, il faut un dommage qui trouve son origine dans le fait imputable au débiteur. Par conséquent, à côté de ce fait, il ne peut y avoir lieu à la responsabilité du débiteur que s'il y a un dommage et un lien de causalité, c'est-à-dire de cause à effet, entre le fait du débiteur et le dommage. Trois éléments sont donc nécessaires. Ils sont inhérents à la notion de responsabilité civile.

A. Le fait imputable au débiteur contractuel

604. – L'inexécution du contrat et la faute. Pendant longtemps, la doctrine unanime et la jurisprudence ont considéré que la responsabilité contractuelle ne pouvait être fondée que sur la faute. La plupart des auteurs modernes, tant en France qu'à l'étranger, continuent à envisager le fait imputable au débiteur contractuel qui n'exécute pas son obligation sous l'angle de la faute. En d'autres termes, il n'y aurait pas de responsabilité contractuelle sans la faute du débiteur. Celle-ci serait un élément constant de la responsabilité contractuelle [1].

Il est vrai que les textes des codes pouvaient très bien être interprétés en ce sens. En droit français, l'article 1137 du Code civil, relatif à l'obligation de conserver une chose, suppose à l'évidence la

1. Pendant longtemps, la même tendance à faire de la faute une condition de la responsabilité a pu être constatée en ce qui concerne la responsabilité extra-contractuelle. Même si certains auteurs se tiennent toujours à cette conception de nos jours, ce dont il résulte que, pour eux, il n'est pas possible de concevoir la responsabilité civile en dehors de la faute, il est certain que la responsabilité extra-contractuelle a été envisagée dès la fin du XIXe siècle comme ne supposant pas toujours la faute de celui qui avait, en dehors de tout contrat, causé un dommage à autrui. À partir du second quart du XXe siècle, la responsabilité sans faute ou objective en matière extra-contractuelle a fait l'objet de développements très importants en droit positif français.

faute. Surtout, le texte fondamental en matière de responsabilité contractuelle, l'article 1147 du Code civil, peut être interprété comme exigeant la faute comme condition de la responsabilité du débiteur contractuel. En effet, sur le fondement de ce texte, on peut considérer que c'est commettre une faute de ne pas exécuter l'obligation engendrée par le contrat ou l'exécuter en retard, la preuve d'une cause étrangère, c'est-à-dire d'un fait à l'origine de l'inexécution ou du retard non imputable au débiteur, ayant pour objet et pour effet de démontrer l'absence de faute. Cette conception est encore celle de beaucoup d'auteurs français. L'article 1147 du Code civil permettrait même de considérer qu'il n'appartiendrait pas au créancier de prouver la faute du débiteur, celle-ci étant présumée du seul fait de l'inexécution ou du retard dans l'exécution. La preuve d'une cause étrangère constituerait le moyen de renverser la présomption de faute. En effet, si c'est une faute de ne pas exécuter l'obligation contractuelle, il n'empêche qu'il doit y avoir place pour des causes d'exonération de la responsabilité, en vertu desquelles il serait admis que le débiteur n'est pour rien dans l'inexécution de l'obligation et que, par conséquent, puisque l'inexécution ne lui est pas imputable, sa responsabilité ne saurait être retenue. Au demeurant, en précisant que la mauvaise foi du débiteur n'est pas nécessaire, l'article 1147 permet de supposer que la faute non volontaire ou légère est suffisante pour engager sa responsabilité, la mauvaise foi correspondant à la faute dolosive, c'est-à-dire la volonté ou la conscience de causer un dommage à autrui en acceptant délibérément de ne pas exécuter l'obligation à laquelle on est tenu.

Dans la plupart des systèmes juridiques étrangers de tradition civiliste, les dispositions des codes se prêtent à des interprétations identiques. Ainsi, le B.G.B., sauf des hypothèses particulières dans lesquelles il ne requiert pas la faute [1], oppose l'impossibilité d'exécution, qui résulte de l'existence d'une cause étrangère (§ 275), à l'inexécution fautive (§ 276, selon lequel l'inexécution fautive est due à la faute intentionnelle ou à la négligence). L'article 1218 du Code civil italien est rédigé en des termes tout à fait voisins de ceux de l'article 1147 du Code français. Selon l'article 1994 du Code civil de Louisiane, « un débiteur est responsable des dommages causés par son manquement à exécuter une obligation contractuelle » et il ajoute que « le manquement à exécuter résulte de l'inexécution, de l'exécution défectueuse ou du retard dans l'exécution ». Quant à l'article 97 du Code fédéral suisse des obligations, il énonce que « lorsque le créancier ne peut obtenir l'exécution de l'obligation ou ne peut l'obtenir qu'imparfaitement, le débiteur est tenu de réparer le

1. Par exemple, le § 279, propre à l'inexécution d'une obligation de livrer une chose de genre, qui concerne, bien entendu, le paiement d'une somme d'argent.

dommage en résultant, à moins qu'il ne prouve qu'aucune faute ne lui est imputable » On ne saurait affirmer plus clairement la nécessité de la faute, qui est présumée. Le Code libanais des obligations et des contrats pourrait se démarquer des législations précédentes, en ce que, si l'article 254 affirme le principe de la responsabilité du débiteur en cas d'inexécution sauf preuve d'une impossibilité, laquelle suppose l'absence de faute du débiteur, l'article 255 précise que, dans certains cas exceptionnels, l'inexécution ne suffit point à engager la responsabilité du débiteur, car le créancier doit faire la preuve d'une faute à l'origine de l'inexécution. En réalité, les dispositions de ce code, encore qu'il n'y fasse point expressément allusion, s'insèrent parfaitement bien dans le principe d'une distinction consacrée, au-delà de la formule de la loi, par la jurisprudence française entre la responsabilité contractuelle sans faute et celle qui suppose la faute du débiteur.

605. – L'évolution du droit français depuis l'ancien droit. Il n'est pas du tout certain que la faute du débiteur soit toujours une condition de sa responsabilité en cas d'inexécution. De la même façon que la responsabilité extra-contractuelle a évolué et qu'une responsabilité sans faute ou objective s'est superposée à la responsabilité fondée sur la faute ou subjective, on est arrivé à considérer qu'il pouvait y avoir une responsabilité contractuelle objective à côté de la responsabilité subjective. Lorsque le débiteur contractuel n'exécute pas ou exécute mal son obligation, non seulement il n'est pas nécessaire que le créancier prouve toujours la faute du débiteur, mais encore la faute ne saurait toujours être considérée comme présumée. Il en est ainsi lorsque la preuve contraire de l'absence de faute par le débiteur n'est pas admise. Dans une telle situation, il n'est pas concevable de faire encore reposer la responsabilité sur la faute.

Il est vrai que, dans l'ancien droit français, la responsabilité contractuelle apparaissait comme étant subjective. Seulement, la faute ne consistait pas simplement dans le fait de ne pas exécuter l'obligation. Elle supposait une appréciation du comportement du débiteur pour déterminer si celui-ci était fautif et ce n'est que si le fait qui était à l'origine de l'inexécution apparaissait comme tel que le débiteur était responsable. À cet égard, on avait proposé, dans l'ancien droit, une gradation des fautes, depuis la faute la plus grave, la faute intentionnelle ou dolosive, jusqu'à la faute la moins grave, la faute très légère *(culpa levissima)* que ne commettrait pas le débiteur le plus diligent, en passant par la faute lourde ou grave *(culpa lata)* et la faute légère *(culpa levis)*, c'est-à-dire celle que ne commettrait pas un débiteur normalement diligent. Selon les contrats ou selon les obligations, variables dans un même contrat, on exigeait, comme condition de la responsabilité contractuelle, une faute plus ou moins grave. Le système était complexe et il n'est pas douteux que, sauf exception, le Code civil l'a abandonné. Aussi bien à l'article 1147 qu'à l'article 1137, le Code civil a fait de la faute une condition de la responsabilité contractuelle, en se contentant de la faute légère, qui doit être appréciée *in abstracto*, c'est-à-dire par référence à un type abstrait de débiteur normalement diligent, et non pas *in concreto*, c'est-à-dire en tenant compte des aptitudes particulières de tel ou tel débiteur. Commettre une faute, c'est se comporter comme ne l'aurait pas fait un homme raisonnable et non pas se comporter de telle façon plutôt que de telle autre en fonction de ses aptitudes personnelles.

Par conséquent, contrairement aux apparences, qui résultent d'une lecture littérale de l'article 1147 du Code civil, il ne suffisait pas pour condamner le débiteur à des dommages-intérêts de constater que l'inexécution de l'obligation était imputable à son activité, encore fallait-il que cette activité fût fautive. Cependant, si la jurisprudence se fondait, dans certains cas, sur le simple fait de l'inexécution par le débiteur pour l'obliger à des dommages-intérêts, dans d'autres cas, elle exigeait qu'un jugement de valeur fût porté sur la conduite du débiteur pour déterminer si elle était fautive. On pouvait donc considérer qu'il y avait deux poids et deux mesures et que tous les débiteurs contractuels n'étaient pas logés à la même enseigne. Certains auteurs n'ont pas manqué de relever cette dualité de traitement. Il fallait l'expliquer et on ne pouvait se contenter d'affirmer que c'était commettre une faute que de ne pas exécuter son obligation, en raison de ce que, d'une part, la preuve contraire de l'absence de faute à l'origine de l'inexécution n'était pas toujours admise, ce qui ne cadrait pas avec la présomption de faute, et, d'autre part, le simple fait de l'inexécution, dans d'autres situations, ne suffisait pas pour condamner le débiteur à des dommages-intérêts, puisqu'on exigeait en outre que son comportement fût fautif, ce qui devait être prouvé par le créancier.

C'est pour expliquer cette dualité qu'a été proposée par Demogue la distinction des obligations de résultat et des obligations de moyens.

606. – La distinction des obligations de moyens et des obligations de résultat et celle de la responsabilité subjective et la responsabilité objective. On a envisagé précédemment la distinction des obligations de moyens, encore appelées obligations de diligence, et des obligations de résultat, encore appelées obligations déterminées [1]. Il s'agit, en effet, d'une distinction qui, bien qu'envisagée à l'origine pour expliquer la responsabilité contractuelle, n'en a pas moins une vocation générale et n'est pas propre aux obligations contractuelles [2].

---

1. V. *supra*, n° 51 et s.
2. V. *supra*, n° 53 et 54.

La distinction entre les deux sortes d'obligations tient à leur contenu. Le débiteur est-il tenu de procurer un résultat déterminé au créancier ou bien simplement de faire tout ce qu'on est en droit d'attendre d'un débiteur normalement diligent pour procurer satisfaction au créancier, sans être tenu pour autant de garantir cette satisfaction ?

Entre d'autres termes, si l'obligation est de résultat, du simple fait que le résultat n'est pas atteint on pourra supposer que les conditions de la responsabilité du débiteur sont remplies, sauf preuve contraire d'un fait qui ne lui est pas imputable. Si l'obligation n'est que de moyens, le débiteur ne s'engageant qu'à faire en sorte que le créancier obtienne satisfaction, il appartient à celui-ci de prouver que le débiteur n'a pas fait ce qu'il fallait, ce qui correspond à la preuve d'une faute. Il est vrai que la distinction des deux sortes d'obligations, comme on le verra [1], est plus complexe, en raison de ce que certaines obligations de résultat sont plus sévères que d'autres et que les obligations de moyens doivent quelquefois être combinées avec une présomption de faute à l'encontre du débiteur. Cependant, cette distinction correspond à une réalité qui est incontestable, même si elle a pu être critiquée. En réalité, ces critiques concernent surtout la difficulté de trouver un critère satisfaisant entre les deux catégories d'obligations et non pas le principe même de la distinction. Cette distinction a le très grand mérite d'expliquer ce qu'on aurait pu considérer comme une incohérence du droit quant à la dualité des régimes de la responsabilité contractuelle [2]. Elle a été intégrée par la jurisprudence au droit positif français et elle a pu être reprise, soit expressément par des jurisprudences étrangères (par exemple, en droit belge), soit par la doctrine pour donner une cohérence aux solutions du droit positif (par exemple, en Italie). Les principes d'Unidroit applicables au contrats du commerce international consacrent expressément la distinction (art. 5.1.4).

À l'origine, la distinction des obligations de moyens et des obligations de résultat avait simplement pour objet d'expliquer les différences de traitement du débiteur contractuel dont on considérait qu'il n'était responsable que s'il avait commis une faute, que l'obligation fût de résultat ou de moyens. Si l'obligation est de résultat, la faute consiste à ne pas procurer le résultat promis, dès lors que le dommage est imputable à l'activité du débiteur. En d'autres termes, l'inexécution d'une obligation de résultat imputable à l'activité du débiteur constitue une faute. Au contraire, si l'obligation est de moyens, le simple fait de l'inexécution, c'est-à-dire la non satisfaction du créancier, ne suffit pas à constituer le débiteur en faute. Il faut que le créancier

1. V. *infra*, n° 614, 615 et 620.
2. V. *supra*, n° 605.

prouve que le débiteur n'a pas fait tout ce qu'il était en droit d'attendre d'un débiteur diligent. Par conséquent, dans les deux cas, la responsabilité du débiteur est fondée sur la faute. En réalité, on peut se demander si la distinction des deux sortes d'obligations ne correspond pas plutôt à la distinction de la responsabilité subjective et la responsabilité objective et la réponse doit être affirmative.

607. – Absence de faute et cause étrangère. La majorité des auteurs français, de nos jours, utilisent encore la distinction des deux sortes d'obligations pour expliquer les différences de régimes d'une responsabilité contractuelle qui serait toujours fondée sur la faute du débiteur. Plusieurs arrêts de la Cour de cassation se prononcent dans le même sens (cf. Civ. 1re, 16 février 1988, *Bull. civ.* 1, n° 42, *J.C.P.* 1988.IV.156, *Rev. trim. dr. civ.* 1988.767, obs. Jourdain et Civ. 1re, 8 décembre 1998, *D.A.* 1999.123, *R.J.D.A.* 1999, n° 164, qui considèrent que « l'obligation de résultat emporte présomption de faute » ; Civ. 1re, 2 février 1994, *J.C.P.* 1994.II.22294, note Delebecque, *Contrats, conc. consomm.* 1994, n° 70, obs. Leveneur, *Rev. trim. dr. civ.* 1994.613, obs. Jourdain ; Civ. 1re, 20 juin 1995, *J.C.P.* 1995.IV.2010 ; Civ. 1re, 21 octobre 1997, *D.A.* 1997.1419, *R.J.D.A.* 1998, n° 47. V. aussi, Com. 14 janvier 1997, *R.J.D.A.* 1997, n° 642, arrêt selon lequel la faute d'un expéditeur dans l'exécution d'un mandat résidait dans l'inexécution de l'obligation de résultat d'exiger la remise d'un document).

La faute suppose que l'on porte un jugement de valeur sur le comportement d'un débiteur pour déterminer s'il a bien ou mal agi. Si l'obligation est de moyens, il est incontestable qu'on procède de la sorte et que la responsabilité du débiteur ne peut être qu'une responsabilité subjective, mais il n'en va pas de même si l'obligation est de résultat. En ce cas, on ne porte aucun jugement sur le comportement du débiteur. Il n'est même pas possible de porter un tel jugement, puisque, dès lors que le résultat auquel il était tenu n'est pas atteint, il est responsable, sans pouvoir démontrer qu'il s'est bien comporté, qu'il a fait tout ce qui était possible pour y parvenir. Parce qu'il n'y a pas à juger la conduite du débiteur, il n'est pas possible de fonder sur la faute la responsabilité pour inexécution d'une obligation de résultat. L'inexécution d'une telle obligation conduit à une responsabilité sans faute ou objective (cf. à propos d'un louage d'ouvrage, Com. 17 novembre 1993, *R.J.D.A.*, n° 310). Certes, la responsabilité pour inexécution d'une obligation de résultat n'est pas nécessairement dans tous les cas une responsabilité inéluctable [1]. En effet, le débiteur échappera normalement à sa responsabilité s'il est en mesure de prouver une cause étrangère qui ne lui est pas imputable

1. Elle peut l'être dans certaines situations, notamment s'il s'agit de l'obligation de donner un chose de genre, v. *infra*, n° 614.

(cf. art. 1147 C. civ.)[1]. Mais, s'il est vrai que souvent, dans l'hypothèse d'une cause étrangère, c'est-à-dire d'un fait à l'origine du dommage qui n'est pas imputable au débiteur, il y a aussi absence de faute du débiteur, il n'empêche que la preuve d'une cause étrangère ne correspond pas logiquement à la preuve de l'absence de faute. La preuve de l'absence de faute, comme la preuve de la faute, suppose un jugement porté sur la conduite du responsable désigné, en l'occurrence le débiteur contractuel. Au contraire, la preuve d'une cause étrangère se passe de tout jugement sur la conduite du débiteur. Il ne s'agit pas de considérer, en prouvant une cause étrangère, que le débiteur n'a pas commis de faute, mais de faire admettre que le comportement du débiteur, fautif ou non, n'est pas à l'origine du dommage éprouvé par le créancier. En d'autres termes, la preuve d'une cause étrangère ne concerne qu'un problème de causalité. Elle détruit le lien de causalité qui, en cas d'inexécution d'une obligation de résultat, est présumé entre l'activité du débiteur et le dommage éprouvé par le créancier du fait de l'inexécution. Toutes les responsabilités objectives, en matière contractuelle comme en matière extra-contractuelle, sont des obligations de réparation qui reposent sur le seul lien de causalité entre l'activité d'une personne et le dommage subi par une autre, d'où le nom qui leur est quelquefois donné de responsabilités causales, ce qui démontre que la causalité n'a pas à être qualifiée sous l'angle de la faute. Elle se suffit à elle-même pour fonder la responsabilité. La responsabilité pour inexécution d'une obligation de résultat correspond parfaitement à cela.

En fin de compte, l'inexécution d'une obligation, même si elle est imputable au débiteur, ne saurait en elle-même constituer une faute. La faute résultera du jugement porté sur le comportement du débiteur. Dans certaines situations, il faut porter ce jugement. Dans d'autres situations, cela n'est pas nécessaire, la responsabilité étant objective.

Lorsque la responsabilité est objective, la seule façon d'y échapper est de prouver une cause étrangère. Cependant, les causes étrangères ne sont pas absentes des responsabilités subjectives, en raison de

---

1. C'est une chose de considérer que la responsabilité ne repose pas sur la faute et que l'inexécution même non fautive oblige à réparer le dommage en résultant. C'en est une autre d'exiger l'imputabilité du dommage au fait du débiteur. Dans tous les cas, même si la responsabilité ne repose pas sur la faute, l'inexécution de l'obligation doit être imputable au fait du débiteur, celui-ci n'étant point obligé à réparation lorsque le dommage est dû à une cause étrangère. C'est la raison pour laquelle est injustifiable la solution d'un arrêt de la chambre commerciale de la Cour de cassation du 30 juin 1992 (*R.J.D.A.* 1993, n° 202, *D.* 1994.454, obs. Bénabent) qui, après avoir rappelé le principe de l'exécution par équivalent énoncé à l'article 1142 du Code civil, décide que le débiteur est obligé à réparation même s'il n'a point commis de faute, alors que l'inexécution de l'obligation ne lui était pas imputable, en raison de ce qu'elle relevait d'un fait du prince, constitutif d'une cause étrangère. Ainsi encore, est insoutenable la position de certains arrêts lorsqu'ils affirment l'identité de l'absence de faute et de la force majeure (*cf.* Caen 3 octobre 2000, *J.C.P.* 2001.IV.2284).

ce qu'il est toujours possible pour le débiteur de démontrer que la faute qu'il a commise et qui a été prouvée par le créancier n'est pas la cause du dommage subi par celui-ci.

608. – Conséquences du principe de la distinction des deux sortes d'obligations. Le principe de la distinction entre les obligations de moyens et les obligations de résultat étant ainsi établi ainsi que celui de la nature de la responsabilité du débiteur contractuel, il convient d'envisager non seulement le régime de la responsabilité en cas d'inexécution d'une obligation de la première ou de la seconde sorte, mais encore le critère de la distinction entre les deux sortes d'obligations. Cependant, il se peut que les parties aient aménagé conventionnellement la responsabilité du débiteur en cas d'inexécution ou de mauvaise exécution par des clauses appropriées du contrat, ce qui a pour effet de modifier le régime de la responsabilité par rapport à ce qu'il aurait pu être, sans compter que la responsabilité peut même être conventionnellement supprimée en cas d'inexécution.

1) Le régime de la responsabilité contractuelle et la distinction des obligations de moyens et des obligations de résultat [1]

609. – Régimes de droit commun et d'exception des responsabilités subjectives et objectives. Pour la majorité des auteurs, l'intérêt de la distinction des obligations de moyens et de résultat quant au régime de la responsabilité du débiteur tiendrait à la charge de la preuve de la faute et de la preuve contraire de l'absence de faute. Si l'obligation est

---

1. *Bibliographie* : FROSSARD, *La distinction des obligations de moyens et de résultat*, 1965 ; ESMEIN, Remarques sur de nouvelles classifications des obligations, *Mélanges CAPITANT*, p. 235 ; ESMEIN, Obligation et responsabilité contractuelle, *Mélanges RIPERT*, t. 2, p. 101 ; MARTON, Obligations de résultat et obligations de moyen, *Rev. trim. dr. civ.* 1935.499 ; TUNC, Force majeure et absence de faute en matière contractuelle, *Rev. trim. dr. civ.* 1945.235 ; RODIERE, Une notion menacée, la faute ordinaire dans les contrats, *Rev. trim. dr. civ.* 1945.201 ; TUNC, La distinction des obligations de moyens et de résultat, *J.C.P.* 1945.1.449 ; MAZEAUD, L'obligation générale de prudence et de diligence et les obligations déterminées, *Rev. trim. dr. civ.* 1936.1 ; PLANCQUEEL, Obligations de moyens, obligations de résultat, *Rev. trim. dr. civ.* 1972.334 ; CONSTANTINESCO, *Inexécution et faute contractuelle en droit comparé*, 1960 ; BERGEL, La responsabilité des hôteliers, *Gaz. Pal.* 1977.1.D.62 ; RODIERE, *Droit des transports*, 2e éd. 1977 ; CREPEAU, *L'intensité de l'obligation juridique ou des obligations de diligence, de résultat et de garantie*, Montréal, 1989 ; LAFFORGUE, La sécurité des biens du client du restaurateur, *J.C.P.* 1993, éd. E. I 304 ; DESRAYAUD, Ecole de l'exégèse et interprétations doctrinales de l'article 1137 du Code civil, *Rev. trim. dr. civ.* 1993. 535 ; VINEY, La responsabilité contractuelle du fait des choses : un avenir incertain, *J.C.P.* 1996.I.3944, n° 6 et s. ; VINEY, La responsabilité contractuelle du fait d'autrui, *J.C.P.* 1996.I.3944, n° 16 et s ; JOURDAIN, Responsabilité contractuelle du fait des choses : la Cour de cassation aurait-elle des regrets ?, *Rev. trim. dr. civ.* 1996.632 ; HASSLER, Le point sur l'obligation de sécurité. *Petites Affiches* 12 février 1997 ; *L'indemnisation des accidents médicaux*, Travaux du colloque du 24 avril 1997 ; MARTINEAU-BOURGUINAUD, L'obligation contractuelle de surveillance, *Petites Affiches* 3 mai 2001 ; SERVANT, L'extrême rapidité des revirements de jurisprudence en matière de responsabilité hôtelière, *D.* 2001. Chron. 2914 ; BELLISENT, *Contribution à l'analyse de la distinction entre les obligations de moyens et les obligations de résultat*, 2003.

de résultat, la faute du débiteur serait présumée et il ne pourrait renverser la présomption qu'en rapportant la preuve d'une cause étrangère. Si l'obligation est de moyens, il appartient normalement au créancier de prouver la faute du débiteur, sauf, en certains cas, à admettre une présomption de faute qui serait susceptible d'être renversée, non pas par la preuve d'une cause étrangère, mais par celle d'un comportement diligent du débiteur. Cette façon d'envisager les différents régimes de responsabilité contractuelle est contestable, comme on l'a vu [1], sans compter qu'on ne voit pas pourquoi, en ce qui concerne la preuve de l'absence de faute, on exigerait dans certains cas la preuve positive d'une cause étrangère, alors que, dans d'autres, on se contenterait de la preuve négative de ce que le débiteur n'a pas commis de faute, en ce qu'il s'est comporté d'une façon diligente. Cela prouve, encore une fois, que l'obligation de résultat, lorsqu'elle n'est pas exécutée, est sanctionnée par une responsabilité objective, tandis que l'inexécution d'une obligation de moyens est sanctionnée par une responsabilité subjective.

Toutefois, le régime juridique de la responsabilité, pour chacune des deux sortes d'obligations, n'est pas toujours le même. À côté d'un régime en quelque sorte de droit commun, il y a un régime d'exception.

a) Obligations de résultat

α) Régime normal

610. – Droit commun : preuve d'une cause étrangère. En droit commun, l'obligation de résultat, dans ses applications par la jurisprudence, relève de l'article 1147 du Code civil, c'est-à-dire que la responsabilité du débiteur en cas d'inexécution de l'obligation ne sera pas retenue s'il prouve que le dommage est dû à une cause étrangère non imputable (cf. Civ. 1re, 28 février 1995, *R.J.D.A.* 1995, n° 542, l'arrêt considérant que seule la preuve d'une cause étrangère autorise à ne pas retenir la responsabilité du débiteur d'une obligation de résultat ; Civ. 1re, 10 juillet 1996, *Bull. civ.* 1, n° 317, *J.C.P.* 1996.IV.2117, *Rep. not.* 1997.337, obs. Delebecque, arrêt selon lequel seule la preuve d'une cause étrangère peut exonérer de sa responsabilité le vendeur qui n'a pas délivré une chose conforme ; Com. 19 décembre 2000, *R.J.D.A.* 2001, n° 617, qui énonce le principe de la responsabilité du débiteur d'une obligation d'acquérir sauf preuve d'une cause étrangère). Il s'agit de la preuve positive de l'événement qui est à l'origine de l'inexécution de l'obligation et qui est étranger à l'activité du débiteur. En réalité, il y a trois sortes de causes étrangères non imputables au débiteur, la force majeure, le fait d'un tiers et celui de la victime, en l'occurrence le créancier de l'obligation inexécutée [2]. Ce n'est que si ces faits constituent la cause unique du dommage subi par le créancier qu'ils donneront lieu à une exonération totale de la responsabilité du débiteur. Dans le cas où certains d'entre

1. V. *supra*, n° 607.
2. V. *infra*, n° 720 et s.

eux se combineraient avec l'activité, même non fautive, du débiteur pour être à l'origine du dommage éprouvé par celui-ci, il ne pourrait y avoir lieu qu'à une exonération partielle de responsabilité [1]. S'il s'agit de la faute de la victime, l'exonération partielle de la responsabilité du débiteur se manifestera par une réduction des dommages-intérêts au profit du créancier, c'est-à-dire un partage de responsabilité [2]. Si c'est le fait ou la faute d'un tiers qui est partiellement à l'origine du dommage, la jurisprudence n'admet pas d'exonération partielle de responsabilité du débiteur contractuel, en raison de ce qu'elle considère que chacun des coresponsables d'un dommage est tenu de l'obligation d'en réparer l'intégralité, sauf le recours de celui qui y a procédé contre l'autre responsable. C'est le principe dit de l'obligation *in solidum* des coresponsables, qui est admis aussi bien en matière contractuelle qu'en matière extra-contractuelle [3]. Quant à la force majeure, en raison des conditions qu'elle suppose pour pouvoir être admise, elle ne peut donner lieu qu'à une exonération totale de la responsabilité du débiteur [4].

L'un des intérêts essentiels de l'obligation de résultat est de permettre de présumer que le dommage subi par le créancier est dû à l'activité du débiteur. En d'autres termes, le créancier n'a pas à prouver que c'est le fait du débiteur qui est l'origine du dommage, ce dont il résulte que celui-ci doit prendre à sa charge tous les cas douteux, ceux qui n'apparaissent pas d'une façon certaine comme étant étrangers à son activité. Une fois que le créancier a prouvé que l'obligation n'a pas été exécutée, parce qu'il n'a pas obtenu satisfaction, cette inexécution est présumée être imputable au fait du débiteur. Il s'agit d'une présomption de causalité (cf. Civ. 1re, 16 février 1988, *J.C.P.* 1988.IV.156, *Bull. civ.* 1, n° 42, *Rev. trim. dr. civ.* 1988.767, obs. Jourdain ; Civ. 1re, 5 mars 1991, *Rev. trim. dr. civ.* 1991.756, obs. Jourdain ; Civ. 1re, 2 février 1994, *D.* 1994.IR.55 ; Civ. 1re, 20 juin 1995, *J.C.P.* 1995.IV. 2010). Cette présomption est fondée sur le principe qu'il appartient au débiteur, pour se dégager de sa responsabilité, de faire la preuve d'une cause étrangère [5]. En effet, par cette preuve, le débiteur démontre que la survenance du

1. V. *infra,* n° 733.
2. V. *infra,* n° 733.
3. V. *infra,* n° 733.
4. V. *infra,* n° 731
5. On a pu prétendre que la Cour de cassation aurait condamné à une époque plus récente cette présomption de causalité. En effet, la première chambre civile, par un arrêt du 16 octobre 2001, *Contrats, conc. consomm.* 2002, n° 25, obs. Leveneur, *Rev. trim. dr. civ.* 2002.514, obs. Jourdain, à propos d'une explosion de gaz provenant d'un appareil utilisant ce combustible, a admis qu'il appartenait à la victime de prouver que l'explosion « a trouvé son origine dans la prestation du vendeur-installateur » de l'appareil. Cette décision étant susceptible d'interprétations diverses, on ne peut affirmer qu'elle abandonne la présomption de causalité. Surtout, la Cour de cassation pourrait avoir été inspirée par une directive européenne en matière de responsabilité du fait des produits défectueux, qui a été introduite en droit français par une loi du 19 mai 1998 (art. 1386-1 et s. C. civ.). Or, en vertu de ce texte, la causalité doit être prouvée (art. 1386-9 C. civ.), ce qui ne correspond pas au droit commun français de l'obligation de résultat.

dommage est étrangère à son activité. Par conséquent, si la preuve d'une cause étrangère a pour objet de ne point permettre d'imputer le dommage au fait du débiteur, c'est que l'inexécution de l'obligation autorise à penser qu'elle lui est imputable. En fin de compte, prouver une cause étrangère, c'est renverser la présomption de causalité. La jurisprudence est fermement établie en ce sens. Ainsi, en ce qui concerne le contrat de transport terrestre de personnes, le transporteur est tenu d'une obligation de sécurité quant à l'intégrité corporelle du passager, dont l'inexécution est présumée être imputable à son fait, le contraire ne pouvant être admis que par la preuve d'une cause étrangère (cf. Civ. 1re, 27 avril 1976, *J.C.P.* 1976.II.18477, note Rodière, *Rev. trim. dr. civ.* 1977.139, obs. Durry ; Paris 30 novembre 1994, *R.J.D.A.* 1995, n° 252). Cette obligation est sévère et, à l'évidence, le fait du transporteur ne suppose pas sa faute, sans compter qu'il est apprécié d'une façon telle que la jurisprudence rattache l'inexécution de l'obligation à son activité dans des hypothèses où on aurait pu penser le contraire. Ainsi, le passager d'un train ayant été blessé par une pierre provenant de l'extérieur qui avait pénétré dans le wagon par la glace entrouverte, a été retenue la responsabilité du transporteur « aucune certitude ne pouvant être apportée sur la cause de la projection du caillou » et que, dès lors, il ne rapportait pas la preuve que l'accident était dû à une cause étrangère (Civ. 1re, 29 novembre 1960, *D.* 1961.75. V. aussi Civ. 1re, 26 juin 1990, *D.* 1990.IR.193. *Adde,* Montpellier 9 juillet 1997, *J.C.P.* 1998.IV.1286, à propos d'un passager tombé de sa couchette, les faits n'étant pas contestés et la S.N.C.F. ne prouvant pas la faute de la victime permettant de l'exonérer de sa responsabilité).

Au demeurant, il n'y a pas à cet égard de sévérité plus grande pour l'obligation de résultat du transporteur que celle qui pèse sur d'autres débiteurs. C'est ainsi que doit être rattachée à l'activité de l'exploitant d'un magasin la survenance du dommage subi par un client qui a été blessé par l'explosion d'une bouteille de limonade qu'il venait de prendre dans un rayon, dès lors que, d'une part, « l'exploitant est tenu de mettre à la disposition de ses clients des articles ne présentant pas d'autres dangers que ceux pouvant résulter de leur nature » et, d'autre part, il ne justifiait pas de l'existence d'une cause étrangère (Civ. 1re, 12 juin 1980, *D.* 1980.IR.48, *J.C.P.* 1980.II.19422, note Dejean de la Batie, rejetant le pourvoi contre Bordeaux 5 janvier 1978, *D.* 1979.IR.61, obs. Larroumet). Ainsi encore, l'installateur du chauffage dans un ensemble immobilier ne peut s'exonérer de sa responsabilité envers le maître de l'ouvrage qu'en rapportant la preuve d'une cause étrangère (Com. 17 novembre 1992, *R.J.D.A.* 1993, n° 310). De la même façon, un centre de transfusion sanguine ne peut échapper à sa responsabilité en cas de vice du sang que s'il prouve une cause étrangère qui ne lui est pas imputable, le vice ne pouvant constituer une cause étrangère (Civ. 1re, 12 avril 1995, *D.* 1995.IR.130 et 131, *J.C.P.* 1995.II.22467, note Jourdain), tandis que l'obligation d'une clinique, pour la même fourniture n'est que de moyens (Civ. 1re, 12 avril 1995, *J.C.P.* 1995.II.22467, note Jourdain ; Civ. 1re, 14 novembre 1995, *D.* 1995.IR.269, *J.C.P.* 1996.IV.18. V. Leveneur, Sida postransfusionnel et responsabilité : obligation de résultat ou de moyens pour les fournisseurs de sang, *Contrats, conc. consomm.* 1995, Chron. 9. Comparer, Riom 6 avril 1995, *J.C.P.* 1995.IV.2601, qui admet une obligation de résultat à la charge de la clinique). Le bailleur est responsable des troubles de jouissance provoqués par d'autres locataires sauf preuve d'une cause étrangère (Civ. 3e, 19 mai 2004, *D.* 2004.IR.1640) ainsi que, de la même façon, de l'impossibilité de délivrer l'immeuble au bailleur en raison de l'occupation illicite d'un tiers (Civ. 3e, 28 septembre 2005, *R.J.D.A.* 2005, n° 1321).

611. – Applications – Code Civil. Les applications du principe de la responsabilité objective en ce qui concerne l'inexécution d'une obligation de résultat à laquelle le débiteur échappera en prouvant une cause étrangère non imputable sont nombreuses tant en vertu de la loi que de la jurisprudence.

Une des applications les plus remarquables par le Code civil lui-même concerne la responsabilité des constructeurs en cas d'inexécution des obligations mises à leur charge par le contrat d'entreprise en matière immobilière. En effet, selon l'article 1792, tout constructeur [1] est « responsable de plein droit » en cas de dommages résultant des circonstances qui sont visées dans le texte, sauf s'il prouve une cause étrangère. Ce texte ne se borne pas à édicter une présomption de faute à la charge des constructeurs. Il fait peser sur eux une responsabilité objective (cf. par exemple, Civ. 3e, 25 janvier 1989, *D.* 1989.IR.43, *J.C.P.* 1989.IV.112. *Bull. civ.* 3, n° 18, *Rep. not.* 1990.761, obs. Souleau). Ce n'est même pas par interprétation du texte qu'il en est ainsi, comme c'est le cas en ce qui concerne l'article 1147, mais bien en vertu de ses dispositions expresses. En effet, l'article 1792 énonce le principe d'une responsabilité de plein droit. Or, la responsabilité de plein droit n'est rien d'autre qu'une responsabilité sans faute, c'est-à-dire la responsabilité objective. Si l'on devait encore douter de ce que l'inexécution d'une obligation de résultat est sanctionnée par une responsabilité objective, l'article 1792 du Code civil lèverait définitivement ce doute [2].

---

1. Il convient d'assimiler au constructeur les personnes qui sont énumérées aux articles 1792-1 et 1792-4.

2. Cependant, lorsque les conditions exigées par l'article 1792 pour la responsabilité de plein droit du constructeur ne sont pas remplies, il est admis qu'il y a encore place éventuellement pour sa responsabilité fondée sur une faute qui doit être prouvée par le créancier (cf. Civ. 3e, 9 mars 1988, *J.C.P.* 1988.IV.183), à condition qu'il ne s'agisse pas d'un dommage résultant de défauts ou de désordres qui sont la suite de ceux qui ont fait l'objet de réserves lors de la réception de l'ouvrage, car, dans une telle situation, l'entrepreneur serait tenu à réparation sur le fondement du manquement à une obligation de résultat autre que celle dont il est question dans l'article 1792, ce dont il résulte qu'il ne pourrait échapper à sa responsabilité que par la preuve d'une cause étrangère

Une autre application de la responsabilité de plein droit ou objective à l'encontre d'un débiteur contractuel résulte de l'article 1953 du Code civil relatif à la responsabilité des hôteliers en ce qui concerne les objets introduits dans l'hôtel par le client qui y est hébergé. En effet, en vertu de ce texte, il est admis que l'hôtelier répond du dommage subi par les effets de son client même s'il n'a pas commis de faute, dès lors qu'une cause étrangère n'est pas prouvée, le vol ne constituant pas, dans cette hypothèse, une cause étrangère. Par conséquent, l'hôtelier est tenu d'une obligation de résultat quant à la garde des effets de son client [1], peu important que ceux-ci lui soient remis ou qu'ils soient laissés par le client dans les lieux appropriés de l'hôtel tels que la chambre mise à la disposition du client, encore que, dans le second cas, la responsabilité soit limitée à un plafond (art. 1953, al. 3), tandis que, dans le premier cas, elle est illimitée (art. 1953, al. 2). Certes, contrairement à l'article 1792, l'article 1953 ne précise nullement que la responsabilité de l'hôtelier est une responsabilité de plein droit. Cependant, cela résulte nécessairement de l'article 1953, al. 3. En effet, selon cette disposition, lorsque la faute de l'hôtelier dans la garde des effets introduits par le client est prouvée, la responsabilité est illimitée, même en ce qui concerne les effets non spécialement remis à l'hôtelier par le client et, par conséquent, ceux qu'il laisse dans sa chambre par exemple (cf. Aix-en-Provence 17 décembre 1996, *J.C.P.* 1997.IV.2307). En d'autres termes, à côté de la responsabilité illimitée de l'hôtelier fondée sur une faute, il y a une responsabilité limitée par la loi à un plafond, laquelle ne suppose pas la faute. Il s'agit même d'une responsabilité de plein droit illimitée, si les effets ont été remis au débiteur par le client de l'hôtel. Prétendrait-on qu'il s'agirait simplement d'une responsabilité fondée sur une faute présumée ? Cela serait contestable, non seulement parce que l'hôtelier n'est pas admis à prouver son absence de faute et qu'il ne peut échapper à son obligation de réparation que par la preuve d'une cause étrangère, c'est-à-dire en détruisant la présomption d'un lien de causalité entre son activité et le dommage, mais encore parce qu'il ne peut être exonéré de sa responsabilité en cas de vol, alors que le vol peut exclure la faute. Au demeurant, la Cour de cassation paraît bien faire la distinction entre la responsabilité pour faute et la responsabilité de plein droit hôtelier (cf. Civ. 1re, 27 janvier

---

(Suite de la note 2, p. 643) (cf. Civ. 3e, 13 avril 1988, *J.C.P.* 1988.IV.209). La responsabilité d'un locateur d'ouvrage pour retard dans l'exécution des travaux est tout à fait indépendante de l'article 1792 et elle peut être fondée sur la faute (cf. Civ. 3e, 31 mai 1989, *J.C.P.* 1989.IV.283, arrêt selon lequel en l'absence de stipulation de pénalités pour retard dans le contrat d'entreprise, l'architecte ne peut être obligé à réparation envers le maître de l'ouvrage que si une faute est prouvée à son encontre).

1. Dans cette mesure, la responsabilité de l'hôtelier tenu d'une obligation de garde, c'est-à-dire en tant que dépositaire, diffère de la responsabilité de droit commun du dépositaire, lequel, à la différence de l'hôtelier, n'est pas tenu d'une obligation de résultat, mais d'une obligation de moyens, v. *infra*, n° 618 et 620.

1982, *D.* 1982.IR.179, *J.C.P.* 1983.II.19936, note Chabas)[1]. La responsabilité de l'article 1953 du Code civil a été étendue au stationnement des véhicules dans les dépendances de l'hôtel (Civ. 1re, 29 septembre 2004, *J.C.P.* 2004.IV.3101).

Si la Cour de cassation avait admis une responsabilité pour faute à la charge des établissements hospitaliers en ce qui concerne les objets introduits dans l'établissement par les patients (Civ. 1re, 19 mai 1992, *R.J.D.A.* 1992, n° 685, *D.* 1993. Somm. 213, obs. Fortis), le législateur s'est inspiré du système de l'article 1953 du Code civil en l'adaptant au particularisme de l'hospitalisation (loi du 6 juillet 1992).

Selon l'article 1733 du Code civil, le preneur à bail est responsable de l'incendie de l'immeuble loué sauf s'il prouve que l'incendie est dû à un cas de force majeure, à un vice de construction ou encore s'il a été communiqué par un immeuble voisin. Il n'y a pas de place pour la preuve de l'absence de faute du preneur. Aussi bien, la jurisprudence considère que l'article 1733 est le siège d'une « présomption de responsabilité » (cf. notamment, Civ. 3e, 9 février 1977, *D.* 1977.IR.233, Civ. 3e, 24 avril 1981, *Bull. civ.* 3, n° 81). L'expression de présomption de responsabilité est utilisée par la jurisprudence comme étant synonyme de celle de responsabilité de plein droit ou responsabilité objective[2]. Dès lors, on conçoit parfaitement que le preneur, tenu de l'obliga-

---

1. Indépendamment de la responsabilité à raison de la garde des objets qui lui sont confiés ou qui sont laissés par le client dans sa chambre, l'hôtelier est responsable non seulement lorsqu'il est porté atteinte aux effets que le client conserve sur lui, sans les confier à l'hôtelier ou les laisser dans l'hotel (cf. Civ. 1re, 27 janvier 1982, *Bull. civ.* 1.49, *D.* 1982.IR.359, obs. Larroumet), mais encore lorsqu'il est porté atteinte à la sécurité corporelle du client (cf. Civ. 1re, 29 janvier 1985, *J.C.P.* 1985.IV.138, 19 janvier 1983, *J.C.P.* 1983.IV.317, *Rev. trim. dr. civ.* 1984.729, obs HUET ; Paris, 20 mars 1987, *D.* 1987.IR.101. Dans le même sens, en ce qui concerne un club de vacances, Civ. 1re, 25 mai 1987, *D.* 1987.IR.144, ou un restaurateur, Civ. 1re, 14 mars 1995, *D.* 1995.IR.90 ; Paris 7 mars 1997, *D.* 1998.7, note Dagorne-Labbé. Si la Cour de Paris (10 septembre 2001, *D.* 2001.IR.2875), à propos d'une manucure chez laquelle la cliente avait retiré ses bijoux, avait admis une responsabilité sans faute de la manucure, la Cour de cassation (Civ. 1re, 8 février 2005, *D.* 2005.IR.522) ne l'a pas suivi, en ce que, contrairement l'hôtelier, il n'y a pas de dépôt nécessaire et donc pas d'obligation de garde.). Tandis que l'obligation de garde de l'hôtelier est une obligation de résultat, les deux autres obligations mises à sa charge ne sont que de moyens (Civ. 1re, 22 mai 1991, *D.* 1991.IR.171, *Rev. trim. dr. civ.* 1991.757, obs. Jourdain ; Civ. 1re, 8 février 2005, *D.* 2005.2058, note Corgas-Bernard. V. sur la question, Drapier et Mercoli, De la sécurité dans le contrat d'hôtellerie, *Petites Affiches* 4 août 2006.). Un même contrat peut faire naître plusieurs obligations de nature différente. Il a été admis par la Cour de cassation que l'exploitant d'un établissement thermal est tenu d'une obligation de résultat l'absence de responsabilité ne pouvant être prononcée que par la preuve d'une cause étrangère, lorsque la cure a dû être interrompue en raison de l'incendie de l'établissement, l'obligation de sécurité n'étant de ne pas admettre la même solution en ce qui concerne les hôteliers.

2. L'expression de présomption de responsabilité n'est pas heureuse. Il est préférable de parler de responsabilité sans faute, de responsabilité objective ou de responsabilité de plein droit. En effet, ce que l'on peut présumer ce sont les conditions de la responsabilité (par exemple, la présomption de causalité), mais non pas la responsabilité elle-même. Celle-ci sera retenue si ses conditions, éventuellement présumées, sont remplies. Elle ne le sera pas si une des conditions vient à manquer ou est détruite (par exemple, le renversement de la présomption de causalité).

tion de résultat de ne pas provoquer d'incendie dans l'immeuble loué, ne puisse échapper à sa responsabilité en invoquant des indices permettant d'attribuer le sinistre à une cause qui ne lui serait pas imputable s'il n'est pas en mesure de rapporter une preuve directe et positive de l'un des faits exonératoires limitativement prévus à l'article 1733 (cf. Orléans, 30 octobre 1975, *J.C.P.* 1976.IV.364). On ne saurait plus clairement exclure la preuve de l'absence de faute, en rattachant la survenance du sinistre à l'activité du débiteur lorsque n'est pas prouvée positivement une cause étrangère [1].

Par une loi du 19 mai 1998 ont été introduits dans le Code civil les articles 1386-1 et suivants [2]. Ces dispositions sont relatives à la responsabilité pour les dommages causés par les produits défectueux, le législateur français comme le législateur européen ayant unifié les régimes de réparation envers les créanciers en vertu d'un contrat et envers les tiers (art. 1386-1 C. civ.). Il n'est point besoin de constater le défaut intrinsèque d'un produit correspondant au vice caché des articles 1641 et suivants pour que le producteur soit responsable. En réalité, il résulte de l'article 1386-4 du Code civil, aux termes duquel « un produit est défectueux lorsqu'il n'offre pas la sécurité à laquelle on peut légitimement s'attendre », que le producteur est tenu d'une obligation de sécurité, le défaut du produit n'étant rien d'autre que le manquement à cette obligation. Cette obligation est, à n'en pas douter, une obligation de résultat. Cela résulte notamment de l'article 1386-11, al. 1er du Code civil qui précise qu'il s'agit d'une responsabilité de plein droit et des causes d'exonération prévues par d'autres dispositions. Les articles 1386-1 et suivants du Code civil constituent l'une des consécrations les plus remarquables d'une obligation de résultat en droit actuel [3]. Cependant, s'il en est ainsi le plus souvent, il faut

1. V. *supra*, n° 610.

2. La loi du 19 mai 1998 a pour objet la transposition en droit français d'une directive européenne d'harmonisation des législations des États membres (directive du 25 juillet 1985).

3. Avant la loi du 19 mai 1998, la responsabilité des producteurs n'était pas, pour autant inconnue en droit français, mais elle avait été fondée sur d'autres textes, sans compter que son régime n'était pas le même selon qu'il s'agissait de la responsabilité contractuelle ou bien extra-contractuelle. En matière contractuelle, la jurisprudence, dans un premier temps, avait fondé cette responsabilité sur la garantie des vices cachés des articles 1641 et suivants du Code civil, ce qui supposait un défaut intrinsèque et non pas simplement le manquement à une obligation de sécurité. Dans un deuxième temps, la Cour de cassation a consacré l'existence de cette obligation de sécurité en la faisant reposer sur l'article 1147 du Code civil, ce qui permettait de faire échapper le régime de la responsabilité à celui de la garantie des vices cachés et de s'inspirer de la directive européenne de 1985 non encore transposée en droit français. Cette jurisprudence est toujours actuelle pour les produits mis en circulation avant l'entrée en vigueur de la loi du 19 mai 1998 (V. Civ. 1re, 20 mars 1989, *D.* 1989.381, note Malaurie, *Rev. trim. dr. civ.* 1989.381, obs. Jourdain ; Civ. 1re, 11 juin 1991, *Bull. civ.* 1, n° 201, *D.* 1993. Somm. 241, obs. Tournafond, *Rev. trim. dr. civ.* 1992.114, obs. Jourdain ; Civ. 1re, 17 janvier 1995, *D.* 1995.350, note Jourdain ; Civ. 1re, 15 octobre 1996, *R.J.D.A.* 1997, n° 10 ; Civ. 1re, 3 mai 1998, *R.J.D.A.* 1998, n° 384).

tenir compte du fait que, dans certains cas, le défaut, qui doit-être prouvé par la victime, peut-être dû à une faute (par exemple, lorsqu'il s'agit d'un défaut de fabrication ou de conception).

612. – Jurisprudence. Transport et Contrat voisins. Dans de nombreuses situations, en dehors de tout texte de loi l'y invitant, la jurisprudence fait peser sur un débiteur contractuel une obligation de résultat dont l'inexécution déclenche la présomption de causalité et la responsabilité objective du débiteur à laquelle il ne peut échapper que par la preuve d'une cause étrangère.

C'est, d'abord, l'exemple bien connu du contrat de transport. Depuis un arrêt de principe du 21 avril 1913 (D.P. 1913.1.249, note Sarrut, S. 1914.1.5, note Lyon-Caen), la Cour de cassation met à la charge du transporteur de personnes l'obligation de résultat de conduire le passager sain et sauf à destination (cf. Civ. 1re, 3 juillet 2002, *D.* 2002.IR.2306, selon lequel l'agression d'un voyageur dans un train ne constitue pas une cause étrangère exonératoire) [1]. Cette solution est propre aux transports terrestre et aérien [2]. En effet, dans le transport de personnes par

1. Depuis une loi du 5 juillet 1985, cette obligation de résultat et la jurisprudence abondante à laquelle son inexécution a donné lieu sont limitées au transport terrestre ferroviaire. Ce n'est pas à dire que le transporteur de passagers par route n'est plus tenu d'une obligation de résultat, mais, en vertu de la loi du 5 juillet 1985, son inexécution donne lieu à une responsabilité encore plus sévère du transporteur routier, celle-ci supposant simplement que le véhicule a été « impliqué dans l'accident », l'exonération par la preuve d'une cause étrangère n'étant pas toujours admise. Au demeurant, en ce qui concerne les dommages résultant d'un accident de la circulation automobile, la loi du 5 juillet 1985 admet un régime de réparation identique pour les passagers d'un véhicule, qu'ils soient ou non transportés en vertu d'un contrat, et pour les tiers tels que des piétons par exemple. Cette loi a unifié les régimes de réparation en matière extracontractuelle et en matière contractuelle. Toutefois, l'obligation de résultat en matière de transport terrestre présente encore une utilité dans le cas où le dommage n'a pas pour origine l'implication du véhicule (cf. Paris, 10 janvier 1989, *D.* 1989.IR.44, en ce qui concerne un passager blessé par une chose d'un autre passager, ce fait ne constituant pas nécessairement une cause étrangère exonératoire de la responsabilité du transporteur). Sur l'application de la loi du 5 juillet 1985 au contrat de transport, cf. Sollety, La loi du 5 juillet 1985 et le contrat de transport, *J.C.P.* 1991.I.3508 ; Peyrefitte, Le nouveau statut du passager transporté par route, *Mélanges Breton et Derrida*, p. 321. En matière de transport ferroviaire, l'obligation de sécurité de la S.N.C.F. ne concerne pas uniquement les accidents de transport. Elle s'applique également aux agressions dont un voyageur peut être victime (cf. Aix-en-Provence 30 juin 2000, *J.C.P.* 2000.IV.2668 ; Civ. 1re, 3 juillet 2002, *D.* 2002.IR. 2306). Lorsque le voyageur n'a pas de titre de transport, il est admis que l'éventuelle responsabilité du transporteur envers lui est de nature extra-contractuelle, son régime étant le même que celui de l'inexécution de l'obligation contractuelle de résultat, puisqu'il s'agit de la responsabilité du fait des choses de l'article 1384, al. 1er du Code civil (Civ. 2e, 25 mars 2001, *R.J.D.A.* 2001, n° 923). La solution est logique. En effet, le fait de voyager sans titre de transport ne suppose pas que l'on accepte les risques de ce transport.

2. En vertu d'un règlement du Conseil de l'Union européenne du 9 octobre 1997, entré en vigueur le 17 octobre 1998, les transporteurs aériens titulaires d'une licence d'exploitation délivrée par un État membre de l'Union européenne sont de plein droitresponsables, en cas de décès ou de lésions corporelles d'un passager, sans pouvoir prouver leur absence de faute. Il s'agit donc d'une responsabilité objective. Toutefois, celle-ci n'est admise qu'à concurrence d'un montant de 100000 DTS, ce qui laisse entendre que, lorsque le dommage est supérieur, le preuve de l'absence de faute pourrait opérer, en

voie maritime, le transporteur n'est en principe tenu que d'une obligation de moyens, même si sa faute n'a pas à être prouvée par le passager [1]. Quant au transport terrestre de marchandises, la jurisprudence, sur le fondement de l'article L. 133-1 du Code de commerce, a admis l'existence d'une obligation de résultat à la charge du transporteur, le législateur (art. L. 133-1, al. 3 C. com., dans sa rédaction par une loi du 17 mars 1905) ayant prohibé toute clause contraire du contrat de transport. Ainsi, le transporteur terrestre de marchandises [2], comme le trans-

(Suite de la note 2, p. 647) application des dispositions de la Convention de Varsovie du 12 octobre 1929. En effet, cette Convention internationale met à la charge du transporteur aérien une obligation de moyens et non de résultat, v. *infra* n° 620. Cependant, une nouvelle Convention, destinée à remplacer celle de Varsovie, signée à Montréal le 28 mai 1999 et applicable en France depuis 2004 modifie la responsabilité du transporteur aérien de passagers en ce que, d'une part, elle n'admet pas de plafond d'indemnisation, contrairement à la Convention de Varsovie et, d'autre part, décide que l'obligation du transporteur est de résultat jusqu'à 100 000 DTS tandis que, s'il est supérieur, l'obligation est de moyens.

Indépendamment de l'obligation mise à sa charge par la Convention de Varsovie et le règlement européen, le transporteur aérien est tenu d'une obligation de sécurité de moyens en dehors du transport proprement dit ainsi que de l'embarquement et du débarquement (cf. Civ. 1re, 15 juillet 1999, *D.* 2000.283, note Pech Le Gac, à propos d'une escale sur un aéroport exposé à un risque imminent de guerre alors que l'avion avait une réserve suffisante de carburant pour se poser en un autre endroit).

1. V. *infra,* n° 620. Quant au transport de marchandises par voie maritime, il s'agit d'un système de responsabilité objective, l'exonération du transporteur n'étant admise que s'il prouve un des « cas exceptés » limitativement énumérés par la loi (par exemple pour les transports internes, cf. art. 27 de la loi du 18 juin 1966), sauf si l'expéditeur ou son ayant droit prouve que la faute du transporteur est à l'origine du dommage subi par la marchandise transportée par mer. La Convention de Varsovie de 1929 et celle de Montréal de 1999 mettent à la charge du transporteur aérien de marchandises une obligation de résultat. Cependant, tandis que la Convention de Varsovie autorise le dépassement du plafond d'indemnisation en cas de faute inexcusable du transporteur, la Convention de Montréal prévoit que sa responsabilité est toujours limitée, même en cas de faute inexcusable.

2. Toutefois, lorsqu'il s'agit, dans le transport ferroviaire, des bagages accompagnés, la jurisprudence refuse de considérer non seulement que le transporteur est tenu d'une obligation de résultat, mais encore qu'il puisse voir retenue sa responsabilité contractuelle pour inexécution fautive d'une obligation de moyens. En effet, il s'agirait seulement de responsabilité extra-contractuelle, les bagages accompagnant le voyageur restant sous la garde de celui-ci et ne faisant pas l'objet d'une obligation du transporteur (cf. Com. 22 juin 1954, *Bull. civ.* 3, n° 229). La solution a été étendue aux bagages que le voyageur est tenu de laisser à l'entrée du véhicule sans pouvoir les surveiller (Civ. 2e, 22 avril 1994, *Bull. civ.* 2, n° 122, *Rep. not.* 1994.1130, obs. Delebecque, *Rev. trim. dr. civ.* 1994.869, obs. Jourdain ; Civ. 2e, 6 mars 1996, *R.J.D.A.* 1996, n° 1285, *J.C.P.* 1996.I.3958, n° 4, obs. Fabre-Magnan, *D.* 1997. Somm. 25, obs. Delebecque, *Rev. trim. dr. civ.* 1997.139, obs. Jourdain), ce qui est très difficilement justifiable, puisque, dans une telle hypothèse, les bagages ne sont plus sous la garde du voyageur. En réalité, il faudrait admettre l'évidence que le transporteur accepte le déplacement des bagages, ce qui justifierait le caractère contractuel de sa responsabilité que l'on pourrait retenir pour inexécution d'une obligation de résultat (v. Civ. 1re, 10 juillet 1996, *R.J.D.A.* 1996, n° 1420, *Rev. trim. dr. civ.* 1997.139, obs. Jourdain, qui casse l'arrêt d'une cour d'appel qui avait retenu la responsabilité de la S.N.C.F. sans préciser si cette responsabilité était de nature contractuelle ou bien délictuelle. Comparer, Paris 24 septembre 1996, *D.* 1996.IR.234, qui considère que le vol d'un bagage accompagné entraîne une éventuelle responsabilité contractuelle de la S.N.C.F., le contrat de transport étant en cours d'exécution si le bagage est à bord du train. Cependant, l'arrêt refuse toutefois d'accorder

porteur terrestre de personnes [1], ne peut échapper à sa responsabilité que par la preuve d'une cause étrangère (cf. les arrêts de principe de Civ. 13 juillet 1915 et 10 décembre 1917, D.P. 1917.1.205. V. aussi, Paris, 11 mai 1988, *D.* 1988.IR.169, qui admet la même solution pour un transport de fonds) [2]. Indépendamment de la phase d'exécution du

---

(Suite de la note 2, p. 645) la réparation du dommage car le cahier des charges de la S.N.C.F., approuvé par décret, exclut la réparation en ce qui concerne les bagages accompagnés. Comparer aussi, Civ. 1re, 25 février 2003, *D.* 2003.790, note Gridel, arrêt selon lequel, dans le transport ferroviaire de véhicule, le transporteur n'est tenu d'aucune obligation quant aux bagages qui s'y trouvent, le véhicule ayant été détruit par un incendie en cours de transport). Selon la Cour d'appel de Paris, l'obligation de sécurité de la S.N.C.F. ne va pas jusqu'à veiller à la police générale des wagons et prévenir des vols éventuels des objets des voyageurs (Paris 2 octobre 1998, *D.A.* 1998.190). En revanche, dans le transport par autobus, les bagages font l'objet d'un contrat accessoire au transport de personne et en vertu duquel le transporteur est tenu d'une obligation de résultat (Civ. 1re, 3 juin 1998 *D.A.* 1998.1393, *R.J.D.A.* 1998, n° 1225, *J.C.P.* 1999.II.10010, note Rzepecki ; Civ. 1re, 26 septembre 2006, *J.C.P.* 2006.II.10206, note Mignot). La différence entre le transport par autobus et par chemin de fer est injustifiable.

1. En ce qui concerne le transport terrestre de personnes, la loi ne prohibe pas, comme pour le transport de marchandises, les stipulations du contrat relatives à l'étendue de l'obligation du transporteur et à sa responsabilité. Cependant, on doit considérer que, depuis la loi du 5 juillet 1985, le régime de la responsabilité du transporteur routier de personnes est d'ordre public, ce qui interdit la stipulation dans le contrat de transport de clauses aménageant l'obligation du transporteur ainsi que sa responsabilité en cas d'inexécution, sauf éventuellement les clauses concernant le montant des dommages-intérêts.

2. Dans le transport terrestre de marchandises, l'obligation de résultat pèse sur le transporteur à partir du moment où la marchandise lui est remise jusqu'au moment où il s'en dessaisit pour la remettre au destinataire. Dans le transport de personnes, l'obligation de résultat naît au moment où le passager commence à monter dans le véhicule et prend fin au moment où il achève d'en descendre (cf. Civ. 1re, 1er juillet 1969, *D.* 1969.640, note G.C.M., *J.C.P.* 1969, 21 juillet 1970.II.16488, note ABADIR ; Civ. 1re 12 novembre 1969, *J.C.P.* 1970.II.16190 ; Civ. 1re, 15 novembre 1977, *J.C.P.* 1978.IV.22 ; Versailles, 28 octobre 1988, *D.* 1989.234, note ESTOUP ; Civ. 1re, 21 octobre 1997, *R.J.D.A.* 1997, n° 48). C'est au passager qu'incombe la charge de démontrer que l'accident s'est produit au cours du transport. Tel n'est pas le cas lorsqu'il invoque une chute dans les toilettes d'un train qui aurait brusquement accéléré, sans prouver la réalité des faits que rien ne permet d'étayer (Nancy 13 décembre 1995, *J.C.P.* 1996.IV.1589). Selon une ancienne jurisprudence, avant la naissance de l'obligation de résultat et après le moment où elle avait pris fin, le transporteur était encore tenu d'une obligation contractuelle, mais celle-ci n'était que de moyens, ce qui nécessitait la preuve d'une faute du transporteur, par exemple en ce qui concerne les accidents de quai (cf. Civ. 1re, 21 juillet 1970, *J.C.P.* 1970.II.16488, *D.* 1970.767, note ABADIR). Cette jurisprudence était contestable, car on ne voit pas ce qui pouvait justifier une obligation contractuelle, aucune différence n'existant entre celui qui fait une chute dans la rue ou sur un quai de gare. En réalité, la jurisprudence voulait écarter la responsabilité extra-contractuelle dans de telles hypothèses de façon à ne pas admettre le même régime de réparation que pour l'obligation contractuelle de résultat. En effet, si la responsabilité pour les accidents de quai est de nature extra-contractuelle, elle doit donner lieu à l'application de l'article 1384, al. 1er du Code civil, qui est le siège d'une responsabilité objective. C'est cette dernière solution qui a finalement été consacrée (Civ. 1re, 7 mars 1989, *D.* 1991.1, note Malaurie, *Rev. trim. dr. civ.* 1989.548, obs. Jourdain ; Civ. 2e, 25 juin 1998, *D.* 1999.416 ; Paris 25 avril 2000, *J.C.P.* 2002.II.10032, note Delagarde ; Paris 3 avril 2006, *J.C.P.* 2006.II.10173). V. sur la question, Mascala, Accidents de gare : le déraillement de l'obligation de sécurité, *D.* 1991, Chron. 80 ; Nerac-Croisier, Soliloque sur la responsabilité du transporteur, *D.* 1995. Chron. 35. Lorsqu'un voyageur doit changer de

transport proprement dit, il a été admis, en cas de transport aérien international, que le transporteur est tenu d'une obligation de résultat de s'assurer que le passager était muni des documents nécessaires pour entrer dans le pays de destination (Civ. 1re, 7 février 2006, *J.C.P.* 2006.IV.1470, *D.* 2006.534, à propos d'un passager qui s'était vu refuser l'entrée dans ce pays en raison de l'absence de visa). La solution est sévère. Cependant, on doit l'approuver en raison de la facilité pour le transporteur de la vérification à laquelle il peut procéder).

Après avoir, d'abord, refusé de mettre à la charge de l'exploitant d'un remonte pente une obligation de résultat, la jurisprudence avait admis la solution contraire (cf. Civ. 1re, 8 octobre 1968, *D.* 1969.157, note Mazeaud, *J.C.P.* 1969.II.15745). La raison que l'on avait invoquée contre l'assimilation de l'exploitant de remonte-pente à un transporteur était que l'usager du remonte-pente, contrairement au passager, avait un rôle actif pendant l'exécution du déplacement. Cependant, c'était une raison contestable. De la même façon, le voyageur qui se déplace dans un train en marche a un rôle actif et il n'a jamais été question de limiter l'obligation de résultat au seul profit du voyageur assis à sa place (cf. Civ. 1re, 23 juillet 1979, *J.C.P.* 1979.IV.32). Surtout, le rôle plus ou moins actif du créancier d'une obligation contractuelle ne constitue pas un critère satisfaisant de la distinction des obligations de moyens et des obligations de résultat. En effet, dès lors qu'aucune faute ne peut être reprochée au créancier, son rôle actif n'a pas a être pris en considération. C'est à travers les initiatives malencontreuses qu'il peut prendre ou son imprudence fautive que son rôle actif doit être pris en considération [1]. Cependant, la première chambre civile de la Cour de cassation ne s'est pas rangée à ces raisons, car elle est revenue à sa jurisprudence initiale en mettant à la charge de l'exploitant d'un remonte-pente une simple obligation de moyens au motif que l'usager a une participation active (Civ. 1re, 4 novembre 1992, *D.* 1994.45, note Brun, *J.C.P.* 1993.II.22058, note Sarraz-Bournet, *Contrats, conc. consomm.* 1993, n° 104, obs. Leveneur, *D.* 1994. Somm. 15, obs. Fortis, *Rev. trim. dr. civ.* 1993. 364, obs. Jourdain ; Chambéry 22 février 1995, *J.C.P.* 1995.IV.2069. V. cependant, Civ. 1re, 4 juillet 1995, *D.* 1995.IR.222,

(Suite de la note 2, p. 649) train pour arriver à sa destination finale, les accidents qui se produisent relèvent de la responsabilité extra-contractuelle (cf. Civ. 1re, 19 février 1991, *D.* 1991.IR.81 ; Paris 15 mars 1991, *D.* 1991.IR.106). Indépendamment de l'obligation de sécurité, on a pu admettre que le transporteur était tenu d'une obligation de ponctualité qui pourrait être de résultat, sauf clause contraire (cf. Paris 4 octobre 1996, *J.C.P.* 1997.II.22811, note Paisant et Brun, *R.J.D.A.* 1997, n° 355).

1. La Cour de cassation s'est fondée sur le rôle actif du skieur pendant les opérations d'embarquement et de débarquement d'un télésiège pour ne faire peser sur l'exploitant à ce moment-là qu'une obligation de moyens (cf. Civ. 1re, 11 mars 1986, *D.* 1986, *D.* 1986.IR.210, *J.C.P.* 1986.IV.146, *Rev. trim. dr. civ.* 1986.767, obs. Huet ; Civ. 1re, 11 juin 2002, *J.C.P.* 2002.IV.2322, *D.* 2002.IR.2099, *Petites Affiches* 30 mai 2003, note Cochet ; Chambery 9 janvier 2007, *J.C.P.* 2007.IV.1853). La situation est diamétralement opposée à celle qui est admise pour les accidents de montée et de descente d'un véhicule de transport et la différence n'est pas justifiable.

J.C.P. 1996.II.22620, note Paisant et Brun, dont la solution pourrait être implicitement fondée sur une obligation de résultat, aucune faute n'étant relevée à l'encontre de l'exploitant. Comparer, Civ. 1re, 17 mars 1993, *R.J.D.A.* 1993, n° 775, *D.* 1995. Somm. 66, obs. Mouly, à propos de l'exploitant d'une piste de bob-luge, l'arrêt considérant que l'obligation est de résultat au motif que les utilisateurs ne peuvent choisir librement la trajectoire, ce qui, de toutes façons, n'implique pas, à notre avis, que leur participation soit purement passive).

En revanche, en ce qui concerne le transport par télésiège, parce que le skieur n'a un rôle actif que pendant les opérations d'embarquement et de débarquement et non pendant le déplacement, la Cour de cassation ne met à la charge de l'exploitant une obligation de résultat que pendant le transport proprement dit (Civ. 1re, 11 juin 2002, *Petites Affiches* 30 mai 2003, note Cochet), son obligation étant de moyens au cours de l'embarquement et du débarquement, cf. Civ. 1re, 10 mars 1998, *D.* 1998.IR.98, *D.A.* 1998.759, *R.J.D.A.* 1998, n° 55, *D.* 1998.505, note Mouly).

Parce que la situation est encore proche de celle qui résulte d'un contrat de transport, la jurisprudence considère que l'exploitant d'un manège pour enfants est tenu d'une obligation de résultat quant à la sécurité des utilisateurs (cf. Civ. 1re, 13 novembre 1974, *J.C.P.* 1976.II.18344, note critique de Rodière ; Civ. 1re, 18 février 1986, *J.C.P.* 1986.IV.121, *Bull. civ.* 1, n° 32, *Rev. trim. dr. civ.* 1986.770, obs. Huet ; Paris, 25 avril 1989, *D.* 1989.IR.162. V. aussi, Civ. 1re, 28 octobre 1991, *Bull. civ.* 1, n° 289, *D.* 1992. Somm. 271, obs. Fortis, en ce qui concerne l'exploitant d'un toboggan et Civ. 1re, 21 octobre 1997, *R.J.D.A.* 1998, n° 13, *D.* 1998.271, note Brun, en ce qui concerne l'organisateur d'un vol en parapente, *J.C.P.* 1998.II.10103, note Varet). En revanche, l'obligation d'un entrepreneur de spectacles envers ses clients n'est, en principe, qu'une obligation de moyens [1].

613. – Autres contrats. La jurisprudence considère qu'en vertu du contrat de promotion immobilière, tel qu'il est défini à l'article 1831-1 du Code civil, le promoteur est tenu envers le maître de l'ouvrage d'une obligation de résultat en vertu de laquelle il doit livrer une construction exempte de vices ou de malfaçons (Civ. 3e, 13 octobre 1976, *J.C.P.* 1976.IV.354, *D.* 1977.IR.16 ; Civ. 3e, 13 décembre 1977, *J.C.P.* 1978.IV.50). De la même façon, elle met à la charge du sous-traitant une obligation de résultat en ce qui concerne l'ouvrage qu'il s'engage à effectuer pour l'entrepreneur principal, créancier de cette obligation (Civ. 3e, 24 février *D.* 1982.IR.240, *J.C.P.* 1982.IV.170, *Rev. trim. dr. civ.* 1983.150, obs. Rémy ; Civ. 3e, 22 novembre 1983, *J.C.P.* 1984.IV.38 ; Civ. 3e, 8 juin 1987, *D.* 1987.IR.147 ; Civ. 3e, 17 décembre 1997, *R.J.D.A.* 1998, n° 283, *D.A.* 1998.291).

---

1. V. *infra*, n° 618.

La jurisprudence a consacré des obligations de résultat dans les domaines les plus variés. Ainsi, le restaurateur est tenu quant à la sécurité de ses clients d'une obligation de résultat de leur servir des aliments qui ne sont pas nocifs. Non seulement sa faute n'a pas à être prouvée par la victime, mais encore il ne peut échapper à son obligation de réparation que par la preuve d'une cause étrangère (cf. T.G.I. Saumur, 22 mars 1978, *J.C.P.* 1979.IV. 348 ; Civ. 1re, 2 juin 1981, *D.* 1981.IR.406, *J.C.P.* 1981.IV.299, *Rev. trim. dr. civ.* 1982.770, obs, Durry). Cette solution a été admise, bien entendu, dans des espèces où la faute ne pouvait pas être prouvée.

Alors que la responsabilité à l'occasion d'un acte médical suppose la preuve d'une faute [1], l'infirmier qui pratique une injection intramusculaire est tenu d'une obligation de résultat (Civ. 1re, 17 juin 1980, *Bull. civ.* 1. n° 187, *Rev. trim. dr. civ.* 1981.165, obs. Durry). De la même façon, un laboratoire pharmaceutique ou un centre de transfusion sanguine est tenu de fournir à ses clients des produits exempts de vice et ayant toutes les qualités que ceux-ci sont en droit d'en attendre (cf. T.G.I. Paris 1er juillet 1991, *J.C.P.* 1991.II.21762, note Harichaux, à propos de la livraison par un centre de transfusion sanguine d'un sang contaminé par le virus du Sida ; Aix en Provence 12 juillet 1993, *D.* 1994.13, note Vidal ; Civ. 1re, 12 avril 1995, *J.C.P.* 1995.II.22467, note Jourdain).

Depuis la loi du 18 mai 1998, cette jurisprudence ne présente plus d'intérêt pour les produits mis en circulation après l'entrée en vigueur de la loi qui met aussi une obligation de sécurité de résultat à la charge du producteur. Après avoir admis que la responsabilité d'une clinique pour les infections nosocomiales contractées dans une salle d'opération était fondée sur une faute présumée (Civ. 1re, 16 juin 1998, *R.J.D.A.* 1998, n° 948, *J.C.P.* 1999.II.10122, note Denis-Chaubet), la Cour de cassation a consacré à son encontre une obligation de résultat conduisant à une responsabilité objective en cas d'inexécution (Civ. 1re, 29 juin 1999, *D.* 1999.559, note Thouvenin, *J.C.P.* 1999.II.10138, rapport Sargos, *Rep. not.* 1999.994, obs. Mazeaud). La solution est sévère, mais elle se justifie dans la mesure où non seulement le patient s'en remet totalement à l'établissement de soins, mais encore et surtout celui-ci a la maîtrise complète de l'hygiène de ses locaux [2]. Cependant, une loi du 4 mars 2002 a prévu, en ce qui concerne les infections nosocomiales, un régime d'indemnisation par un fonds de solidarité en dehors de la responsabilité civile, en considérant qu'il s'agit d'un accident médical consistant en la réalisation d'un risque inhérent à l'exercice de la médecine. La solution est justifiée pour les aléas thérapeutiques, qui doivent exclure la responsabilité des médecins, en ce qu'ils correspondent à un risque contre

---

1. V. *infra,* n° 618.
2. C'est la raison pour laquelle, était très contestable la solution de l'un des arrêts du 29 juin 1999 qui étendait l'obligation de résultat au médecin. V. aussi, Civ. 1re, 27 mars 2001, *Contrats, Conc. consomm.* 2001, n° 105, obs. Leveneur.

lequel le médecin ne peut rien. Elle l'est moins pour les infections nosocomiales lorsqu'il s'agit des établissements d'hospitalisation.

L'installateur d'un système d'alarme contre le vol est tenu d'une obligation de résultat quant au fonctionnement du système (Civ. 1re, 8 juin 1994, *Contrats, conc. consomm.* 1994, n° 216, obs. Leveneur, *R.J.D.A.* 1995, n° 4). Le vendeur-fabricant d'une machine destinée à libeller des chèques ayant garanti dans des documents publicitaires que les chèques ainsi libellés étaient infalsifiables, il a manqué à son obligation dès lors que son client a été victime de chèques falsifiés (Com. 17 juin 1997, *D.A.* 1997.1002).

Si les personnes ou les établissements chargés de la garde d'enfants ne sont normalement tenus que d'une obligation de moyens quant à la surveillance des enfants qui leur sont confiés, cela n'a pas empêché la Cour de cassation de faire peser une obligation de résultat sur celui qui se charge à titre professionnel et moyennant rémunération de la garde d'un enfant (Civ. 1re, 13 janvier 1982, *Bull. civ.* 1, n° 24, *D.* 1982.IR.3639 obs. Larroumet, *Rev. trim. dr. civ.* 1982.699 obs. Durry. *Contra*, Civ. 1re 18 novembre 1997, *Bull. civ.* 1, n° 318, *Rev. trim. dr. civ.* 1998.119, obs. Jourdain, *D.* 1998. Somm. 197, obs. Delebecque, arrêt selon lequel l'obligation n'est que de moyens). Une telle obligation de résultat pèse aussi sur les établissements d'enseignement, en particulier pour le fait des choses qu'ils utilisent pour l'exécution de leurs obligations contractuelles (Civ. 1re, 17 janvier 1995, *J.C.P.* 1995.IV.702).

Il en va de même en ce qui concerne l'installateur du chauffage d'un élevage de volailles (Civ. 1re, 16 juin 1982, *D.* 1982.IR.459, *J.C.P.* 1982.IV.309) ou de l'E.D.F. qui est tenue d'une obligation de résultat quant à la sécurité des branchements qu'elle installe (Civ. 1re, 9 décembre 1986, *J.C.P.* 1987.II.20190, note Gridel. V. aussi, Versailles, 9 juin 1989 *D.* 1988.IR.244 ; Civ. 1re, 4 janvier 1995, *J.C.P.* 1995.IV.528, selon lequel le fournisseur d'eau est tenu de l'obligation de résultat de mettre à la disposition de l'utilisateur un compteur en état de fonctionnement) ou encore de l'exploitant d'un parc de stationnement d'automobiles (cf. Civ. 1re, 29 janvier 1991, *R.J.D.A.* 1991, n° 341, selon lequel l'exploitant a manqué à son obligation contractuelle en cas de chute inopinée d'une barrière de sortie sur une automobile en l'absence de manœuvre inadéquate du conducteur ; Civ. 1re, 23 février 1994, *D.* 1995.214, note Dion, *Rev. trim. dr. civ.* 1994.616, obs. Jourdain, à propos de l'inondation d'un parc de stationnement). Il a été admis que le contrat de maintenance informatique mettait des obligations de résultat à la charge du locateur d'ouvrage (Versailles 7 novembre 2002, *R.J.D.A.* 2003, n° 378). L'obligation de l'entrepreneur d'achever les travaux la date prévue au contrat est une obligation de résultat (Civ. 3e, 13 septembre 2005, *Petites Affiches* 23 novembre 2005, note Boismain).

Les agences de voyages ne sont normalement tenues, en tant que mandataires de leurs clients, que d'une obligation de moyens, comme tous les mandataires, même salariés et même si la jurisprudence n'hésite pas à mettre à leur charge des obligations sévères et, par conséquent, à retenir facilement leur faute dans l'exécution du mandat [1]. Cependant, certaines décisions sont allées beaucoup plus loin et ont fait peser sur les agences de voyages des obligations de résultat. Il en est ainsi non seulement lorsque l'agence assume les obligations d'un transporteur, ce qui est alors parfaitement normal (cf. T.G.I. Strasbourg, 14 février 1977, *D.* 1978.248, note Brill), mais encore, ce qui est plus contestable, parce que l'agence agit simplement en tant que mandataire, lorsque le titre de transport délivré par l'agence n'est pas efficace, même si aucune faute ne peut lui être reprochée (cf. Civ. 1re, 31 mai 1978, *D.* 1979.IR.62, obs. Larroumet, *D.* 1979.48, note Foulon-Piganiol ; Versailles 31 mai 1996, *D.* 1997.229, note Dagorne-Labbé. V. cependant, Civ. 1re, 22 octobre 2002, *Petites Affiches* 18 juin 2003, qui exige la preuve d'une faute).

À une époque récente, la Cour de cassation a reconnu l'existence d'une obligation de sécurité de résultat à la charge de l'employeur en vertu du contrat de travail conclu avec le salarié, tant en ce qui concerne les maladies professionnelles (Ass. plén. 28 février 2002, *D.* 2002.2696, obs. Prêtot, *J.C.P.* 2002.I.186 ; Soc. 21 février 2002, *J.C.P.* 2002.II.10053, concl. Benmaklouf, *Rev. trim. dr. civ.* 2002.310, obs. Jourdain ; Civ. 2e, 14 octobre 2003, *J.C.P.* 2003.IV.2903 ; Civ. 2e, 14 décembre 2004, *D.* 2005.IR.240 ; Soc. 21 juin 2006, *J.C.P.* 2006.II.10166, à propos d'un harcèlement moral) que les accidents du travail (Soc. 11 avril 2002, *D.* 2002.2215, note Saint-Jours, *J.C.P.* 2002.I.186, obs. Viney, Soc. 31 octobre 2002, *D.* 2002.IR.3121 ; Soc. 31 octobre 2002, *D.* 2003. Somm. 382, obs. Signoretto, *D.* 2003.644, note Saint-Jours ; Civ. 2e, 3 avril 2003, *J.C.P.* 2003.IV.1969 ; Civ. 2e, 16 septembre 2003, *J.C.P.* 2003.IV.2716 et 2718 ; Ass. plén. 24 juin 2005, *J.C.P.* 2005.IV.2847, *D.* 2005.IR.1881 ; Civ. 2e, 22 février 2007, *J.C.P.* 2007.IV. n° 108), alors qu'elle avait jusque-là refusé de consacrer une telle obligation dont l'utilité n'apparaissait pas en raison de l'intégration de l'indemnisation des accidents du travail et des maladies professionnelles à la Sécurité sociale [2].

---

1. V. *infra*, n° 618.

2. Cette jurisprudence est empreinte de contradictions et d'illogisme. En effet, c'est pour permettre de retenir la responsabilité de l'employeur qu'est consacrée l'obligation de sécurité. Or, l'employeur n'est responsable que lorsque peut être constatée à son encontre une faute inexcusable, ce qui explique que la jurisprudence considère le manquement à son obligation de sécurité comme constituant une faute inexcusable. Ce faisant, la Cour de cassation méconnaît la nature de la responsabilité pour inexécution d'une obligation de résultat dont on sait qu'il s'agit d'une responsabilité objective qui, par conséquent, ne suppose pas la faute. Il est artificiel et incohérent de qualifier une obligation de sécurité comme étant de résultat pour en déduire que le manquement à cette obligation constitue une faute inexcusable. La contradiction est d'autant plus flagrante que non seulement le manquement à une obligation de sécurité doit être prouvé, en l'occurrence l'absence de mis en œuvre par l'employeur des mesures nécessaire pour préserver le salarié (Civ. 2e, 8 juillet 2004, *D.* 2004.IR.2474 ; Soc. 29 juin 2005, *J.C.P.* 2005.II.10144, en matière de tabagisme dans l'entreprise), ce qui ne correspond pas au

Il ne s'agit là que d'exemples significatifs pris parmi bien d'autres. L'intérêt de l'obligation de résultat, dans ces hypothèses, est non seulement de ne point mettre à la charge du créancier la preuve d'une faute du débiteur, mais encore et surtout de pouvoir rattacher à l'activité du débiteur l'inexécution de l'obligation et la survenance du dommage éprouvé par le créancier, lorsque la réalité d'une cause étrangère ne peut être admise. C'est ce qui explique que n'est pas fondé le moyen de cassation qui reproche d'avoir condamné le débiteur à des dommages-intérêts, même s'il peut apparaître qu'il n'a pas commis de faute, dès lors qu'il n'a pu se prévaloir d'une cause d'exonération de sa responsabilité (cf. Civ. 2e, 24 février 1983, *J.C.P.* 1983.IV.148). C'est encore ce qui explique que, lorsque le débiteur est tenu d'une obligation de résultat, il ne saurait être exonéré de sa responsabilité en cas de doute sur l'origine du dommage (cf. Civ. 3e, 16 mars 1988, *J.C.P.* 1988.IV.190, à propos de la responsabilité d'un preneur à bail en cas d'incendie en application de l'article 1733 du Code civil, l'exonération de sa responsabilité ne pouvant être admise sur le seul fondement d'une incertitude quant à l'origine de l'incendie) [1].

613 *bis*. – La faute du débiteur d'une obligation de résultat. Bien que la faute du débiteur d'une obligation de résultat ne soit pas une condition de sa responsabilité, il se peut que son comportement à l'origine de l'inexécution de son obligation soit fautif. En ce cas, ce n'est pas parce que l'obligation est de résultat qu'il est interdit de constater la faute pour retenir la responsabilité du débiteur [2]. Si la faute peut être facilement prouvée par le créancier, il se fondera sur celle-ci pour obtenir la condamnation du débiteur à des dommages-intérêts. C'est ce qui explique certaines décisions de la jurisprudence où il est expressément question de la faute. Il n'en résulte pas pour autant que la faute est nécessaire pour condamner le débiteur. Ainsi, la faute du transporteur terrestre a pu être admise dans plusieurs situations (cf. Civ. 1re, 11 janvier 1983, *J.C.P.* 1983.IV.959 en ce qui concerne le manque de précautions à prendre pour la fermeture des portes d'un train). De

---

(Suite de la note 2, p. 654) régime juridique de l'obligation de résultat, mais encore il est indifférent pour la Cour de cassation que le manquement à l'obligation de sécurité ait été ou non la cause de l'accident dont le salarié à été victime, car il suffit qu'il en soit la cause nécessaire (Ass. Plén. 24 juin 2005, *J.C.P.* 2005.IV.2847, *D.* 2005.IR.1881), ce qui démontre, au surplus, la volonté de conserver l'équivalence des causes plutôt que la causalité adéquate (v. *infra* n° 660 bis).

1. En revanche, le preneur à bail n'est pas créancier d'une obligation de sécurité corporelle qui serait de résultat (cf. Civ. 3e, 21 novembre 1990, *J.C.P.* 1991.IV.23). Cette obligation doit non seulement être rattachée à celle relative à l'entretien de la chose louée où à celle qui concerne la mise à la disposition du preneur d'une chose non viciée, mais encore le preneur doit prouver le défaut d'entretien ou le vice de la chose (cf. Civ. 3e, 29 avril 1987, *Bull. civ.* 3, n° 90, *Rev. trim. dr. civ.* 1988.149, obs. REMY).

2. Sauf bien entendu, s'il s'agit de qualifier l'obligation comme telle pour en déduire que son inexécution constitue une faute d'une certaine gravité, v. la note 2, p. 654.

même, s'il ne paraît pas douteux que le fournisseur de gaz ou de courant est tenu d'une obligation de résultat (cf. Civ. 1re, 9 décembre 1986, *J.C.P.* 1987.II.20790, note Gridel et Civ. 1re, 17 novembre 1987, *D.* 1987.IR.244, *J.C.P.* 1988.IV.30, selon lesquels le fournisseur de courant est tenu d'une obligation de résultat quant à la sécurité des installations et branchements. V. aussi, Civ. 3e, 16 décembre 1987, *J.C.P.* 1988.IV.79, à propos du fournisseur de gaz), sa faute peut être constatée dans l'exécution de son obligation (cf. Civ. 1re, 23 octobre 1984, *J.C.P.* 1985.IV.7 ; Civ. 1re, 8 janvier 1985, *J.C.P.* 1985.IV.113. V. Nîmes 8 mars 1990, *J.C.P.* 1990.II.21573, note Paisant).

Bien mieux, lorsque la faute est constatée et qu'il s'agit d'une faute grave, c'est-à-dire dolosive ou lourde, elle entraînera les mêmes conséquences que celles qui sont admises lorsque la responsabilité suppose la faute [1]. Toutefois, la gravité de la faute doit être caractérisée et elle ne saurait, bien entendu, résulter du simple fait de la constatation de l'inaccomplissement du résultat [2]. C'est la raison pour laquelle est injustifiable la solution qui consiste à assimiler l'inexécution d'une obligation de résultat à une faute lourde, pour écarter, par exemple, l'application d'une clause limitative de responsabilité (cf. Civ. 1re, 8 juin 1994, *Contrats, conc. consomm.* 1994, n° 216).

β) Régime sévère

614. – Obligations de donner ayant pour objet une chose de genre. Certaines obligations de résultat sont plus sévères que d'autres, en raison de ce que le débiteur ne peut pas s'exonérer de sa responsabilité en rapportant la preuve d'une cause étrangère. Dès lors que l'obligation n'a pas été exécutée, la responsabilité du débiteur doit être retenue sans exonération possible.

C'est, d'abord, le cas en ce qui concerne les obligations de donner lorsqu'elles ont pour objet une somme d'argent et plus généralement une chose de genre. Si l'obligation de donner, c'est-à-dire de transférer la propriété [3], est une obligation de résultat en vertu de sa nature même [4], le contenu de cette obligation n'est pas le même selon qu'elle a pour objet un corps certain ou une chose de genre. Si l'obligation a pour objet un corps certain, le débiteur ne sera pas responsable s'il prouve qu'une cause étrangère l'a empêché d'exécuter l'obligation [5]. L'obligation de donner obéit au droit commun des obligations de résultat. Mais, si l'obligation de donner a pour objet une chose de genre, il n'est pas possible d'exonérer le débiteur de sa responsabilité

1. Sur les conséquences de la faute dolosive et de la faute lourde, v. *infra,* n° 622, 626 et 627.

2. Ce qui constitue une raison supplémentaire pour critiquer la solution de la Cour de cassation quant à l'assimilation à une faute inexcusable du manquement de l'employeur à son obligation de sécurité de résultat. V. *supra*, note 2, p. 654.

3. Sur l'obligation de donner, v. *supra,* n° 56 et s.

4. V. *supra,* n° 60 et 61.

5. V. *supra,* n° 610.

par la preuve d'une cause étrangère, en raison de ce qu'il lui sera toujours possible de trouver une chose de qualité équivalente dans la même quantité, ce qui justifie le principe *genera non pereunt* [1]. Au surplus, lorsqu'il s'agit de l'obligation de payer une somme d'argent, il n'y a pas lieu de considérer qu'elle est exécutée par équivalent. Elle fera l'objet d'une exécution forcée en nature, se manifestant par une saisie opérée par le créancier sur les biens du débiteur, laquelle est toujours possible lorsqu'il a un titre exécutoire, ce qui, dans certains cas, oblige le créancier à obtenir une condamnation en justice du débiteur. Mais, cette condamnation a pour objet une exécution forcée en nature et non pas une exécution par équivalent. Toutefois, au principal peuvent venir s'ajouter des intérêts moratoires qui réparent le préjudice résultant du retard dans l'exécution [2].

615. – Obligations de garantie. Dans certains contrats, soit en vertu du régime impératif de l'obligation admis par la loi ou la jurisprudence, soit en vertu des volontés des parties, le débiteur est tenu d'une obligation de garantie. L'obligation de garantie est une obligation de résultat dont l'inexécution doit donner lieu à la responsabilité du débiteur sans lui permettre d'y échapper par la preuve d'une cause étrangère qui, en droit commun, l'exonérerait de sa responsabilité. Ainsi, le débiteur peut accepter de prendre à sa charge des cas de force majeure. Toutefois, l'obligation de garantie ne va pas jusqu'à obliger à réparer le dommage résultant d'une faute du créancier à l'origine du dommage. En ce cas, il y aura lieu à exonération totale ou partielle, selon les cas, de la responsabilité du débiteur.

L'une des consécrations les plus remarquables de l'obligation de garantie se trouve dans la vente en ce qui concerne la garantie des vices cachés de la chose vendue [3]. Cette obligation est mise à la charge du vendeur par l'article 1641 du Code civil. Encore que la sanction de l'inexécution de l'obligation de garantie des vices cachés ne soit pas la même selon que le vendeur les connaissait ou les ignorait au moment de la vente (cf. la comparaison entre les art. 1645 et 1646 C. civ.), le principe est que le vendeur doit garantie même pour les vices qu'il ignore. La solution, qui est affirmée à l'article 1643, entraîne à considérer que le vendeur est tenu d'une obligation de résultat et que la preuve de sa faute, même s'il n'est pas de mauvaise foi, n'est pas nécessaire. La jurisprudence apprécie très sévèrement cette obligation de garantie en ce qui concerne les vendeurs professionnels, du moins dans leurs rapports avec des acheteurs non professionnels. En effet,

---

1. V. *supra*, n° 54 et 62.
2. V. *infra*, n° 645 et s.
3. Sur l'impossibilité d'admettre la cause étrangère en ce qui concerne l'obligation de garantie du vendeur contre les vices cachés, v. observations Tournafond, *D.* 1999. Somm. 16.

non seulement, elle les assimile à des vendeurs de mauvaise foi, c'est-à-dire qu'ils ne peuvent prétendre avoir ignoré les vices de la chose vendue, mais encore, en raison de cette assimilation, elle n'admet point la validité des stipulations du contrat de vente selon lesquelles la garantie serait limitée ou supprimée (argument de l'art. 1643 C. civ., qui interdit au vendeur de mauvaise foi de stipuler une clause de non garantie).

L'obligation de garantie du vendeur est plus sévère que l'obligation de résultat de droit commun. Certes, le vice que l'acheteur a ignoré doit être antérieur à la vente, même s'il n'a été révélé qu'après. Cependant, il n'est pas nécessaire que ce vice soit imputable au vendeur. Peu importe la cause du vice, dès lors qu'il existait au moment de la vente. Par là même, l'obligation met à la charge du vendeur les vices dont la cause peut-être étrangère au fait de celui-ci. Toutefois, le vendeur ne serait pas responsable d'un vice imputable à l'acheteur. Mais, en ce cas, le vice sera, le plus souvent, postérieur au contrat de vente.

Il est vrai que toutes les obligations contractuelles de garantie ne sont pas équivalentes, certaines pouvant être plus sévères que d'autres [1], sans compter qu'elles seront souvent modelées en fonction des volontés des parties au contrat. Toutefois, l'obligation qui pèse sur le vendeur en vertu des articles 1641 et suivants du Code civil est un modèle du genre. Au demeurant, les volontés des parties ne sont pas toujours souveraines pour aménager l'obligation de garantie du vendeur. Non seulement la garantie est impérative en ce qui concerne les vendeurs professionnels, mais encore, dans les contrats conclus avec les consommateurs, le vendeur professionnel est tenu, comme un minimum, à la garantie légale, laquelle est déjà très étendue (cf. art. 2 et 4 du décret du 24 mars 1978, pris pour l'application de l'art. L. 132-1 C. consomm., relatif aux clauses abusives) [2].

b) Obligations de moyens

616. – Trois problèmes. L'obligation de moyens pose trois problèmes, en ce qui concerne le régime de la responsabilité civile. D'abord, il faut déterminer le contenu de l'obligation. Ensuite, il s'agit de savoir sur qui pèse la charge de la preuve de l'inexécution fautive de l'obligation. Enfin, quelles sont les conséquences de la prise en considération de la gravité de la faute ?

---

1. Il est vrai que certaines obligations que l'on pourrait considérer comme étant de garantie sont, en réalité, des obligations de résultat. V., par exemple, à propos de l'obligation d'un organisme de transfusion sanguine de fournir un sang non vicié, Civ. 1re, 12 avril 1995, *J.C.P.* 1995.II.22467, note Jourdain et Civ. 1re, 9 juillet 1996, *D.* 1996.610, note Faubert-Faivre. Il n'est pas douteux que ces décisions ont été influencées par la directive du 25 juillet 1985 en matière de responsabilité du fait des produits défectueux, laquelle n'avait pas encore été transposée en droit français.

2. V. *supra,* n° 437 et s.

α) Le contenu de l'obligation de moyens

617. – Appréciation *in abstracto* de la faute et contenu de l'obligation. Lorsqu'une obligation est de résultat, on sait que lorsque le créancier n'a pas obtenu satisfaction, le principe de la responsabilité du débiteur doit être admis, l'exonération n'étant possible que si une cause étrangère est prouvée par lui, à condition que l'obligation de résultat ne soit point de garantie. Le régime de la responsabilité est donc simple. Il est beaucoup plus complexe en ce qui concerne les obligations de moyens. En effet, l'inexécution d'une obligation de moyens ne pouvant donner lieu à la responsabilité du débiteur que si l'inexécution est fautive, il faut commencer, pour savoir si une faute a été commise, par déterminer le contenu exact de l'obligation [1]. Contrairement aux obligations de résultat, les obligations de moyens sont susceptibles de plus ou de moins, c'est-à-dire que le débiteur peut être contractuellement tenu de faire plus ou moins, selon les cas, pour que le créancier obtienne satisfaction et ce n'est que s'il n'a pas fait ce qu'il devait faire qu'on pourra considérer qu'il a commis une faute. Il n'y a faute que si on a agi d'une façon différente de celle dont aurait agi un débiteur normalement diligent. En matière contractuelle, comme en matière extra-contractuelle, la faute est appréciée *in abstracto*, c'est-à-dire par référence à un type abstrait d'individu normalement diligent, raisonnable ou avisé. Du moins, il en est ainsi pour les fautes non volontaires, car la faute volontaire, ce qu'est la faute dolosive ou intentionnelle, suppose une appréciation de l'état d'esprit de celui qui s'en rend coupable, c'est-à-dire qu'elle est appréciée *in concreto* [2].

Cependant, c'est une chose d'apprécier la faute *in abstracto*, c'en est une autre de déterminer le contenu de l'obligation mise à la charge du débiteur. Or, il arrive que l'on confonde appréciation *in concreto* et contenu de l'obligation, alors que ce sont deux questions distinctes. Ainsi, l'article 1927 du Code civil énonce que « le dépositaire doit apporter, dans la garde de la chose déposée, les mêmes soins qu'il apporte dans la garde des choses qui lui appartiennent ». On a quelquefois prétendu qu'il résulterait de ce texte que la faute du dépositaire serait appréciée *in concreto*, c'est-à-dire par rapport à ce qu'il

1. On doit approuver la solution d'un arrêt de la chambre commerciale de la Cour de cassation selon laquelle « celui qui réclame la réparation du dommage résultant de l'inexécution d'une obligation de faire doit, pour prouver la faute du débiteur, établir le contenu de l'obligation à laquelle il lui reproche d'avoir manqué » (Com. 15 janvier 1991, *J.C.P.* 1991.IV.95). L'arrêt est, toutefois, critiquable en ce qu'il oblige aussi le créancier, pour prouver la faute, à établir « la nature de l'obligation ». Certes, il est essentiel de déterminer la nature de l'obligation, c'est-à-dire de savoir si elle est de moyens ou de résultat, et il appartient au créancier de le faire. Cependant, le manquement à une obligation de résultat n'étant pas sanctionné par une responsabilité fondée sur la faute, il n'est pas correct de considérer que la preuve de la nature de l'obligation est nécessaire pour prouver la faute. Cela est vrai pour l'obligation de moyens seulement.

2. V. *infra*, n° 623.

peut faire en raison de ses aptitudes. En réalité, il n'en est rien. Même si le dépositaire n'est pas diligent en ce qui concerne les choses qui lui appartiennent, il commettra une faute en ne l'étant pas quant aux choses déposées. Sa faute est appréciée *in abstracto* et la formule de l'article 1927 a seulement pour objet de permettre de déterminer le contenu de l'obligation dont il est tenu quant à la garde de la chose. Le dépositaire est tenu de la conserver de la même façon qu'un propriétaire normalement diligent conserve les choses qui lui appartiennent, ni plus ni moins. Si le contrat de dépôt comporte un salaire au profit du dépositaire en contrepartie de son obligation de garde, c'est-à-dire s'il s'agit d'un dépôt salarié, l'article 1928 précise que la disposition de l'article 1927 doit être entendue avec plus de rigueur. C'est non pas l'appréciation de la faute qui est plus rigoureuse. C'est tout simplement le contenu de l'obligation qui est différent. Le dépositaire, dans le cas de l'article 1928, est tenu de faire plus que ce qu'il doit faire en application de l'article 1927 [1]. Au demeurant, le principe selon lequel l'appréciation de la faute dans l'exécution de l'obligation de conserver une chose doit se faire *in abstracto* est admis par l'article 1137 du Code civil. Le critère du bon père de famille est tout simplement celui de l'appréciation *in abstracto*. Cependant, l'article 1137, al. 2. précise que « cette obligation est plus ou moins étendue relativement à certains contrats ». Il s'agit du contenu de l'obligation et non pas de l'appréciation de la faute. Les articles 1927 et 1928 ne sont que des applications de la distinction affirmée à l'article 1137, al. 2.

Il n'y a pas lieu d'assimiler à une obligation de moyens une obligation contractuelle d'origine étrangère, l'obligation de « faire tous les efforts » pour parvenir à un résultat déterminé. Cette obligation est proche de l'obligation de moyens. Cependant elle oblige à plus que cette dernière et, par là, elle se rapproche d'une obligation de résultat (V. Caramalli, Remarques et mise en garde pour la rédaction des clauses de « meilleure diligence » (*best efforts*), *Petites Affiches* 11 juin 2003).

618. – Les obligations de moyens dans la jurisprudence. De la même façon qu'en ce qui concerne les obligations de résultat, on trouve des obligations de moyens dans les contrats les plus divers, lorsqu'ils engendrent des obligations de faire à la charge du débiteur. En effet, ce n'est que parmi les obligations de faire que l'on rencontre des obligations qui ne sont que de moyens [2].

---

1. C'est la même idée qui explique l'article 1992 du Code civil relatif à la responsabilité du mandataire. Il en est ainsi non parce que la faute du mandataire gratuit ne serait pas appréciée de la même façon que celle du mandataire salarié, mais parce que l'obligation du premier n'a pas le même contenu que celle du second, qui doit faire plus que le premier pour donner satisfaction au mandant.

2. V. *infra*, n° 628 et s.

En vertu de certaines dispositions du Code civil, le débiteur n'est responsable que sur le fondement de sa faute prouvée ou présumée. Tel est le cas en ce qui concerne l'obligation de conserver une chose en vertu de l'article 1137 du Code civil, obligation qui est mise à la charge du débiteur en vertu de contrats variés comme le dépôt (art. 1927 et 1928 C. civ.), le gage (art. 2080 C. civ.), le bail (art. 1732 C. civ.) [1], le prêt (art. 1880 C. civ.) [2].

---

1. Le bailleur est aussi tenu d'une obligation d'entretien (art. 1719-2e C. civ.), laquelle doit normalement être considérée comme une obligation de moyens, ce qui n'empêche pas d'admettre qu'il est aussi tenu d'une obligation de résultat quant à la délivrance de la chose louée (art. 1719-1er C. civ.) et quant à la garantie des vices de celle-ci (art. 1721 C. civ., v. pour une confusion entre l'obligation d'entretien, qui est de moyens, et l'obligation de garantie des vices cachés, qui est de résultat, Versailles 28 septembre 1990, *J.C.P.* 1991.IV.123, qui, en fondant la responsabilité sur l'article 1721 du Code civil, décide qu'il y a manquement à l'obligation d'entretien). Lorsque le preneur est victime d'un dommage causé par la chose louée, il doit, par conséquent, prouver soit la faute dans l'entretien de la chose, soit le vice de celle-ci (cf. Civ. 3e, 29 avril 1987, *J.C.P.* 1987.IV.221, qui, à propos d'une location d'un appartement meublé, casse l'arrêt d'une Cour d'appel ayant retenu la responsabilité du bailleur, à l'occasion de la chute sur le preneur d'une armoire que celui-ci voulait ouvrir, les juges n'ayant pas constaté un vice de la chose louée ou un manquement du bailleur à son obligation d'entretien. V. aussi, Civ. 3e, 21 novembre 1990, *J.C.P.* 1991.IV.23, selon lequel le bailleur n'est pas tenu d'une obligation de résultat quant à la sécurité du locataire).

2. Lorsqu'une chose est confiée à un locateur d'ouvrage qui est tenu de l'améliorer, la réparer, la nettoyer etc., une obligation accessoire de conserver pèse sur le débiteur (cf. Paris, 23 septembre 1987, *D.* 1987.IR.221). A la lumière de l'article 1137 du Code civil et sauf disposition spéciale contraire de la loi, cette obligation ne devrait être que de moyens (cf. Civ. 1re, 24 mars 1993, *J.C.P.* 1993.IV.1354), encore que la faute soit présumée (v. *infra,* n° 620). Au demeurant, l'article 1789 du Code civil, qui précise que « l'ouvrier n'est tenu que de sa faute » lorsqu'il ne fournit pas la matière, ne fait que reprendre le principe affirmé à l'article 1137. Par conséquent, non seulement il n'est pas responsable de la perte totale ou de la détérioration par cas fortuit, mais encore de celle qui n'est pas due à sa faute, bien qu'il n'y ait pas force majeure (cf. à propos d'un entrepreneur-réparateur, Civ. 3e, 10 janvier 1979, *D.* 1979.IR.248 et, à propos d'un teinturier, Civ. 1re, 24 mars 1987, *J.C.P.* 1987.IV.191, les deux arrêts invoquant l'art. 1789 C. civ. ; Civ. 1re, 9 juin 1993, *J.C.P.* 1993.IV.2029, *Rev. trim. dr. civ.* 1993.828, obs. Jourdain, à propos d'un garagiste ; Civ. 3e, 17 février 1999, *Contrats, conc. consomm.* 1999, n° 67, obs. Leveneur, qui casse l'arrêt d'une cour d'appel pour avoir violé l'article 1789 C. civ. dans une espèce où, à la suite d'un incendie d'un bâtiment dans lequel un entrepreneur réalisait la pose d'un radiateur, elle a rejeté la demande en réparation formée contre lui au motif que la preuve de l'incrimination d'un chalumeau n'était pas rapportée, alors qu'elle ne constate pas que l'entrepreneur démontrait que l'incendie était survenu sans qu'une faute ait pu être retenue à son encontre). Si l'obligation de conserver proprement dite relève des articles 1137 et 1789, il n'en va pas de même de l'obligation d'exécuter le travail prévu, laquelle pourrait être de résultat (cf. Civ. 1re, 3 novembre 1970, *D.* 1971.226, Versailles 4 mars 1993, *D.* 1993.IR.147, Civ. 1re, 21 octobre 1997, *R.J.D.A.* 1998, n° 47 et Civ. 1re, 14 décembre 2004, *J.C.P.* 2005.IV.1220, à propos d'un garagiste ; Paris, 10 avril 1987, *D.* 1987.IR.132, à propos d'un teinturier ; Com. 16 mars 1999, *R.J.D.A.* 1999, n° 666, à propos de la réparation d'une machine ; Civ. 1re, 15 juillet 1999, *D.A.* 1999.1440, *R.J.D.A.* 1999, n° 1394, à propos de la réparation d'un ascenseur). V. toutefois, Civ. 1re, 2 février 1994, *R.J.D.A.* 1994, n° 285, *Contrats, conc. consomm.* 1994, n° 70, obs. Leveneur, *J.C.P.* 1994.II.22294, note Delebecque, *Rev. trim. dr. civ.* 1994. 613, obs. Jourdain, Civ. 1re, 20 juin 1995, *J.C.P.* 1995.IV.2010 et Com. 26 avril 2000, *R.J.D.A.* 2000, n° 858, qui, à propos d'un garagiste, précisent qu'il s'agit d'une obligation de résultat tout en permettant au garagiste d'échapper à sa responsabilité par la preuve de son absence de faute sans exiger celle d'une cause étrangère, ce qui est une contradiction. Comparer,

618 *bis*. – Médecins. Il y a des obligations autres que celles de conserver une chose qui sont des obligations de moyens. Une des applications les plus remarquables concerne celle qui est mise à la charge du médecin par le contrat médical, depuis l'arrêt de principe de la Cour de cassation du 20 mai 1936 (*D.P.* 1936.I.83, conclusions Matter et rapport Josserand, S. 1937.1.321, note Breton ; Civ. 1re, 28 juin 1989, *D.* 1989.IR.218, *J.C.P.* 1989.IV.331, qui casse un arrêt d'une Cour d'appel qui avait expressément mis à la charge d'un médecin une obligation de résultat [1] pour une intervention banale et ne présentant pas d'aléa) [2], la solution ayant été étendue au vétérinaire (cf. Civ. 1re,

(Suite de la note 2, p. 661) Civ. 1re, 14 mars 1995, *R.J.D.A.* 1995, n° 1195, qui retient une obligation de résultat sanctionnée par une responsabilité de plein droit, c'est-à-dire sans faute, tout en précisant qu'il appartient au client de prouver que le dommage trouve sa cause dans l'élément sur lequel le garagiste est intervenu, encore que l'obligation puisse n'être que de moyens (cf. Com. 20 mars 1985, *Bull. civ.* 4, n° 105, *Rev. trim. dr. civ.* 1986.362, obs. Huet et Com. 13 mars 1990, *J.C.P.* 1990.IV.185, à propos d'un réparateur ; Civ. 1re, 7 février 1978, *J.C.P.* 1978.IV.118, *Bull. civ.* 1, n° 46, Civ. 1re, 20 décembre 1993, *Bull. civ.* 1, n° 376, *D.* 1994.IR.28, *Rev. trim. dr. civ.* 1994.611, obs. Jourdain, et Civ. 1re, 17 novembre 1993, *Contrats, conc. consomm.* 1994, n° 83, obs. Raymond, *Rev. trim. dr. civ.* 1994.611, obs. Jourdain, à propos d'un teinturier). Il est vrai qu'il n'est pas toujours facile de tracer la frontière entre ce qui relève de l'obligation de conserver et de celle d'effectuer le travail dont est chargé le locateur d'ouvrage. Toutefois, il n'y a pas de raison de faire peser une obligation de résultat sur le constructeur alors que ne serait que de moyens l'obligation de celui qui intervient sur une chose qui lui est confiée par le maître de l'ouvrage. La différence entre les deux situations n'existe véritablement qu'en ce qui concerne l'obligation de conserver. En effet, tandis que le constructeur, du moins s'il fournit la matière, en est propriétaire jusqu'à la livraison, ce qui justifie que la perte de la chose, même par suite d'un cas fortuit soit à sa charge *(res perit domino*, cf. art. 1788 C. civ.), celui qui effectue un travail sur une chose qui ne lui appartient pas en est le dépositaire, ce qui entraîne à mettre à sa charge une obligation de conserver qui peut n'être que de moyens (art. 1789 C. civ.). De toutes façons, la question de la qualification de l'obligation ne se pose, hormis lorsque la loi est impérative (cf. art. 1792 et s. C. civ.), que dans le cas où les parties n'ont pas caractérisé la nature de cette obligation, c'est-à-dire à titre seulement supplétif de volonté.

1. Il ne faudrait pas prendre au pied de la lettre un arrêt (Civ. 1re, 7 janvier 1997, *D.* 1997.189, rapport Sargos, note Thouvenin) cassant la décision d'une cour d'appel qui avait écarté la responsabilité d'un médecin aux motifs que celui-ci n'avait pas commis de maladresses fautives, alors que les blessures occasionnées au patient avait été le fait du chirurgien, de sorte que sa responsabilité devait être retenue. En réalité, cet arrêt ne concerne qu'une question de causalité. En effet, le médecin avait blessé le patient lors d'une intervention chirurgicale.

2. Toutefois, il n'est pas exclu que le contrat puisse engendrer des obligations de résultat, dès lors qu'il ne s'agit plus de l'exercice proprement dit de son art par le médecin. Ainsi, par un arrêt du 1er avril 1968, la Cour de cassation (*D.* 1968.653, note SAVATIER, *J.C.P.* 1968.II.15547, note Rabut) a retenu la responsabilité sans faute d'un médecin dans le cas où l'explosion d'un appareil d'anesthésie avait entraîné la mort du patient. Certes, s'agissant de la responsabilité du médecin envers les proches parents du malade qui demandaient la réparation de leur préjudice par ricochet, il était question dans cette espèce, de responsabilité extra-contractuelle. Mais, il ne serait pas concevable que la responsabilité fût objective envers les proches parents seulement. On doit pouvoir envisager une obligation de résultat du médecin envers son client quant aux appareils qu'il utilise (cf. T.G.I. Pontoise, 28 novembre 1986, *D.* 1987.317, note Larroumet ; Paris 12 janvier 1989, *D.* 1989. Somm. 317, obs. Penneau ; Civ. 1re, 4 février 2003, *D.* 2004. Somm. 600, obs. Penneau. V. aussi, quant à la fourniture d'appareils, Civ. 1re, 22 novembre 1994, *Bull. civ.* 1, n° 340, *Rev. trim. dr. civ.* 1995.375, obs. Jourdain). Il est

31 janvier 1989, *D.* 1989.IR.45, *J.C.P.* 1989.IV.120) et aux cliniques (cf. Civ. 1re, 12 avril 1995, *R.J.D.A.* 1995, n° 811, *J.C.P.* 1995.II.22467, note Jourdain ; Civ. 1re, 13 novembre 1996, *D.* 1996.IR.268, à propos d'une transfusion sanguine avec un sang nocif, la responsabilité de la clinique, fondée sur sa faute, supposant qu'elle ait la possibilité de contrôler la qualité du sang transfusé) [1], encore que l'on mette à la charge des cliniques une obligation de sécurité de résultat quant à la fourniture des médicaments et produits autres que le sang qu'elle procure au patient en vertu du contrat d'hospitalisation (Civ. 1re, 7 novembre 2000, *Bull. civ.* 1, n° 272, *Rev. trim. dr. civ.* 2001.151, obs. Jourdain) [2].

618 *ter.* – Obligations d'information et de conseil. Parce qu'elles sont susceptibles de plus ou de moins, selon les circonstances, les obligations d'information, de conseil et de renseignements qui pèsent notamment sur un grand nombre de professionnels sont des obligations de moyens. Ainsi de nombreuses décisions judiciaires concer-

---

(Suite de la note 2, p. 662) vrai qu'un arrêt postérieur du 25 mai 1971 a refusé de retenir la responsabilité objective du médecin envers les proches parents du malade décédé à la suite de l'injection d'un produit (*D.* 1972.534, note Penneau). Cependant, dans cette espèce la survenance du dommage trouvait sa cause dans un acte relevant de l'exercice de l'art médical et devait donc être rattachée à l'exécution de l'obligation de moyens et cela d'autant plus que le vice du produit injecté, encore que ce ne soit pas là une condition de la responsabilité sans faute de celui qui l'utilise, n'était pas démontré. Si l'acte médical en vertu duquel une prothèse est posée relève de l'obligation de moyens (cf. Civ. 1re, 9 octobre 1985, *D.* 1986.417, note PENNEAU), la fourniture elle-même de la prothèse paraît faire l'objet d'une obligation de résultat (Civ. 1re, 29 octobre 1985, *D.* 1986.417, note Penneau, *Rev. trim. dr. civ.* 1986.762, obs. HUET. V. aussi, Paris 8 février 1991, *J.C.P.* 1992.II.21788, note Méméteau). Ainsi encore, une obligation, dont on doit aussi considérer, d'après la jurisprudence, qu'elle est de résultat, est mise à la charge du médecin en ce qui concerne la restitution des effets du patient (cf. Civ. 1re, 22 novembre 1988, *J.C.P.*, 1989.IV.31, à propos d'un bijou ôté pour les besoins d'un examen radiologique et qui, n'ayant pas été restitué immédiatement après l'examen, n'avait pas été retrouvé).

En revanche, des décisions des juridictions du fond qui avaient mis à la charge du médecin une obligation de résultat en vertu de laquelle il était tenu de garantir qu'il n'y aura pas d'accident médical même non imputable à lui-même à l'occasion d'un acte de diagnostic ou de thérapie, ce qui correspond à ce qu'on appelle l'aléa thérapeutique ou encore l'accident médical non fautif, étaient très contestables en ce qu'elles rendaient un médecin responsable d'un risque contre lequel il ne pouvait rien et devait être assumé par le patient qui recoure à la médecine, laquelle n'est pas une science exacte (T.G.I. Paris 5 mai et 20 octobre 1997, *D.* 1998.558, note Boy ; Paris 15 janvier 1999, *J.C.P.* 1999.II.10068, note Boy et I. 147, n° 12 et s., obs. Viney. V. LARROUMET, L'indemnisation de l'aléa thérapeutique, *D.* 1999. Chron. 33 ; SARGOS, L'aléa thérapeutique devant le juge judiciaire, *J.C.P.* 2000.I.202). Ces décisions ont été condamnées par la Cour de cassation qui a catégoriquement rejeté l'obligation de résultat du médecin pour les aléas thérapeutiques (Civ. 1re, 8 novembre 2000, *Bull. civ.* 1, n° 287, *Rev. trim. dr. civ.* 2001.154, obs. Jourdain). Au surplus, une loi du 4 mars 2002 a confirmé que les médecins n'étaient tenus que de leur faute et a instauré un fonds d'indemnisation pour les aléas thérapeutiques.

1. En revanche, les centres de transfusion sanguine sont tenus de fournir un sang non vicié, ce qui constitue une obligation de résultat (Civ. 1re, 12 avril 1995, *J.C.P.* 1995.II.22467, note Jourdain ; Civ. 1re, 9 juillet 1996, *D.* 1996.610, note Lambert-Faivre).

2. On ne comprend pas pourquoi la fourniture du sang relève de l'obligation de moyens en ce qui concerne les cliniques, tandis que celle d'autres produits relève de l'obligation de résultat.

nant les vendeurs, locateurs d'ouvrages, notaires, banquiers, agents immobiliers, administrateurs de biens et autres agents d'affaires prennent soin, chaque fois, de relever une faute à l'encontre du débiteur d'une telle obligation. Or, pour savoir si une faute a été commise, il convient de rechercher quel est exactement le contenu de l'obligation de renseignements ou de conseil. Ce contenu est très variable, pour un même professionnel, d'une obligation à une autre. C'est ce qui explique que les décisions développent toujours les circonstances de chaque espèce pour retenir ou, au contraire, écarter l'inexécution fautive de l'obligation (cf. à propos d'un expert comptable, Com. 2 juin 1987, *D.* 1987.IR.146 et Paris, 30 avril 1987, *D.* 1987.IR.140 ; à propos d'un conseil en organisation, Paris, 22 janvier 1990, *D.* 1990.IR.50 ; à propos d'un conseil en recrutement, Paris, 11 janvier 1990, *D.* 1990.IR.54 ; à propos d'une entreprise de travail temporaire, Civ. 1re, 26 février 1991, *D.* 1991.605, note Lapoyade-Deschamps).

618 *quater.* – Obligations de sécurité. Si la jurisprudence a inclus dans de multiples contrats des obligations de renseignements et de conseil, dans des hypothèses où cela ne correspond pas nécessairement aux volontés des parties mais est plutôt supposé par l'économie du contrat, objectivement appréciée sur le fondement de l'article 1135 du Code civil, elle a procédé de la même façon en ce qui concerne l'obligation dite de sécurité, en vertu de laquelle le débiteur est tenu de prendre soin de l'intégrité corporelle du créancier. Certes, certaines obligations de sécurité sont de résultat d'après la jurisprudence [1]. Mais, dans d'autres contrats, l'obligation de sécurité n'est que de moyens. Il en est ainsi en ce qui concerne celle que la jurisprudence met à la charge des hôteliers et restaurateurs (cf. Civ. 1re, 7 octobre 1981, *J.C.P.* 1981.IV.401, *D.* 1982.IR.88 ; Civ. 1re, 2 juin 1982, *J.C.P.* 1982.IV.287, *D.* 1982.IR.429 ; Civ. 1re, 19 juillet 1983, *J.C.P.* 1983.IV.317, *Rev. trim. dr. civ.* 1984.729, obs. Huet ; Civ. 1re, 29 janvier 1985, *J.C.P.* 1985.IV.138 ; Civ. 1re, 14 mai 1995, *R.J.D.A.* 1995, n° 930 ; Rouen 24 octobre 2001, *R.J.D.A.* 2002, n° 443. V. aussi, Civ. 1re, 2 juin 1981, *D.* 1981.IR.406, *J.C.P.* 1982.II.19911, note Dejean de la Batie, en ce qui concerne l'obligation du restaurateur de mettre à la disposition de ses clients des sièges suffisamment solides) [2].

Les entreprises de spectacles ou les organisateurs de manifestations sportives, artistiques et autres sont tenus d'une obligation de sécurité envers les spectateurs (cf. T.G.I., Le Mans, 9 novembre

1. V. *supra,* n° 612

2. Comparer *supra,* n° 611, en ce qui concerne l'obligation de résultat de l'hôtelier en tant que dépositaire. L'obligation du restaurateur en tant que dépositaire n'est qu'une obligation de moyens (cf. Paris, 20 mars 1987, *D.* 1987.IR.115), v. *infra,* n° 620.

1982, *D.* 1983.128, note Le Tourneau ; Paris 13 mars 1986, *D.* 1986, Flash n° 14) [1] aussi bien qu'envers les participants au spectacle ou à la manifestation (cf. Civ. 2e, 24 mars 1980, *J.C.P.* 1980.IV.225 ; Civ. 1re, 9 octobre 1979, *J.C.P.* 1979.IV.371, *D.* 1980.IR.260 ; Civ. 1re, 16 décembre 1997, *J.C.P.* 1998.IV.1350) [2]. De la même façon, l'exploitant d'un parc de jeux pour enfants n'est tenu que d'une obligation de moyens (Civ. 1re, 8 novembre 1976, *J.C.P.* 1976.IV.395, *D.* 1977.IR.31 ; Montpellier 20 janvier 1992, *J.C.P.* 1993.II.22125, note Bories) [3], comme celui d'une plage, d'une piscine, d'un terrain de camping ou d'une grotte (cf. Trib. inst. Arcachon, 17 janvier 1975, *D.* 1976.506, note Bihl ; Civ. 1re, 27 février 1977, *J.C.P.* 1977.IV.105 ; Civ. 23 novembre 1977, *J.C.P.* 1978.IV.30 ; Civ. 1re, 18 décembre 1985, *J.C.P.* 1986.IV.81 ; Civ. 1re, 17 juin 1997, *R.J.D.A.* 1998, n° 13) ou celui d'un parc zoologique (Civ. 1re, 30 mars 1994, *R.J.D.A.* 1994, n° 999) ou d'un salon d'esthétique (Civ. 1re, 8 décembre 1998, *D.A.* 1999.205, *R.J.D.A.* 1999, n° 233, *D.* 1999. Somm. 260, obs. Jourdain). Il en va de même pour les associations sportives et les établissements scolaires, qui sont tenus de prendre des mesures de sécurité envers leurs adhérents ou leurs élèves, même en l'absence d'obligation légale (cf. Paris, 17 juin 1987, *D.* 1987.IR.176, à propos d'une association sportive, et 22 juin 1987, *D.* 1987.IR.177, à propos d'un établissement scolaire).

L'organisateur de promenades à cheval, de la même façon qu'un club hippique, ne doit à ses clients qu'une obligation de moyens quant à leur sécurité (cf. Civ. 1re, 12 février 1980, *J.C.P.* 1980.IV.168 ; Civ. 1re, 4 mars 1980, *J.C.P.* 1980.IV.197, *Rev. trim. dr. civ.* 1980.769, obs. Durry ; Versailles, 10 novembre 1988, *D.* 1989.IR.24 ; Civ. 1re, 29 juin 1994, *R.J.D.A.* 1994, n° 1107 ; Chambéry 31 mai 2000, *J.C.P.* 2000.IV.2773). Le loueur de chevaux est aussi tenu d'une obligation de moyens, mais la Cour de cassation considère que son obligation est moins sévère que celle qui pèse sur l'organisateur d'une promenade à cheval, les clients attendant moins d'un loueur que d'un organisateur (cf. Paris, 3 février 1982, *D.* 1984.IR.186, obs. Wagner ;

---

1. C'est sans doute en raison de la qualité d'organisateur d'une manifestation que la Cour de cassation a mis à la charge d'une école militaire une simple obligation de moyens à l'occasion d'une visite de l'école par des enfants utilisant un véhicule dans lequel ils étaient transportés à l'intérieur de l'école et non pas l'obligation de résultat qui pèse normalement sur le transporteur (Civ. 1re, 15 mai 1984, *J.C.P.* 1984.IV.239, *Bull. civ.* 1re n° 163, *Rev. trim. dr. civ.* 1985.389, obs. HUET).

2. Il a été quelquefois admis qu'indépendamment de son obligation de sécurité, l'organisateur de spectacles est tenu d'une obligation de diligence pour satisfaire les spectateurs quant à la qualité du spectacle (T.G.I. Limoges 28 mars 1991, *D.* 1992. Somm. 270, obs. Fortis), ce qui doit être approuvé dans la mesure où les spectateurs sont en droit d'exiger un minimum d'efforts de l'organisateur.

3. Comparer *supra*, n° 612, en ce qui concerne l'exploitant d'un manège ou de balançoire, qui est tenu d'une obligation de résultat. L'exploitant d'une piste de karting est tenu d'une obligation de sécurité qui n'est que de moyens (Civ. 1re, 1er décembre 1999, *D.* 2000.287, note Mouly).

Civ. 1re, 27 mars 1985, *J.C.P.* 1985.IV.208, *Bull. civ.* 1, n° 111 ; Civ. 1re, 11 mars 1986, *Bull. civ.*, n° 64, *J.C.P.* 1986.IV.146, *Rev. trim. dr. civ.* 1986.608, obs. Rémy et 768, obs. Huet, *D.* 1987. Somm. 467, obs. Wagner ; Civ. 1re, 3 mai 1988, *J.C.P.* 1988.IV.239) [1]. Une obligation de moyens quant à la sécurité de ses clients a quelquefois été retenue à la charge de l'exploitant d'un magasin (Civ. 1re, 16 novembre 1976, *J.C.P.* 1977.IV.3, *D.* 1977.IR.87, *Rev. trim. dr. civ.* 1977.323, obs. Durry) [2].

Indépendamment de l'obligation de résultat d'exécuter le travail qui lui est confié et de l'obligation de conserver la chose qui lui est remise aux fins de réparation, laquelle est, en principe, de moyens [3], la jurisprudence met à la charge du réparateur et, en particulier, du garagiste, une obligation de sécurité dont l'objet est de restituer à son client une chose présentant une sécurité suffisante (cf. Civ. 1re, 9 juin 1993, *D.* 1993.IR.178, à propos d'un garagiste). Cependant, on peut se demander dans quelle mesure cette obligation est indépendante de celle d'exécuter le travail promis et cela d'autant plus que, comme celle-ci, elle ne serait que de moyens (Civ. 1re, 9 juin 1993, précité). La Cour de cassation a aussi mis une obligation de sécurité, qui n'est que de moyens, à la charge du locateur d'ouvrage au profit de son cocontractant qui participe à l'opération (cf. Civ. 1re, 24 novembre 1993, *D.* 1994.IR.11, à propos du levage d'un bateau par un camion). L'inclusion d'une telle obligation dans un contrat de louage d'ouvrage a pour objet, à l'évidence, de ne point permettre au cocontractant du locateur d'ouvrage de recourir à la responsabilité extra-contractuelle objective de l'article 1384, al. 1er du Code civil en

---

1. Si l'obligation de moyens est susceptible de plus ou de moins à la différence de l'obligation de résultat (v. *supra*, n° 615 et *infra*, n° 629), ce dont il résulte qu'il est concevable d'exiger plus d'un organisateur de promenades à cheval que d'un loueur de chevaux, il n'empêche qu'il serait certainement plus satisfaisant de considérer l'organisateur de promenades à cheval comme un transporteur pour mettre à sa charge une obligation de résultat.

2. Il est vrai que des décisions ont quelquefois admis une obligation de résultat à l'encontre de l'exploitant d'un magasin (cf. T.G.I. Laon 29 novembre 1977, *D.* 1978.IR.208, obs. LARROUMET). Surtout, on peut se demander si une obligation de sécurité implicite, qu'elle soit de moyens ou de résultat, correspond à l'économie du contrat. C'est la raison pour laquelle d'autres décisions ont préféré admettre que la responsabilité de l'exploitant du magasin ne pouvait être engagée que sur le terrain extra-contractuel (cf. Civ. 2e, 5 juin 1991, *D.* 1991.IR.199, *J.C.P.* 1991.IV.308, sur le principe de la responsabilité extra-contractuelle de l'exploitant d'un magasin dont l'entrée est libre, à propos du fonctionnement défectueux d'un système de détection électronique. V. aussi, Civ. 1re, 29 mai 1996, *R.J.D.A.* 1996, n° 1408, *Rev. trim. dr. civ.* 1997.140, obs. Jourdain ; Civ. 1re, 9 juillet 2002, *D.* 2002.IR.2517, Civ. 2e, 11 juillet 2002, *R.J.D.A.* 2003, n° 90). Il s'agira, alors, selon les cas, soit de la responsabilité objective du fait des choses, qui est le pendant, en matière extra-contractuelle, de la responsabilité pour inexécution d'une obligation de résultat, soit de la responsabilité pour faute de l'article 1382 du Code civil, qui est le pendant de la responsabilité pour inexécution d'une obligation de moyens.

3. V. *supra*, note 1, p. 622.

cas de dommage corporel. Pourtant, ce serait, sauf acceptation des risques, la seule solution logique, une obligation de sécurité corporelle étant étrangère à l'objet du contrat [1].

619. – Agences de voyages. Parce qu'elles sont des mandataires, les agences de voyages ne sont tenues que de leur faute, qui doit être prouvée par leur client (cf. art. 1992 C. civ. v. Civ. 1re, 30 janvier 2007, *D.* 2007.2374, note Dagorne-Labbé, à propos de la délivrance d'un titre de transport pour le compte du transporteur) [2]. Toutefois, la jurisprudence apprécie le contenu de leur obligation avec une très grande sévérité et elle n'hésite pas à leur reprocher d'avoir méconnu, d'une façon fautive, cette obligation, ce qui est à la limite d'une obligation de sécurité qui serait de résultat (cf. notamment Civ. 1re, 29 juin 1976, *D.* 1976. Somm. 77, *J.C.P.* 1978.II.18995, note Chemel, à propos d'une agence de voyages qui avait omis d'informer son client de ce que le camp de vacances qu'elle lui avait proposé se trouvait à proximité d'une voie de chemin de fer sur laquelle avait été blessé l'enfant du client ; Civ. 1re, 3 mai 1977, *J.C.P.* 1977.IV.165, *D.* 1977.IR.415, à propos d'une excursion dans une zone de nappes d'eau chaude, la faute consistant à n'avoir pas prévu de guide).

Surtout, la jurisprudence a retenu la responsabilité d'une agence de voyages pour manquement à « une obligation de surveillance » envers un transporteur par elle choisi et qui avait commis une faute (Civ. 1re, 23 février 1983, *J.C.P.* 1983.II.19967, conclusions Gulphe, *D.* 1984.481, note Couvrat, *Rev. trim. dr. civ.* 1983.322, obs. Durry ; Civ. 1re, 29 janvier 1991, *D.* 1992.435, note Diener ; Paris, 14 mars 1997, *D.* 1998.7, note Dagorne-Labbé) pour avoir omis de vérifier que l'hôtel dans lequel elle avait fait des réservations pour ses clients était assuré, les clients ayant été blessés dans un incendie de cet hôtel (T.G.I. Paris, 2 juillet 1976, *J.C.P.* 1977.IV.190 v. aussi, Civ. 1re, 3 mai 2000, *D.* 2000.IR.160, *R.J.D.A.* 2001, n° 127, à propos du dysfonctionnement de l'ascenseur d'un hôtel) ou encore à raison d'une maladie contractée par son client ayant bu de l'eau non potable qui lui avait été fournie par le prestataire de services auquel avait eu recours l'agence de voyages (Paris 12 juin 1997, *D.* 1998.252, note

1. Comparer *supra,* note 2 p. 649, à propos des accidents survenus dans les gares.

2. La responsabilité édictée par l'article 1992 du Code civil à l'encontre des mandataires est, à n'en pas douter, fondée sur la faute. Pourtant, il est arrivé que des décisions mettent à la charge du mandataire une présomption de responsabilité ne pouvant être détruite que par la preuve d'une cause étrangère (cf. Dijon 17 février 1994, *J.C.P.* 1994.IV.1705), ce qui est la révélation d'une obligation de résultat, manifestement contraire à l'article 1992. La Cour de cassation laisse entendre que l'obligation du mandataire d'accomplir la mission qui lui a été confiée peut être de résultat (v. Com. 7 octobre 1997, *D.A.* 1997.1278, *R.J.D.A.* 1997, n° 1499, *Contrats, conc. consomm.* 1998, n° 3, obs. Leveneur, arrêt dans lequel la Cour insiste sur le caractère aléatoire de la vente de titres confiée à une société de bourse pour n'admettre à sa charge qu'une obligation de moyens, ce dont il résulte que le mandant doit prouver la faute du mandataire dans l'exécution de sa mission).

Dagorne-Labbé). Dans le premier cas surtout, on est à la limite de l'obligation de résultat quant à la sécurité des clients (cf. cependant pour moins de sévérité, Paris, 3 avril 1987, *D.* 1987.IR.114 ; Civ. 1re, 29 mai 1990, *D.* 1990.IR.151) [1]. Au demeurant, l'obligation d'informer quant à l'existence d'une assurance ou celle de prendre la précaution de contracter une assurance dans l'intérêt d'autrui n'est pas propre aux agences de voyages et la jurisprudence a retenu des fautes du même genre à l'encontre d'organisateurs de manifestations sportives en ce qui concerne la sécurité des participants (cf. Civ. 1re, 16 avril 1976, *D.* 1976.514, note Chirez ; Civ. 1re, 4 avril 1978, *J.C.P.* 1978.IV.188, *D.* 1979.IR.314, obs. Alaphilippe et Karaquillo).

Ici encore, de même que pour les obligations de résultat, il ne s'agit que d'exemples, parmi les plus significatifs, tirés de la jurisprudence et bon nombre d'obligations de moyens, notamment quant à la sécurité du créancier, ont été consacrées, depuis les moniteurs de ski et d'autres sports (cf. Chambéry, 20 janvier 1976, *D.* 1977.209, note Rabinovitch ; Chambéry, 6 juin 1978, *J.C.P.* 1980.II.19386, note Sarraz-Bournet ; Civ. 1re, 28 avril 1980, *J.C.P.* 1980.IV.262 ; Civ. 1re, 9 février 1994, *J.C.P.* 1994.II.22313, note Veaux ; Civ. 1re, 16 octobre 2001, *J.C.P.* 2002.II.10194, note Lièvremont, *Contrats, conc. consomm.* 2002, n° 21, obs. Leveneur, *Rev. trim. dr. civ.* 2002.107, obs. Jourdain, *R.J.D.A.* 2002, n° 1333), en passant par les personnes ou établissements chargés de la garde d'enfants (Civ. 1re, 13 février 1979, *D.* 1979.IR.302 ; Civ. 1re, 4 novembre 1982, *J.C.P.* 1983.IV.27, *Rev. trim. dr. civ* 1983.546, obs. Durry ; Civ. 1re, 10 février 1993, *D.* 1993.605, note Bonnard et Civ. 1re, 11 mars 1997, *Bull. civ.* 1, n° 89, *Rev. trim. dr. civ.* 1997.947, obs. Jourdain, à propos d'une colonie de

---

1. Une obligation de résultat en ce qui concerne les voyages organisés a été admise à l'encontre des agences de voyages et au profit des clients qui s'inscrivent à de tels voyages (Civ. 1re, 2 novembre 2005, *D.* 2006.1016, note Maréchal, *J.C.P.* 2006.II.10018, note Poumarède ; Civ. 1re, 13 décembre 2005, *B. civ.* 1, n° 504, *Rev. trim. dr. civ.* 2006.329, obs. Jourdain) ; Paris, 9 février 1988, *D.* 1988.IR.73), qui assimile l'agence de voyages à un vendeur, ce qui est tout à fait contestable, car il s'agit d'un louage d'ouvrage lorsque l'agence ne traite pas comme mandataire de son client. Sans prendre parti sur la nature de l'obligation de l'agence de voyages quant à l'organisation du voyage ou du séjour, la Cour de cassation a considéré que, garante des prestataires de services auxquels elle a recours, l'agence de voyages est tenue de la même responsabilité que ceux-ci, la solution ayant été donnée à propos d'une perte de bagages au cours d'une opération de transport aérien (Civ. 1re, 10 mai 1989, *D.* 1989.IR.171, *J.C.P.*, 1989.IV.258 et Colmar, 24 mai 2006, *J.C.P.* 2006.IV.2960. V. aussi, Civ. 1re, 21 mai 1990, *J.C.P.* 1990.IV.270 ; Civ. 1re, 15 janvier 1991, *D.* 1992.242, note Dagorne-Labbé, *D.* 1992.435, note Diener ; Limoges 8 octobre 1992, *J.C.P.* 1993.IV.1040 ; Paris, 12 juin 1989, *D.* 1989.IR.212 ; Paris, 19 septembre 1989, *D.* 1989.IR.249 ; Paris 28 novembre 1990, *D.* 1991.IR.20 ; Paris 29 octobre 1991, *D.* 1991.IR.276). En réalité, l'obligation est, dans ce cas, de résultat. En ce qui concerne la preuve de l'inexécution de ses obligations par une agence de voyages, il a été admis qu'elle pouvait résulter du rapprochement entre, d'une part, la description de la publicité, visée dans le contrat, et, d'autre part, les insuffisances reconnues par l'agence (cf. Paris, 23 novembre 1988, *D.* 1989.IR.9). Sur la responsabilité des agences de voyages, v. BATTEUR, De la responsabilité des agences de voyages organisés : vers un cas autonome de responsabilité contractuelle du fait d'autrui, *J.C.P.* 1992, éd. E.I.131.

vacances) et les cliniques psychiatriques (cf. parmi de très nombreuses décisions, Civ. 1re, 16 novembre 1976, *J.C.P.* 1977.IV.3, *D.* 1977.IR.64) jusqu'au contrat de dressage de chevaux (Civ. 1re, 15 avril 1980, *D.* 1980.IR.372, *J.C.P.* 1980.II.19402, note Bénabent. Cf. aussi, Civ. 1re, 13 décembre 1988, *D.* 1989.IR.7, *J.C.P.* 1989.IV.63, à propos de l'entraînement d'un cheval) et le contrat de présentation par lequel une entreprise se charge de rechercher et de présenter à une autre entreprise un candidat à un poste de direction (Versailles, 3 mars 1988, *J.C.P.* 1988.II.21132, note Estoup) ou encore, d'abord, le bailleur d'un local commercial dans une galerie marchande quant à la fréquentation de la clientèle (Paris 7 octobre 1998, *D.A.* 1998.1843, qui considère qu'il est tenu de mettre en œuvre la politique de location promise et de ne pas la changer dans son seul intérêt au détriment du locataire) et, ensuite, l'installateur d'un système de transmetteur laser numérique (Toulouse 25 janvier 2001, *J.C.P.* 2001.IV.2076).

β) La charge de la preuve de la faute

619 *bis*. – Droit commun. La charge de la preuve de la faute dans l'exécution d'une obligation de moyens est primordiale. En effet, si la preuve incombe au demandeur, c'est-à-dire au créancier de l'obligation, il lui appartiendra, dans tous les cas douteux, ceux dans lesquels il n'est pas évident que le débiteur a commis une faute, de supporter les conséquences de l'inexécution ou de la mauvaise exécution de l'obligation. Au contraire, si on admet l'existence d'une présomption de faute, ce sera au débiteur, contre lequel la présomption est invoquée par le créancier, de supporter les cas douteux, lorsqu'il n'est pas en mesure de prouver son absence de faute dans l'exécution de son obligation.

Dans le droit antérieur à une loi du 10 juillet 2000, la jurisprudence admettait un principe d'identité de la faute pénale et de la faute civile délictuelle non volontaire, c'est-à-dire celle qui permet de retenir la responsabilité extra-contractuelle de son auteur sur le fondement de l'article 1383 du Code civil (cf. Civ. 18 décembre 1912, *D.* 1915.1.17, *S.* 1914.1.249, note Morel). Il en résultait que la relaxe au pénal interdisait de retenir la responsabilité civile en application de l'article 1383. Toutefois, la faute contractuelle n'ayant pas la même nature que la faute délictuelle, le principe de l'identité des fautes ne lui était pas applicable (v. aussi, art. 470-1 C. proc. pén.), encore que des décisions plus récentes eussent admis que la chose jugée sur la faute pénale s'appliquait à la faute contractuelle (Civ. 9 juin 1993, *D.* 1993.IR.178, à propos d'une relaxe au pénal interdisant de retenir la responsabilité contractuelle pour faute). Depuis une loi du 10 juillet 2000 (art. 4-1 C. pén.), la faute civile délictuelle d'imprudence de l'article 1383 du Code civil est indépendante de la faute pénale, dans la mesure où la relaxe pour absence de faute pénale n'interdit plus de constater l'existence de la faute civile délictuelle (V. Civ. 1re, 30 janvier 2001, *D.* 2001.IR.677, qui affirme l'absence d'autorité de la chose jugée au pénal sur la faute civile de l'article 1383 C. civ.). Il est évident qu'il doit en être de même de la faute contractuelle.

Il convient de ne pas confondre la présomption de faute avec l'obligation de résultat. En effet, le débiteur d'une obligation de résultat ne peut échapper à sa responsabilité en cas d'inexécution ou de mauvaise exécution que par la preuve d'une cause étrangère, c'est-à-dire l'absence de relation de causalité entre son fait et le dommage éprouvé par le créancier [1]. Même si, dans certains cas, la preuve d'une cause étrangère concorde avec l'absence de faute du débiteur, la preuve concerne la causalité et non pas les éléments permettant de porter un jugement de valeur sur le comportement du débiteur. Il s'agit d'une preuve positive de la cause du dommage, qui doit être étrangère à l'activité du débiteur. Au contraire, la preuve de l'absence de faute et, par conséquent, le renversement de la présomption de faute consistent en une preuve négative, laquelle suppose que le débiteur se fonde sur des éléments, des circonstances autorisant à considérer que son comportement est irréprochable.

Conformément au droit commun de la charge de la preuve, on doit admettre que c'est au créancier qu'il incombe de prouver la faute du débiteur qui est à l'origine de l'inexécution de l'obligation *(actori incumbit probatio)*. C'est la solution de principe admise par la jurisprudence en ce qui concerne les obligations de moyens. Pour la très grande majorité de ces obligations, la responsabilité du débiteur ne sera pas retenue si le créancier ne prouve pas une faute commise par le débiteur (cf. par exemple, Paris, 11 mars 1988, *D.* 1988.IR.113, à propos d'un mandataire ; Civ. 1re, 19 juillet 1988, *J.C.P.* 1988.IV.349, *Bull. civ.* 1, n° 251, *D.* 1989. Somm. 405, obs. Karaquillo, à propos d'un club sportif ; Civ. 1re, 18 décembre 1990, *J.C.P.* 1991.IV.68, à propos d'un louage d'ouvrage ; Civ. 1re, 16 mars 1994, *R.J.D.A.* 1994, n° 909, selon lequel la responsabilité d'un comité d'établissement, qui avait proposé un voyage en tant qu'intermédiaire d'une agence de voyages, ne peut être retenue en l'absence de preuve d'une faute à son encontre dans le cas où le voyage n'a pu avoir lieu en raison de la liquidation judiciaire de l'agence de voyages). La solution est parfaitement logique. En effet, si le créancier n'a pas obtenu satisfaction, c'est-à-dire si le résultat qu'il voulait obtenir n'est pas atteint, il n'est pas possible de se fonder sur ce seul fait pour retenir la responsabilité du débiteur. La responsabilité ne suppose pas simplement que le résultat n'est pas atteint pour une raison imputable au débiteur, mais elle repose sur le fait que le débiteur n'a pas mis en œuvre les moyens nécessaires pour atteindre ce résultat. Par conséquent, il est nécessaire de prouver que le débiteur n'a pas fait ce qu'il fallait pour procurer satisfaction au créancier. Cependant, si la preuve de la faute est une preuve positive,

1. V. *supra*, n° 607 et 609.

qui suppose une appréciation du comportement du débiteur lorsque le créancier n'a pas obtenu satisfaction, l'existence de la faute peut être déduite de l'absence d'autre cause possible du dommage (cf. Civ. 1re, 17 novembre 1993, *Contrats, conc. consomm.* 1994, n° 83, obs. Raymond, à propos d'un teinturier, tenu d'une obligation de moyens, qui avait restitué à son client un vêtement en mauvais état, ce qui ne pouvait être dû qu'à sa faute, car, d'une part, il n'avait fait aucune réserve lors de la remise du vêtement pour exécution de son travail et, d'autre part, le mauvais état ne pouvait résulter d'aucune autre circonstance, ce qui impliquait nécessairement la faute du teinturier).

620. – Présomption de faute. La loi ou la jurisprudence admet, dans certaines situations, l'existence d'une présomption de faute à l'encontre du débiteur d'une obligation de moyens.

Ainsi, le transporteur aérien, contrairement au transporteur terrestre, n'est pas toujours tenu d'une obligation de résultat. L'obligation est de résultat dans la limite d'un certain montant de préjudice, en vertu du règlement européen du 9 octobre 1997 et de la Convention de Montréal du 28 mai 1999 [1]. Cependant, soit lorsque ces textes ne sont pas applicables, soit lorsque le dommage est supérieur au plafond prévu, l'obligation n'est que de moyens [2] (article 20 de la Convention de Varsovie du 12 octobre 1929) [3]. En vertu de cette disposition, il n'appartient pas à la victime de prouver la faute du transporteur. C'est à celui-ci de prouver qu'il n'a pas commis de faute [4 et 5].

---

1. V. *supra*, n° 612.

2. La raison était valable au moment où sont apparus les transports par air, à l'époque où a été conclue la Convention de Varsovie sur le transport aérien, en 1929. Elle l'était encore, lorsque cette Convention a été modifiée par le Protocole de La Haye en 1955. Elle ne l'est plus de nos jours, ce qui permet de comprendre non seulement les dispositions du règlement européen de 1997, mais encore que des modifications ultérieures de la Convention de Varsovie mettent à la charge du transporteur aérien une obligation de résultat quant à la sécurité des personnes transportées.

3. Pour les transports aériens internes, en droit français, il y a lieu de tenir compte des dispositions du règlement européen du 9 octobre 1997.

4. Indépendamment de l'accident de transport, il y a une responsabilité pour faute prouvée lorsque le transporteur a pris un risque d'atterrissage dans un pays si la guerre était imminente (Civ. 1re, 15 juillet 1999, *D.A.* 1999.1239). Quant au retard, il relève des articles 19 et 20 de la Convention de Varsovie (Paris 28 juin 2002, *J.C.P.* 2003.IV.1481). La Convention de Montréal maintient le système, sauf à admettre un plafond d'indemnisation.

5. En ce qui concerne le transport maritime de personnes, l'obligation de sécurité du transporteur quant à l'intégrité corporelle du passager est aussi une obligation de moyens. Cependant, il n'y a pas toujours de présomption de faute à l'encontre du transporteur. Pour les transports soumis à la loi française, la loi du 18 juin 1966, relative aux contrats d'affrètement et de transport maritimes, admet que la faute du transporteur doit être prouvée par la victime (art. 37). Toutefois, lorsque le dommage corporel éprouvé par un passager résulte d'un sinistre majeur, tel que l'incendie, le naufrage, l'explosion etc., l'article 38 de la loi édicte une présomption de faute à l'encontre du transporteur, laquelle, comme pour les transports aériens, sera renversée par la preuve de l'absence de faute. Ici encore, par conséquent, il ne s'agit pas d'une obligation de résultat dont le transporteur ne pourrait s'exonérer que par la preuve d'une cause étrangère. En

La jurisprudence a admis l'existence d'une présomption de faute à l'encontre du débiteur d'une obligation de moyens quant à la conservation d'une chose. Il en est ainsi en ce qui concerne le dépositaire. Il n'appartient pas au déposant de prouver la faute du dépositaire, car celle-ci est présumée et, par conséquent, c'est au dépositaire de prouver son absence de faute dans la garde de la chose qui lui a été confiée (cf. Civ. 1re, 28 mai 1984, *J.C.P.* 1984.IV.252 ; Civ. 1re, 2 octobre 1980, *J.C.P.* 1980.IV.404, *D.* 1981.IR.68, *Rev. trim. dr. civ.* 1981.405, obs. Cornu ; Civ. 1re, 24 juin 1981, *D.* 1981.IR.394, *J.C.P.* 1981.IV.328, *D.* 1982.IR.363, obs. Larroumet, *Rev. trim. dr. civ.* 1982.430, obs. Cornu ; Paris, 20 mars 1987, *D.* 1987.IR.99 ; Com. 22 novembre 1988, *J.C.P.* 1989.IV.29, *Bull. civ.* 4, n° 316, *Rev. trim. dr. civ.* 1989.328, obs. Jourdain ; Civ. 1re, 4 octobre 1989, *D.* 1989.IR.262, *J.C.P.* 1989.IV.385 ; Civ. 1re, 10 janvier 1990, *D.* 1990.IR.30, *J.C.P.* 1990.IV.93, *Bull. civ.* 1, n° 6, *Rev. trim. dr. civ.* 1990.517, obs. Rémy ; Civ. 1re, 24 février 1993, *Contrats, conc. consomm.* 1993, n° 89, obs. Leveneur ; Civ. 1re, 20 juillet 1994, *D.* 1994.IR.225, *J.C.P.* 1994.IV.2342 ; Civ. 1re, 29 mai 1996, *R.J.D.A.* 1996, n° 1183 ; Civ. 1re, 15 janvier 1999, *R.J.D.A.* 1999, n° 546 ; Civ. 1re, 30 mars 2005, *J.C.P.* 2005.IV.2124). La solution doit être étendue, en raison de la similitude des situations, au garagiste (Civ. 1re, 29 avril 1985, *J.C.P.* 1985.IV.243 ; Paris, 23 septembre 1987, *D.* 1987.IR.221 ; Paris, 15 septembre 1989, *D.* 1989.IR.252) [1] ou même à l'acheteur auquel une chose a été remise, le vendeur en demeurant propriétaire jusqu'au paiement du prix en vertu d'une clause de réserve de propriété (Com. 19 octobre 1982, *Bull. civ.* 4, n° 321, *Rev. trim. dr. civ.* 1984.515, obs. Huet) [2]. La jurisprudence l'a aussi étendue au locateur d'ouvrage lorsque la chose sur laquelle il intervient lui est fournie par le maître de l'ouvrage (art. 1789 C. civ. Cf. Civ. 1re, 14 mai 1991, *J.C.P.* 1991.IV.263 ;

(Suite de la note 5, p. 671) revanche, l'organisateur d'une croisière maritime est tenu d'une obligation de résultat, sauf en ce qui concerne l'intégralité corporelle du passager pendant la phase du transport maritime proprement dit, auquel cas sa responsabilité est celle d'un transporteur maritime tenu d'une obligation de moyens (art. 48 et 49 de la loi du 18 juin 1966). La loi du 18 juin 1966 considère que le transporteur maritime de marchandises est, en principe, tenu d'une obligation de résultat et, à condition qu'il n'ait pas commis de faute, il ne peut s'exonérer de sa responsabilité que par la preuve de « cas exceptés », dont la liste limitative est énoncée dans la loi (art. 27 de la loi du 18 juin 1966).

1. L'obligation de sécurité que la jurisprudence met à la charge du garagiste (v. *supra*, n° 618) est une obligation de moyens en vertu de laquelle la faute du débiteur est présumée (Civ. 1re, 9 juin 1993, *D.* 1993.IR.178).

2. V. aussi en ce qui concerne la qualité de dépositaire du restaurateur qui met un vestiaire à la disposition de ses clients, Reims 28 juin 1976, *J.C.P.* 1977.IV.275, *D.* 1978.IR.207, obs. Larroumet et, en ce qui concerne un teinturier, Civ. 1re, 24 mars 1987 *J.C.P.* 1987.IV.191. En revanche, à propos du vol de fourrures qui avaient été confiées à un façonnier, il a été admis que celui-ci n'était responsable que si sa faute était prouvée par le créancier (Paris, 18 février 1987, *D.* 1987.IR.53), ce dont il résulte que la présomption de faute à l'encontre des dépositaires et ceux qui leur sont assimilés n'est pas d'une application générale et systématique en jurisprudence.

Civ. 3e, 17 février 1999, *Bull. civ.* 3, n° 41, *J.C.P.* 1999.IV.1658, *Rev. trim. dr. civ.* 1999.629, obs. Jourdain). Dans cette hypothèse, la situation du locateur d'ouvrage est proche de celle du dépositaire (v. Caen 8 juillet 1993, *J.C.P.* 1993.IV.2479, qui admet qu'il y a dépôt accessoire au contrat d'entraînement d'un cheval, ce dont il résulte que l'entraîneur est présumé en faute en cas de décès de l'animal). Pour la même raison, dans le prêt à usage, il appartient à l'emprunteur, présumé en faute, de rapporter la preuve de son absence de faute et non pas au prêteur de prouver la faute de l'emprunteur (Civ. 1re, 10 octobre 1995, *Bull. civ.* 1, n° 353, *D.* 1996. Somm. 118, obs. Delebecque ; Civ. 1re, 6 mai 1997, *R.J.D.A.* 1997, n° 1198 ; Civ. 1re, 6 novembre 2002, *Contrats, conc. consomm.* 2003, n° 37, *Rev. contrats* 2003.130, obs. Seube ; Civ. 1re, 1er mars 2005, *J.C.P.* 2005.IV.1821). Lorsqu'une vente est résolue par l'accord des parties et que l'acheteur doit, par conséquent, restituer la chose au vendeur, on peut mettre à sa charge une obligation de conservation qui s'apparente à celle d'un dépositaire, ce qui justifie une présomption de faute à l'encontre de l'acheteur (Civ. 1re, 11 avril 1995, *Contrats, conc. consomm.* 1995, n° 113, obs. Raymond). Il en va de même de l'obligation de conservation du preneur à bail (Civ. 3e, 28 janvier 2004, *D.* 2004.IR.537), en application de l'article 1732 du Code civil.

Dans ces différentes hypothèses, aucun texte du Code civil ne mentionne expressément la présomption de faute. Pourtant, la présomption de faute peut-être assise sur des bases solides. En effet, celui auquel une chose est remise et qui doit la restituer en bon état est tenu, en réalité, de deux obligations. D'une part, il doit la restituer au moment prévu par le contrat. Cette obligation de restitution s'apparente à une obligation de livrer. On doit donc, comme l'obligation de livrer, la considérer comme une obligation de résultat. D'autre part, le débiteur est tenu de restituer en bon état. Il s'agit de l'obligation de conserver. Cette obligation, conformément aux prescriptions de l'article 1137 du Code civil, n'est qu'une obligation de moyens. Cependant, en raison de ce que les deux obligations sont liées dans leur exécution, laquelle consiste à restituer (obligation de résultat) en bon état (obligation de moyens), on peut penser que, du moins quant à la preuve, l'obligation de restituer attrait à elle l'obligation de restituer en bon état. C'est ce qui expliquerait que si la chose n'est pas restituée, parce qu'elle a disparu par la faute du débiteur qui a manqué à son obligation de conservation, cette faute serait présumée. Par conséquent, en raison du lien entre les deux obligations, il appartiendrait au débiteur de prouver que la chose a péri sans sa faute, sans l'obliger pour autant à prouver une cause étrangère. Il reste, il est vrai, l'hypothèse dans laquelle la chose est restituée en mauvais état. Dans ce cas, les deux obligations ne sont plus liées et il n'est alors question que de la conservation et non plus de la restitution. La logique voudrait le retour à la preuve de la faute par le créancier. Cependant, la présomption de faute paraît bien correspondre à l'aptitude à la charge de la preuve, c'est-à-dire qu'il est plus facile pour le débiteur de prouver son absence de faute que pour le créancier de prouver la faute du débiteur. En effet, le créancier n'est pas à même de connaître les circonstances dans lesquelles la chose a été conservée par le débiteur.

La jurisprudence a aussi admis que la responsabilité du mandataire pouvait être fondée sur une présomption de faute. Plus précisément, si le mandataire exécute son obligation mais que le mandant estime que cette exécution n'est pas correcte, il doit prouver une faute du mandataire, tandis que si le mandant n'a obtenu aucun résultat, parce que l'obligation du mandataire n'a pas été exécutée, la faute est présumée (Civ. 1re, 18 janvier 1989, *D.* 1989.302, note Larroumet, *Rev. trim. dr. civ.* 1989.558, obs. Jourdain et 572, obs. Rémy ; Civ. 1re, 16 mai 2006, *D.* 2006.IR.1564). Certes, lorsque l'exécution n'est pas correcte, il appartient au mandant de le prouver, ce qui constitue la preuve d'une faute. Mais, il n'en va pas de même lorsque l'inexécution est totale. En effet, le seul fait de la part du mandataire de ne pas exécuter son obligation ne constitue pas en lui-même une faute. Il n'apparaît tel qu'à la lumière de toutes les circonstances qui ont entouré l'inexécution. Or, en présence d'une inexécution totale, il est plus facile pour le mandataire de prouver son absence de faute que pour le mandant de prouver la réalité de la faute. On conçoit, dès lors, que l'aptitude à la charge de la preuve permette de présumer la faute du mandataire. Au demeurant, la solution ne devrait point être propre au mandat. Elle a une vocation générale pour toutes les obligations de moyens et cela d'autant plus que la jurisprudence a quelquefois admis une présomption de faute dans des contrats où l'aptitude à la charge de la preuve ne l'imposait pas (cf. Com. 13 mars 1990, *J.C.P.* 1990.IV.185, à propos d'un réparateur). Allant au-delà des hypothèses qui viennent d'être envisagées, la jurisprudence a quelquefois admis l'existence de présomptions de faute qui sont difficilement justifiables (cf. Montpellier, 20 janvier 1992, *J.C.P.* 1993.II.22125, note Bories, à propos de l'exploitant d'un parc de jeux nautiques pour enfants).

En revanche, on comprend mieux que la Cour de cassation ait admis qu'une clinique soit présumée avoir commis une faute dans l'hypothèse où un patient a contracté une infection dans une salle d'opération pendant une intervention chirurgicale (cf. Civ. 1re, 21 mai 1996, *Bull. civ.* 1, n° 219, *J.C.P.* 3985, n° 24 et s., obs. Viney, *Resp. civ. et ass.* 1996. Chron. 29, par Groutel, *Rev. trim. dr. civ.* 1996.913, obs. Jourdain, *D.* 1997. Somm. 287, obs. Mazeaud, *Rev. jur. com.* 1997.59, note Hassler, *Rep. not.* 1997.408, note Bénabent, *Rep. not.* 1997.749, obs. Mazeaud). Certes, une telle faute aurait pu relever de l'application du droit commun selon lequel la charge de la preuve incombe au demandeur. Cependant, l'aptitude à la charge de la preuve exige un renversement de celle-ci. En effet, tandis que le patient est dans l'impossibilité de prouver une faute, la clinique a les moyens de convaincre qu'elle n'a commis aucune faute. Par conséquent, dans l'attribution de la charge de la preuve de la faute ou bien de l'absence de faute, l'aptitude à supporter cette charge est encore le meilleur critère, ce qui démontre que la question est dominée par des considérations d'opportunité [1].

γ) La gravité de la faute [2]

621. – La faute légère est en principe suffisante. N'importe quelle faute permet de retenir la responsabilité du débiteur. Il n'est pas nécessaire d'exiger une faute d'une certaine gravité. Toutefois, dans des hypothèses exceptionnelles, une faute d'une certaine gravité est exigée comme condition de responsabilité. Surtout, même si une faute d'une certaine gravité n'est pas nécessaire, cela n'empêche pas de considérer que, lorsque la faute est grave, elle entraîne certaines conséquences que n'entraînerait pas la faute ordinaire ou légère, sans compter que certaines fautes particulièrement graves doivent être appréciées *in concreto*, ce qui n'est pas le cas pour la faute ordinaire [3].

Par opposition à la faute ordinaire, celle que ne commettrait pas un débiteur normalement diligent, il y trois degrés de la faute grave : la faute dolosive, la faute inexcusable et la faute lourde.

622. – La faute dolosive. Conséquences. La faute dolosive, appelée aussi faute intentionnelle ou dol dans l'exécution des contrats, n'est jamais nécessaire pour que soit retenue la responsabilité du débiteur. Cependant, lorsque le débiteur s'est rendu coupable d'une telle faute, cela entraîne certaines conséquences. Ainsi, en raison de la gravité du

---

1. Il ne faut pas confondre la question de la charge de la preuve de la faute avec une autre question qui concerne la charge de la preuve de l'exécution d'une obligation, ce qui n'a rien à voir avec la faute. On sait, en effet, que la jurisprudence a admis une dispense de preuve au profit du créancier d'une obligation d'information, en ce sens qu'il appartient au débiteur de cette obligation de prouver qu'il l'a exécutée et non pas au créancier de prouver que le débiteur ne l'a pas exécutée, v. *supra*, n° 376 bis.

2. *Bibliographie* : JAMBU-MERLIN, Dol et faute lourde, *D.* 1955, chron. p. 89 ; ROBLOT, De la faute lourde en droit privé, *Rev. trim. dr. civ.* 1943.1 ; MAZEAUD, L'assimilation de la faute lourde au dol, *D.H.* 1933. Chron. p. 44 ; LALOU, La gamme des fautes, *D.H.* 1940. Chron. p. 20 ; GHESTIN, La faute intentionnelle du notaire dans l'exécution de ses obligations contractuelles et l'assurance de responsabilité, *D.* 1974, chron. p. 31 ; VINEY, Remarques sur la distinction entre faute intentionnelle, faute inexcusable et faute lourde, *D.* 1975. Chron. p. 263 ; BRIERE DE L'ISLE, La faute intentionnelle, *D.* 1973, chron. p. 259 ; BRIERE DE L'ISLE, La faute dolosive, tentative de clarification, *D.* 1980, chron. p. 33 ; THANH-BOURGEAIS, Contribution à l'étude de la faute contractuelle : la faute dolosive et sa place dans la garantie des fautes, *Rev. trim. dr. civ.* 1974.414 ; SERIAUX, La faute du transporteur, 1984 ; RODIERE, La faute inexcusable du transporteur aérien, *D.* 1978, chron. p. 31 ; BRIERE DE L'ISLE, La faute inexcusable, *D.* 1970, chron. p. 73 ; ROUX, La faute inexcusable de l'employeur, *J.C.P.* 1976.I.220, éd. C.I. ; BRIERE DE L'ISLE, La faute intentionnelle ou cent fois sur le métier..., *D.* 1993. chron. 75 ; VINEY, Les limitations de responsabilité prévues par les textes légaux ou réglementaires et l'assimilation de la faute lourde au dol, *J.C.P.* 1996.I.3944, n° 1 et s ; MATSOPOULOU, La faute lourde du transporteur routier de marchandises, *J.C.P.* 1997, éd. E.I.646.

3. V. *supra*, n° 617.

manquement à son obligation, le débiteur ne peut invoquer une éventuelle clause de non responsabilité [1] ou une clause limitative de responsabilité (Civ. 1re, 24 février 1993, *D.* 1993.IR.78) [2]. Pour la même raison, la faute dolosive oblige le débiteur à la réparation de l'entier dommage subi par le créancier et non pas simplement du dommage prévisible (art. 1150 et 1153, al. 4 C. civ.) [3]. Ainsi encore, les conséquences dommageables d'une faute dolosive ne peuvent pas être prises en charge par l'assureur de la responsabilité du débiteur (art. L. 113-1, al. 2 C. assurances). Le débiteur doit supporter sur son patrimoine les conséquences de telles fautes. Lorsque plusieurs personnes sont coresponsables d'un dommage et que l'une d'elles a commis une faute dolosive alors que ce n'est point le cas des autres, on conçoit qu'on écarte tout recours du débiteur qui s'est rendu coupable d'une faute dolosive contre les autres, ce dont il résulte que s'il a payé les dommages-intérêts, les autres ne subiront pas l'obligation de réparation (Civ. 1re, 16 janvier 2001, *R.J.D.A.* 2001, n° 844, à propos du recours en garantie contre un notaire fautif par celui qui s'était rendu coupable d'un dol). Une telle solution n'est pas juridiquement correcte, mais elle est concevable d'un point de vue moral.

Il est parfaitement concevable que le régime de la faute dolosive soit sévère en raison du comportement adopté par le débiteur. Dans la hiérarchie des fautes, il ne peut y avoir de faute plus grave que la faute dolosive.

On a quelquefois prétendu que le dol du débiteur dans l'exécution du contrat transformerait la nature de sa faute et que celle-ci devrait être considérée comme une faute délictuelle et non pas contractuelle. L'intérêt serait de soumettre l'action en réparation du créancier au régime de la responsabilité extra-contractuelle, notamment dans les cas où la prescription de l'action est plus longue pour la responsabilité extra-contractuelle que pour la responsabilité contractuelle. Le problème s'était posé pour les constructeurs dont la responsabilité ne peut être engagée que pendant dix ans à dater de la réception de l'immeuble (art. 2270 C. civ.), alors que la prescription de l'action en responsabilité extra-contractuelle était de trente ans à dater de la survenance du dommage. Mais, d'abord, cet intérêt a disparu depuis qu'une loi du 5 juillet 1985 a décidé que la prescription de l'action en responsabilité extra-contractuelle était de dix ans (art. 2270-1 C. civ.). Il est vrai que le point de départ de la prescription de l'action contre les constructeurs, en vertu de l'article 2270, n'est pas le même que

---

1. Sur les clauses de non responsabilité, v. *infra,* n° 638 et s. La solution, qui n'est pas propre aux obligations de moyens (v. *supra,* n° 613), est admise expressément par l'article 1643 du Code civil en ce qui concerne l'obligation de garantie des vices cachés due par le vendeur.

2. Sur les clauses limitatives de responsabilité, v. *infra,* n° 694 et 695.

3. V. *infra,* n° 657.

celui de l'action en responsabilité extra-contractuelle qui est fixé au jour de la manifestation du dommage, lequel est postérieur à celui de la réception de l'immeuble. Cependant, ensuite, on ne voit pas en quoi le fait qu'une faute soit dolosive puisse entraîner un changement de qualification. La faute, même très grave, reste une faute dans l'exécution d'une obligation contractuelle. Toutefois, en raison de sa gravité, elle pourrait échapper au régime plus favorable quant à la prescription sans être disqualifiée pour autant (cf. Civ. 3e, 2 juillet 1975, *Rev. trim. dr. civ.* 1976.352, obs. Durry ; Civ. 3e, 12 octobre 1994, *R.J.D.A.* 1994, n° 1353, *D.* 1994.IR.248. V. aussi, Douai 16 mars 1977, *Rev. trim. dr. civ.* 1977.785, obs. Cornu ; Paris 16 septembre 1998, *D.A.* 1998.1738). La Cour de cassation a expressément refusé de disqualifier la responsabilité en cas de faute dolosive. Elle reste toujours contractuelle (Civ. 3e, 27 juin 2001, *Bull. civ.* 3, n° 83, *J.C.P.* 2001.II.10626, note Malinvaud, *J.C.P.* 2002.I.124, n° 18, obs. Viney, *D.* 2001.2995, Concl. Weber et note Karila, *Petites Affiches* 19 septembre 2001, note Storck, *Petites Affiches* 25 février 2002, note Gentili).

623. – La notion de faute dolosive. On n'a jamais douté que la faute dolosive fût une faute volontaire, en ce sens qu'elle suppose de la part de son auteur au moins la conscience de nuire à son créancier en agissant comme il le fait. La conséquence en est que la faute dolosive doit être appréciée *in concreto*. Il convient de rechercher quel est l'état d'esprit du débiteur pour déterminer si sa faute constitue un dol. En effet, le dol dans l'exécution du contrat, comme le dol dans la conclusion du contrat, suppose la mauvaise foi, laquelle ne sera prouvée que par une recherche psychologique, ce qui n'empêche pas, dans cette recherche, de se fonder sur des indices apparents. Si l'appréciation doit se faire *in concreto*, il ne paraît pas possible de retenir une faute dolosive à la charge d'un dément, puisque, par hypothèse, il n'a pas conscience de ses actes. Par conséquent, si l'article 489-2 du Code civil, qui oblige le dément à réparer les conséquences dommageables de ses actes, est fondé sur le fait qu'une personne privée de raison peut commettre une faute, il ne peut, de toutes façons, s'agir que de la faute non volontaire. En effet, si l'imputabilité psychologique, c'est-à-dire le fait de pouvoir reprocher moralement au débiteur son comportement, n'est plus un élément de la faute, cette suppression ne pourrait concerner que la faute non volontaire. Parce qu'elle est fondée sur la conscience de nuire à autrui, la faute volontaire suppose nécessairement que l'on puisse reprocher son comportement à son auteur (cf. Civ. 1re, 25 mars 1991, *D.* 1991.IR.105).

En quoi consiste exactement l'élément volontaire de la faute dolosive ou intentionnelle ? S'agit-il de la volonté de nuire à autrui ou bien doit-on se contenter de ce que le débiteur, en adoptant volontairement un comportement, accepte le risque de la survenance d'un dommage pour le créancier ? En d'autres termes, faut-il vouloir le dommage ou suffit-il de vouloir un agissement dont on ne peut ignorer que les conséquences peuvent être dommageables pour autrui ?

La jurisprudence de la Cour de cassation a varié entre ces deux conceptions. S'agissant de l'assurance de la responsabilité des notaires envers leurs clients, à une certaine époque, elle a admis la conception extensive de la faute intentionnelle en considérant que celle-ci ne supposait pas la volonté de nuire à autrui (cf. Civ. 1re, 24 octobre 1973, *D.* 1974.90, note Ghestin), mais, par la suite, la Cour de cassation est revenue à une conception restrictive de la faute dolosive des notaires, en exigeant la volonté de nuire aux intérêts de leurs clients (cf. Civ. 1re, 8 octobre 1975, *D.* 1975.IR.258, *J.C.P.* 1975.IV.346. *Rev. trim. dr. civ.* 1976.362, obs. Durry ; Civ. 1re, 7 mai 1980, *D.* 1981.21, note Brière de l'Isle ; Civ. 1re, 2 février 1994, *J.C.P.* IV.882). De nombreux arrêts ont repris cette solution, aussi bien en ce qui concerne les notaires que les constructeurs (Civ. 1re, 25 mars 1980, *D.* 1981.21, note Brière de l'Isle ; Civ. 1re, 20 décembre 1978, *J.C.P.* 1979.IV.69 ; Civ. 3e, 26 mai 1988, *J.C.P.* 1988.IV.267 ; Civ. 1re, 4 juin 1991, *J.C.P.* 1991.IV.303 ; Civ. 3e, 18 décembre 1996, *R.J.D.A.* 1997, n° 590 ; Amiens 8 novembre 1999, *J.C.P.* 2000.IV.2113), les locataires (Civ. 1re, 8 mai 1979, *J.C.P.* 1979.IV.224), ou les conseils juridiques (Civ. 1re, 20 janvier 1981, *J.C.P.* 1981.IV.113. V. aussi, Civ. 1re, 10 avril 1996, *J.C.P.* 1996.IV.1316, qui refuse à juste titre de considérer comme intentionnelle la faute d'un conducteur qui, ayant tenté de se suicider au volant de son véhicule, a provoqué un accident ayant entraîné une pollution par suite du déversement des matières transportées et Civ. 1re, 14 octobre 1997, *D.* 1997.IR.227, qui, à propos du suicide du conducteur d'une automobile s'étant immobilisé sur un passage à niveau, considère qu'il n'y avait pas de volonté de causer un dommage à la S.N.C.F. et que, par conséquent, il n'y avait pas de faute intentionnelle) [1]. Cette position de la jurisprudence est ferme. Elle a été reprise à propos de la faute dolosive de l'assuré, qui implique la volonté de causer le dommage (Civ. 1re, 27 mai 2003, *J.C.P.* 2003.IV.2281 ; Civ. 2e, 18 mars 2004, *J.C.P.* 2006.I.135, n° 1, obs. Bigot et Mayaux, *Petites Affiches* 12 avril 2006, note Vignon-Barrault ; Civ. 1re, 6 avril 2004, *J.C.P.* 2005.I.137, n° 1, obs. Bigot et Mayaux) et à propos des constructeurs (Civ. 3e, 9 novembre 2005, *J.C.P.* 2005.IV.3599).

La Cour de cassation doit être approuvée en ce qu'elle exige la volonté de nuire. En effet, la mauvaise foi caractérise la faute dolosive comme elle caractérise le dol dans la formation du contrat. Or, la mauvaise foi, ce n'est pas l'acceptation de la réalisation d'un risque au détriment d'autrui, c'est la conscience de nuire, c'est-à-dire, en fin de compte, accepter le dommage que l'on cause à autrui. Ceci étant, la mauvaise foi et, par conséquent, la volonté de nuire à autrui, sera le plus souvent induite à partir des circonstances dans lesquelles le débiteur s'est placé pour ne pas exécuter ou mal exécuter son obligation. Ainsi, lorsque le débiteur refuse d'une façon délibérée d'exécuter ses obligations, il ne paraît pas douteux que sa faute est dolosive (cf. Civ. 1re, 4 février 1969, *D.* 1969.601, note Mazeaud ; Civ. 1re, 22 octobre 1975, *D.* 1976.151, note Mazeaud, *Rev. trim. dr. civ.* 1976.353, obs. Durry ; Com. 19 janvier 1993, *R.J.D.A.* 1993, n° 382 ; Civ. 3e, 27 juin 2001, *J.C.P.* 2001.II.10626, note Malinvaud, *J.C.P.* 2002.I.124, n° 19, obs. Viney). En effet, dans une telle situation, le débiteur sait qu'il nuit au créancier et il l'accepte. Il ne sert, par conséquent, à rien d'ajouter, comme le font plusieurs arrêts (en particulier, Civ. 3e, 27 juin 2001), que la faute est dolosive « même sans intention de nuire ». Il y a nécessairement et implicitement intention de nuire. Toutefois, à une époque plus récente, la Cour de cassation a pu à nouveau considérer que le fait de prendre délibérément un risque au détriment du créancier pouvait constituer une faute intentionnelle (Civ. 3e, 9 janvier 2002, 2 arrêts, *Petites Affiches* 14 mars 2003, note Charbit. V. aussi les arrêts cités note 1, p. 679.), ce qui n'est manifestement pas en harmonie avec la définition de la faute intentionnelle, ni avec la jurisprudence depuis 1975.

624. – La faute inexcusable. La faute inexcusable est prise en considération par le droit français dans trois domaines. Dans les accidents du travail, la faute inexcusable de l'employeur oblige à un supplément de prestations au profit de la victime, dans les conditions prévues par l'article L. 453-1 du Code de la Sécurité sociale, l'organisme débiteur ayant le droit de récupérer ce supplément de l'employeur sous forme d'une majoration des cotisations d'accidents du travail. En outre, la victime est en droit ainsi que ses ayants droit d'obtenir de l'employeur l'indemnisation des préjudices moraux non réparés par les prestations sociales, l'employeur ne pouvant faire prendre en charge cette réparation par une assurance de responsabilité (art. L. 453-1 C. séc. soc.). Mais, ce n'est pas là une question qui relève de la responsabilité

---

1. Il arrive quelquefois que certaines décisions de la jurisprudence ne soient pas en harmonie avec la notion de la faute dolosive telle que présentée au texte (cf. Paris 15 septembre 1992, *D.* 1993.98, note Delebecque, à propos de l'assimilation à une faute dolosive de la pratique de la surréservation par une compagnie aérienne, ce qui lui interdit de se prévaloir d'une limitation de responsabilité). En effet, si l'acceptation du risque de non embarquement du passager par le transporteur est une faute grave, elle ne manifeste pas la volonté de nuire au passager. Il serait plus cohérent d'admettre une faute lourde dont les conséquences sont identiques à celles de la faute dolosive, v. *infra*, n° 627. Sans prendre parti sur la nature de la faute d'une compagnie aérienne en cas de surréservation qui avait entrainé le déclassement d'un passager, il a été admis que le transporteur doit réparer le préjudice résultant de ce déclassement bien que la différence de prix ait été remboursée et que le compte de passager fréquent ait été crédité d'un certain nombre de points (Paris 24 octobre 2001, *D.* 2001.IR.3334). Ce crédit de points ne correspond pas à des dommages-intérêts. La Cour de cassation a considéré que le silence gardé par un contrôleur technique sur la non conformité d'une installation était constitutif d'une faute dolosive (Civ. 3e, 22 juin 2005, *R.J.D.A.* 2005, n° 1318). C'est une solution contestable, le seul silence ne permettant pas de caractériser la volonté d'accepter le dommage.

contractuelle, encore que la jurisprudence du début du XXIe siècle assimile l'inexécution de l'obligation contractuelle de résultat quant à la sécurité du salarié à une faute inexcusable pour admettre qu'il est contractuellement responsable envers le salarié, créancier de cette obligation, solution dont on sait qu'elle est totalement incohérente [1].

En vertu d'une loi du 5 juillet 1985, unifiant la responsabilité contractuelle et la responsabilité extra-contractuelle en ce qui concerne les accidents de la circulation automobile, il est admis, en principe et sauf exception, que la faute inexcusable de la victime (par exemple, le passager) autorise une exonération de responsabilité (par exemple, le transporteur).

Enfin, bien qu'elle ne soit pas nommée en tant que telle à l'article 25 de la Convention de Varsovie ni à la Convention de Montréal, en ce qui concerne la responsabilité du transporteur aérien, il est admis que cette disposition vise une faute inexcusable, laquelle a pour objet d'obliger le transporteur à la réparation intégrale du dommage, alors que normalement, en vertu de l'article 22 de la Convention, la responsabilité du transporteur est limitée à un certain plafond [2]. Toutefois, la Convention de Montréal ne permet de dépasser le plafond que pour les bagages et le retard.

Ni le Code de la Sécurité sociale, en matière d'accidents du travail, ni la loi du 5 juillet 1985, en matière d'accidents de la circulation, ne donnent une définition de la faute inexcusable. Au contraire, l'article 25 de la Convention de Varsovie la définit comme consistant en « un acte ou une omission du transporteur ou de ses préposés fait témérairement et avec conscience qu'un dommage en résultera probablement » [3]. Il n'est absolument pas douteux que les rédacteurs

1. V. *supra*, n° 612.

2. Cette limite ne se confond pas avec celle qui est prévue par le règlement européen du 9 octobre 1997 en ce qui concerne la responsabilité sans faute du transporteur aérien, v. *supra*, n° 612.

3. La définition traduit le concept de *willful misconduct*, qui correspond à un comportement volontairement adopté. À l'origine, en 1929, la Convention de Varsovie ne définissait pas la faute inexcusable et se contentait simplement de mentionner « la faute équivalente au dol » d'après la loi du tribunal saisi de l'action en responsabilité, ce qui avait donné lieu à des divergences notamment entre les pays de *common law* et les pays de tradition civiliste. C'est la raison pour laquelle le législateur français avait défini la faute équivalente au dol, qu'il qualifie de faute inexcusable, comme étant « la faute délibérée qui implique la conscience de la probabilité du dommage et son acceptation téméraire sans raison valable », ce qui correspond au *willful misconduct* (art. L. 321-4 C. aviation civile). Cela devait éviter des divergences d'interprétation. En réalité le législateur avait repris, en des termes plus précis, la définition qui avait été donnée de la faute inexcusable par le Protocole de La Haye de 1955, modifiant l'article 25 de la Convention de Varsovie.

En matière de transport maritime de personnes, la responsabilité du transporteur est aussi limitée à un certain plafond en vertu de l'article 40 de la loi du 18 juin 1966. Cependant, comme pour les transports aériens, la loi admet que la réparation est intégrale lorsque le transporteur a commis une faute inexcusable. La définition que donne l'article 40, al. 2 de la loi du 18 juin 1966 de la faute inexcusable est purement et simplement reprise de l'article L. 321-4 du Code de l'aviation civile. Il s'agit, là encore, du *willful misconduct* (cf. Com. 16 avril 1991, *J.C.P.* 1991.IV.236).

de l'article 25 de la Convention de Varsovie, tel qu'il résulte du Protocole de La Haye, ont envisagé une faute volontaire.

Non seulement, il faut un acte téméraire, ce qui suppose une acceptation d'un danger, mais encore il faut avoir conscience de la probabilité d'un dommage. Entre la faute inexcusable de la Convention de Varsovie et la faute dolosive [1], il n'y a qu'une différence de degré et non pas de nature. Toutes deux sont des fautes volontaires, qui doivent, par conséquent, être appréciées *in concreto* [2]. Pourtant, en dépit des dispositions parfaitement claires à cet égard de la Convention de Varsovie, la Cour de cassation a considéré que la faute inexcusable du transporteur aérien devait être appréciée in *abstracto*, c'est-à-dire qu'il ne s'agit pas de rechercher s'il a eu conscience de la probabilité du dommage en adoptant tel comportement (en ce sens, par exemple, Tribunal fédéral Suisse, 29 juin 1987, *Rev. trim. dr. civ.* 1989.415, obs. Guillod et Schweizer), mais bien de déterminer s'il aurait dû en avoir conscience (Civ. 1re, 5 novembre 1985, *J.C.P.* 1986.IV.33 ; Civ. 1re, 4 février 1986, *J.C.P.* 1986.IV.104 ; Civ. 1re, 17 novembre 1987, *J.C.P.* 1988.IV.36 ; Civ. 1re, 18 février 1992, *J.C.P.* 1992.IV.1200. Cependant, il se pourrait que la jurisprudence récente revienne à une position plus orthodoxe (Civ. 1re, 16 juin 1998, *J.C.P.* 1998.IV.2815, qui, à propos d'une mauvaise appréciation des risques par un pilote, refuse à juste titre d'y voir une faute inexcusable ; Com. 21 mars 2006, *J.C.P.* 2006.II.1131, qui insiste sur le fait que le transporteur n'a pas eu conscience de la probabilité du dommage) [3].

La jurisprudence française, en ce qui concerne la faute inexcusable du transporteur aérien, n'a pas voulu se départir de la définition qu'elle avait adoptée en matière d'accidents du travail. En effet, en ce cas, la Cour de cassation a admis que la faute inexcusable n'était pas une faute volontaire et qu'il s'agissait d'une faute ayant la même nature que la faute lourde quoique d'un degré de gravité plus grand (cf. Ch. Réun. 15 juillet 1941, *D.C.* 1941.117, note Rouast ; Ass. plén. 18 juillet 1980, *D.* 1980.394, note Picca, *J.C.P.* 1981.II.19642 ; Soc. 20 janvier 1977, *D.* 1977.IR.109, *J.C.P.* 1977.IV.63 ; Civ. 2e, 22 mars 2005, *J.C.P.* 2005.IV.2095 ; Civ. 2e, 16 septembre 2003, *J.C.P.*

---

1. La faute dolosive est aussi envisagée à l'art. 25 de la Convention de Varsovie qui la définit comme étant « l'intention de provoquer le dommage », ce qui, on s'en doute, sera assez rare de la part du transporteur aérien ou de son préposé.

2. Si la faute est dolosive, il faut rechercher la volonté de nuire. Si la faute est inexcusable, il faut rechercher l'acceptation téméraire du danger et la conscience de la probabilité du dommage. Dans le premier cas, c'est la conscience d'un dommage certain. Dans le second, c'est celle d'un dommage probable.

3. En matière d'accidents de la circulation, la Cour de cassation est allée encore plus loin, puisqu'au mépris du caractère volontaire de la faute inexcusable, elle a admis qu'un handicapé mental pouvait commettre une telle faute, ce qui est parfaitement incompréhensible (cf. Civ. 2e, 7 juin 1989, *D.* 1989.559, note AUBERT, *J.C.P.*, 1990.II.21451, note BARBIERI).

2003.IV.2717. Seule une faute elle-même inexcusable de la victime peut permettre d'atténuer celle de l'employeur, v. Ass. Plén. 24 juin 2005, *J.C.P.* 2005, *J.C.P.* 2005.IV.2847, *D.* 2005.IR.1881 ; Civ. 2e, 27 janvier 2004, *D.* 2004.IR.293, à l'exclusion d'une simple imprudence de la victime, Civ. 2e, 12 mai 2003, *D.* 2003.IR.1733). [1]. Qu'elle ait pu adopter une conception de la faute inexcusable selon laquelle celle-ci n'est pas une faute volontaire n'est pas critiquable, en raison de ce qu'elle n'était pas liée par une définition légale de cette faute. Elle peut procéder de la même façon en ce qui concerne la faute inexcusable dans les accidents de la circulation [2]. Mais, en matière de transport aérien, elle était liée par la définition de la Convention de Varsovie qu'elle a délibérément ignorée, ce qui n'est pas admissible. En fin de compte, si on restitue à la faute inexcusable du transporteur aérien son contenu véritable, il y aurait une dualité du concept de la faute inexcusable, celle-ci correspondant tantôt à une faute volontaire moins grave que la faute intentionnelle ou dolosive mais ayant la même nature qu'elle, tantôt à une faute involontaire plus grave que la faute lourde mais participant à la même nature.

Depuis longtemps est admise en droit maritime la faute lucrative. Celle-ci peut, bien entendu, être étendue à d'autres hypothèses (v. Grymbaum, Une illustration de la faute lucrative, *D.* 2006. Chron. 655). La faute lucrative paraît bien n'être qu'une application de la faute inexcusable. En effet, il s'agit d'une faute très grave en ce sens que celui qui le commet accepte délibérément de faire courir un risque de survenance du dommage à son cocontractant afin d'en tirer un profit. Il y a donc acceptation délibérée de la probabilité d'un dommage de la même façon que dans la faute inexcusable proprement dite. Il conviendrait donc de le traiter comme celle-ci.

Cependant, on sait que la faute inexcusable n'est pas admise d'une façon générale par le législateur. Quant à la faute lucrative, celui-ci n'y fait pas allusion. Il conviendrait donc, à défaut de texte,

1. La loi ne s'oppose pas à la prise en considération de la faute inexcusable par les parties à un contrat, bien qu'il ne s'agisse pas de l'application d'une disposition légale. Ainsi, les parties à un contrat d'assurance peuvent exclure la garantie de l'assureur en cas « d'inobservation inexcusable des règles de l'art ». En ce cas, la faute n'est pas volontaire pour la jurisprudence (cf. Civ. 3e, 5 novembre 1976, *D.* 1977.IR.45). En vertu d'un arrêté du 7 janvier 1987, portant clause-type dans l'assurance obligatoire de responsabilité des constructeurs, l'assuré est déchu de la garantie en cas d'inobservation inexcusable des règles de l'art, la déchéance n'étant pas opposable aux bénéficiaires des indemnités, c'est-à-dire les victimes du dommage.

2. Depuis plusieurs arrêts du 20 juillet 1987 (*D.* 1987.IR.194), la deuxième Chambre civile de la Cour de cassation a adopté une définition de la faute inexcusable en matière d'accidents de la circulation selon laquelle seule doit être considérée comme telle « la faute volontaire d'une exceptionnelle gravité exposant sans raison valable son auteur à un danger dont il aurait dû avoir conscience ». C'est une définition très contestable en ce qu'elle est hybride, confondant la faute volontaire et la faute involontaire. On ne voit pas comment on peut encore considérer comme volontaire la faute commise par celui qui aurait du avoir conscience d'un danger alors qu'il n'en a pas eu conscience.

que les juges prennent la liberté de la sanctionner en s'inspirant éventuellement de solutions admises pour le dol, puisqu'il s'agit d'une faute volontaire, sans pour autant l'assimiler au dol, puisqu'il n'y a pas acceptation de la certitude du dommage mais acceptation de la probabilité. Au demeurant, la faute inexcusable pourrait être étendue de la même façon dans ses applications, encore qu'à défaut de texte prévoyant une sanction particulière, on puisse se demander si le droit commun de la sanction de la faute lourde ne suffirait pas tant pour la faute lucrative que pour la faute inexcusable.

625. – La faute lourde. Notion. La faute lourde *(culpa lata)* est, à n'en pas douter, une faute non volontaire. En cela, elle se distingue de la faute dolosive pour se rapprocher de la faute ordinaire dont elle a la même nature. Toutefois, elle s'en distingue en raison de ce qu'elle constitue une faute plus grave. Il s'agit de la faute grossière [1] ou encore d'une accumulation de plusieurs fautes qui, isolément considérées, seraient des fautes ordinaires ou légères (Com. 3 avril 2001, *J.C.P.* 2001.IV.2037) [2].

Les exemples tirés de la jurisprudence sont suffisamment parlants, encore qu'il y ait quelquefois des divergences d'appréciation pour un même comportement, certaines décisions y voyant une faute lourde alors que d'autres y voient une faute ordinaire. Ainsi, ne constitue pas une faute lourde le fait par un chauffeur de camion de laisser son véhicule en stationnement avec les clefs sur le tableau de

---

1. Si certaines décisions ont considéré que le caractère essentiel de l'obligation inexécutée peut, en raison des circonstances propres à l'espèce, révéler une faute grossière du débiteur (cf. Com. 9 mai 1990, *D.* 1990.IR.163, *J.C.P.* 1990.IV.259, *Rev. trim. dr. civ.* 1990.66, obs. Jourdain à propos d'une annonce publicitaire dans laquelle a été omis le numéro de téléphone de l'annonceur. V. aussi Paris 20 septembre 1990, *J.C.P.* 1991.IV.178, qui considère que le monopole dont bénéficie le régisseur exclusif des publicités dans l'annuaire du téléphone permet de considérer comme constituant une faute lourde l'omission d'un certain nombre d'annonces), cette solution n'est pas orthodoxe. Elle est contredite par d'autres décisions qui, à juste titre, refusent de prendre en considération la nature essentielle de l'obligation pour caractériser la faute lourde (Com. 21 février 2006, *D.* 2006.IR.717 ; Com. 13 juin 2006, *J.C.P.* 2006.II.10123 ; Com. 7 juin 2006, *D.* 2006.IR.1680). Il pourrait y avoir une divergence entre la jurisprudence de la chambre commerciale et celle de la première chambre civile (Civ. 1re, 4 avril 2006, *Petites Affiches* 26 octobre 2006), qui tient compte du manquement à une obligation essentielle. Cela n'est pas justifiable, car la faute lourde ne peut être admise qu'en fonction du comportement du débiteur, quel que puisse être le caractère essentiel ou non de l'obligation inexécutée (V. Ch. Mixte, 22 avril 2005, 2 arrêts *D.* 2005.1864, note Tosi, *J.C.P.* 2005.II.10066, note Loiseau, *R.J.D.A.* 2005, n° 808, *Rev. Contrats* 2005.651, obs. Mazeaud).

2. Selon Com. 3 avril 1990, *D.* 1990.IR.114, « la faute lourde est caractérisée par un comportement d'une extrême gravité, confinant au dol et dénotant l'inaptitude du débiteur de l'obligation à la mission contractuelle qu'il a acceptée ». Cette définition n'est pas exacte. D'abord, il n'est pas nécessaire que la gravité soit extrême. Ensuite, la faute lourde n'a pas la même nature que la faute dolosive et elle ne saurait permettre de présumer le dol (v. *infra*, n° 627). Enfin, le débiteur peut se rendre coupable d'une faute lourde sans être inapte à l'exécution de l'obligation.

bord pendant un court instant (cf. Com. 25 juin 1985, *J.C.P.* 1985.IV.311. V. aussi. Com. 26 février 1985, *J.C.P.* 1985.IV.174 ; Com. 5 janvier 1988, *J.C.P.*, 1988.IV.95 ; Paris, 17 février 1988, *D.* 1988.IR.88 ; Com. 14 juin 1994, *D.* 1994.IR.185. Comparer, Com. 31 mars 1992, *R.J.D.A.* 1992, n° 556, qui retient la faute lourde d'un chauffeur ayant laissé ouverte la porte du véhicule pendant l'approvisionnement en carburant ; Paris 6 juillet 1994, *R.J.D.A.* 1994, n° 1260 ; Com. 14 juin 1994, *R.J.D.A.* 1994, n° 1286 ; Versailles 2 mars 1995, *R.J.D.A.* 1995, n° 815 ; Com. 28 novembre 2000, *R.J.D.A.* 2001, n° 162, *D.* 2001.2029, note Mercadal et Letacq), ou encore la fausse manœuvre d'un chauffeur dans l'opération d'attelage de sa remorque (Com. 3 février 1987, *J.C.P.*, 1987.IV.121). En revanche, constitue une faute lourde le fait par un pilote de navire d'avoir été distrait au moment le plus dangereux d'une manœuvre, sans surveiller le tableau de bord (Soc. 28 octobre 1975, *D.* 1975.IR.235), le fait par le préposé d'un transporteur routier d'avoir tenté de faire passer sous un pont son véhicule transportant un chargement hors gabarit, ce qui l'avait endommagé (Com. 11 mai 1976, *D.* 1976. Somm. 64. V. aussi, Com. 13 novembre 1990, *J.C.P.* 1991.IV.16 ; Com. 17 novembre 1992, *Contrats, conc. consomm.* 1993, n° 42, note Leveneur ; Com. 25 octobre 1994, *R.J.D.A.* 1995, n° 145 ; Com. 28 mars 2000, *R.J.D.A.* 2000, n° 765), le fait par un locataire de ranger dans un hangar un véhicule agricole près d'un amoncellement de foin (Civ. 3e, 13 octobre 1976, *D.* 1977.IR.14), le fait par un représentant de la société du Loto de ne pas prendre de précautions pour l'acheminement des bulletins de jeu au centre de traitement pour le tirage (Civ. 1re, 18 janvier 1984, *J.C.P.* 1985.II.20372, note Mouly, *Rev. trim. dr. civ.* 1984.727, obs. Huet. V. aussi, Versailles, 16 novembre 1988, *D.* 1988.IR.259, à propos d'un installateur de chauffage et Civ. 1re, 15 novembre 1988, *D.* 1989.349, note Delebecque, *D.* 1989. Somm. 332, obs. Vasseur, *Rev. trim. dr. civ.* 1990.666, obs. Jourdain, à propos d'un banquier qui n'a pas exécuté l'obligation de surveillance mise à la charge par le contrat de coffre-fort), le fait par un déménageur de laisser son client face aux cartons non déballés sous le prétexte qu'il y avait des difficultés de stationnement (Com. 3 avril 2001, *R.J.D.A.* 2001, n° 858).

Si le transporteur terrestre est responsable de la perte de la marchandise (art. L. 133-1, al. 1er C. com.), il n'en résulte pas pour autant que toute perte est imputable à sa faute nécessairement lourde et cela d'autant plus que son obligation est de résultat, ce qui fait qu'il n'est pas nécessaire de rechercher sa faute. Dès lors, pour faire échapper le transporteur à une limitation conventionnelle de sa responsabilité, il est artificiel de considérer que « toute perte constitue une faute lourde » (cf. Com. 3 mai 1988, *J.C.P.* 1988.IV.239, qui casse un jugement qui avait admis cet artifice, l'arrêt insistant sur le fait que l'expéditeur avait la possibilité de déclarer la valeur de la marchandise pour n'être point lié par la limitation de la responsabilité du transporteur, ce qu'il n'avait pas fait. Sur l'appréciation de la faute lourde d'un transporteur, cf. Com. 4 octobre 1989, *J.C.P.* 1990.II.21423, conclusions Jéol).

Le choix par E.D.F. d'un matériel insuffisamment performant et son incapacité à remédier aux défauts de celui-ci pendant plusieurs années constituent des fautes lourdes (Nîmes 8 mars 1990, *J.C.P.* 1990.II.21573, note Paisant). Constitue une faute lourde le fait par un dépositaire professionnel d'avoir mélangé des biens à lui remis par des déposants différents, ce qui rend leur identification délicate (Paris 17 septembre 1993, *D.* 1993.IR.232).

Une société ayant subordonné sa responsabilité à la commission d'une faute lourde, la Cour de cassation a considéré qu'en présence d'une obligation expressément stipulée, qui constituait, dès lors, une condition essentielle du contrat, l'inexécution de cette obligation constituait une faute lourde (Civ. 1re, 2 décembre 1997, *D.A.* 1998.148, *R.J.D.A.* 1998, n° 141, *Rep. not.* 1998.342, obs. Mazeaud). Une telle solution est loin de s'imposer avec évidence. En effet, une imprudence ou une négligence dans l'exécution d'une obligation, quelle que soit le caractère essentiel de cette obligation, n'est pas nécessairement une faute lourde (v. note 1, p. 683). De la même façon, le critère de la faute lourde ne doit pas être recherché dans les conséquences de la faute. Telle n'est pas la solution donnée par la Cour de cassation dans une espèce où elle a considéré que la faute à l'origine d'un vice de la chose vendue ne devait pas apparaître comme lourde, l'acheteur ayant préféré conserver la chose plutôt que de demander la résolution de la vente (Com. 17 décembre 1996, *R.J.D.A.* 1997, n° 491).

Les parties au contrat peuvent parfaitement donner une définition de la faute lourde et cette définition les liera, les juges ne pouvant pas admettre l'existence d'une faute lourde si elle ne correspond pas à la définition des parties. Dans la mesure où les parties peuvent stipuler des clauses limitant ou étendant la responsabilité, il n'y a pas de raison de ne pas admettre la validité des clauses définissant la faute d'une certaine gravité. De la même façon, les parties sont libres de prévoir les conséquences de la faute lourde, soit pour en faire une condition de la responsabilité, soit pour aggraver celle-ci. Toutefois, la liberté des parties peut être limitée par des dispositions impératives de la loi tant en ce qui concerne la définition de la faute lourde que ses conséquences (cf. Com. 28 mai 2002, *D.* 2002.3004, obs. Ferrier, *D.* 2003. Somm. 459, obs. Delebecque, *Bull. civ.* 4, n° 91, *Rev. trim. dr. civ.* 2002.833, obs. Gautier, qui, parce que les art. L. 134-12 et 13 C. com. relatifs aux agents commerciaux sont d'ordre public, ne permet pas aux parties de définir la faute grave dont il est question dans ces textes, cette définition devant relever du seul pouvoir du juge, puisque la loi ne la contient pas).

626. – Conséquences de la faute lourde. Condition de la responsabilité. Dans certains cas, la responsabilité du débiteur ne peut être retenue pour inexécution ou mauvaise exécution d'une obligation de moyens que s'il a commis une faute lourde. La faute ordinaire n'est point suffisante pour l'obliger à la réparation du dommage éprouvé par le créancier. Contrairement au droit public, dans lequel la faute lourde tient encore une certaine place [1], cette place n'est pas très grande en droit privé.

Ainsi, en vertu de l'article L. 415-1 du Code rural, le preneur n'est responsable en cas d'incendie que s'il s'est rendu coupable d'une faute grave. Il s'agit d'une disposition qui ne s'explique que par la faveur faite aux exploitants non propriétaires de biens ruraux. Il n'est pas douteux que les termes de faute grave et de faute lourde sont synonymes. Il n'est pas possible d'établir une variété infinie de la gravité des fautes. Pourtant, la jurisprudence, habituée à la faute simple comme condition de la responsabilité, a dénaturé la faute grave du preneur, non seulement en l'assimilant le plus souvent à la faute ordinaire, mais encore en prétendant la distinguer de la faute lourde (cf. Soc. 9 juillet 1954, *Bull. civ.* 5, n° 508), ce qui est difficilement compréhensible.

C'est surtout en droit du travail que la faute lourde ou grave est une condition de la responsabilité. En effet, le salarié n'est responsable envers son employeur que s'il a commis une faute grave. La faute ordinaire ne suffit pas. La solution est admise par la Chambre sociale de la Cour de cassation (cf. Soc. 27 novembre 1958, *D.* 1959.20, note Lindon, *J.C.P.* 1959.II.11143, note Brèthe de la Gressaye ; Soc. 28 octobre 1975, *Bull. civ.* 5, n° 486 ; Soc. 22 mars 1979, *Bull. civ.* 5, n° 264, *D.* 1979.IR. 501 ; Soc. 12 décembre 1983, *D.* 1984.IR.247 ; Soc. 9 février 1989, *J.C.P.* 1989.IV.130 ; Soc. 23 janvier 1992, *J.C.P.* 1993.II.22000, note Delebecque ; Soc. 9 juin 1993, *J.C.P.* 1993.IV.2011 ; Soc. 6 mai 1997, *Bull. civ.* 5, n° 167, *D.* 1998. Somm. 196, obs. Jourdain ; Soc. 20 avril 2005, *D.* 2005.IR.1180, *Rev. contrats* 2005.1105, obs. Radé, *Petites Affiches* 13 janvier 2006, note Touchent ; Soc. 19 mars 2003, *D.* 2004. Somm. 384, obs. Peskine. V.

---

1. C'est ainsi que la responsabilité de la puissance publique du fait des services de police suppose une faute lourde. Ainsi encore, en droit public, la responsabilité des établissements hospitaliers du fait des médecins qui y exercent leur art supposait une faute lourde du médecin. La différence était remarquable et difficilement justifiable avec le droit civil. En effet, lorsqu'un médecin exerce son art dans le cadre d'une profession libérale, non seulement il est responsable de sa faute simple, mais encore il est personnellement responsable. Au contraire, le médecin hospitalier n'est pas personnellement responsable, sauf si sa faute est détachable du service, la responsabilité de l'établissement hospitalier public ne pouvant être retenue, en cas de faute d'un médecin, que si celle-ci était lourde. Depuis un arrêt du conseil d'État du 10 avril 1992 (*Act. jur. dr. adm.* 1992.355, conclusions Legal), la faute simple est une condition suffisante de la responsabilité des hôpitaux publics. Le Conseil d'État a même admis une responsabilité objective des hôpitaux publics fondée sur l'idée de risque dans certains cas (Cons. d'État 9 avril 1993, *Act. jur. dr. adm.* 1993.344, obs. Maugüe et Touvet).

Mouly, Quelle faute pour la responsabilité du salarié ?, *D.* 2006. Chron. 2756) [1]. Elle est évidemment justifiée par des considérations de protectionnisme social. Juridiquement, elle est inspirée par le principe selon lequel la grève ne rompt le contrat de travail qu'en cas de faute grave du salarié (art. L. 521-1, al. 1er, C. travail). [2]

C'est pour des raisons qui tiennent d'avantage à des considérations de droit public et parce qu'elles gèrent un service public que la jurisprudence judiciaire avait exigé une faute grossière ou lourde des organismes de Sécurité sociale pour retenir leur responsabilité envers un assuré social (cf. Soc. 8 novembre 1978, *J.C.P.* 1979.IV.24 ; Paris 24 février 1983, *J.C.P.* 1983.II.20006, note Connen). Cependant, la jurisprudence actuelle se contente d'une faute simple (Soc. 12 juillet 1995, *D.* 1996.35, note Saint-Jours ; Soc. 17 octobre 1996, *J.C.P.* 1996.IV. 2399). Il est vrai que la responsabilité de la puissance publique se fonde de plus en plus aujourd'hui sur la faute simple.

Contrairement à ce qui a été quelquefois prétendu, n'est pas nécessairement lourde la faute commise par un professionnel dans l'exécution de ses obligations contractuelles. La jurisprudence actuelle n'exige pas une faute lourde de leur part. Une faute simple suffit à retenir leur responsabilité. Ce serait dénaturer la faute lourde que de considérer que la faute d'un professionnel doit toujours recevoir cette qualification. Au surplus, cela ne présenterait aucun intérêt en raison de la tendance à retenir facilement des fautes à l'encontre des professionnels. Ce qui est vrai, c'est que le contenu des obligations mises à leur charge est plus sévère que lorsqu'il ne s'agit pas d'un professionnel. Encore une fois, on peut observer qu'on confond le contenu de l'obligation et l'appréciation de la faute, ce qui est très différent [3]. Au demeurant, pas plus que la faute dolosive, la faute lourde en matière contractuelle ne doit être disqualifiée en faute délictuelle (cf. Civ. 1re, 30 mai 1978, *J.C.P.* 1978.IV.238).

627. – Autres conséquences. Si la faute lourde n'est pas, sauf exception, une condition de la responsabilité, il n'en demeure pas moins qu'elle entraîne des conséquences souvent analogues à celle de la faute dolosive. Ainsi, elle ne permet pas au débiteur d'invoquer une clause limitative de responsabilité ou une clause de non responsabilité (cf. pour une clause limitative de responsabilité, Civ. 1re, 15 janvier

1. La Cour de cassation a fait exception à la nécessité d'une faute lourde du salarié lorsque celui-ci est responsable d'un accident de la circulation dont est victime son employeur, la loi du 5 juillet 1985 n'étant pas compatible avec l'exigence d'une telle faute et alors que son application n'est pas écartée dans l'hypothèse de la responsabilité du salarié envers son employeur (Civ. 2e, 6 mars 1991, *D.* 1991.257).

2. V. Soc. 8 décembre 1983, *J.C.P.* 1984.IV.52, qui fonde sur une faute lourde d'un délégué syndical et d'un délégué du personnel leur responsabilité envers l'employeur en cas de grève.

3. V. *supra*, n° 617

1976, *J.C.P.* 1976.IV.80, *D.* 1976.IR.95 ; Com. 4 décembre 1977, *D.* 1978.IR.216 ; Com. 17 janvier 1984, *J.C.P.* 1984.IV.96 ; Civ. 1re, 24 février 1993, *J.C.P.* 1993.II.22166, note Paisant ; Com. 31 janvier 1995, *R.J.D.A.* 1995, n° 574 ; Paris 13 juillet 1983, *J.C.P.* 1984.IV.190 ; Versailles 21 mars 1996, *R.J.D.A.* 1996, n° 887 ; Com. 3 mars 1998, *R.J.D.A.* 1998, n° 860 ; Paris 25 octobre 2000, *R.J.D.A.* 2001, n° 311 ; pour une clause de non responsabilité, Civ. 1re, 17 février 1976, *J.C.P.* 1976.IV.122 ; Civ. 1re, 28 mai 1980, *J.C.P.* 1980.IV.300 ; Versailles 5 mars 1998, *R.J.D.A.* 1998, n° 947, Paris 13 septembre 2000, *R.J.D.A.* 2001, n° 311). Ainsi encore, le débiteur qui a commis une faute lourde est tenu de réparer l'entier dommage du créancier et non pas seulement le dommage prévisible (Com. 11 mai 1976, *D.* 1976, Somm. 64 ; Com. 4 octobre 1989, *J.C.P.*, 1990.II.21423, conclusions Jéol). Lorsque la responsabilité est limitée à un certain montant par la loi, la Convention internationale ou le règlement, le plafond peut être dépassé en cas de faute lourde [1].

Parce que, en raison de la grave négligence qu'elle révèle, on a cru devoir sanctionner la faute lourde par des conséquences semblables à celles qui sanctionnent la faute dolosive, il a été soutenu que la faute lourde devait être assimilée au dol *(culpa lata dolo aequiparatur)*. Rien n'est plus trompeur que cette assimilation. Certaines conséquences des deux fautes sont identiques, un point c'est tout. La faute lourde n'a rien à voir avec la faute dolosive qui est une faute volontaire. La faute lourde ne peut même pas permettre de présumer le dol. On ne peut se fonder sur une impéritie grossière pour supposer l'intention de nuire, qui doit être caractérisée. C'est la raison pour laquelle la formule de certains arrêts qui justifient la sanction de la faute lourde par son assimilation au dol sont tout à fait contestables (cf. Civ. 1re, 14 octobre 1975, *J.C.P.* 1975.IV.354 ; Com. 11 mai 1976, Somm. 64 ; Com. 7 mai 1980, *J.C.P.* 1980.IV.272 ; Com. 14 décembre 1981, *J.C.P.*, 1982.IV.93). Il n'est point besoin de procéder à cette assimilation abusive pour sanctionner la faute lourde. Il suffit, même si la loi ne le prévoit pas, de se fonder sur la gravité du manquement à

1. Tel est le cas, en particulier, en ce qui concerne le transport de marchandises par route, tant dans le transport international que dans le transport interne (cf. Com. 7 mai 1980, *J.C.P.* 1980.IV.272 ; Com. 13 janvier 1981, *J.C.P.* 1981.IV.111 ; Com. 14 décembre 1981, *J.C.P.* 1982.IV.93 ; Com. 29 janvier 1985, *J.C.P.* 1985.IV.139 ; Com. 14 juin 1994, *R.J.D.A.* 1994, n° 1286). Cependant, la sanction de la faute lourde n'est pas toujours admise. Ainsi, dans le transport maritime de marchandises, la responsabilité du transporteur ou celle d'une entreprise de manutention est limitée à un plafond, sauf en cas de dol ou de faute inexcusable (art. 28 de la loi du 18 juin 1966). La Cour de cassation a considéré que le législateur ayant simplement prévu le dol et la faute inexcusable, on ne pouvait dépasser le plafond légal en cas de faute lourde (Com. 18 juillet 1984, *J.C.P.* 1984.IV.312 ; Com. 12 février 1991, *J.C.P.* 1991.IV.143, à propos de la Convention de Bruxelles du 25 août 1924). La solution peut être justifiée par le fait que, dans le transport maritime, comme dans le transport aérien, les dépassements des plafonds de responsabilité sont de droit strict, contrairement aux stipulations contractuelles limitant la responsabilité.

l'obligation contractuelle. Au demeurant, l'équivalence des effets n'a rien de systématique. Ainsi, la loi n'exclut l'assurance de responsabilité que pour les conséquences dommageables du dol et non pas celles de la faute lourde, ce qui a permis à la Cour de cassation de sanctionner une Cour d'appel d'avoir à cet égard assimilé une imprudence très grave à une faute dolosive, alors qu'elle n'avait pas constaté l'intention de nuire (Civ. 1re, 18 janvier 1983, *J.C.P.* 1983.IV.100 ; Civ. 1re, 8 mai 1979, *D.* 1980.IR.28) [1].

2) *Les critères de la distinction entre les obligations de moyens et les obligations de résultat*

628. – Obligations de donner, de faire et de ne pas faire. Depuis que le principe de la distinction entre les obligations de moyens et les obligations de résultat a été proposé par la doctrine et admis par la jurisprudence comme permettant de déterminer le régime juridique de la responsabilité du débiteur en cas d'inexécution ou de mauvaise exécution de son obligation, les auteurs pas plus que la jurisprudence ne sont arrivés à trouver un critère satisfaisant de la distinction entre les deux sortes d'obligations. C'est la raison pour laquelle certains doutent du bien fondé de cette distinction et estiment qu'elle devrait être abandonnée. Cependant, quelle que puisse être la difficulté de trouver un critère, il n'en demeure pas moins que la distinction non seulement correspond à la réalité du droit positif français, la jurisprudence s'y référant d'une façon constante, mais encore est la seule explication cohérente des différents régimes de la responsabilité contractuelle.

Au demeurant, la difficulté de savoir ce qui relève de l'obligation de moyens et ce qui relève de l'obligation de résultat est propre aux obligations de faire. En effet, les obligations de donner et les obligations de ne pas faire sont nécessairement des obligations de résultat.

On ne peut s'engager simplement à faire en sorte que la propriété soit transférée lorsqu'on vend ou donne un corps certain dont on est propriétaire. On s'engage à promettre le résultat, c'est-à-dire le transfert de la propriété. Ou bien la propriété est transférée de l'aliénateur à l'acquéreur,

---

1. Indépendamment des exclusions légales d'assurance, il y a place pour des exclusions stipulées dans le contrat d'assurance. Dès lors, la faute lourde pourrait faire l'objet d'une clause excluant la garantie, à condition qu'une telle exclusion corresponde aux limites dans lesquelles elle est enfermée par l'article L. 113-1 du Code assurances, c'est-à-dire qu'elle soit formelle et limitée. En d'autres termes, il appartient aux parties au contrat d'assurance de préciser la faute lourde qui exclut la garantie. C'est ce qui explique que la Cour de cassation a pu considérer que la stipulation en vertu de laquelle doit être écartée la garantie de l'assureur en cas de « faute jugée lourde par le tribunal compétent » ne peut constituer une clause d'exclusion valable, en raison de ce qu'elle ne correspond pas aux exigences de l'article L. 113-1, l'existence de la faute lourde dépendant d'éléments incertains, en l'occurrence l'appréciation du juge (Com. 7 avril 1987, *J.C.P.* 1987.IV.210, *D.* 1988. Somm. 156, obs. Berr, *Bull. civ.* 4, n° 83. V. aussi, Civ. 1re, 29 novembre 1988, *Bull. civ.* 1, n° 336, *J.C.P.* 1989.IV.39, *D.* 1989. Somm. 248, obs. Berr).

ou bien elle ne l'est pas [1]. Ce n'est que dans l'hypothèse où l'aliénateur ne serait pas propriétaire de la chose qu'il vend ou donne que l'on pourrait songer à ne mettre à sa charge qu'une obligation de moyens, si telle a été la volonté des parties au contrat d'aliénation, parce que, dans ce cas, il y aurait une obligation de faire préalable à l'obligation de donner [2].

L'obligation de transférer la propriété d'une chose de genre, notamment celle de payer une somme d'argent, est aussi nécessairement une obligation de résultat. En effet, il n'est pas concevable qu'une personne s'engage à faire ce qu'elle peut pour payer. Ou bien elle s'engage à payer, ou bien il n'y a pas d'obligation de payer. Il est évident que le créancier ne se contentera jamais de ce que le débiteur s'engage simplement à faire son possible pour payer [3].

Quant à l'obligation de ne pas faire, il n'est pas davantage concevable de la considérer comme une obligation de moyens. Ici encore, en raison de son objet même, elle est nécessairement une obligation de résultat. Bien que le Code civil n'ait pas envisagé la distinction des deux sortes d'obligations, l'article 1145 énonce très clairement que le débiteur d'une obligation de ne pas faire est tenu d'une obligation en vertu de laquelle il promet un résultat [4].

Parmi les obligations de faire, certaines sont aussi nécessairement des obligations de résultat en raison de leur objet qui n'est pas susceptible de plus ou de moins, de la même façon que les obligations de donner ou de ne pas faire. Tel est le cas essentiellement pour les obligations de livrer un corps certain [5]. En effet, ou bien celui-ci est livré, ou bien il ne l'est pas [6]. À la différence de l'obligation de livrer, l'obliga-

---

1. Au surplus, dans toutes les situations qui relèvent du principe du transfert immédiat de la propriété, le problème ne saurait même pas se poser, puisque le contrat ne fait pas naître d'obligation de transférer la propriété. Sur le principe du transfert immédiat de la propriété d'un corps certain, v. *supra,* n° 57 et 60.

2. En effet, avant de transférer la propriété, ce qui relève de l'obligation de résultat, l'aliénateur s'engage envers l'acquéreur à acquérir la propriété, ce qui relève d'une obligation de faire.

3. Toutefois, dans le cas où l'obligation a pour objet un paiement non par le débiteur lui-même, mais par un tiers, l'obligation pourrait être de moyens. Mais en ce cas, le débiteur ne promet pas son propre fait, c'est-à-dire qu'il paiera lui-même telle somme d'argent, à telle date. Il promet le fait d'un tiers, c'est-à-dire qu'il s'engage à faire en sorte que le tiers exécute l'obligation de payer. Il s'agit d'une obligation de faire. Celle-ci doit normalement être considérée comme une obligation de résultat, sauf volonté contraire des parties. Cette situation correspond à la promesse dite de porte-fort, sur laquelle. V. *infra,* n° 826.

4. L'article 1145, selon lequel « si l'obligation est de ne pas faire, celui qui y contrevient doit des dommages-intérêts par le seul fait de la contravention », peut parfaitement être utilisé pour asseoir légalement la distinction des obligations de moyens et de résultat.

5. Sur l'obligation de livrer, v. *supra,* n° 58.

6. Lorsque la chose est effectivement livrée par le débiteur qui est en retard, il y a inexécution de l'obligation de résultat de livrer. En effet, celle-ci a pour objet la remise de la chose au créancier au moment et au lieu prévu par les parties ou par les usages. Le simple retard est l'inexécution partielle d'une obligation de résultat. Toutefois, il pourrait y avoir lieu à une obligation de moyens de livrer au temps prévu, lorsque le débiteur, en accord avec le créancier, s'est simplement engagé à faire son possible pour respecter un délai de livraison qui n'est donné qu'à titre indicatif et qui n'a donc pas de valeur impérative.

tion de conserver une chose est susceptible de faire l'objet de plus ou de moins. Elle peut, dès lors, être considérée comme une obligation de moyens. Tel est, comme on le sait, le sens de l'article 1137 du Code civil qui concerne spécialement l'obligation de conserver [1].

629. – Le plus ou le moins quant au contenu de l'obligation de faire. Si, parce que l'obligation de conserver est susceptible de plus ou de moins, on doit pouvoir la considérer comme une obligation de moyens, il n'en résulte pas pour autant que toute obligation qui est susceptible de plus ou de moins soit nécessairement une obligation de moyens. Ce qui est vrai, c'est que l'obligation qui n'est pas susceptible de plus ou de moins ne pourra jamais être considérée comme une obligation de moyens, mais l'inverse n'est pas nécessairement vrai. Sans doute, en ce qui concerne l'obligation de conserver une chose, l'article 1137 du Code civil énonce le principe que la faute est une condition de la responsabilité en cas d'inexécution ou de mauvaise exécution. Cependant, en vertu du Code civil lui-même, ce principe comporte des exceptions. Tel est le cas, en particulier, pour l'obligation de l'hôtelier qui, en tant que dépositaire, est tenu de conserver les effets de ses clients [2], ou l'obligation du preneur en cas d'incendie de l'immeuble loué [3]. Ces obligations sont des obligations de résultat dont l'inexécution donne lieu à la responsabilité sans faute du débiteur. Par conséquent, le fait qu'une obligation puisse être envisagée *a priori* comme étant susceptible de plus ou de moins n'est pas un critère satisfaisant de la distinction des obligations de moyens et de résultat, le législateur pouvant admettre qu'il y a obligation de résultat là ou il aurait pu y avoir une obligation susceptible de plus ou de moins. En ce cas, le contenu de l'obligation, dans la mesure où il est impérativement déterminé par la loi, est intangible. Il correspond à la promesse d'un résultat là où on aurait pu envisager simplement la mise en œuvre de moyens nécessaires à la satisfaction du créancier.

Ce qui est vrai pour l'obligation de conserver est aussi vrai pour des obligations qui consistent en des prestations de services variés, lesquelles constituent le terrain d'élection des obligations de faire. La plupart de ces obligations pourraient être considérées comme susceptibles de plus ou de moins, ce qui n'a pas empêché, pour certaines d'entre elles, le législateur ou la jurisprudence d'admettre impérativement qu'elles étaient de résultat. Tel est le cas, en particulier, pour l'obligation mise à la charge des constructeurs par le contrat de louage

1. Sur l'obligation de conserver, v. *supra*, n° 59.
2. V. *supra*, n° 661.
3. V. *supra*, n° 611.

d'ouvrage [1] ou pour l'obligation engendrée à la charge du transporteur terrestre par le contrat de transport [2].

En fin de compte, on ne peut pas se fonder, en ce qui concerne les obligations de faire, sur le plus ou le moins quant au contenu de l'obligation pour considérer qu'elles sont systématiquement de moyens. Si le moins correspond à l'obligation de moyens, le plus peut aller jusqu'à l'obligation de résultat et, en ce cas, il n'y a plus de variation possible du contenu de l'obligation. Cela est particulièrement remarquable en ce qui concerne l'obligation résultant d'une lettre de confort, dite aussi quelquefois lettre d'intention [3], par laquelle une personne, généralement une société mère, promet de faire en sorte qu'une autre personne, généralement une filiale, aura les moyens de faire face à ses engagements. Une telle obligation peut aller du cautionnement (Com. 21 décembre 1987, *D.* 1989. 112, note Brill, *J.C.P.* 1988.II.21113, conclusions Montanier) à la simple obligations de moyens (Com. 15 janvier 1991, *J.C.P.* 1991.IV.95 ; Com. 4 octobre 1994, *R.J.D.A.* 1995, n° 194 ; Com. 15 octobre 1996, *R.J.D.A.* 1997, n° 652, *D.* 1997.330, note Piedelièvre ; Versailles 7 novembre 1996, *R.J.D.A.* 1997, n° 910, *Bull. Joly* 1997.296, note Barbiéri ; Com. 26 janvier 1999, *R.J.D.A.* 1999, n° 427, *Rep. not.* 1999.740, obs. Mazeaud ; Com. 18 avril 2000, *R.J.D.A.* 2000, n° 920, *Contrats, conc. consomm.* 2000, n° 123, obs. Leveneur), en passant par l'obligation de résultat non assimilable à celle d'une caution (Com. 23 octobre 1990, *J.C.P.* 1991.II.21684, note Larroumet) [4]. Cependant, dans des décisions plus récentes, la Cour de cassation pourrait avoir abandonné la distinction des obligations de moyens et des obligations de résultat en ce qui concerne les lettres de confort. En effet, elle considère que lorsqu'une société a promis à un créancier de sa filiale que celle-ci aurait une trésorerie suffisante pour honorer ses engagements, elle s'engage à payer à la place de la filiale si la trésorerie n'est pas suffisante (Com. 26 février 2002, *D.* 2002.1273, obs. Lienhard ; Com. 9 juillet 2002, *J.C.P.* 2002.II.10166, note François, *Petites Affiches* 10 juin 2003, note Guiderdoni ; Com. 17 décembre 2002, *R.J.D.A.* 2003, n° 1185) [5].

---

1. V. *supra,* n° 611.
2. V. *supra,* n° 612. Il est vrai que cette obligation est impérative dans le transport des marchandises, tandis que, par le biais des clauses de non-responsabilité ou limitatives de responsabilité, l'obligation de résultat du transporteur, quant à la sécurité du passager, n'était pas impérative avant la loi du 5 juillet 1985, dont l'effet est limité au transport routier.
3. L'expression lettre de confort est préférable à celle de lettre d'intention de façon à éviter une confusion entre la lettre d'intention assimilée à une lettre de confort et celle qui marque une étape dans la conclusion du contrat, v. *supra,* n° 296 et 297.
4. Tandis que la caution s'engage purement et simplement à exécuter l'obligation à la place du débiteur principal (v. *supra,* n° 480), le signataire d'une lettre de confort génératrice d'une obligation de résultat ne sera tenu de la dette à la place du débiteur que s'il n'a pas atteint le résultat promis qui était que le débiteur fût en mesure d'exécuter lui-même l'obligation.
5. L'article 2322 du Code civil, issu d'une ordonnance du 23 mars 2006, n'apporte pas grand-chose quant à la nature de la lettre de confort.

630. – L'explication du droit positif. Les exemples qui ont été précédemment envisagés pour illustrer la différence de régime juridique entre les obligations de moyens et les obligations de résultat montrent que la distinction entre ce qui relève de l'obligation de résultat [1] et ce qui relève de l'obligation de moyens [2] est, le plus souvent, anarchique, en ce qui concerne les obligations de faire. Toutes les tentatives de la doctrine pour systématiser cette distinction et donner à son critère une cohérence ont été vouées à l'échec. En réalité, ces tentatives ne constituent que des indications possibles qui sont souvent démenties.

L'existence d'un aléa qui interviendrait pour ne point permettre au débiteur de procurer satisfaction au créancier a été avancée pour ne faire peser sur le débiteur qu'une obligation de moyens. Dès lors que le débiteur ne maîtrise pas tous les éléments qui lui permettent d'exécuter son obligation, il ne serait pas possible de retenir sa responsabilité en l'absence de faute de sa part, peu important que celle-ci doive être prouvée ou soit présumée. Dans certaines situations, un tel aléa est pris en considération pour justifier l'obligation de moyens [3]. Cependant, d'une part, l'obligation peut n'être que de moyens en l'absence d'aléa [4] et, d'autre part, il peut y avoir obligation de résultat en présence d'un aléa [5].

La participation plus ou moins active du créancier à l'exécution de l'obligation par le débiteur a aussi été invoquée comme critère de la distinction des deux sortes d'obligations. L'obligation ne serait que de moyens s'il y a participation ou rôle actif du créancier [6], tandis

1. V. *supra,* n° 611 et 612.

2. V. *supra,* n° 618.

3. Tel est certainement le cas en ce qui concerne le contrat médical ou le loueur de chevaux, v. *supra,* n° 618. C'est aussi sur le fondement d'un aléa et, plus particulièrement, des risques inhérents au comportement d'un cheval de compétition qu'il a été admis que la location d'une carrière pour faire courir l'animal ne comporte, quant à la sécurité de celui-ci, qu'une obligation de moyens (Civ. 1re, 10 mai 1988, *D.* 1989.IR.173, *J.C.P.* 1989.IV.259).

4. Tel est le cas pour l'obligation des mandataires, qu'ils soient ou non salariés, le restaurateur ou l'hôtelier en ce qui concerne la sécurité de ses clients.

5. Ainsi, le preneur ne maîtrise pas toujours les éléments qui lui permettraient d'éviter un incendie de l'immeuble loué et pourtant, s'il n'est pas en mesure de prouver que ces éléments étaient imprévisibles et extérieurs à son activité, il sera responsable en cas d'incendie, même s'il n'a pas commis de faute. Il en va de même dans le transport par route. Il est évident que le transporteur ne maîtrise pas le risque de la circulation automobile, pas plus que l'exploitant d'un manège forain ne maîtrise tous les risques auxquels sont exposés les participants. Ces débiteurs sont tenus d'une obligation de résultat quant à la sécurité de leurs cocontractants. Au contraire, l'exploitant d'une salle de spectacles est tenu d'une obligation de sécurité qui n'est de que de moyens, alors qu'il maîtrise beaucoup mieux les risques auxquels il expose les spectateurs, v. *supra,* n° 612.

6. Tel serait le cas en ce qui concerne l'exploitant d'un terrain de sport, l'organisateur d'une épreuve sportive, l'exploitant d'un terrain de jeux ou de la personne qui se charge de la surveillance d'un enfant ou l'établissement qui est tenu d'une obligation de surveillance envers autrui, v. *supra,* n° 618.

qu'elle serait de résultat si le créancier a un rôle purement passif[1]. Pourtant, ici encore, le critère ne correspond toujours pas aux solutions du droit positif[2].

En réalité, il n'y aucun critère satisfaisant de la distinction des obligations de moyens et de résultat. Dans la mesure où il n'y a pas d'entrave à la liberté contractuelle, il appartient aux parties au contrat de déterminer la nature de l'obligation de faire assumée par le débiteur (cf. Civ. 3e, 24 juin 1987, *J.C.P.* 1987.IV.302, à propos d'un louage d'ouvrage ; Paris, 15 avril 1988 *D.* 1988.IR.133, à propos d'un contrat de maintenance de matériel informatique)[3]. Il est vrai qu'elles n'y pensent pas toujours et, en ce cas, il appartiendra aux juges, en procédant à une analyse de l'économie du contrat, de déterminer cette nature. Il est impossible à cet égard de recenser tous les éléments de fait sur lesquels ils peuvent se fonder, tant ils peuvent varier d'une espèce à une autre. Ce sont des questions de fait et non pas de droit, sauf s'il arrivait que les juges dénaturent les volontés des parties. Mais, s'il y a dénaturation, c'est que les parties ont qualifié expressément ou implicitement l'obligation.

Cependant, les volontés des parties ne sont pas toujours souveraines pour déterminer la nature de l'obligation. La loi impérative ou la jurisprudence peut attribuer telle nature à l'obligation, c'est-à-dire voir une obligation de résultat là où il aurait pu n'y voir qu'une simple obligation de moyens. C'est une fois encore, le protectionnisme contractuel qui présidera à la répartition entre les deux sortes d'obligations, les raisons ne pouvant être ramenées à l'unité. Elles sont infiniment variables, comme c'est toujours le cas en ce qui concerne le protectionnisme contractuel instauré par la loi ou par les juges. C'est pour cette raison que la distinction apparaît comme étant anar-

---

1. Tel serait le cas du transporteur de personnes ou de marchandises, encore que la solution ne vaille que pour le transport terrestre et le transport aérien (cf. Civ. 1re, 21 octobre 1997, *R.J.D.A.* 1998, n° 13, qui insiste sur le rôle passif du participant pour mettre à la charge de l'organisateur d'un vol en parapente une obligation de sécurité de résultat).

2. L'exemple classique était celui de l'exploitant de remonte-pente qui était tenu d'une obligation de résultat avant le revirement opéré par la jurisprudence (v. *supra,* n° 612), sauf en ce qui concerne les accidents de montée ou de descente de l'engin. Mais, le rôle du skieur est aussi actif pendant le trajet qu'au moment de la montée ou de la descente de l'engin. Quant au transport terrestre de personnes, le critère envisagé ne permet pas de comprendre que les accidents survenus pendant l'accès dans l'engin de transport ou de la sortie de celui-ci soient couverts par l'obligation de résultat du transporteur, sans compter que le passager peut se déplacer dans l'engin en marche.

3. A propos des clauses abusives qui relèvent de l'article L. 132-1 du Code de la consommation et des décrets pris pour son application (v. *supra*, n° 430 et s.), la Cour de cassation a approuvé une Cour d'appel d'avoir considéré comme abusive, au sens de l'article 2 du décret du 24 mars 1978, la clause d'un contrat de vente et d'installation d'un système d'alarme en vertu de laquelle le vendeur stipulait qu'il n'était tenu que d'une obligation de moyens et non de résultat (Civ. 1re, 28 avril 1987, *J.C.P.* 1987.IV.223).

chique, ce qui répugne en général au juriste. Cependant, le protectionnisme contractuel ne va pas toujours jusqu'à l'obligation de résultat impérative. Non seulement les clauses relatives à la responsabilité sont quelquefois admises, mais encore il arrive que la jurisprudence admette le principe d'une obligation de résultat là où elle n'aurait pu être que de moyens, en permettant aux parties de prévoir expressément une simple obligation de moyens.

De toutes façons, ce n'est pas parce qu'il n'y a pas, en fin de compte, de véritable critère de distinction qu'il faut remettre en cause une distinction qui explique le régime de la responsabilité contractuelle et qui n'a jamais pu être remplacée d'une façon satisfaisante. Il est impossible de comprendre pourquoi la responsabilité est parfois fondée sur la faute dans certains cas, tandis qu'elle ne suppose pas une exécution fautive dans d'autres cas, si on ne fait pas appel à la distinction des obligations de moyens et de résultat. Cette distinction révèle la dualité de nature de la responsabilité contractuelle qui ne saurait être admise d'une façon cohérente en dehors d'elle. Il appartient avant tout aux parties de déterminer le contenu de leur obligation, sauf lorsque la loi ou le juge le leur interdit, ce qui suppose une affirmation impérative de la nature de l'obligation à travers son contenu qui est imposé.

3) Les clauses du contrat relatives à la responsabilité [1]

631. – Clauses relatives à la nature ou au contenu de l'obligation, clauses relatives au principe de la responsabilité et clauses relatives à l'évaluation des dommages-intérêts. Les stipulations contractuelles concernant directement ou indirectement la responsabilité du débiteur sont variées. Certaines clauses ne concernent pas le principe de la responsabilité du débiteur qu'elles ne remettent pas en cause, car elles ont seulement pour objet l'évaluation des dommages-intérêts dus par le débiteur dont la responsabilité est retenue.

---

1. *Bibliographie* : DURAND, *Les conventions d'irresponsabilité*, thèse, Paris, 1931 ; DELEBECQUE, *Les clauses allégeant les obligations dans les contrats*, thèse, Aix, 1981 ; ROBINO, Les conventions d'irresponsabilité dans la jurisprudence contemporaine, *Rev. trim. dr. civ.* 1951.1 ; ESMEIN, Méditation sur les conventions d'irresponsabilité en cas de dommage causé à la personne, *Mélanges SAVATIER*, p. 271 ; STARCK, Observations sur le régime juridique des clauses de non-responsabilité ou limitatives de responsabilité, *D.* 1974, chron. 157 ; MUZUAGHI, *Le déclin des clauses d'exonération de responsabilité sous l'influence de l'ordre public nouveau*, 1981 ; AL JONDI, *Le juge et les clauses exonératoires et limitatives de responsabilité*, thèse, Paris, 1979 ; *Les principales clauses des contrats conclus entre professionnels,* Colloque, Aix en Provence, 1990 ; *Les clauses limitatives ou exonératoires de responsabilité en Europe,* 1990 ; DELEBECQUE, Que reste-t-il du principe de validité des clauses de responsabilité ?, *D.A.* 1997.235 ; LARROUMET, Obligation essentielle et clause limitative de responsabilité, *D.* 1997. Chron. 145 ; LAVABRE, Elements essentiels et obligation fondamentale du contrat, *R.J.D.A.* 1997.291 ; RAWACH, Observations sur la notion de clauses exonératoires de responsabilité selon les principes Unidroit, *D.A.* 1999.1234 ; DELEBECQUE, Les renonciations à recours, *Mélanges Simler*, p. 653.

Telles sont les clauses pénales et les clauses limitatives de responsabilité. Elles seront envisagées avec les effets de la responsabilité contractuelle [1].

D'autres clauses, qu'il convient d'envisager ici, ont pour objet ou pour effet de remettre en cause le principe même de la responsabilité du débiteur dans des situations où il devrait normalement être responsable du dommage éprouvé par le créancier.

Certaines de ces clauses ont simplement pour effet de ne pas permettre de retenir la responsabilité du débiteur, dans la mesure où elles l'ont déchargé d'une obligation qu'il aurait dû normalement assumer. Ou encore, elles ont transformé une obligation de faire en une obligation de moyens, alors qu'elle aurait dû être normalement considérée comme une obligation de résultat. Dans cette dernière hypothèse, ce n'est pas le principe de la responsabilité qui est l'objet de la clause, mais le régime de cette responsabilité, en raison de la transformation de la nature de l'obligation. Ou bien encore, sans aller jusqu'à supprimer une obligation ou à transformer sa nature, la clause peut stipuler un contenu moindre de l'obligation par rapport à ce qu'il aurait pu ou aurait dû être.

À la différence de ces clauses qui n'ont qu'un effet indirect sur la responsabilité, d'autres clauses ont directement pour objet de supprimer partiellement ou totalement la responsabilité du débiteur. En ce cas, si le contrat crée bien telle obligation à la charge du débiteur, il stipule en même temps que le débiteur ne sera pas responsable en cas d'inexécution même fautive. Elles peuvent aussi avoir pour objet d'étendre la responsabilité du débiteur par rapport à ce qu'elle aurait dû être.

Cependant, toute clause par laquelle le créancier renonce à réclamer des dommages-intérêts au débiteur n'est pas nécessairement une clause de non-responsabilité. En effet, sans renoncer au principe de la responsabilité du débiteur, le créancier peut simplement renoncer à mettre en œuvre cette responsabilité par une action en justice intentée contre le débiteur. En ce cas, la renonciation ne produit pas d'effet envers l'assureur du débiteur (en ce sens, Civ. 1re, 26 mai 1993, *D.* 1993.IR.159, *J.C.P.* 1993.IV.1847 ; Civ. 1re, 30 mai 1995, *D.* 1995.IR.162 ; Civ. 1re, 17 mars 1998, *J.C.P.* 1998.IV.2046, *D.A.* 1998.211 ; *D.* 1999. Somm. 241, obs. Lemée. V. Civ. 1re, 27 mai 2003, *J.C.P.* 2003.IV.2281, en ce qui concerne une clause de renoncia-

1. V. *infra*, n° 688 et s. Cependant, il peut arriver qu'il y ait des hésitations pour qualifier une clause en ce que, selon le point de vue auquel on se place, celle-ci peut apparaître soit comme une clause limitative de responsabilité, soit comme une stipulation relative au contenu et à l'étendue des obligations d'une partie (cf. Civ. 1re, 15 novembre 1988, *D.* 1989.349, note Delebecque, *D.* 1989. Somm. 332, obs. VASSEUR, à propos d'une stipulation contractuelle limitant la valeur des choses que le client d'une banque peut y déposer dans le coffre-fort mis à sa disposition, l'arrêt analysant cette stipulation en une clause limitative de responsabilité).

tion à recours dans des rapports entre assureurs). Parce que le principe de la responsabilité du débiteur n'est pas atteint, l'assureur de celui-ci doit être tenu envers le créancier qui dispose d'une action directe contre l'assureur [1]. En revanche, lorsque la clause a pour objet de supprimer la responsabilité du débiteur, l'assureur de celui-ci ne saurait être tenu de réparer un dommage dont la réparation n'incombe pas à l'assuré (v. Groutel, L'affirmation d'une doctrine de la Cour de cassation en matière de renonciation à recours, *Resp. civ. et ass.* 1993).

a) Clauses relatives à la nature et au contenu de l'obligation

632. – Effet sur le principe, l'étendue et la nature de la responsabilité contractuelle. Il serait artificiel de considérer, comme on le fait quelquefois, que ces clauses ne concernent pas la responsabilité du débiteur. Certes, leur objet n'est pas la responsabilité du débiteur. Cependant, en raison de ce que la responsabilité sanctionne l'inexécution de l'obligation imputable au débiteur, fautive ou non, selon les cas, il convient au préalable de déterminer quelle est la nature et le contenu de cette obligation. En effet, si le débiteur a assumé une obligation de résultat là où son obligation eût pu n'être que de moyens, il est évident que sa responsabilité en cas d'inexécution qui lui est imputable sera retenue alors qu'elle eût pu ne pas l'être si la clause n'avait pas ainsi transformé la nature de l'obligation. Inversement, il pourra échapper à sa responsabilité s'il a accepté une obligation de moyens, alors qu'en l'absence de clause en ce sens l'obligation eût été de résultat, ce qui aurait permis de retenir sa responsabilité beaucoup plus facilement. Ainsi encore, si le débiteur accepte d'assumer une obligation qui n'est pas impliquée par l'économie du contrat, sa responsabilité sera engagée si cette obligation n'est pas exécutée ou l'est mal, soit qu'il ait commis une faute si elle est de moyens, soit même en l'absence de faute si elle est de résultat, tandis qu'il n'y aurait pas eu de responsabilité en l'absence de clause engendrant l'obligation en question. Inversement, si le débiteur, en accord avec le créancier, refuse de se charger d'une obligation qui eût dû normalement peser sur lui, il ne pourra y avoir de responsabilité si le créancier lui reproche de ne pas avoir exécuté ladite obligation.

Par conséquent, il n'est pas douteux que les stipulations du contrat relatives à l'existence, à la nature et au contenu des obligations ont une influence sur le principe, l'étendue et la nature de la responsabilité du débiteur lorsque le créancier n'a pas obtenu la satisfaction qu'il attendait du contrat (cf. observations Mestre, *Rev. trim. dr. civ.* 1992.94).

---

1. V. *infra*, n° 823 et 824.

633. – Clauses augmentant les obligations du débiteur ou en transformant la nature dans un sens plus sévère. Le principe de la liberté contractuelle autorise à stipuler des obligations plus sévères que celles qui, en droit commun, eussent été mises à la charge du débiteur. En effet, le protectionnisme contractuel intervient essentiellement, comme on le verra, pour interdire de restreindre des obligations. La raison en est que, dans les contrats d'adhésion, celui qui dicte ses conditions à l'autre entend restreindre ses propres obligations plutôt que d'augmenter celles de son cocontractant. Certes, il se peut qu'il y ait quelquefois une lacune du protectionnisme contractuel à cet égard. Toutefois, ce n'est que très exceptionnellement que la loi interdit d'augmenter les obligations de celui dont elle protège les intérêts [1]. Cependant, au-delà des interdictions expresses de la loi, il faut tenir compte de ce que le juge peut déclarer non écrites les clauses abusives dans les contrats conclus entre professionnels et consommateurs [2]. Or, une clause étendant les obligations d'un consommateur pourrait être considérée comme abusive.

Conformément au principe de la liberté des conventions, lorsque la clause n'est pas abusive dans un contrat entre un professionnel et un consommateur, il est permis de transformer une obligation de moyens en une obligation de résultat dans tous les contrats où l'obligation du débiteur n'est normalement que de moyens. De la même façon, on peut stipuler des obligations accessoires qui ne seraient pas supposées par l'économie du contrat. À cet égard, l'ingéniosité des parties pourrait être sans limite. Au demeurant, une telle transformation ou augmentation ne se fera pas sans contrepartie. En effet, le débiteur, du moins dans les contrats dont le contenu est librement débattu par les parties, fera payer au créancier l'avantage qu'il lui consent.

634. – Clauses restreignant les obligations du débiteur ou en transformant la nature dans un sens moins sévère. Le principe est que le contrat n'est que ce qu'ont voulu les parties. Par conséquent, si le créancier accepte que le débiteur n'assume qu'une obligation de moyens là où il aurait pu assumer une obligation de résultat ou encore s'il accepte de le décharger de l'accomplissement de telle ou telle obligation ou bien de donner à l'obligation un contenu moindre que ce qui aurait pu être en l'absence de stipulation à cet égard, il n'y a pas de raison de ne pas faire produire effet à de telles stipulations (v. Civ. 1re, 19 octobre 2004, *J.C.P.* 2004.IV.3301, en ce qui concerne une entre-

---

1. Par exemple, la loi du 6 juillet 1989, en ce qu'elle met impérativement à la charge du bailleur les réparations autres que locatives (art. 6), interdit implicitement mais nécessairement de les mettre à la charge du preneur, même s'il l'accepte. Ainsi encore, en vertu de la même loi (art. 4), il est interdit au locataire d'accepter d'assumer une obligation plus sévère que celle qui est prévue par la loi en ce qui concerne la visite de l'immeuble loué en vue de sa relocation ou de sa vente.

2. V. *supra*, n° 430 et s.

prise de contrôle technique dont la mission était restreinte, encore qu'il n'y ait pas de clause précise sur l'étendue de sa mission). Cependant, la liberté contractuelle ne peut tout permettre. Deux séries de limites à la liberté de restreindre l'obligation doivent être envisagées.

635. – L'essence du contrat. En premier lieu, au-delà de la volonté même des parties, tout contrat correspond, dans une qualification donnée, à des impératifs qui sont intangibles. Plus exactement, le contrat a été conclu parce qu'il permet la satisfaction d'un besoin du créancier par l'exécution de l'obligation du débiteur. Si cette obligation est supprimée, le contrat ne correspond plus à ce qu'il devait être dans la qualification qui lui a été donnée par les parties. En effet, certaines obligations font partie de l'essence même du contrat et lui donnent tout son sens. Il est évident qu'on ne saurait les supprimer sans atteindre la raison d'être du contrat. Ainsi, dans le cas où le vendeur accepterait que l'acheteur ne paie pas le prix, il ne saurait y avoir de vente. Dans le contrat de transport, le transporteur ne peut avoir la faculté de ne pas déplacer le passager ou la marchandise d'un endroit à un autre, de la même façon que le passager ou bien l'expéditeur ou le destinataire ne peut stipuler qu'il n'assumera pas l'obligation de payer le prix du transport, le contrat étant nécessairement à titre onéreux.

Par conséquent, tout contrat correspond à une utilité objective que les parties ont accepté en lui donnant la qualification qui correspond à cette utilité. Si la suppression d'une obligation ou les limites apportées au contenu d'une obligation viennent ôter au contrat son utilité, il faut admettre que l'accord des volontés dans une qualification donnée manque son but. Selon les cas, la sanction consistera soit en une disqualification du contrat, soit en sa nullité totale ou partielle. Si le contrat peut produire les effets voulus par les parties dans une autre qualification, le juge, à l'initiative d'une des parties, changera la qualification. Ainsi, la vente dans laquelle l'acheteur est dispensé de payer le prix pourra valoir comme donation ou don manuel ; le contrat qualifié de dépôt, alors que celui auquel la chose a été remise n'est pas tenu de la garder et de la conserver en bon état, pourra être considéré comme un contrat de mise à la disposition d'une personne d'un emplacement de stationnement [1]. Lorsque le

1. Cette solution a été admise par la Cour de cassation en ce qui concerne le stationnement payant d'un véhicule, lequel avait été endommagé, dans un parc de stationnement de l'Aéroport de Paris (Civ. 1re, 10 mars 1981, *J.C.P.* 1981.IV.191, *D.* 1981.IR.395. V. aussi, Paris 27 janvier 1982, *D.* 1982.IR.426, toujours à propos du stationnement d'un véhicule ; Cons. d'État 21 janvier 1991, *J.C.P.* 1991.IV.101). De la même façon, il a été admis que les entreprises qui mettent des *juke boxes* à la disposition d'exploitants dans les lieux publics ne sont pas des entrepreneurs de spectacles, mais simplement des fournisseurs d'entrepreneurs de spectacles. Dès lors, ils ne sont pas tenus des obligations d'un entrepreneur de spectacles mais simplement de celles d'un déposant et, par conséquent, ils n'ont aucune responsabilité envers le public à raison du choix des programmes (T.G.I. Nanterre 8 juillet 1980, *J.C.P.* 1981.IV.394).

changement de qualification n'est pas possible, notamment parce que les parties ont voulu ce qui ne correspondait pas à ce que devait être le contrat, celui-ci sera annulé pour absence d'objet ou pour absence de cause. En effet, dans un contrat synallagmatique, l'absence d'obligation ou une obligation dérisoire à la charge d'une des parties révèle l'absence de cause de l'obligation de l'autre partie [1]. Si le contrat peut être sauvé par la nullité seulement partielle, on réputera non écrite la clause par laquelle une des parties est dispensée de l'exécution de son obligation [2]. Cependant, le plus souvent, lorsque vient à manquer une obligation essentielle, la sanction consistera en une nullité totale du contrat [3].

La jurisprudence, le plus souvent, confond en une même réprobation les clauses supprimant ou limitant une obligation qui est de l'essence du contrat avec les clauses relatives à la responsabilité contractuelle notamment celles qui la suppriment [4] ou la limitent dans des proportions considérables [5] (cf. Rouen 15 septembre 1993, *R.J.D.A.* 1993, n° 1021, à propos d'une clause de non responsabilité stipulée en faveur d'un bailleur en cas de fonctionnement défectueux de la chose louée la rendant impropre à son usage, l'arrêt considérant cette clause comme nulle car son application aurait pour effet de vider le contrat de sa substance ; Civ. 1re, 23 février 1994, *Contrats, conc. consomm.* 1994, n° 82, obs. Raymond et n° 94, obs. Leveneur, *J.C.P.* 1994.I.3809, n° 15, obs. Viney, *D.* 1996.214, note Dagorne-Labbé, à propos de la clause de non responsabilité stipulée dans un contrat de mise à disposition d'un emplacement pour le stationnement d'un véhicule dont l'effet serait de dispenser le bailleur de son obligation qui est d'assurer la jouissance paisible des lieux loués, le contrat n'étant pas un simple dépôt ; Civ. 1re, 22 juin 2004, *Rev. contrats* 2005.270, *Petites Affiches* 7 juin 2006, note Grimaldi écartant une clause de non responsabilité d'un transporteur aérien en cas de retard excessif, cette clause portant atteinte à l'essence du transport aérien). Cette jurisprudence est contestable et elle est contraire à certaines dispositions du Code civil. Ainsi, l'article 1643 du Code civil admet la validité de principe des clauses qui suppriment l'obligation du vendeur de réparer les conséquences d'un vice caché de la chose vendue. Au demeurant, ce texte va bien au-delà de l'affirmation de la validité d'une clause de non responsabilité. En effet, il affirme le principe de la validité d'une clause de non garantie, c'est-à-dire qui supprime l'obligation de garantie contre les vices cachés

1. V. *supra,* n° 469 et s.
2. V. *supra,* n° 573 et 574.
3. V. *supra,* n° 574.
4. Sur lesquelles, v. *infra* n° 638 et s.
5. Sur les clauses limitatives de responsabilité, v. *infra* n° 694 et s.

due par le vendeur à l'acheteur [1]. Or, la jurisprudence confond purement et simplement les clauses relatives à la sanction de l'inexécution d'une obligation, ce que sont les clauses de non responsabilité et les clauses limitatives de responsabilité, avec les clauses qui suppriment l'obligation. Ces clauses n'ont pas du tout la même nature. Certes, lorsque l'obligation est supprimée, il ne saurait être question de sanctionner son inexécution. Mais, l'inverse n'est pas vrai. L'obligation ne disparaît pas lorsque les parties ont stipulé une clause supprimant la responsabilité en cas d'inexécution. La preuve en est bien que lorsque le débiteur s'est rendu coupable d'une faute d'une certaine gravité (faute lourde ou faute intentionnelle) [2], sa responsabilité sera retenue.

La jurisprudence est encore plus contestable lorsqu'elle prétend fonder sur la théorie de la cause de l'obligation la prohibition des clauses de non responsabilité ou limitatives de responsabilité dont l'effet serait de supprimer l'obligation essentielle mise à la charge du débiteur. Telle est la solution qui résulte d'un arrêt remarqué de la première chambre civile de la Cour de cassation du 22 octobre 1996 (*D.A.* 1997.247, *R.J.D.A.* 1997, n° 6, *Rep. not.* 1997 333, obs Mazeaud, *J.C.P.* 1997.I.4002, n° 1 et s., obs. Fabre-Magnan, *D.* 1997.121, note Sériaux, *Contrats, conc. consomm.* 1997, n° 24, obs. Leveneur, *J.C.P.* 1997.II.22881, note Cohen, *Rev trim. dr. civ.* 1997.418, obs Mestre. *Adde* sur cet arrêt, Delebecque, Que reste-t-il du principe de validité des clauses de responsabilité ?, *D.A.* 1997.235 ; Larroumet, Obligation essentielle et clause limitative de responsabilité, *D.* 1997. Chron. 145 ; Lavabre, Éléments essentiels et obligation fondamentale du contrat, *R.J.D.A.* 1997.291) [3]. Selon les juges, lorsque ces clauses contredisent la portée de l'engagement pris par le débiteur, l'obligation à la charge de l'autre partie au contrat serait dépourvue de cause. Or, il n'en est rien. La référence à la théorie de la cause

---

1. Cependant, la jurisprudence, par voie d'assimilation du vendeur professionnel à un vendeur de mauvaise foi, limite la portée du principe de la validité des clauses de non garantie. En effet, l'article 1643 réserve le cas du vendeur de mauvaise foi, c'est-à-dire celui qui connaissait au moment de la vente le vice dont était atteinte la chose vendue.

2. Sur lesquelles, v. *supra* n° 621 et s.

3. Sur renvoi de la Cour de cassation, la Cour de Caen (*D.* 2000. Somm. 294, obs. Mercadal, *J.C.P.* 200.I.199, n° 14, obs. Viney et 215, n° 1 et s., obs. Rochfeld) a repris l'idée selon laquelle la clause limitative de responsabilité retire tout caractère contraignant à l'exécution du contrat et fait perdre toute portée et toute valeur à l'obligation essentielle de transporter avec rapidité, ce qui a pour effet d'anéantir la cause de l'obligation de l'expéditeur. Sur un nouveau pourvoi, la Cour de cassation a cassé la décision de la Cour de Caen (Com. 9 juillet 2002, *J.C.P.* 2002.II.10176, note Loiseau et Billiau, *J.C.P.* 2002.I.184, n° 14, obs. Rochfeld, *D.* 2002.2329, obs Chevrier, *D.* 2002. Somm. 2836, obs. Delebecque, *D.* 2003. Somm. 457, obs. Mazeaud, *Contrats, conc. consomm.* 2003, n° 2, obs. Leveneur), cette fois-ci parce que les juges d'appel ont appliqué le droit commun des transports, alors qu'ils auraient dû appliquer les dispositions de la loi du 30 décembre 1982, ce qui conduisait à admettre une responsabilité limitée au prix du transport. En d'autres termes, le législateur peut consacrer ce que les juges ne permettent pas aux parties. L'absurdité de la situation est patente.

n'est qu'une pétition de principe pour affirmer la nullité des clauses supprimant ou limitant considérablement la responsabilité, ce qui devrait conduire à l'affirmation du principe de leur prohibition dans tous les cas (v. Paris 26 février 1999, *R.J.D.A.* 1999, n° 773, *J.C.P.* 2000.I.215, n° 1 et s. obs. Rochfeld, arrêt qui affirme que la clause limitant la garantie d'un vendeur envers un acheteur professionnel de la même spécialité, en ce qu'elle exclut sa responsabilité pour des tissus déjà coupés ou confectionnés par l'acheteur, n'a pas pour effet de priver la convention de cause dès lors qu'elle n'exonère pas le vendeur d'un manquement total à l'obligation essentielle de la convention, mais aménage seulement les conditions de mise en œuvre de la garantie). La Cour de Paris a repris la solution de la Cour de cassation dans un arrêt du 28 avril 2000 (*R.J.D.A.* 2000, n° 865) à propos d'un transport de produits devant être conservés à basse température et livrés le lendemain alors qu'ils l'ont été trois jours plus tard. (V. aussi, Trib. Com. Nanterre, 1er décembre 2000, *R.J.D.A.* 2001, n° 264 ; Toulouse 23 octobre 2001, *Petites Affiches* 13 mai 2002, note Buy, qui considère comme non écrite la clause selon laquelle le cocontractant d'un locateur d'ouvrage doit procéder à certaines vérifications dès lors que cette clause est en opposition totale avec l'obligation de résultat mise à la charge du locateur d'ouvrage). D'abord, lorsque l'obligation est correctement exécutée par le débiteur, il y une contrepartie et il ne saurait être question de considérer que la clause contredit la portée de l'engagement. Ensuite, lorsque l'obligation n'est pas exécutée, on sait que la responsabilité du débiteur sera retenue en présence d'une faute d'une certaine gravité, ce qui démontre aussi dans cette situation que la portée de l'engagement n'est pas contredite [1].

La Cour de cassation, sur la question du manquement à une obligation essentielle, toujours à propos du transport rapide, a voulu pallier à l'incohérence résultant des décisions apparemment contraires du 22 octobre 1996 et du 9 juillet 2002. En effet, par un arrêt d'une chambre mixte du 22 avril 2005 (*D.* 2005.1224, obs. Chevrier, *D.* 2005.1864, note Tosi, *J.C.P.* 2005.II.10666, note Loiseau, *Rev. contrats* 2005.673, obs. Mazeaud, *Rev. trim. dr. civ.* 2005.604, obs. Jourdain), elle a affirmé que, « si une clause limitant le montant de la réparation est réputée non écrite en cas de manquement du transporteur à une obligation essentielle du contrat, seule une faute lourde peut mettre en échec la limitation de l'indemnisation prévue au contrat-type annexé à un décret » (v. aussi, Com. 5 juin 2007, *D.* 2007.10145, note Houtcieff). En d'autres termes, ce que les parties

---

1. Cependant, l'inexécution d'une obligation essentielle ne constitue pas pour autant une faute lourde (V. en sens contraire, Civ. 1re, 2 décembre 1997, *D.A.* 1998.148, *R.J.D.A.* 1998, n° 141, *Rep. not.* 1998.342, obs. Mazeaud, *D.* 1998, Somm. 200, obs. Mazeaud, *Petites Affiches*, 24 juillet 1998, note Briton).

au contrat ne peuvent faire au mépris de l'obligation essentielle, le pouvoir réglementaire peut le faire. Les apparences seraient ainsi sauves. En réalité, l'incohérence sinon l'hypocrisie n'en sont que plus fragrantes. En effet, le pouvoir réglementaire est tenu de se conformer aux dispositions légales sous peine d'être sanctionné par la mise en jeu de l'exception d'illégalité. Si c'est la théorie de la cause, dont le siège se trouve à l'article 1131 du Code civil, qui justifie l'inefficacité d'une clause de responsabilité, il en va de même en ce qui concerne les dispositions d'un texte réglementaire approuvant un contrat-type. Encore que cela ne soit point légitime, seul le législateur pourrait déroger à l'article 1131 du Code civil en validant des clauses contraires à l'obligation essentielle. Tout cela démontre, s'il en était encore besoin, que la théorie de la cause de l'obligation n'a pas sa place en ce qui concerne la sanction des clauses relatives à la responsabilité contractuelle [1].

En réalité, seule la faute d'une certaine gravité peut faire l'échec à de telles clauses [2].

636. – Les obligations impératives. Indépendamment du problème de savoir quelles obligations sont essentielles, ce qui peut parfois faire l'objet de difficulté, il arrive qu'au nom du protectionnisme contractuel, la loi mette impérativement des obligations à la charge du débiteur, ce dont il résulte que non seulement il n'y a pas à déterminer si elles sont essentielles ou non, mais encore que l'accord des volontés ne pourrait décharger le débiteur de ces obligations. La législation récente a multiplié, dans des contrats divers, ces obligations impératives. Le contenu du contrat n'est pas seulement l'œuvre des volontés des parties. Non seulement les parties ne peuvent pas retrancher quant au contenu de l'obligation, mais encore elles ne pourraient pas transformer en une obligation de moyens une obligation que la loi a considérée comme étant de résultat. Ainsi, l'obligation de résultat de

1. Sur la jurisprudence postérieure aux arrêts de 1996 et 2002, v. Gouttes, *Rev. contrats* 2005.651 ; Barban, Limitation de l'indemnisation dans les contrats de messagerie rapide, *R.J.D.A* 2005.667. Les arrêts les plus récents reprennent la solution de 1996 ; v. Com. 30 mai 2006, *D.* 2006.1599, obs. Delpech. *Adde*, Mazeaud, Saga « Chrono-post » : les maîtres du temps perdent une manche, *D.* 2006.2288. V. Com. 13 février 2007, *J.C.P.* 2007.II.10063, note Serinet ; Com. 13. février 2007, *J.C.P.* 2007.95, qui ne déclare pas la clause non écrite, mais en écarte l'application sur le fondement de l'article 1131, ce qui est pour le moins étrange ; Com. 5 juin 2007, *J.C.P.* 2007.II.10145, note Houtcieff, qui, à propos de la perte d'un colis par un commissionnaire de transport, répute la clause non écrite.

2. Telle est la solution qui résulte d'un jugement du tribunal de commerce de Nanterre du 24 février 2003 (*Rev. contrats* 2004.286, obs. Mazeaud, *Petites Affiches* 22 octobre 2003, note Humann), ce jugement admettant que la clause limitant la responsabilité à un montant dérisoire doit recevoir application sauf faude lourde. V. aussi, Lyon 22 janvier 2004, Paris 11 mars 2004, Versailles 1er avril 2004 et Paris 2 décembre 2004 (*Rev. contrats* 2005.266, obs. Mazeaud), décisions selon lesquelles le retard dans la perte d'un colis imputable à un transporteur rapide ne constitue pas nécessairement une faute lourde.

l'hôtelier quant à la garde des effets de ses clients ne peut-elle être contractuellement aménagée (art. 1952 et 1953 C. civ.). Il en va de même de l'obligation des constructeurs en vertu du contrat de louage d'ouvrage (art. 1792 C. civ.). La jurisprudence a admis la même solution en ce qui concerne l'obligation de garantie qui pèse sur les vendeurs professionnels. Dans les contrats conclus entre les professionnels et les consommateurs, le décret du 24 mars 1978, pris pour l'application de l'article L. 132-1 du Code de la consommation, relatif aux clauses abusives, interdit les clauses qui auraient pour objet de réduire l'obligation du vendeur professionnel par rapport à la garantie à laquelle il est tenu selon la loi, telle qu'elle est interprétée par la jurisprudence (art. 4). Dans le contrat de bail, la loi du 6 juillet 1989 (art. 6 et 7) a prévu impérativement les obligations du preneur et du bailleur. Ce ne sont là que des exemples parmi les plus significatifs.

b) Clauses relatives à la responsabilité

637. – Effet direct sur la responsabilité. Clauses extensives. À la différence des clauses qui viennent d'être envisagées et qui ne concernent la responsabilité que par voie de conséquence, les clauses relatives à la responsabilité du débiteur ne déterminent pas le contenu ou la nature de l'obligation. Elles concernent la responsabilité directement. En réalité, il n'en est ainsi que lorsque la clause supprime totalement ou partiellement la responsabilité en cas d'inexécution ou de mauvaise exécution imputable au débiteur. En effet, ces clauses concernent la responsabilité, sans déterminer le contenu ou la nature de l'obligation.

Lorsque la clause a pour objet d'étendre la responsabilité par rapport à ce qu'elle eût été en droit commun, il n'est pas toujours possible de l'envisager séparément de l'obligation mise à la charge du débiteur par le contrat. En effet, si le débiteur accepte d'être responsable là où il n'aurait pas dû l'être normalement, c'est souvent parce qu'il assume une obligation complémentaire. Cela est particulièrement clair dans le cas d'une clause augmentant la garantie du débiteur par rapport au droit commun résultant de la loi ou de la jurisprudence. En effet, on sait que la garantie a pour objet de mettre à la charge du débiteur une obligation de résultat très sévère en ce sens qu'il est tenu de la réparation d'un dommage qui ne serait point nécessairement imputable à son fait [1]. Si, dans certains cas, la garantie est impérativement prévue par la loi [2], il est toujours possible, dans des situations où la garantie n'est pas indispensable à l'économie du contrat, de stipuler une obligation de garantie. En ce cas,

1. V. *supra*, n° 615
2. Tel est le cas en ce qui concerne l'obligation de garantie contre les vices cachés qui pèse sur les vendeurs professionnels, v. *supra*, n° 615 et 635. Si le vendeur n'est pas professionnel et s'il n'est pas de mauvaise foi, c'est-à-dire s'il ignorait le vice de la chose vendue, il peut, en vertu d'une stipulation du contrat, éluder son obligation de garantie ou la limiter.

le débiteur qui aurait pu n'être tenu que d'une obligation de moyens ou encore d'une obligation de résultat seulement quant à l'inexécution qui lui est imputable assumera l'obligation de réparer les conséquences dommageables d'une cause étrangère. Par exemple, le dépositaire qui n'est tenu que d'une obligation de moyens, même si sa faute est présumée, peut accepter de prendre à sa charge les détériorations de la chose qui seraient dues à une cause étrangère. Il peut, de la même façon, garantir le déposant contre le vol, même si celui-ci n'a pas été rendu possible par sa faute [1].

Il y a aussi de véritables clauses extensives de responsabilité, c'est-à-dire des clauses qui sont indépendantes de la nature ou du contenu de l'obligation mise à la charge du débiteur par le contrat. Par exemple, lorsque la responsabilité est limitée par la loi à un plafond, la clause a pour objet de permettre une responsabilité non limitée ou supérieure au plafond légal. Ainsi encore, le débiteur peut accepter de prendre à sa charge un dommage qui ne pouvait pas être prévu, en cas d'inexécution, au moment de la conclusion du contrat [2].

638. – Clauses restrictives. Clauses de non responsabilité. Beaucoup plus fréquemment, le débiteur stipule, en accord avec le créancier, des clauses en vertu desquelles sa responsabilité ne saurait être engagée en cas d'inexécution ou de mauvaise exécution de son obligation, étant entendu que l'inexécution ou la mauvaise exécution lui est imputable. Il peut s'agir soit d'une inexécution non fautive, si l'obligation est de résultat. Il peut s'agir aussi d'une inexécution fautive, notamment si l'obligation est de moyens. Ces clauses sont dites clauses de non responsabilité ou encore clauses élisives de responsabilité [3]. Quelquefois la clause a pour objet de supprimer totalement la responsabilité du débiteur en cas d'inexécution ou de mauvaise exécution d'une obligation quelconque dont il est tenu. Le plus souvent, l'élision de la responsabilité n'est que partielle, en ce sens qu'elle ne concerne que telle obligation et non pas telle autre. Par exemple, le transporteur de personnes ou de marchandises non seulement est tenu de

1. Les articles 1772 et 1773 du Code civil envisagent les clauses de garantie dans le bail, lorsque le preneur accepte de prendre à sa charge les cas fortuits, lesquels constituent une cause du dommage étrangère à son activité. Il résulte de l'article 1773, dont la solution, conforme à la liberté contractuelle, peut être transposée à d'autres contrats, si elle correspond aux volontés des parties, que la garantie assumée par le débiteur ne concerne pas indifféremment toutes les causes étrangères.

2. Sur la limitation de la réparation au dommage prévisible, v. *infra*, n° 657 et 658.

3. Il convient de ne pas confondre les clauses de non-responsabilité et les clauses de non-garantie. En effet, les premières ne suppriment pas l'obligation. Elles ont seulement pour objet de ne point permettre au créancier de mettre en jeu la responsabilité du débiteur, lorsqu'il n'a pas obtenu satisfaction. Au contraire, les clauses de non-garantie ont pour objet de supprimer l'obligation de garantie à laquelle le débiteur aurait été tenu en l'absence de clause élisive de la garantie. Cela ressort particulièrement bien de l'article 1643 du Code civil relatif à la garantie contre les vices cachés. Toutefois, la clause ne produira effet que si le vendeur est de bonne foi.

déplacer d'un endroit à un autre le passager sain et sauf et la marchandise en bon état, mais encore le transport doit être effectué sans retard. Or, sans éluder sa responsabilité pour avarie ou en cas de blessures ou de décès du passager, le transporteur peut stipuler seulement qu'il ne sera pas responsable en cas de retard. Ainsi encore, la clause peut avoir pour objet de subordonner la responsabilité du débiteur d'une obligation de moyens à une faute d'une certaine gravité et, par conséquent, à supprimer la responsabilité en cas de faute simple (cf. Ass. plén. 26 mars 1999, *D.* 1999.IR.112, à propos d'un contrat de remorquage maritime, l'arrêt considérant que les art. 26 et 27 de la loi du 3 janvier 1969 ne sont pas d'ordre public).

À supposer qu'elles aient été acceptées par le créancier [1], il s'agit de savoir si les stipulations d'irresponsabilité sont valables et, dans l'affirmative, quels seraient leurs effets ?

639. – Évolution. Pendant longtemps, la jurisprudence s'est montrée hostile à de telles clauses. En effet, il faut bien voir que la responsabilité contractuelle est la contrepartie de l'inexécution ou de la mauvaise exécution de son obligation par le débiteur. Par conséquent, autoriser les parties au contrat à stipuler que la responsabilité du débiteur ne sera pas engagée s'il n'exécute pas son obligation pourrait équivaloir indirectement à lui permettre de ne pas exécuter son obligation et donc de ne pas se sentir lié par le contrat conclu. Ces clauses seraient donc contraires au principe du respect de la parole donnée affirmé par l'article 1134 du Code civil, principe qui est essentiel en matière contractuelle. C'est la raison pour laquelle la jurisprudence refusait de faire produire leur plein effet à ces clauses et limitait leur portée à un simple renversement de la charge de la preuve [2]. On sait, en effet, que normalement, s'il s'agit d'une obligation de résultat, le débiteur engage sa responsabilité envers le créancier du seul fait de l'inexécution de son obligation, sans que le créancier ait à prouver une faute commise par le débiteur. C'est au débiteur de s'exonérer de toute responsabilité en prouvant la réalité d'une cause étrangère. Par conséquent, dans une obligation de résultat, lorsqu'elle n'est pas exécutée, la preuve incombe au débiteur et non pas au créancier, c'est-à-dire que c'est au débiteur de justifier l'inexécution de l'obligation et non pas au

---

1. Il y a, en effet, un problème préalable, qui est celui de savoir si la clause a été acceptée par le créancier. Si le contrat a été librement négocié entre les parties, il n'y a pas de problème. Ce n'est que s'il s'agit d'un contrat d'adhésion que l'acceptation de la clause peut faire l'objet de difficulté, notamment lorsqu'elle n'a pas été suffisamment portée à la connaissance du créancier (cf. Civ. 1re, 13 octobre 1987, *J.C.P.* 1987.IV.391). Cependant, cette question n'est pas propre aux clauses d'irresponsabilité. Elle se pose pour toutes les stipulations d'un contrat d'adhésion, v. *supra,* n° 271.

2. La solution a été consacrée essentiellement à propos du contrat de transport, à une époque où il n'existait pas encore de dispositions légales impératives, du moins dans les transports autres que terrestres (cf. Req. 10 décembre 1907, *D.* 1913.1.45, S. 1910.1.132 ; Civ. 13 mai 1930, *D.P.* 1932.1.5, note RIPERT).

créancier de prouver que l'inexécution de l'obligation n'est pas justifiée. Or, pour la jurisprudence ancienne, lorsqu'une clause de non-responsabilité était insérée dans le contrat, son effet était de renverser la charge de la preuve, c'est-à-dire que c'était au créancier d'une obligation de résultat de prouver l'inexécution fautive de la part du débiteur comme s'il s'agissait d'une obligation de moyens.

Cependant, cette attitude de la jurisprudence était très critiquable et cela pour deux raisons. Tout d'abord, la position de la jurisprudence conduisait à ne faire produire effet aux clauses de non-responsabilité que lorsqu'on était en présence d'une obligation de résultat. En effet, lorsqu'il s'agissait d'une obligation de moyens, le créancier devant en principe prouver la faute du débiteur, c'était exactement comme si la clause n'existait pas.

Ensuite et surtout, il ne faut pas oublier qu'en matière de contrat la volonté est souveraine, sauf disposition impérative de la loi. Sans doute, l'article 1134 du Code civil affirme-t-il le principe du respect de la parole donnée, mais lorsqu'il n'y a pas de disposition allant à l'encontre des volontés des parties, le principe du respect de la parole donnée ne s'impose que dans la mesure des stipulations librement acceptées par les parties au contrat. Or, le créancier contractuel accepte la clause de non-responsabilité [1]. Il est vrai que cette raison vaut pour les contrats librement négociés. Si le contrat est d'adhésion, on peut craindre que la clause de non-responsabilité soit imposée par une partie à l'autre et qu'il y ait un abus de la part de la première. Cette considération n'est pas sans influence quant à l'opportunité d'admettre la validité des clauses de non responsabilité dans les contrats d'adhésion. Cependant, d'une part, ce n'est pas une raison pour prohiber d'une façon générale les clauses de non-responsabilité dans tous les contrats. D'autre part, le danger ou l'abus auquel peuvent donner lieu les clauses de non-responsabilité dans les contrats d'adhésion ne sont pas propres à ces seules clauses. On peut les retrouver à propos de bien d'autres stipulations des contrats d'adhésion. Le problème est celui de la protection de la partie la plus faible contre toutes les clauses qui sont susceptibles d'être léonines et il relève d'une politique générale en matière de contrat d'adhésion [2]. Il faut, par conséquent, approuver la Cour de cassation d'avoir énoncé « qu'aucune dis-

1. Parce que la clause de non-responsabilité est justifiée par la liberté contractuelle, il était illogique de considérer qu'elle ne pouvait entraîner qu'un renversement de la charge de la preuve pour la raison qu'elle ne pouvait faire disparaître la responsabilité délictuelle de l'article 1382 du Code civil, laquelle serait d'ordre public. D'une part, si ordre public il y a, il est extra-contractuel et il ne saurait intervenir dans les rapports des parties à un contrat qui sont régis par la responsabilité contractuelle, que les contractants sont, en principe, libres d'aménager, cet aménagement pouvant aller jusqu'à la suppression. D'autre part il est admis que la responsabilité extra-contractuelle ne doit pas intervenir dans le domaine de la responsabilité contractuelle. C'est le principe du non-cumul des deux responsabilités

2. V. *supra*, n° 263 et 430 et s.

position légale ne prohibe d'une façon générale l'insertion de clauses limitatives ou exonératoires de responsabilité dans les contrats d'adhésion » (Civ. 1re, 19 janvier 1982, *D.* 1982.457, note Larroumet).

La jurisprudence a fini par se rendre aux raisons favorables à la validité des clauses de non-responsabilité [1] et cela d'autant plus que, souvent, ce que la clause pouvait avoir de gênant pour le créancier était compensé par d'autres avantages d'ordre économique et, en particulier, un prix moins élevé. En somme, il s'agit de répartir, moyennant contrepartie, entre les contractants les risques résultant de l'inexécution de l'obligation de l'un d'eux [2].

640. – Limites de la validité des clauses de non-responsabilité en droit commun. Le problème des obligations de sécurité quant à l'intégrité corporelle. Certains auteurs ont prétendu que la validité des clauses de non-responsabilité ne saurait être admise en ce qui concerne les atteintes à l'intégrité corporelle du créancier du fait de l'inexécution de l'obligation imputable au débiteur. Pour cela, on se fonde sur ce que la personne humaine est hors du commerce juridique et, par conséquent, le créancier ne pourrait renoncer au profit du débiteur au droit extra-patrimonial à l'intégrité corporelle. Un tel argument est sans portée. Il est absurde de considérer que la personne humaine et son intégrité corporelle sont hors du commerce juridique, dans la mesure où personne ne songe à remettre en cause la validité de contrats très nombreux en vertu desquels le créancier confie sa per-

---

1. Toutefois, la jurisprudence, précédemment envisagée, qui confond les clauses de non responsabilité avec les clauses supprimant l'obligation essentielle du contrat pourrait, si elle devait se perpétuer, constituer une prohibition générale des clauses de non responsabilité, v. *supra,* n° 635.

2. Dès le début des années 1950, la Cour de cassation a admis le principe de la validité des clauses de non-responsabilité en leur faisant produire leur plein effet et non pas seulement en ce qu'elles opéreraient un renversement de la charge de la preuve (cf. Soc. 15 juillet 1949, *J.C.P.* 1949.II.5180, S. 1950.1.19 ; Civ. 2 août 1950, *D.* 1951.581, note MIMIN ; Com. 15 juin 1959, *D.* 1960.97 note RODIERE). La jurisprudence admet qu'elles suppriment la responsabilité du débiteur dans des contrats variés (cf. Civ. 1re, 15 janvier 1976, *J.C.P.* 1976.IV.80, à propos d'un contrat de stationnement de véhicule ; Civ. 3e, 22 avril 1980, *D.* 1980.IR.486, *J.C.P.* 1980.IV.249, à propos d'un contrat de louage d'ouvrage ; Com. 25 juin 1980, *J.C.P.* 1980.IV.338, *Rev. trim. dr. civ.* 1981.165, obs. DURRY, à propos d'un contrat conclu avec une société de travail temporaire ; Civ. 1re, 18 novembre 1980, *J.C.P.* 1981.IV.52, à propos de la location d'un emplacement de garage ; Civ. 1re, 31 mars 1981, *J.C.P.* 1981.IV.219, *Rev. trim. dr. civ.* 1981.859, obs. DURRY, à propos d'un contrat de traction routière ; Civ. 3e, 22 février 1983, *D.* 1983.IR.241, *J.C.P.* 1983.IV.146, Civ. 3e, 23 février 1983, *J.C.P.* 1983.IV.146 et Civ. 17 juillet 1986, *D.* 1987.481, note DELEBECQUE, à propos d'un bail ; Civ. 1re 21 mars 1983, *J.C.P.* 1983.IV.184, à propos d'un contrat de transport ; Com. 27 mai 1983, *D.* 1983.IR.416, à propos d'un contrat de crédit-bail ; Civ. 1re, 8 novembre 1983, *J.C.P.* 1984.IV.23, *D.* 1984.IR.486, obs. BARON, à propos du contrat conclu avec l'exploitant d'une patinoire ; Civ. 1re, 12 décembre 1984, *D.* 1985.IR.160, à propos d'un contrat de dépôt ; Com. 23 novembre 1999, *R.J.D.A.* 2000, n° 218, *Rep. not.* 2000.245, obs. Mazeaud, à propos d'un contrat de louage d'ouvrage entre professionnels, ce qui écarte la protection contre les clauses abusives).

sonne au débiteur, tels que le contrat médical, le contrat de transport et bien d'autres encore. En vérité, si l'on doit admettre que le créancier ne saurait consentir au débiteur le droit de le mutiler, dès lors qu'il n'y a pas de justification d'ordre thérapeutique comme dans le contrat médical (art. 16-3 C. civ.), parce que le droit de chacun sur son corps est effectivement indisponible, il n'en résulte pas pour autant que la personne humaine ne puisse faire l'objet d'un contrat. Un tel contrat est tout à fait valable. C'est une chose de disposer de son intégrité physique, c'en est une autre de se faire transporter, de monter dans un manège ou de circuler dans un endroit dangereux en vertu d'une relation contractuelle. Surtout, lorsqu'est stipulée, dans de tels contrats, une clause de non-responsabilité, cela ne signifie en aucun cas que le créancier dispose de son intégrité corporelle en consentant au débiteur le droit de le mutiler. La clause a simplement pour objet d'interdire au créancier de demander au débiteur la réparation de son préjudice corporel, ce qui n'est pas du tout la même chose [1].

Aussi bien, la jurisprudence a-t-elle admis la validité des clauses de non-responsabilité dans les contrats qui mettent à la charge du débiteur une obligation de sécurité quant à l'intégrité corporelle du créancier. En acceptant la clause le créancier ne dispose pas de son intégrité corporelle et ne renonce pas à l'exécution d'une obligation de sécurité, mais plus simplement il renonce au droit d'obtenir des dommages-intérêts en cas d'inexécution de cette obligation imputable au débiteur. Si les arrêts ne sont pas nombreux, c'est parce que la clause de non-responsabilité est rarement stipulée, sans compter que, dans plusieurs situations, notamment dans plusieurs sortes de transports de personnes, elle est prohibée. Il n'en demeure pas moins que la validité de principe a été admise par la jurisprudence (cf. Com. 19 octobre 1965, *D.* 1966.238, *Rev. trim. dr. civ.* 1966.308, obs. Rodière, à propos d'un transport maritime de personnes avant la loi du 18 juin 1966, c'est-à-dire à une époque où il n'existait pas de disposition légale en la matière ; Civ. 1re, 8 novembre 1983, *J.C.P.* 1984.IV.23, *D.* 1984.IR.486, obs. Baron, à propos d'un contrat conclu avec l'exploitant d'une patinoire. *Contra*, Versailles 5 avril 2002, *R.J.D.A.* 2002, n° 949, qui considère que la clause du règlement d'un rallye automobile exonérant l'organisateur de toute responsabilité en cas d'accident corporel ou matériel est contraire à l'ordre public et ne peut donc pas être valablement opposée aux participants) [2].

---

1. En ce qui concerne la limitation légale de responsabilité du transporteur aérien prévue par la Convention de Varsovie, la Cour de cassation a considéré qu'elle n'était pas incompatible avec le respect de l'intégrité de la personne humaine énoncé par la Convention européenne des droits de l'homme (Civ. 1re, 12 mai 2004, *J.C.P.* 2005.II.10030, note Légier).

2. Il est vrai qu'en dépit de la clause, ces arrêts retiennent la responsabilité du débiteur. Mais, c'est non pas parce que la clause ne serait pas valable, mais parce qu'elle est inefficace en présence d'une faute lourde du débiteur, v. *infra,* n° 641.

641. – Limites de l'efficacité des clauses de non-responsabilité en droit commun. La faute dolosive et la faute lourde. Si, en l'absence de loi spéciale prohibant la clause de non-responsabilité dans un cas particulier, le principe de la validité doit être admis même pour les dommages corporels éprouvés par le créancier, il n'en demeure pas moins que la jurisprudence paralyse l'efficacité de la clause lorsque le débiteur s'est rendu coupable d'une faute d'une certaine gravité [1].

Il en est ainsi, d'abord, en présence d'une faute dolosive [2]. Encore qu'elle ne soit pas fréquemment appliquée, en raison de ce que les fautes dolosives sont assez rares, la solution est traditionnelle et affirmée en tant que principe par les arrêts (cf. Com. 25 juin 1980, *J.C.P.* 1980.IV.338, *Rev. trim. dr. civ.* 1981.165, obs. Durry. V. aussi Civ. 1re, 19 janvier 1982, *D.* 1982.457, note Larroumet, *Rev. trim. dr. civ.* 1983.143, obs. Durry, et Civ. 1re, 24 novembre 1982, *D.* 1983.384, note Larroumet, rendus à propos d'une clause limitative de responsabilité, mais dont la solution vaut pour une clause de non-responsabilité ; Paris 4 mai 1984, *D.* 1984, Flash n° 21, en ce qui concerne une clause de non-responsabilité stipulée dans un bail, le bailleur ayant accepté sciemment de remettre au preneur des locaux sinistrés sans avoir fait les travaux nécessaires). Admettre le plein effet des clauses de non-responsabilité en présence d'une faute dolosive du débiteur reviendrait à l'autoriser à ne pas exécuter son obligation alors qu'il s'est engagé à le faire. En d'autre termes, ce serait contraire au principe du respect de la parole donnée, affirmé à l'article 1134 du Code civil.

Bien que la faute lourde n'ait pas la même nature que la faute dolosive [3], la jurisprudence refuse de faire produire effet à une clause de non-responsabilité lorsque le débiteur a commis une faute lourde qui est à l'origine de l'inexécution ou de l'exécution défectueuse de son obligation. Ici encore, la solution est traditionnelle (cf. Com. 15 juin 1959, *D.* 1960.97, note Rodière ; Civ. 1re, 15 janvier 1976, *J.C.P.* 1976.IV.80 ; Civ. 3e, 22 avril 1980, *J.C.P.* 1980.IV.249, *D.* 1980.IR.486 ; Civ. 1re, 18 novembre 1980, *J.C.P.* 1981.IV.52 ; Civ. 1re, 31 mars 1981, *J.C.P.* 1981.IV.219, *Rev. trim. dr. civ.* 1981.859, obs. Durry ; Civ. 3e, 22 février 1983, *D.* 1983.IR.241, *J.C.P.* 1983.IV.146 ; Civ. 1re, 1er mars 1983, *J.C.P.* 1983.IV.158, *D.* 1983.IR.256 ; Civ. 1re, 12 décembre 1984, *D.* 1985.IR.160, *Bull. civ.* 1, n° 335, *Rev. trim. dr. civ.* 1986.772, obs. Huet ; Ass. plén. 30 juin 1998, *D.A.* 1998.1441, *J.C.P.* 1998.II.10146,

---

1. Un arrêt de la Cour de Paris du 23 septembre 1993 (*D.* 1994. Somm. 213, obs. Delebecque) n'est pas conforme à la jurisprudence quasi unanime en ce qu'il écarte une clause de non-responsabilité stipulée dans un mandat de gestion de portefeuille en présence d'une faute simple. Une telle solution revient à n'admettre la validité des clauses de non-responsabilité qu'en présence d'une responsabilité de plein droit et à condition qu'aucune faute ne puisse être imputée au débiteur, ce qui interdirait, par conséquent, de s'exonérer des conséquences de sa faute.
2. Sur la faute dolosive, v. *supra*, n° 622 et 623.
3. Sur la faute lourde et sa différence avec la faute dolosive, v. *supra*, n° 625 et s.

note Delebecque, *Rev. trim. dr. civ.* 1999.119, obs. Jourdain, à propos de l'absence de responsabilité admise par l'art. L. 13 C. postes et télécommunications). Elle n'a pas la même justification que pour la faute dolosive. En effet, il ne s'agit pas ici de sanctionner la mauvaise foi dans l'exécution des contrats et d'assurer le respect de l'article 1134 du Code civil. Il s'agit, tout simplement, sans assimiler pour autant la faute lourde au dol, de sanctionner un comportement non volontaire mais révélant une grave impéritie du débiteur dans l'exécution de son obligation. Parce que le débiteur est particulièrement peu scrupuleux, il ne faut pas lui permettre d'invoquer une clause de non-responsabilité [1].

Parce que le dol et la faute lourde sont sanctionnés par l'inefficacité de la clause de non-responsabilité, on ne peut assimiler celle-ci à une clause supprimant l'obligation qui pèse sur le débiteur. En effet, si l'obligation était supprimée, il n'y aurait pas lieu de retenir sa responsabilité en présence d'une faute lourde ou d'un dol, car ceux-ci seraient impuissants à faire naître une obligation que le débiteur n'a pas entendu assumer en accord avec le créancier. Si la responsabilité peut-être retenue, c'est que la clause de non-responsabilité n'a pas fait disparaître l'obligation.

642. – Hypothèses dans lesquelles les clauses de non-responsabilité sont prohibées. De la même façon que le protectionnisme contractuel interdit quelquefois de supprimer ou de restreindre des obligations [2], il peut aussi interdire d'éluder conventionnellement la responsabilité en cas d'inexécution imputable au débiteur. Au demeurant, le plus souvent les obligations légales ou jurisprudentielles impératives vont de pair avec la prohibition des clauses de non-responsabilité, c'est-à-dire que tout en interdisant de supprimer ou de restreindre une obligation, le législateur ou le juge interdit en même temps de stipuler l'élision de la responsabilité du débiteur. Les raisons de ce protectionnisme sont variées.

Ainsi, dans le transport interne des marchandises par voie de terre, depuis une loi du 17 mars 1905 (art. L. 133-1 C. com.), le transporteur ne peut échapper à sa responsabilité en cas d'avaries. Dans le transport maritime de marchandises et de personnes soumis à la loi française, sont prohibées les clauses de non-responsabilité du transporteur (art. 29 et 42 de la loi du 18 juin 1966). En ce qui concerne les

---

1. En vertu d'une décision controversée du 12 juillet 2004, la chambre commerciale de la Cour de cassation (*D.* 2004.2231, obs. Chevrier, *D.* 2004.2296, note Delebecque, *J.C.P.* 2005.I.132, n° 11 et s. obs Viney, *Rev. contrats* 2005.272, obs. Mazeaud) a admis que la stipulation d'un contrat abrégeant la prescription devait recevoir application en présence d'une faute lourde du débiteur. S'il est vrai que les stipulations relatives à la prescription sont valables, sauf lorsque le législateur en décide autrement, on pourrait les tenir en échec lorsque le débiteur s'est rendu coupable d'une faute lourde dans la mesure où l'abrégement de la prescription constitue au même titre qu'une clause de non-responsabilité ou limitative de responsabilité un avantage pour le débiteur.

2. V. *supra*, n° 636.

transports internationaux par chemin de fer et par route, les Conventions internationales de Berne et de Genève, pour les marchandises, prohibent les clauses de non-responsabilité, en ce qu'elles établissent un régime impératif tant pour le contenu des obligations que pour la responsabilité. Dans les transports aériens de passagers et de marchandises, aussi bien en droit interne qu'en droit international, la responsabilité du transporteur est impérativement prévue (art. L. 321-3 et L. 322-3 C. aviation civile, Conventions de Varsovie et de Montréal) et, en vertu du règlement européen du 9 octobre 1997, la prohibition est encore plus sévère, puisque doit être écartée toute limite résultant d'une loi ou d'une convention internationale qui ne serait pas conforme aux dispositions du règlement relatif à la responsabilité du transporteur aérien communautaire de personnes.

Le protectionnisme contractuel des consommateurs a entraîné le législateur à prohiber, comme étant abusives, les clauses « ayant pour objet ou pour effet de supprimer ou de réduire le droit à la réparation du non-professionnel ou consommateur en cas de manquement par le professionnel à l'une quelconque de ses obligations » (art. 2 du décret du 24 mars 1978, pris pour l'application de l'article L. 132.1 du Code de la consommation, relatif aux clauses abusives) [1].

B. Le dommage [2]

643. – Nécessité d'un dommage. Le dommage, encore appelé préjudice, est un élément de la responsabilité civile. Si l'inexécution ou la mauvaise exécution d'une obligation créée par un contrat n'entraîne pas de dommage pour le créancier, il n'y aura pas de responsabilité du débiteur. On sait, en effet, que la responsabilité a pour objet de réparer le dommage causé par l'inexécution ou la mauvaise exécution de l'obligation. Si, par exemple, l'exécution de l'obligation n'offre plus aucun intérêt pour le créancier, son inexécution ne causera pas de dommage et la responsabilité du débiteur ne pourra être engagée [3]. C'est là toute

1. Dans d'autres contrats, la loi peut aussi interdire les clauses de non-responsabilité. Par exemple l'article L. 122-14-7, al. 3, du Code du travail prohibe la clause de non-responsabilité de l'employeur en cas de rupture du contrat de travail. En raison du caractère impératif du régime de la responsabilité du transporteur routier de personnes, depuis la loi du 5 juillet 1985, on doit admettre que les clauses de non-responsabilité du transporteur ne sont plus valables.

2. *Bibliographie* : CHARTIER, *La réparation du préjudice*, 1983 ; CHABAS, Le préjudice de contamination, *Resp. et ass.*, mai 1998, n° spécial.

3. Ainsi, lorsqu'un preneur reproche au bailleur la suppression du téléphone des lieux loués pour l'exploitation d'un restaurant, il ne subit aucun préjudice si, au moment de cette suppression, le restaurant n'était plus exploité (Civ. 3e, 5 mai 1976, *J.C.P.* 1976.IV.211). Ainsi, encore, si un notaire commet une faute en se portant adjudicataire de l'immeuble de son client, sa responsabilité ne saurait être retenue s'il n'en résulte aucun préjudice pour le client (Civ. 1re, 27 avril 1982, *Rep. not.* 1982.38, note VION). De même, si la surface louée est moins étendue que celle qui avait été envisagée par les parties au contrat, ce qui autorise une réduction du loyer, il n'y a pas lieu de condamner le bailleur à des dommages-intérêts au profit du preneur, si celui-ci ne

la différence, et elle est essentielle, entre l'exécution forcée en nature d'une obligation contractuelle et l'exécution par équivalent d'une telle obligation. En effet, pour que le créancier soit en mesure d'obtenir l'exécution forcée en nature, il suffit qu'il prouve l'existence de sa créance, sans avoir à prouver que l'inexécution lui causerait un dommage [1]. Au contraire, en ce qui concerne l'exécution par équivalent, c'est-à-dire la condamnation du débiteur à payer des dommages-intérêts, le créancier devra prouver que l'inexécution lui cause un dommage. En effet, les dommages-intérêts ont uniquement pour objet de réparer le dommage causé. Par conséquent, sans dommage il ne peut pas y avoir d'exécution par équivalent et de responsabilité civile [2].

643 *bis*. – Négation de la responsabilité contractuelle. À la fin des années 1990, certains auteurs ont nié l'existence de la responsabilité contractuelle en considérant que les dommages-intérêts auraient pour objet de procurer au créancier une exécution par équivalent remplaçant l'exécution en nature, ladite exécution par équivalent n'ayant rien à voir avec la responsabilité civile. En d'autres termes, la responsabilité contractuelle n'existerait pas. La responsabilité civile serait nécessairement de nature extracontractuelle, ce dont il résulte que si

---

(Suite de la note 3, p. 710) prouve pas avoir subi un dommage distinct de celui qui a été réparé par la réduction du loyer (Civ. 1re, 3 janvier 1985, *J.C.P.* 1985.IV.100). La faute d'un notaire ne saurait permettre de le condamner à des dommages-intérêts envers son client pour avoir compromis un droit de créance de celui-ci, si la créance peut être récupérée par d'autres recours et garanties qui n'ont pas encore été exercés (Civ. 1re, 2 juillet 1985, *Rep. not.* 1985.1443, note AUBERT). La responsabilité d'un médecin qui a manqué à son obligation d'information ne saurait être retenue s'il n'en résulte aucun préjudice pour le patient (Civ. 1re, 13 novembre 2002, *Contrats, conc. consomm.* 2003, n° 52, obs. Leveneur, *Rev. trim. dr. civ.* 2003.98, obs. Jourdain, *Bull. civ.* 1, n° 265).

1. V. *infra,* n° 675.

2. La jurisprudence est très fermement établie sur ce point (v. les exemples cités dans la note 3, p. 712), ce qui démontre suffisamment que, pour les juges, l'exécution par équivalent donne lieu à une véritable responsabilité civile, v. *supra,* n° 599 et 600. La Cour de cassation a affirmé, à propos des stipulations du cahier des charges d'un lotissement, que, celles-ci ayant un caractère contractuel dans les rapports entre les colotis, leur violation doit être sanctionnée même en l'absence de préjudice (Civ. 3e, 24 octobre 1990, *J.C.P.* 1990.IV.414). La solution est juste s'il s'agit d'assurer la sanction des obligations contractuelles autrement que par la responsabilité civile. Elle est fausse si le créancier entend demander des dommages-intérêts au débiteur. V. aussi, Civ. 1re, 16 janvier 2001, *R.J.D.A.* 2001, n° 1033), arrêt en vertu duquel lorsque la caution bénéficie de la déchéance du droit aux intérêts conventionnels si le débiteur n'a pas exécuté l'obligation d'information mise à sa charge par l'article L. 313-22 du Code monétaire et financier, elle ne peut pas obtenir des dommages-intérêts sur le fondement de l'article 1147 du Code civil si elle ne justifie pas d'un préjudice ; Civ. 1re, 26 février 2002, *R.J.D.A.* 2002, n° 730, *Rep. not.* 2002.759, obs. Savaux, qui décide que la violation d'une obligation de ne pas faire ne dispense pas le créancier d'établir le principe et le montant de son préjudice s'il entend obtenir des dommages-intérêts ; Civ. 1re, 25 juin 2002, *J.C.P.* 2002.IV.2421, arrêt selon lequel le vendeur ne saurait être tenu à payer des dommages-intérêts à l'acheteur si celui-ci ne justifie pas d'un préjudice. Sur la différence entre l'exécution en nature et l'exécution par équivalent quant à la preuve d'un dommage, v. observations Gautier, *Rev. trim. dr. civ.* 1998.696.

l'inexécution d'une obligation contractuelle cause un dommage au créancier, la réparation devrait en être assurée par le recours à la responsabilité délictuelle [1].

Cette doctrine n'est pas restée sans influence sur la jurisprudence (v. par exemple Civ. 3e, 30 janvier 2002, *D.* 2002.2288, note Elhonais, *J.C.P.* 2002.I.186, n° 7, obs. Viney, *R.J.D.A.* 2002, n° 358, arrêt selon lequel l'indemnisation du bailleur en raison de l'inexécution par le preneur des réparations locatives n'est pas subordonnée à la preuve d'un préjudice. V. aussi, Soc. 4 décembre 2002, *Bull. civ.* 5, n° 368, *Rev. contrats* 2003.54, obs. Stoffel-Munek, *Rev. trim. dr. civ.* 2003.711). Cependant, il s'agit d'une position demeurée isolée. Très vite la jurisprudence postérieure a repris la solution orthodoxe selon laquelle en l'absence de préjudice on ne peut pas sanctionner l'inexécution de l'obligation par le débiteur par l'allocation de dommages-intérêts au créancier (v. Civ. 1re, 13 novembre 2002, *Rev. trim. dr. civ.* 2003.98, obs. Jourdain, *Rev. contrats* 2003.47, obs. Mazeaud ; Com. 7 janvier 2003, *R.J.D.A.* 2003, n° 579 ; Civ. 3e, 3 décembre 2003, *R.J.D.A.* 2004, n° 407, *Rev. contrats* 2004.280, obs. Stoffel-Munck, et 359, obs. Seube, *J.C.P.* 2004.I.163, n° 1, obs. Viney, *Contrats, conc. consomm.* 2004, n° 38, obs. Leveneur, *Rev. trim. dr. civ.* 2004.295, obs. Jourdain, cet arrêt constituant un revirement par rapport à l'arrêt de la même chambre du 30 janvier 2002. Sur l'arrêt, v. le rapport de Bétoulle, *R.J.D.A.* 2004.360).

S'il est vrai que les rédacteurs du Code civil n'ont pas eu conscience de l'existence d'une véritable responsabilité contractuelle, celle-ci a été construite d'une façon cohérente dès le XIXe sur la base des textes du Code civil. Son existence ne saurait être sérieusement mise en doute [2]. L'inexécution par équivalent n'est pas autre chose que la responsabilité contractuelle et il n'y a pas de responsabilité sans constatation de l'existence d'un préjudice [3].

644. – Dommage et inexécution de l'obligation. Il ne faut pas confondre le dommage et l'inexécution de l'obligation [4]. Le dommage ne consiste pas simplement en l'inexécution de l'obligation. Il résulte de l'inexécution, fautive ou non, selon les cas. L'inexécution de l'obligation ne s'identifie pas au dommage. Elle en est la cause. C'est parce que

1. V. sur la question, REMY, La responsabilité contractuelle : histoire d'un faux concept, *Rev. trim. dr. civ.* 1997.323 ; SAVAUX, La fin de la responsabilité contractuelle, *Rev. trim. dr. civ.* 1999.1.

2. V. LARROUMET, Pour la responsabilité contractuelle, *Mélanges Catala*, p. 543.

3. C'est la raison pour laquelle est absurde la décision d'une Cour d'appel selon laquelle « aucun préjudice autre qu'un préjudice de principe n'étant établi, celui-ci sera réparé par l'allocation d'un euro de dommages-intérêts (Paris 10 octobre 2003, *R.J.D.A.* 2004, n° 431). L'idée de préjudice de principe dont la constatation n'est pas établie est un non-sens.

4. Sur la charge de la preuve de l'inexécution de l'obligation, v. observations Jourdain, *Rev. trim. dr. civ.* 1997.142 et s. Il ne faut pas non plus confondre la preuve de l'inexécution et celle du dommage

l'obligation n'est pas exécutée que le créancier peut subir un dommage dont la réparation doit être mise à la charge du débiteur, si cette inexécution lui est imputable et si d'autres conditions de sa responsabilité sont remplies. Toutefois, il s'agit de savoir si l'inexécution ou l'exécution défectueuse de l'obligation permet de présumer l'existence d'un dommage ou bien s'il appartient au créancier de prouver le dommage.

La solution n'est pas la même selon qu'il s'agit d'une obligation de payer une somme d'argent ou bien d'une autre obligation de donner, de faire ou de ne pas faire. Le régime juridique des obligations de payer une somme d'argent n'est pas le même, à plusieurs points de vue, que celui des autres obligations, sans compter que les éléments du dommage ne sont pas non plus les mêmes ainsi que ses caractères. Le régime juridique des obligations de payer une somme d'argent est beaucoup plus simple.

1) Obligations de payer une somme d'argent

645. – Exécution forcée en nature et préjudice résultant du retard dans l'exécution. En raison même de leur objet, les obligations de donner qui consistent à payer une somme d'argent ne sont pas susceptibles d'une exécution par équivalent [1]. Pour elles, l'exécution en justice, à défaut d'exécution volontaire, ne peut être qu'une exécution forcée en nature. On ne voit pas, en effet, comment on pourrait convertir en des dommages-intérêts, c'est-à-dire une somme d'argent, l'obligation de payer une somme d'argent. Toutefois, l'impossibilité d'envisager la responsabilité pour remplacer l'exécution de l'obligation n'empêche pas de considérer que le créancier peut éprouver un préjudice du fait du retard dans l'exécution, soit que celle-ci soit volontaire, soit qu'elle soit forcée et qu'en ce cas le créancier soit obligé de procéder à la saisie des biens du débiteur. Par conséquent, si l'exécution de l'obligation elle-même ne peut donner lieu à la responsabilité civile, il n'en va pas de même du retard dans l'exécution. Il faut, par conséquent, combiner l'exécution forcée en nature de l'obligation et la réparation du préjudice résultant du retard.

La réparation du préjudice résultant du retard dans l'exécution d'une obligation de payer une somme d'argent fait l'objet de règles particulières que l'on ne retrouve pas et qu'on ne peut retrouver pour les autres obligations. Ces règles sont justifiées par la considération selon laquelle l'argent, qui est l'objet de l'obligation, est une valeur d'échange absolue dans une économie monétaire. Le préjudice résultant du retard consiste en ce que le créancier aura été privé temporairement de la somme d'argent sur laquelle il comptait à la date à laquelle devait être exécutée l'obligation de payer. Or, la valeur d'échange absolue que représente l'argent entraîne un régime juridique original du dommage à deux points de vue.

---

1. V. *supra*, n° 598 et 600.

646. – Présomption irréfragable d'existence du dommage. Alors que, pour les obligations autres que celles qui consistent dans le paiement d'une somme d'argent, le créancier ne peut se borner à invoquer l'inexécution pour que soit présumé un préjudice, un principe inverse est admis pour les obligations de payer une somme d'argent. Dès que le débiteur est en retard, ce qui doit être prouvé dans des conditions que nous étudierons ultérieurement [1], le créancier est en droit de demander la réparation du préjudice résultant du retard sans avoir à en prouver l'existence. En d'autres termes, l'existence du dommage est présumée du seul fait qu'a été constaté le retard dans l'exécution. Il s'agit même d'une présomption irréfragable, en ce sens que le débiteur ne pourrait pas prouver que le créancier ne subit aucun préjudice en raison du retard [2]. Ce principe est affirmé à l'article 1153 du Code civil selon lequel les dommages-intérêts pour retard dans l'exécution d'une obligation de payer une somme d'argent, que l'on appelle des intérêts moratoires [3], « sont dus sans que le créancier soit tenu de justifier aucune perte ». Cette disposition est justifiée par le fait que lorsqu'une personne est privée temporairement de la somme d'argent à laquelle elle avait droit, elle subit nécessairement un préjudice sans avoir à en prouver l'existence. En effet, l'argent est fait pour être dépensé aux fins de satisfaire un besoin ou pour être placé. Certes, il se peut que l'argent soit purement et simplement conservé tel quel, auquel cas le retard ne devrait par entraîner de préjudice. Cependant, le débiteur d'une somme d'argent ne sait pas, en principe, quelle affectation cette somme devait recevoir de la part du créancier. Pour couper court à toute difficulté relative à l'évaluation du préjudice et à son existence, le législateur a décidé qu'il convenait d'admettre irréfragablement le préjudice résultant de la privation temporaire d'une somme d'argent, en se fondant sur la considération selon laquelle l'argent aurait été placé au taux légal (cf. Civ. 1re, 9 mai 1990, *D.* 1990.IR.135, selon lequel le préjudice résultant du retard dans l'exécution d'une obligation ne peut être réparé que par des intérêts aux taux légal à dater de la mise en demeure, l'arrêt cassant la décision d'une cour d'appel qui avait accordé au créancier des dommages-intérêts supplé-

---

1. V. *infra*, n° 663 et s.

2. La jurisprudence a aussi considéré que le débiteur ne pouvait être déchargé des intérêts en raison de ce que le prix stipulé dans un contrat de louage d'ouvrage était excessif (cf. Civ. 3e, 25 mars 1987, *J.C.P.* 1987.IV.190, l'arrêt insistant sur ce que le montant de la dette n'était pas contesté et que les intérêts sont dus par l'effet de la loi). Certes, il est admis que le débiteur peut quelquefois obtenir une révision du prix lorsqu'il est excessif (v. *supra*, n° 412 et 471). Mais, il n'en résulte pas pour autant une décharge des intérêts légaux. Ce n'est que lorsque la réduction du prix aura été demandée et obtenue que les intérêts seront calculés sur la base du nouveau prix. De toutes façons, l'éventuelle réduction du prix et, par voie de conséquence, du montant des intérêts n'empêche pas de considérer le retard du débiteur et le droit aux intérêts de son créancier.

3. On oppose les intérêts moratoires aux dommages-intérêts compensatoires, lesquels ont pour objet de compenser, c'est-à-dire de réparer, les conséquences dommageables de l'inexécution d'une obligation dont on sait qu'elle ne sera pas exécutée ou bien celles d'une exécution défectueuse autre que le retard dans l'exécution.

mentaires sans constater l'existence d'un préjudice distinct du retard)[1]. C'est une solution moyenne. En effet, elle avantage ceux qui n'auraient effectué aucun placement, mais elle désavantage ceux qui auraient effectué un placement plus intéressant.

La solution peut se recommander de ce que, dans une économie monétaire, la privation d'une somme d'argent est la privation d'une valeur d'échange absolue, cette privation étant impérativement déterminée par un taux d'intérêt légal, lorsqu'il n'a pas été prévu de taux d'intérêt conventionnel[2].

647. – Point de départ des intérêts et éléments du dommage. Ensuite, l'article 1153 du Code civil précise que, sauf exception, les intérêts moratoires d'une somme d'argent « ne sont dus que du jour de la sommation de payer »[3]. Bien que le préjudice effectivement subi par le créancier du fait du retard n'ait pas à être prouvé[4], la loi considère que le préjudice qu'elle présume ne pourra être réparé que si le créancier a mis le débiteur en demeure de payer. En d'autres termes, la mise en demeure est une condition de la présomption d'existence du préjudice résultant du retard. Tant que le créancier ne se plaint pas du retard, c'est-à-dire tant qu'il n'a pas sommé le débiteur de payer, c'est qu'il ne subit pas de préjudice. Toutefois, comme on le verra, il y a des situations dans lesquelles le créancier est dispensé de mettre le débiteur en demeure de payer[5] et, en ce cas, les intérêts moratoires courent de plein droit à dater du jour où l'obligation aurait dû être exécutée.

Quant aux éléments du dommage résultant du retard, ils ne font pas l'objet de difficulté. Il s'agit du loyer de l'argent au taux légal (art. 1153, al. 1 C. civ.). En effet, on sait que le législateur, en raison des difficultés de la preuve de ce qu'aurait été l'utilisation effective de la somme due au créancier, a opté pour une solution moyenne[6].

Toutefois, d'une part, les parties peuvent déterminer un taux d'intérêt conventionnel différent du taux légal dans certaines limites qui sont relatives à la prohibition de l'usure. En ce cas, les éléments du dommage sont toujours les mêmes, ce n'est que son évaluation qui est différente.

---

1. Pour accorder des dommages-intérêts supplémentaires, il ne suffit pas de constater un préjudice distinct du retard, il faut encore que le débiteur soit de mauvaise foi, conformément à l'article 1153, al. 4 du Code civil, v. *infra*, n° 647.

2. V. *infra*, n° 677.

3. La solution doit être admise même lorsque le juge réduit ultérieurement la somme qui portait intérêts à dater de la mise en demeure. En effet, le préjudice est constitué dès le moment où le défaut de paiement est constaté à l'initiative du créancier, ce qui, bien entendu, n'empêche pas que les intérêts seront calculés sur la somme modifiée par le juge et non pas sur le montant en capital initialement dû (cf. Com. 16 juillet 1991, *D.* 1991.IR.216, en ce qui concerne un loyer ultérieurement réduit à raison d'une inexécution partielle de ses obligations par le bailleur, l'arrêt précisant que les intérêts sont dus à dater de la mise en demeure et non pas du jour de la décision judiciaire prononçant la réduction du montant de la dette du locataire).

4. V. *supra*, n° 646.

5. V. *infra*, n° 665 et s.

6. V. *supra*, n° 646.

D'autre part, lorsque le retard est dû à la mauvaise foi du débiteur, ce qui correspond à la situation dans laquelle un débiteur refuse d'exécuter son obligation de payer, il est admis que le créancier peut obtenir la réparation d'autres éléments de son préjudice. En effet, l'article 1153, al. 4 l'autorise à obtenir, en cas de mauvaise foi du débiteur, la réparation « du préjudice indépendant du retard ». En réalité, cette disposition n'est pas claire. Contrairement à ce que dit le texte, il ne s'agit pas d'un préjudice indépendant du retard. Il s'agit d'un élément du préjudice qui résulte bien du retard. En effet, si le débiteur avait exécuté l'obligation en temps voulu, il n'y aurait pas eu de préjudice. S'il y a un préjudice, c'est parce qu'il y a retard. Cependant, si normalement ce préjudice ne consiste qu'en une privation de la somme qui donne droit au loyer de l'argent, soit au taux légal, soit au taux conventionnel, lorsque le débiteur est de mauvaise foi le créancier pourra invoquer, à condition de les prouver, tous les éléments de son préjudice autres que la privation du loyer de l'argent. Par exemple si le créancier prouve que la somme qui devait lui être payée aurait été utilisée pour le paiement de ses propres créanciers et qu'en raison du retard il a subi la saisie d'un bien par ses créanciers, le débiteur pourra être condamné à lui rembourser la valeur de ce bien et pas simplement les intérêts moratoires. Si pour faire face à des paiements, le créancier a dû emprunter, le débiteur pourra être condamné au remboursement des intérêts de cet emprunt. En fin de compte, lorsque le débiteur est de mauvaise foi, ce qui doit être prouvé par le créancier, le dommage moyen et irréfragablement présumé n'est pas pris en considération. On prend en considération le préjudice effectivement éprouvé par le créancier dans tous ses éléments, exactement comme s'il s'agissait d'une obligation autre que celle qui consiste dans le paiement d'une somme d'argent. Au surplus, le débiteur étant de mauvaise foi, il n'y a pas non plus à prendre en considération le seul dommage prévisible [1]. Tout élément du dommage, même ce qui ne pouvait être prévu au moment de la conclusion du contrat, pourra faire l'objet de la réparation.

2) Obligations autres que celles qui consistent dans le paiement d'une somme d'argent

648. – Appréciation *in concreto*. Contrairement aux obligations de payer une somme d'argent dont le retard dans l'exécution donne lieu à une réparation fondée sur un dommage présumé et évalué forfaitairement et, par conséquent, *in abstracto*, le principe résultant de l'inexécution, de l'exécution défectueuse ou du retard dans l'exécution d'une obligation autre que celle qui consiste dans le paiement

1. V. *infra*, n° 657.

d'une somme d'argent est apprécié *in concreto* dans tous ses éléments qui doivent être prouvés par le créancier [1].

Après avoir envisagé les éléments du dommage, on verra quels caractères celui-ci doit remplir pour pouvoir donner lieu à réparation.

a) Les éléments du dommage

649. – Les deux sortes de dommages. Pour évaluer le dommage subi par le créancier d'une obligation contractuelle inexécutée ou mal exécutée, il faut faire entrer en ligne de compte tout ce qui vient atteindre le créancier, soit dans son patrimoine, soit dans ses intérêts d'ordre affectif ou moral. Dans le premier cas, on parle de dommage économique, alors que dans le second cas on parle de dommage moral.

α) Le dommage économique

650. – Préjudice économique non corporel et conséquences économiques du préjudice corporel. Le dommage économique, que l'on qualifie aussi quelquefois de dommage matériel, est le dommage éprouvé par le patrimoine du créancier en raison de l'inexécution, l'exécution défectueuse ou le retard dans l'exécution de l'obligation. Il est, en principe, assez facilement évaluable en argent, puisqu'il consiste en l'atteinte à un intérêt d'ordre patrimonial. Le dommage ne résulte pas uniquement de l'atteinte à un droit subjectif, mais plus généralement à un intérêt, dès lors que cet intérêt, parce qu'il est licite, est protégé par le droit. Sans doute, dans la responsabilité contractuelle, le débiteur en raison de l'inexécution de l'obligation, qui lui est imputable, méconnaît le droit de créance. Dans cette mesure, il y a atteinte au droit du créancier. Mais cette atteinte ne permet pas à elle seule de condamner le débiteur à des dommages-intérêts si elle n'entraîne pas de préjudice. Or, le préjudice n'est pas la méconnaissance du droit du créancier. Il consiste en l'atteinte à un intérêt du créancier, cette atteinte résultant elle-même de la méconnaissance du droit du créancier [2]. En réalité, on peut envisager deux sortes de dommages économiques.

La première, à laquelle on pourrait réserver l'appellation de dommage matériel *stricto sensu*, correspond à une atteinte aux intérêts d'ordre patrimonial, sans qu'il y ait en même temps atteinte à l'intégrité corporelle. C'est le préjudice patrimonial à l'état pur. Par exemple, un bien devait être livré ou restitué et il ne l'est pas. Un bien a été avarié partiellement ou totalement. Au demeurant, pour toutes sortes de préjudices, il n'y a pas à distinguer entre l'inexécution totale ou

---

1. V. les décisions citées *supra*, note 3, p. 712. *Adde* Civ. 3e, 19 février 1980, *J.C.P.* 1980.IV.97, la preuve d'un dommage résultant de la faute d'un avoué n'étant pas rapportée ; Civ. 1re, 4 novembre 1982, *J.C.P.* 1983.IV.26, à propos de l'absence de preuve d'un préjudice par le client d'un médecin. Quant à l'appréciation *in concreto*, elle résulte de ce qu'il appartient, en fonction des données propres à chaque espèce, aux juges de décider si les éléments du dommage invoqué existent effectivement.

2. En d'autres termes, il ne suffit pas d'invoquer la créance pour que le préjudice existe, v. *supra*, n° 643.

l'inexécution partielle de l'obligation. Une exécution défectueuse est une inexécution partielle de la même façon qu'une exécution avec retard. Le préjudice résultant du retard n'est pas pris en considération seulement dans les obligations de payer une somme d'argent. C'est son régime juridique qui est particulier dans ces obligations. Dans les autres obligations, le préjudice résultant du retard n'est pas traité d'une façon différente des autres préjudices économiques.

La seconde sorte de préjudice économique résulte de l'atteinte à l'intégrité corporelle. Il s'agit des conséquences économiques du préjudice corporel. Par exemple, le passager est tué dans un accident de transport. L'intérêt de distinguer le préjudice économique non corporel et le préjudice corporel économique tient notamment au fait que, dans l'hypothèse où le créancier, victime d'un préjudice corporel, est assuré social, la Sécurité sociale est en droit d'obtenir du débiteur le remboursement des prestations par elles versées et qui réparent les conséquences économiques du préjudice corporel (cf. Crim. 9 février 1988, *J.C.P.* 1988. IV.141, qui admet que la perte du statut de cadre à la suite d'un accident du travail est un préjudice économique, ce qui permet à la Sécurité sociale d'exercer son recours sur les dommages-intérêts dus au titre de ce chef de préjudice par le responsable). En aucun cas, la Sécurité sociale ou tout organisme qui lui serait assimilé (par exemple une caisse de retraite ou l'État pour un fonctionnaire) ne pourrait exercer son recours sur l'indemnité due en réparation d'un préjudice économique non corporel, dans le cas où le créancier aurait aussi éprouvé un tel préjudice.

En revanche, lorsqu'il s'agit d'un préjudice consistant en une atteinte aux biens, il est admis que l'assureur du créancier qui a indemnisé celui-ci, son assuré, est en droit de se faire rembourser de l'indemnité d'assurance par le débiteur (art. L. 121-12 C. assurances) [1], alors que s'il s'agit, non plus d'une assurance de dommages, en particulier, d'une assurance de choses, mais d'une assurance de personnes, l'assureur ne dispose d'aucun recours contre le débiteur de l'assuré tué ou blessé [2].

1. L'assurance de dommages est une assurance dans laquelle l'indemnité due par l'assureur à l'assuré ne peut être supérieure au dommage éprouvé par l'assuré. Une telle assurance a un caractère indemnitaire (art. L. 121-1 C. assurances). L'assurance de choses est une variété particulière des assurances de dommages dans laquelle l'assureur est tenu d'indemniser l'assuré en cas de réalisation d'un risque consistant en l'atteinte à un bien de l'assuré. On oppose l'assurance de choses à une autre catégorie d'assurances de dommages, l'assurance de responsabilité (art. L. 124-1 C. assurances).

2. Les assurances de personnes, telles que les assurances sur la vie ou les assurances contre les accidents, ont pour objet le versement d'un capital ou d'une rente par l'assureur à l'assuré ou à la personne par lui désignée, en cas de réalisation d'un risque atteignant l'individu. Ces assurances, contrairement aux assurances de dommages, n'ont pas de caractère indemnitaire (art. L. 131-1 C. assurances, cf. Civ. 1re, 17 mars 1993, *D.* 1993.IR.85, *J.C.P.* 1993.IV.1277), ce qui explique que l'assureur ne dispose pas de recours contre le responsable de l'accident subi par l'assuré (art. L. 131-2 C. assurances, cf. Civ. 1re, 16 mai 1995, *D.* 1995.IR.157, *J.C.P.* 1995.IV.1652). Toutefois, dans les assurances contre les accidents corporels, le contrat d'assurance peut prévoir une subrogation de l'assureur pour certaines prestations versées par lui à la victime (art. L. 131-2, al. 2 C. assurances).

Au demeurant, l'évaluation du préjudice économique corporel pose des problèmes qui lui sont spécifiques et qu'on ne retrouve pas en ce qui concerne le préjudice économique non corporel. À cet égard, on qualifie quelquefois le préjudice corporel de préjudice physiologique. Dans la mesure où un tel préjudice se manifeste par une diminution des aptitudes physiologiques de la victime, l'expression ne manque pas de vérité. Toutefois, il ne convient pas de considérer que chaque fois qu'il y a atteinte à l'intégrité corporelle, il y a *ipso facto* un préjudice physiologique existant en lui-même. Certains auteurs l'admettent et la jurisprudence a été influencée par cette opinion (cf. Crim. 27 novembre 1990, *D.* 1991.IR.27, *J.C.P.* 1991.IV.88, selon lequel les troubles physiologiques constituent un préjudice corporel de caractère objectif, même s'ils ne comportent pas d'incidence sur les revenus de la victime). Le préjudice physiologique serait constitué par la privation pour une personne de réaliser son projet de vie et de la maîtrise de sa vie. Il serait autonome et, par conséquent, distinct de ses éventuelles conséquences économiques ainsi que du préjudice moral. Cette notion est admise en Italie et dans certains systèmes juridiques latino-américains [1]. Cependant, elle est contestable. En effet, l'atteinte à l'intégrité physique ne constitue un préjudice qu'en raison des conséquences qu'elle entraîne pour la victime et qu'il convient de préciser pour évaluer le préjudice. Elle entraîne, d'abord, des conséquences économiques, tels que les frais d'hospitalisation ou l'impossibilité d'exercer une activité professionnelle temporairement ou définitivement. S'il y a presque toujours des frais médicaux, sauf si le créancier est décédé instantanément du fait de l'atteinte à son intégrité corporelle, il n'y a pas nécessairement d'incapacité d'exercer une activité rémunératrice. Ainsi, celui qui vit de ses rentes ne subit pas de préjudice économique corporel quant à son activité rémunératrice. En ce cas, il n'y a pas de conséquences économiques, du moins à cet égard, du préjudice corporel. Mais, l'atteinte à l'intégrité corporelle peut entraîner des conséquences non économiques et qui constitueront un préjudice moral [2]. Or, c'est uniquement en fonction soit des conséquences économiques, soit des conséquences morales qu'existe le préjudice corporel ou physiologique. Il n'y a pas de préjudice physiologique en dehors de ces deux sortes de répercussions (cf. T.G.I. Aurillac, 26 janvier 1988, *D.* 1988.553, note Le Roy, qui distingue à juste titre entre l'incapacité permanente professionnelle, laquelle constitue un préjudice économique, et l'incapacité permanente fonctionnelle, laquelle est une atteinte aux agréments d'une vie normale ; Civ. 2e, 19 mars 1997, *D.* 1998.59, note Lambert-Faivre, qui distingue très nettement le préjudice d'agrément et le préjudice économique consistant en une incapacité professionnelle).

---

1. Sur la question en droit italien, v. DE VITA, Une nouvelle sorte de dommage : le « dommage biologique » et le problème du « dommage biologique à cause de mort », *Rev. trim. dr. civ.* 1996.264.
2. V. *infra*, n° 653 et s.

Aussi bien pour les conséquences économiques du préjudice corporel que pour le préjudice économique non corporel, le préjudice patrimonial est constitué par deux éléments, le *damnum emergens* ou perte éprouvée et le *lucrum cessans* ou gain manqué.

651. – Le *damnum emergens*. Le *damnum emergens*, c'est la perte éprouvée par le patrimoine du créancier du fait de l'inexécution ou de la mauvaise exécution de l'obligation par le débiteur, soit parce qu'une valeur devait entrer dans le patrimoine et n'y entre pas (par exemple, le bien vendu n'est jamais livré, la chose louée n'est jamais mise à la disposition du preneur), soit parce qu'une valeur qui se trouvait dans le patrimoine du créancier ne s'y trouve plus (par exemple, la chose que devait restituer le débiteur n'est pas restituée), soit encore parce que le créancier est amené à exposer des frais qui diminuent d'autant la composition de son patrimoine (par exemple, les frais médicaux en cas de dommage corporel, des frais de réparation d'une chose qui est livrée ou restituée en mauvaise état). Il en est de même dans l'hypothèse de ce que l'on appelle le remplacement. Supposons qu'un débiteur ne livre pas au créancier la chose qu'il devait lui remettre en vertu d'un contrat de vente. Dans ce cas, le créancier va acheter la même chose ou la même quantité de marchandises ailleurs, mais plus cher. Dans cette mesure, la responsabilité du débiteur pourra être engagée de façon à compenser la perte résultant de la différence du prix stipulé au premier contrat et du prix stipulé au second contrat avec un autre fournisseur.

La perte éprouvée est l'élément le plus évident du préjudice économique. L'article 1149 du Code civil la fait figurer au premier titre dans ces éléments.

652. – Le *lucrum cessans*. Le *lucrum cessans* est constitué par le manque à gagner du créancier résultant de l'inexécution ou de la mauvaise exécution de l'obligation. Le manque à gagner est essentiel dans le dommage corporel, lorsqu'en raison de la diminution de ses aptitudes physiologiques le créancier de l'obligation inexécutée n'est plus en mesure de se livrer à une activité rémunératrice. Tel est le cas pendant toute la durée de son hospitalisation, qui donne lieu à une incapacité temporaire totale. Mais, il peut y avoir une incapacité définitive qui ne sera en général que partielle, lorsque l'atteinte à l'intégrité physique se prolonge dans le temps en ne permettant plus à la victime la même activité rémunératrice qu'auparavant.

Le *lucrum cessans* n'est pas propre au dommage corporel. Il sera pris en considération chaque fois que l'inexécution de l'obligation entraîne un manque à gagner. Par exemple, si l'usine dont le débiteur devait assurer la construction n'est pas livrée, est livrée en retard ou bien est livrée avec des défauts qui ne permettent pas la rentabilité prévue, le débiteur devra indemniser le créancier quant au manque à gagner.

β) Le dommage moral [1]

653. – Les raisons de la réparation du dommage moral dans la responsabilité contractuelle. Constitue un dommage moral l'atteinte aux intérêts du débiteur autres que ceux qui sont d'ordre patrimonial. À la différence du préjudice économique, le préjudice moral, parce qu'il porte atteinte à des intérêts extra-patrimoniaux, n'est pas susceptible de faire l'objet d'une évaluation en argent d'une façon précise. C'est du reste une des raisons pour lesquelles il a été souvent soutenu que le dommage moral ne devait pas être réparé. Constituent des dommages moraux la douleur résultant de l'atteinte à l'intégrité physique [2], le désagrément subsistant après une mutilation ou des blessures [3], l'atteinte à l'aspect physique [4], l'atteinte aux sentiments d'affection [5]. D'une façon générale, le préjudice physiologique, constitué par l'atteinte à l'intégrité corporelle, est toujours un préjudice moral. Il ne sera un préjudice économique que dans le cas où il a des conséquences d'ordre patrimonial, ce qui n'est évidemment pas systématique.

Assez rapidement en droit français, la jurisprudence a admis la réparation du dommage moral dans la responsabilité extra-contractuelle. Les obstacles qui tenaient soit à la considération selon laquelle on ne pouvait monnayer l'atteinte aux intérêts extra-patrimoniaux, soit à l'impossibilité d'évaluation du dommage moral ont pu être levés

---

1. *Bibliographie* : GIVORD, *La réparation du préjudice moral*, thèse, Grenoble, 1938 ; ESMEIN, La commercialisation du dommage moral, *D.* 1954, chron. p. 113 ; RIPERT, Le prix de la douleur, *D.* 1948, chron. p. 1 ; JOURDAIN, Le préjudice d'agrément, *Resp. et ass.*, mai 1998, n° spécial.

2. On parle volontiers dans ce cas de *pretium doloris* pour désigner le préjudice constitué par la douleur, physique ou morale. En réalité, le *pretium doloris* n'est à proprement parler que l'indemnité qui a pour objet de réparer le dommage résultant de la douleur.

3. Ce préjudice est qualifié d'agrément. C'est par exemple, la perte du goût ou de l'odorat, l'impossibilité d'avoir des rapports sexuels, de se livrer à des activités sportives etc. À l'origine, le préjudice d'agrément n'était réparé que s'il était spécialement caractérisé. A l'heure actuelle, il semble que la jurisprudence admette un préjudice d'agrément en quelque sorte général (la privation des joies de l'existence) chaque fois qu'il subsiste des séquelles de l'atteinte à l'intégrité physique, lorsque ces séquelles ne permettent pas d'apprécier normalement les agréments courants (cf. Crim. 26 mai 1992, *J.C.P.* 1992.IV.2843). Mais, à cette privation générale des agréments courants peuvent venir s'ajouter des préjudices d'agréments spéciaux lorsqu'ils sont prouvés (cf. Civ. 2e, 6 janvier 1993, *Bull. civ.* 2, n° 6, *Rev. trim. dr. civ.* 1993.587, obs. Jourdain, à propos du préjudice sexuel).

4. Il s'agit du préjudice esthétique. Celui-ci est plus ou moins important, ce qui va de soi. Contrairement aux autres dommages moraux, le préjudice esthétique peut avoir des conséquences économiques lorsque l'aspect physique est important dans certaines professions, auquel cas il ne constitue pas seulement un préjudice moral.

5. Le préjudice d'affection est, le plus souvent, un préjudice par ricochet, c'est-à-dire qu'il est subi par certaines personnes et, en particulier, les proches parents, du fait des blessures ou du décès du créancier de l'obligation de sécurité inexécutée (par exemple, les proches parents du passager). Il s'agit donc d'un préjudice éprouvé par des tiers et non par le créancier en vertu du contrat. Toutefois, on peut envisager un préjudice d'affection éprouvé par le créancier dans certaines situations, notamment lorsque les sentiments d'affection de celui-ci ont été atteints par la destruction d'une chose qui faisait l'objet de l'obligation contractuelle. Ainsi, les propriétaires d'un chien éprouvent un préjudice moral en cas de mort de l'animal par la faute du vétérinaire auquel ils l'avaient confié. (Civ. 1re, 22 avril 1982, *J.C.P.* 1983.II.19923, note CHABAS).

sans grande difficulté. En revanche, en ce qui concerne la responsabilité contractuelle, la résistance s'est faite plus vive et ce n'est que plus tardivement que la réparation du dommage moral éprouvé par le créancier en raison de l'inexécution de l'obligation a été admise. Il est vrai qu'il pouvait y avoir une raison valable contre le dommage moral en matière de responsabilité contractuelle, c'est que le contrat a pour effet d'établir une relation purement économique entre les parties. Dès lors, seules les conséquences économiques de l'inexécution devraient donner lieu à la responsabilité contractuelle.

S'il est vrai que le terrain d'élection du dommage moral est la responsabilité extra-contractuelle, il n'empêche que l'inexécution d'une obligation contractuelle peut être source de dommage moral pour le créancier. Faut-il exclure sa réparation en raison de ce que la relation contractuelle ne peut être envisagée que dans le domaine économique ? En réalité, cette raison n'emporte pas la conviction. C'est une chose de considérer que le contrat établit une relation économique entre les parties et c'en est une autre de réparer toutes les conséquences, même non économiques, résultant de l'inexécution de l'obligation imputable au débiteur. Il s'agit de rétablir autant que possible, par l'allocation de dommages-intérêts, l'équilibre rompu, dans les relations entre le créancier et le débiteur, par l'inexécution de l'obligation et les conséquences dommageables qu'elle a entraînées. Si dans ces conséquences se trouve l'atteinte à des intérêts extra-patrimoniaux, elle doit donner lieu à la réparation. Le fait que la relation entre le créancier et le débiteur soit purement économique ne saurait l'interdire, dès lors que l'inexécution a porté atteinte à des intérêts même s'ils étaient en dehors du contrat. Parce que l'exécution par équivalent n'est rien d'autre qu'une responsabilité civile du débiteur, elle doit permettre la réparation de tous les éléments, économiques ou non, du dommage. Au surplus, on sait que bon nombre de contrats engendrent l'obligation de ne pas porter atteinte à l'intégrité corporelle du créancier, c'est-à-dire une obligation de sécurité. Il eût été arbitraire et inéquitable de ne pas admettre de compensation pour ces conséquences non économiques et l'obligation de sécurité n'aurait pas pleinement rempli son rôle. Toutefois, ce n'était pas là une raison pour limiter la réparation du dommage moral à l'inexécution des seules obligations de sécurité. À partir du moment où l'on pouvait considérer qu'il n'y avait pas d'obstacle à la réparation du dommage moral par la responsabilité contractuelle, il fallait admettre cette réparation d'une façon générale. Telle a été finalement la solution de la jurisprudence [1].

---

1. Parmi les décisions les plus récentes, outre celles, très nombreuses, qui réparent, notamment dans le contrat de transport et dans le contrat médical, et, plus généralement, dans tous les contrats engendrant une obligation de sécurité quant à la personne du créancier, les conséquences non économiques du préjudice corporel, on citera le préjudice

Cependant, il y a une différence en ce qui concerne la réparation du dommage moral et celle du dommage matériel. En effet, le dommage matériel est assez facilement évaluable en argent, alors que le dommage moral ne l'est pas. Il est en réalité réparé d'une façon assez arbitraire par les juges, justement en raison de la difficulté de son évaluation. Toutefois, ce n'est pas une raison suffisante pour prétendre que cette réparation n'est, en réalité, qu'une peine privée. C'est une réparation véritable, la somme d'argent attribuée au créancier ayant pour objet de lui permettre, autant que faire se peut, d'atténuer les conséquences non économiques de l'inexécution de l'obligation [1].

b) Les caractères du dommage

654. – Dommage certain et dommage prévisible. Pour être réparable, le dommage tant économique que moral doit avoir certains caractères. Selon l'article 1150 du Code civil, il faut que le dommage soit prévisible. Selon l'article 1151, il faut que le dommage soit « une suite immédiate et directe » de l'inexécution de la convention. En réalité, si l'article 1150 édicte bien une condition propre à la réparation du dommage par la responsabilité contractuelle et que l'on ne retrouve pas en ce qui concerne la responsabilité extra-contractuelle, l'article 1151 non seulement n'est pas propre à la responsabilité contractuelle, mais encore n'est pas un texte qui se prononce sur un caractère du dommage. Le dommage direct n'est, en réalité, qu'une façon de désigner l'exigence d'un lien de causalité entre l'inexécution imputable au débiteur et le préjudice éprouvé par le créancier [2]. En outre, il n'est nullement question dans les textes d'un caractère pourtant indispensable du dommage, commun lui aussi à la responsabilité extra-contractuelle et à la responsabilité contractuelle. Il s'agit de la certitude du dommage.

On envisagera, d'abord, la certitude du dommage et, ensuite sa prévisibilité.

(Suite de la note 1, p. 724) judice d'affection en cas de mort d'un chien (v. *supra,* note 5, p. 723), le préjudice moral éprouvé par un maître de l'ouvrage, invalide civil, en raison des nombreuses démarches et du long procés entraîné par l'inexécution de ses obligations par l'entrepreneur (Civ. 3e, 11 janvier 1984, *J.C.P.* 1984.IV.87). Ainsi encore, il a été admis qu'une société de fabrication de vêtements subissait un préjudice moral du fait que les vêtements, qui avaient été prêtés à un producteur de cinéma pour qu'il y mette la marque en évidence dans un film, avaient été utilisés par l'emprunteur dans un film pornographique (Com. 6 novembre 1979, *D.* 1980.IR.416, obs. LARROUMET, *Rev. trim. dr. com.* 1981.78, obs. CHAVANNE et AZEMA). Toutefois, dans cette dernière espèce, le préjudice semblait être plutôt d'ordre économique.

1. Sur le préjudice moral résultant de la contamination par le virus du sida, v. Paris 22 janvier 1993, *D.* 1993.IR.117. Le droit à réparation du dommage moral étant né au profit de la victime au moment de sa survenance, ce droit est transmis à ses héritiers (Civ. 1re, 13 mars 2007, *D.* 2007.1015).

2. V. *infra,* n° 659 et s.

α) La certitude du dommage [1]

655. – Notion de dommage certain. En matière de responsabilité contractuelle, comme en matière de responsabilité extra-contractuelle, seul un dommage certain peut donner lieu à réparation. Il ne faut pas confondre le caractère certain du dommage avec sa preuve. En effet, le créancier peut être en mesure de prouver les éléments d'un dommage qu'il est susceptible de subir sans être en même temps en mesure d'invoquer un dommage certain (v. Civ. 1re, 2 avril 1997, *D.A.* 1997.603, *Rep. not.* 1997.754, obs. Aubert, *Rev. trim. dr. civ.* 1997.665, obs. Jourdain, à propos de la certitude du dommage résultant de la faute commise par un notaire dans l'inscription d'une sûreté et plus précisément quant à la possibilité pour le créancier d'obtenir malgré tout le paiement, ce dont il résulterait que le dommage n'était pas certain. V. cependant, Civ. 1re, 9 novembre 2004, *D.* 2004.IR.113, arrêt selon lequel le dommage est certains, en cas de manquement à son obligation par un professionnel, même si la victime dispose d'une action contre un tiers dont les effets feraient disparaître le préjudice). Le dommage certain est un dommage dont on sait qu'il s'est d'ores et déjà réalisé ou qu'il se réalisera à coup sûr. On l'oppose au dommage purement éventuel dont la réalisation est hypothétique (Civ. 1re, 19 décembre 2006, *J.C.P.* 2007.II.10052, note Hocquet-Berg).

On ne saurait réparer le dommage éventuel, puisque s'il arrivait qu'il ne se réalise point, le créancier serait enrichi (cf. Civ. 3e, 25 mars 1987, *J.C.P.* 1987.IV.192, qui casse une décision d'une Cour d'appel qui avait accordé l'indemnisation d'un préjudice éventuel, en attribuant à une personne des dommages-intérêts en réparation de préjudices que celle-ci pourrait éprouver dans le futur en raison de l'usage abusif d'une servitude de passage, *Adde*, Com. 12 mars 2007, *Petites Affiches* 11 septembre 2007, note Lenthiez).

La notion de réparation implique, parce qu'il s'agit de rétablir un équilibre rompu par la survenance du dommage, que celui-ci soit certain. Toutefois, la certitude n'implique pas que le dommage se soit produit avant que la réparation en soit demandée. Un dommage futur est un dommage certain, dès lors qu'il n'est pas douteux qu'il se réalisera. Par exemple, si la marchandise achetée pour être ultérieurement revendue n'est pas livrée et qu'il est admis qu'elle ne le sera pas, l'acheteur subit un préjudice certain dès lors qu'il s'est engagé envers un acquéreur à revendre, même si le défaut de livraison par le premier vendeur est antérieur au moment où l'acheteur doit livrer au sous-acquéreur. En effet, le préjudice du premier acheteur résulte de ce qu'il ne pourra pas livrer le sous-acquéreur. Lorsqu'une personne séropositive demande la réparation du préjudice résultant de sa contamination et consistant en

---

1. *Bibliographie* : VACARIE, La perte d'une chance, *Rev. rech. jurid.* 1987.903 ; CHABAS, La perte d'une chance en droit français, *in Developpements récents du droit de la responsabilité,* Genève, 1991, p. 131 ; Observations JOURDAIN, *Rev. trim. dr. civ.* 1992.109 ; TACCHINI-LAFOREST, Réflexions à propos de la perte des chances, *Petites Affiches* 19 juillet 1999.

la future maladie du sida, la Cour de cassation a considéré que, tant que la maladie n'était pas déclarée, le préjudice n'était pas certain, de nombreux essais thérapeutiques visant à en retarder la déclaration (Civ. 2e, 20 juillet 1993, *D.* 1993.526, note Chartier, *Rev. trim. dr. civ.* 1994.107, obs. Jourdain. V. aussi, Paris 26 janvier 1994, *D.* 1994.IR.75, qui distingue entre le préjudice résultant de la séropositivité, après l'injection d'un sang contaminé, ce qui constitue un préjudice certain, et le préjudice résultant de la maladie du sida, lequel est un préjudice incertain tant que la maladie n'est pas déclarée. La distinction n'est sûre que s'il n'y a pas de certitude de la déclaration de la maladie dans un avenir qui ne soit pas trop lointain).

Toutefois, le préjudice futur, même s'il est certain, ne peut être réparé avant sa survenance que s'il peut d'ores et déjà être évalué. Dans le cas contraire, on attendra que son évaluation soit possible avant d'en ordonner la réparation [1].

656. – La perte d'une chance. Aussi bien dans la responsabilité contractuelle que dans la responsabilité extra-contractuelle, la jurisprudence admet la réparation du préjudice consistant en la perte d'une chance. Dès lors, s'il s'agit de la responsabilité contractuelle, que la perte d'une chance était prévisible [2], elle fera l'objet d'une réparation par le débiteur. Il ne faut pas confondre la perte d'une chance avec un préjudice éventuel (cf. Civ. 1re, 16 juin 1998, *D.A.* 1998.1356, *Contrats conc. consomm.* 1998, n° 129, obs. Leveneur). En effet, ce qui est réparé, c'est non pas le dommage résultant de ce qu'un événement qui aurait pu se produire ne s'est pas produit, puisque, par hypothèse, on ne savait pas si cet événement allait se produire et qu'il ne saurait être question de réparer le dommage éventuel, mais bien le dommage résultant de ce que le débiteur a agi d'une façon telle que l'événement ne puisse plus se produire. Ce qui donne lieu à la réparation, ce sont uniquement les conséquences qui résultent de la privation d'une chance qu'un événement puisse se produire [3]. Par exemple, doit être retenue la responsabilité d'un avoué qui, en commettant une faute pour n'avoir pas déposé en temps utile les conclusions devant la cour d'appel, a fait perdre à son client la chance de voir le jugement réformé en appel (Civ. 1re, 4 mars 1980, *J.C.P.* 1980.IV.197 ;

---

1. Par exemple, dans l'hypothèse développée au texte, si le prix de revente a été fixé, le préjudice futur peut être évalué. Si, au contraire, ce prix n'est pas encore déterminé, il n'y a pas d'évaluation possible du préjudice.

2. V. *infra,* n° 657.

3. S'agissant de la responsabilité extra-contractuelle pour une faute réprimée par la loi pénale, la Chambre criminelle de la Cour de cassation emploie une excellente formule selon laquelle « l'élément du préjudice constitué par la perte d'une chance peut présenter en lui-même un caractère direct et certain chaque fois qu'est constatée la disparition, par l'effet du délit, de la probabilité d'un événement favorable, encore que, par définition, la réalisation d'une chance ne soit jamais certaine » (cf. notamment, Crim. 23 février 1977, *J.C.P.* 1977.IV.106, *D.* 1977.IR.181). Il suffit de remplacer le mot délit par les termes « inexécution imputable au débiteur » pour transposer la formule à la responsabilité contractuelle.

Civ. 1re, 16 juillet 1998, *D.A.* 1998.1530, *J.C.P.* 1998.II. 10143, note Martin) ou celle d'un avocat qui n'a pas informé son client des voies de recours possibles contre la décision rendue contre celui-ci, ce qui l'a privé de la chance d'une réformation (Civ. 1re, 13 novembre 1997, *D.* 1997.IR.259 ; Paris 12 octobre 1998, *D.* 1998.I.R. 242 ; Civ. 1re, 21 novembre 2006, *D.* 2006.3013, à propos de l'inertie d'un avocat, postérieurement à la voie de recours qu'il avait conseillée à son client). Il est évident que l'on ne peut être certain que la cour d'appel aurait réformé la décision des premiers juges. Le préjudice n'est pas constitué par l'absence de réformation du jugement, mais seulement par la privation de la chance d'obtenir une réformation (cf. Civ. 1re, 4 avril 2001, *D.* 2001.IR.1589, *J.C.P.* 2001.IV.2008, arrêt selon lequel le caractère réel et sérieux de la chance perdue doit s'apprécier au regard de la probabilité du succès de l'action). Tandis que la réformation n'est qu'une éventualité, la privation de la chance de l'obtenir est une certitude [1]. Doit être également retenue la responsabilité d'une compagnie d'assurances envers un de ses agents auquel elle a désigné un successeur sans lui permettre, comme elle y était obligée pendant un certain délai, de faire agréer le successeur qu'il pouvait choisir (Civ. 2e, 15 mai 1992, *R.J.D.A.* 1992, n° 686).

Par conséquent, seule la perte de la chance de voir un événement se produire doit donner lieu à réparation et non pas le fait que l'événement ne s'est pas produit (V. Com. 29 octobre 2003, *R.J.D.A.* 2004, n° 403 ; Com. 6 mai 2003, *R.J.D.A.* 2003, n° 1044). Il en résulte que les dommages-intérêts ne peuvent correspondre au préjudice résul-

1. Cf. aussi, Civ. 1re, 19 octobre 1976, *D.* 1977.IR.12, dont la solution est plus contestable, l'espoir de voir le jugement réformé en appel étant vain. V. aussi, dans cette hypothèse, Bordeaux 16 juin 1992, *J.C.P.* 1993.IV.1769. Comparer, toujours en ce qui concerne la responsabilité d'un avoué, Reims, 26 avril 1976, *J.C.P.* 1977.II.18549, note J.A., qui refuse la réparation de la perte d'une chance de voir rapporter les condamnations prononcées par défaut, l'avoué n'ayant pas diligenté les oppositions nécessaires contre le jugement, aux motifs que le client ne prouvait pas la chance qu'il aurait pu avoir d'être déchargé des condamnations, le fait de gagner du temps dans l'exécution desdites condamnations ne constituant pas un préjudice ; en ce qui concerne la responsabilité d'un avocat, Civ. 1re, 8 juillet 1997, D.A. 1997.1217, qui casse la décision d'une cour d'appel, laquelle, pour rejeter le demande en réparation de la perte d'une chance qu'un avocat aurait fait subir à des justiciables ayant formé un pourvoi en ne répondant pas aux écrits d'un avocat à la Cour de cassation, avait énoncé que s'il était vrai que le premier avocat avait commis une faute ayant empêché le second de poursuivre la procédure, cette faute n'avait pas eu pour conséquence certaine de priver les justiciables du retour dans leur patrimoine des biens antérieurement vendus, alors que n'était pas caractérisée l'absence de toute probabilité de succès du pourvoi ; T.G.I. de Basse Terre 4 mai 2000, *D.* 2000.IR.185, à propos de la perte d'une chance d'un plaideur en raison d'une faute lourde des services de la justice qui, au lieu de renvoyer devant le tribunal correctionnel par une décision, l'ont fait par une simple mention au dossier, ce qui a eu pour effet d'entraîner l'accomplissement de la prescription de l'action en diffamation du demandeur ; Soc. 14 février 2001, *D.* 2001.IR.1589, qui considère qu'un salarié ne peut pas être débouté de son action contre l'avocat qui a commis une faute au motif qu'il n'avait aucune chance d'obtenir un sursis à statuer alors que la Cour suprême exerce son contrôle sur la légalité de l'autorisation de licencier ; Com. 19 octobre 1999, *Rep. not.* 2000.1278, note Lecourt, *D.* 2001. Somm. 624, obs Navarro, à propos d'un commissaire aux comptes dont la faute a privé une société de la chance de mettre fin à des détournements commis par l'un de ses gérants, V. aussi cet arrêt cité *infra* au texte.

tant de ce que l'événement ne s'est pas produit. Ils ne correspondront qu'à une somme moindre (Versailles 21 juillet 1993, *D.* 1993.IR.235, *Rev. trim. dr. civ.* 1994.120, obs. Jourdain ; Civ. 2e, 4 octobre 1995, *D.* 1995.IR.223 ; Com. 5 décembre 1995, *J.C.P.* 1996.IV.251 ; Civ. 1re, 2 avril 1997, *D.* 1997.IR.101 ; Civ. 1re, 2 novembre 2006, n° 231), laquelle n'est évidemment pas facile à évaluer et donne lieu, comme pour le préjudice moral, à l'arbitraire (cf. Civ. 1re, 2 avril 1997, *D.A.* 1997.603, qui considère à juste titre que, pour évaluer le préjudice consistant en la privation d'une chance de gagner un procès en raison de la faute d'un avocat, les juges doivent déterminer quelles étaient les chances de succès ; Paris 12 octobre 1998, précité) [1]. Il en résulte que les dommages-intérêts ne peuvent correspondre à la valeur du droit ou de l'intérêt sacrifié. En effet, le résultat pouvait être aléatoire en l'absence de faute (v. Civ. 1re, 16 juillet 1998, *D.A.* 1998.1530, *J.C.P.* 1998.II.10143, note Martin ; Civ. 1re, 19 mars 1997, *Bull. civ.* 2, n° 89, *D.* 1999. Somm. 87, obs. Mouly, à propos de l'absence d'assurance d'un membre d'une association sportive qui devait être assuré par celle-ci, l'arrêt cassant une décision qui a alloué à l'intéressé une somme réparant l'intégralité de son préjudice corporel alors que le préjudice résultant du manquement de l'association consiste en la perte de la chance d'être assuré pour des garanties forfaitaires ; Com. 19 octobre, *Petites Affiches* 6 avril 2000, note Coffy de Boisdeffre, à propos de la certification fautive sans réserve des comptes d'une société par le commissaire aux comptes, ce qui n'a pas permis de mettre fin aux détournements commis par l'un des cogérants de la société, l'arrêt précisant que le préjudice est distinct de celui résultant des détournements eux-mêmes). La Cour de cassation insiste à juste titre sur le principe selon lequel la réparation de la perte d'une chance doit être mesurée à la chance perdue et ne peut être égale à l'avantage qu'aurait procuré cette chance si elle s'était réalisée (Civ. 1re, 15 janvier 2002, *Contrats, conc. consomm.* 2002, n° 73, obs. Leveneur, arrêt rendu à propos de la faute d'un conseil juridique qui

---

1. Cf. toutefois, Paris 4 juillet 1977, *J.C.P.* 1978.II.18975, note Flécheux, qui, en ce qui concerne la responsabilité d'un avocat qui a laissé prescrire une action contre un transporteur de personnes dont la faute avait été admise par une juridiction pénale, cette décision s'imposant au juge civil, a considéré que la perte d'une chance aussi importante pour son client, ne saurait être appréciée sans référence à l'étendue du préjudice réellement subi à la suite de l'accident. V. aussi, Paris, 25 mai 1987, *D.* 1987.IR.153, qui, à propos de la faute commise par un avocat ayant déposé tardivement un mémoire à l'appui d'un recours en obtention d'un supplément d'indemnisation pour son client, considère que, lorsqu'il y a des chances très sérieuses en faveur d'une augmentation de l'indemnisation, il y a lieu d'en tenir compte pour évaluer le préjudice consistant en la perte d'une chance. Dans le même sens, Paris, 17 mai 1989, *D.* 1989.IR.187. Comparer, Paris, 5 mars 1985, *D.* 1987. Somm. 104, obs. Brunois, qui à propos de la faute d'un avocat ayant entraîné l'irrecevabilité de l'appel en garantie contre l'assureur de son client, estime que le préjudice subi par celui-ci n'est pas l'équivalent de la condamnation prononcée contre le client, une telle évaluation ne pouvant correspondre qu'à la certitude que le client aurait obtenu gain de cause contre son assureur. V. aussi C.E. 5 juillet 2006, *J.C.P.* 2007.I.115.

a omis de faire procéder à des nantissements et des cautionnements, la cour d'appel ayant admis que le dommage équivalait au montant de la créance impayée ; Civ. 1re, 9 avril 2002, *R.J.D.A.* 2002, n° 855). À l'inverse, les juges ne peuvent pas considérer qu'il y a perte d'une chance lorsque l'inexécution de l'obligation est à l'origine de la réalisation de l'entier préjudice (cf. Civ. 3e, 26 septembre 2001, *R.J.D.A.* 2001, n° 1284, à propos d'un architecte qui n'avait pas signalé la présence de parasites dans un immeuble mis en vente, les juges d'appel ayant considéré qu'il avait fait perdre la chance de procéder à une expertise plus poussée alors que le coût des réparations constituait le préjudice résultant de la présence des parasites) [1].

656 *bis* – Responsabilité médicale. En matière de responsabilité médicale, la jurisprudence utilise la notion de perte d'une chance d'une façon illogique. En effet, dans le cas où, le médecin ayant commis une faute, le malade est décédé, des arrêts ont considéré que le médecin avait, par sa faute, privé le malade d'une chance de survie. La faute du médecin ne serait pas la cause du décès du malade, mais seulement de la privation d'une chance de survie. La conséquence en est que le médecin ne doit pas réparer le préjudice résultant du décès, mais seulement celui résultant de la perte d'une chance, lequel doit être évalué à une somme moindre (cf. notamment, Civ. 1re, 2 mai 1978, *J.C.P.* 1978.II.18966, note Savatier, *D.* 1978.IR.408, obs. Larroumet). Ce raisonnement ne tient pas en raison de ce que la jurisprudence confond un problème de causalité et une question relative à la nature et à l'évaluation du préjudice.

En effet, la perte d'une chance ne pose pas de problème de causalité. Ce qui est en jeu, c'est non pas la cause du dommage, mais seulement la nature et l'étendue de celui-ci. Or, lorsqu'un malade est décédé, ou bien le décès est dû à une faute du médecin, ou bien il est dû à l'état du malade, la faute du médecin n'y étant pour rien. Certes, il se peut que la faute du médecin se soit conjuguée avec l'état du malade pour entraîner son décès. Mais, en ce cas, la faute est la cause partielle du décès lui-même et non pas seulement de la privation d'une chance de survie. En d'autres termes, le problème posé en matière de responsabilité médicale est un problème de causalité qui n'a rien à voir avec la perte d'une chance. La perte d'une chance n'oblige pas à prendre parti sur la cause du dommage, mais seulement sur son étendue, ce qui n'est pas du tout la même chose. La Cour de cassation a pu se ranger à cette façon de voir, en ce qu'elle a affirmé, pour casser la décision d'une cour d'appel, « qu'en ayant recours à la notion de perte d'une chance pour déclarer un médecin partiellement responsable de la réalisation d'un risque, alors que cette notion ne pouvait concerner que l'évaluation du préjudice, les

---

1. Pour des raisons d'ordre moral, il faut approuver la Cour de cassation d'avoir admis que le profit espéré d'une procédure abusive ne constitue pas un préjudice indemnisable par un avocat qui a commis une faute (Civ. 1re, 23 novembre 2004, *J.C.P.* 2005.IV.1005).

juges du second degré, qui avaient constaté l'absence de preuve d'une relation de cause à effet entre la faute retenue par leur arrêt, c'est-à-dire l'utilisation de la technique d'insufflation d'air dans les sinus malgré une manifestation hémorragique, et la réalisation du dommage, c'est-à-dire l'apparition d'une embolie gazeuse, ont violé l'article 1147 du Code civil » (Civ. 1re, 17 novembre 1982, *D.* 1983.IR.380, obs. Penneau, *J.C.P.* 1983.II.20056, note Saluden, *D.* 1984.305, note Dorsner-Dolivet, *Rev. trim. dr. civ.* 1983.547, obs. Durry. V. aussi, Civ. 1re, 16 juillet 1991, *J.C.P.* 1992.II.21947, note Dorsner-Dolivet, qui, à propos de la faute d'un médecin n'ayant pas demandé la sérologie de la rubéole lors de l'examen prénuptial, considère qu'il y a un lien de causalité entre cette faute et la rubéole contractée par la mère en début de grossesse. Cependant, l'arrêt retient la perte d'une chance pour l'enfant d'éviter de supporter les conséquences de la rubéole ; Versailles 21 juillet 1993, *D.* 1993.IR.235, arrêt dans lequel la perte d'une chance est utilisée pour réduire les dommages-intérêts et non pour remédier à l'absence de lien de causalité ; Civ. 1re, 30 octobre 1995, *D.* 1996.IR.19).

Cette solution logique a pu être consacrée de la même façon en ce qui concerne la responsabilité de l'installateur d'un système d'alarme contre le vol, l'exécution de son obligation par l'installateur étant défectueuse et un vol ayant été commis (Civ. 1re, 17 mai 1988, *Bull. civ.* 1, n° 148, *D.* 1988.IR.160, *J.C.P.* 1988.IV.258, *Rev. trim. dr. civ.* 1989.83, obs. Jourdain). À juste titre, la Cour de cassation a reproché aux juges du fond d'avoir condamné l'installateur à indemniser son client des conséquences dommageables d'un vol, alors qu'il ne pouvait être tenu de réparer que les seules conséquences dommageables du manquement à l'obligation contractuelle dont l'objet était d'avertir en cas de vol et non pas d'empêcher celui-ci. (V. aussi, Paris, 21 décembre 1988, *D.* 1989.IR.38 ; Montpellier 18 avril 1994, *J.C.P.* 1995.IV.1081 ; Civ. 1re, 6 octobre 1998, *D.A.* 1998.1773, *Contrats conc. consomm.* 1999, n° 4, obs. Leveneur).

Cependant, en matière de responsabilité médicale, la jurisprudence ne s'en est pas toujours tenue à la solution adoptée par la première chambre civile en 1982. La confusion entre étendue du préjudice et lien de causalité pourrait bien être de nouveau faite en droit positif (cf. Civ. 1re, 7 juin 1989, *D.* 1991.158, note Couturier, *D.* 1991. Somm. 323, obs. Aubert, *Rep. not.* 1990.747, obs. Aubert, qui considère que la perte d'une chance d'échapper à une infirmité est fonction de l'état final du malade, lequel a pu être modifié par son incapacité en raison de la faute du médecin ; Civ. 1re, 10 janvier 1990. *D.* 1990.IR.31, à propos d'un incident postopératoire, les médecins ayant enlevé à la victime une chance de survie, distincte du décès lui-même, par leur faute. V. cependant, Civ. 1re, 20 juillet 1988, *Bull. civ.* 1, n° 260, *J.C.P.* 1988.IV.351, *Rev. trim. dr. civ.* 1989.85, qui, un médecin ayant commis une faute ayant aggravé l'état d'un malade, a approuvé une cour d'appel de ne pas avoir obligé le médecin à la réparation intégrale et d'avoir cantonné son obligation à la perte d'une chance de guérison, en raison de ce qu'on ne pouvait déterminer précisément le degré de guérison en l'absence de faute du médecin ; Civ. 1re, 7 février 1990, *D.* 1991. Somm. 183, obs. Penneau, *Bull. civ.* 1, n° 39, à propos d'un médecin ayant manqué d'informer le patient sur les conséquences d'un risque lié à une opération, les juges ayant considéré que la perte de la chance d'échapper à ce risque constitue un préjudice distinct des atteintes corporelles, lesquelles ne résultent pas de la faute du médecin qui est seulement à l'origine d'un préjudice moral ; Montpellier 21 janvier 1993, *J.C.P.* 1993.IV.2341, qui, après avoir écarté l'existence d'un lien de causalité entre la faute d'un médecin et le décès d'un patient, n'en admet pas moins que la faute du médecin a privé le malade d'une chance de survie. V. aussi, Crim 20 mars 1996, *D.* 1996.IR.154 ; Civ. 1re, 8 juillet 1997, *J.C.P.* 1997.II.22921, rapport Sargos ; Civ. 1re, 4 novembre 2003, *D.* 2004. Somm. 601, obs. Penneau. Sur les utilisations dévoyées de la notion de perte d'une chance, cf. observations Jourdain, *Rev. trim. dr. civ.* 1994. 110 ; Descorps-Declere, La cohérence de la jurisprudence de la Cour de cassation sur la perte de chance consécutive à une faute du médecin, *D.* 2005. Chron. 742) [1].

β) La prévisibilité du dommage [2]

657. – Principe. Selon l'article 1150 du Code civil, il faut que le dommage résultant de l'inexécution ou de la mauvaise exécution de l'obligation imputable au débiteur ait pu être prévu au moment de la conclusion du contrat. Il s'agit là d'une différence remarquable avec la responsabilité extra-contractuelle, dans laquelle un dommage prévisible n'est pas exigé [3]. La raison de cette différence tient à ce que le contrat constitue une œuvre de volonté et de prévision de la part des parties. En s'obligeant, le débiteur sait que, s'il n'exécute pas son obligation, il va vraisemblablement causer tel dommage à son créancier. Certes, il ne peut pas toujours évaluer précisément le dommage, encore que ce ne soit pas impossible, mais il peut en déterminer approximativement la nature et la quotité. Il en résulte qu'au moment de la conclusion du contrat, un débiteur avisé et clairvoyant doit être en mesure d'apprécier la responsabilité qu'il est susceptible d'encourir en cas d'inexécution qui lui serait imputable (cf. Civ. 1re, 25 janvier 1989, *D.* 1989.IR.47, qui, après avoir rappelé que c'est au moment de la conclusion du contrat que le dommage doit être prévu par les parties,

---

1. En revanche, lorsque la faute d'un médecin consiste en l'inexécution de son obligation d'information du patient quant aux risques d'une intervention, le préjudice consiste en la privation de la chance pour le patient d'avoir pu choisir entre l'intervention ou son absence (Civ. 1re, 7 décembre 2004, *D.* 2005. Pan. 409, *J.C.P.* 2005.IV.1154), encore que si, compte tenu des circonstances, on peut penser que le patient aurait nécessairement opté pour l'intervention, il n'y ait pas en ce cas de préjudice résultant de l'inexécution de l'obligation.

2. *Bibliographie* : SOULEAU, *La prévisibilité du dommage contractuel,* thèse, Paris, 1979.

3. Cette exigence n'aurait aucun sens, en matière de responsabilité extra-contractuelle, car, aucune relation ne liant le responsable et la victime, on ne voit pas comment le premier aurait pu prévoir qu'en adoptant tel comportement il causerait tel dommage à la seconde.

considère que le dommage résultant de la perte d'un film confié pour traitement et consistant en la disparition de la fixation d'un souvenir, était prévisible au moment de la conclusion de la vente dudit film, cette vente incluant la prestation ultérieure relative au traitement du film ; Civ. 1re, 3 juin 1998, *R.J.D.A.* 1998, n° 1225, à propos de la perte des bagages des participants à un voyage organisé, le transporteur ayant dû prévoir que, compte tenu du programme de ce voyage, les voyageurs emporteraient des objets de valeur). V. aussi, Paris 27 septembre 1991, *R.J.D.A.* 1991, n° 895, *D.* 1992 Somm. 271, obs. Kullmann, qui pourrait bien confondre l'imprévisibilité de la force majeure et celle du dommage [1]. En revanche, selon Civ. 3e, 13 mai 1992, *J.C.P.* 1992.IV.1952, lorsqu'un sous-traitant ne pouvait prévoir au moment de la conclusion du contrat avec l'entrepreneur principal que la construction serait démolie pour être reconstruite selon une autre option technique, il ne saurait être condamné à des pénalités de retard).

Encore que les applications de la règle affirmée à l'article 1150 du Code civil ne donnent pas lieu à de nombreux litiges, en raison de ce que le débiteur conteste le plus souvent l'évaluation du dommage proposée par le créancier plutôt que les éléments ou les caractères de celui-ci, la règle a été quelquefois critiquée. Il est vrai qu'on ne la retrouve pas dans tous les systèmes juridiques en ce que, dans plusieurs d'entre eux, on admet la réparation de tout dommage qu'il ait pu ou non être prévu au moment de la conclusion du contrat [2]. Toutefois, la règle est justifiée [3]. Elle est logique, en raison de ce que la responsabilité sanctionne l'inexécution d'une obligation dont le débiteur savait ce qu'elle représentait pour le créancier et, par conséquent, était en mesure de savoir à quoi il s'exposait s'il ne l'exécutait pas. Il faut adapter la sanction à la nature particulière du rapport contractuel. Elle est équitable, parce que le débiteur ne doit pas voir peser sur lui une obligation de réparation plus lourde que l'obligation en nature originaire à laquelle elle est substituée. C'est ce qui explique l'exception admise à la limitation de la réparation au dommage prévisible. En effet, lorsque le débiteur est de mauvaise foi, c'est-à-dire qu'il commet un dol en refusant d'exécuter son obligation [4], il doit réparer la totalité du dommage éprouvé par le créancier, même celui qui ne pouvait être prévu lors de la conclusion du contrat. L'exception est justi-

---

1. V. *infra*, n° 725 sur la force majeure.

2. Ainsi en est-il en droit allemand et en droit suisse. En revanche, le Code civil italien (art. 1225) et le Code libanais des obligations et des contrats (art. 262) admettent la limitation de la réparation au dommage prévisible.

3. La détermination de ce qui est prévisible au moment de la conclusion du contrat n'est pas toujours facile et cela peut conduire à des applications contestables de la notion de dommage prévisible (cf. Paris 31 mars 1994, *D.* 1994.IR.134, à propos du retard d'un train ayant empêché un voyageur de prendre un avion, les juges ayant considéré que la S.N.C.F. peut s'attendre à ce que le voyage par train ne soit qu'une première étape d'un voyage plus lointain).

4. Sur la faute dolosive, v. *supra,* n° 622 et 623.

fiée par le principe énoncé à l'article 1134, al. 3 du Code civil, selon lequel les conventions doivent être exécutées de bonne foi. La mauvaise foi du débiteur autorise à ne point permettre d'invoquer une règle qui est favorable à ses intérêts. La mauvaise foi doit être sanctionnée sévèrement. Parce que la jurisprudence considère que le débiteur qui s'est rendu coupable d'une faute lourde [1] ne mérite pas d'être mieux traité que celui qui a commis un dol, elle a pu étendre la sanction particulière du dol à la faute lourde, en ne permettant pas la limitation de la réparation au seul dommage prévisible.

658. – Prévisibilité du dommage et limitation légale de responsabilité. Il convient de ne pas confondre la limitation de la réparation au seul dommage prévisible et la limitation quantitative de la réparation par la loi. Ainsi, en vertu de l'article 1953, al. 3 du Code civil, la responsabilité de l'hôtelier est limitée à 100 fois le prix de la location du logement, lorsque l'hôtelier n'a pas commis de faute. Cette limitation n'a rien à voir avec la limitation de la réparation au dommage prévisible dont il est question à l'article 1150, laquelle n'est pas d'ordre quantitatif et la preuve en est bien que celle-ci sera applicable en cas de faute de l'hôtelier. En effet, l'hôtelier ne peut raisonnablement pas penser que son client introduira dans les lieux mis à sa disposition des objets de grande valeur qu'il ne lui confierait pas personnellement. Si le client démontre la faute, même légère, de l'hôtelier, la limitation prévue par ce texte ne s'applique plus, mais il n'en résulte pas pour autant que le dommage imprévisible sera réparé en cas de faute de l'hôtelier, si celle-ci n'est ni dolosive ni lourde. La limitation de l'article 1150 interviendra, étant entendu simplement que cette limitation ne correspondra pas à celle de l'article 1953, al. 3. En fin de compte, tandis que le dommage prévisible dont il est question à l'article 1953, al. 3 est évalué dans les limites d'un plafond, celui dont il est question à l'article 1150 est le dommage effectivement éprouvé par le créancier [2].

---

1. Sur la faute lourde, v. *supra*, n° 625 et s.

2. Lorsque la réparation est conventionnellement limitée, ce qui correspond à une clause limitative de responsabilité (sur laquelle, v. *infra*, n° 694 et s.) ou lorsqu'elle est forfaitaire, ce qui correspond à la clause pénale (sur laquelle, v. *infra*, n° 689 et s.), il n'y a pas lieu de dépasser le plafond ou le forfait sous le prétexte que le débiteur pouvait prévoir que l'inexécution de son obligation engendrerait un dommage dont le montant serait supérieur au forfait ou au plafond. En effet, il ne servirait à rien de stipuler un forfait ou un plafond si celui-ci ne devait être respecté que dans la limite du dommage prévisible (cf. Civ. 1re, 17 juillet 1990, *J.C.P.* 1991.II.21674, note Paisant, qui refuse d'admettre qu'il puisse y avoir une réparation au-delà de la limite stipulée, bien que le débiteur pût prévoir que ledit dommage serait supérieur en cas d'inexécution. Cependant, l'arrêt ne justifie pas la solution par le seul motif qui s'impose, à savoir le respect de la limite acceptée par les parties. Il considère que celle-ci s'imposait parce que le créancier avait la possibilité de l'écarter en stipulant une valeur supérieure de la chose confiée au débiteur. C'est là une considération sans importance. La clause s'impose parce qu'elle a été acceptée. La seule possibilité d'échapper à son application est de prouver la faute lourde du débiteur, v. *supra*, n° 627 et *infra*, n° 695).

Toutefois, dans le cas où le client a remis à l'hôtelier des objets, si l'article 1953, al. 2 précise que la responsabilité de l'hôtelier est illimitée (cf. Civ. 1re, 14 février 1990, *D.* 1990.IR.66), qu'il ait ou non commis une faute, il n'en résulte pas pour autant que le dommage imprévisible sera réparé en l'absence de faute dolosive ou lourde de l'hôtelier. En effet, en l'absence d'une telle faute, le principe de l'article 1150 doit recevoir application même en ce qui concerne les objets remis à l'hôtelier. Cependant, le dommage prévisible sera alors réparé sur la base de son évaluation effective et non pas dans les limites du plafond de l'article 1953. Ainsi, si l'hôtelier sait que les objets qui lui ont été confiés sont des bijoux de grande valeur, il peut prévoir qu'en cas d'inexécution de son obligation de dépositaire il s'expose à une lourde responsabilité. Mais, si l'hôtelier ignore que les objets qui ont été déposés dans le coffre mis à la disposition de son client sont des bijoux d'une valeur exceptionnelle il ne peut être tenu de rembourser cette valeur à son client qui ne lui a rien dit. Certes, lorsque des objets sont déposés dans le coffre de l'hôtel par un client, l'hôtelier doit s'attendre à ce qu'il s'agisse d'objets de valeur. Mais, valeur ou grande valeur n'est pas valeur exceptionnelle. En d'autres termes, la prévisibilité du dommage doit être appréciée en tenant compte des circonstances propres à chaque espèce [1].

Quant à la jurisprudence, elle s'en tient, lorsqu'elle est appelée à statuer sur la question, au principe de l'article 1150. Au demeurant, elle a précisé que la prévisibilité concernait l'étendue du dommage et non pas son fait générateur de la part du débiteur (cf. Civ., 7 juillet 1924, S. 1925.I.321, note Lescot., *D.P.* 1927.I.119) [2].

Ainsi, si un contrat a été conclu pour la construction d'un hangar à propos duquel le maître de l'ouvrage avait précisé dans le bon de commande qu'il était agriculteur et que la construction était destinée à abriter du matériel, le constructeur, responsable du retard dans la livraison, n'est tenu d'indemniser le maître de l'ouvrage que sur la base de la valeur locative du hangar sans qu'il y ait lieu de prendre en considération le fait que le hangar devait en fait être utilisé pour l'élevage des chevaux de

---

1. C'est une idée semblable à celle qui préside à la limitation de la responsabilité des hôteliers que l'on retrouve en général en ce qui concerne le transport de marchandises ou de bagages. Ainsi, en vertu de l'article 28 de la loi du 18 juin 1966 sur les transports maritimes, la responsabilité du transporteur est limitée à une certaine somme par colis ou par unité de poids. Si la valeur de la marchandise est supérieure à la limitation légale, il appartient à l'expéditeur de faire une déclaration de valeur et, dans ce cas, en cas d'avarie ou de perte, il pourra obtenir la réparation intégrale de son dommage, lequel avait fait l'objet des prévisions du transporteur. Toutefois, le transporteur pourrait prouver que la déclaration de valeur était fausse. Un système analogue est admis par l'article 22 de la Convention de Varsovie en ce qui concerne les transports aériens.

2. Toutefois, si l'article 1150 s'applique à l'étendue du dommage, il ne concerne pas son évaluation (cf. Civ. 1re, 1er juin 1976, *D.* 1976, Somm. 68 ; Civ. 1re, 6 décembre 1983, *D.* 1984.IR.124). Par conséquent, doit être intégralement réparé le dommage prévisible dans tous ses éléments, le juge pouvant admettre la réparation la plus appropriée qui lui est demandée. Ainsi, il peut accorder une rente indexée sans que le débiteur puisse objecter que cette rente ne pouvait être prévue par lui (cf. Civ. 1re, 1er juin 1976, précité).

course [1] (Orléans, 1er mars 1976, *J.C.P.* 1976.IV.276). Ainsi encore, un joueur de rugby ayant été blessé au cours d'un match et l'organisateur de celui-ci ayant commis une faute en n'ayant pas assuré les joueurs, la responsabilité ne peut être retenue qu'à concurrence de la somme qu'aurait perçue de l'assureur le joueur s'il avait été assuré et non pas pour un montant plus élevé (Civ. 1re, 12 décembre 1977, *J.C.P.* 1978.IV.53). Encore que cette dernière décision n'invoque pas l'article 1150 du Code civil, il ne paraît pas douteux que c'est la limitation de la réparation au dommage prévisible qui justifie la solution. Il en va de même dans l'hypothèse d'un sous-contrat, lorsque le débiteur en vertu de celui-ci n'exécute pas son obligation, ce qui expose son créancier, qui est débiteur en vertu du contrat principal, à des pénalités contractuelles envers son propre créancier. Si le sous-débiteur a connu l'existence de ces pénalités, il peut être condamné envers son créancier à des dommages-intérêts équivalents au montant des pénalités, car le dommage pouvait être prévu par lui. Mais, s'il ignore les pénalités, celles-ci pourraient constituer un dommage imprévisible (cf. Paris, 20 janvier 1988, *D.* 1988.IR.47, *J.C.P.* 1988.II.21045, note Viandier et Robine, qui ne fonde pourtant pas la solution sur l'article 1150).

C. *Le lien de causalité entre le fait imputable au débiteur et le dommage* [2]

659. – La survenance du dommage doit avoir pour cause le fait imputable au débiteur. Il n'y a pas de responsabilité civile, contractuelle ou extra-contractuelle, sans lien de cause à effet entre le fait imputable à une personne, en l'occurrence le débiteur, et le dommage éprouvé par une autre, en l'occurrence le créancier. La responsabilité civile implique que la survenance du dommage subi par une personne est due à l'activité d'une autre personne. Il en est ainsi aussi bien dans la responsabilité sans faute que dans celle qui est fondée sur la faute. Certes, dans la responsabilité subjective, lorsque la faute n'est pas prouvée ou, lorsque présumée, le débiteur prouve son absence de faute, il n'y a pas d'obligation de réparation, mais, il en est ainsi non parce que le fait du débiteur n'est pas la cause du dommage, mais parce que ce fait n'est pas fautif, ce qui n'est pas du tout la même chose. Dans la responsabilité subjective, en raison de l'exigence de la faute, n'importe quel fait imputable au

---

1. Cela démontre que, contrairement à une idée répandue, la prévisibilité du dommage doit être appréciée *in concreto* et non pas *in abstracto*. Il n'y a là rien que très normal. En effet, la limitation de la réparation au dommage prévisible étant fondée sur ce que le contrat n'oblige qu'à ce qu'a voulu assumer le débiteur, qui a prévu ce à quoi il s'exposerait en cas d'inexécution, il faut tenir compte, dans chaque espèce de ce qu'il savait ou aurait dû savoir compte tenu des circonstances.

2. *Bibliographie* : MARTEAU, *La notion de causalité dans la responsabilité civile*, thèse, Aix, 1913 ; JOLY, *Essai sur la distinction du préjudice direct et du préjudice indirect*, thèse, Caen, 1938 ; MARTY, La relation de cause effet comme condition de la responsabilité civile, *Rev. trim. dr. civ.* 1939.685 ; LEROY, Le juge judiciaire et le lien de causalité médicale, *Petites Affiches* 29 juillet 1994.

débiteur et qui est à l'origine du dommage subi par le créancier, ne saurait être pris en considération. Il faut un fait fautif. Cependant, la faute ne sera source de responsabilité que si elle est effectivement à l'origine du dommage. Si une personne a commis une faute et qu'une autre a subi un dommage, la première ne sera pas responsable envers la seconde si le dommage ne résulte pas de la faute [1].

---

1. Par exemple, si l'exploitant d'un parc de jeux pour enfants n'a pas surveillé les enfants et, par conséquent, a commis une faute, il ne sera pas pour autant tenu à la réparation du dommage subi par un enfant, si ce dommage est dû à un geste maladroit de la victime que l'exploitant n'aurait pu empêcher s'il avait correctement exécuté son obligation de surveillance (Civ. 1re, 8 novembre 1976, *J.C.P.* 1976.IV.395). A supposer qu'un constructeur ait mal exécuté les travaux d'une installation de distribution d'eau, il ne sera pas responsable envers le maître de l'ouvrage dans le cas où le dommage éprouvé par celui-ci est dû à la qualité de l'eau circulant dans l'installation (Civ. 3e, 24 octobre 1984, *J.C.P.* 1985.IV.5). Si la vente de pétards est interdite par l'autorité administrative, c'est une faute de méconnaître cette interdiction, mais cette faute n'oblige pas le vendeur à réparer le dommage résultant de l'utilisation du pétard dans le cas où cette utilisation a été aberrante (Civ. 1re, 8 avril 1986, *J.C.P.*, 1986.IV.127). En présence d'une faute certaine d'un médecin qui n'a pas prévu l'évolution d'une maladie après un premier examen, la responsabilité du praticien ne saurait être retenue s'il est impossible d'affirmer l'existence d'un lien de cause à effet entre cette faute et le dommage éprouvé par le patient, lequel consiste en une surdité presque totale, les juges ne pouvant fonder leur conviction quant à la causalité sur des circonstances hypothétiques (Civ. 1re, 11 octobre 1988, *J.C.P.* 1988.IV.396). Un médecin ayant commis une faute en laissant opérer un malade sans avertir le chirurgien de l'allergie présentée par le patient, la responsabilité du médecin ne saurait être retenue s'il n'est pas établi que le décès du patient, au cours d'un incident postopératoire, est imputable à l'allergie (Civ. 1re, 10 janvier 1990, *Bull. civ.* 1, n° 10, *D.* 1991. Somm. 358, obs. Penneau. V. aussi Montpellier 21 janvier 1993, *J.C.P.* 1993.IV.2341). Il n'y a pas de lien de causalité entre la faute d'un hôpital ayant pratiqué une amniocentèse qui n'a pas permis de détecter une infirmité du fœtus et le préjudice éprouvé par l'enfant trisomique. En effet, l'infirmité de l'enfant résulte de son patrimoine génétique. En revanche, les parents subissent un préjudice consistant en la certitude que l'enfant n'était pas porteur d'une trisomie, le préjudice résultant de la faute de l'hôpital qui n'a point révélé aux parents que l'examen d'amniocentèse pouvait être affecté d'une marge d'erreur (C.E. 14 février 1997, *D.* 1997.IR.77). Lorsqu'un médecin a commis une erreur fautive de diagnostic, il n'est pas pour autant tenu de réparer les conséquences résultant de l'amputation du patient dès lors que celle-ci aurait pu s'imposer en l'absence de l'erreur de diagnostic (Civ. 1re, 8 juillet 1997, *J.C.P.* 1997.IV.1966, v. aussi en matière de responsabilité médicale, Angers 17 juin 1998, *J.C.P.* 1999.IV.1374). Lorsqu'une banque a commis une faute en communiquant à une personne des renseignements inexacts sur le débiteur de cette personne, qui s'est fondée sur ces renseignements pour conclure un contrat, la banque n'est point tenue de la réparation du dommage subi par le créancier et résultant de l'insolvabilité du débiteur si, à l'époque où les renseignements ont été donnés par la banque, la solvabilité du débiteur ne pouvait être mise en doute, plusieurs mois s'étant écoulés avant qu'apparaisse cette insolvabilité (Com. 24 mai 1994, *R.J.D.A.* 1994, n° 1116). À supposer qu'une faute ait été commise par l'instructeur d'un centre équestre, encore faut-il qu'elle soit à l'origine de la chute d'un cavalier (Civ. 1re, 14 mars 1995, *R.J.D.A.* 1995, n° 934). La faute d'un conseil en recrutement, qui n'a pas vérifié les diplômes d'un candidat sélectionné, ne l'oblige pas à la réparation du dommage subi par son client, si celui-ci trouve son origine dans un ensemble de circonstances indépendantes de cette faute (Paris, 25 avril 1989, *D.* 1989.IR.161). Cependant, dans la célèbre affaire Perruche, la Cour de cassation a méconnu la nécessité d'un lien de causalité entre la faute d'un médecin, consistant à avoir mal interprété les résultats d'une amniocentèse, et le préjudice d'un nouveau-né mal formé. La cause de la malformation de l'enfant est la maladie de sa mère et non pas la faute du médecin, laquelle est seulement à l'origine de la privation de la possibilité pour la mère de se faire avorter, V. l'arrêt de l'Assemblée plénière du 17 novembre 2000 (*D.* 2001.332, note Mazeaud, *Adde*, Aynés, Préjudice de l'enfant handicapé : la plainte de job devant la Cour de cassation, *D.* 2001. Chron. 492 ; VINEY, Brèves remarques à propos d'un arrêt, *J.C.P.* 2001.I.286).

Lorsque la responsabilité est subjective, il appartient au créancier de prouver le lien de causalité entre la faute du débiteur et le dommage. Toutefois, le débiteur pourrait toujours rapporter la preuve contraire, en démontrant que, s'il a commis une faute, cette faute n'est pas la cause du dommage éprouvé par le créancier. Dans le cas où la responsabilité du débiteur est de plein droit, ce qui correspond aux obligations de résultat, il est vrai que l'existence d'un lien de causalité entre l'activité du débiteur et le dommage éprouvé par le créancier est présumée. Il s'agit de la présomption de causalité [1]. Cependant, cette présomption n'est pas irréfragable et le débiteur sera exonéré de sa responsabilité s'il prouve une cause étrangère du dommage [2]. Justement parce que le seul moyen pour le débiteur d'échapper à l'obligation de réparer le dommage est de prouver la réalité d'une cause étrangère, la preuve de l'absence de faute étant inopérante, on qualifie quelquefois les responsabilités de plein droit de responsabilités causales. Certes, toutes les responsabilités sont causales, dans la mesure où il n'y a pas de responsabilité sans lien de causalité entre l'activité d'une personne et le dommage subi par une autre. Toutefois, lorsque la responsabilité repose sur la faute, il y a d'autres moyens, notamment la preuve de l'absence de faute, d'échapper à l'obligation de réparation. Au contraire, lorsque la responsabilité peut être retenue en l'absence de faute, la preuve d'une cause étrangère est le seul moyen d'échapper à l'obligation de réparer. La responsabilité reposant alors sur la seule causalité, elle est dite simplement causale. Tel est le cas pour les obligations de résultat [3], à la différence des obligations de moyens [4].

Cependant, il peut y avoir obligation de réparer le dommage subi par le créancier dans des situations où l'activité du débiteur n'est pas nécessairement à l'origine du dommage. Il en est ainsi lorsque le débiteur est tenu d'une obligation de garantie, soit parce que la loi où la jurisprudence la lui impose impérativement, soit parce qu'il a accepté de l'assumer [5]. En ce cas, la responsabilité civile proprement dite, qui suppose un lien de causalité, est doublée d'une garantie qui, à la différence de la responsabilité, n'est pas fondée sur la causalité.

Par conséquent, si on met à part l'obligation de garantie, dont la sanction va au-delà de la responsabilité, l'inexécution tant de l'obligation de résultat que de l'obligation de moyens ne doit donner lieu à la responsabilité du débiteur que si cette inexécution est imputable à son activité, soit non fautive, si l'obligation est de résultat, soit fautive, si l'obligation est de moyens.

---

1. V. *supra*, n° 610.
2. Sur l'exonération de la responsabilité du débiteur par la preuve d'une cause étrangère, v. *infra*, n° 720 et s.
3. V. *supra*, n° 606, 607 et 610 et s.
4. V. *supra*, n° 606, 607 et 616 et s.
5. Sur l'obligation de garantie, v. *supra*, n° 615.

Cependant, il ne suffit pas que l'inexécution soit imputable au débiteur. Il faut encore que le dommage éprouvé par le créancier soit la conséquence d'une telle inexécution. L'exigence d'un lien de causalité implique que l'on puisse rattacher la survenance du dommage à l'activité du débiteur. La jurisprudence prend soin, dans de nombreuses décisions, de relever l'existence d'un lien de causalité entre l'activité du débiteur et le dommage [1]. Dans d'autres décisions, elle refuse d'admettre la responsabilité du débiteur en se fondant sur l'absence de lien de causalité entre l'inexécution imputable au débiteur et le dommage éprouvé par le créancier [2].

---

1. L'acheteur d'un immeuble n'ayant pas payé le prix, la faute du notaire, qui n'avait pas procédé au renouvellement de l'inscription du privilège du vendeur, doit être considérée comme la cause du dommage subi par celui-ci qui, en raison de ce que le privilège n'avait pas été inscrit, n'avait pas pu invoquer la résolution de la vente pour défaut de paiement du prix, l'action en résolution étant irrecevable si le privilège du vendeur n'a pas été inscrit (Civ. 1re, 12 juillet 1978, *J.C.P.* 1978.IV.294). Doit être retenue la responsabilité d'un entrepreneur de peinture en cas d'incendie de l'immeuble pendant les travaux dès lors qu'aucune cause extérieure de l'incendie ne peut être envisagée (Civ. 3e, 27 février 1979, *J.C.P.* 1979.IV.162). C'est à tort qu'une cour d'appel a débouté le client d'une agence de voyages de son action en responsabilité contre l'agence en raison de ce qu'il avait été blessé dans l'incendie d'un hôtel dans lequel l'agence lui avait réservé une chambre, alors qu'étant admise la faute de l'agence consistant à n'avoir pas vérifié si l'hôtel était assuré, les juges devaient rechercher le lien de causalité entre cette faute et le dommage consistant dans la privation d'un recours contre un assureur garantissant la responsabilité de l'hôtelier (Civ. 1re, 19 décembre 1979, *J.C.P.* 1980.IV.92, *D.* 1980.IR.189, *Rev. trim. dr. civ.* 1980.356, obs. DURRY). Si le preneur a fait disparaître du devis descriptif des travaux à effectuer dans un immeuble l'obligation de faire surveiller les travaux par l'architecte de l'immeuble et celle de les faire contrôler par un organisme technique, il commet une faute qui est en partie la cause du dommage subi par le bailleur et résultant pour une autre partie des malfaçons imputables à l'entrepreneur (Civ. 3e, 4 mars 1980, *J.C.P.* 1980.IV.196).

2. Cf. les décisions rapportées *supra*, note 1, p. 737. *Adde* Com. 15 mars 1976, *J.C.P.* 1977.II.18632, note Ghestin, à propos de la nécessité d'un lien de causalité entre le défaut de la chose vendue et le dommage éprouvé par l'acheteur ; Civ. 1re, 5 décembre 1978, *J.C.P.* 1979.IV.57, *D.* 1979.IR.188, à propos du suicide d'un malade dans un établissement psychiatrique, l'absence d'efficacité suffisante du dispositif de sécurité de la fenêtre ne pouvant être considérée comme la cause du dommage ; Com. 6 novembre 1978, *D.* 1979.IR.345, obs. Larroumet, considérant qu'il n'y a pas de lien de causalité entre le défaut de paiement de l'entrepreneur principal par le maître de l'ouvrage et le défaut de paiement du sous-traitant par l'entrepreneur principal ; Civ. 1re, 30 avril 1985, *J.C.P.* 1986.II.20653, note Dagot, *D.* 1987. Somm. 105, obs. Brunois, qui, un avocat ayant rédigé l'acte de vente d'un immeuble commun par le mari sans le consentement de la femme, considère que, la femme pouvant s'opposer à la vente, il n'y a pas de lien de causalité entre la faute de l'avocat et le préjudice éprouvé par la femme du fait de la différence entre la valeur de l'immeuble et le prix de vente stipulé. V. aussi T.G.I. Strasbourg 22 avril 1983, *J.C.P.* 1985.II.20349, note Dagot, à propos de l'absence de lien de causalité entre la faute d'un notaire qui a omis de demander un certificat d'urbanisme et le préjudice résultant de l'impossibilité de construire ; Paris, 27 février 1987, *D.* 1988, Somm. 238, qui considère, à propos d'une convention entre époux pour régler leurs intérêts après le divorce, qu'il n'y a pas de lien de causalité entre la faute de l'avocat n'ayant pas informé son client quant au régime de la prestation compensatoire et le préjudice dont la réparation est demandée par le client, si celui-ci ne prouve pas qu'il n'aurait jamais signé cette convention dès lors qu'il en aurait connu les conséquences exactes ; Versailles, 15 février 1988, *J.C.P.* 1988.IV.367, arrêt selon lequel la faute commise par un notaire rédacteur d'un acte de vente d'un lot de copropriété, qui a omis d'informer l'acquéreur de l'obligation mise à sa charge par une modification du règlement de copropriété d'entretenir et assurer la réfection des terrasses dont il avait la jouissance privative, n'est pas la cause de l'obligation de l'acquéreur de supporter le coût des travaux de

Il appartient au créancier de l'obligation inexécutée ou mal exécutée de prouver que son préjudice résulte de l'inexécution ou de la mauvaise exécution, sauf lorsqu'il bénéficie d'une présomption de causalité [1] (cf. Civ. 1re, 18 novembre 1997, *D.A.* 1997.20, qui décide justement qu'une faute contractuelle n'implique pas nécessairement par elle-même l'existence d'un dommage en relation de cause à effet avec cette faute, le lien de causalité devant être prouvé par le demandeur). La preuve est, bien entendu, libre, tout indice pouvant être utilisé. En particulier, lorsqu'il résulte des circonstances qu'il n'y a pas d'autre cause possible du dommage que le fait imputable au débiteur, le lien de causalité doit être considéré comme établi (cf. Civ. 2e, 20 juillet 1993, *D.* 1993.IR.186, Civ. 1re, 14 novembre 1995, *D.* 1995.IR.269, *Bull. civ.* 1, n° 414, *J.C.P.* 1996.I.3985, n° 13, obs. Viney, Civ. 1re, 9 mai 2001, *D.* 2001-2149, rapport Sargos, *Rev. trim. dr. civ.* 2001-889, obs. Jourdain, Civ. 1re, 18 juin 2002, *D.* 2002.IR.2307, *J.C.P.* 2002.IV.2385, Civ. 1re, 10 juillet 2002, *R.J.D.A.* 2003, n° 2157 et Civ. 1re, 17 juillet 2001, 2 arrêts, *R.J.D.A.* 2002, n° 144, *J.C.P.* 2003.I.152, n° 27, qui considèrent que s'il ne peut être établi que la victime du sida a pu être contaminée par d'autres facteurs que la transfusion d'un sang non chauffé, le lien de causalité entre la transfusion et la contamination doit être tenu pour prouvé. V. dans le même sens, Civ. 2e, 6 mars 2003, *J.C.P.* 2003.IV.1781, à propos de l'hépatite C, Pau 13 mai 1993, *J.C.P.* 1994.IV.505; V. aussi, Civ. 1re, 12 avril 2005, *J.C.P.* 2005.IV.2241, Civ. 1re, 17 février 1993, *J.C.P.* 1994.II.22226, note Dorsner-Dolivet, *Rev. trim. dr. civ.* 1993. 589, obs. Jourdain, qui approuve une cour d'appel d'avoir considéré que l'importance des transfusions réalisées après un accident permet de les considérer comme la cause de l'inoculation du virus, les transfusions antérieures à l'accident étant de moindre importance. V. en revanche, toujours à propos de l'hépatite C, des décisions qui considèrent que le lien de causalité n'est pas prouvé par la victime, Civ. 1re, 23 novembre 1999, *J.C.P.* 2000.IV.1039 ; Civ. 1re, 28 mars 2000, *J.C.P.* 2000.IV.1868, *Rev. trim. dr. civ.* 2000.577, obs. Jourdain ; Toulouse 4 octobre 1999, *Petites Affiches* 4 août 2000 ; Civ. 1re, 23 septembre 2003, *Rev. trim. dr. civ.* 2004.101, *D.* 2004. Somm. 1344, obs. Mazeaud, qui considère que l'incertitude scientifique empêche de reconnaître un lien de causabilité entre le vaccin contre l'hépatite B et l'apparition d'une sclérose

---

(Suite de la note 2, p. 739) réfection, cette obligation étant prise à sa charge en vertu du règlement de copropriété et non pas en raison de l'omission du notaire ; Paris, 11 octobre 1988, *D.* 1988.IR.281, à propos de l'absence de lien de causalité entre l'omission d'une mention exigée par la loi pour la validité d'un congé délivré par le bailleur et le préjudice invoqué par le preneur.

1. V. *supra,* n° 610.

en plaques) [1]. Lorsqu'un garagiste est intervenu sur le circuit électrique d'une automobile et que celle-ci a été détruite par un incendie, il appartient au client du garagiste de prouver que l'incendie a pris naissance dans le circuit électrique (Civ. 1re, 14 mars 1995, *J.C.P.* 1995.IV.1163. V. aussi, Civ. 1re, 5 novembre 1996, *R.J.D.A.* 1997, n° 192, sur le même problème).

660. – Chaînes de dommages. Si le lien de causalité implique que le dommage éprouvé par le créancier soit dû à l'activité du débiteur, il implique aussi que seules, parmi les conséquences dommageables, celles qui peuvent être rattachées au dommage initial subi par le créancier soient mises à la charge du débiteur. Il s'agit d'une autre façon d'envisager le lien de causalité qui n'est pas sans rapport avec celle qui vient d'être envisagée et il y aurait certainement de l'arbitraire à considérer qu'il y a là un aspect du lien de causalité indépendant du premier aspect. En effet, c'est toujours le lien entre l'activité du débiteur et le dommage éprouvé par le créancier dont il est question. Mais, il faut supposer qu'au lieu de subir un seul dommage, le créancier subit plusieurs dommages en chaîne. Le problème est de savoir si le débiteur est tenu de la réparation de tous les dommages.

Supposons par exemple que le vendeur d'une maison ne la délivre pas à l'acheteur. Celui-ci ayant donné congé au bailleur de l'immeuble qu'il occupait, il est obligé pour se reloger de louer un autre immeuble. Le marché de la location étant très pauvrement fourni, il accepte de louer une maison dans l'état où elle se trouve. Ne pouvant l'occuper dans cet état, il doit effectuer des travaux, mais, comme il n'a pas de disponibilités, il doit emprunter à un taux d'intérêt élevé pour faire procéder aux travaux, lesquels ne pouvant être effectués rapidement par l'entrepreneur, cela l'oblige à s'installer à l'hôtel quelque temps, ce qui n'empêche pas les intérêts de l'emprunt contracté de courir. Par conséquent, l'inexécution originaire de l'obligation de livraison a pour effet d'entraîner des débours en chaîne qui constituent autant de préjudices pour le créancier. Doit-on considérer que tous ces débours constituent une conséquence de l'inexécution initiale de l'obligation de livraison ?

L'article 1151 du Code civil énonce que « les dommages-intérêts ne doivent comprendre, à l'égard de la perte éprouvée par le créancier et du gain dont il a été privé, que ce qui est une suite immédiate et directe de l'inexécution de la convention ». Il est vrai que ce texte n'est pas d'une précision telle qu'il permette de résoudre facilement

1. V. l'article 102 d'une loi du 4 mars 2002 relative aux droits des malades en ce qui concerne la preuve de la contamination, en vertu duquel c'est au défendeur à l'action en responsabilité de prouver que la transfusion n'est pas à l'origine de la contamination (cf. Civ. 1re, 18 mars 2003, *J.C.P.* 2003.IV.1869, sur l'application de ce texte). La jurisprudence considère que le doute profite à la victime demandeuse lorsque la contamination n'est pas totalement exclue (v. C.E. 9 mars 2007, D. 2007.2204 ; Civ. 1re, 12 juillet 2007, *D.* 2007.2160).

la question. En effet, on pourrait considérer que tous les dommages éprouvés par le créancier dans l'exemple envisagé sont des dommages directs, sur le fondement de l'idée qu'ils ne se seraient pas produits en l'absence de l'inexécution initiale, sous réserve, bien entendu, qu'ils aient pu être prévus au moment de la conclusion du contrat, ce qui est un autre problème [1]. Pourtant, en ce qu'il prend soin de préciser que ce n'est que ce qui est une suite immédiate et directe de l'inexécution de la convention qui doit faire l'objet de la réparation, il n'est pas douteux que l'article 1151 du Code civil entend adopter une conception restrictive en matière de causalité.

Ce qui est essentiel est de savoir ce que l'on doit entendre par suite immédiate et directe de l'inexécution de la convention. Il s'agit de savoir si les préjudices en chaîne se rattachent nécessairement au préjudice originaire ou bien s'il y a une circonstance propre à les avoir engendrés qui est indépendante du fait imputable au débiteur, auquel cas, il y aurait une rupture dans l'enchaînement des causes. Ainsi, dans l'exemple que nous avons pris, la nécessité dans laquelle se trouve l'acheteur de louer un immeuble pour se loger en raison de l'inexécution de l'obligation de livraison du vendeur est une conséquence nécessaire de cette inexécution. En revanche, la nécessité de faire des travaux dans l'immeuble loué est due au fait que le preneur a accepté un immeuble qui n'est pas en bon état et à l'état du marché locatif, ce qui est indépendant de l'inexécution de l'obligation de livraison. Quant à l'emprunt, il a été rendu nécessaire par le manque de capitaux du preneur et non pas par l'inexécution de l'obligation de livraison. Il en va de même en ce qui concerne le fait que l'entrepreneur ne peut pas procéder aux travaux rapidement. C'est le carnet de commandes de celui-ci qui oblige son cocontractant à s'installer à l'hôtel et non pas l'inexécution de l'obligation de livraison du vendeur. Par conséquent, il y a une rupture dans le lien de causalité, dans la mesure où, à partir d'un certain moment, des préjudices éprouvés par l'acheteur ne peuvent plus être considérés comme des conséquences normales du préjudice initial. Il est vrai qu'il n'est pas toujours facile de déterminer s'il y a une rupture dans l'enchaînement des causes. C'est au juge à la lumière de tous les éléments propres à chaque espèce de le déterminer. Cela relève quelquefois plus de l'instinct que de la raison.

660 *bis*. – Causalité adéquate, équivalence de causes. La rupture dans l'enchaînement des causes se conçoit dans le système de la causalité adéquate, qui a quelquefois les faveurs de la jurisprudence et selon lequel il appartient au juge, parmi les différentes causes possibles de tel ou tel dommage, de déterminer celles qu'il convient de retenir et celles qu'il faut écarter. Au contraire, dans le système de l'équivalence des

---

1. Sur la prévisibilité du dommage, v. *supra*, n° 657 et 658.

causes, toutes les causes doivent être retenues et il suffit que, parmi ces différentes causes, se trouve un fait imputable au débiteur pour que la responsabilité de celui-ci puisse être retenue (cf. Paris 7 juillet 1989, *Rev. trim. dr. civ.* 1990.85, obs. Jourdain, qui se fonde expressément sur l'équivalence des causes pour retenir la responsabilité de l'auteur d'un accident de la circulation envers la victime, décédée du sida par suite des transfusions sanguines nécessitées par son état après l'accident. Cette solution, envisageable du point de vue de l'équivalence des causes, est tout à fait contestable du point de vue de la causalité adéquate, car la transfusion sanguine défectueuse manifeste une rupture dans l'enchaînement causal par rapport au fait initial imputable à l'auteur de l'accident. Comparer, Versailles, 30 mars 1989, *J.C.P.*, 1990.II.21505, note Dorsner-Dolivet, *Rev. trim. dr. civ.* 1990.86, obs. Jourdain, qui se fonde formellement sur la causalité adéquate, dans une espèce tout à fait voisine, alors qu'il eût fallu faire appel à l'équivalence des causes pour justifier la solution. V. aussi, Paris 26 novembre 1991, *D.* 1992.IR.70 ; Dijon 16 mai 1991, *D.* 1993.242, note Kerchkove ; Civ. 1re, 17 février 1993, *J.C.P.* 1994.II.22226, note Dorsner-Dolivet, qui admet le principe de la responsabilité de l'auteur de l'accident. Dans le même sens, v. Civ. 2e, 27 janvier 2000, *J.C.P.* 2000.II.10363, note Conte, *J.C.P.* 2000.I.241, n° 4, obs. Viney, *Rev. trim. dr. civ.* 2000.355, obs. Jourdain, *D.* 2001.2073, note Chakirian ; Civ. 1re, 5 juillet 2006, *D.* 2006.2127, *J.C.P.* 2006.IV.2690 ; Civ. 2e, 25 janvier 2007, *J.C.P.* 2007.II.10035, *Petites Affiches* 18 avril 2007, note Prigent ; Civ. 1re, 4 décembre 2001, *B. civ.* 1, n° 310, *Rev. trim. dr. civ.* 2002.308, obs. Jourdain, à propos d'un incident thérapeutique survenu au cours d'une intervention chirurgicale à la suite d'un accident, le responsable de l'accident étant tenu aussi pour responsable de l'incident thérapeutique ; Civ. 1re, 4 décembre 2001, *D.* 2002.3044, note Lambertye-Autran, *J.C.P.* 2002.I.186, n° 10, obs. Viney, *J.C.P.* 2002.II.10198, note Gout, arrêt selon lequel le centre de transfusion sanguine, responsable pour avoir fourni un sang contaminé à une personne victime d'un accident, peut exercer un recours contre le responsable de l'accident. V. aussi, Civ. 2e, 20 octobre 2005, *D.* 2006.492 ; Civ. 1re, 2 juillet 2002, *D.* 2002.IR.2517, *J.C.P.* 2002.IV.2476, qui, se fondant expressément sur l'équivalence des causes, admet, dans une situation identique à celle de l'arrêt précédent, une responsabilité partagée entre l'auteur de l'accident, le centre de transfusion ainsi que la victime qui avait commis une faute à l'origine de l'accident ; Civ. 2e, 6 mars 2003, *J.C.P.* 2003.IV.1781, à propos d'une action récursoire de l'organisme de transfusion contre le responsable de l'accident ; Soc. 31 octobre 2002, *D.* 2003. Somm. 382, obs. Signoretto, *D.* 2003.644, note Saint-Jours, à propos d'une faute inexcusable d'un employeur, l'arrêt précisant qu'il suffit qu'elle soit la cause nécessaire de l'accident dont le salarié a été victime sans qu'il soit indispensable qu'elle en soit la cause déterminante s'il y a eu d'autres fautes imputables à d'autres personnes. V. aussi, Ass. plén. 24 juin

2005, *D.* 2005.1881). L'équivalence des causes est condamnable dans la mesure où l'on sent bien que toutes les conséquences d'un dommage initial ne peuvent être rattachées au fait générateur de ce dommage. Il faut opérer un tri et ne rattacher au dommage que les conséquences nécessaires. Dès lors qu'il n'y a plus de conséquence nécessaire, il y a une rupture dans l'enchaînement des causes.

661. – Applications. La jurisprudence, sur le fondement de l'article 1151 du Code civil, refuse la réparation du dommage qu'elle considère comme indirect.

Ainsi, la Cour de cassation a cassé la décision d'une cour d'appel qui a condamné un employeur à réparer le préjudice subi par l'employé du fait d'une maladie, en raison de ce que celle-ci n'avait été détectée que tardivement, l'employeur n'ayant pas fait subir à l'employé les visites médicales obligatoires annuelles qui auraient permis de la détecter plus tôt. En effet, si le préjudice consistant dans le retard avec lequel la maladie a été détectée est une conséquence directe de la faute de l'employeur, il n'en va pas de même du préjudice résultant de la maladie elle-même (Soc. 10 juin 1976, *D.* 1976.IR.219). Il n'y a pas de lien de causalité entre la rupture abusive d'un crédit par une banque et le suicide de son client (Com. 4 décembre 2001, *R.J.D.A.* 2002, n° 353). Un tribunal a considéré que la faute commise par un médecin consistant à avoir utilisé une méthode d'interruption de grossesse dont les risques d'échec sont connus est à l'origine du préjudice éprouvé par la femme et résultant de son état de grossesse, y compris les frais qu'elle a dû exposer pour se faire avorter à l'étranger (T.G.I. Evreux, 21 décembre 1979, *D.* 1981.185, note Penneau). Selon un arrêt de la chambre commerciale de la Cour de cassation, c'est à tort qu'une cour d'appel a nié que le défaut de fonctionnement d'un appareil d'alarme permette de mettre à la charge de son installateur, auquel le défaut de fonctionnement était imputable, les conséquences d'un vol, aux motifs que le vol n'était pas la conséquence directe du défaut de fonctionnement en raison de ce qu'il aurait pu avoir lieu même si le système avait fonctionné, alors que les juges devaient, sans se borner à une affirmation d'ordre général, préciser en quoi exactement le préjudice résultant du vol était indirect (Com. 14 décembre 1981, *Bull. civ.* 4, n° 443, *J.C.P.* 1982.IV.92, *D.* 1982.IR.134. V. aussi, Civ. 1re, 6 octobre 1998, *R.J.D.A.* 1999, n° 762) [1]. Le paiement tardif des travaux par le maître de l'ouvrage peut être considéré comme la cause directe des difficultés de trésorerie de l'entrepreneur et a contribué au dépôt de bilan de celui-ci (Civ. 3e, 18 avril 1984, *J.C.P.* 1984.IV.198).

---

1. Dans une espèce du même genre, c'est à tort, pour retenir partiellement la responsabilité de l'installateur du système à la suite d'un vol, qu'une cour d'appel a considéré que le défaut de fonctionnement était à l'origine non pas du vol mais de la perte d'une chance de ne pas être volé (Lyon, 30 juin 1981, *D.* 1982.IR.365, obs. Larroumet. Comparer, Versailles, 9 juin 1988, *D.* 1988.IR.244). Comme en matière de responsabilité médicale, c'est confondre la cause du dommage et son étendue, v. *supra,* n° 656 bis.

§ 2. Mise en œuvre et effets de la responsabilité contractuelle

662. – Réparation amiable ou réparation judiciaire. Il s'agit de déterminer comment le créancier pourra obtenir la réparation du dommage causé par l'inexécution ou la mauvaise exécution de l'obligation par le débiteur. S'il n'y a pas de litige et si la réparation est amiable, parce que le débiteur admet sa responsabilité et accepte de réparer le dommage, il n'y a pas de problème. L'accord conclu entre le créancier et le débiteur relève de la transaction, puisqu'il a pour objet de prévenir un litige. En l'absence d'accord sur la responsabilité, il faut, d'abord, constater l'inexécution de l'obligation. C'est l'objet de la mise en demeure. Ensuite, il s'agit de condamner le débiteur à la réparation du dommage.

A. La mise en demeure [1]

663. – Définition et utilité. La mise en demeure est un acte par lequel le créancier enjoint au débiteur d'exécuter l'obligation, alors que celle-ci n'a pas été exécutée volontairement au moment où elle devait l'être. Par conséquent, la mise en demeure, dont il est question à l'article 1146 du Code civil, constate l'inexécution de l'obligation. C'est, aux termes de l'article 1139, une sommation adressée par le créancier au débiteur. En principe, certaines formes sont exigées pour cette sommation dont il convient aussi de préciser quels sont exactement les effets qu'elle produit. En effet, si son utilité est de constater l'inexécution de l'obligation, cette utilité est aussi liée à l'étendue de ses effets, ce dont il résulte qu'à supposer qu'elle ne soit pas toujours nécessaire pour constater l'inexécution de l'obligation, il n'en demeure pas moins qu'elle sera utile à d'autres point de vue.

Par conséquent, avant d'envisager ses effets, il convient de déterminer sa forme et de préciser si elle est toujours nécessaire pour constater l'inexécution de l'obligation.

1) Les formes de la mise en demeure

664. – L'article 1139 du Code civil. L'article 1139 du Code civil parle de sommation ou d'un acte équivalent. Si la sommation, qui est un acte solennel supposant l'intervention d'un huissier, n'est pas un acte judiciaire en ce sens qu'elle n'est pas le préalable nécessaire d'une action en justice, l'acte équivalent peut être un acte judiciaire, tel qu'une citation en justice (cf. Civ. 1re, 21 juin 1988, *D.* 1988.IR.198,

---

1. *Bibliographie* : COLLOMB, *Demeure et mise en demeure en droit privé*, thèse, Nice, 1974 ; ALLIX, Réflexions sur la mise en demeure, *J.C.P.* 1977.I.2844 ; WEILL, Dommages-intérêts compensatoires et mise en demeure, *Rev. crit. législ. et jurispr.* 1939.203 ; MEURISSE, Dommages-intérêts compensatoires, dommages et intérêts moratoires et mise en demeure, *J.C.P.* 1947.I.667 ; PIERRARD, La mise en demeure et les dommages-intérêts compensatoires, *J.C.P.* 1944.I.466 ; LAGARDE, Remarques sur l'actualité de la mise en demeure, *J.C.P.* 1996.I.3974 ; DELMOTTE, Responsabilité contractuelle : nécessité d'une mise en demeure préalable pour obtenir des dommages-intérêts, *R.J.D.A.* 2006.2.

J.C.P. 1988.IV.308, *Rev. trim. dr. civ.* 1988.748, obs. Mestre ; Civ. 1re, 23 janvier 2001, *J.C.P.* 2001.IV.1482) ou un commandement, lesquels sont aussi des actes d'huissier [1].

Cependant, l'acte équivalent à une sommation peut être une simple lettre, dès lors que non seulement son envoi et son contenu peuvent être prouvés par le créancier, ce qui est indispensable si le débiteur nie avoir été mis en demeure par une lettre à lui adressée par le créancier, mais encore s'il résulte des termes de cette lettre une interpellation suffisante du débiteur. L'interpellation suppose l'injonction faite par le créancier au débiteur d'exécuter l'obligation. En effet, l'article 1139, tel qu'il résulte d'une réforme opérée par une loi du 9 juillet 1991, se contente d'une lettre même non recommandée, dès lors qu'elle contient une interpellation suffisante du débiteur (Versailles 24 janvier 1997, *D.A.* 1997.600). Cette solution avait été précédemment admise par la Cour de cassation (cf. Civ. 3e, 31 mars 1971, *D.* 1971. Somm. 131 ; Com. 5 octobre 1993, *R.J.D.A.* 1993, n° 397 ; Com. 17 décembre 1996, *R.J.D.A.* 1997, n° 551) [2].

2) Le domaine de la mise en demeure

665. – Intérêt de la mise en demeure et hypothèses où elle ne paraît pas s'imposer. Dans certains systèmes juridiques, en particulier dans les systèmes de *common law*, la mise en demeure n'est pas requise. Dans d'autres systèmes, sans toujours admettre une application générale du principe *dies interpellat pro homine*, c'est-à-dire que l'échéance du terme vaut mise en demeure sans qu'une sommation soit nécessaire, le domaine de la mise en demeure est restreint [3]. En droit français, s'il y a des exceptions légales à la nécessité de recourir à la mise en demeure, celles-ci ne sont pas aussi étendues que dans d'autres systèmes juridiques.

1. La citation en justice ouvre le procès. Le commandement constitue le préalable d'une saisie qui va permettre notamment la vente aux enchères des biens du débiteur. Il suppose, par conséquent, un titre exécutoire tel qu'un jugement ou un acte notarié.

2. Si la lettre missive ordinaire est contestée par le débiteur qui prétend ne pas l'avoir reçue, il est certain que le créancier n'est pas en mesure de prouver qu'il a adressé une mise en demeure au débiteur. En ce cas, l'interpellation n'est pas suffisante. Si la lettre est recommandée, le créancier est dans une situation meilleure, encore qu'il faille prouver le contenu de la lettre adressée au débiteur, sauf si sa production est ordonnée par le juge, auquel cas le contenu sera prouvé sans difficulté. L'acte d'huissier présente une sécurité encore plus grande pour le créancier quant à la preuve de l'interpellation du débiteur.

3. Ainsi, en droit suisse, il résulte de l'article 102, al. 1er du Code des obligations que la mise en demeure est nécessaire et cela d'autant plus qu'elle fait courir les intérêts moratoires d'une somme d'argent (art. 104) ainsi que les dommages-intérêts en cas de retard d'exécution (art. 103) et qu'elle met à la charge du débiteur les cas fortuits l'empêchant d'exécuter son obligation (art. 103). Cependant, l'article 102, al. 2 n'exige pas la mise en demeure lorsque l'obligation doit être exécutée un jour déterminé à l'avance. En droit libanais, la mise en demeure n'est pas nécessaire dans plusieurs situations (art. 258 du Code des obligations et des contrats) et notamment « lorsque l'obligation était affectée d'un terme, actuellement échu, et qui avait été inséré, au moins partiellement dans l'intérêt du débiteur », ce qui correspond à une situation très fréquente.

Il est certain que le créancier ne peut prétendre mettre en œuvre la responsabilité du débiteur que si celui-ci, du moins lorsqu'il ne s'agit pas d'une exécution défectueuse consommée, n'a pas exécuté son obligation et il faudra bien que le créancier prouve l'inexécution dont il se plaint. À cet égard, parce que la mise en demeure prouve d'une façon simple et efficace l'inexécution de l'obligation, elle présente le plus grand intérêt pour le créancier, d'autant plus que d'autres effets lui sont attachés [1]. C'est la raison pour laquelle il est parfaitement admissible qu'elle reçoive le domaine d'application le plus large. Cependant, ce n'est pas pour autant une raison d'en faire une institution d'ordre public, d'autant plus que, même si la mise en demeure n'a pas été écartée par les volontés des parties, il y a des situations dans lesquelles elle ne paraît pas s'imposer.

a) Mise en demeure non nécessaire en vertu des volontés des parties

666. – Stipulation expresse et stipulation implicite. L'article 1139 du Code civil énonce très clairement que la mise en demeure n'est pas d'ordre public, puisque les parties peuvent stipuler que l'échéance du terme vaut mise en demeure sans qu'il soit besoin d'une sommation. Cependant, la dispense de la mise en demeure ne saurait entraîner la dispense, pour le créancier, de prouver l'inexécution de l'obligation par le débiteur. En raison de ce que l'inexécution d'une obligation même contractuelle est un simple fait juridique, le créancier pourra prouver l'inexécution par tous moyens propres à convaincre le juge.

Parce que la dispense de mise en demeure déroge à un principe, on aurait pu admettre qu'elle dût être expresse et on ne pourrait la déduire des circonstances ou de certaines stipulations non explicites. Cependant, la jurisprudence s'est montrée libérale. Elle a considéré qu'il pouvait résulter de certaines stipulations contractuelles que le créancier n'avait pas à mettre le débiteur en demeure d'exécuter, les juges interprétant souverainement les volontés des parties à cet égard. Ainsi, la stipulation selon laquelle un bien doit être livré ou un service accompli dès la conclusion du contrat dispenserait le créancier de mettre en demeure (cf. Civ. 28 février 1938, *Gaz. Pal.* 1938.I.871 ; Paris 28 mars 1990, *D.* 1990.IR.98). Ainsi encore, lorsqu'un contrat d'entreprise prévoit une pénalité par jour de retard à partir d'une certaine date, le maître de l'ouvrage n'est pas tenu, pour faire courir les pénalités, de mettre l'entrepreneur en demeure (Civ. 3e, 9 juin 1999, *R.J.D.A.* 1999, n° 1044, *Contrats, conc. consomm.* 1999, n° 154, obs. Leveneur. V. aussi, Com. 8 octobre 2002, *B. civ.* 4, n° 138, *Rev. trim. dr. civ.* 2003.503, obs. Mestre et Fages). La solution pourrait s'expliquer par le fait que la mise en demeure supposerait un délai consenti au débiteur et que, si le créancier le laisse passer sans demander l'exécution, c'est qu'il le proroge

---

1. V. *infra*, n° 670 et s.

tacitement. Au contraire, lorsqu'aucun terme n'a été stipulé, le créancier entend obtenir une exécution immédiate et il n'y a pas lieu de l'obliger à mettre le débiteur en demeure dès la conclusion du contrat.

b) Mise en demeure non nécessaire en dehors des volontés des parties

667. – Lois spéciales dérogeant au principe général de la nécessité de la mise en demeure. Certaines dispositions légales spéciales dispensent, pour des raisons variables, le créancier de mettre le débiteur en demeure d'exécuter son obligation. Par exemple, la constitution de dot au profit d'une personne en vue de son mariage emporte intérêts à la charge du constituant sans qu'il soit nécessaire que le créancier le mette en demeure (art. 1440 C. civ.). Les dettes de récompenses d'un époux au profit de la communauté ou de celle-ci au profit d'un des époux, dans les régimes matrimoniaux de communauté, emportent intérêts dès la dissolution du mariage sans mise en demeure du débiteur de la récompense (art. 1473 C. civ.). L'acheteur d'un immeuble qui entend éviter la rescision de la vente en raison de la lésion subie par le vendeur est en droit de forcer celui-ci à recevoir un supplément de prix (art. 1681 C. civ.). En ce cas, il est tenu des intérêts de ce supplément de prix à dater du jour de la demande en rescision formée par le vendeur et aucune mise en demeure n'est nécessaire (art. 1682 C. civ.). Ainsi encore, la condamnation judiciaire au paiement de dommages-intérêts, notamment ceux qui sont dûs pour réparer le préjudice subi par le créancier du fait de l'inexécution d'une obligation contractuelle, emporte, sans qu'il soit nécessaire de mettre le débiteur en demeure, intérêts dès le jour de la condamnation (art. 1153-1 C. civ.). Il y a encore d'autres hypothèses dans lesquelles le créancier n'a pas à mettre le débiteur en demeure.

668. – Préjudice résultant du retard dans l'exécution de l'obligation. Indépendamment de ces lois spéciales qui dérogent au principe général affirmé à l'article 1146 du Code civil, selon lequel « les dommages-intérêts ne sont dûs que lorsque le débiteur est en demeure de remplir son obligation », il s'agit de savoir quelle est la portée de cette exigence légale.

L'exigence de l'article 1146 concerne-t-elle les dommages-intérêts compensatoires ou seulement les dommages-intérêts moratoires ? Tandis que les seconds ont pour objet la réparation du préjudice résultant du retard dans l'exécution de l'obligation, les premiers réparent le préjudice résultant de l'inexécution totale ou partielle autre que le retard. La question divise les auteurs et la jurisprudence pourrait varier.

Il est certain que, s'agissant des dommages-intérêts moratoires, sauf si les parties en ont décidé autrement [1] ou si la loi en dispense le

---

1. V. *supra*, n° 666.

créancier [1], on doit admettre qu'il n'y a retard que si le créancier se plaint de ce que l'obligation n'a pas encore été exécutée, justement par la mise en demeure du débiteur. La mise en demeure est la constatation de ce que le débiteur n'a pas exécuté son obligation au moment où il devait l'exécuter.

En ce qui concerne les obligations consistant dans le paiement d'une somme d'argent, la solution est affirmée tout à fait clairement à l'article 1153, al. 3 du Code civil, lequel précise que les intérêts, qui constituent des dommages-intérêts moratoires [2], sont dus du jour de la sommation de payer, c'est-à-dire à dater de la mise en demeure. En effet, la sommation est nécessaire pour admettre, sauf exception légale, l'existence du préjudice qui n'a pas a être autrement prouvée [3] (cf. Civ. 1re, 7 mai 2002, *D.* 2002. Somm. 3177, obs. Groutel, *J.C.P.* 2002.II.10182, note Khodri-Benamrouche, qui casse l'arrêt d'une cour d'appel qui avait condamné un assureur à payer des intérêts alors qu'il n'avait pas été mis en demeure et n'en avait pas été dispensé).

S'il s'agit du retard dans l'exécution d'une obligation autre que celle consistant dans le paiement d'une somme d'argent, bien que la réparation ne soit pas fondée sur les mêmes principes [4], il n'y a pas de raison de ne point exiger de mise en demeure pour que le retard soit constaté. En effet, le problème s'y présente de la même façon. Au demeurant, la notion de temps et, par conséquent, de retard, est essentielle dans l'article 1146 du Code civil, le texte précisant que lorsque le créancier a laissé passer le temps pendant lequel l'exécution devait avoir lieu et qu'il apparaît que l'inexécution est consommée, la mise en demeure n'est plus nécessaire, en raison de ce que l'inexécution définitive peut être prouvée autrement. En d'autres termes, lorsqu'il y a retard et que l'exécution est encore possible, ce qui pourra satisfaire le créancier, celui-ci a tout intérêt à mettre le débiteur en demeure pour obtenir la réparation du préjudice résultant du retard. Par conséquent, dans une telle situation, la mise en demeure non seulement est nécessaire pour que soit constaté le retard et faire naître le droit à l'obtention de dommages-intérêts moratoires, mais encore elle manifeste que le créancier entend poursuivre l'exécution en nature de l'obligation.

Lorsque le débiteur a exécuté l'obligation avec retard sans avoir été mis en demeure par le créancier et que le retard est source de préjudice pour celui-ci, il est en droit d'en demander la réparation. Toutefois, il est évident qu'il lui appartient de prouver le retard par tous moyens (cf. Civ. 2e, 11 janvier 1995, *D.* 1995.IR.25, *J.C.P.* 1995.IV.589, à propos de la liquidation d'une astreinte, l'arrêt considérant que le créancier doit prouver la durée pendant laquelle l'obligation n'a pas

1. V. *supra,* n° 667.
2. V. *supra,* n° 645 et s.
3. V. *supra,* n° 647.
4. V. *supra,* n° 648 et s.

été exécutée, ce qui est nécessaire pour déterminer le montant de l'astreinte définitive, bien que celle-ci ne corresponde pas à des dommages-intérêts).

669. – Préjudice autre que celui résultant du retard. Lorsque le préjudice dont le créancier entend demander la réparation ne résulte pas du retard, le problème est différent.

En premier lieu, il se peut que l'inexécution totale ou partielle de l'obligation soit consommée. Par exemple, il apparaît certain que la chose qui devait être livrée ne le sera jamais ou que le service qui devait être accompli ne le sera pas. Ou bien encore la chose est livrée ou restituée, mais elle est en mauvais état. Dans de telles situations, la mise en demeure ne présente aucune utilité et il faut admettre qu'elle ne s'impose pas [1]. D'une part, il ne sert à rien au créancier de sommer le débiteur d'exécuter puisque, par hypothèse, il y a eu inexécution consommée, totale ou partielle (Ch. mixte 6 juillet 2007, *D.* 2007.1956 obs. Gallmeister, *Petites Affiches* 27 septembre 2007, note Prigent). D'autre part, l'inexécution sera prouvée autrement que par la mise en demeure qui, à cet égard, ne sert à rien. C'est la raison pour laquelle le Code civil admet, d'abord, que, lorsque la satisfaction du créancier devait être procurée dans un temps requis et que celui-ci est passé, la réparation du dommage est possible sans qu'il soit nécessaire de recourir à la mise en demeure (art. 1146). En ce cas, le dommage résulte de l'inexécution consommée et non pas du retard dans l'exécution. De la même façon, le Code civil admet qu'en cas d'inexécution d'une obligation de ne pas faire, le seul fait de la contravention oblige le débiteur à la réparation sans qu'il soit nécessaire de le mettre en demeure (art. 1145). Si je m'engage à ne pas faire de concurrence et que je ne respecte pas mon obligation, on ne voit pas en quoi il serait utile pour mon créancier de me mettre en demeure pour obtenir des dommages-intérêts, puisque l'inexécution est consommée (cf. Paris 29 mai 1992, *D.* 1992.IR.237, à propos de la résiliation par le concédant d'un contrat de concession, le concessionnaire ayant contrevenu à une obligation de ne pas faire ; Civ. 1re, 26 février 2002, *D.* 2002.IR.1114, qui précise que, pour l'obtention des dommages-intérêts, la preuve d'un préjudice est nécessaire, même si le créancier est dispensé de mettre le débiteur en demeure).

Cependant, en deuxième lieu, la mise en demeure opère, en ce qui concerne la perte fortuite d'une chose à livrer au créancier, un déplacement de la charge des risques, en ce sens que c'est au débiteur, même s'il n'est pas propriétaire, de les supporter et non pas au

1. Cette idée inspire la Cour de cassation lorsque, le preneur n'ayant pas fait concourir le bailleur à une sous-location, comme il en a l'obligation dans les baux commerciaux, elle admet que le bailleur peut donner congé au preneur sans avoir à le mettre préalablement en demeure, l'inexécution de son obligation par le preneur ne pouvant être effacée (Civ. 3e, 13 mars 1991, *J.C.P.* 1991.IV.182. V. aussi, Com. 22 février 1994, *R.J.D.A.* 1994, n° 770, dans une situation où l'inexécution était consommée).

créancier, même s'il est propriétaire [1]. Cela va se manifester par le versement au créancier de dommages-intérêts représentant la valeur de la chose, c'est-à-dire des dommages-intérêts compensatoires. Par conséquent, la mise en demeure est nécessaire pour que le créancier puisse les obtenir. Cependant, il faut bien voir que le créancier ne procédera à la mise en demeure que si la chose devait être livrée à un certain moment et qu'elle ne l'a pas été. En effet, en l'absence de retard, il n'y a pas à envisager le déplacement de la charge des risques et le créancier ne pourrait certainement pas mettre le débiteur en demeure de livrer (cf. art. 1302, al. 1er C. civ.).

En troisième lieu, s'agissant toujours des dommages-intérêts compensatoires, il y a des situations dans lesquelles l'inexécution de l'obligation ne peut être reprochée au débiteur lorsqu'il n'est pas en mesure de savoir qu'il devait l'exécuter. Le problème s'est posé notamment à propos de l'obligation du bailleur d'effectuer les réparations de l'immeuble loué qui lui incombent en vertu du bail. Tant que le bailleur n'a pas été averti par le preneur que ces réparations doivent être exécutées, il est certain qu'on ne peut lui reprocher de ne pas les avoir exécutées. C'est la raison pour laquelle, dans une telle hypothèse, il a quelquefois été admis que le créancier, en l'occurrence le preneur, devait mettre le débiteur, en l'occurrence le bailleur, en demeure d'effectuer les réparations et qu'il ne pouvait demander la réparation du préjudice résultant du trouble dans la jouissance des lieux en l'absence de mise en demeure (cf. Civ. 11 janvier 1892, *D.P.* 1892.1.257, note Planiol. V. aussi, Civ. 3e, 20 mars 1991, *R.J.D.A.* 1991, n° 383 et Civ. 3e, 12 mars 2002, *R.J.D.A.* 2002, n° 600, selon lesquels en l'absence de mise en demeure adressée au bailleur d'effectuer des travaux et de décision judiciaire autorisant le preneur à les faire exécuter, le bailleur n'est pas tenu de supporter la charge des travaux que le preneur a fait exécuter. V. aussi, Civ. 3e, 10 juillet 1996, *R.J.D.A.* 1996, n° 1298, *Contrats, conc. consomm.* 1997, n° 175 ; Civ. 3e, 5 mars 1997, *Bull. civ.* 3, n° 47, *Rep. not.* 1997.1005, obs. Delebecque ; Civ. 3e, 11 janvier 2006, *R.J.D.A.* 2006, n° 385, *D.* 2006.248, obs. Rouquet, *J.C.P.* 2006.I.123, n° 13 et s., obs. Grosser). Cependant, il a aussi été admis que la mise en demeure, au sens de l'article 1139 du Code civil, n'était pas nécessaire pour faire valoir le droit du preneur à des dommages-intérêts, dès lors que celui-ci était en mesure de prouver que le bailleur n'ignorait pas qu'il devait effectuer des réparations et qu'il avait manqué à son obligation (cf. Civ. 5 janvier 1938, *D.H.* 1938.97, S. 1938.I.108). La seconde solution manifeste un assouplissement des règles de preuve de l'inexécution de l'obligation, alors au surplus que la jurisprudence s'est montrée de plus en plus libérale en ce qui concerne les formes de la mise en demeure, laquelle ne supposerait pas toujours un acte d'huissier ou

1. V. *infra*, n° 671.

l'emploi d'une forme déterminée [1]. En tout cas, lorsqu'il ignore qu'il doit exécuter son obligation, il faut que le débiteur soit averti par le créancier. Au demeurant, dans ces situations, ce dont le créancier se plaindra, c'est que l'obligation n'a pas été exécutée et non pas qu'elle a été exécutée avec retard. Par conséquent, le préjudice résultant d'une inexécution consommée, il peut paraître que la mise en demeure ne s'impose pas. Mais, si les réparations peuvent être encore effectuées pour prévenir un préjudice ou empêcher un préjudice plus grave, il semble que l'on doive exiger une mise en demeure, même si les formes peuvent en être assouplies.

D'une façon générale, il faut admettre que lorsque l'exécution de son obligation par le débiteur suppose l'intervention du créancier, soit que celui-ci doive se manifester pour rendre l'exécution possible, soit qu'il accomplisse un fait qui est nécessaire pour permettre l'exécution, la mise en demeure s'impose (cf. Com. 28 mai 1996, *D.A.* 1996.895, *R.J.D.A.* 1996, n° 1297, *Rev. trim. dr. civ.* 1996.920, obs. Jourdain ; Com. 4 octobre 2005, *R.J.D.A.* 2006, n° 6 et obs. Delmotte, *R.J.D.A.* 2006, p. 2).

3) Effets de la mise en demeure

670. – Preuve de l'inexécution et de la volonté du créancier de demander l'exécution en nature. On sait que la mise en demeure permet au créancier de prouver facilement que l'obligation n'a pas été exécutée et, constituant une sommation, elle démontre la volonté du créancier de demander l'exécution en nature au débiteur. Cependant, il peut fort bien arriver que cette sommation ne soit point suivie d'effet et, en ce cas, le débiteur sera dans une situation où, le plus souvent, il n'aura pas d'autre ressource que de se contenter d'une exécution par équivalent. Par conséquent, le premier effet de la mise en demeure est de prouver l'inexécution de l'obligation et notamment le retard dans l'exécution. Toutefois, on sait que l'inexécution consommée autre que celle qui résulte du retard peut être prouvée autrement que par la mise en demeure [2].

671. – Déplacement des risques. Il appartient au propriétaire d'une chose de supporter les risques de perte fortuite de cette chose *(res perit domino)* [3]. Par exemple, dans le contrat de bail ou dans le contrat de prêt, le bailleur ou le prêteur doit supporter la perte fortuite de la chose

---

1. V. *supra,* n° 664.
2. V. *supra,* n° 669.
3. Il ne s'agit que des risques de perte fortuite, c'est-à-dire celle qui n'est imputable à personne ou bien qui est imputable à une personne inconnue. Mais, si la perte de la chose qui doit être livrée ou restituée au créancier, lequel est propriétaire, est imputable au débiteur, il est évident que le créancier serait en droit d'obtenir du débiteur la réparation du dommage résultant de la perte si les conditions de la responsabilité contractuelle du débiteur étaient remplies.

louée ou prêtée. Dans le contrat de vente, en raison du transfert immédiat de la propriété dès la conclusion du contrat, du moins s'il s'agit d'un corps certain, il appartient à l'acheteur de supporter la perte fortuite de la chose avant la livraison par le vendeur. Cependant, si le preneur, l'emprunteur ou le vendeur a été mis en demeure de restituer ou de livrer, la chose sera à ses risques. La conséquence en est que si la chose périt par cas fortuit après la mise en demeure, il sera tenu du remboursement de la valeur de la chose au créancier de la restitution ou de la livraison. La solution est affirmée d'une façon générale pour tous les contrats ayant pour objet la livraison ou la restitution d'un corps certain à l'article 1302 du Code civil. Elle est reprise à l'article 1138, al. 2 en ce qui concerne les contrats translatifs de propriété d'un corps certain [1].

Le déplacement de la charge des risques de perte d'un corps certain constitue une sanction pour le débiteur récalcitrant ou en retard. Cependant, cette sanction n'est pas toujours prononcée sans nuance. En effet, il résulte de l'article 1302, al. 2 du Code civil que si le débiteur qui a été mis en demeure de livrer ou de restituer prouve que la chose aurait péri de la même façon chez le créancier au profit duquel l'obligation aurait été exécutée, c'est à celui-ci, parce qu'il est propriétaire, de supporter la perte de la chose et non pas au débiteur, bien qu'il ait été mis en demeure. En ce cas, on revient au principe *res perit domino*, puisque, de toutes façons, la chose aurait péri [2]. Il serait injuste d'opérer un déplacement des risques dans une telle situation, le retard n'étant pour rien dans la perte de la chose. Il est vrai que l'article 1138 du Code civil, en ce qui concerne le déplacement des risques dans les contrats translatifs de propriété ne reprend pas l'exception de l'article 1302, al. 2. Cependant, en raison de ce qu'il n'est que l'application aux contrats translatifs de la règle générale de l'article 1302, il n'y a pas de raison de ne pas admettre la même exception pour les contrats translatifs.

672. – Point de départ des dommages-intérêts moratoires. On sait que la mise en demeure présente pour les dommages-intérêts moratoires un intérêt beaucoup plus grand que pour les dommages-intérêts

1. La solution est propre aux corps certains. En effet, en ce qui concerne les choses de genre, le débiteur, même s'il n'a pas été mis en demeure de livrer ou de restituer, sera tenu de supporter la perte fortuite de la chose, d'abord, parce qu'il en est propriétaire, s'il s'agit en même temps d'une chose consomptible, ce qui est souvent le cas. En effet, les contrats qui confèrent un droit sur une chose consomptible transfèrent toujours la propriété de la chose puisqu'on ne peut utiliser une telle chose qu'en en disposant et que, pour en disposer, il faut être propriétaire. Ensuite, en raison de ce qu'il ne peut y avoir d'exonération de responsabilité pour la perte fortuite d'une chose de genre, une telle chose pouvant toujours être retrouvée en même quantité et de même qualité, l'obligation de livrer ou de restituer ne disparaît pas par la perte de la chose *(genera non pereunt)*.

2. Si, par exemple, la chose a péri dans un incendie fortuit de l'immeuble du débiteur, alors que l'immeuble du créancier n'a pas été incendié, les risques sont pour le débiteur en demeure. En revanche, si la chose a péri dans un événement fortuit qui a endommagé aussi bien l'immeuble du débiteur que celui du créancier, la perte est pour le créancier, même si le débiteur est en demeure.

compensatoires [1]. Indépendamment de la constatation du retard, elle produit un effet essentiel, en raison de ce qu'elle est nécessaire, sauf dispense légale, pour faire naître le droit aux dommages-intérêts en cas de retard. La solution est affirmée à l'article 1153, al. 3 du Code civil en ce qui concerne les intérêts pour retard dans l'exécution d'une obligation de payer une somme d'argent, le texte précisant que la sommation fait courir les intérêts [2] (cf. Civ. 3e, 16 décembre 1987, *J.C.P.* 1988.IV.78, *Bull. civ.* 3, n° 208, *Rev. trim. dr. civ.* 1988.748, obs. Mestre ; Civ. 1re, 21 juin 1988, *D.* 1988.IR.198, *J.C.P.* 1988.IV.308, selon lequel le débiteur d'une obligation de rendre compte doit les intérêts de la somme dont il est reliquataire à dater de la mise en demeure, même si le reliquat n'a pas encore été liquidé à cette date ; Civ. 2e, 25 mai 1993, *J.C.P.* 1993.IV.1870, selon lequel lorsque le créancier a obtenu, en première instance, l'exécution provisoire d'une condamnation à une somme d'argent et que la décision des premiers juges est réformée par la cour d'appel, qui dit n'y avoir lieu à condamnation, la créance de restitution n'est assortie d'intérêts qu'à compter de la mise en demeure de restituer. V. aussi, Civ. 1re, 27 mai 2003, *J.C.P.* 2003.IV.2281) [3]. Cette précision n'est pas reprise pour la réparation du préjudice résultant du retard dans l'exécution d'une obligation autre que le paiement d'une somme d'argent. La raison en est que ce préjudice n'est pas réparé par des intérêts qui courent à partir d'une certaine date, comme pour les dettes de sommes d'argent. En effet, le juge le réparera en procédant à une évaluation de la privation du bien ou du service promis jusqu'à ce qu'il soit livré, restitué ou accompli. Par conséquent, il n'y a pas de point de départ à déterminer. Le préjudice n'est pas réparé par le paiement d'intérêts, mais par le versement de dommages-intérêts souverainement évalués en justice, sauf fixation conventionnelle, même s'ils ont un caractère moratoire. Les intérêts d'une somme d'argent peuvent

1. V. *supra,* n° 668 et 669.

2. La mise en demeure n'est pas une condition du droit aux intérêts conventionnels dus pour une cause autre que le retard dans l'exécution d'une obligation et elle ne fait courir que les intérêts de retard dus en application de l'article 1153 du Code civil, c'est-à-dire des intérêts légaux. La Cour de cassation a affirmé cette solution dans une espèce où, un avocat ayant commis une faute dans la rédaction d'un acte de prêt, ce qui avait entraîné, pour le prêteur, une perte des intérêts conventionnels, celui-ci avait demandé la réparation de son préjudice consistant en la différence, à partir de la signature du prêt, entre le taux conventionnel et le taux légal auquel avait été condamné l'emprunteur à dater de la mise en demeure, puisqu'il n'avait pas payé d'intérêts. L'avocat avait invoqué le fait que l'emprunteur avait été mis en demeure bien après la date de la signature du prêt et qu'il ne pouvait, par conséquent, être tenu des intérêts avant la mise en demeure. En réalité, il ne s'agissait pas d'intérêts de retard, mais bien d'intérêts conventionnels rémunérant le prêt. Dès lors, l'article 1153 du code civil n'était pas applicable (Civ. 1re, 24 juin 1997, *D.A.* 1997.1076).

3. Les intérêts sont dus de plein droit à dater de la mise en demeure et seule une faute du créancier ayant empêché l'exécution de l'obligation au temps prévu pourrait permettre de ne point charger le débiteur des intérêts moratoires à partir de la mise en demeure (cf. Com. 19 octobre 1993, *R.J.D.A.* 1994, n° 142, qui casse une décision ayant, en l'absence de faute du créancier, décidé de faire courir les intérêts à dater de la décision).

constituer des dommages-intérêts et tel est le cas lorsqu'ils réparent le retard dans l'exécution de l'obligation de payer la somme due. Mais, il y a des dommages-intérêts moratoires qui ne sont pas des intérêts et tel est le cas pour le retard dans l'exécution d'une obligation autre que celle qui consiste dans le paiement d'une somme d'argent.

B. La réparation [1]

673. – Condamnation du débiteur à la réparation. L'objet de la responsabilité contractuelle comme celui de la responsabilité extra-contractuelle est la réparation du dommage. Celle-ci peut résulter d'un accord entre le responsable et la victime et il y a alors réparation amiable. En l'absence d'accord, le créancier aura recours au juge et la réparation sera alors assurée judiciairement [2]. Il s'agit de savoir selon quelles modalités la réparation sera obtenue par le créancier. Il s'agit aussi de déterminer l'évaluation de cette réparation.

1) Les modalités de la réparation

674. – Réparation amiable en nature aux frais du débiteur et exécution en nature de l'obligation. Si les parties sont d'accord, en procédant à une réparation amiable, sur les modalités de cette réparation, leur accord devra être respecté. La réparation d'un dommage n'obéit pas à des règles d'ordre public et les parties sont libres, dès lors que sont respectées les conditions de validité des contrats, de déterminer les modalités et le montant de la réparation. Ainsi, au lieu du versement d'une somme d'argent au créancier, elles peuvent décider que le débiteur sera tenu de supporter les frais de réfection en cas de malfaçons dans un contrat de louage d'ouvrage ou qu'il devra faire réparer à ses frais la chose livrée ou restituée en mauvais état. Dans ces situations, il ne s'agit pas, pour le créancier, d'obtenir une exécution par équivalent, puisque la satisfaction qu'il attendait lui est procurée en fin de compte. Certes, pour le débiteur, il s'agit d'effectuer des débours, comme s'il y avait réparation par des dommages-intérêts. Cependant,

---

1. *Bibliographie* : CHARTIER, *La réparation du préjudice*, 1983 ; ROUJOU DE BOUSEE, *Essai sur la notion de réparation*, 1974 ; DERRIDA, L'évaluation du préjudice au jour de la réparation, *J.C.P.* 1951.I.968 ; BRUNEAU, *Distinction entre les obligations monétaires et les obligations en nature,* thèse, Paris, 1984 ; MAZEAUD, L'évaluation du préjudice et la hausse des prix en cours d'instance, *J.C.P.* 1947.I.650 ; SOUSI, La spécificité de l'obligation de somme d'argent, *Rev. trim. dr. civ.* 1982.514 ; MONTEL, Considérations sur la réparation du dommage dérivant de l'inexécution d'une obligation de somme d'argent, *Rev. trim. dr. civ.* 1932.1017 ; BALIS, Dommages-intérêts dus pour retard dans l'exécution d'une obligation de somme d'argent, *Rev. crit. legisl. et jurispr.* 1934.5 ; CHARTIER, L'évaluation du préjudice en cas de perte de gains, *Rev. intern. dr. comparé*, 1986.441 ; BRUSCHI, *La prescription en droit de la responsabilité civile*, 1997.

2. Il en résulte qu'une action en justice est nécessaire. Il a été admis que l'action en responsabilité pour inexécution d'une obligation contractuelle se prescrivait à partir de la date à laquelle le créancier a eu connaissance de l'inexécution de l'obligation par le débiteur (Soc. 1er avril 1997, *Bull. civ.* 5, n° 130, *Rev. trim. dr. civ.* 1997.957, obs. Jourdain).

lorsqu'on considère qu'il y a exécution par équivalent, c'est du côté du créancier qu'il convient de se placer. En effet, une somme d'argent (les dommages-intérêts) lui est procurée à la place de la prestation originaire. Les dommages-intérêts remplacent l'exécution en nature. Par conséquent, lorsque le débiteur de l'obligation inexécutée s'engage envers le créancier, qui l'accepte, de faire en sorte que celui-ci obtienne exactement ce qui lui était dû, il n'y a pas d'exécution par équivalent, mais bien une exécution en nature, même si cette exécution oblige le débiteur à des débours supplémentaires, ce qui revient souvent, pour lui, à la même chose que de verser des dommages-intérêts [1].

En fin de compte ce qu'on appelle une réparation en nature n'est rien d'autre qu'une exécution en nature pour le créancier.

675. – Réparation judiciaire. Lorsqu'à défaut d'accord des parties, il n'y a pas de réparation amiable possible, quelles sont les modalités de la réparation ? Le créancier peut-il exiger une réparation en nature ? Le débiteur peut-il contraindre le créancier à accepter une telle réparation ?

En ce qui concerne la seconde question, la réponse ne peut être que négative. En effet, le créancier a, en principe, le choix entre l'exécution forcée en nature et l'exécution par équivalent, c'est-à-dire sous forme de dommages-intérêts. Il est libre d'exercer ce choix comme il l'entend et le responsable ne pourrait l'en priver (cf. Civ. 3e, 4 février 1986, *J.C.P.* 1986.IV.103 ; Civ. 3e, 28 septembre 2005, *R.J.D.A.* 2006, n° 133, *D.* 2005.2545, qui considère qu'un entrepreneur ne peut imposer au maître de l'ouvrage une réparation en nature). Du moins en est-il ainsi lorsque l'exécution en nature est possible. Lorsque, pour une obligation de faire ou de ne pas faire, l'exécution forcée en nature ne peut plus être envisagée, ce qui n'est pas toujours le cas, il n'y a pas d'autre exécution possible que sous forme de dommages-intérêts [2].

En ce qui concerne la première question, doit-on admettre que le créancier peut contraindre en justice le débiteur à une réparation en nature au lieu d'obtenir une condamnation à des dommages-intérêts ? En réalité, de la même façon que pour la réparation amiable, la réparation en nature ne doit pas apparaître, du côté du créancier, comme autre chose qu'une exécution forcée en nature [3]. En effet, si le créancier demande au juge de condamner le débiteur à faire réparer à ses frais la chose qui devait être livrée ou restituée ou bien s'il entend mettre à sa charge les frais de réfection d'ouvrages affec-

1. C'est la raison pour laquelle on peut considérer qu'on est à mi-chemin entre une exécution en nature (pour le créancier) et une exécution par équivalent (pour le débiteur), v. *supra,* n° 67.

2. Sur l'exécution forcée en nature des obligations de faire et de ne pas faire, v. *supra,* n° 67 et 69.

3. V. *supra,* n° 674.

tés de malfaçons ou encore s'il entend obtenir la destruction de ce qui a été fait en contravention d'une obligation de ne pas faire, il poursuit, en réalité, une exécution en nature. Au demeurant, les articles 1143 et 1144 du Code civil autorisent le créancier à agir de la sorte [1].

Prétendrait-on que, parce qu'il y a eu exécution consommée, il ne s'agit pas d'une exécution en nature, mais d'une réparation en nature ? Ce serait jouer sur les mots. En effet, en cas d'inexécution consommée d'une obligation, il peut arriver que le créancier ne soit pas en mesure d'exiger autre chose qu'une exécution par équivalent. Ainsi, la réparation du préjudice corporel dans ses éléments économiques et moraux ne peut pas donner lieu à autre chose que des dommages-intérêts. Cependant, il y a des situations dans lesquelles il est possible que le créancier obtienne, aux frais du débiteur, l'exécution de la prestation même qui était due [2]. En ce cas, parce qu'on peut revenir sur une inexécution consommée, il n'y a pas de raison, les textes en admettant la possibilité, de forcer le créancier à se contenter de dommages-intérêts et à ne point lui permettre d'exiger une exécution forcée en nature. La prétendue réparation en nature n'est rien d'autre, du côté du créancier, qu'une exécution en nature. Ce n'est que du côté du débiteur qu'elle se rapproche d'une exécution par équivalent, puisque, comme les dommages-intérêts, elle se manifeste par des débours [3].

Au contraire, dans la responsabilité extra-contractuelle, à côté d'une réparation sous forme d'équivalent pécuniaire du dommage, il y a place pour une véritable réparation en nature. La raison en est que, dans la responsabilité extra-contractuelle, il n'y a pas à substituer une obligation à une autre, parce qu'il n'y avait pas d'obligation originaire. La notion d'exécution en nature y est, dès lors, inconcevable et il ne peut y avoir lieu qu'à une réparation soit en nature, soit sous forme de dommages-intérêts.

2) L'évaluation de la réparation

676. – Détermination du montant des dommages-intérêts. Lorsque le créancier poursuit aux frais du débiteur l'exécution forcée en nature, le débiteur sera tenu de supporter les frais de cette exécution, un point c'est tout. Lorsque le créancier requiert une exécution par équivalent ou lorsque celle-ci est la seule possible (V. Civ. 3e, 29 janvier 2003, *R.J.D.A.*

---

1. V. *supra*, n° 67 et 69.

2. Même dans le cas où la chose qui devait être livrée ou restituée a péri totalement par suite d'une cause imputable au débiteur, on peut, sur le fondement de l'article 1144 du Code civil, envisager une exécution en nature, le créancier pouvant, aux frais du débiteur, se procurer une chose équivalente.

3. Parce que la réparation en nature n'est pas autre chose qu'une exécution en nature, le préjudice n'est pas une condition de la condamnation du débiteur, tandis qu'il n'y a pas d'exécution par équivalent possible sans préjudice (cf. Versailles 27 juin 1991, *D.* 1991.IR.236, selon lequel le créancier peut exiger la suppression de ce qui a été fait en violation d'une obligation de ne pas faire sans avoir à prouver l'existence d'un préjudice).

2003, n° 374, arrêt selon lequel l'inexécution d'une obligation de délivrance par le vendeur ne peut être réparée que par des dommages-intérêts), la question est de savoir comment la réparation sera évaluée. En effet, l'exécution par équivalent consistant dans la condamnation du débiteur à payer une somme d'argent au créancier, il convient de déterminer le montant des dommages-intérêts. La question ne se présente pas de la même façon selon qu'il s'agit de réparer le préjudice résultant du défaut de paiement d'une somme d'argent ou bien celui qui résulte de l'inexécution d'une obligation autre que celle qui consiste dans le paiement d'une somme d'argent.

a) Inexécution d'une obligation de payer une somme d'argent [1]

677. – Intérêts moratoires. Lorsque le débiteur ne paie pas au créancier ce qu'il devait lui payer, l'inexécution elle-même ne donne lieu à aucune évaluation. Il suffit que le créancier obtienne, s'il n'a déjà un titre exécutoire, une condamnation du débiteur pour opérer une saisie des biens du débiteur. En effet, une telle obligation ne peut donner lieu à une exécution par équivalent [2].

Cependant, l'inexécution de l'obligation de payer une somme d'argent cause au créancier, même s'il arrive à ses fins par la saisie, un préjudice consistant dans le fait qu'il obtiendra satisfaction avec retard. Par conséquent, il convient de réparer le préjudice résultant du retard dans le paiement, que celui-ci soit volontaire ou qu'il soit forcé, c'est-à-dire que le créancier saisisse des biens et les fasse vendre pour se payer sur le prix.

Le retard est réparé par l'allocation au créancier d'intérêts qui correspondent au loyer de l'argent. Ce sont les intérêts moratoires dont il est question à l'article 1153 du Code civil [3] (cf. Civ. 1re, 16 février 1988, *D.* 1988.IR.62, *Bull. civ.* 1, n° 40, *J.C.P.* 1988.IV.154, *Rev. trim. dr. civ.* 1988.749, obs. Mestre, selon lequel le retard d'un architecte ne saurait être réparé par l'actualisation des sommes dues en fonction de l'indice du coût de la construction, mais seulement par des intérêts moratoires au taux légal. V. aussi, Civ. 3e, 27 janvier 1988, *J.C.P.* 1988.IV.123, dans une espèce du même genre, et Civ. 1re, 11 janvier 1989, *D.* 1989.IR.31, *J.C.P.* 1989.IV.92, qui admet qu'en l'absence de clause d'indexation, une Cour d'appel viole l'article 1153 Code civil en affectant une dette de somme d'argent d'un certain coefficient pour tenir compte de la variation du coût de la vie pendant une certaine période correspondant au retard, alors que le préjudice résultant du retard ne peut être réparé

---

1. *Bibliographie* : BOIZARD, *Le régime juridique et fiscal des intérêts*, thèse, Paris, 1986 ; *Régime juridique des intérêts conventionnels,* Colloque Montpellier 1994, *Rev. jur. com.* 1994.265 et s. ; SAMIN, Regards sur l'anatocisme en tant que mode de réparation, *Petites Affiches* 20 juillet 1994 ; GOUT, La capitalisation des intérêts : éclairage sur un mécanisme réputé obscur, *Dr. et patrimoine*, décembre 2001.

2. V. *supra,* n° 598.

3. V. *supra,* n° 645 et s.

que par l'allocation d'intérêts moratoires ; Civ. 3e, 8 février 1995, *J.C.P.* 1995.IV.851, *Rev. trim. dr. civ.* 1995.910, obs. Jourdain, qui casse la décision d'une cour d'appel ayant à la fois indexé le capital dû jusqu'au paiement et accordé des intérêts moratoires à dater du jugement, ce qui avait pour effet de réparer deux fois le même préjudice).

Ces intérêts ne courent que si le débiteur a été mis en demeure de payer (art. 1153, al. 3 C. civ.) [1]. En effet, le préjudice résultant du retard est constitué par le manquement du débiteur au jour où il aurait dû payer, ledit manquement devant être prouvé par une sommation à lui adressée par le créancier. Sauf exception [2], si le créancier ne somme point le débiteur de payer, c'est qu'il ne subit pas de préjudice en cas de retard.

Quant au montant des intérêts moratoires, il convient de prendre en considération le taux d'intérêt légal (art. 1153, al. 1er C. civ.). Ce taux est fixé, en vertu de l'article L. 313-2 du Code monétaire et financier, pour une année civile et il est égal à la moyenne arithmétique des douze dernières moyennes mensuelles des taux de rendement actuariel des adjudications des bons du Trésor à taux fixe à treize semaines.

Cependant, le taux d'intérêt légal n'est pas impératif et les parties au contrat peuvent prévoir un taux d'intérêt différent [3]. En ce cas, on parle de taux d'intérêt conventionnel. Toutefois, ce taux ne peut être fixé par les parties que dans certaines limites qui sont celles de la prohibition du taux usuraire (loi du 28 décembre 1966 dont les dispositions ont été reprises aux articles L. 313-3 et s. du Code de la consommation).

678. – Sommes supplémentaires. Indépendamment du droit pour le créancier d'obtenir des intérêts moratoires, si le débiteur est de mauvaise foi et si le retard a causé au créancier un préjudice plus important que celui qui résulte simplement de la privation de la somme d'argent à partir de la sommation de payer, la réparation de ce préjudice devra être assurée par des dommages-intérêts supplémentaires (art. 1153, al. 4 C. civ.) [4]. Les juges du fond, en présence du retard dans l'obligation de payer une somme d'argent, ont quelquefois tendance à accorder trop facilement, au mépris des exigences de l'article 1153, al. 4 du Code civil, des dommages-intérêts supplémentaires. Mais, la

1. V. *supra,* n° 647 et 672. Le juge ayant le pouvoir d'évaluer le montant de ce qui est dû au créancier, lorsque ce montant est contesté, il est évident que les intérêts aux taux légal seront calculés sur la base du montant de la condamnation et non pas sur celui de la somme réclamée par le créancier. Cependant, cela n'empêche pas de décider que les intérêts sont dus dès le jour de la mise en demeure ou de l'assignation s'il n'y a pas eu de mise en demeure (v. en ce sens, Com. 16 juillet 1991, *J.C.P.* 1991.IV.365).

2. Sur les exceptions, v. *supra,* n° 666 et 667.

3. Lorsque les parties ont stipulé que des intérêts conventionnels seraient dus en cas de retard, mais qu'elles n'en ont pas précisé le taux, il y a lieu d'appliquer le taux légal (Civ. 2e, 31 mai 2001, *R.J.D.A.* 2001, n° 1089, *Rep. not.* 2001.1434, obs. Libchaber, *Contrats, conc. consomm.* 2001, n° 134, obs. Leveneur).

4. V. *supra,* n° 647.

Cour de cassation, dans le cas où les parties n'étaient point convenues de passer outre aux exigences de ce texte qui n'est pas impératif, sanctionne les juges du fond, soit lorsqu'ils n'ont pas caractérisé la mauvaise foi du débiteur (cf. Civ. 1re, 16 novembre 1976, *J.C.P.* 1977.IV.4, *D.* 1977.IR.78, Civ. 1re, 10 janvier 1978, *D.* 1978.IR.414, Soc. 4 octobre 1979, *J.C.P.* 1979.IV.357, Com. 7 octobre 1980, *J.C.P.* 1980.IV.413, Civ. 1re, 5 novembre 1980, *J.C.P.* 1981.IV.32) [1], soit lorsqu'ils n'ont pas mis en évidence un préjudice distinct de celui qui est réparé par les intérêts moratoires (cf. Civ. 3e, 8 novembre 1976, *D.* 1977.IR.47, Civ. 3e, 21 février 1978, *J.C.P.* 1978.IV.136, Soc. 1er mars 1979, *J.C.P.* 1979.IV.159, Soc. 16 octobre 1980, *J.C.P.* 1981.IV.5) [2].

679. – Clause pénale. Il ne faut pas confondre la fixation d'intérêts conventionnels, à un taux différent des intérêts légaux, avec la clause pénale, laquelle constitue une évaluation forfaitaire des dommages-intérêts en cas d'inexécution d'une obligation (cf. Metz 14 novembre 1978, *J.C.P.* 1979.IV.280, qui en déduit qu'à la différence de la somme stipulée dans une clause pénale, le juge ne peut réduire les intérêts conventionnels sur le fondement des textes propres à la clause pénale) [3]. Or, en ce qui concerne l'obligation de payer une somme d'argent, il est parfaitement possible de prévoir au contrat que l'inexécution par le débiteur à l'échéance prévue sera sanctionnée par le versement d'une indemnité forfaitaire en application d'une clause pénale [4]. La clause pénale n'est pas propre aux obligations autres que celles qui consistent dans le paiement d'une somme d'argent. Au contraire, elle est très fréquente dans les obligations de payer une somme d'argent. On peut la rencontrer dans les contrats les plus divers tels que le bail, la vente, le prêt notamment. Elle est très utilisée dans le contrat de crédit-bail [5] et c'est même sa pratique abusive dans ce con-

1. La mauvaise foi est constituée non pas par la simple abstention du débiteur à payer, laquelle peut être due à un oubli ou à des difficultés financières. Elle suppose un refus de payer en connaissance de cause. Ainsi, est de mauvaise foi le débiteur qui diffère volontairement le paiement de sa dette (Civ. 1re, 13 avril 1983, *J.C.P.* 1983.IV.193).

2. Il appartient aux juges du fond de déterminer souverainement la mauvaise foi et le préjudice distinct (cf. Com. 26 octobre 1976, *D.* 1977.IR.31, Civ. 1re, 16 mars 1977, *J.C.P.* 1977.IV.130, Civ. 3e, 14 décembre 1981, *J.C.P.* 1982.IV.92), la Cour de cassation n'exerçant son contrôle que quant au respect des exigences légales (Civ. 1re, 21 juin 1989, *D.* 1989.IR.203, *J.C.P.* 1989.IV.317 ; Com. 9 mai 1995, *R.J.D.A.* 1995, n° 1199).

3. Inversement, les dispositions relatives à la prohibition des taux d'intérêts usuraires ne sont pas applicables à la clause pénale (cf. Nancy 28 mars 1978, *J.C.P.* 1979.IV.347, encore que cette décision ne soit pas parfaitement motivée, en ce qu'elle distingue la rémunération du capital et la sanction de l'inexécution d'une obligation contractuelle. En effet, cette sanction peut être assurée, en cas de retard, par le versement d'intérêts conventionnels).

4. Sur la clause pénale, v. *infra,* n° 689 et s., à propos des pénalités en matière de délais de paiement, Labarthe, La nature juridique des pénalités instituées par la loi du 31 décembre 1992 relative aux délais de paiement entre les entreprises (art. 33 nouveau de l'ordonnance du 1er décembre 1986), *D.* 1995. Chron. 61.

5. Sur le crédit-bail, v. *supra,* n° 476.

trat qui a provoqué l'intervention du législateur, en 1975, pour permettre au juge de la contrôler [1]. En effet, dans le contrat de crédit-bail, comme dans d'autres contrats, il peut être stipulé qu'en cas de défaut de paiement d'une échéance, le débiteur devra au créancier une indemnité forfaitaire, quel que soit le montant du préjudice éprouvé par le second du fait de l'inexécution de son obligation par le premier. Souvent, la clause pénale est combinée avec une clause résolutoire selon laquelle le non-paiement d'une échéance entraîne de plein droit la résolution du contrat [2], c'est-à-dire que le débiteur est tenu de restituer au créancier la chose louée ou achetée et, en outre, de payer l'indemnité prévue par la clause pénale, laquelle a pour objet de réparer le préjudice résultant de l'inexécution et de la résolution du contrat aux torts du débiteur en défaut de payer.

680. – Astreinte conventionnelle et clause pénale. La clause pénale emprunte quelquefois sa forme à l'astreinte en ce qu'elle stipule que le débiteur devra payer au créancier tant par jour de retard (cf. Civ. 3e, 6 novembre 1986, *Bull. civ.* 3, n° 150, *J.C.P.* 1987.IV.17, *Rev. trim. dr. civ.* 1988.112, obs. Mestre). En effet, l'astreinte est une condamnation par le juge à payer une certaine somme par jour de retard. Elle constitue, à l'initiative du créancier, un moyen de contraindre le débiteur à exécuter son obligation, que celle-ci ait pour objet ou non le paiement d'une somme d'argent. Ce qui caractérise l'astreinte prononcée par le juge, c'est qu'elle est indépendante, en principe, des dommages-intérêts [3]. Ne réparant pas le préjudice subi par le créancier, elle peut, par conséquent, être cumulée avec les dommages-intérêts (cf. Civ. 1re, 28 février 1989, *D.* 1989.IR.102, *J.C.P.* 1989.IV.160 ; Civ. 2e, 20 novembre 1991, *Bull. civ.* 2, n° 308, *D.* 1992. Somm. 277, obs. Penneau ; Civ. 2e, 2 décembre 1992, *D.* 1993.IR.1). Il n'est pas douteux que les parties à un contrat peuvent fixer conventionnellement une somme d'argent de tant par jour de retard qui sera due par le débiteur qui n'exécute pas son obligation [4]. S'agit-il d'une astreinte proprement dite qui pourrait se cumuler avec les dommages-intérêts ou bien s'agit-il d'une fixation forfaitaire de domma-

---

1. Sur le contrôle judiciaire de la clause pénale, v. *infra,* n° 692.
2. Sur la clause résolutoire, v. *infra,* n° 716 et s.
3. L'article 34 de la loi du 9 juillet 1991, dont l'article 33 accorde au juge la prérogative de prononcer une astreinte, affirme que l'astreinte est indépendante des dommages-intérêts. Parce qu'elle est indépendante des dommages-intérêts, l'astreinte ne saurait être mise à la charge de l'assureur de la responsabilité du débiteur (cf. Civ. 1re, 20 mars 1989, *J.C.P.* 1989.IV.191, qui insiste sur le fait qu'elle a pour objet de contraindre le débiteur à exécuter la décision qui le condamne et qu'elle ne figure pas parmi les risques pris en charge par l'assureur). V. Rusquec, La nature juridique de l'astreinte en matière civile, *J.C.P.* 1993.I.3699.
4. L'astreinte conventionnelle n'est pas propre, au demeurant, aux obligations de payer une somme d'argent et on peut la rencontrer en ce qui concerne des obligations de faire (cf. Versailles, 18 mai 1988, *Rep. not.* 1988. 1442, à propos de l'obligation de délivrance d'un immeuble vendu).

ges-intérêts pour retard ? Dans le premier cas, le cumul avec les intérêts moratoires serait permis, tandis qu'il ne le serait pas dans le second. Les parties peuvent prévoir des pénalités contractuelles qui n'ont pas pour objet la réparation d'un dommage [1]. S'il est vrai que l'astreinte prononcée par le juge peut se cumuler avec une clause pénale, en raison de ce que celle-ci est une évaluation forfaitaire des dommages-intérêts, il est non moins vrai que la clause pénale est aussi parfois un moyen de contraindre le débiteur à s'exécuter. Peut-on dès lors cumuler clause pénale et astreinte conventionnelle ? On peut en douter. Cependant, il pourrait y avoir cumul d'une astreinte conventionnelle et d'une autre clause pénale, si chacune a pour objet la réparation d'un préjudice différent [2].

681. – L'anatocisme. L'anatocisme consiste en la capitalisation des intérêts, c'est-à-dire que les intérêts portent eux-mêmes des intérêts [3]. Le problème n'est pas propre aux intérêts moratoires et il concerne aussi bien les intérêts du placement des capitaux [4]. En raison des dangers de l'anatocisme qui a pour effet d'accroître la dette du débiteur, le législateur français a adopté une conception restrictive en la matière. L'anatocisme n'est pas prohibé, mais le Code civil en restreint la possibilité (art. 1154).

1. Dans un arrêt du 28 mars 1977 (*Bull. civ.* 3, n° 154, *D.* 1977.IR.344) la 3e chambre civile de la Cour de cassation a admis que, le locataire étant tenu à l'expiration du bail, de restituer l'immeuble au bailleur sous la contrainte prévue au contrat de payer telle somme par jour de retard, il convenait de déduire l'indemnité d'occupation, égale au loyer, de la pénalité prévue. Toutefois, la solution s'expliquerait par l'intention des parties qui auraient envisagé par cette pénalité la réparation du préjudice résultant du retard dans la restitution de l'immeuble. Ce serait donc une évaluation conventionnelle des dommages-intérêts moratoires. L'arrêt prend soin de relever que le contrat n'avait pas prévu le paiement de la pénalité en sus de l'indemnité d'occupation, ce qui pourrait permettre de penser qu'il n'y aurait pas d'obstacle au paiement d'une pénalité qui se cumulerait avec l'indemnité (cf. Civ. 3e, 21 juin 1983, *J.C.P.* 1983.IV.276).

2. Ainsi, un contrat de location d'un bien prévoyant qu'en cas de non-paiement d'une échéance de loyer le contrat serait résolu de plein droit et le preneur tenu de verser une indemnité forfaitaire pour la réparation du préjudice résultant de la résolution à ses torts peut aussi prévoir que le défaut de restitution du bien au bailleur dès le jour de la résolution donnera lieu à une astreinte conventionnelle de tant par jour de retard, celle-ci constituant une clause pénale qui a pour objet l'indemnisation du retard dans l'exécution de l'obligation de restitution à la suite de la résolution et ne faisant pas double emploi avec l'autre clause pénale dont l'objet est la réparation du préjudice résultant pour le bailleur de la résolution aux torts du preneur (Civ. 1re, 9 mars 1977, *J.C.P.* 1977.IV.118, *Bull. civ.* 1, n° 126).

3. Lorsque le contrat prévoit la capitalisation des intérêts annuellement, la dette devient une dette de capital. Il en résulte que la prescription quinquennale doit être écartée (v. Com. 27 octobre 1998, *J.C.P.* 1998.IV.3394, *Contra*, Paris 24 octobre 1999, *D.* 1991.IR.266). Le fait que le capital ait été remboursé n'interdit pas au créancier de solliciter l'anatocisme en justice si les intérêts n'ont pas été payés parce qu'ils n'étaient pas exigibles avant un partage (Civ. 1re, 23 mars 1994, *J.C.P.* 1994.IV.1389).

4. Il n'y a pas non plus à distinguer entre les créances dont les intérêts peuvent produire intérêts si les conditions prévues à l'article 1154 du Code civil sont remplies et il importe peu que la créance soit contractuelle ou non (cf. Civ. 3e, 4 décembre 1991, *J.C.P.* 1992.IV.475, à propos d'une créance d'indemnité).

En premier lieu, l'anatocisme n'est jamais de plein droit, sauf exception. Il faut que le contrat l'ait prévu, ce qui est toujours possible, ou bien que le créancier, lorsqu'il n'a pas été contractuellement prévu, en fasse la demande au juge, en réclamant le paiement (cf. Civ. 3e, 23 mars 1988, *J.C.P.* 1988.IV.201) [1]. Ainsi, cela permet d'éviter d'admettre la capitalisation des intérêts d'une façon trop libérale. Si le créancier n'a point exigé l'anatocisme dans le contrat ou s'il ne le demande pas en justice, les intérêts ne produiront pas d'intérêts. Lorsque l'anatocisme est demandé en justice et que les intérêts sont dus pour une année entière le juge ne peut refuser d'y faire droit, la loi ne lui attribuant pas le pouvoir d'en apprécier l'opportunité (cf. Soc. 29 juin 1995, *D.* 1995.IR.180).

En deuxième lieu, lorsque l'anatocisme a été prévu ou demandé judiciairement, il est limité aux intérêts échus pour une année entière. Toutefois, il ne paraît pas nécessaire d'obliger le créancier à aviser chaque année le débiteur du montant de la dette en lui faisant délivrer une mise en demeure (cf. Civ. 1re, 7 janvier 1992, *Contrats, conc. consomm.* 1992, n° 66, obs. Leveneur). Dans la mesure où l'anatocisme n'est possible que si les intérêts sont dus pour une année entière, il semble qu'il faille exiger que cette condition soit remplie au moment de la demande pour que le juge ait la possibilité de vérifier, par conséquent, que la dette couvre une année d'intérêts (en ce sens, Civ. 1re, 21 mai 1997, *R.J.D.A.* 1997, n° 1168, *D.* 1998. Somm. 114, obs. Libchaber). Cependant, il est arrivé que la jurisprudence considère qu'il n'était pas nécessaire qu'au moment de la demande les intérêts soient dus pour une année, dès lors qu'une année se sera écoulée au moment du paiement des intérêts (Com. 26 mai 1992, *R.J.D.A.* 1992, n° 991 ; Civ. 3e, 8 mars 1995, *R.J.D.A.* 1995, n° 684, *D.* 1996. Somm. 121, obs. Libchaber).

En effet, si les intérêts pouvaient être capitalisés tous les trois mois ou tous les six mois, par exemple, la dette serait beaucoup plus lourde.

---

1. La Cour de cassation a admis que, tant que les intérêts n'avaient pas été payés, la demande de capitalisation était possible, même après le paiement du principal (Com. 23 janvier 1990, *J.C.P.* 1990.IV.111). En revanche, lorsque c'est par suite du retard mis par le créancier à la liquidation de la dette que celle-ci n'a pu être évaluée, le juge peut refuser la capitalisation des intérêts qui lui est demandée (Civ. 1re, 14 mai 1992, *J.C.P.* 1992.IV.1961, à propos d'un règlement successoral ; Com. 20 octobre 1992, *D.* 1992.IR. 269). Lorsque la capitalisation est demandée postérieurement à la décision condamnant le débiteur aux intérêts, ceux-ci ne produiront eux-mêmes des intérêts qu'à dater de la demande qui en est faite et non pas rétroactivement à la date de la décision allouant des intérêts (Civ. 2e, 3 juillet 1991, *Bull. civ.* 2, n° 208, *D.* 1992. Somm. 277, obs. Aynès). Si la capitalisation des intérêts a été sollicitée dans la demande initiale, il est inutile de la réitérer à chaque période annuelle (Civ. 1re, 28 février 1996, *J.C.P.* 1996.IV.934 ; Com. 29 avril 1997, *D.A.* 1997.701, *R.J.D.A.* 1997, n° 1009, *D.* 1998. Somm. 114, obs. Libchaber). Lorsque la capitalisation des intérêts a été sollicitée non pas dans la demande principale, mais dans une demande postérieure, elle ne peut être prononcée à dater de la demande principale (Civ. 1re, 19 décembre 2000, *J.C.P.* 2001.IV.1314).

C'est donc une autre façon de limiter l'anatocisme. Toutefois, l'article 1155 apporte des dérogations à cette limite, en ce que, pour certaines dettes, il autorise la capitalisation des intérêts pour moins d'un an (cf. Paris, 27 octobre 1989, *D.* 1989.IR.302 et 30 novembre 1989, *D.* 1990.IR.16, à propos de la dette de loyers. V. aussi Paris 8 avril 1993, *D.* 1993.IR.156) [1]. Il faut aussi tenir compte du fait que la convention de compte courant, en vertu de laquelle toutes les créances et les dettes entre deux personnes respectivement créancières et débitrices l'une de l'autre sont inscrites dans un compte où elles se compensent, seul le solde créditeur ou débiteur étant pris en considération, est susceptible d'entraîner une capitalisation des intérêts à moins d'un an. En effet, le solde du compte est arrêté à des échéances inférieures à un an (cf. Civ. 1re, 4 décembre 1990, *J.C.P.* 1992, éd. E. II.288, note Belloir ; Com. 6 avril 1993, *R.J.D.A.* 1993, n° 635). Dans ce solde figurent les intérêts des sommes qui ont été inscrites au compte. Par conséquent, les intérêts produiront des intérêts à moins d'un an à chaque arrêté du compte pour en dégager le solde après compensation (cf. Com. 22 mai 1991, *D.* 1991.428, note Gavalda ; Com. 22 mai 2001, *R.J.D.A.* 2001, n° 1014). Au demeurant, il y a une double exception, en matière de compte courant, à l'article 1154 du Code civil. Non seulement l'échéance n'est pas d'un an, mais encore il n'est pas nécessaire que la convention de compte courant prévoit la capitalisation des intérêts. Celle-ci étant inhérente au fonctionnement du compte, elle a lieu de plein droit. Toutefois, si on considère que l'inscription en compte courant opère novation de la créance dont le montant fait l'objet de l'inscription, il n'y aurait pas d'exception aux règles légales en ce qui concerne l'anatocisme. En effet, s'il y a novation, chaque inscription constitue une créance nouvelle susceptible de produire intérêts (cf. Paris, 17 mai 1990, *D.* 1990.IR.153, selon lequel « les dispositions de l'article 1154 du Code civil relatives à l'anatocisme ne s'appliquent pas aux intérêts d'un découvert en compte courant. L'inscription périodique au débit des intérêts dus vaut en effet paiement de ces intérêts, lesquels perdent leur autonomie par fusion dans le solde, en particulier lorsqu'ils affectent un découvert non dissociable du compte ») [2].

b) Inexécution d'une obligation
autre que celle de payer une somme d'argent

682. – L'évaluation du dommage dans toutes ses composantes. Pour les obligations ne consistant pas dans le paiement d'une somme d'argent, le préjudice doit être pris en considération dans tous ses éléments. Ce sont ces éléments tant moraux qu'économiques qui seront

1. Lorsque l'article 1155 du Code civil est applicable, c'est-à-dire à dater de la demande ou de la convention pour les dettes visées par ce texte, il n'est pas nécessaire, contrairement à l'article 1154, qu'une stipulation de la convention le prévoie (cf. Civ. 3e, 21 octobre 1992, *D.* 1992.IR.260).

2. Sur l'anatocisme, v. observations Mestre, *Rev. trim. dr. civ.* 1991.338 et s.

évalués pour donner lieu à l'obligation de payer une somme d'argent [1]. À cet égard, il convient de tenir compte non seulement de ce qui a pour objet de remplacer le défaut total ou partiel d'exécution ou bien une inexécution défectueuse, mais encore de ce qui a pour objet de réparer le retard dans l'exécution. Certes, le préjudice résultant du retard est réparé par des dommages-intérêts moratoires. Mais, en ce qui concerne les obligations autres que celles de payer une somme d'argent, la réparation du retard ne donne pas lieu à des règles d'évaluation différentes de celles qui sont admises pour les préjudices autres que celui qui résulte du retard. Dès lors, la distinction des dommages-intérêts moratoires et des dommages-intérêts compensatoires perd une grande partie de son intérêt et de sa portée pour ce type d'obligations, sauf la question de la mise en demeure qui serait toujours nécessaire, en principe, pour l'obtention des premiers, tandis qu'il n'en irait pas de même en ce qui concerne les seconds [2].

Dans le cas où les parties n'auraient pas pu se mettre d'accord pour procéder à une évaluation et une réparation du dommage, ce sera au juge de déterminer cette évaluation dans le cadre d'une action en responsabilité intentée par le créancier contre le débiteur. Il appartient au juge d'évaluer souverainement les dommages-intérêts. Cependant, il peut arriver que le juge soit lié par une convention entre les parties relative aux dommages-intérêts.

α) L'évaluation judiciaire des dommages-intérêts

683. – Le principe de la réparation intégrale et ses conséquences. Les juges du fond sont souverains pour procéder à l'évaluation des différents chefs de préjudice, la loi ou la jurisprudence n'imposant aucune méthode d'évaluation particulière. Le contrôle de la Cour de cassation ne s'exerce que sur la question de savoir si les juges du fond ont statué sur tous les éléments du dommage de façon à ce que celui-ci soit intégralement réparé. En effet, un principe domine la réparation du dommage aussi bien en matière de responsabilité contractuelle qu'en matière de responsabilité extra-contractuelle, c'est celui de la réparation intégrale.

Il est vrai qu'aucun texte du Code civil n'affirme expressément ce principe [3]. Toutefois, il constitue une conséquence implicite et nécessaire de la notion d'exécution par équivalent. En effet, l'article 1149 énonçant, pour les préjudices économiques, que les dommages-intérêts doivent correspondre à la perte éprouvée et au gain manqué [4], il en

1. Sur les éléments du dommage, v. *supra,* n° 649 et s.
2. V. *supra,* n° 668 et 669.
3. On ne le trouve pas davantage dans les codes des autres systèmes civilistes.
4. V. *supra,* n° 650 et s. Selon la Cour de cassation (Com. 20 janvier 1998, *D.A.* 1998.288, *R.J.D.A.* 1998, n° 557), une cour d'appel viole l'article 1149 du Code civil en condamnant le fournisseur d'un système d'alarme défectueux à payer le prix d'un système de remplacement, celui étant supérieur de plus du tiers au premier système, car la réparation serait supérieure au *damnun emergens.*

résulte que tous les éléments de ces préjudices doivent donner lieu à l'obtention d'un équivalent en argent. Réparer veut dire compenser le dommage et il n'y aurait pas de compensation véritable si la réparation n'était pas complète (cf. Civ. 3e, 4 mai 1988, *J.C.P.* 1988.IV.237, cassant un arrêt qui, à l'occasion de malfaçons affectant un ouvrage et imputables à un bureau d'études, oblige ce dernier au simple remboursement des honoraires réglés par l'entrepreneur, alors que les malfaçons ont entraîné des désordres que l'entrepreneur a réparés au profit du maître de l'ouvrage). Au demeurant, le principe de la réparation intégrale n'est pas propre aux dommages économiques et il concerne aussi bien les dommages moraux [1]. Cependant, en raison de l'arbitraire qui préside à l'évaluation de tels dommages, le principe de la réparation intégrale n'y a pas la même rigueur que pour les dommages économiques, à propos desquels le juge est en mesure de se fonder sur des éléments chiffrés qui sont beaucoup plus difficiles à contester, encore qu'il puisse y avoir des difficultés [2]. En tout cas, le principe de la réparation intégrale est appliqué depuis longtemps par la jurisprudence en matière de responsabilité contractuelle (cf. Civ. 16 février 1948, S.1949.1.69, note Jambu-Merlin), étant entendu que ce principe ne concerne que le préjudice réparable, c'est-à-dire, sauf exception, le préjudice prévisible [3].

1. Sur lesquels, v. *supra*, n° 653.

2. Par exemple en ce qui concerne la déduction opérée pour vétusté, lorsque les dommages-intérêts ont pour objet de remplacer la chose détruite (cf. Montpellier, 13 juillet 1976, *Cahiers jurid. elec. et gaz* 1977.30, note Guibert) ou en ce qui concerne la question de savoir si la T.V.A. doit être déduite du prix des marchandises détruites (cf. Com. 11 juillet 1983, *D.* 1985.347, note Chartier) ou encore si le montant de la T.V.A. sur les réparations doit être inclus dans celui des dommages-intérêts (cf. Versailles, 9 janvier 1986, *D.* 1986.IR.220). De même, lorsqu'une chose est détruite, il s'agit de savoir si le créancier a droit à des dommages-intérêts correspondant à la valeur marchande de la chose, laquelle peut être faible si la chose est usagée, ou bien à la valeur de remplacement, c'est-à-dire à ce que coûterait une chose du même genre pouvant procurer la même utilité au créancier, la valeur de remplacement pouvant être quelquefois très supérieure à la valeur marchande. V. observations Jourdain, *Rev. trim. dr. civ.* 1993. 838. Lorsque le préjudice est constitué par les conséquences économiques d'une atteinte à l'intégrité corporelle se manifestant par une privation de revenus en raison de l'incapacité (v. *supra*, n° 652), il n'appartient pas au juge de réduire du montant des charges fiscales ou sociales le revenu de remplacement procuré par les dommages-intérêts (Crim. 10 juillet 1991, *D.* 1991.IR.223, à propos de charges fiscales).

3. Sur la limitation de la réparation au préjudice prévisible, v. *supra*, n° 657 et 658. On considère quelquefois qu'il y aurait aussi exception à la réparation intégrale en raison de la nécessité d'un dommage direct ayant pour seule cause l'activité du débiteur (v. *supra*, n° 659 et s.). Mais, pas plus qu'en ce qui concerne le dommage prévisible, il ne s'agit là d'une exception à la réparation intégrale. En effet, si le dommage n'est pas direct, il ne sera pas réparé, car il n'est pas une conséquence de l'activité du débiteur. Ensuite, si le dommage a plusieurs causes, il peut y avoir lieu, dans certains cas, mais non pas toujours, (v. *infra*, n° 733) à une exonération partielle de la responsabilité du débiteur, notamment lorsque le dommage est dû aussi bien à l'activité du débiteur qu'à la faute du créancier. Dans une telle hypothèse, la réparation intégrale ne concerne que la fraction du dommage dont le débiteur est responsable.

684. – Le problème du cumul des indemnités. Si le principe de la réparation intégrale veut que le créancier ne soit pas appauvri par le fait imputable au débiteur et, par conséquent, soit indemnisé totalement de tous les éléments du dommage, il veut aussi que la responsabilité du débiteur ne soit pas source d'enrichissement pour le créancier. Compenser implique aussi qu'il ne doit pas y avoir d'enrichissement. Il en résulte que non seulement les dommages-intérêts ne peuvent être évalués à un montant supérieur au préjudice effectivement subi par le créancier, mais encore le préjudice ne peut être réparé deux fois. Ainsi, en cas d'inexécution par le vendeur de son obligation de délivrer l'immeuble vendu, les juges ne peuvent décider que l'acheteur n'a pas, jusqu'à ce que l'immeuble soit délivré, à suspendre le paiement des intérêts du solde du prix, si une précédente décision judiciaire a déjà indemnisé la perte de la jouissance de l'immeuble par l'acheteur jusqu'au moment où l'obligation de délivrance a été exécutée (Civ. 3e, 5 avril 1978, *J.C.P.* 1978.IV.185).

C'est parce que la responsabilité du débiteur ne peut être source d'enrichissement pour le créancier qu'il n'est pas permis à celui-ci de cumuler des sommes dues par un tiers et qui ont pour objet la réparation du dommage subi avec les dommages-intérêts qui seraient mis à la charge du débiteur responsable.

Ainsi, dans le cas d'un dommage corporel qui est réparé par une pension d'invalidité, des prestations sociales ou une pension de réversion au profit du conjoint de la victime décédée, le créancier ne peut cumuler ladite réparation versée par l'État, la Sécurité sociale ou une caisse de retraite avec les dommages-intérêts dus par le débiteur responsable du dommage.

Si la somme versée par l'organisme qui la doit est supérieure au montant des dommages-intérêts mis à la charge du responsable, le créancier ne peut rien réclamer à celui-ci (cf. Soc. 4 novembre 1982, *J.C.P.* 1983.IV.23 ; Civ. 1re, 30 janvier 1996, *J.C.P.* 1996.IV.675. Sur le principe que les prestations doivent être déduites des dommages-intérêts dus par le responsable, v. Soc. 11 janvier 1984, *J.C.P.* 1984.IV.88 ; Crim. 3 décembre 1985, *J.C.P.* 1986.IV.65, à propos de prestations de Sécurité sociale en matière de responsabilité extra-contractuelle où le problème est exactement le même ; Civ. 2e, 17 février 1983, *D.* 1983.594, note Chartier, à propos d'une pension de réversion versée par une caisse de retraite, l'arrêt énonçant que le montant de cette pension doit être pris en considération pour déterminer si la victime est en droit de réclamer des dommages-intérêts au responsable ; Civ. 2e, 6 décembre 1991, *J.C.P.* 1992.IV.484 ; Civ. 2e, 25 janvier 1995, *D.* 1995.IR.59 ; Civ. 2e, 12 juillet 2007, *D.* 2007.2161). Toutefois, le cumul n'est prohibé qu'en ce qui concerne les conséquences économiques du préjudice corporel [1]. En effet, les prestations sociales et les pensions d'invalidité

1. Cela pose la question de savoir, lorsqu'on répare le préjudice physiologique, indépendamment de ses conséquences économiques et morales (sur le problème, v. *supra* n° 650), si des prestations versées doivent être déduites de l'évaluation de ce préjudice, ce qui conditionne le droit de recours du débiteur de ces prestations contre le responsable.

ou de réversion ne réparent que les conséquences économiques d'un préjudice corporel. Par conséquent, la victime d'un dommage corporel est en droit de réclamer au responsable la réparation des différents préjudices moraux qu'elle a subis du fait de l'inexécution de l'obligation, même si elle a perçu des prestations qui réparent intégralement son préjudice économique [1].

Au contraire, si la somme versée par l'organisme débiteur de prestations est inférieure au préjudice économique de la victime qui a subi une atteinte à son intégrité corporelle, celle-ci est en droit, après déduction des prestations, de réclamer un complément de dommages-intérêts au débiteur responsable (cf. notamment, Crim. 4 mai 1979, *J.C.P.* 1979.IV.220, Civ. 2e, 11 mars 1982, *D.* 1982.IR.265, *J.C.P.* 1982.IV.183).

Par conséquent, en matière de dommage corporel, le principe de la réparation intégrale veut que, dans l'évaluation du dommage, l'on déduise les prestations versées à la victime par un tiers, lorsque ces prestations ont un caractère indemnitaire, c'est-à-dire qu'elles ont pour objet la réparation du dommage subi [2].

C'est ce qui explique que les sommes versées à la victime d'un dommage par l'assureur avec lequel avait été contractée une assurance de personnes et, en particulier, une assurance contre les accidents peuvent être cumulées avec les dommages-intérêts dus par le responsable. En effet, les assurances de personnes n'ont pas de caractère indemnitaire. Le montant de ce qui est versé à la victime assurée par l'assureur dépend des stipulations du contrat et non pas du préjudice éprouvé par l'assuré (art. L. 131-1

(Suite de la note 1, p. 767) La Cour de cassation a fini par admettre que le recours pouvait porter sur le préjudice physiologique objectif (Ass. Plen. 19 décembre 2003, *D.* 2004.161, note Lambert-Faivre, *J.C.P.* 2004.II.10008, note Jourdain, *Rev. trim. dr. civ.* 2004.303, obs. Jourdain, *J.C.P.* 2004.I.163, n° 32 et s., obs. Viney, *Petites Affiches* 13 avril 2004, note Stainlé-Fenerhacle ; Crim. 9 mars 2004, *D.* 2004.1214 ; Civ. 2e, 8 avril 2004, *J.C.P.* 2004.IV.2170). C'est une raison supplémentaire pour critiquer la notion de préjudice physiologique autonome. La solution de l'Assemblée plénière a été ultérieurement condamnée par le législateur, v. la note suivante.

1. Après avoir été admise implicitement, en ce qui concerne les prestations de Sécurité sociale, par l'article L. 376-1 du Code de la Sécurité sociale, tel que rédigé par une loi du 27 décembre 1973, la solution a été reprise d'une façon générale par l'article 31 d'une loi du 5 juillet 1985 pour les indemnités dont il est question à l'article 29 de cette loi. La loi de 1985, comme l'article L. 376-1 du Code de la Sécurité sociale, concerne le recours du débiteur d'indemnités contre le responsable et elle limite l'assiette de ce recours à la part des dommages-intérêts qui réparent les conséquences économiques de l'atteinte à l'intégrité physique. Si la part des dommages-intérêts qui réparent les préjudices moraux ne fait pas l'objet du recours de l'organisme débiteur des prestations, c'est parce que cette part doit être attribuée exclusivement à la victime, en raison de ce que les préjudices moraux ne sont pas indemnisés par les prestations versées (v. Crim. 6 avril 2004, *D.* 2004.1645, et Civ. 2e, 5 octobre 2006, *D.* 2006.2483, à propos d'un préjudice d'agrément). Une loi du 21 décembre 2006 (art. 25) a modifié les articles L. 376-1 du Code de la Sécurité sociale et 31 de la loi du 5 juillet 1985 en ce qu'ils précisent dorénavant que le recours « s'exerce poste par poste sur les seules indemnités qui réparent des préjudices que (les organismes sociaux) ont pris en charge, à l'exclusion des préjudices à caractères personnel ». Cette loi condamne la jurisprudence de l'Assemblée plénière de 2003.

2. Les débiteurs de ces prestations disposent d'un recours contre le responsable pour en récupérer le montant (v. la note précédente). L'article 29 de la loi du 5 juillet 1985 considère que les prestations dont il est question ont un caractère indemnitaire (cf. art. 28 de ladite loi).

C. assurances. Cf. Civ. 2e, 3 octobre 1990, *J.C.P.* 1990.IV.377, à propos d'un capital décès versé par une assurance mutuelle en contrepartie des cotisations payées ; Crim. 21 mars 1991, *D.* 1991.IR.143, à propos de prestations versées par une caisse de prévoyance, l'arrêt précisant que ces prestations ne donnant lieu à aucun recours subrogatoire, en application de l'article 29 de la loi du 15 juillet 1985, au profit de celui qui les a versées, elles ne doivent pas être imputées sur les dommages-intérêts et, par conséquent, le cumul est possible ; Civ. 2e, 23 septembre 1999, *D.* 1999.IR.239, arrêt selon lequel seules doivent être imputées sur l'indemnité réparant le dommage résultant d'une atteinte à la personne les sommes versées à titre indemnitaire). Les prestations servies en exécution d'un contrat d'assurance de personne en cas d'accident ou de maladie revêtent un caractère forfaitaire et non pas indemnitaire dès lors qu'elles sont calculées en fonction d'éléments prédéterminés par les parties indépendamment du préjudice subi.

Il en va de même en ce qui concerne toute somme qui n'aurait pas un caractère indemnitaire (cf. Civ. 2e, 27 novembre 1991, *J.C.P.* 1992.IV.405, à propos d'une pension d'invalidité d'une caisse de vieillesse constituant un avantage statutaire. Dans le même sens, Civ. 1re, 17 mars 1993, 2 arrêts, *R.J.D.A.* 1993, n° 895, *Resp. civ. et ass.* 1993, n° 283 ; Civ. 1re, 6 octobre 1993, *J.C.P.* 1993.IV.2519, arrêt selon lequel les prestations versées en exécution d'un contrat de prévoyance en cas de maladie ou d'accident ont un caractère forfaitaire et non pas indemnitaire, ce dont il résulte qu'elles ne dépendent pas du préjudice subi ; Civ. 2e, 19 janvier 1994, *D.* 1994.461, note Dagorne-Labbé, à propos d'une allocation compensatoire à un handicapé constituant une prestation d'assistance sans caractère indemnitaire ; Civ. 2e, 7 avril 2005, *D.* 2005.1251, à propos d'une allocation de chomage. Sur le cumul des dommages-intérêts et des prestations versées par des organismes de prévoyance en raison du caractère non indemnitaire de ces prestations, v. observations Jourdain, *Rev. trim. dr. civ.* 1991. 544 et s.).

Toutefois, dans les assurances contre les accidents corporels, la subrogation de l'assureur peut être admise en ce qui concerne des prestations versées par l'assureur et dont le caractère indemnitaire est prévu au contrat d'assurance (art. L. 131-2, al. 2 C. des assurances). En ce cas, le cumul ne pourrait intervenir au profit de la victime, puisque le recours de l'assureur exclut le cumul des indemnités (sur le caractère non indemnitaire de certaines prestations, notamment versées par les caisses de retraite, ce qui autorise le cumul avec les dommages-intérêts, cf. observations Jourdain, *Rev. trim. dr. civ.* 1990.504, et 1993.835). De la même façon, si une prestation n'a pas de caractère indemnitaire, son débiteur n'a point de recours contre le responsable (v. Civ. 2e, 21 juillet 1992, *J.C.P.* 1992.IV.2760) [1].

---

1. Par conséquent, le terme d'*indemnité d'assurance*, pourtant communément utilisé en la matière pour désigner la somme versée par l'assureur, est impropre. Au surplus, parce que les sommes versées n'ont pas pour objet la réparation du dommage subi par l'assuré, l'assureur ne dispose pas d'un recours contre le responsable pour en récupérer le montant (art. L. 131-2 C. assurances).

En ce qui concerne le préjudice économique non corporel, il ne saurait davantage y avoir de cumul entre les dommages-intérêts et les indemnités versées par un autre que le responsable. Ainsi, si le créancier avait conclu un contrat d'assurances de choses en vertu duquel l'assureur est tenu de lui verser une indemnité correspondant au montant du dommage subi ou à une partie de ce dommage, la perception de l'indemnité d'assurance lui interdit d'obtenir des dommages-intérêts du débiteur responsable dans le cas où l'indemnité d'assurance réparerait intégralement le préjudice. Si l'indemnité d'assurance ne répare le préjudice que partiellement, la victime pourra obtenir du responsable le complément de dommages-intérêts [1]. C'est là encore une conséquence du principe de la réparation intégrale et de son corollaire selon lequel de la réparation ne doit pas résulter un enrichissement.

685. – La date de l'évaluation des dommages-intérêts [2]. Au XIXe siècle et pendant une bonne partie du XXe siècle, la jurisprudence n'était pas fixée sur la date à laquelle devaient être évalués les dommages-intérêts. Certaines décisions se prononçaient pour le jour de la demande en réparation par le créancier, tandis que d'autres penchaient pour le jour où le juge statuait sur cette demande. Aujourd'hui la solution est bien assise tant en matière de responsabilité extra-contractuelle qu'en matière de responsabilité contractuelle (v. Civ.. 1re, 6 octobre 1998, *R.J.D.A.* 1999, n° 15, arrêt selon lequel, pour fixer le préjudice, une cour d'appel ne peut se fonder sur des éléments antérieurs à sa décision sans les réévaluer à la date de celle-ci ou sans s'expliquer sur les motifs justifiant une absence de revalorisation à cette date ; Civ. 1re, 15 juillet 1999, *D.A.* 1999.1439, qui considère que la valeur de remplacement de la chose déposée et volée chez le dépositaire, dont la responsabilité est engagée envers le déposant, est estimée à la date de la décision accordant les dommages-intérêts, ce dont il résulte que le juge ne doit pas tenir compte de l'estimation faite par les parties lors du dépôt). Les dommages-intérêts doivent être évalués par le juge le jour où il rend sa décision. En d'autres termes, pendant toute la durée du procès en responsabilité, la dette des dommages-intérêts est en instance d'évaluation, ce qui correspond au mécanisme de la dette de valeur [3]. En effet, parce que

1. La prohibition du cumul entre les indemnités versées par l'assureur de choses et les dommages-intérêts est fondée sur le fait que les assurances de choses ont un caractère indemnitaire, comme toutes les assurances de dommages (art. L. 121-1, al. 1er C. assurances). C'est le caractère indemnitaire de l'assurance qui, contrairement aux assurances de personnes, autorise le recours de l'assureur contre le responsable pour permettre à l'assureur de récupérer de celui-ci le montant de l'indemnité versée à l'assuré (art. L. 121-12 C. assurances), v. *supra,* note 2, p. 720. C'est le principe du non-cumul entre les indemnités qui permet de comprendre que, lorsque la victime a été indemnisée intégralement par l'assureur du responsable, elle est tenue de restituer à son propre assureur les sommes que celui-ci lui a versées en réparation du dommage (cf. Civ. 1re, 8 novembre 1988, *J.C.P.* 1989.IV.10 ; Civ. 3e, 17 décembre 2003, *J.C.P.* 2004.IV.1358).

2. CHARTIER, La date d'évaluation du préjudice, *Resp. et ass.*, mai 1998, n° spécial.

3. Sur laquelle, v. *supra,* n° 64.

les éléments du dommages peuvent donner lieu à une évaluation qui peut varier pendant toute la durée du procès, en raison des fluctuations monétaires, il est préférable d'attendre le jour de la décision en justice pour traduire le dommage dans son expression monétaire, ce qui fait qu'il s'agit bien d'une dette de valeur et non pas d'une dette de monnaie. Au demeurant, si l'évaluation du dommage peut varier entre le jour de la demande et celui de la décision, ce n'est pas uniquement en raison de la variation éventuelle du pouvoir d'achat de la monnaie, ce qui correspond à une variation pour des raisons extrinsèques au dommage (cf. Civ. 3e, 12 juillet 1976, *J.C.P.* 1976.IV.229. V. aussi, Civ. 3e, 20 juin 1978, *J.C.P.* 1978.IV.265 qui admet que l'indemnité doit correspondre au coût des travaux pour réparer des malfaçons le jour où le maître de l'ouvrage les a fait effectuer et non pas celui où ils ont été évalués par un expert, ce qui remonte plusieurs années auparavant), ce peut être aussi en raison de ce que le dommage lui-même peut varier pour des raisons qui lui sont intrinsèques (par exemple, l'atteinte à l'intégrité physique n'est pas fixée une fois pour toutes au jour de la demande, car elle peut varier en plus ou en moins pendant la durée du procès et les dommages-intérêts devront correspondre à l'état de la victime le jour où le juge rend sa décision. Cf. Civ. 1re, 7 juillet 1993, *D.* 1993.IR.199, *J.C.P.* 1993.IV.2328, à propos de l'évaluation d'un bien ; Civ. 3e, 25 septembre 2002, *R.J.D.A.* 2003, n° 10, qui, après avoir rappelé le principe de l'évaluation du dommage au jour de la décision, en déduit que le juge ne peut prendre en considération la TVA sur l'indemnité correspondant à la réparation de désordres au taux applicable au jour de la réalisation des travaux, la TVA n'étant pas récupérable par le créancier de l'indemnité).

Il y a, par conséquent de bonnes raisons de procéder à l'évaluation des dommages-intérêts au jour de la décision. La jurisprudence est fermement établie sur ce point, de nos jours, en ce qui concerne la responsabilité contractuelle (cf. Civ. 16 février 1948, S. 1949.1.69, note Jambu-Merlin ; Com. 4 mai 1965, *D.* 1965.449, Civ. 3e, 6 juin 1974, *Bull. civ.* 3. n° 236 ; Com. 2 novembre 1993, *R.J.D.A.* 1994, n° 387, *J.C.P.* 1994.I.3773, n° 20, obs. Viney, *D.* 1994. Somm. 212, obs. Delebecque). La solution peut être justifiée par le principe de la réparation intégrale. En effet, une évaluation à une date antérieure pourrait soit entraîner un enrichissement de la victime, dans le cas où le préjudice aurait varié en moins depuis le jour de la demande, soit permettre un appauvrissement, dans le cas où il aurait augmenté, pour des raisons intrinsèques ou extrinsèques, pendant la durée du procès [1].

---

1. Cependant, il arrive que certaines décisions ne soient pas en harmonie avec le principe de l'évaluation au jour de la décision, cf. Civ. 1re, 20 novembre 1990, *D.* 1991.455, note Aubert, *Rev. trim. dr. civ.* 1991.350, obs. Jourdain, selon lequel une cour d'appel a violé l'article 1149 du Code civil en condamnant un fabricant, responsable d'un vice caché d'un produit herbicide, à réparer le préjudice résultant de la perte d'une récolte évalué au jour de la décision en fonction de la variation de l'indice des prix à la consommation, alors que la perte de la récolte est, sauf préjudice complémentaire, de la valeur de celle-ci à l'époque à laquelle elle a été perdue. Un tel arrêt est en contradiction avec l'évaluation du préjudice au jour de la décision.

686. – Les intérêts des dommages-intérêts. Une autre conséquence de l'évaluation du dommage au jour où le juge statue est que, du moins en ce qui concerne les dommages-intérêts autres que ceux qui constituent les intérêts moratoires réparant le préjudice résultant du retard à payer une somme d'argent, le créancier ne peut se voir attribuer des intérêts des dommages-intérêts à dater de la demande (Civ. 3e, 22 février 1989, *J.C.P.* 1989.IV.130). En effet, de tels intérêts auraient pour objet, s'ils étaient dus à dater de la demande en justice, de réparer le préjudice consistant en ce que les dommages-intérêts réclamés ne seraient payés qu'après la décision les octroyant alors qu'ils auraient été demandés éventuellement plusieurs années auparavant. Si effectivement le dommage était évalué au jour de la demande, il faudrait accorder au créancier des intérêts moratoires des dommages-intérêts. Mais, cela n'est point nécessaire si les dommages-intérêts sont évalués au jour de la décision.

C'est ce qui explique la règle énoncée à l'article 1153-1 du Code civil, tel qu'il résulte d'une loi du 5 juillet 1985 [1]. Selon ce texte, qui concerne aussi bien la responsabilité extra-contractuelle que la responsabilité contractuelle (cf. Com. 8 novembre 1988, *J.C.P.* 1989.IV.113), les intérêts des dommages-intérêts ne courent qu'à dater du jugement et non pas à dater de la demande en justice. Bien entendu, la solution est propre aux dommages-intérêts compensatoires et aux dommages-intérêts moratoires dont il est question à l'article 1153. En effet, les intérêts moratoires qui sont dus en cas de retard à exécuter une obligation de payer une somme d'argent ne constituent pas une indemnité qui est évaluée par le juge (cf. Civ. 1re, 21 juin 1989, *D.* 1989.IR.217, *J.C.P.* 1989.IV.315). Leur évaluation est légale ou conventionnelle et ils courent à dater de la mise en demeure. Par conséquent, plus le procès sera long, plus les intérêts d'une somme d'argent seront élevés, le juge n'ayant pas à les évaluer à tel jour plutôt qu'à tel autre [2].

Cependant, le principe qui est affirmé à l'article 1153-1 du Code civil n'est pas d'ordre public. Le juge pourrait décider d'accorder des intérêts des dommages-intérêts à dater de la demande (Civ. 1re, 7 mars 1989, *J.C.P.* 1989.IV.173 ; Civ. 1re, 9 mai 1990, *D.* 1990.IR.144, *J.C.P.* 1990.IV.258 ; Civ. 3e, 15 mars 2000, *R.J.D.A.* 2000, n° 507, *Petites Affiches* 27 septembre 2000, note Dagorne-Labbé ; Civ. 2e, 20 juin 2002,

1. La solution admise par ce texte avait été antérieurement consacrée par la jurisprudence. Sur l'application de l'article 1153-1 du Code civil par les juges, v. observations Normand, *Rev. trim. dr. civ.* 1991.395 et s.

2. Cf. notamment sur le principe que les intérêts moratoires n'ont pas à être évalués par le juge et courent à dater de la sommation de payer, Soc. 15 juin 1977, *J.C.P.* 1977.IV.210, Civ. 3e, 8 novembre 1977, *D.* 1978.IR.214 et Civ. 2e, 3 juillet 1991, *D.* 1991.IR.222 qui cassent des arrêts qui les avaient fait courir à dater de la décision ; Soc. 8 novembre 1978, *J.C.P.* 1979.IV.22, qui casse un arrêt qui les avait fait courir avant la mise en demeure. V. aussi, Com. 9 octobre 1979, *J.C.P.* 1979.IV.370, Com. 25 mai 1982, *D.* 1982.IR.526, Civ. 1re, 4 mai 1982, *Rep. not.* 1983.785, obs. Aubert.

J.C.P. 2002.IV.2389). En effet, il peut arriver, dans certains cas, que le dommage éprouvé par le créancier ne soit point évalué au jour de la décision, car le principe de l'évaluation au jour de la décision peut subir des tempéraments. Supposons, par exemple, que le créancier d'une chose non livrée se soit procuré, parce qu'il en avait besoin, cette chose chez un fournisseur et qu'il demande à son débiteur de lui rembourser le prix payé au fournisseur ou encore que la chose qui devait être livrée ou restituée l'ait été en mauvaise état, le créancier ayant fait procéder lui-même aux réparations dont il demande le remboursement au débiteur de la livraison ou de la restitution. Dans de telles hypothèses, le dommage est évalué au jour de la demande. En effet, s'agissant de dommages-intérêts qui correspondent au remboursement de frais engagés par le créancier, le juge n'a pas à procéder à une évaluation du préjudice au jour de la décision. Le préjudice est fixé une fois pour toutes au jour de la demande en justice intentée par le créancier de l'obligation inexécutée. Dès lors, il est normal de faire courir les intérêts de la somme qui doit être remboursée à dater de la demande (cf. Civ. 1re, 29 mars 1989, *J.C.P.* 1989.IV.205 ; Civ. 1re, 18 mai 1989, *D.* 1989.IR.183, *J.C.P.* 1989.IV.267 ; Civ. 1re, 10 février 2004, *J.C.P.* 2004.IV.1676, à propos d'une indemnité d'assurance qui est évaluée au jour du sinistre ; Ass. Plen. 4 mar 2005, *J.C.P.* 2005.II.10064, à propos du recours d'un tiers payeur, le montant de la somme étant fixé au jour du paiement par le dit tiers). La jurisprudence antérieure à la loi du 5 juillet 1985 (art. 1153-1 C. civ.) admettait cette solution (cf. Soc. 26 mai 1988, *J.C.P.* 1988.IV.267, *Rev. trim. dr. civ.* 1988.748, obs. Mestre et 776, obs. Jourdain, qui considère justement que, lorsque le droit à une indemnité et son montant résultent d'un règlement intérieur d'une entreprise et non pas de l'appréciation des juges, la décision judiciaire ne faisant que constater la dette, les intérêts moratoires sont dus dès la demande en justice. V. aussi, Soc. 21 avril 1988, *J.C.P.* 1988.IV.220 ; Soc. 19 juillet 1988, *J.C.P.* 1988.IV.348 ; Civ. 1re, 25 avril 1989, *J.C.P.* 1989.IV.240 ; Com. 24 avril 1990, *D.* 1990.IR.121).

Lorsque le juge fait courir les intérêts moratoires d'une indemnité à partir d'une date différente de celle de sa décision, il était admis en jurisprudence qu'il devait en donner la raison, une décision judiciaire non motivée devant être annulée (cf. Civ. 2e, 27 avril 1988, *J.C.P.* 1988.IV.229, *Bull. civ.* 2, n° 100, *Rev. trim. dr. civ.* 1988.776, obs. Jourdain ; Civ. 3e, 12 juillet 1988, *J.C.P.* 1988.IV.339, *Rev. trim. dr. civ.* 1989.98, obs. Jourdain ; Civ. 3e, 22 novembre 1989, *Bull. civ.* 3, n° 219). Toutefois, la solution contraire avait aussi été consacrée (Com. 5 février 1991, *Bull. civ.* 4, n° 58, *D.* 1991. Somm. 326, obs. Aubert. V. sur l'ensemble de la question, observations Jourdain, *Rev. trim. dr. civ.* 1991.350 et s.). L'Assemblée plénière de la Cour de cassation, à propos du pouvoir des juges d'appel de fixer le point de départ des intérêts à une date autre que celle de l'arrêt en cas de confirmation partielle du jugement, a admis que la cour d'appel n'était point tenue de motiver sa décision (Ass. plén. 3 juillet 1992,

D. 1992. Somm. 404, obs. Penneau, *J.C.P.* 1992.II.21898, conclusions Dontenwille et note Perdriau. V. aussi, Civ. 1re, 28 avril 1998, *D.A.* 1998.949). Il est évident que cette solution vaut aussi bien pour les intérêts d'une indemnité allouée par les premiers juges [1].

Il peut aussi arriver que le retard cause un préjudice distinct de celui qui résulte des autres composantes de celui-ci, ce qui justifie des intérêts à dater de la demande, même si le préjudice est évalué au jour de la décision (cf. Civ. 1re, 16 mai 1995, *D.* 1995.IR.162, *J.C.P.* 1995.IV.1650, qui approuve une cour d'appel d'avoir, d'une part, condamné un assureur au paiement d'intérêts moratoires à dater de l'assignation en réparation du préjudice résultant du retard dans le paiement de l'indemnité et, d'autre part, évalué le préjudice réparé par l'indemnité d'assurance au jour du paiement effectif de celle-ci de façon à tenir compte de la dépréciation monétaire) [2].

Dans le cas où, conformément au principe, les dommages-intérêts sont évalués au jour où les juges du fond rendent leur décision, un problème se pose lorsqu'a été interjeté appel d'un jugement ayant évalué les dommages-intérêts au jour où il a été rendu. Si la cour d'appel infirme le jugement et ne retient pas la responsabilité du débiteur, il est évident qu'il n'y a pas de problème [3]. Mais, si les juges du second degré confirment totalement ou en partie le jugement, faut-il admettre que les intérêts des dommages-intérêts courent seulement à dater de l'arrêt ou bien à dater du jugement ? Avant la loi du 5 juillet 1985, la Cour de cassation avait admis que la cour d'appel pouvait faire courir les intérêts à dater du jugement (cf. Civ. 3e, 23 juin 1976, *J.C.P.* 1976.IV.275 ; Civ. 1re, 2 novembre 1978, *J.C.P.* 1979.IV.12 ; Civ. 3e, 17 février 1982, *J.C.P.* 1982.IV.161 ;

---

1. Lorsque le dommage a été réparé par l'assureur de la victime, celui-ci est subrogé dans les droits de son assuré contre le tiers responsable (v. *supra*, n° 684). Normalement les intérêts dus à l'assureur, créancier du remboursement de l'indemnité versée à la victime, devraient courir à dater de sa demande pour la même raison que celle qui est indiquée au texte (v. cependant, Civ. 1re 26 février 1991, *D.* 1991.IR.85, qui admet que les intérêts courent à dater du versement de l'indemnité par l'assureur). Selon la Cour de cassation, lorsque le juge fait courir les dommages-intérêts moratoires à partir d'une date antérieure à sa décision, ces dommages-intérêts conservent un caractère moratoire, ce dont il résulte que, parce qu'ils viennent s'ajouter à l'indemnité, ils sont dus par l'assureur de responsabilité, même si l'indemnité mise à la charge de celui-ci est limitée à un plafond (Civ. 1re, 28 avril 1998, *Bull. civ.* 1, n° 152, *Rev. trim. dr. civ.* 1998.920, obs. Jourdain).

2. V. aussi Civ. 1re, 6 juin 2000, *J.C.P.* 2000.IV.2310, arrêt selon lequel la condamnation à une indemnité indexée entre le jour de l'évaluation et celui du paiement compense la seule dépréciation monétaire, ce qui n'est pas incompatible avec la condamnation à des intérêts moratoires dont l'objet est de réparer le préjudice résultant du retard dans le paiement.

3. Si la condamnation a été exécutée, il y aura lieu à restitution après la réformation du jugement par la cour d'appel qui estime la condamnation mal fondée. En ce cas, le débiteur de la restitution ne doit des intérêts sur ce qu'il doit restituer qu'à compter de la demande de restitution et non pas à compter du jour de l'exécution de la condamnation prononcée par le jugement ensuite réformé (cf. Civ. 3e, 20 juin 1989, *J.C.P.* 1989.IV.317 ; Com. 7 octobre 1997, *R.J.D.A.* 1998, n° 17 ; Com. 24 février 1998, *D.A.* 1998.534 ; Civ. 1re, 18 octobre 2000, *D.* 2000.IR.273).

Com. 11 mai 1982, *J.C.P.* 1982.IV.256). La raison en était que la confirmation de la décision des premiers juges ne modifiait pas la date d'évaluation des dommages-intérêts au jour du jugement. Dès lors, pour que le préjudice fût intégralement réparé, il convenait de fixer le point de départ des intérêts des dommages-intérêts au jour de l'évaluation de ceux-ci, ce jour pouvant être antérieur de plusieurs mois à l'arrêt confirmatif. Toutefois, dans le cas où la cour d'appel, tout en confirmant, procédait à une nouvelle évaluation des dommages-intérêts au jour de son arrêt, elle incluait nécessairement dans cette nouvelle évaluation les intérêts moratoires, qui étaient ainsi intégrés dans les dommages-intérêts. C'est la raison pour laquelle de nouveaux intérêts moratoires ne pouvaient courir qu'à dater de l'arrêt confirmatif (cf. en matière de responsabilité extra-contractuelle, Crim. 17 mars 1980, *J.C.P.* 1980.IV.215 ; Ass. plén. 9 mai 1980, *J.C.P.* 1980.IV.269).

La loi du 5 juillet 1985 n'a pas modifié le droit antérieur. En effet, le principe, en cas de confirmation pure et simple, est que les intérêts des dommages-intérêts courent à dater du jugement, ce qui implique que les juges du second degré ne procèdent pas à une nouvelle évaluation des dommages-intérêts (art. 1153-1, al. 2 C. civ.). S'il n'y a pas confirmation pure et simple, les intérêts ne courent qu'à dater de l'arrêt (cf. Crim. 15 décembre 1987, *J.C.P.* 1988.IV.78), ce qui implique que les juges du second degré procèdent à une nouvelle évaluation des dommages et intérêts. Cependant, les dispositions de l'alinéa 2 de l'article 1153-1 du Code civil ne sont pas plus impératives que celles de l'alinéa 1er et, par conséquent, la cour d'appel, même si elle confirme purement et simplement, peut procéder à une nouvelle évaluation (cf. Civ. 2e, 17 février 1988, *D.* 1988.IR.62, *J.C.P.* 1988.IV.154) et, si elle ne confirme que partiellement, elle peut reprendre l'évaluation des premiers juges. Elle peut aussi, lorsqu'elle ne confirme pas purement et simplement, déroger à l'évaluation au jour de sa décision sans avoir à en donner les raisons, la faculté de déroger à l'article 1153-1 étant discrétionnaire (Ass. plén. 3 juillet 1992, précité). Il a même été décidé, ce qui est plus difficilement compréhensible lorsqu'il y a une nouvelle évaluation du dommage dans laquelle les intérêts moratoires peuvent être inclus, que la Cour d'appel pouvait décider, en raison du caractère supplétif de l'article 1153-1, al. 2 du Code civil, que les intérêts seraient dûs à dater de l'assignation (Com. 18 juillet 1989, *J.C.P.* 1989.IV.359). Cependant, la solution est concevable lorsqu'il s'agit, pour la Cour d'appel, d'ordonner le remboursement de frais ou d'une somme versée à tort (cf. Civ. 1re, 13 décembre 1988, *Bull. civ.* 1, n° 354, *Rep. not.* 1989.768, obs. Aubert).

687. – Les exceptions au principe de la réparation intégrale. Dans plusieurs hypothèses, le législateur, pour des raisons diverses, a admis que la réparation du dommage ne serait pas intégrale. Il ne s'agit pas pour autant d'une réparation forfaitaire, mais d'une réparation limitée à un certain plafond. Si le dommage éprouvé par le créancier est d'un montant inférieur au plafond légal de la réparation, il sera intégralement réparé. Ce n'est que dans le cas où le dommage serait supérieur au plafond que sa réparation ne sera pas intégrale, le créancier ne pouvant, sauf exception, percevoir un montant de dommages-intérêts supérieur au plafond.

Ainsi en ce qui concerne la responsabilité de plein droit des hôteliers en tant que dépositaires des effets de leurs clients, la réparation du préjudice en cas de vol, de perte ou de détérioration de ces effets est limitée à cent fois le prix de la location du logement (art. 1953, al. 3 C. civ.). Toutefois, la responsabilité est illimitée, d'abord, si le client prouve une faute de l'hôtelier ou de l'un de ses préposés et, ensuite, même en l'absence de faute, s'il s'agit d'objets qui ont été déposés entre les mains de l'hôtelier (art. 1953, al. 2 et 3 C. civ.) [1].

La responsabilité du transporteur aérien de marchandises ou de personnes est limitée par la Convention de Varsovie du 12 octobre 1929, plusieurs fois modifiée. Dans le transport de personnes, la limite est fixée à une somme déterminée par passager et, dans le transport de marchandises ou de bagages, la limite est fixée, à l'heure actuelle, à tant par kilogramme [2]. Les limites ainsi établies sont d'ordre public [3], ce dont il résulte que le transporteur ne pourrait pas plus stipuler des limites inférieures qu'il ne pourrait s'exonérer contractuellement de sa responsabilité (art. 23 de la Convention). Les limites ne sont plus applicables dans le cas où le transporteur ou l'un de ses préposés aurait commis une faute dolosive ou inexcusable [4]. En ce qui concerne la responsabilité des transporteurs de personnes des États membres de l'Union européenne, celle-ci ne peut être limitée en cas de lésions corporelles ou de décès (art. 3 § 1 du règlement européen du 9 octobre 1997).

Dans le transport maritime de marchandises et de personnes, un système équivalent est admis par la loi du 18 juin 1966, les limites prévues à l'article 28, pour le transport de marchandises, à l'article 44 pour le transport de bagages, et à l'article 40, pour le transport de personnes pouvant aussi être dépassées de telle façon que la réparation sera intégrale, si le dommage est dû à une faute dolosive ou inexcusable [5].

---

1. Un système voisin est admis pour la responsabilité des établissements hospitaliers en tant que dépositaires (art. 2 de la loi du 6 juillet 1992).

2. C'est ce qui résulte de l'article 22 de la Convention de Varsovie. Ces limites ne sont pas les mêmes selon qu'il s'agit de la convention originaire de 1929, de la Convention amendée par le Protocole de La Haye de 1955 ou des Protocoles de Montréal de 1975.

3. De la même façon, en ce qui concerne la responsabilité des hôteliers, il n'est pas possible de stipuler une clause de non-responsabilité ou des limites inférieures à celles qui sont prévues par la loi (cf. art. 1953, al. 2 et 3 C. civ.). Mais, le plafond pourrait être contractuellement dépassé.

4. V. *supra,* n° 622 et 623 sur la faute dolosive et n° 624 sur la faute inexcusable.

5. Dans le transport de marchandises, seul le dol permet de dépasser le plafond (art. 28 de la loi du 18 juin 1966). Dans le transport de personnes et de bagages, le dol et la faute inexcusable autorisent la réparation intégrale (art. 40 et 44).

β) Les conventions relatives aux dommages-intérêts [1]

688. – Deux sortes de stipulations. Indépendamment des stipulations concernant le principe, la nature et l'étendue de la responsabilité du débiteur [2], les parties au contrat, sauf exception, peuvent y inclure des stipulations sur le montant des dommages-intérêts. Il s'agit, soit de la clause pénale, soit de la clause limitative de responsabilité.

- La clause pénale

689 - L'intérêt de la qualification. Depuis l'entrée en vigueur d'une loi du 9 juillet 1975 la jurisprudence est abondante en ce qui concerne la clause pénale. En effet, cette loi, qui a modifié certains articles du Code civil relatifs à la clause pénale, a attribué au juge le pouvoir de contrôler les clauses pénales dont le montant est excessif ou dérisoire. Ce pouvoir n'existait pas, en droit français, avant cette loi, la clause pénale étant à l'époque nécessairement intangible, contrairement à ce qui avait été admis dans plusieurs législations plus récentes qui s'étaient inspirées de la solution consacrée par le § 343 du Code civil allemand.

---

1. *Bibliographie* : STARCK, Observations sur le régime juridique des clauses de non responsabilité et limitatives de responsabilité, *D.* 1974. Chron. p. 157 ; PEIRA NO-FACIO, La clause pénale, *Rev. intern. dr. comparé* 1949.315 ; BOCCARA, La réforme de la clause pénale, conditions et limites de l'intervention judiciaire, *J.C.P.* 1975.I.2742 ; CHABAS, La réforme de la clause pénale, *D.* 1976. Chron. p. 229 ; MALAURIE, La révision judiciaire des clauses pénales, *Rep. not.* 1976.533 ; THILMANY, Fonctions et révisibilité des clauses pénales en droit comparé, *Rev. intern. dr. comp.* 1980.17 ; SANZ, La consécration du pouvoir judiciaire par la loi du 9 juillet 1975 et ses incidences sur la théorie générale de la clause pénale, *Rev. trim. dr. civ.* 1977.268 ; SALUDEN, L'étendue du contrôle exercé par la Cour de cassation sur les juges du fond en matière de clause pénale, *Gaz. Pal.* 1984.1, *D.* 262 ; PAISANT, Dix ans d'application de la réforme des art. 1152 et 1231 C. civ. relatifs à la clause pénale, *Rev. trim. dr. civ.* 1985.372 ; PAISANT, Les clauses pénales sont-elles encore licites dans les contrats de travail et de bail ?, *J.C.P.* 1986.I.3238 ; SABLIERE, Clauses limitatives de responsabilité et clauses limitatives des obligations dans les contrats d'abonnement d'électricité et gaz, *Cahiers jurid. électricité et gaz* 1986.393 ; BENET, Indemnité d'immobilisation, dédit et clause pénale, *J.C.P.* 1987.I.3274 ; GERBAY, Les clauses de remboursement forfaitaire des frais de recouvrement judiciaire, *D.* 1978. Chron. 93 ; MAZEAUD, *La notion de clause pénale*, 1992 ; *Les clauses limitatives ou exonératoires de responsabilité en Europe*, 1990 ; DELEBECQUE, Les clauses de responsabilité, *in Les principales clauses des contrats conclus entre professionnels,* 1990, p. 177 et s. ; LEVENEUR, Vente entre professionnels et clause limitative de responsabilité, *Contrats, conc. consomm.* 1994. Chron. 3 ; MESTRE, De la notion de clause pénale et de ses limites, *Rev. trim. dr. civ.* 1985.372 ; LETARTRE, Requiem pour une clause pénale, *Rev. jur. com.* 1978.101 et s. ; PASQUALINI, Conditions et portée de la révision judiciaire des clauses pénales, *Rep. not* 1995.769 ; PAISANT, Clauses pénales et clauses abusives, *D.* 1995. Chron. 223 ; MAZEAUD, Les clauses limitatives de réparation, *in Les obligations en droit français et en droit belge,* 1994, p. 155 ; LAVABRE, Éléments essentiels et obligation fondamentale, *R.J.D.A.* 1997.291 ; DELEBECQUE, Que reste-t-il du principe de validité des clauses de responsabilité ?, *D.A.* 1997.235 ; LARROUMET, Obligation essentielle et clause limitative de responsabilité, *D.* 1997. Chron. 145 ; MALINVAUD, De l'application de l'article 1152 du Code civil aux clauses limitatives de responsabilité, *Mélanges Terré*, p. 689 ; DELEBECQUE, Les aménagements contractuels de l'exécution du contrat, *Petites Affiches* 5 mai 2000 ; PINTO-MONTEIRO, La clause pénale en Europe, *Mélanges Ghestin*, p. 719.

2. Sur lesquelles, v. *supra,* n° 637 et s.

C'est essentiellement le pouvoir de contrôle judiciaire des clauses pénales reconnu en 1975 qui est à l'origine de controverses doctrinales et du développement de la jurisprudence française sur la qualification de la clause pénale. En effet, de très nombreuses décisions concernent la question de savoir si le juge peut exercer son pouvoir de contrôle lorsqu'une partie le sollicite en prétendant que la clause qu'elle invoque est une clause pénale, alors que l'autre partie s'y oppose en prétendant qu'il ne s'agit pas d'une clause pénale.

Certains auteurs considèrent que l'article 1152 du Code civil, relatif au pouvoir du juge de réviser la clause pénale, ne serait pas propre à celle-ci et concernerait toute stipulation d'une indemnité en cas d'inexécution d'une obligation, une telle stipulation n'étant pas nécessairement une clause pénale. Pour ces auteurs, la clause pénale serait envisagée à l'article 1126 uniquement et elle serait caractérisée par sa fonction comminatoire, c'est-à-dire qu'elle devrait avoir pour objet de contraindre le débiteur à l'exécution. Il résulterait de cette conception deux conséquences. D'abord, la clause pénale ne pourrait être avantageuse pour le débiteur (par exemple, une somme inférieure au montant du dommage), encore que, tant que le dommage n'est pas survenu, on ne voie pas comment on pourrait comparer son montant avec celui de la clause, ce qui ne permettrait pas de la qualifier avant la survenance du dommage. Ensuite, toute indemnité forfaitaire n'étant pas une clause pénale, le pouvoir de révision du juge serait admis tant pour les clauses pénales que pour des stipulations qui n'en sont pas et cela d'autant plus qu'il s'agit d'une révision tant à la hausse qu'à la baisse. En fin de compte, les articles 1226 et suivants du Code civil seraient propres à la clause pénale, tandis que l'article 1152 ne concernerait pas seulement la clause pénale.

Il n'apparaît pas que la jurisprudence ait adopté cette façon de voir. Pour la plupart des décisions, l'article 1152 du Code civil serait propre à la clause pénale, qui pourrait aussi bien être favorable que défavorable au débiteur. Cependant, même dans une définition large, la clause pénale doit correspondre à des caractères précis, ce qui permet de la distinguer de clauses voisines pour lesquelles le pouvoir de contrôle judiciaire doit être écarté.

689 *bis*. – Définition. La clause pénale est définie à l'article 1226 du Code civil selon lequel il s'agit d'une stipulation « par laquelle une personne, pour assurer l'exécution d'une convention, s'engage à quelque chose en cas d'inexécution ». Cette définition ne met pas suffisamment l'accent sur les éléments qui caractérisent la clause pénale. Certes, il résulte du texte que la clause pénale est une stipulation relative à la sanction du débiteur en cas d'inexécution de son obligation contractuelle, ce qui est un premier élément de la définition de la clause pénale (cf. Com. 10 juillet 1990, *Rep. not.* 1991.552, note Dagorne-Labbé, arrêt selon lequel la clause d'un contrat de vente prévoyant que la partie du prix payée au vendeur lui restera acquise en cas de résolution du contrat à la suite du manquement de l'acheteur à son obligation de payer le reliquat est une clause pénale. En effet, bien qu'elle mentionne que la somme restera acquise au vendeur « à titre de contrepartie de la jouissance du bien vendu », une telle stipulation a pour objet de sanctionner l'inexécution de son obligation par l'acheteur. V. aussi, Civ. 1re, 18 octobre 1994, *R.J.D.A.* 1995, n° 109, à propos de la clause stipulant qu'en cas de résolution de la vente pour défaut de paiement du prix, le vendeur sera en droit de conserver tout ce qui aurait été payé ou exécuté avant le défaut de paiement).

Mais, il manque, dans la définition légale de l'article 1226, un autre élément de la clause pénale, qui est le forfait de dommages-intérêts qu'elle constitue [1]. En effet, la clause pénale est une stipulation relative aux dommages-intérêts dus par le débiteur au créancier en cas d'inexécution de son obligation. Il est vrai que ce second élément de la clause pénale ressort de l'article 1229, al. 1er du Code civil. En d'autres termes, la clause pénale est une évaluation forfaitaire des dommages-intérêts à laquelle procèdent les parties au contrat à l'avance pour le cas où le débiteur n'exécuterait pas ou bien exécuterait d'une façon défectueuse ou avec retard son obligation [2]. Le forfait de dommages-intérêts que constitue la clause pénale est déterminé par le contrat. Lorsque c'est la loi qui le fixe, la pénalité n'a aucun caractère contractuel et on imagine difficilement qu'elle puisse faire l'objet d'une révision judiciaire (cf. Paris 20 juin 1995, *D.* 1995.IR.187, à propos de l'indemnité prévue à l'article L. 311-30 du Code de la consommation en cas de défaillance de l'emprunteur).

690. – Responsabilité du débiteur. La clause pénale suppose, d'abord, que le débiteur soit responsable envers le créancier. En effet, dans le cas où l'inexécution de l'obligation ne serait pas imputable au débiteur, le créancier ne serait pas admis à faire jouer la clause pénale à son profit. En d'autres termes, la clause pénale vient s'insérer dans le mécanisme de la responsabilité du débiteur et celle-ci est une condition nécessaire pour que la clause pénale produise l'effet prévu. Toutefois, en stipulant une clause pénale, les parties dispensent aussi le créancier de rapporter la preuve du dommage qu'il subit du fait de l'inexécution de l'obligation imputable au débiteur. Il en résulte que le juge n'a pas à rechercher si le créancier subit un dommage lorsqu'il prétend au bénéfice de l'application de la clause (cf. Com. 10 janvier 1977, *D.* 1977.IR.171 ; Civ. 1re, 19 mars 1980, *J.C.P.* 1980.IV.213 ; Civ. 3e, 12 janvier 1994, *R.J.D.A.* 1994, n° 386, *J.C.P.* 1994.I.3809, n° 18, obs.

1. Sur la nécessité d'un forfait pour qu'il y ait clause pénale, v. Com. 9 mai 2001, *D.* 2001.1945.

2. C'est la raison pour laquelle lorsque les parties se mettent d'accord pour évaluer le préjudice subi par le créancier après que le débiteur a manqué à son obligation, il ne s'agit pas d'une clause pénale (cf. en ce sens, Paris 3 avril 1990, *Rev. trim. dr. civ.* 1990. 657, obs. Mestre), mais d'une transaction.

Viney, *Rep. not.* 1994.804, obs. Mazeaud, *Rev. trim. dr. civ.* 1994.605, obs. Mestre ; Versaille 28 novembre 2002, R.J.D.A. 2003, n° 401 ; Civ. 3e, 20 décembre 2006, *D.* 2007.10024, note Bakouche) [1].

La raison d'être d'une telle dispense est que la clause pénale constitue aussi un moyen de contraindre le débiteur à s'exécuter envers le créancier. Parce que les parties au contrat ont prévu une somme qui serait due en cas d'inexécution, la clause doit jouer automatiquement, en cas d'inexécution qui serait imputable au débiteur, de façon à ce qu'elle remplisse pleinement son rôle comminatoire, un peu à la manière d'une astreinte. Si le débiteur pouvait échapper à l'application de la clause en l'absence de dommage éprouvé par le créancier, la clause pénale ne remplirait pas sa fonction pour forcer le débiteur à s'exécuter. Il est vrai que la clause pénale ne remplit pas toujours une fonction comminatoire [2], encore que cette opinion ne soit pas toujours partagée [3]. Cependant, toute distinction serait arbitraire et enlèverait une partie de son utilité à la clause et cela d'autant plus que le législateur consi-

1. Il est vrai que depuis qu'il est admis que le juge peut augmenter ou réduire la somme stipulée dans la clause, la référence, pour l'exercice de ce pouvoir, sera, en particulier, le montant du dommage. Cependant, le pouvoir de contrôle du juge ne va pas jusqu'à lui permettre de réduire la clause à néant en l'absence de préjudice et, par conséquent, la règle demeure que le jeu de la clause n'est pas subordonné à la preuve d'un préjudice éprouvé par le créancier. V. pourtant en sens contraire, Com. 16 juillet 1991, *D.* 1992.365, note Mazeaud, qui, sous couvert du pouvoir d'appréciation de l'article 1152, al. 2 du Code civil, admet que le juge peut refuser de faire produire effet à la clause pénale en l'absence de préjudice. Une telle solution dénature la clause pénale.

2. Lorsque le montant stipulé dans la clause est supérieur au dommage éprouvé par le créancier, la clause intervient dans l'intérêt de celui-ci et elle a effectivement un rôle coercitif. Au contraire, lorsque le montant stipulé est inférieur au dommage, la clause intervient dans l'intérêt du débiteur. Toutefois, elle présente une autre utilité, en ce qu'elle se rapproche alors d'une clause limitative de responsabilité (v. *infra,* n° 694).

3. En effet, pour certains, la clause pénale aurait nécessairement pour objet de contraindre le débiteur à l'exécution, ce dont il résulte que toute évaluation forfaitaire et conventionnelle de dommages-intérêts ne serait pas nécessairement une clause pénale (v. *supra*, n° 689). Cette position a été adoptée par la 1re Chambre civile de la Cour de cassation, notamment à propos de la clause de remboursement forfaitaire des frais de recouvrement exposés par le créancier contraint de recourir à la justice ou de participer à une procédure (Civ. 1re, 16 janvier 1985, *Bull. civ.* 1, n° 24, *Rev. trim. dr. civ.* 1986.103, obs. Mestre ; Civ. 1re, 21 février 1995, *R.J.D.A.* 1995, n° 1198. V. aussi, Paris 30 janvier 1996, *D.A.* 1996.320, *R.J.D.A.* 1996, n° 607 et Versailles 28 novembre 2002, précité au texte, qui met l'accent sur le caractère comminatoire de la clause pénale), la Cour de cassation en déduisant que le pouvoir de révision du juge, propre à la clause pénale, ne saurait être exercé. Toutefois, tout en partageant l'analyse de la Cour de cassation, certains auteurs estiment que la révision judiciaire doit jouer pour toute évaluation conventionnelle des dommages-intérêts, même s'il ne s'agit pas d'une clause pénale, ce qui enlève une grande partie de son intérêt à la qualification. Surtout, d'autres décisions, même si elles privent cette stipulation de son efficacité dans certaines situations pour d'autres raisons (v. *infra,* n° 693), ont considéré que la clause de remboursement forfaitaire des frais de recouvrement était une clause pénale (cf. Com. 19 avril 1985, *Bull. civ.* 4, n° 120, *D.* 1986.IR.321, obs. Vasseur, *Rep. not.* 1986.940, note Derrida ; Paris 12 novembre 1997, *D.* 1997.IR.261), ce qui est approuvé par certains auteurs. En réalité, il y a clause pénale, quel que soit le montant du forfait stipulé, c'est-à-dire qu'il soit supérieur ou inférieur au préjudice éprouvé par le créancier, dès lors que, d'une part, il y a forfait de dommages-intérêts, et, d'autre part, il n'y a pas d'exécution volontaire de l'obligation, ce qui contraint le créancier à recourir à la justice.

dère comme une clause pénale celle dont le montant stipulé est inférieur au dommage éprouvé par le créancier, puisque, si ce montant est dérisoire, il autorise le juge à l'augmenter (art. 1152, al. 2 C. civ.). Au demeurant, lorsqu'elle ne remplit pas une fonction coercitive, parce qu'elle est stipulée dans l'intérêt du débiteur [1], la clause pénale ne recevra pas application si le débiteur s'est rendu coupable d'une faute dolosive ou même d'une faute lourde (cf. Civ. 1re, 4 février 1969, *D.* 1969.601, note Mazeaud, *J.C.P.* 1969.II.16030, note Prieur ; Civ. 1re, 22 octobre 1975, *D.* 1976.151, note Mazeaud). Cela démontre encore, s'il en était besoin, que la clause pénale n'est pas indépendante de la responsabilité du débiteur et qu'elle vient s'insérer dans le mécanisme de cette responsabilité. En effet, pas plus qu'une clause d'exonération de responsabilité [2] ou qu'une clause limitative [3], elle ne doit favoriser le débiteur lorsque le manquement de celui-ci à la parole donnée est grave [4].

690 *bis.* – Qualification. Si la clause pénale suppose la responsabilité du débiteur, elle est aussi un moyen, dans certaines situations, de contraindre le débiteur à s'exécuter [5]. Mais elle ne constitue un tel moyen que parce qu'elle prévoit à l'avance une sanction liée à la responsabilité du débiteur. C'est la raison pour laquelle certaines stipulations que l'on pourrait confondre avec la clause pénale ne sauraient lui correspondre et la conséquence en est que le pouvoir de révision, propre à la clause pénale, qui est accordé au juge ne saurait être exercé s'il ne s'agit pas d'une clause pénale. Ainsi, ne constitue pas une clause pénale le prix versé par le bénéficiaire d'une promesse unilatérale de vente au promettant pour obtenir de celui-ci la prolongation du délai de l'option, puisque le bénéficiaire ne s'engage pas à acquérir (Civ. 3e, 5 décembre 1984, *J.C.P.* 1985.IV.59, *Rev. trim. dr. civ.* 1985, p. 372, obs. Mestre, et p. 594, obs. Rémy). En effet, en l'absence d'obligation du bénéficiaire de la promesse, il ne saurait être question de responsabilité pour inexécution d'un engagement.

De même, n'est pas une clause pénale la stipulation d'une indemnité d'immobilisation dans une promesse unilatérale de vente, en l'absence d'engagement du bénéficiaire d'acquérir (Civ. 3e, 5 décembre 1984, *D.* 1985.544, note Bénac-Schmidt, *J.C.P.* 1986.II.20255, note Paisant,

---

1. V. la note 2, p. 780.
2. V. *supra,* n° 641.
3. V. *infra,* n° 695.
4. Il est vrai que lorsque la clause est stipulée dans l'intérêt du créancier (v. note 2, p. 780), son inefficacité en présence d'une faute lourde ou dolosive du débiteur perd tout intérêt. Cependant, ou bien le montant stipulé est supérieur au dommage et, en ce cas, la clause doit recevoir application. Ou bien le montant est au moins égal au dommage et, en ce cas, cela revient au même que si le dommage était intégralement réparé, y compris le dommage imprévisible.
5. Sur la double fonction de la clause pénale, cf. Amiens, 23 novembre 1976, *J.C.P.* 1977.II.18567 ; Com. 10 janvier 1977, *D.* 1977.IR.171 ; Civ. 1re, 2 janvier 1985, *J.C.P.* 1985.IV.101 ; Com. 5 juillet 1994, *D.* 1994.IR.214, *J.C.P.* 1994.I.3809, n° 19, obs. Viney, *R.J.D.A.* 1994, n° 1261, à propos de l'indemnité de résiliation stipulée à un contrat de crédit bail, en cas d'inexécution de ses obligations par un crédit-preneur.

Rev. trim. dr. civ. 1985.372, obs. Mestre, *Rep. not.* 1985.1076, obs. Aubert ; Paris, 28 janvier 1988, *D.* 1988.IR.64 ; Paris 31 mai 1990, *D.* 1990.IR.180, *Rev. trim. dr. civ.* 1990.656, obs. Mestre, *D.* 1992. Somm. 194, obs. Paisant ; Versailles 27 mars 1992, *D.* 1993. Somm. 233, obs. Paisant ; Civ. 3e, 29 juin 1994, *R.J.D.A.* 1994, n° 1004, *J.C.P.* 1994.I.3809, n° 20, obs. Viney, *Rep. not.* 1994.1459, obs. Mazeaud, à propos d'une indemnité d'immobilisation stipulée dans une vente sous condition suspensive, l'indemnité devant rester acquise au vendeur en cas de non réalisation de la condition, Paris 25 mars 1999, *D.* 1999.IR.154 ; Civ. 3e, 30 avril 2002, *R.J.D.A.* 2002, n° 981 ; Civ. 3e, 30 avril 2002, *B.civ.* 3, n° 90, *Rev. contrats* 2003.99, obs. Collart-Dutilleul). En effet, ladite indemnité n'est que le prix de la promesse, c'est-à-dire de l'avantage conféré au bénéficiaire par le promettant [1] et, dès lors, elle ne sanctionne pas l'inexécution d'une obligation [2].

Ainsi encore, la stipulation d'une indemnité en contrepartie d'une clause de non-concurrence ne constitue pas une clause pénale, en rai-

---

1. Sur le prix de la promesse dans une promesse unilatérale, v. *supra*, n° 310.

2. La clause de dédit, en vertu de laquelle un contractant peut reprendre son engagement sauf à payer une certaine somme à l'autre partie au contrat, pourrait d'avantage se rapprocher d'une clause pénale. C'est du reste à cette assimilation que l'on a procédé quelquefois (cf. Paris, 9 novembre 1981, *D.* 1982.171, note Aubert). Toutefois, il y a une différence remarquable entre la clause de dédit et la clause pénale, c'est que la première ne sanctionne pas l'inexécution de son engagement par le bénéficiaire de la faculté de dédit, contrairement à la seconde qui a pour objet la réparation du dommage résultant de l'inexécution. Le bénéficiaire de la faculté de dédit ne fait qu'exercer un droit qui lui est attribué par le contrat. La somme qu'il verse à l'autre partie au contrat n'est que le prix de l'exercice de cette faculté (cf. Com. 27 mars 1990, *D.* 1990.390, note la Marniere, *D.* 1991, Somm. 158, obs. Paisant, *Rev. trim. dr. civ.* 1990.514, obs. Rémy et 655, obs. Mestre ; Civ. 3e, 9 janvier 1991, *D.* 1991.481, note Paisant ; Paris 29 octobre 1992, *D.* 1993.IR.37 ; Com. 2 avril 1996, *D.* 1996.IR.114, *D.* 1996, Somm. 329, obs. Mazeaud ; Civ. 1re, 18 mars 1997, *J.C.P.* 1997.IV.1044, *D.* 1997.IR120 ; Civ. 1re, 4 avril 2006, *Petites Affiches* 25 septembre 2006, avis Sainte-Rose ; Civ. 12 juillet 2005, *R.J.D.A.* 2005, n° 1317). Au surplus, il peut parfaitement y avoir une faculté de dédit sans contrepartie à la charge du bénéficiaire de cette faculté (v. Com. 30 octobre 2000, *D.* 2001. Somm. 3241, obs. Mazeaud, *Contrats conc. consomm.* 2001, n° 21, obs. Leveneur). Le prix du dédit ne doit pas non plus être confondu avec l'acompte versé par une partie au moment de la conclusion du contrat. L'acompte correspond à l'exécution préalable et partielle de son obligation par l'une des parties. Si le contrat est conclu et qu'il n'est pas résolu, l'acompte ne doit pas être restitué par celui auquel il a été versé (cf. Paris, 14 avril 1986, *D.* 1987.IR.264, qui souligne la différence entre la clause pénale et l'acompte, en se référant à la définition de l'article 1226 du Code civil, dont il résulte que l'acompte n'a pas pour objet d'assurer l'exécution de l'obligation et ne constitue pas une sanction de l'inexécution). Si le contrat n'est pas conclu, l'accompte doit être restitué (Civ. 3e, 26 mai 2005, *Rev. contrats* 2004.970, obs. Collart-Dutilleul). Proche de la clause de dédit, le dépôt de garantie versé par le réservataire en vertu du contrat préliminaire à la vente d'immeuble à construire ne constitue pas davantage une clause pénale (cf. Civ. 3e, 28 mars 1990, *D.* 1991.187, note Cabrillac, *D.* 1991. Somm. 158, obs. Paisant). La stipulation d'une indemnité due par le maître de l'ouvrage en cas de résiliation unilatérale anticipée d'un contrat de louage d'ouvrage n'est pas une clause pénale ayant pour objet de faire assurer l'exécution de l'obligation, mais une faculté de dédit permettant à une partie de se soustraire à l'exécution de son obligation, ce qui exclut le pouvoir de révision du juge (Com. 14 octobre 1997, *D.A.* 1997. 1460, *R.J.D.A.* 1998, n° 14, *Rep. not.* 1998.328, obs. Mazeaud et 538, note Dagorne-Labbé, *D.* 1999.103, note Wielmann). Est aussi un dédit, l'indemnité de résiliation en cas de non reconduction d'un contrat et non pas une clause pénale (Com. 3 juin 2003, *Rev. contrats* 2004.930, obs. Mazeaud. V. aussi, Paris 6 décembre 2002, *R.J.D.A.* 2003, n° 462 ; Civ. 3e, 15 février 2006, *R.J.D.A.* 2006, n° 503).

son de ce que cette indemnité n'est en réalité que le prix du bénéfice de la clause de non-concurrence et non pas la sanction de l'inexécution d'une obligation du bénéficiaire de la clause (Soc. 17 octobre 1984, *J.C.P.* 1984.IV.353 ; Soc. 6 mars 1986, *D.* 1986.IR.178 ; Soc. 26 mai 1988, *J.C.P.* 1988.IV.266, *Bull. civ.* 4, n° 318, *Rep. not.* 1989.358, obs. Aubert ; Soc. 19 juillet 1988, *J.C.P.* 1988.IV.348) [1]. En revanche, l'indemnité stipulée en cas de violation d'une clause de non-concurrence constitue une clause pénale, puisqu'elle sanctionne l'inexécution d'une obligation (Soc. 5 juin 1996, *D.* 1996.IR.159, *R.J.D.A.* 1997, n° 322, *Rep. not.* 1997.737, obs. Mazeaud).

Ne constitue pas davantage une clause pénale la stipulation d'un contrat de prêt qui oblige l'emprunteur à restituer ce qu'il a reçu, de façon à ce que les parties soient dans le même état que si le prêt n'avait pas eu lieu (Civ. 1re, 22 février 1977, *D.* 1977.IR.254). Cette fois-ci, la solution est fondée sur la considération selon laquelle l'emprunteur n'est tenu à rien d'autre que la restitution de ce qu'il a reçu, ce qui ne correspond pas à la définition de la clause pénale par l'article 1226 du Code civil. De la même façon ne constitue pas une clause pénale la stipulation d'un contrat de prêt à intérêts mettant une indemnité à la charge de l'emprunteur dans le cas où il déciderait de rembourser le prêt par anticipation, car l'indemnité ne sanctionne pas l'inexécution de son obligation par l'emprunteur, mais elle constitue le prix de l'avantage qui lui est conféré de rembourser par anticipation (Paris, 16 mai 1989, *D.* 1990.121, note Paisant, *Rev. trim. dr. civ.* 1990.75, obs. Mestre ; Paris 19 décembre 1991, *D.* 1992.IR.87, *R.J.D.A.* 1992, n° 557 ; Civ. 1re, 24 novembre 1993, *R.J.D.A.* 1994, n° 140, *Rep. not.* 1994.800, obs. Mazeaud ; Civ. 1re, 30 mars 1994, *D.* 1994.IR.102) [2]. En revanche, constitue une clause pénale la stipulation d'un contrat en vertu de laquelle le défaut de paiement d'une commission de 5 % à la date prévue entraîne une majoration de cette commission (Com. 11 janvier 1994, *R.J.D.A.* 1994, n° 263). (V. aussi, Civ. 1re, 10 octobre 1995, *J.C.P.* 1996.II.22580, note Paisant, *D.* 1996. Somm. 116, obs. Delebecque, *D.A.* 1995.131, *R.J.D.A.* 1996, n° 318, qui

---

1. Après avoir admis une solution contraire, la Cour de Paris (cf. Paris, 27 juin 1980, *D.* 1981.98, note Serra ; Paris 14 et 18 janvier 1983, *D.* 1983.IR.420, obs. Serra) a consacré la différence de nature entre les deux stipulations (Paris 25 avril 1984, *Rev. trim. dr. civ.* 1985.372, obs. Mestre ; Paris, 16 juin 1986, *D.* 1986.IR.345). Il ne faut pas confondre la contrepartie d'une clause de non-concurrence avec l'indemnité prévue en cas de non respect de la clause par le débiteur, laquelle constitue une clause pénale (cf. Soc. 3 mai 1989, *J.C.P.* 1989.IV.247).

2. Pour la même raison ne constitue une clause pénale l'indemnité de résiliation anticipée d'un contrat de crédit-bail, prévue à l'article L. 313-9, C. mon. et fin. (Civ. 3e, 27 juin 2001, *R.J.D.A.* 2001, n° 1143. Comparer, Rouen 8 mars 2001, *J.C.P.* 2002.IV.1948, qui considère qu'il s'agit d'une clause pénale) ainsi que la stipulation d'un contrat de mandat obligeant le mandant à payer une somme au mandataire s'il exerce la faculté de mettre fin au contrat (Civ. 1re, 6 mars 2001, *R.J.D.A.* 2001, n° 751, *D.* 2001. Somm. 3243, obs. Delebecque, *Contrats, conc. consomm.* 2001, n° 102, obs. Leveneur, *J.C.P.* 2002.II.10067, note Dagorne-Labbé).

considère comme une clause pénale la stipulation d'un contrat conclu avec un établissement d'enseignement en vertu de laquelle les droits d'inscription resteront dus en cas de rupture du contrat par le cocontractant de l'établissement, s'il renonce à y poursuivre ses études) [1].

Certaines stipulations qui sanctionnent l'inexécution de ses obligations par l'une des parties au contrat ne sauraient pour autant être considérées comme des clauses pénales. Ainsi, une clause résolutoire n'a rien à voir avec une clause pénale (cf. Civ. 3e, 20 juillet 1989, *J.C.P.* 1989.IV.358, *Rev. trim. dr. civ.* 1990.75, obs. Mestre ; Paris 14 novembre 1990, *D.* 1991.IR.7) [2]. Tandis que la première a pour objet l'anéantissement du contrat, la seconde seule constitue un forfait de dommages-intérêts. Cependant, il est possible de stipuler à la fois une clause résolutoire et une clause pénale (V. Civ. 3e, 13 novembre 2003, *R.J.D.A.* 2004, n° 273).

En revanche, c'est à tort que la Cour de cassation a refusé de considérer comme une clause pénale la stipulation d'une indemnité forfaitaire due par une agence de voyages en cas d'annulation d'un voyage par elle organisé aux motifs que cette indemnité a pour objet d'assurer le respect de l'obligation souscrite (Civ. 1re, 4 novembre 1992, *R.J.D.A.* 1993, n° 1000, *D.* 1993.138, note Dagorne-Labbé). La stipulation d'un forfait d'indemnité en cas d'inexécution d'une obligation est nécessairement une clause pénale. C'est la raison pour laquelle est une clause pénale la stipulation mettant une indemnité à la charge de l'associé qui serait exclu d'une société coopérative pour inexécution de ses obligations (Civ. 1re, 22 octobre 1996, *D.A.* 1996.1384, *R.J.D.A.* 1997, n° 609). De la même façon, est une clause pénale la stipulation d'une indemnisation à la charge d'un éditeur en cas de perte des documents qui lui ont été confiés aux fins de publication (Civ. 1re, 16 juillet 1997, *R.J.D.A.* 1998, n° 140). Ainsi encore, est une clause pénale la stipulation d'un bail par laquelle le locataire s'engage à payer au bailleur « pendant la durée des travaux » de remise en état de l'immeuble un loyer égal au double du dernier loyer payé, majoré en outre du préjudice causé par le retard du locataire suivant à entrer dans les lieux, cette stipulation

1. Dans les prêts prévoyant des taux d'intérêts différents dans le temps, il est stipulé qu'en cas de remboursement anticipé par l'emprunteur, celui-ci devra régler au prêteur, outre l'indemnité de remboursement anticipé, une somme à titre d'intérêts compensatoires. La Cour de cassation a justement considéré que cette stipulation n'était pas non plus une clause pénale, car elle avait pour objet de rémunérer le prêteur d'une façon conforme au taux d'intérêt convenu (Civ. 1re, 7 octobre 1992, *R.J.D.A.* 1993, n° 144 ; Civ. 1re, 2 décembre 1992, *R.J.D.A.* 1993, n° 144, *Contrats, conc. consomm.* 1993, n° 41, obs. Leveneur, *D.* 1993. Somm. 213, obs. Delebecque, *Bull. civ.* 1, n° 301 ; Paris 8 juillet 1992, *R.J.D.A.* 1992, n° 1106 ; Civ. 1re, 30 mars 1994, *J.C.P.* 1994.IV.1475 ; Civ. 1re, 11 octobre 1994, *Rep. not.* 1995.759, obs. Mazeaud). La rémunération d'un affactureur par une commission minimum forfaitaire ne constitue pas une clause pénale (Paris 13 octobre 1994, *D.* 1995.264, note Dagorne-Labbé). Il s'agit d'une contrepartie à la charge du cocontractant de l'affactureur et elle ne sanctionne évidemment pas l'inexécution d'une obligation.

2. Sur laquelle, v. *infra*, n° 716 et s.

ayant pour effet de contraindre le locataire à exécuter l'une de ses obligations contractuelles, à savoir la remise en l'état des lieux à son départ (Civ. 3e, 1er juillet 1998, *R.J.D.A.* 1999, n° 14).

Dans un arrêt du 9 avril 1993, la Cour de Versailles (*R.J.D.A.* 1993, n° 602) a refusé de considérer comme une clause pénale la stipulation d'une indemnité forfaitaire destinée à couvrir les frais d'exécution du contrat. S'il s'agit de frais exposés en raison de l'inexécution de son obligation par le débiteur, la solution est contestable. L'évaluation des dommages-intérêts par accord des parties constaté dans une décision de justice ne constitue pas une clause pénale, car il ne s'agit pas d'une évaluation forfaitaire déterminée à l'avance pour le cas où le débiteur n'exécuterait pas son obligation. Ainsi encore, la Chambre sociale de la Cour de cassation a refusé de considérer comme une clause pénale une indemnité contractuelle de licenciement stipulée pour tenir compte de la difficulté de trouver un emploi équivalent et aux mêmes conditions, ce qui exclut le pouvoir modérateur du juge (Soc. 17 octobre 1996, *D.* 1997.179, note Defossez). Il est certain que si le licenciement n'est pas imputable à la faute de l'employeur et, par conséquent, ne peut donner lieu à la responsabilité de celui-ci, la solution n'est pas contestable. En revanche, si l'employeur était responsable du licenciement, il s'agirait d'une clause pénale qui aurait pour objet de réparer un préjudice éprouvé par le salarié (cf. Soc. 21 septembre 2005, *R.J.D.A.* 2006, n° 104). C'est la raison pour laquelle, il est critiquable que la Cour de cassation, dans une telle hypothèse, ait admis qu'il s'agissait du « montant d'une clause pénale fixé par une décision de justice portant transaction » (Com. 12 octobre 1993, *R.J.D.A.* 1994, n° 141). La transaction n'est pas une clause pénale puisqu'elle a pour objet une évaluation amiable des dommages-intérêts après la survenance du dommage. Le versement d'une somme par une partie à l'autre, cette somme devant rester acquise à celui qui l'a reçue « à titre de premiers dommages-intérêts sans préjudice de ses droits normaux » en cas d'inexécution de ses obligations par l'autre partie ne constitue pas une clause pénale (Com. 5 avril 1994, *R.J.D.A.* 1994, n° 1003, *Rep. not.* 1994.1128, obs. Delebecque, *J.C.P.* 1995.II.22384, note Dagorne-Labbé, *Rev. trim. dr. civ.* 1994. 857, obs. Mestre). En effet, il ne s'agit pas d'un forfait puisqu'il n'y a qu'un acompte sur des dommages-intérêts qui seront fixés judiciairement [1].

691. – Forfait de dommages-intérêts. La clause pénale, suppose, ensuite, que le créancier et le débiteur ont procédé à une évaluation forfaitaire de ce qui serait dû par le second au premier en cas d'inexécution de l'obligation (cf. Civ. 1re, 10 octobre 1995, *D.* 1996.486, note Fillion-

1. Parce qu'il ne s'agit pas d'un forfait de dommages-intérêts convenu entre les parties, c'est à juste raison qu'il a été admis que la pénalité prévue à l'article L. 442-5, al. 2 C. constr. et hab. ne constituait pas une clause pénale, mais la sanction du manquement à une obligation légale (Civ. 3e, 5 décembre 2001, *R.J.D.A.* 2002, n° 130).

Dufouleur). Parce qu'elle s'insère dans le mécanisme de la responsabilité contractuelle, la clause pénale a pour objet, tout en ayant éventuellement une fonction coercitive, la réparation du dommage éprouvé par le créancier [1]. C'est parce qu'elle assure la réparation d'un dommage, même s'il n'a pas à être prouvé et est admis d'avance, qu'elle ne peut être invoquée, du moins en cas de retard dans l'exécution, que si le débiteur a été mis en demeure (cf. Civ. 3e, 20 janvier 1976, *Act. jur. P.I.* 1977.110, note Talon ; Reims 30 juin 1977, *J.C.P.* 1979.IV.14) et que les intérêts de la somme stipulée courent à dater de la sommation de payer, même dans le cas où le juge en réduirait le montant (cf. Com. 12 février 1979, *D.* 1979.IR.198, *J.C.P.* 1979.IV.135 ; Com. 21 juillet 1980, *D.* 1981.335, note Chabas, *J.C.P.* 1982.II.19778, note Boccara, *Rev. trim. dr. civ.* 1981.400, obs. Chabas ; Soc. 9 novembre 1983, *J.C.P.* 1984.IV.21). Ceci étant, il importe peu que la clause pénale ait pour objet la réparation du retard dans l'exécution ou un autre préjudice en cas d'inexécution totale ou partielle. De la même façon, ce qui est dû en vertu de la clause pénale peut consister en la remise d'un bien autre qu'une somme d'argent. Le plus souvent, parce qu'elle répare par équivalent, la clause pénale prévoit le versement d'une somme d'argent.

C'est encore parce qu'elle est une évaluation conventionnelle des dommages-intérêts que le bénéfice de la clause pénale ne peut être cumulé avec l'exécution forcée en nature (art. 1228 et 1229, al. 2 C. civ.). En effet, si le créancier a le choix entre l'exécution forcée en nature et l'exécution par équivalent, il ne peut cumuler les deux exécutions. Il est donc normal de ne pas admettre le jeu de la clause pénale si l'exécution forcée en nature est poursuivie. En revanche, le bénéfice de la clause pénale peut parfaitement être cumulé avec celui d'une clause résolutoire, la clause ayant pour objet la réparation du préjudice résultant de l'inexécution et de la résolution [2]. Quant au cumul de la clause pénale et de dommages-intérêts judiciairement accordés, il est possible, à condition que le dommage dont la réparation est demandée au juge soit distinct de celui dont la réparation est assurée par la clause pénale (cf. Com. 20 mai 1997, *R.J.D.A.* 1997, n° 1165, *J.C.P.* 1998.II.10125, note Kamdem. V. aussi Civ. 3e, 14 novembre 1991, *J.C.P.* 1992.IV.170, qui reproche à une cour d'appel d'avoir condamné un locateur d'ouvrage envers le maître de l'ouvrage à réparer à celui-ci le préjudice résultant d'une perte des loyers de l'immeuble en raison de ce que l'ouvrage n'a pas été livré en temps voulu, alors que le contrat contenait une clause pénale en cas de retard et que la cour d'appel n'a pas caractérisé en quoi la perte des loyers constituait un préju-

1. Il est vrai que si la clause pénale constitue seulement une astreinte conventionnelle sans assurer en même temps la réparation du dommage, elle devrait pouvoir être cumulée avec des dommages-intérêts demandés au juge (v. *supra,* n° 680). Mais, dans une telle hypothèse, il ne s'agit pas d'une véritable clause pénale. On serait plutôt en présence d'une autre sorte de pénalité contractuelle, distincte de dommages-intérêts forfaitaires.

2. V. *supra,* n° 679.

dice distinct de celui résultant du retard ; Com. 24 mars 1998, *J.C.P.* 1998.IV.2131, *D.A.* 1998.822, arrêt selon lequel en cas de violation d'une clause de non concurrence par un ex-employé, la condamnation de celui-ci au paiement du montant stipulé à la clause pénale en faveur de l'ancien employeur n'interdit pas de condamner le nouvel employeur, complice de la violation de la clause de non-concurrence, au paiement de dommages-intérêts dont l'objet est la réparation d'un préjudice différent de celui qui est réparé en application de la pénalité contractuelle) [1].

En ce qu'elle constitue une évaluation forfaitaire des dommages-intérêts, la clause pénale lie le juge. En effet, l'utilité de la clause pénale, soit lorsqu'elle est un moyen de pression sur le débiteur pour le contraindre à s'exécuter, ce qui suppose une somme supérieure au dommage éprouvé par le créancier, soit lorsqu'elle est stipulée dans l'intérêt du débiteur, auquel cas la somme prévue sera inférieure au dommage éprouvé par le créancier, serait nulle si le juge pouvait refuser de l'appliquer sous le prétexte qu'elle ne correspond pas exactement au dommage éprouvé. Le forfait s'impose dans toute sa rigueur et les parties ne pourraient le contester ultérieurement. Toutefois, il est évident que la clause pénale peut donner lieu à des abus. Pendant longtemps, ces abus n'ont pas été sanctionnés, en droit français, d'une façon particulière, sauf ce qui était dit à l'article 1231 du Code civil, qui admettait que le juge pouvait réduire le montant stipulé à la clause pénale en cas d'exécution partielle par le débiteur (cf. Civ. 3e, 26 mai 1988, *J.C.P.* 1988.IV.266). Cependant, il avait été admis que ce texte n'était pas d'ordre public et que, par conséquent, les parties pouvaient renoncer à son application, cette renonciation pouvant être expresse ou implicite. Il en résultait qu'il n'y avait pas, en droit français, de protection particulière contre les clauses pénales abusives, contrairement à ce qui était admis dans plusieurs autres systèmes juridiques [2].

692. – Contrôle judiciaire des clauses pénales. Des abus criants ayant été dénoncés dans plusieurs sortes de contrats prévoyant des pénalités excessives en cas d'inexécution, une loi du 9 juillet 1975, modifiée par une autre loi du 11 octobre 1985, a attribué au juge le pouvoir de réviser le montant de ce qui était prévu par une clause pénale, dans le cas

---

1. Cependant, dans le cas où les parties au contrat ont prévu que lorsque le préjudice résultant de l'inexécution excède un certain montant, par exemple celui de la pénalité, des dommages-intérêts supplémentaires seront judiciairement accordés, leur accord doit être respecté, la clause pénale n'étant pas stipulée dans l'intérêt du créancier dans une telle situation (cf. Soc. 10 février 1998, *J.C.P.* 1998.IV.1721).

2. Le § 343 du Code civil allemand admet que la pénalité stipulée peut, lorsqu'elle n'a pas encore été acquittée, être judiciairement réduite, à l'initiative du débiteur, à condition qu'elle soit démesurément élevée. En ce cas, le juge doit fixer la pénalité à un montant raisonnable, en tenant compte pour cela essentiellement de l'intérêt du créancier. Le pouvoir du juge de réduire une clause pénale excessive a aussi été consacré par l'article 163, al. 3 du Code suisse des obligations, l'article 1384 du Code civil italien et l'article 266, al. 2 du Code libanais des obligations et des contrats notamment.

où ce montant est « manifestement excessif ou dérisoire » (art. 1152 C. civ.) [1]. Par conséquent, contrairement à ce qui est admis dans d'autres systèmes juridiques de même tradition que le droit français, il ne s'agit pas seulement de permettre au juge de réduire une pénalité [2], mais aussi de l'augmenter. Toutefois, comme dans les systèmes étrangers, il faut que le montant de la peine stipulée soit sans commune mesure avec celui du dommage effectivement éprouvé par le créancier. Il ne saurait être question de permettre au juge de faire en sorte qu'il y ait une adéquation entre la peine et le dommage. S'il devait en être ainsi, ce serait ruiner la clause pénale en lui enlevant toute son utilité. Les termes de « manifestement excessif ou dérisoire » sont suffisamment éloquents à cet égard (cf. Soc. 23 janvier 1985, *Bull. civ.* 5, n° 58, *Rev. trim. dr. civ.* 1986.103, obs. Mestre ; Com. 12 novembre 1986, *J.C.P.*, 1987.IV.26, *Bull. civ.* 4, n° 204, *Rev. trim. dr. civ.* 1988.110, obs. Mestre ; Com. 10 juillet 2001, *Contrats conc. consomm.* 2001, n° 168, obs. Leveneur). En effet, c'est en tenant compte non seulement du dommage effectivement subi (cf. Paris 21 décembre 1990, *D.* 1991.IR.39 ; Com. 3 décembre 2002, *R.J.D.A.* 2003, n° 224), mais encore de la finalité de la clause pénale, soit dans l'intérêt du débiteur, soit dans celui du créancier, que le juge exercera son pouvoir de contrôle [3]. Il appar-

---

1. Le contrôle judiciaire des clauses pénales n'est pas un contrôle de leur validité (cf. Civ. 2e, 5 avril 1993, *Bull. civ.* 2, n° 142, *D.* 1994. Somm. 13, obs. Penneau, selon lequel l'article 1152 du Code civil ne subordonne pas la validité de la clause pénale à sa vérification par le juge). Toutefois, lorsqu'une clause pénale apparaît comme étant une clause abusive en application de l'article L. 132-1 du Code de la consommation, si les conditions qu'il exige sont remplies, elle peut être annulée sur le fondement de ce texte. En effet, on peut cumuler la protection au titre des clauses abusives et celle qui est admise au titre du contrôle judiciaire des clauses pénales excessives (Civ. 1re, 6 janvier 1994, *J.C.P.* 1994.II.22237, note Paisant, *J.C.P.* 1994.I.3773, n° 25 et s., obs. Viney). Sur les clauses abusives, v. *supra,* n° 430 et s.

2. V. note 2, p. 787.

3. Sur des exemples de ce qui paraît être excessif, cf. Reims, 25 octobre 1976, *J.C.P.* 1977.IV.241 ; Amiens, 26 octobre 1976, *Rev. trim. dr. civ.* 1977.565, obs. CORNU ; Paris 27 octobre 1975, *J.C.P.* 1977.II.18746, note J.H. ; Com. 28 juin 1983, *J.C.P.* 1983.IV.287 ; Versailles, 29 septembre 1988, *D.* 1988.IR.260 ; Lyon, 20 avril 1989, *D.* 1989.IR.155 ; Lyon, 12 octobre 1989, *D.* 1989.IR.294. Le plus souvent, c'est le débiteur qui juge la peine excessive. Mais, il y a des exemples d'un créancier qui demande l'augmentation d'une peine qu'il juge dérisoire (cf. Civ. 3e, 1er juillet 1980, *J.C.P.* 1980.IV.351). Il a été aussi admis que le débiteur de mauvaise foi, qui refuse délibérément d'exécuter son obligation, ne peut demander la modération d'une peine qu'il jugerait excessive (Amiens, 25 mai 1976, *J.C.P.* 1978.IV.69), de la même façon que la bonne foi du débiteur est un élément sur lequel le juge peut se fonder pour réduire la clause pénale (Aix, 30 mars 1984, *Rev. trim. dr. civ.* 1986.104, obs. Mestre). Toutefois, cette solution ne fait pas, à juste raison, l'unanimité en jurisprudence (cf. Paris, 11 mars 1987, *D.* 1987.492, note Paisant, *Rev. trim. dr. civ.* 1988.111, obs. Mestre, qui écarte toute référence à la bonne foi et à la situation économique du débiteur pour ne prendre en considération que la comparaison avec les peines habituellement stipulées dans les conventions ayant un objet similaire ; Com. 11 février 1997, *D.A.* 1997.372, *R.J.D.A.* 1997, n° 610, *Contrats, conc. consomm.* 1997, n° 75, obs. Leveneur, *Rep. not.* 1997.740, obs. Delebecque, arrêt selon lequel le comportement du débiteur est est impropre à justifier par lui seul du caractère excessif de la pénalité, le juge devant se fonder sur la disproportion manifeste entre l'importance du préjudice effectivement subi et le montant conventionnellement fixé). Sur le caractère non excessif d'une indemnité supérieure au prix de vente du matériel neuf faisant l'objet d'un crédit-bail, cf. Paris, 23 juin 1989,

tient aux juges du fond, parce que c'est une question de fait, de décider si une clause pénale prévoit un montant excessif ou dérisoire (Soc. 24 mai 1978, *J.C.P.* 1978.IV.227) [1].

(Suite de la note 3, p. 788) D. 1989.IR.224, et d'une indemnité consistant pour le vendeur dans le droit de conserver les arrérages perçus en règlement du prix d'une vente contre rente viagère, cf. Versailles, 13 octobre 1989, *D.* 1989.IR.301, *Rev. trim. dr. civ.* 1990.74, obs. Mestre. V. aussi, Mestre, *Rev. trim. dr. civ.* 1990.657. Sur le caractère non excessif d'une indemnité de résiliation d'une location mobilière dont le montant, qui n'équivaut pas aux loyers à échoir, résulte d'une formule étudiée et tient compte de l'intérêt que l'exécution a procuré au créancier, v. Paris, 10 septembre 1991, *J.C.P.* 1992.II.21866, note Sinay-Cytermann, *D.* 1992. Somm. 268, obs. Kullmann. En revanche, sur le caractère excessif d'une telle indemnité, v. Paris 17 avril 1992, *R.J.D.A.* 1992, n° 728 ; Paris 11 juin 1992, *R.J.D.A.* 1992, n° 90. Une étrange décision de la Cour de Paris du 30 novembre 1993 (*R.J.D.A.* 1994, n° 489) considère qu'en matière civile le juge pourrait modérer la clause pénale en accordant au créancier une indemnité inférieure au montant du dommage, tandis qu'en matière commerciale le juge ne pourrait modérer que la partie de la somme stipulée à la clause pénale excédant le montant du dommage. Cette décision est contraire à la jurisprudence de la Cour de cassation selon laquelle le juge ne peut réduire la pénalité d'une façon telle que l'indemnité serait inférieure au montant du dommage, v. *infra,* au texte. Une indemnité de résiliation égale à 8 % du capital restant dû a été considérée comme n'étant pas excessive, compte tenu du montant du prêt et de sa durée (Rouen 9 février 1994, *J.C.P.* 1994.IV.1976). Deux clauses pénales ayant été stipulées dans un contrat de crédit-bail, la première prévoyant le paiement des loyers jusqu'au terme et le second consistant dans le paiement d'une indemnité équivalant à 10 % du prix du bien, le caractère excessif doit être admis, la première clause pénale étant suffisante pour indemniser le crédit-bailleur (Paris 26 septembre 1997, *R.J.D.A.* 1997, n° 1460). La clause pénale stipulée à un compromis de vente doit recevoir application dans le cas où le vendeur n'était pas propriétaire d'une partie de l'immeuble vendu, ce qu'il savait et ce qui a empêché de rédiger l'acte authentique de vente. Cependant, la peine doit être réduite car elle est excessive (20 % du prix, soit 250 000 francs) alors que l'acheteur n'a immobilisé que 100 000 francs et a du entreprendre une procédure pour les récupérer, ce qui justifie la réduction de 50 000 francs (Dijon 12 février 1998, *J.C.P.* 1998.IV.3142). Selon la Cour d'appel de Paris (6 janvier 1999, *R.J.D.A.* 1999, n° 1293), en cas de perte de photographies ayant fait l'objet d'un contrat de location, la clause pénale doit être réduite de moitié compte tenu du caractère forfaitaire de l'évaluation par le loueur du coût de réalisation de nouveaux duplicata et de l'absence d'éléments sur la valeur des originaux. Dans un contrat de crédit-bail immobilier, est excessive la clause pénale qui, en cas de résiliation aux torts du preneur, prévoit le versement d'une indemnité correspondant à une année de loyers et à la valeur de l'immeuble, ce qui permettait au crédit-bailleur de récupérer le montant de son investissement, alors que le crédit-bailleur pouvait revendre l'immeuble (Versailles 26 février 1999, *R.J.D.A.* 1999, n° 645). Toujours selon la Cour de Versailles (28 octobre 1999, *R.J.D.A.* 2000, n° 131), l'indemnité stipulée à un contrat de location mobilière en cas de non paiement du loyer étant égale au montant des loyers à échoir, elle est excessive et doit être réduite à un franc, le bien ayant été revendu par le loueur plus cher que le montant des loyers à échoir, v. aussi Paris 25 janvier 2000 (*D.* 2000.IR.66), qui réduit l'indemnité à trois mois de loyers. Sur une clause manifestement dérisoire, v. Versailles 7 février 2000, *R.J.D.A.* 2000, n° 632, arrêt selon lequel une pénalité de 50 par jour de retard, mise à la charge d'un constructeur, est manifestement dérisoire, car elle ne permet pas au maître de l'ouvrage de se loger et d'assumer les engagements financiers contractés pour la construction. S'il y a vingt mois de retard, le constructeur doit payer en sus de la pénalité, les intérêts intercalaires dus au prêteur et une autre somme à titre de loyers, ce qui fait un total de 211 200 au lieu de la seule pénalité d'un montant de 28 500.

1. La Cour de cassation admet, à juste titre, que le caractère excessif ou dérisoire de la clause pénale ne peut être apprécié qu'au moment où elle statue et non pas à la date d'exigibilité de la dette, ce qui permet de prendre en considération les paiements effectués entre ces deux moments (Civ. 1re, 10 mars 1998, *D.A.* 1998.906, *R.J.D.A.* 1998, n° 683).

La Cour de cassation exerce son contrôle, en ce qu'elle exige que les juges, lorsqu'ils modifient, donnent les raisons pour lesquelles ils augmentent ou réduisent la pénalité (Com. 18 décembre 1978, *D.* 1980.IR.12, obs. Vasseur ; Ch. Mixte 20 janvier 1978, *D.* 1978.IR.229, obs. Vasseur ; Civ. 1re, 10 mai 1978, *J.C.P.* 1978.IV.212 ; Com. 9 juin 1980, *J.C.P.* 1980.IV.321 ; Soc. 16 octobre 1985, *J.C.P* 1986.IV.3 ; Soc. 5 juin 1996, *J.C.P.* 1996.IV.1690, *R.J.D.A.* 1997, n° 322 ; Versailles 29 septembre 2000, *D.* 2001.452). En revanche, lorsqu'ils estiment ne pas devoir exercer leur contrôle, la Cour de cassation considère que les juges du fond n'ont pas à en donner les raisons (Civ. 3e, 26 avril 1978, *D.* 1978.349, *Rev. trim. dr. civ.* 1978.672, obs. Cornu ; Civ. 3e, 17 juillet 1978, *J.C.P.* 1978.IV.301, *D.* 1979.IR.151, obs. Landraud ; Com. 25 mai 1981, *J.C.P.* 1981.IV.286 ; Civ. 1re, 23 février 1982, *J.C.P.* 1982.IV.169, *Rev. trim. dr. civ.* 1982.603, obs. Chabas ; Civ. 3e, 14 janvier 1987, *D.* 1987.IR.18, *J.C.P.* 1987.IV.92 ; Com. 26 février 1991, *J.C.P.* 1991.IV. 159 ; Com. 19 novembre 1991, *J.C.P.* 1992.IV.273 ; Civ. 1re, 7 octobre 1992, *J.C.P.* 1992.IV.2988 ; Com. 28 avril 1994, *R.J.D.A.* 1994, n° 1115 ; Civ. 1re, 26 juin 2001, *R.J.D.A.* 2001, n° 1169 ; Civ. 1re, 12 juillet 2001, 1417, note Dagorne-Labbé, *Contrats, conc. consomm.* 2001, n° 1168, obs. Leveneur ; Civ. 3e, 25 septembre 2002, *R.J.D.A.* 2002, n° 1235), encore que, lorsqu'une des parties a demandé au juge d'exercer son pouvoir de contrôle, celui-ci doive l'exercer (Civ. 1re, 9 février 1983, *J.C.P.* 1983.IV.130, *Rev. trim. dr. civ.* 1983.354, obs. Chabas), ce qui, de toutes façons, ne préjuge pas de son refus de modifier. Il faut approuver la Cour de cassation de ne pas obliger les juges à donner les raisons de leur refus de modifier. En effet, bien que toute décision judiciaire doive être motivée, le pouvoir de contrôle est exceptionnel. Le principe en matière de clause pénale est celui de son intangibilité, parce que c'est conforme à sa finalité. Dès lors, c'est l'exception qui doit être justifiée et non pas l'application du principe de l'intangibilité. Au surplus, la Cour de cassation, parce que la clause pénale a pour objet la réparation du dommage éprouvé par le créancier, ne permet pas aux juges de réduire la pénalité à un montant inférieur au préjudice (Civ. 1re, 24 juillet 1978, *D.* 1979.IR.151, obs. Landraud, *J.C.P.* 1978.IV.301 ; Com. 3 février 1982, *J.C.P.* 1982.IV.169, *Rev. trim. dr. civ.* 1982.603, obs. Chabas ; Com. 8 juillet 1986, *J.C.P.* 1986.IV.275 ; Com. 18 janvier 1994, *R.J.D.A.* 1994, n° 624. Cf. cependant des décisions approuvant les juges du fond d'avoir réduit la clause pénale en condamnant le débiteur à un franc de dommages-intérêts, Soc. 3 mai 1989, *J.C.P.* 1989.IV.247 ; Com. 23 mars 1993, *J.C.P.* 1993.IV.1356, Com. 11 février 1997, *D.A.* 1997.372, *R.J.D.A.* 1997, n° 610, *Rep. not.* 1997.740, obs. Delebecque).

L'exercice de leur pouvoir de modération par les juges n'a pas pour effet de substituer des dommages-intérêts judiciairement évalués à une peine contractuellement stipulée. La peine reste contractuelle (cf. Com. 27 mars 1990, *D.* 1990.390, note la Marnière, qui en déduit que les intérêts au taux légal sont dus à compter de la sommation et non pas seulement à dater de la décision de condamnation. V. aussi Soc. 19 février 1991, *J.C.P.* 1991.IV.148 et Com. 26 octobre 1999, *R.J.D.A.* 2000, n° 9). Il en résulte, parce que c'est conforme à la fonction de la clause pénale, que, même après réduction, le montant peut être supérieur à celui du préjudice (Com. 23 janvier 1979, *J.C.P.* 1979.IV.106 ; Civ. 1re, 14 novembre 1995, *R.J.D.A.* 1996, n° 748, selon lequel le caractère manifestement excessif s'apprécie en fonction du but de la clause et non pas en considération de la situation de surendettement du débiteur).

Une loi du 11 octobre 1985 a brisé une jurisprudence qui avait refusé au juge le pouvoir de modifier d'office la clause pénale. Certes, les dispositions de l'article 1152 du Code civil sur le contrôle judiciaire des clauses pénales sont d'ordre public, ce dont il résulte que toute stipulation tendant à l'écarter est réputée non écrite. Cependant, il s'agit de l'ordre public de protection. Dès lors, il devrait appartenir exclusivement à celui que la loi entend protéger de déclencher cette protection, sans que le juge puisse intervenir d'office (cf. Paris, 26 novembre 1981, *J.C.P.* 1982.IV.210, *Rev. trim. dr. civ.* 1983.134, obs. Chabas ; Com. 2 octobre 1984, *D.* 1985.IR.128, *J.C.P.* 1985.II.20433, note Paisant, *Rev. trim. dr. civ.* 1985.573, obs. Mestre. *Rep. not.* 1985.720, obs. Aubert, arrêts antérieurs à la modification de l'article 1152 par la loi du 11 octobre 1985).

Lorsque le débiteur a exécuté partiellement son obligation, l'article 1231 du Code civil, modifié par les lois du 9 juillet 1975 et 11 octobre 1985, admet que le juge peut réduire la clause pénale en fonction de l'intérêt que l'exécution a procuré au créancier. Certes, cette solution existait dans le droit antérieur à 1975. Cependant, dorénavant, d'une part, elle est d'ordre public, ce qui prohibe toute stipulation contraire et cela d'autant plus que la réduction peut être opérée d'office [1]. D'autre part, les deux réductions de l'article 1152 et de l'article 1231 du Code civil peuvent être cumulées. Lorsque le juge modifie d'office le montant de la peine convenue en application de l'article 1231, il doit, bien entendu, solliciter les observations des parties (Com. 23 mars 1993, *R.J.D.A.* 1993, n° 603) [2].

---

1. En raison du caractère d'ordre public de l'article 1231 du Code civil, il ne paraît pas possible de supprimer conventionnellement le pouvoir de modération du juge par une stipulation déterminant les conséquences d'une exécution partielle sur le montant de la clause pénale. La Cour de cassation a pourtant consacré la solution contraire, selon laquelle l'article 1231 du Code civil n'est pas applicable lorsque les parties ont prévu les conséquences d'une exécution partielle (Com. 19 novembre 1991, *D.* 1993.56, note Paisant. V. aussi, Paris 20 septembre 1991, *J.C.P.* 1992.II.21866, note Sinay-Cytermann).

2. Il a été décidé que, le juge des référés ne pouvant interpréter un contrat, il n'a pas le pouvoir de réviser le montant de la clause pénale (Paris 26 septembre 1997, *D.* 1997.IR.243 ; Civ. 3e, 19 février 2003, *R.J.D.A.* 2003, n° 688). La solution est justifiée dans la mesure où le juge des référés ne peut trancher une controverse relative au montant d'une obligation. Cependant, il ne s'agit pas d'une question d'interprétation des conventions.

693. – Clauses pénales prohibées. Dans certaines situations, le législateur a adopté une solution beaucoup plus radicale, au nom l'ordre public de protection, en ce qu'il a interdit de stipuler une clause pénale, du moins lorsque celle-ci a pour effet de limiter le droit à la réparation intégrale, ce qui autorise une pénalité supérieure, ou bien, dans d'autres cas, lorsqu'elle a pour objet d'accorder une réparation supérieure au dommage éprouvé, ce qui autorise une pénalité inférieure.

Ainsi, dans les contrats entre professionnels et consommateurs, qui relèvent du contrôle des clauses abusives, il est interdit de prévoir dans un contrat de vente, une clause qui aurait pour objet ou pour effet de « supprimer ou de réduire le droit à la réparation du non professionnel ou consommateur en cas de manquement par le professionnel à l'une quelconque de ses obligations » (art. 2 du décret du 24 mars 1978).

Dans le contrat de prêt au profit d'un consommateur, l'article L. 311-1 du Code de la consommation limite le montant de l'indemnité contractuellement stipulée au profit du prêteur et mise à la charge de l'emprunteur défaillant. Les articles L. 312-22 et L. 312-29 du Code de la consommation, relatifs à l'information et à la protection des emprunteurs dans le domaine immobilier, admettent une solution identique.

En ce qui concerne la vente d'immeuble à construire, l'article L. 261-14 du Code de la construction et habitation interdit de stipuler à la charge d'une des parties, en cas de résolution du contrat qui lui serait imputable, une indemnité supérieure à 10 % du prix de vente, encore que le texte admette que chacune a le droit de demander la réparation intégrale du préjudice subi dans le cas où il ne serait pas intégralement réparé par ladite indemnité.

En ce qui concerne la clause de remboursement forfaitaire des frais de recouvrement en justice, dont la nature est discutée, il a été admis en jurisprudence qu'elle était privée d'efficacité en cas de redressement judiciaire ou de liquidation judiciaire du débiteur, comme étant contraire au principe d'ordre public de l'égalité entre les créanciers dans les procédures collectives (Com. 19 avril 1985, *Bull. civ.* 4, n° 120, *D.* 1986.IR.321, *Rep. not.* 1986.940, note Derrida). En effet, l'application de la clause au profit du créancier qui l'a stipulée lui permettrait d'être avantagé par rapport aux autres créanciers. Cependant, l'effet de la clause est seulement paralysé dans les procédures collectives, qui sont fondées sur l'égalité entre créanciers non titulaires d'un droit de préférence admis par la loi. Elle produira ses effets dans tous les autres cas où le créancier doit recourir à la justice ou encore lorsqu'il n'y a pas de suspension des poursuites individuelles, même si le créancier est contraint de participer à une procédure avec d'autres.

D'une façon générale et pas seulement pour la clause de remboursement forfaitaire des frais de recouvrement en justice, on ne saurait stipuler une clause pénale qui ne jouerait qu'en cas d'ouverture d'une procédure collective, une telle clause étant contraire à l'égalité des créanciers (Com. 11 mai 1993, *D.* 1993.IR.146). En revanche, s'il n'a pas été prévu que la clause ne devait jouer qu'en cas d'ouverture d'une procédure collective, l'inexécution de ses obligations par le débiteur avant le jugement ouvrant la procédure collective autorise le créancier à déclarer à la procédure collective le montant de la peine stipulée (cf. Com. 3 mai 1994, *R.J.D.A.* 1994, n° 1068, *Rev. trim. dr. civ.* 1995.110, obs. Mestre, arrêt selon lequel l'ouverture d'une procédure collective n'autorise pas à considérer une clause pénale comme non écrite. V. aussi, Com. 9 mai 1995, *D.* 1995.IR.153).

Enfin, dans d'autres situations, toute clause pénale est prohibée. Ainsi, il n'est pas permis de stipuler une clause pénale à la charge du salarié dans le contrat de travail (art. L. 122-39 C. travail) si on assimile l'amende à une telle clause. Cette assimilation ne saurait être systématique et il y a des situations dans lesquelles, à l'évidence, la clause pénale stipulée à la charge du salarié n'a rien à voir avec une amende (cf. Paris, 6 novembre 1986, *D.* 1986, Flash n° 40, en ce qui concerne le remboursement d'une partie des frais de formation, fixée forfaitairement, au cas où le salarié romprait le contrat de travail avant un certain délai). Mais, la clause pénale au profit du salarié et qui sanctionne l'inexécution de ses obligations par l'employeur est, en principe, valable, sauf au juge à la réduire si elle est excessive (cf. Soc. 18 mai 1983, *J.C.P.* 1983.IV.233). En ce qui concerne les baux soumis à la loi du 22 juin 1982 et à celle du 22 décembre 1986, il a été admis que, selon l'article 27 de la première et l'article 4 de la seconde, était interdite la stipulation d'une amende contractuelle, mais non pas la clause pénale (Paris, 9 juillet 1985, *D.* 1985.510, note Aubert, *Rev. trim. dr. civ.* 1986.145, obs. Rémy, après un précédent arrêt qui avait admis le contraire ; Paris, 25 sept. 1984, *D.* 1985.IR.293, obs. Giverdon ; Civ. 3e, 25 mars 1987, *D.* 1987.380, note Paisant, *Rev. trim. dr. civ.* 1987.781, obs. Rémy ; Civ. 3e, 22 novembre 1995, *R.J.D.A.* 1996, n° 196 ; Civ. 3e, 8 janvier 1997, *R.J.D.A.* 1997, n° 334) [1]. Une véritable astreinte conventionnelle constituerait une telle amende [2].

- La clause limitative de responsabilité

694. – Définition. À la différence de la clause pénale, la clause limitative de responsabilité ne constitue pas un forfait de dommages-intérêts. D'une part, son objet est de fixer un plafond à la responsabilité du débiteur en cas d'inexécution, d'exécution défectueuse ou de retard dans l'exécution. Si le dommage est inférieur au plafond, il sera intégralement réparé, tandis qu'il ne le sera qu'à concurrence du plafond, s'il est supérieur à celui-ci. D'autre part, si, comme la clause pénale, la clause limitative suppose que l'inexécution est imputable au débiteur, en revanche, elle n'enlève pas au juge son pouvoir d'évaluer le dommage à

1. L'article 4 de la loi du 6 juillet 1989, reprend exactement la même prohibition que celle des lois de 1982 et 1986.

2. Sur l'astreinte conventionnelle, v. *supra,* n° 680.

son montant effectif. Une fois le dommage évalué, la réparation ne sera possible qu'à concurrence du plafond stipulé. En outre, contrairement à la clause pénale, le créancier doit rapporter la preuve du dommage qu'il a subi. En aucun cas, la clause limitative ne permet d'obtenir une indemnité s'il n'y a pas de dommage. Cela s'explique en raison de ce qu'à la différence d'une clause pénale, la clause limitative de responsabilité ne remplit pas de fonction coercitive. Elle est toujours stipulée dans l'intérêt du débiteur. Dans cette mesure, elle se rapproche de la clause pénale lorsque celle-ci prévoit, aussi dans l'intérêt du débiteur, une réparation inférieure au montant du dommage. Cependant, il subsiste toujours cette différence que la clause pénale, sauf si le juge est amené à exercer son pouvoir de contrôle, ne suppose pas que le dommage soit évalué, tandis qu'il doit l'être en présence d'une clause limitative [1].

694 *bis.* – Validité. Le principe est que, sauf exception, les clauses limitatives de responsabilité sont valables. La liberté contractuelle milite en ce sens.

Toutefois, il y a des situations dans lesquelles la loi les prohibe. Il en est ainsi, en particulier, dans les transports maritimes et aériens de marchandises et de personnes, parce que les plafonds légaux de la responsabilité du transporteur, qui constituent une limite pour celui-ci, constituent aussi un minimum pour son cocontractant qui subirait un dommage dont le montant serait supérieur au plafond [2]. Il en va de même pour la responsabilité des hôteliers en tant que dépositaires [3]. En ce qui concerne la responsabilité des constructeurs immobiliers et des personnes qui leur sont assimilées, l'article 1792-5 du Code civil interdit toute stipulation qui supprimerait ou limiterait la responsabilité des articles 1792 et s. Le régime de cette responsabilité professionnelle est d'ordre public dans l'intérêt du maître de l'ouvrage et des personnes qui lui sont assimilées. Ainsi encore, l'article 2 du décret du 24 mars 1978, relatif aux clauses abusives dans les contrats conclus entre professionnels et consommateurs, interdit de limiter la responsabilité du vendeur professionnel envers l'acquéreur consommateur

1. Il en va de même en présence d'une clause qui fixe le montant des dommages-intérêts à un minimum (cf. Soc. 22 juillet 1986, *J.C.P.* 1986.IV.296). Une telle clause n'a rien à voir avec une clause limitative de responsabilité, puisqu'au lieu de fixer un plafond, elle détermine un plancher des dommages-intérêts. Il est évident qu'elle ne supprime pas le pouvoir d'évaluation du juge à défaut de forfait, auquel cas, il s'agirait d'une clause pénale.

2. V. *supra,* n° 687. Si le règlement européen du 9 octobre 1997 relatif à la responsabilité des transporteurs aériens de personnes n'admet pas la validité des clauses limitatives de responsabilité, il n'admet pas non plus l'efficacité des limitations de responsabilité résultant de la loi ou d'une Convention internationale.

3. V. *supra,* n° 687. La même solution est admise pour la responsabilité des établissements hospitaliers (art. 9 de la loi du 6 juillet 1992). Mais, s'il s'agit de la responsabilité de l'hôtelier qui a manqué à son obligation de sécurité quant à l'intégrité corporelle de son client, rien ne s'oppose à admettre la validité d'une clause limitative de responsabilité.

(cf. pour une application au contrat de fourniture d'électricité par E.D.F., T.G.I. Angers, 11 mars 1986, *J.C.P.* 1987.II.20789, note Gridel, *Rev. trim. dr. civ.* 1986.589, obs. Mestre, qui écarte la clause limitative stipulée dans le contrat de fourniture et ordonne la réparation intégrale du préjudice résultant d'une interruption de courant imputable à E.D.F.). Il a encore été admis que le régime de la responsabilité en matière de remorquage maritime était impératif (art. 26 et s. de la loi du 3 juillet 1969) et qu'il n'était pas possible, par conséquent, d'y déroger par une clause limitative de responsabilité (Aix en Provence 20 janvier 1994, *R.J.D.A.* 1994, n° 264 et 776).

En revanche, dans les transports terrestres de marchandises, si l'article L. 133-1, al. 3 du Code de commerce prohibe les clauses de non-responsabilité, il n'y a pas de raison de leur assimiler, quant à la prohibition, les clauses limitatives de responsabilité et la jurisprudence en admet la validité, à condition que le cocontractant du transporteur en ait eu connaissance et les ait acceptées (cf. Com. 16 juillet 1980, *J.C.P.* 1980.IV.373 ; Com. 24 janvier 1983, *J.C.P.* 1983.IV.109 ; Com. 11 octobre 1983, *J.C.P.* 1983.IV.350 ; Com. 3 décembre 1986, *D.* 1986.IR.196). Encore qu'elles ne soient pas fréquemment stipulées dans le contrat de transport terrestre de personnes, il n'y a pas de raison de ne pas en admettre la validité, alors surtout que les clauses de non-responsabilité sont valables dans les transports autres que par route, ces derniers étant soumis aux dispositions impératives de la loi du 5 juillet 1985 [1]. Cependant, lorsqu'un contrat met plusieurs obligations à la charge d'une partie, la clause limitative de responsabilité qui y est stipulée ne concerne pas nécessairement toutes les obligations et les juges peuvent décider, par interprétation des volontés des parties, en tenant compte de l'économie du contrat, que l'inexécution de certaines obligations échappe à la limitation de responsabilité. Ainsi, la limitation de responsabilité pour retard dans l'exécution d'une obligation ne devrait pas être étendue à l'inexécution totale (cf. Paris, 6 mai 1987, *D.* 1987.IR.52, qui, à propos de la vente de publiphones, considère que l'obligation, non écrite mais liée au service après-vente, de livrer de nouveaux appareils munis d'une parade efficace contre l'utilisation frauduleuse et de remettre en état ceux qui auraient été rendus hors service par l'extension des manœuvres frauduleuses, n'est pas réduite par une clause de non-responsabilité, qui est d'interprétation stricte et ne concerne que l'obligation pour laquelle elle a été stipulée).

---

1. La Cour de cassation a vu une clause limitative de responsabilité dans la stipulation du règlement du jeu du loto national selon laquelle les bulletins de jeu qui n'auraient pu participer au tirage au sort pour avoir disparu ou été endommagés seront remboursés (Civ. 1re, 19 janvier 1982, *D.* 1982.457, note Larroumet, *Rev. trim. dr. civ.* 1983.143, obs. Durry ; Civ. 1re, 24 novembre 1982, *D.* 1983.384, note Larroumet ; Civ. 1re, 18 janvier 1984, *Bull. civ.* 1, n° 27, *Rev. trim. dr. civ.* 1984.727, obs. Huet). Cette analyse est contestable, en raison de ce que l'obligation de remboursement ne suppose pas que la société du loto soit responsable de la perte ou de la détérioration du bulletin. S'il n'y a pas de responsabilité, on ne peut fonder l'obligation sur une clause limitative de responsabilité.

695. – Limites de l'efficacité des clauses limitatives de responsabilité. Une jurisprudence fermement établie décide que les clauses limitant la réparation du dommage à un certain plafond ne doivent pas recevoir application si le débiteur s'est rendu coupable d'une faute dolosive [1] ou d'une faute lourde [2]. Encore qu'en vertu d'une jurisprudence ancienne la faute lourde ne soit pas assimilée au dol en ce qui concerne les transports ferroviaires de marchandises et cela pour des raisons qui ne sont pas très convaincantes, l'inefficacité de la limitation de responsabilité en présence d'une faute lourde est très généralement admise [3]. En dehors du contrat de transport de marchandises [4] (cf. Paris 7 mai 1999, *D.* 2000.198, note Mercadal, arrêt qui considère que l'absence totale d'organisation, s'agissant d'un transport d'œuvres d'art, caractérise une négligence d'une extrême gravité, dénotant l'incurie du transporteur dans l'accomplissement de sa mission, ce qui autorise à exclure une clause limitative de responsabilité), la faute lourde autorise la réparation intégrale dans le contrat de bail ou de dépôt (Civ. 1re, 15 janvier 1976, *J.C.P.* 1976.IV.80), dans le contrat de louage d'ouvrage (Civ. 1re, 28 mai 1980, *J.C.P.* 1980.IV.300 ; Civ. 1re, 31 mars 1981, *J.C.P.* 1981.IV.219, *Rev. trim. dr. civ.* 1981.859, obs. Durry ; Civ. 1re, 24 février 1993, *D.* 1994.6, note Agostinelli, *J.C.P.* 1993.II.22166, note Paisant, *Rep. not.* 1994.354, obs. Mazeaud ; Civ. 1re, 2 décembre 1997, *R.J.D.A.* 1998, n° 141), dans le contrat de jeu (Civ. 1re, 18 janvier 1984, *Bull. civ.* 1, n° 27, *Rev. trim. dr. civ.* 1984.727, obs. Huet), dans le contrat de

1. Sur la faute dolosive, v. *supra,* n° 622 et 623. Un arrêt de la Cour de Versailles a refusé de permettre à une compagnie aérienne d'invoquer une clause limitative de responsabilité en cas surréservation ayant empêché l'embarquement d'un passager parce que le transporteur avait conscience du risque (Versailles 10 novembre 2000, *D.* 2000.IR.307). Cela ne suffit pas à caractériser le dol (v. *supra* n° 623). Tout au plus pouvait-il y avoir une faute lourde ou bien inexcusable.

2. Sur la faute lourde, v. *supra,* n° 625 et s.

3. Il est vrai qu'en ce qui concerne les transports terrestres ferroviaires et routiers, la nature juridique des tarifs, c'est-à-dire des conditions du transport, est discutée et que l'on hésite entre une conception contractuelle et une conception réglementaire (cf. RODIERE, *Droit des transports,* 2e éd., n° 206 et s.). Si l'on voit dans les tarifs une réglementation légale, la limitation de responsabilité du transporteur qui y est contenue serait une limitation légale, comme en matière de transport aérien et maritime (v. *supra,* n° 687) et non pas une clause limitative de responsabilité. De toutes façons, du moins pour les transports routiers de marchandises, la jurisprudence admet que la limite ne joue pas en présence d'une faute lourde du transporteur ou de l'un de ses préposés (Com. 7 mai 1980, *J.C.P.* 1980.II.19473, note RODIERE, *D.* 1981.245, note CHABAS ; Com. 16 mars 1981, *D.* 1981.IR.378, *J.C.P.* 1981.IV.202 ; Com. 26 février 1985, *Bull. civ.* 4, n° 82, *Rev. trim. dr. civ.* 1986.773, obs. HUET ; Paris 3 juin 1993, *D.* 1994.255, note B.M.). Le dol commis par le préposé du transporteur (par exemple un vol de la marchandise transportée) interdit la limitation de responsabilité, sans qu'il soit possible de prétendre qu'il s'agit d'une faute personnelle du préposé, qui ne lierait pas le transporteur (Com. 17 novembre 1981, *J.C.P.* 1982.II.19812, note TARDIEU-NAUDET ; Com. 31 janvier 1983, *J.C.P.* 1983.IV.125). Lorsque le transport est organisé par un commissionnaire de transport, celui-ci doit bénéficier de la clause limitative de responsabilité sauf faute lourde ou dolosive du transporteur (cf. Com. 3 octobre 1989, *D.* 1989.IR.290, *Bull. civ.* 4, n° 246, *Rev. trim. dr. civ.* 1990.87, obs. JOURDAIN ; Com. 27 octobre 1998, *D.* 1999.427, note Ammar).

4. V. la note précédente.

coffre-fort conclu avec une banque (Civ. 1re, 15 novembre 1988, *D.* 1989.349, note Delebecque, *D.* 1989. Somm. 332, obs. Vasseur), dans le contrat conclu pour une publicité commerciale (Versailles, 30 juin 1988, *D.* 1988.IR.285) ou dans le contrat de fourniture d'électricité à une entreprise (Civ. 1re, 24 septembre 2002, *R.J.D.A.* 2003, n° 108) [1].

Même en l'absence d'une faute lourde ou dolosive, il s'agit de savoir si l'on doit faire produire effet à une clause limitative de responsabilité lorsque le montant prévu par ladite clause est dérisoire par rapport à celui du préjudice éprouvé par le créancier. Dans le contrat de jeu, la jurisprudence a admis que la responsabilité envers le joueur pouvait être limitée à sa mise, qui peut-être sans commune mesure avec son préjudice [2]. Dans le contrat de transport de marchandises, des décisions ont, au contraire, admis que la clause limitative devait être écartée lorsque le montant stipulé était dérisoire (cf. Rouen 25 septembre 1996, *J.C.P.* 1996.IV.664). Il est vrai que, dans un tel contrat, les clauses élisives de responsabilité ne sont pas valables (art. L. 133-1, al. 3 C. comm.) et que le montant dérisoire permet d'assimiler la clause limitative à une clause de non-responsabilité. Lorsque les clauses de non-responsabilité sont valables, il n'y a pas de raison de ne pas admettre aussi l'efficacité des clauses limitant la réparation à une somme très faible. Certes, la loi du 9 juillet 1975, en modifiant l'article 1152 du Code civil, a permis au juge d'augmenter le montant stipulé dans une clause pénale, lorsqu'il devait apparaître comme dérisoire. Dès lors, ne devrait-on pas admettre que ce qui vaut pour la clause pénale doit valoir pour la clause limitative de responsabilité ? Bien que la finalité de la clause limitative ne soit pas toujours celle de la clause pénale, il faut reconnaître que lorsque le montant stipulé dans la seconde est dérisoire, elle s'apparente, en ce cas, à une clause limitative de responsabilité. Il ne serait ni logique, ni équitable d'admettre le pouvoir de révision du juge pour l'une et non pas pour

1. La Cour de cassation refuse de prendre en considération la faute lourde de la Poste pour la faire échapper à la limitation de la responsabilité prévue à l'article L. 10 du Code des Postes et Télécommunications (Com. 23 mai 1995, *Rep. not.* 1996.353, obs. Delebecque). Certes, il ne s'agit pas d'une clause limitative de responsabilité, mais d'une limitation légale de responsabilité. Toutefois, cela ne change rien, dans la mesure où les limitations légales sautent en présence d'une faute lourde, sauf disposition contraire de la loi (v. *supra,* n° 627), inexistante ici. En revanche, il a été admis que l'exonération de responsabilité de la Poste en cas de retard, prévue à l'article L. 13 du Code des Postes et Télécommunications, devait être écartée en cas de faute lourde (Ass. plén. 30 juin 1998, *D.* 1999. Somm. 262, obs. Mazeaud), la solution étant fondée sur l'article 1150 C. civ. Il n'y a pas de raison de ne pas admettre la même solution lorsqu'il s'agit de l'article L. 10 du Code des Postes et Télécommunications. Indépendamment de toute faute lourde, la Cour de cassation considère que l'article 8 du même code limite ou écarte la responsabilité de la Poste pour les lettres recommandées uniquement en cas de perte ou de vol. Il en résulte que la Poste est responsable lorsqu'elle a manqué à son engagement de faire suivre le courrier à un destinataire qui lui en a donné l'ordre en contrepartie d'une redevance spéciale (Civ. 1re, 16 juin 1998, *D.A.* 1998.1395).

2. V. les arrêts cités *supra,* note 1, p. 795. Il est vrai que le problème n'avait pas été posé dans ces espèces.

l'autre. Le problème ne se serait pas posé si, comme dans les systèmes juridiques étrangers, le législateur français avait limité le pouvoir de révision aux clauses excessives et ne l'avait pas étendu aux clauses dérisoires. Il est vrai que le pouvoir de révision tant des clauses pénales que des clauses limitatives dérisoires s'accorde mal avec le principe de validité des clauses de non responsabilité. Cependant, c'est une chose de supprimer la responsabilité et c'en est une autre de la limiter. Dans le second cas, la réparation du dommage doit être assurée. Or, elle ne le serait pas si le montant était dérisoire.

Indépendamment des sanctions de pur droit privé des clauses limitatives de responsabilité [1], notamment lorsque leur montant est dérisoire, le droit de la concurrence peut les sanctionner dans le cas où elles manifestent un abus de la position dominante d'un contractant dans un contrat d'adhésion (cf. Conseil de la concurrence 18 septembre 1990, *Rev. trim. dr. civ.* 1991. 353, obs. Jourdain, en application de l'article 8 de l'ordonnance du 1er décembre 1986).

Sous-section II
Les sanctions propres aux contrats synallagmatiques

696. – La cause de l'obligation et les obligations réciproques et interdépendantes. On sait que, dans les contrats synallagmatiques, les obligations engendrées par l'accord des volontés sont réciproques et interdépendantes [2], c'est-à-dire que l'obligation assumée par l'une des parties constitue la cause de l'obligation mise à la charge de l'autre partie, ce dont il résulte que l'une est tenue envers l'autre parce que celle-ci est tenue envers la première [3]. Or, l'existence d'obligations réciproques et interdépendantes permet d'envisager d'autres sanctions que la condamnation à des dommages-intérêts en cas d'inexécution de ses obligations par l'une des parties. Sans doute, cette possibilité d'envisager une autre sanction n'enlève en rien au créancier de l'obligation inexécutée le droit de recourir à une exécution forcée en nature ou celui de réclamer des dommages-intérêts conformément au droit commun de la responsabilité contractuelle. Cependant, elle est susceptible d'enlever une grande partie de son intérêt à l'exécution forcée ou à la responsabilité contractuelle. En effet, l'inexécution de son obligation par l'une des parties au contrat va entraîner une rupture de l'équilibre ou de l'équivalence qui a été voulue par les contractants, en raison de ce que le contrat ne correspondra plus aux prévisions des parties dont il ne faut pas perdre de vue que chacune est tenue d'une obligation envers l'autre. C'est la notion de cause de l'obligation qui explique techniquement le lien entre les obligations réciproques engendrées

1. Il y a lieu de tenir compte, quelque critiquable qu'elle soit, de la jurisprudence relative à l'obligation essentielle dont on sait qu'elle limite l'efficacité des clauses limitatives de responsabilité, v. *supra* n° 695.

2. V. *supra,* n° 181.

3. V. *supra,* n° 469 et s.

par le contrat synallagmatique. Or, par suite de l'inexécution de son obligation par l'une des parties, ce lien est rompu postérieurement à la conclusion du contrat. Il en résulte que si le créancier de l'obligation inexécutée devait exécuter son obligation envers celui qui n'exécute pas la sienne, cette obligation viendrait à manquer de cause. On voit par là que la cause de l'obligation est une notion qui préside non seulement à la formation du rapport contractuel, mais encore à l'exécution des prestations et cela pendant toute la période nécessaire à cette exécution. En effet, l'équilibre entre les prestations que manifeste la cause dans les contrats synallagmatiques est établi jusqu'à la satisfaction complète de chacun des deux créanciers réciproques. Par conséquent, il n'y aurait effectivement aucune raison d'obliger l'une des parties à exécuter son obligation envers l'autre, si celle-ci n'exécute pas la sienne. Admettre que l'une des parties est tenue d'exécuter alors que l'autre n'exécute pas, ce serait rompre l'interdépendance des obligations qui est de l'essence du contrat synallagmatique. C'est la raison pour laquelle la notion de cause vient autoriser des sanctions particulières dans le contrat synallagmatique en cas d'inexécution de ses obligations par l'une des parties.

Cela se manifeste par deux prérogatives qui sont reconnues au créancier de l'obligation inexécutée. Il s'agit, d'abord, de l'*exceptio non adimpleti contractus* ou exception d'inexécution et, ensuite, de la résolution du contrat.

§ 1. L'*exceptio non adimpleti contractus* [1]

697. – Droit de suspendre l'exécution d'une obligation. L'*exceptio non adimpleti contractus* consiste dans la prérogative qui est reconnue à une partie à un contrat synallagmatique de ne pas exécuter son obligation envers l'autre tant que celle-ci n'exécute pas la sienne (cf. Civ. 1re, 25 mai 1992, *Bull. civ.* 1, n° 166, *Rev. trim dr. civ.* 1993.376, obs. Gautier, qui reconnaît à l'acheteur le droit de ne pas prendre livraison de la chose si celle-ci n'est pas conforme ou bien est atteinte d'un vice). Il s'agit, par conséquent, d'un moyen de pression qui est exercé par une partie contre l'autre pour forcer cette dernière à l'exécution. Ce moyen de pression ne se manifeste pas une suspension des effets du contrat. Comme toute suspension des effets d'une situation juridique, l'exception d'inexécution est une mesure provisoire, ici à l'initiative du créan-

1. *Bibliographie* : SALEILLES, Exception de refus de paiement ou exception *non adimpleti contractus*, *Ann. dr. com.* 1892 et 1893 ; CASSIN, *De l'exception tirée de l'inexécution dans les rapports synallagmatiques,* thèse, Paris, 1914 ; PILLEBOUT, *Recherches sur l'exception d'inexécution*, 1971 ; SARRAUTE, *La suspension dans l'exécution des contrats* thèse, Paris, 1929 ; CATALA, De la nature juridique du droit de rétention, *Rev. trim. dr. civ.* 1967, LEBRET, Suspension et résolution des contrats, *Rev. crit. législ. et jurispr.* 1924.581 ; ROCHE-DAHAN, L'exception d'inexécution, une forme de résolution unilatérale du contrat synallagmatique, *D.* 1994. Chron. 255 ; PINNA, L'exception pour risque d'inexécution, *Rev. trim. dr. civ.* 2003.31 ; ATIAS, Les « risques et périls » de l'exception d'inexécution, *D.* 2003. chron. 1103 ; CUZACQ, La notion de riposte proportionnée en matière d'exception d'inexécution, *Petites Affiches* 7 mai 2003.

cier d'une obligation inexécutée [1]. En effet, il arrivera nécessairement un moment auquel il faudra bien régler définitivement les conséquences de l'inexécution, dans le cas où l'exception n'aura pas produit l'effet escompté par le créancier qui l'invoque, c'est-à-dire l'exécution de la prestation qui lui est due. C'est la raison pour laquelle l'exception d'inexécution, lorsqu'elle n'entraînera point l'exécution au profit de son bénéficiaire, n'est que le préalable d'une résolution du contrat ou de l'application de la théorie des risques dans le cas où l'inexécution ne serait point imputable au débiteur. En effet, l'*exceptio non adimpleti contractus* ne suppose pas nécessairement que l'inexécution soit imputable au débiteur, contrairement à la résolution [2]. Il suffit que celui qui l'invoque n'ait pas obtenu satisfaction, alors que lui-même est en mesure d'exécuter son obligation et peu importe la raison pour laquelle il n'a pas encore obtenu satisfaction. Cependant, il faut bien voir que, dans le cas où l'obligation ferait l'objet d'une impossibilité d'exécution, le débiteur auquel serait opposée l'exception d'inexécution ne manquera pas d'invoquer cette impossibilité pour faire anéantir le contrat sur le fondement de la théorie des risques. Dans une telle hypothèse, l'*exceptio non adimpleti contractus* manquera son but puisqu'elle ne pourra pas permettre à son bénéficiaire d'obtenir l'exécution et que celui auquel elle est opposée se défendra en faisant valoir l'impossibilité d'exécution. Elle n'est donc d'aucune utilité. Au contraire, dans le cas où l'inexécution serait imputable au débiteur contre lequel est invoquée l'exception d'inexécution, celui-ci ne dispose d'aucun moyen pour tenir cette exception en échec. Ou bien il exécute de façon à obtenir la contre-prestation qu'il attend. Ou bien le bénéficiaire de l'exception demandera la résolution du contrat, s'il sait qu'il ne peut obtenir l'exécution forcée d'un débiteur récalcitrant.

Cependant, l'exception d'inexécution ne peut être envisagée que dans l'hypothèse où celui contre lequel elle est invoquée n'exécute pas une obligation dont l'existence n'est pas douteuse. Dès lors que l'obligation n'est pas certaine, l'exception d'inexécution doit être refusée,

1. Parce qu'elle n'entraîne qu'une suspension provisoire du contrat, l'exception d'inexécution ne saurait autoriser celui qui l'invoque à compromettre définitivement la situation de la partie qui n'a pas exécuté son obligation. S'il le fait, il s'expose à une résolution à ses torts ou à des dommages-intérêts (cf. Com. 1er décembre 1992, *R.J.D.A.* 1993, n° 2, *Rev. trim. dr. civ.* 1993. 578, obs. Mestre, à propos d'un commerçant qui avait désigné un nouveau distributeur de ses produits, le premier distributeur n'ayant pas exécuté ses obligations).

2. À juste titre la Cour de cassation considère que l'exécution défectueuse d'une obligation ne peut ouvrir le droit d'invoquer l'exception d'inexécution, seule une inexécution de l'obligation pouvant y donner lieu (Com. 26 novembre 1997, *R.J.D.A.* 1998, n° 466). En effet, une exécution défectueuse sera sanctionnée par la résolution du contrat ou par des dommages-intérêts. La Cour de cassation en déduit aussi justement que la créance de dommages-intérêts en cas d'exécution défectueuse doit être déclarée à la procédure collective du débiteur, tandis qu'il n'en irai pas de même, bien entendu, en ce qui concerne le droit d'invoquer l'exception d'inexécution, ce droit ne pouvant évidemment pas être considéré comme un droit de créance.

car elle ne peut être un moyen de contraindre à l'exécution d'une obligation que si celle-ci est certaine (cf. Civ. 3e, 18 mars 1992, *J.C.P.* 1992.IV.1472, qui approuve la résiliation d'un bail aux torts du preneur, lequel avait suspendu l'exécution de ses obligations en invoquant le fait que le bailleur n'avait pas pris à sa charge des travaux de remise en état exécutés par le preneur, alors que les parties ne s'étaient pas mises d'accord sur ces travaux, le preneur ne pouvant se faire justice lui-même. V. cependant, Trib. com. de Paris 28 octobre 1992, *J.C.P.* 1993.IV.354, qui pourrait bien confondre l'exception d'inexécution et le droit, contractuellement reconnu, de résilier unilatéralement le contrat en cas d'inexécution par l'autre partie ; Rennes 16 novembre 2004, J.C.P. 2005.IV.3330, qui n'autorise point un preneur à invoquer l'exception d'inexécution pour inexécution d'une obligation de garantie, le bail ayant été fait sans garantie).

Si l'*exceptio non adimpleti contractus* n'entraîne qu'une suspension des effets du contrat, il n'en résulte pas pour autant que toute suspension des effets d'un contrat s'analyse en une exception d'inexécution. Certaines hypothèses de suspension des effets d'un contrat se rapprochent de l'*exceptio non adimpleti contractus*. Tel est le cas de la suspension de la garantie due par l'assureur en cas de non paiement de la prime par l'assuré (art. L. 113-3 C. assurances) et cela d'autant plus que le contrat d'assurance pourra être résilié par l'assureur après l'expiration du délai de suspension de la garantie, si la prime n'a toujours pas été payée, ce qui correspond à la résolution. Cependant, la suspension de la garantie due par l'assureur est aménagée d'une façon précise par la loi, ce dont il résulte qu'elle est soustraite au droit commun de l'exception d'inexécution et cela dans l'intérêt de l'assuré. Toutefois, il y a des hypothèses de suspension des effets d'un contrat qui n'ont rien à voir avec l'*exceptio non adimpleti contractus*. Tel est le cas en ce qui concerne le contrat de travail qui est suspendu en cas de grève, de maternité ou de service national du salarié notamment. Tel est encore le cas lorsque le juge accorde un délai à un débiteur pour l'exécution de son obligation, laquelle n'est pas nécessairement contractuelle (art. 1244-1 C. civ.). La jurisprudence est même allée beaucoup plus loin en admettant la suspension des effets d'un contrat en présence de difficultés d'exécution tenant à la teneur de certains rapports familiaux entre les parties (cf. Civ. 1re, 24 février 1981, *D.* 1982.279, note Martin) [1].

698. – Systèmes juridiques étrangers. Contrairement à d'autres systèmes juridiques de même inspiration, il n'existe, dans le Code

1. Dans une telle situation, il y a une impossibilité d'exécuter qui, parce qu'elle doit normalement être provisoire, au lieu de conduire à l'anéantissement du contrat, n'entraîne que sa suspension. En d'autres termes, la théorie des risques (sur laquelle v. *infra*, n° 734 et s.) justifie, dans une telle hypothèse, une suspension.

civil français, aucun texte de portée générale consacrant l'exception d'inexécution dans les contrats synallagmatiques. Ainsi, en droit allemand, l'*exceptio non adimpleti contractus* est prévue d'une façon générale pour tous les contrats synallagmatiques par les § 320 et 321 du B.G.B., le § 321 autorisant une partie à l'invoquer aussi bien dans le cas où la dégradation de la situation patrimoniale de l'autre partie permet de penser qu'elle ne sera pas en mesure d'exécuter son obligation et cela même si celui qui invoque l'exception doit exécuter le premier. Le Code civil italien admet un système tout à fait voisin, en précisant que l'exception doit être invoquée de bonne foi (art. 1460 et 1461 C. civ.). Le Code civil du Québec affirme le principe d'une exception d'inexécution dans tous les contrats synallagmatiques, sauf disposition contraire de la loi ou des usages ou bien stipulation contraire du contrat (art. 1591). Selon le Code suisse des obligations, il est admis que celui qui poursuit l'exécution d'une obligation doit lui-même avoir exécuté ou offert d'exécuter son obligation (art. 82 C. obligations), l'article 83 précisant qu'en cas d'insolvabilité de l'une des parties à un contrat synallagmatique, l'autre partie peut refuser d'exécuter jusqu'à ce qu'une garantie lui soit procurée et, dans le cas où aucune garantie ne serait procurée par le débiteur, elle est en droit de résilier le contrat, ce qui montre bien que l'exception d'inexécution est le préalable de la résolution. Quant au Code libanais des obligations et des contrats, il confond purement et simplement l'*exceptio non adimpleti contractus* et le droit de rétention (art. 272). Il est vrai qu'il y a des rapports étroits entre le droit de rétention et l'exception d'inexécution. Le droit de rétention est une sûreté réelle qui consiste, de la part d'un créancier, à retenir une chose qu'il doit remettre à son débiteur tant que ce débiteur n'exécute pas son obligation. Or, le droit de rétention suppose un lien de connexité entre la chose qui doit être remise par le créancier et l'obligation qui doit être exécutée par le débiteur. Cependant, les deux institutions ne coïncident pas. D'abord, le droit de rétention suppose la détention d'une chose, ce qui n'est pas nécessaire pour l'exception d'inexécution. Ensuite, l'exception d'inexécution suppose un contrat synallagmatique, tandis que le droit de rétention suppose simplement une connexité entre la créance et la dette, qui pourraient avoir été engendrées par des contrats différents et cela d'autant plus que l'une pourrait être contractuelle alors que l'autre ne le serait point.

699. – Droit positif français. Le Code civil français ne mentionne l'*exceptio non adimpleti contractus* dans aucune disposition de portée générale. Il n'en résulte pas pour autant que le droit français l'ignore. En effet, certains textes accordent spécialement à un créancier en vertu d'un contrat synallagmatique le droit de ne pas exécuter son obligation tant que l'autre partie n'exécute pas la sienne. Ainsi, en ce qui concerne la vente, l'article 1612 du Code civil autorise le vendeur à ne pas livrer si l'acheteur ne paie pas le prix [1] et l'article 1653 autorise l'acheteur à suspendre le paiement du prix s'il vient à être troublé dans son droit sur la chose (cf. Civ. 3e, 26 mai 1992, *Bull. civ.* 3, n° 176, *Rev. trim. dr. civ.* 1993.377, obs. Gautier, sur une application restrictive et contestable de l'article 1653 du Code civil). Ainsi, encore l'article 1948 autorise le dépositaire à retenir la chose déposée jusqu'à ce que le déposant ait payé au dépositaire ce qu'il lui doit à raison du dépôt. Pour la jurisprudence, ces textes ne sont que l'application d'un principe non écrit dans la loi et non pas des dispositions dérogatoires au droit commun qui ne reconnaîtrait pas l'exception d'inexécution (Civ. 1re, 20 juin 1995, *R.J.D.A.* 1995, n° 1361, *Contrats, Conc. consomm.* 1995, n° 200, obs. Leveneur).

Une jurisprudence traditionnelle fonde la consécration généralisée de l'*exceptio non adimpleti contractus* dans les contrats synallagmatiques les plus divers sur l'interdépendance des obligations engendrées par le contrat (cf. notamment, Civ. 1re, 27 décembre 1961, *Bull. civ.* 1, n° 630 ; Soc. 31 mai 1956, *Bull. civ.* 4, n° 503). [2] La jurisprudence admet même que l'exception peut être invoquée dans les contrats synallagmatiques imparfaits (par exemple, dans le mandat, le mandataire est en droit de refuser d'exécuter ses obligations et notamment celle de rendre compte au mandant, si celui-ci ne lui rembourse pas les dépenses entraînées par l'accomplissement de la mission, cf. Com. 16 juin 1981, *J.C.P.* 1981.IV. 318). Cette solution est parfaitement justifiée si on considère que les obligations éventuelles qui transforment un contrat unilatéral en contrat synallagmatique ont été intégrées à l'accord des volontés dès l'origine et ont, par conséquent, été prévues par les parties, ce dont il résulte que toutes les obligations, tant actuelles qu'éventuelles, se servent mutuellement de cause [3].

700. – La cause et le principe de l'exécution simultanée des obligations. Le fondement reconnu à l'*exceptio non adimpleti contractus* en jurisprudence doit être approuvé. En effet, l'interdépendance entre les obligations n'est rien d'autre que la théorie de la cause de l'obli-

---

1. De la même façon, l'acheteur n'est pas tenu de payer le prix si le vendeur manque à son obligation de délivrance (cf. Civ. 1re, 19 novembre 1996, *R.J.D.A.* 1997, n° 193, *Contrats, conc. consomm.* 1997, n° 45, obs. Leveneur, *J.C.P.* 1997.II.22862, note Huet).

2. La jurisprudence admet que lorsque des obligations résultent de contrats distincts et interdépendants, l'inexécution d'une obligation par une partie à un contrat justifie le droit de l'autre partie de ne pas exécuter l'obligation mise à sa charge par l'autre contrat si les obligations sont elles-même interdépendantes (Com. 12 juillet 2005, *R.J.D.A.* 2005, n° 1316, *Adde* Com. 13 février 2007, *Rep. not.* 2007.1042, obs. Libchaber). Cette solution est parfaitement justifiée sur le fondement de la théorie de la cause.

3. V. *supra,* n° 186 et s. sur les contrats synallagmatiques imparfaits et notamment n° 188.

gation [1]. Si l'on ne reconnaissait pas à une partie à un contrat synallagmatique le droit de ne pas exécuter son obligation tant que l'autre partie n'exécute pas la sienne, il y aurait rupture de l'interdépendance entre les obligations créées par le contrat. Cependant, l'exception d'inexécution suppose que celui qui l'invoque n'a pas encore exécuté son obligation et qu'il ne doit pas l'exécuter avant l'exécution par l'autre partie (cf. Com 14 décembre 1993, *R.J.D.A.* 1994 n° 484, à propos d'une vente d'immeuble à construire, l'acheteur étant en droit de refuser de payer la dernière fraction du prix lorsque le vendeur n'a pas livré l'immeuble à la date prévue, ce qui est source de dommage pour l'acheteur. Le droit de l'acheteur de suspendre le paiement du prix interdit, bien entendu, au vendeur de demander la résolution de la vente pour non-paiement du prix, ce que précise à juste titre l'arrêt ; Civ. 1re, 19 novembre 1996, *D.A.* 1997.51, qui affirme que l'obligation de l'acheteur de payer le prix résulte de l'exécution complète par le vendeur de son obligation de délivrance. Dès lors, un acheteur ne peut être condamné à payer le prix lorsqu'une partie indissociable de l'ensemble constitué par la chose vendue n'a pas été délivrée). Si rien n'a été décidé dans le contrat, le principe est celui de l'exécution simultanée des obligations réciproques. Ce principe est une conséquence de l'interdépendance entre les obligations. En effet, l'interdépendance va jusqu'à l'exigence d'une exécution trait pour trait au profit et à l'encontre de chacune des parties [2].

Cependant, d'une part, il peut arriver que le principe de l'exécution simultanée soit écarté par les parties au contrat. Ainsi, dans la vente à crédit, le vendeur est tenu de livrer la chose immédiatement, bien qu'un terme soit consenti à l'acheteur pour le paiement du prix. Plus généralement, chaque fois qu'un terme est stipulé pour l'exécution de l'obligation d'une des parties et non pas pour celle de l'autre partie, l'*exceptio non adimpleti contractus* ne peut être invoquée à l'encontre de celui qui bénéficie de la stipulation du terme. Dans une telle situation, il n'y a plus de simultanéité dans l'exécution des obligations interdépendantes [3]. Parce qu'un contrat engendre souvent des obligations qui doivent être exécutées successivement, il ne saurait être

1. La Cour de cassation elle-même a pu fonder autrefois expressément l'*exceptio non adimpleti contractus* sur la cause de l'obligation dans les contrats synallagmatiques (cf. Civ. 5 mai 1920, *D.P.* 1926.1.37). Encore que l'arrêt n'envisage pas expressément l'interdépendance des obligations engendrées par une cession d'actions d'une société pour se contenter d'affirmer leur réciprocité, il n'en est pas moins certain que c'est sur cette interdépendance que se fonde la Cour de Paris (15 novembre 1988, *J.C.P.* 1989.IV.222) pour permettre au cessionnaire de ne pas exécuter son engagement de reprise des cautionnements du cédant, celui-ci n'ayant pas exécuté son obligation de garantie de passif. Sur l'exception d'inexécution dans un ensemble contractuel, v. Com. 12 juillet 2005, *R.J.D.A.* 2005, n° 1316, *Rev. trim. dr. civ.* 2006.307, obs. Mestre et Fages.

2. Parce qu'on peut considérer que l'obligation du preneur de payer au bailleur un dépôt de garantie n'est pas la cause de l'obligation de délivrance du bailleur, ce dernier ne pourrait pas refuser la délivrances du bien loué en cas de non versement du dépôt de garantie (Civ. 3e, 28 juin 2006, *D.* 2006.1986, *J.C.P.* 2006.IV.2604).

question d'admettre l'exception d'inexécution au profit d'un contractant tant que l'obligation mise à la charge du cocontractant n'a pas à être exécutée. Par exemple, le maître de l'ouvrage ne saurait invoquer l'exception et ne pas payer les avances qu'il doit faire sur le prix au motif qu'il n'a pas encore reçu livraison de l'ouvrage si celui-ci est en cours de construction et qu'il n'y a pas de retard dans l'exécution des travaux. En effet, l'obligation de livrer n'est pas encore susceptible d'être exécutée. Par conséquent, le maître de l'ouvrage ou l'acquéreur de celui-ci ne saurait invoquer un éventuel défaut de la construction pour ne pas payer, car l'obligation au paiement du prix et celle de garantir les défauts de l'ouvrage « ne sont pas simultanées mais successives » (Civ. 3e, 15 avril 1980, *J.C.P.* 1980.IV.242).

D'autre part, le principe de l'exécution simultanée ne doit être admis que pour les obligations qui se servent mutuellement de cause et sont d'égale importance. Ainsi, dans la vente, le paiement des intérêts du prix par l'acheteur n'a pas la même importance que le paiement du principal. Dès lors, le défaut de paiement des intérêts ne devrait pas permettre au vendeur de refuser la délivrance de la chose vendue. La raison en est que l'obligation de payer les intérêts du prix ne constitue pas la cause de l'obligation de délivrance. La référence à la cause de l'obligation permet de déterminer le domaine de l'*exceptio non adimpleti contractus*. Cependant, il ne convient pas pour autant de distinguer entre inexécution totale et inexécution partielle. Ainsi, une inexécution partielle peut parfaitement autoriser l'exception d'inexécution, si elle constitue un grave manquement aux obligations du débiteur. Si aucun terme n'a été consenti par le vendeur pour le paiement du prix, celui-ci est en droit de suspendre la délivrance de la chose, si l'acheteur n'a payé que la moitié du prix. La jurisprudence ne distingue pas entre inexécution totale et inexécution partielle. Dans tous les cas, lorsque le débiteur de l'obligation inexécutée prétend que l'*exceptio non adimpleti contractus* a été invoquée à tort par l'autre partie au contrat, les juges contrôlent la gravité de l'inexécution [1].

Le contrat de bail a donné lieu à des litiges pour déterminer dans quel cas le preneur était en droit de refuser de payer le prix du bail lorsqu'il était troublé dans la jouissance du bien loué. Si le défaut d'exécution des réparations qui incombent au bailleur empêche le preneur d'occuper les lieux loués ou l'empêche d'en jouir d'une façon

3. La solution est affirmée par l'article 1612 *in fine* du Code civil, en ce qu'il écarte l'exception d'inexécution dans le cas où un délai a été accordé pour le paiement du prix.

1. Le § 320, al. 2 du B.G.B. admet qu'en cas d'exécution partielle, la contre-prestation ne peut être refusée si le refus est contraire à la bonne foi. C'est là une excellente disposition, le refus d'exécuter une obligation, lorsqu'on a été satisfait en partie seulement, pouvant révéler une rigueur à la limite de la mauvaise foi, sans compter que la cause, en droit français, veut qu'il y ait une proportion entre l'avantage reçu et l'appauvrissement résultant de l'exécution d'une obligation. Cette idée justifie la nécessité d'une inexécution suffisamment grave (cf. sur cette nécessité, Com. 16 juillet 1980, *J.C.P.* 1980. IV.373 ; Com. 27 octobre 1981, *J.C.P.* 1982.IV.24).

telle que l'essentiel de ce qu'il attendait du bail ne lui est pas procuré, il n'est pas douteux qu'il pourra refuser d'exécuter son obligation de payer le prix du bail (cf. Civ. 3e, 21 décembre 1987, *Bull. civ.* 212, *Rev. trim. dr. civ.* 1988.371, obs. Rémy). Mais, s'il est simplement gêné dans sa jouissance, celle-ci demeurant quant à l'essentiel conforme à ce qu'elle devait être, la jurisprudence n'admet pas que le preneur suspende le paiement du loyer (cf. Soc. 7 janvier 1955, *D.* 1957.1, note Savatier. V. aussi Paris 16 janvier 2000, *D.* 2000. Aj p. 243, obs. Rouquet, qui décide que lorsque le locataire n'est pas empêché de jouir mais subit une diminution de sa jouissance en raison d'une gêne résultant d'odeurs de poubelles, ce trouble justifie une réduction du loyer mais non pas une rétention totale de celui-ci ; Versailles 18 juin et 19 novembre 1999, *D.* 2001. Somm. 170 et les obs.). En réalité, c'est, à travers la gravité du manquement reproché au débiteur, la notion de cause qui justifie la solution. Si le créancier obtient l'avantage attendu quant à l'essentiel, il ne peut se prévaloir de l'*exceptio non adimpleti contractus*. Dans le cas contraire, on doit lui reconnaître le droit de l'invoquer (cf. Civ. 3e, 15 décembre 1993, *R.J.D.A.* 1994, n° 267, qui considère qu'il appartient aux juges du fond d'apprécier la gravité des manquements du bailleur autorisant le preneur à invoquer l'exception d'inexécution ; Civ. 1re, 20 juin 1995, *R.J.D.A.* 1995, n° 1361, qui admet que le preneur invoque l'*exceptio non adimpleti contractus* lorsque le bailleur ne lui a pas délivré le bien loué ; Civ. 3e, 11 janvier 2006, *D.* 2006.443, à propos de la location-gérance d'un fond de commerce, le loueur n'ayant pas remboursé au locataire-gérant les travaux effectués par celui-ci et qui étaient à la charge du loueur) [1].

Toutefois, on pourrait envisager que le créancier de l'obligation non exécutée suspende partiellement l'exécution de sa propre obligation de façon à ce qu'une équivalence soit maintenue entre les obligations réciproques (v. en ce sens, Civ. 3e, 15 décembre 1993, *D.* 1994.462, note Storck, à propos de l'inexécution par un bailleur de son obligation de gardiennage et d'ouverture à une certaine heure d'une galerie marchande, ce qui avait troublé partiellement la jouissance du preneur, l'arrêt considérant que celui-ci pouvait suspendre le paiement d'une partie du loyer).

L'*exceptio non adimpleti contractus* suppose que l'obligation dont l'exécution est sollicitée n'est pas exécutée. Il faut même une inexécution d'une gravité suffisante (v. Civ. 1re, 19 octobre 1999, *R.J.D.A.* 1999, n° 1290). Dans le cas où l'une des parties aurait seulement la crainte que l'autre n'exécute pas son obligation, elle ne saurait invoquer l'exception d'inexécution. Toutefois, dans une telle hypothèse, elle pourrait solliciter

---

1. La Cour de cassation a considéré que les juges du fond sont souverains pour apprécier le bien fondé de l'exception d'inexécution (Civ. 3e, 17 décembre 2002, *R.J.D.A.* 2003, n° 227).

du juge, en application de l'article 809, al. 1er du Nouveau Code de procédure civile, la dispense d'exécuter sa propre obligation (cf. Com. 2 février 1993, *R.J.D.A.* 1993, n° 465, *Rev. trim. dr. civ.* 1993. 819, obs. Mestre, dans le cas où le cédant de parts sociales, bénéficiaire d'une garantie de passif, pouvait craindre que celle-ci serait appliquée, ce qui lui permettait d'être dispensé de payer le prix immédiatement pour pouvoir ensuite invoquer l'exception d'inexécution ou la compensation. Cependant, contrairement à ce qu'affirme l'arrêt, c'est plutôt l'alinéa 1er de l'article 809 que l'alinéa 2 qui justifie la dispense d'exécution. V. aussi, Com. 1er décembre 1998, *R.J.D.A.* 1999, n° 210, arrêt selon lequel dès lors qu'une cour d'appel a retenu des agissements fautifs d'une banque envers un emprunteur lors de la formation et de l'exécution de la convention de crédit et que la poursuite des remboursements par l'emprunteur serait gravement et irrémédiablement dommageable pour lui, elle a pu l'autoriser à suspendre l'exécution de ses engagements).

§ 2. La résolution [1]

701. – Les origines de la résolution en droit français. La résolution d'un contrat est l'anéantissement de ce contrat par suite de l'inexécution de ses obligations par l'une des parties. Si la résolution opère comme la nullité, en ce qu'elle fait disparaître le contrat dont on doit considérer qu'il n'a jamais existé parce qu'il a manqué son but, elle s'en distingue en raison de ce qu'elle sanctionne l'inexécution des obli-

1. *Bibliographie* : LEPELTIER, *La résolution judiciaire des contrats pour inexécution*, thèse, Caen, 1934 ; CONSTANTINESCO, *La résolution des contrats synallagmatiques en droit allemand,* thèse, Paris, 1940 ; Travaux de l'Association Henri Capitant, 1938, *La résolution pour inexécution* ; PICARD et PRUDHOMME, La résolution judiciaire des contrats pour inexécution, *Rev. trim. dr. civ.* 1912.61 ; CASSIN Réflexions sur la résolution judiciaire pour inexécution, *Rev. trim. dr. civ.* 1915.159 ; TEYSSIE, Les clauses de résolution et de résiliation, *Cahiers dr. entreprise*, 1980.13 ; BORRICAND, La clause résolutoire expresse dans les contrats, *Rev. trim. dr. civ.* 1957.433 ; GHESTIN, L'effet rétroactif de la résolution des contrats à exécution successive, *Mélanges Raynaud*, p. 203 ; HOUIN, *La rupture unilatérale des contrats synallagmatiques,* thèse, Paris, 1973 ; GROS, Les contrats à exécution échelonnée, *D.* 1989. Chron. 49 : LARRIBAU-TERNEYRE, *Le domaine de l'action résolutoire,* thèse, Pau 1988 ; PICOD, La clause résolutoire et la règle morale, *J.C.P.* 1990.I.3447 ; OSMAN, Le pouvoir modérateur du juge dans la mise en œuvre de la clause résolutoire de plein droit, *Rep not 1993.65* ; CHAPPERT, Les incidences fiscales de l'annulation, de la modification, de la régularisation et de l'usage d'un contrat, *Rep. not* 1993.1321 et 1401 ; PAULIN, *La clause résolutoire*, thèse, Toulouse, 1993 ; MALAURIE, *Les restitutions en droit civil,* 1991 ; HUGON, Le sort de la clause pénale en cas d'extinction du contrat, *J.C.P.* 1994.I.3790 ; ARLIE, La résolution du contrat de rente viagère, *Rev. trim. dr. civ.* 1997.855 ; PANCRAZI-TIAN, Résolution et résiliation judiciaire, *in La cessation des relations contractuelles d'affaires,* 1997 ; PAULIN, La clause résolutoire, *in La cessation des relations contractuelles d'affaires,* 1997 ; REMY, Observations sur le cumul de la résolution et des dommages-intérêts en cas d'inexécution du contrat, *Mélanges Couvrat*, 2001 ; LEBARS, La résiliation unilatérale du contrat pour cause d'intérêt légitime, *D.* 2002. chron. 381 ; RIGALLE-DUMETZ, *La résolution partielle du contrat*, 2003 ; Do et Chang, La résolution unilarérale du contrat en droit français : vers une harmonisation au sein de la Cour de cassation, *Petites Affiches* 9 avril 2004.

gations d'un contrat valablement formé, tandis que la nullité sanctionne l'absence d'une condition de validité du contrat.

À la différence de l'*exceptio non adimpleti contractus*, la résolution est prévue d'une façon générale dans les contrats synallagmatique par l'article 1184 du Code civil. Ce texte ne peut être compris qu'en fonction de l'histoire.

Le droit romain n'avait pas consacré d'une façon générale la résolution des contrats synallagmatiques pour inexécution. Toutefois, en ce qui concerne le contrat de vente, la pratique avait imaginé d'insérer dans le contrat une clause en vertu de laquelle le vendeur était en droit de considérer le contrat comme résolu si l'acheteur ne payait pas le prix à l'échéance prévue. Cette stipulation, qualifiée de *lex commissoria* ou pacte commissoire, était une clause résolutoire expresse, c'est-à-dire que la résolution opérait sans intervention du juge et, par conséquent, de plein droit, à la seule initiative du vendeur qui informait l'acheteur de la disparition du contrat au cas où le prix n'était pas payé.

Le droit canonique, fortement inspiré par le principe du respect de la parole donnée, a considéré qu'il n'était pas possible d'obliger une des parties à un contrat synallagmatique à exécuter son obligation dans le cas où l'autre partie n'exécutait pas la sienne pour une raison qui lui était imputable. C'est pourquoi, les canonistes, dont on sait l'importance qu'ils ont attachée à la cause de l'obligation [1], ont admis que le créancier de l'obligation inexécutée pouvait s'adresser au juge pour lui demander de résoudre le contrat synallagmatique. La résolution avait été considérée comme un complément de l'*exceptio non adimpleti contractus*, dans le cas où le créancier de l'obligation ne pouvait se borner à exercer un moyen de pression sur son débiteur, parce qu'il pensait qu'il ne pourrait pas obtenir l'exécution de la prestation qui lui était due. Dans une telle situation, sur le fondement de la rupture de l'équilibre instauré par le contrat synallagmatique entre les parties, mieux valait permettre au créancier de l'obligation inexécutée, de provoquer l'anéantissement du contrat. Cependant, cet anéantissement devait être prononcé par le juge qui exerçait un contrôle sur la gravité de l'inexécution reprochée. Le juge disposait du pouvoir de prononcer ou non la résolution à la lumière de toutes les circonstances. En raison des conséquences de la résolution, ce n'était qu'en présence d'un grave manquement à l'obligation et à condition qu'il fût persuadé que l'exécution ne serait pas procurée qu'il devait prononcer la résolution.

Au XVIIe et XVIIIe siècles, Domat et Pothier ont repris les solutions du droit canonique en admettant le principe de la résolution judiciaire. Notamment, Pothier a affirmé qu'en raison du principe de la résolution judiciaire, il n'était pas nécessaire d'insérer une clause

1. V. *supra*, n° 446.

résolutoire expresse dans le contrat. C'est cette idée qui explique l'article 1184 du Code civil. En effet, de la combinaison de l'alinéa premier et de l'alinéa deuxième de ce texte, il résulte, d'abord, que la résolution n'a pas lieu de plein droit et qu'elle est prononcée par le juge sur la demande du créancier de l'obligation inexécutée. C'est le système du droit canonique. Ensuite, si la condition résolutoire [1] est toujours sous-entendue dans un contrat synallagmatique, c'est justement parce que chaque partie, même s'il n'y a pas de clause résolutoire expresse, peut demander au juge de prononcer la résolution dans le cas où l'autre partie n'exécuterait pas son obligation. L'expression est maladroite, car il ne s'agit pas de la stipulation implicite d'une clause résolutoire, encore qu'il ne soit pas faux de considérer que la résolution repose sur les volontés des parties au contrat, en raison de ce que chaque partie s'engage à exécuter parce que l'autre s'engage aussi à exécuter, ce dont il résulte bien que la résolution, conformément à l'œuvre des canonistes et de Domat et Pothier, repose sur la théorie de la cause de l'obligation.

Par conséquent, en droit français, le principe est celui de la résolution judiciaire du contrat synallagmatique. Cependant, ce n'est pas parce qu'il affirme que la condition résolutoire est toujours sous-entendue que l'article 1184 du Code civil prohibe pour autant les clauses résolutoires expresses correspondant au modèle romain du pacte commissoire [2]. Ces clauses présentent une utilité incontestable, en ce qu'elles permettent la résolution d'un contrat sans qu'il soit nécessaire de recourir au juge.

702. – Systèmes juridiques étrangers. Plusieurs système juridiques étrangers de tradition civiliste se départissent des solutions du Code

1. A vrai dire, il ne s'agit pas de la condition résolutoire proprement dite dont il est question à l'article 1183 C. civ. Il s'agit d'une clause résolutoire, laquelle correspond au pacte commissoire du droit romain au profit du vendeur, ce qui n'est pas la même chose. C'est à tort que le Code civil a traité de la résolution des contrats synallagmatiques dans une partie consacrée à la condition, tant suspensive que résolutoire. Les rédacteurs du Code ont été abusés par la similitude des effets, en particulier la rétroactivité, de la condition résolutoire et de la résolution des contrats synallagmatiques. Ce sont pourtant des mécanismes contractuels qui n'ont pas la même inspiration et ne sont pas fondés sur les mêmes données.

2. Le pacte commissoire, connu en droit français, est, conformément à son origine en droit romain, une clause du contrat de vente stipulant la résolution de plein droit à l'initiative du vendeur en cas de non-paiement du prix par l'acheteur. Par extension, il désigne une stipulation en vertu de laquelle une partie à un contrat se fait attribuer, en application du pacte, la propriété d'un bien. Effectivement, par l'effet du pacte, le vendeur recouvre la propriété de la chose vendue en cas de non-paiement du prix. De la même façon, dans le contrat de gage, le pacte commissoire autorise le créancier gagiste à conserver à titre de propriétaire la chose donnée en gage en cas de non-paiement de sa créance à l'échéance. Par conséquent, si, dans la vente, le pacte commissoire correspond à une clause résolutoire expresse, dans le gage, il ne s'agit que de l'attribution au créancier gagiste de la propriété de la chose donnée en gage, le pacte n'ayant alors rien à voir avec une clause résolutoire.

français en ce qu'ils admettent une résolution des contrats synallagmatiques dotée d'un automatisme certain et pour laquelle l'intervention du juge n'est pas nécessaire pour prononcer la résolution. Ce système plus énergique est lui aussi fondé sur le non-respect de la parole donnée. Il est beaucoup plus en accord avec les nécessités du commerce. Ainsi, en droit allemand, comme en droit français, une option est ouverte au créancier de l'obligation inexécutée entre l'exécution forcée en nature, les dommages-intérêts et la résolution qualifiée de résiliation (§ 324 et 325 du B.G.B.). Mais, la résolution ne fonctionne pas de la même façon qu'en droit français. En effet, il résulte du § 326 du B.G.B. que lorsqu'une partie a été mise en demeure d'exécuter son obligation, l'autre peut lui impartir un délai pour exécuter et si l'obligation n'a pas été exécutée à l'expiration de ce délai, le créancier peut soit demander des dommages-intérêts, soit résilier le contrat. Le même système est admis par l'article 107 du Code suisse des obligations, l'article 108 prévoyant des hypothèses dans lesquelles la fixation d'un délai pour l'exécution n'est pas nécessaire comme préalable de la résolution.

Le droit italien est plus complexe. Il existe, comme en droit allemand et en droit français, une option au profit du créancier entre l'exécution forcée en nature, les dommages-intérêts et la résolution (art. 1453 C. civ. italien) ainsi qu'une résolution judiciaire (art. 1455 C. civ.) et la possibilité de stipuler une clause résolutoire expresse (art. 1456 C. civ.). Mais, l'article 1454 du Code civil admet aussi la même solution qu'en droit allemand et en droit suisse, c'est-à-dire la possibilité de résoudre après fixation d'un délai pour exécuter, la résolution étant alors indépendante de toute clause l'autorisant et ne supposant pas non plus l'intervention du juge.

Quant au droit libanais, ses solutions sont identiques à celles du droit français, quoiqu'exprimées d'une façon beaucoup plus détaillée dans le Code des obligations et des contrats (art. 239 et s.).

Le droit québécois, tel qu'il résulte du nouveau Code civil entré en vigueur en 1994, n'exige pas qu'une action en résolution soit intentée. En effet, selon l'article 1605 du Code civil du Québec, il suffit que le débiteur soit en demeure pour que le droit à la résolution soit invoqué par le créancier. Par conséquent, la résolution y est proche de ce qu'elle est dans le système allemand.

En raison de ce que le droit français autorise les clauses résolutoires à coté de la résolution judiciaire, on envisagera, d'abord, celle-ci, puis on étudiera ces clauses.

A. La résolution judiciaire

703. – Plan. Il convient de préciser le domaine de la résolution judiciaire de l'article 1184 du Code civil, avant de voir quelles en sont les conditions et les effets.

1) Le domaine de la résolution

704. – Résolution et cause de l'obligation dans les contrats synallagmatiques. Le terrain d'élection de la résolution judiciaire est constitué par les contrats synallagmatiques. La raison en est la même que pour l'*exceptio non adimpleti contractus*. On retrouve ici encore l'interdépendance entre les obligations engendrées par le contrat au profit et à l'encontre de chacune des parties. Si l'exécution peut être obtenue, le créancier se bornera à invoquer l'exception d'inexécution, à condition qu'en dépit du retard, cette exécution présente encore pour lui un intérêt. Même s'il n'invoque point l'exception d'inexécution, le juge, auquel il doit demander la résolution, pourra refuser de la prononcer s'il estime que l'exécution peut être envisagée. Il peut même accorder des délais à cette fin (art. 1184, al. 3 *in fine*). En effet, la résolution, lorsqu'elle est prononcée par le juge, doit être fondée sur le fait que l'exécution ne pourra plus être obtenue par le créancier. Elle constate une situation dans laquelle il apparaît que le contrat a manqué son but. Dans une telle situation, il ne servirait à rien de maintenir le contrat. Alors que le créancier de l'obligation inexécutée est en mesure d'exécuter son obligation, s'il ne l'a déjà exécutée, ce serait lui causer un grand dommage que de l'obliger à se borner à réclamer des dommages-intérêts, surtout si le débiteur est insolvable. Il n'y a pas de raison de maintenir le contrat, même par une exécution par équivalent, lorsqu'il est admis que le créancier n'obtiendra pas satisfaction en nature. L'exécution par équivalent ne doit être envisagée que lorsqu'il n'est pas possible de faire autrement. Ce n'est qu'un pis-aller. Or, il est possible de faire autrement en permettant au créancier de faire anéantir le contrat qui n'a pas produit l'effet voulu par les parties. Il n'y aura qu'une opération blanche, les parties devant être remises dans l'état antérieur à la conclusion du contrat. La rupture de l'équilibre contractuel, qui résulte de l'inexécution de ses obligations par l'une des parties, veut qu'il en soit ainsi, en raison de l'interdépendance des obligations réciproques (cf. Versailles 4 mars 1987, *D.* 1987.IR.91, qui se fonde sur l'existence d'obligations à la charge de chacune des parties pour prononcer l'anéantissement d'un contrat de maintenance de matériel de bureau, à la suite de l'inexécution de ses obligations par le prestataire de services. L'arrêt prend soin de relever que le paiement de l'abonnement avait pour contrepartie la réalisation de la totalité des prestations).

Si, par suite d'une inexécution définitive, cette interdépendance est rompue, le contrat doit être anéanti. L'obligation de l'un serait exécutée sans cause si celle de l'autre n'est pas exécutée et ne le sera pas. Le pouvoir de contrôle reconnu au juge quant à la gravité d'une inexécution définitive se justifie parfaitement par référence à la cause de l'obligation, contrairement à ce qui est souvent prétendu.

En effet, si l'exécution est encore possible ou si l'inexécution n'est pas grave, la cause de l'autre obligation ne vient pas à manquer.

705. – Extension ? Des auteurs considèrent que la résolution n'est pas toujours propre aux contrats synallagmatiques. C'est là une opinion contestable.

Certains contrats à titre gratuit peuvent être considérés comme synallagmatiques en raison de ce que l'existence d'une contrepartie n'entraîne pas une disqualification du contrat. Tel est le cas de la donation avec charge [1]. Dès lors, l'inexécution de la charge doit pouvoir entraîner la résolution de la donation. Au demeurant, le Code civil prévoit une action en révocation de la donation pour inexécution des charges qui est une application de la résolution judiciaire pour inexécution (art. 954 et 956 C. civ.). Il n'y a pas davantage dans ce cas d'extension injustifiée de la résolution, si l'on voit dans un tel contrat un contrat synallagmatique.

707. – Limites. Dans certaines situations, la résolution judiciaire est écartée, bien que l'on soit en présence d'un contrat synallagmatique. Il en est ainsi, d'abord, en ce qui concerne le contrat de rente viagère. L'article 1978 du Code civil ne permet pas au crédirentier, en cas de défaut de paiement de la rente, d'obtenir le remboursement du capital. En d'autres termes, il n'y a pas de place pour la résolution, mais seulement pour l'exécution forcée en nature, s'agissant de l'obligation de payer une somme d'argent. La raison de cette prohibition proviendrait de ce qu'il ne serait pas possible de déterminer le montant des sommes à restituer, puisque la rente peut être versée pendant une période indéterminée. Mais, comme on l'a remarqué, les données de la statistique permettraient d'évaluer les restitutions d'une façon assez précise. De toutes façons, la jurisprudence applique restrictivement l'article 1978 et elle refuse de l'étendre à un retard de paiement (Civ. 1re, 4 janvier 1995, *D.* 1995.405, note Dagorne-Labbé ; Civ. 3e, 27 novembre 1991, *D.* 1992.440, note Dagorne-Labbé ; Civ. 3e, 8 juin 2006, *D.* 2006.1772) et à des contrats voisins, comme elle admet la validité des clauses résolutoires stipulées dans les contrats de rente viagère (cf. Civ. 1re, 6 janvier 1987, *D.* 1987.IR.20, *J.C.P.* 1987.VI. 85, *Rep. not.* 1987.554, obs. Vermelle ; Civ. 1re, 23 juin 1993, *J.C.P.* 1993.IV.2207) [2], à condition qu'il s'agisse bien d'une clause résolutoire, c'est-à-dire d'une stipulation dont résulte un anéantissement du contrat sans intervention judiciaire,

---

1. V. *supra,* n° 181.

2. Lorsqu'une partie du prix de vente d'un bien est payable sous forme de rente viagère, l'autre partie étant payable en capital, bien que ce soit à terme, le crédirentier non payé à l'échéance du terme est en droit d'invoquer la résolution de la vente, l'article 1978 ne pouvant faire obstacle à la résolution que pour le non-paiement de la rente (cf. Civ. 3e, 28 mai 1986, *Bull. civ.* 3, n° 84, *Rev. trim. dr. civ.* 1987.363, obs. Rémy).

ce qui suppose une volonté non équivoque des parties de faire échec aux dispositions de l'article 1978 (cf. Civ. 3e, 7 décembre 1988, *D.* 1988.IR.299, *J.C.P.*, 1989.IV.49) [1]. Lorsque la résolution est possible, le droit de l'invoquer n'est pas transmissible à l'héritier du crédirentier, si ce dernier ne s'est pas prévalu de la résolution de son vivant (Civ. 1re, 3 décembre 1988, *J.C.P.* 1989.II. 21349, note Béhar-Touchais, *Rev. trim. dr. civ.* 1989.539, obs. Mestre, et 576, obs. Rémy, *Rep. not.* 1989.1414, obs. Vermelle ; Civ. 1re, 15 juin 1994, *Bull. civ.* 1, n° 217, *Rep. not.* 1994.1532, obs. Vermelle, *D.* 1995. 152, note Dagorne-Labbé). La solution peut se recommander de ce que le décès du crédirentier a mis fin au contrat, encore qu'il en aille de même en cas de décès du crédirentier en cours d'instance. La raison en est que le contrat de rente viagère a pris fin au jour du décès du crédirentier et qu'on ne peut envisager, par conséquent, la résolution d'un contrat parvenu à expiration. Cependant, dans le cas où le crédirentier aurait invoqué la résolution avant son décès, celle-ci devrait produire son effet au profit de son héritier, qui serait en droit, par conséquent, d'exiger la restitution du bien consécutive à la résolution en contrepartie de la restitution du prix perçu.

Bien que la loi n'écarte pas la résolution en ce qui concerne le partage, une jurisprudence ancienne a refusé d'appliquer l'article 1184 du Code civil au contrat de partage. La solution serait justifiée par des raisons d'opportunité, en raison de ce que la résolution ferait revivre l'indivision. Cependant, il paraît bien que la clause résolutoire stipulée dans le partage devrait produire son effet en cas d'inexécution de ses obligations par un copartageant et notamment le non-paiement d'une soulte.

Enfin, on a prétendu que la cession d'un office ministériel ne pourrait être résolue en cas d'inexécution de ses obligations par l'une des parties à la cession et, en particulier, en cas de non-paiement du prix par le cessionnaire. La solution serait dictée par l'impossibilité de revenir sur la nomination du cessionnaire par l'autorité publique à la place du cédant comme titulaire de l'office. Mais, il n'y a aucune impossibilité et, sur la demande d'une des parties, l'autorité publique pourrait toujours revenir sur cette nomination, une fois la résolution prononcée. S'il y a un obstacle à la résolution, il tient beaucoup plus à une considération d'opportunité. En effet, le cédant de l'office n'entend pas le plus souvent exercer à nouveau la profession, une fois qu'il a cédé son office. En ce cas, il lui appartient de ne pas demander la résolution. Au demeurant, le problème est le même

---

1. Au lieu de stipuler une clause résolutoire opérant de plein droit, les parties pourraient stipuler que le crédirentier aura le droit de faire prononcer la résolution en justice, dérogeant par là même aussi à l'article 1978 du Code civil (cf. Civ. 3e, 10 novembre 1992, *J.C.P.* 1993.II.22136, note Enama ; Civ. 3e, 24 février 1999, *Contrats, conc. consomm.* 1999, n° 85, obs. Leveneur).

dans toute cession de clientèle dans l'exercice d'une profession. Il n'est pas propre à la cession d'un office ministériel.

2) Les conditions de la résolution

708. – Résolution judiciaire à l'initiative du créancier de l'obligation inexécutée. La résolution de l'article 1184 du Code civil doit être prononcée par le juge, saisi à l'initiative du créancier de l'obligation inexécutée. En l'absence de stipulation d'une clause résolutoire, il ne saurait y avoir de résolution de plein droit et la résolution est nécessairement judiciaire (cf. Com. 9 juillet 1996, *R.J.D.A.* 1996, n° 1438).

En aucun cas, le débiteur de cette obligation ne pourrait avoir l'initiative de la résolution. Il n'y a là rien que de très normal, car, la résolution étant fondée sur la disparition de la clause de l'obligation, c'est la cause de l'obligation de celui qui se plaint de l'inexécution qui vient à manquer et non pas celle de l'autre partie [1]. C'est à l'encontre du débiteur de l'obligation inexécutée, lequel est nécessairement partie au contrat, que la résolution doit être demandée.

Parce qu'elle anéantit le contrat, la résolution suppose une action intentée par une partie contre l'autre (cf. Civ. 1re, 13 janvier 1987, *J.C.P.* 1987.IV.96, qui refuse de prononcer la résolution d'une adjudication d'une automobile aux fins de réalisation d'un gage, laquelle avait été poursuivie par le ministère d'un huissier, contre lequel la résolution avait été demandée par l'adjudicataire qui n'avait pu obtenir l'établissement d'un certificat d'immatriculation à son nom en raison de ce que le véhicule avait été vendu sans précédent certificat d'immatriculation et ne portait aucun numéro d'identification. La résolution devait être prononcée contre le vendeur, ce que n'était pas l'huissier, simplement chargé de la réalisation du gage dans l'intérêt du gagiste. Dès lors, ce n'était pas contre l'huissier que devait être intentée l'action en résolution).

La résolution suppose l'inexécution par le débiteur d'une obligation mise à sa charge par le contrat. Dans l'hypothèse où le débiteur aurait un comportement répréhensible au détriment du créancier sans que soit en cause l'exécution de son obligation contractuelle, il est évident que le créancier ne pourrait demander la résolution pour une faute ou un fait extérieur au contrat (cf. Civ. 3e, 24 mars 1993, *R.J.D.A.* 1993, n° 481, à propos d'un preneur à bail qui avait occupé dans l'immeuble une partie non comprise dans le bail, l'arrêt refusant la résolution à l'initiative du bailleur, parce qu'il s'agissait d'une occupation extérieure au bail, encore qu'on pût se demander si, en étendant sa jouissance à

---

1. Lorsque le défaut de cause d'une obligation existe au moment de la formation du rapport contractuel, on sait que l'action en nullité doit, pour la même raison, être réservée au contractant dont l'obligation est dépourvue de cause et que l'autre partie au contrat dont l'obligation est pourvue d'une cause ne doit pas pouvoir invoquer la nullité, qui est une nullité relative v. *supra*, n° 533 et 540.

une partie de l'immeuble extérieure au bail, le preneur n'avait pas manqué à son obligation d'user de la chose en bon père de famille, mise à sa charge par l'article 1728 du Code civil).

Les conditions de la résolution tiennent, d'une part, à l'inexécution d'une obligation et, d'autre part, aux pouvoirs qui sont reconnus au juge. Contrairement à la clause résolutoire [1], la résolution judiciaire ne suppose pas le préalable d'une mise en demeure (Civ. 3e, 11 juin 1992, *Contrats, conc. consomm.* 1992, n° 219, obs. Leveneur).

a) L'inexécution de l'obligation

709. – L'option du créancier. Le créancier de l'obligation inexécutée n'est point tenu de demander la résolution, de la même façon que le créancier de n'importe quelle obligation contractuelle n'est tenu de réclamer à son débiteur la réparation du dommage résultant de l'inexécution. Ce n'est qu'une faculté à laquelle il pourrait toujours renoncer une fois que le droit est né à son profit, c'est-à-dire une fois l'inexécution constatée. De la même façon qu'une partie à un contrat ne peut renoncer à l'avance à en demander la nullité, il ne paraît pas normal de renoncer à l'avance à demander la résolution.

Si l'exécution forcée en nature est possible, il est évident qu'il n'y a aucune raison de l'interdire sous prétexte que le créancier a le droit d'agir en résolution. C'est la raison pour laquelle on reconnaît au créancier une option entre la poursuite de l'exécution et la résolution (art. 1184, al. 2 C. civ. V. cependant, Com. 1er février 1994, *R.J.D.A.* 1994, n° 620, qui refuse l'action en exécution dans une hypothèse où une clause du contrat avait prévu la sanction de l'inexécution de l'obligation par la résolution ou par la suppression d'une exclusivité accordée au débiteur de l'obligation non exécutée, ce qui pourtant ne devrait pas interdire le recours à l'exécution forcée). Il faut ajouter une troisième branche à cette option, qui est constituée par le droit de mettre en jeu la responsabilité du débiteur sans provoquer en même temps l'anéantissement du contrat [2]. Cependant, comme on le verra, le créancier peut aussi, tout en demandant la résolution, réclamer des dommages-intérêts en réparation du préjudice que lui cause l'anéantissement du contrat en raison de l'inexécution imputable au débiteur [3].

Parce que l'action en exécution et l'action en résolution sont des sanctions qui, à l'initiative du créancier d'une obligation non exécutée volontairement, tendent aux mêmes fins, c'est-à-dire lui procurer satisfaction sous des formes différentes, la jurisprudence considère qu'elles mettent en jeu le même droit et, par conséquent, la substitu-

1. V. *infra,* n° 717.
2. Cette option est admise par les § 324 et 325 du B.G.B. et par l'article 1453 du Code civil italien.
3. V. *infra,* n° 715.

tion de la résolution à l'exécution en appel ne constitue pas une demande nouvelle (cf. Civ. 3e, 2 mai 1979, *J.C.P.* 1979.IV.216 ; Civ. 3e, 8 janvier 1985, *J.C.P.* 1985.IV.107 ; Civ. 3e, 26 avril 1989, *J.C.P.* 1989.IV.237 ; Com. 23 janvier 1992, *J.C.P.* 1992.IV.827) [1]. Cependant, le créancier doit choisir et il est évident qu'il ne saurait en même temps demander l'exécution forcée sous astreinte et la résolution (cf. Civ. 1re, 29 novembre 1989, *D.* 1989.IR.326, *J.C.P.* 1990.IV.30, *Bull. civ.* 1, n° 365, *Rev. trim. dr. civ.* 1990. 474, obs. Mestre. V. aussi, Civ. 3e, 10 novembre 1992, *J.C.P.* 1993.II.22136, note Enama, arrêt selon lequel le juge ne peut à la fois prononcer la résolution et condamner le débiteur à payer le prix stipulé au contrat, cette condamnation ne se confondant pas avec des dommages-intérêts ; Civ. 1re, 5 juillet 2005, *D.* 2005.IR.2176). Lorsque le créancier a obtenu une condamnation du débiteur à exécuter des travaux et que la décision de condamnation n'est pas exécutée, le créancier peut demander au juge de prononcer la résolution du contrat (Civ. 3e, 24 novembre 1993, *R.J.D.A.* 1994, n° 139). En effet, il n'y a pas d'incompatibilité, dans une telle hypothèse, entre l'exécution forcée en nature et la résolution, puisque celle-ci sanctionne l'inexécution de l'obligation, mise à la charge du débiteur par le juge, de procéder à l'exécution en nature.

710. – Inexécution imputable au débiteur. Comparaison avec la responsabilité civile. La résolution n'est possible que si l'inexécution est imputable au débiteur (cf. Civ. 3e, 20 novembre 1985, *J.C.P.* 1986.IV.46, à propos de la fermeture d'un débit de boissons par l'administration provoquée par le comportement du contractant contre lequel la fermeture a été prononcée, ce qui ne permet pas d'y voir un fait du prince constitutif de la force majeure ; Civ. 1re, 25 mai 1992, *J.C.P.* 1992.IV. 2157, *D.* 1992.IR.216, qui, à propos d'un acheteur n'ayant pas retiré la chose vendue, refuse au vendeur le droit de demander la résolution de la vente pour inexécution par l'acheteur de l'obligation de retirement, cette inexécution ayant été provoquée par l'existence de vices de la chose vendue imputables au vendeur ; Civ. 1re, 20 juin 1995, *J.C.P.* 1995.IV.2018, qui casse la décision d'une cour d'appel qui avait prononcé la résolution du contrat au motif que celui-ci ne correspondait plus à la volonté des parties, sans constater l'inexécution de ses obligations par l'une d'elles. V. aussi, Civ. 3e, 21 juin 1993, *J.C.P.* 1993.IV. 2427 et Civ. 3e, 6 mai 2003, *R.J.D.A.* 2003, n° 1163, qui exclut l'application d'une clause résolutoire si

1. De la même façon, l'exception d'inexécution et la résolution constituent l'exercice du même droit et tendent aux mêmes fins et, par conséquent, il n'y a pas là non plus de demande nouvelle en appel (Civ. 1re, 2 février 1999, *R.J.D.A.* 1999, n° 514). Cependant, lorsqu'elle est saisie d'une action résolutoire, la Cour d'appel modifierait l'objet du litige si elle condamnait le débiteur au paiement du prix stipulé au contrat (Civ. 3e, 29 octobre 2003, *R.J.D.A.* 2004, n° 271).

l'inexécution est due à la force majeure). Cependant, il n'y a pas d'incompatibilité entre une demande en exécution forcée et une demande en réduction du prix, même si celle-ci est un diminutif de la résolution [1], dès lors que la réduction du prix sanctionne une inexécution partielle intervenue sur une demande en exécution forcée (cf. Com. 15 décembre 1992, *J.C.P.* 1993, éd. E. II.436, *R.J.D.A.* 1993, n° 304). Lorsque l'exécution d'une obligation est impossible pour une raison qui n'est pas imputable au débiteur, l'autre partie au contrat ne doit pas exécuter son obligation, mais la solution est justifiée par la théorie des risques et non pas sur le fondement de la résolution, encore que la jurisprudence n'ait pas toujours bien distingué entre les deux mécanismes [2].

L'exigence de l'imputabilité de l'inexécution au débiteur permet de rapprocher la résolution de la responsabilité contractuelle et certains auteurs n'ont vu dans la résolution qu'une façon particulière de mettre en jeu la responsabilité du débiteur en cas d'inexécution. S'il devait en être ainsi, il conviendrait, lorsque l'obligation inexécutée est une obligation de moyens, d'exiger une faute du débiteur, alors que cette exigence ne s'imposerait pas si l'obligation était de résultat. Il conviendrait aussi, dans tous les cas, de ne prononcer la résolution que si le créancier a éprouvé un préjudice du fait de l'inexécution. Pourtant, telle n'est pas la solution de la jurisprudence. D'une part, la preuve d'un préjudice n'est pas une condition de la résolution (cf. Civ. 3e, 4 mai 1982, *J.C.P.* 1982.IV.246 ; Civ. 3e, 26 janvier 1983, *J.C.P.* 1983.IV.107). D'autre part, la faute n'est pas non plus une condition de la résolution (cf. Civ. 3e, 9 octobre 1979, *D.* 1980.IR.228, obs. Berr et Groutel, à propos de la révocation d'un agent d'assurances). Si on voit dans la résolution une application de la théorie de la cause de l'obligation, ces solutions sont justifiées. Au demeurant, le mécanisme de la résolution est trop éloigné de celui de la responsabilité contractuelle pour qu'on puisse voir dans la première une application de la seconde. L'anéantissement d'un contrat est autre chose que la responsabilité civile. Il ne s'agit même pas d'une exécution en nature, puisque la résolution est fondée sur l'inexécution. Il ne peut s'agir non plus d'une réparation en nature. La résolution est un mécanisme original, irréductible à un autre. Parce qu'elle est fondée sur la disparition de la cause d'une obligation après la formation du contrat, il suffit de constater cette disparition pour la prononcer, sans qu'il soit besoin de faute ni de préjudice. C'est pour cela qu'il

---

1. V. *infra,* n° 711.

2. V. *infra,* n° 734 et s. Il n'y a pas d'impossibilité d'exécution lorsqu'une partie refuse d'exécuter sur la demande d'un tiers. Dès lors, la résolution est possible (v. Com. 9 mars 1999, *R.J.D.A.* 1999, n° 643, arrêt selon lequel la résolution d'une vente à un crédit-bailleur peut être prononcée sur la demande de ce dernier lorsqu'il a payé le prix et que la chose n'a pas été livrée au crédit-preneur parce que celui-ci avait annulé la commande après le paiement du prix par le crédit-bailleur au vendeur).

faut que l'inexécution soit suffisamment grave pour qu'il y ait disparition de la cause d'une obligation. Toutefois, en raison de ce que la résolution peut s'accompagner de dommages-intérêts, il paraît nécessaire pour les accorder que les conditions de la responsabilité du débiteur soient remplies, ce qui permet d'exiger une faute si l'obligation inexécutée était une obligation de moyens. Mais, la faute est une condition des dommages-intérêts et non pas de la résolution proprement dite.

b) Les pouvoirs du juge

711. – Les options du juge. La résolution pour inexécution est prononcée par le juge. Il n'est jamais tenu de la prononcer (cf. Com. 16 juin 1987, *J.C.P.* 1987.IV.293, *Bull. civ.* 4, n° 145, *Rep. not.* 1988.374, obs. Aubert). Non seulement, si les conditions de la responsabilité du débiteur sont remplies, il peut estimer que le créancier doit se contenter de dommages-intérêts (Com. 17 mars 1992, *Contrats, conc. consomm.* 1992. n° 93, obs. Leveneur), mais encore il peut donner acte au débiteur de ce qu'il propose l'exécution pour arrêter la résolution, étant entendu que le créancier pourra à nouveau demander la résolution si l'exécution n'intervient pas. L'article 1184, al. 3 du Code civil autorise même le juge à accorder des délais au débiteur à cette fin, encore que les pouvoirs du juge soient limités (cf. Civ. 3e, 16 avril 1986, *Bull. civ.* 3, n° 41, *Rev. trim. dr. civ.* 1987.316, obs. Mestre) [1].

Il résulte des pouvoirs accordés au juge que la résolution ne doit être prononcée que dans le cas où il apparaît que non seulement l'exécution ne sera pas procurée au créancier, c'est-à-dire que le contrat ayant manqué son but, il convient de l'anéantir, mais encore que, parce quelle est justifiée par la disparition de la cause en cours d'exécution, l'inexécution imputable au débiteur doit être suffisamment grave pour que l'obligation de l'autre partie manque de cause. Aussi, a-t-il toujours été admis que les juges du fond disposent du pouvoir de contrôler la gravité de l'inexécution (cf. Com. 3 décembre 1980, *J.C.P.* 1980.IV.66 ; Civ. 3e, 22 mars 1983 *J.C.P.* 1983.IV.184, *Bull. civ.* 3. n° 84, *Rep. not.* 1984.296 obs. Aubert, *Rev. trim. dr. civ.*

---

1. Lorsque les juges accordent des délais, ils doivent en donner la raison. En revanche, lorsqu'ils décident de ne pas en accorder, ils n'ont pas à motiver leur décision (cf. Civ. 3e, 4 janvier 1995, *R.J.D.A.* 1995, n° 260, à propos d'une clause résolutoire). La Cour de cassation est allée encore plus loin, en décidant sur le fondement de l'article 873, al. 1er du Nouveau Code de procédure civile, que le juge des référés, pour éviter un préjudice imminent, pouvait imposer la poursuite d'un contrat d'assurance valablement dénoncé par l'assureur (Civ. 1re, 7 novembre 2000, *D.* 2001.256, note Jamin et Billiau, *J.C.P.* 2001.I.303, n° 9, obs. Bigot, *J.C.P.* 2001.II.10506, note Vuitton, *D.* 2001. Somm. 1137, obs. Mazeaud, *Rep. not.* 2001.437, note Savaux, *Rev. trim. dr. civ.* 2001.135, obs. Mestre et Fages). Il est évident qu'une telle solution, parfaitement contraire à la liberté contractuelle et au respect de la parole donnée, ne peut être qu'exceptionnelle et cela sans compter que la poursuite du contrat doit être brève.

1985.165, obs. Mestre ; Civ. 3e, 19 février 1986, *J.C.P.* 1986.IV.122 ; Paris 5 février 1988, *D.* 1988.IR.60 ; Com. 17 mars 1992, *Contrats, conc. consomm.* 1992, n° 93, obs. Leveneur ; Com. 1er juin 1993, *R.J.D.A.* 1993, n° 1043 ; Civ. 1re, 4 janvier 1995, *R.J.D.A.* 1995, n° 814, *Rep. not.* 1995.1408, obs. Mazeaud ; Civ. 1re, 20 février 1996, *R.J.D.A.* 1996, n° 768). Lorsque le créancier a demandé la résolution et qu'avant que le juge statue l'obligation a été exécutée par le débiteur, il n'y a pas de raison de prononcer la résolution si l'exécution tardive satisfait le créancier (en ce sens, Rouen 4 février 1993, *J.C.P.* 1993.IV.1991). En ce cas, le créancier se contentera éventuellement de dommages-intérêts.

Le juge n'est pas tenu, cependant, de constater une inexécution totale pour prononcer la résolution. Une inexécution partielle peut être suffisamment grave pour entraîner la résolution (cf. Civ. 2 juillet 1996, *R.J.D.A.* 1996, n° 1469, *Rep. not.* 1996.1364, obs. Mazeaud, *Contrats, conc. consomm.* 1996, n° 197, obs. Leveneur, arrêt selon lequel la résolution peut être prononcée par le juge en cas d'inexécution partielle si celle-ci porte sur une obligation déterminante de la conclusion du contrat, le principe ayant été affirmé à propos du défaut de délivrance d'une licence d'exploitation d'un fonds de commerce de débit de boissons qui n'avait pas totalement empêché l'exploitation de ce fonds) [1]. Au demeurant, le juge, aussi bien en présence d'une exécution défectueuse qu'en présence d'une inexécution partielle, peut prononcer une résolution seulement partielle qui se manifestera souvent par une réduction du prix [2]. Tel est le cas, en droit commercial pour les ventes de marchandises, en ce qui concerne le procédé de la réfaction du contrat, en vertu de laquelle le juge prononce une réduction du prix de la marchandise, lorsque le vendeur, même s'il n'y a pas de vice caché [3], n'a pas exécuté correctement ses obligations en livrant une marchandise d'une qualité qui n'est pas celle qui était attendue par l'acheteur (Com. 15 décembre 1992, *R.J.D.A.* 1993, n° 304, l'arrêt considérant que la demande de réduction du prix est bien entendu compa-

---

1. Le comportement déloyal d'une partie peut être assimilé à une inexécution partielle pour justifier la résolution, même si les obligations sont par ailleurs exécutées, lorsque ce comportement est intolérable pour l'autre partie (cf. Civ. 3e, 29 avril 1987, *J.C.P.* 1987.IV.221, *Bull. civ.* 3, n° 93, *Rev. trim. dr. civ.* 1988.536, obs. Mestre, qui approuve une cour d'appel d'avoir prononcé la résolution d'un contrat de bail, aux motifs que le bailleur avait adopté envers le preneur un comportement agressif, injurieux et menaçant, qui rendait impossible la poursuite de relations contractuelles normales). Dans de telles hypothèses, la mauvaise foi dans l'exécution des obligations, dont il est question à l'article 1134 du Code civil, constitue une inexécution au sens de l'article 1184.

2. Dans la vente, lorsque la chose vendue est atteinte d'un vice caché, la sanction de l'inexécution de son obligation de garantie par le vendeur est soit une résolution totale de la vente (action rédhibitoire), soit une réduction du prix (action estimatoire, art. 1644 C. civ.). Cependant, l'option entre les deux actions est le fait de l'acheteur.

3. Pour cette raison, la réfaction de la vente ne correspond pas à l'action estimatoire pour vice caché, v. la note précédente. Cf. ALBIGES, Le développement discret de la réfection du contrat, *Mélanges Cabrillac*, p. 3.

tible avec une action en exécution forcée ayant pour objet la délivrance de la chose vendue). Au demeurant, la réfaction d'un contrat n'est pas propre à la vente commerciale de marchandises et on peut la rencontrer dans d'autres contrats [1].

712. – Les inconvénients de la résolution judiciaire. Parce qu'elle suppose une action en justice avec tous les aléas et les lenteurs inhérentes à une telle voie de droit, la résolution de l'article 1184 du Code civil n'est pas dépourvue d'inconvénient pour le créancier de l'obligation inexécutée. Il est certain que le système consacré par les Codes allemand, suisse et italien [2] est beaucoup plus favorable au créancier que le système français. Toutefois, dans ces législations, le rôle du juge ne disparaît pas, car le débiteur pourrait toujours prétendre que c'est à tort que le créancier a exercé les droits que la loi lui attribue. Cependant, il s'agit d'un contrôle judiciaire *a posteriori* et non pas préalable comme en droit français, lequel, on le sait, s'explique par l'histoire.

Malgré tout, en droit français, la loi et la jurisprudence ont quelquefois admis une variété de résolution qui s'inspire des solutions consacrées dans certains systèmes juridiques étrangers.

Ainsi, en vertu de l'article 1657 du Code civil, lorsque l'acheteur de marchandises ne les a point retirées au moment où il devait le faire, le vendeur peut, même en l'absence de clause résolutoire, résoudre la vente sans qu'il soit nécessaire d'en faire la demande en justice. La solution s'explique en raison de ce que non seulement les marchandises peuvent être périssables, mais encore parce que ce pourrait être onéreux pour le vendeur de les conserver au-delà du terme prévu pour le retirement par l'acheteur.

Dans d'autres situations, la jurisprudence a admis quelquefois le droit pour une partie de résoudre unilatéralement un contrat en cas d'inexécution de ses obligations par l'autre partie, sans qu'il soit nécessaire d'intenter une action en justice. Il en est ainsi notamment lorsque l'urgence ne permet pas d'attendre l'issue d'une action en résolution ou lorsque les relations de confiance entre les parties sont telles que la poursuite de l'exécution du contrat n'est plus possible (cf. Rouen 30 mars 1994, *J.C.P.* 1994.IV.1975, qui admet qu'une partie peut résoudre un contrat unilatéralement et sans intervention du juge lorsque la poursuite des relations contractuelles a été rendue impossi-

---

1. Il a même été admis qu'une des parties, en cas d'insuffisance des services promis par l'autre, pouvait procéder elle-même à une réduction du prix, cela bien entendu sous le contrôle *a posteriori* du juge (cf. Paris, 17 mars 1987, *D.* 1988.219, note Mirbeau-Cauvin, *Rev. trim. dr. civ.* 1988.535, obs. Mestre). Une telle révision ou réfaction du contrat, qui n'est pas sans rappeler la réduction des honoraires excessifs, repose aussi sur la cause de l'obligation et elle n'est pas sans interférer avec la nullité pour absence partielle de cause (v. *supra,* n° 471).

2. V. *supra,* n° 702.

ble par un manquement grave de l'autre partie à ses obligations et le juge aurait nécessairement prononcé la résolution s'il avait été saisi. V. aussi, dans la même situation, Civ. 1re, 13 octobre 1998, *R.J.D.A.* 1999, n° 12, *D.* 1999.197, note Jamin et Somm. 115, obs. Delebecque, *Rep. not.* 1999.374, obs. Mazeaud, *J.C.P.* 1999.II.10133, note Rzpecki, *Rev. trim. dr. civ.* 1999.506, obs. Raynard ; Douai 6 juillet 1999, *J.C.P.* 1999.I.191, obs. Jamin ; Civ. 1re, 20 février 2001, *D.* 2001.1568, note Jamin, *D.* 2001. Somm. 3239, obs. Mazeaud, *R.J.D.A.* 2001, n° 662 ; Civ. 1re, 9 juillet 2002, *R.J.D.A.* 2003, n° 7 ; Nancy 20 novembre 2000, *J.C.P.* 2002.II.10113, note Jamin).

Cependant, aussi bien dans l'hypothèse de l'article 1657 que dans les cas exceptionnels où la jurisprudence a admis une faculté de résolution sans l'intervention du juge, il y a place pour un contrôle judiciaire *a posteriori* de la résolution. Il s'agit d'éviter que cette faculté soit exercée abusivement. C'est la raison pour laquelle la Cour de cassation, après avoir précisé que la gravité du comportement d'une partie autorise l'autre à mettre fin au contrat unilatéralement, ajoute que cette faculté de résoudre est exercée aux risques et périls de celui qui l'exerce (Civ. 1re, 13 octobre 1998, précité ; Civ. 1re, 20 février 2001, précité ; Douai 6 juillet 1999, précité). Toutefois, les décisions de la Cour de cassation, dans cette hypothèse, ne font point allusion à l'urgence. La Cour de cassation affirme que « la gravité du comportement d'une partie peut justifier que l'autre partie mette fin unilatéralement au contrat à ses risques et périls, peu important que le contrat soit à durée déterminée ou non » (Civ. 1re, 28 octobre 2003, *J.C.P.* 2004.II.10108, note Lachièze, *R.J.D.A.* 2004, n° 666, *Rev. contrats* 2004.273, obs. Aynés et Mazeaud, *Rev. trim. dr. civ.* 2004.89, obs. Mestre et Fages, *Rep. not.* 2004.378, obs. Libchaber, 381, obs. Aubert). La Cour de cassation se fonde, par conséquent, sur une faute grave du débiteur de l'obligation inexécutée. Cette exigence permet aux juges de prendre des libertés avec l'article 1184 du Code civil dans la mesure où, comme on le sait, ce texte n'exige pas de faute pour autoriser la résolution judiciaire. Cette évolution doit être approuvée, dans la mesure où la résolution de l'article 1184 n'est pas suffisamment efficace dans l'intérêt du créancier. L'inspiration des législations étrangères est évidente (v. aussi, Com. 4 février 2004, *J.C.P.* 2004.I.149, obs. Rochfeld ; Douai 20 décembre 2005, *J.C.P.* 2006.IV.2868, à propos d'un entrepreneur qui a abandonné le chantier. Comparer, Civ. 1re, 16 mars 2004, *R.J.D.A.* 2004, n° 788, qui refuse la résolution unilatérale dans une hypothèse où le créancier n'avait pas su apprécier le déséquilibre structurel initial du contrat).

3) Les effets de la résolution

713. – Rétroactivité. L'effet essentiel de la résolution est l'anéantissement du contrat de telle sorte que l'on puisse considérer qu'il n'a jamais été conclu. Par conséquent, la résolution, comme la nullité, opère rétroactivement [1]. La conséquence en est que les parties doivent procéder à la répétition de ce qui a été exécuté (Civ. 1re, 11 mars 1989, *D.* 1987.IR.71 ; Paris 25 mars 1987, *D.* 1987.IR.102) [2]. Si rien n'a encore été exécuté, la disparition du contrat interdit toute exécution [3]. La rétroactivité est de l'essence de la résolution (cf. Com. 12 octobre 1982, *J.C.P.* 1984.II.20166, note Signoret, *Rep. not.* 1983.786, obs. Aubert ; Civ. 3e, 11 janvier 1984, *J.C.P.* 1984.IV.88, *Rep. not.* 1984.1067, obs. Souleau ; Civ. 3e, 29 janvier 2003, *J.C.P.* 2003. II.10116, note Sérinet, qui en tire la conséquence que le prix doit être restitué, même si cette restitution n'a pas été spécialement demandée ; Civ. 3e, 22 juin 2005, *J.C.P.* 2005.II.10149, note Dagorne-Labbé, *R.J.D.A.* 2006, n° 127, *D.* 2005.3063, note Rakotovahiny, qui décide que les droits consentis antérieurement à la vente doivent renaître ; Civ. 3e, 29 juin 2005, *J.C.P.* 2005.IV.2895, relatif à la restitution des fruits perçus) [4]. Cette

---

1. Les clauses stipulées au contrat disparaissent normalement avec lui de la même façon et sont supposées n'avoir jamais existé, sauf si elles aménagent les conséquences de l'inexécution de leurs obligations par les parties (cf. Civ. 3e, 24 novembre 1999, *D.* 2000.599, note Vinckel et Somm. 291, obs. Caron, arrêt selon lequel, une vente ayant été judiciairement résolue pour défaut de conformité de la chose vendue sur la demande de l'acheteur qui n'avait pas payé le prix, le vendeur ne pouvait pas se prévaloir de la clause résolutoire en cas de non paiement du prix, cette clause ayant disparu par suite de l'anéantissement du contrat).

2. Lorsque les codébiteurs d'une prestation étaient tenus, en vertu d'une stipulation du contrat, solidairement ou indivisiblement à son exécution, on devrait pouvoir admettre que la restitution du prix de cette prestation pèse solidairement sur eux. En revanche, si la solidarité n'a pas été stipulée, on ne pourrait admettre que chacun soit tenu solidairement de la restitution en l'absence d'indivisibilité naturelle (cf. Com. 25 mai 1993, *D.* 1993.IR.166, qui écarte à juste titre l'obligation *in solidum* pour la restitution du prix de fournitures à la suite de la résolution de deux contrats distincts, chaque fournisseur n'étant tenu de restituer que le prix qu'il a perçu).

3. C'est la raison pour laquelle, si le juge prononce la résolution, il ne peut en même temps condamner à l'exécution (cf. Civ. 1re, 17 février 1982, *J.C.P.* 1982.IV.160, *D.* 1982.IR.240 ; Civ. 3e, 7 juin 1989, *D.* 1989.IR.194, *J.C.P.* 1990. II. 21456, note Dagorne-Labbé). Dans le domaine voisin de la résiliation par volonté unilatérale (sur laquelle, v. *supra* n° 207 et 208), la Cour de cassation (Com. 22 octobre 1996, *J.C.P.* 1996. IV. 2452) a eu raison de reprocher à une cour d'appel d'avoir condamné une partie, qui avait résilié à tort un contrat à durée déterminée, à payer à l'autre partie le prix stipulé au contrat. En effet, le contrat ayant été résilié, même si c'était à tort, le débiteur ne pouvait être tenu qu'au paiement de dommages-intérêts ayant pour objet de réparer le préjudice résultant de la résiliation fautive.

4. Lorsque l'utilisation de la chose par son acquéreur depuis la délivrance par l'aliénateur jusqu'au jour de la restitution a entraîné une dépréciation, la charge de celle-ci incombe à l'acquéreur (cf. Civ. 1re, 4 octobre 1988, *Bull. civ.* 1, n° 274, *J.C.P.* 1988.IV.375, *Rep. not.* 1989.762, obs. Aubert, *D.* 1989. Somm. 235, obs. Aubert, *Rev. trim. dr. civ.* 1989.539, obs. Mestre), ce qui peut se traduire par une indemnité dont il est redevable l'aliénateur (cf. aussi, Civ. 1re, 22 novembre 1988, *D.* 1988.IR.295, *J.C.P.*, 1989.IV.32 ; Civ. 1re, 6 juillet 2000, *Contrats, conc. consomm.* 2000, n° 176, obs. Leveneur), qui admettent que la restitution de la chose, à la suite de la résolution de la vente, peut être complétée par une indemnité mise à la charge de l'acheteur, laquelle a pour objet de compenser, au profit du vendeur, la dépréciation de la chose due à l'usure ; Civ. 1re, 8 mars 2005, *R.J.D.A.* 2005, n° 126). Cependant, la première chambre civile a décidé le contraire plus récemment, ce qui semblerait plus conforme à la logique de la rétroactivité, mais n'est pas totalement incontestable (Civ. 1re, 21 mars 2006, *D.* 2006.950). Quant à la Cour d'Aix en Provence (16 février 2006, *J.C.P.* 2006.IV.3224, *Petites*

rétroactivité opère comme un privilège au profit du créancier de l'obligation inexécutée, en ce qu'elle lui permet d'échapper à la loi de l'égalité. Supposons qu'une vente soit résolue pour non-paiement du prix par l'acheteur. En ce cas, si le vendeur n'a pas encore délivré la chose à l'acheteur, il la conservera à titre de propriétaire et, par conséquent, il n'aura pas à partager la valeur de la chose avec les autres créanciers contre l'acheteur et il n'aura pas davantage à en partager la valeur avec les autres créanciers. Par conséquent, l'intérêt de la résolution, dans maintes situations, est de faire échapper le créancier au profit duquel elle intervient à la loi de l'égalité et au concours de tous les créanciers sur l'ensemble du patrimoine de leur débiteur [1].

(Suite de la note 4, p. p. 822) Affiches 21 mars 2007 note Siffrein-Blanc, elle a refusé d'accorder au vendeur une indemnité de dépréciation lorsque la résolution lui est imputable, ce qui est contestable.
C'est un tout autre problème que celui de savoir si le débiteur de la restitution de la chose après la résolution peut être tenu au paiement d'une indemnité envers l'aliénateur, créancier de cette restitution, en raison du profit retiré de l'utilisation de la chose entre le moment où elle lui a été remise par l'aliénateur et celui auquel il la restitue à ce dernier. Les restitutions réciproques à la suite de la résolution n'empêchent pas que l'acquéreur a pu profiter de la chose sans contrepartie à sa charge lorsqu'il est remboursé du prix plus les intérêts. Aussi bien la troisième chambre civile de la Cour de cassation avait d'abord admis que, lorsque la vente d'un immeuble est résolue, l'acheteur, auquel le prix doit être remboursé plus les intérêts (lesquels ne sont dus qu'à dater de la demande en justice et non pas à dater de la perception du prix par le vendeur, cf. Civ. 3e, 18 janvier 1989, *J.C.P.* 1989.IV.102), en contrepartie de la restitution de l'immeuble au vendeur, peut être tenu d'une indemnité d'occupation pour la période comprise entre la délivrance et la restitution (Civ. 3e, 12 janvier 1988, *D.* 1988.IR.44, *J.C.P.*, 1988.IV.109, *Bull. civ.* 3, n° 7, *Rep. not.* 1988.1240, obs. Vermelle, *Rev. trim. dr. civ.* 1988.531, obs. Mestre). Conformément à la logique de la rétroactivité de la résolution, elle avait opéré un changement de sa position ultérieurement, en refusant toute indemnité au profit du vendeur dans le cas où la résolution n'était pas prononcée aux torts de l'acheteur (Civ. 3e, 22 novembre 1995, *R.J.D.A.* 1996, n° 395 ; V. aussi, Civ. 1re, 11 mars 2003, *J.C.P.* 2003.IV.1824, à propos de la résolution de la vente d'un véhicule pour vice caché). Cependant, elle est revenue à sa solution initiale en admettant le principe d'une indemnité d'occupation (Civ. 3e, 21 janvier 1998, *R.J.D.A.* 1998, n° 412 ; Civ. 3e, 30 avril 2003, *D.* 2003.1408 ; Versailles 2 février 2001, *D.* 2002. Somm. 1006, obs. Pignarre). V. *supra*, n° 578, à propos de la nullité. Elle a nouveau changé sa position, en considérant dans ses décisions les plus récentes qu'en raison de la rétroactivité de la nullité aucune indemnité en raison de l'utilisation de la chose n'était due (Civ. 1re, 11 mars 2003, *R.J.D.A.* 2003, n° 934, *Rev. trim. dr. civ.* 2003.501, obs. Mestre et Fages ; Civ. 1re, 21 mars 2006, *D.* 2006.1869, note Montfort, *D.* 2006.950, obs. Gallmeister ; Civ. 1re, 22 mai 2007, *J.C.P.* 2007.IV.2244). En réalité, il y aurait une opposition entre la 1re chambre civile, défavorable à l'indemnité d'utilisation, et la 3e chambre civile, qui lui serait favorable. Il est certain que la position de la 1re chambre civile est la seule conforme à la rétroactivité de la résolution, les choses devant être remise en l'état comme si le contrat résolu n'avait jamais existé.
Dans l'hypothèse où des améliorations auraient été réalisées par l'acheteur avant que soit prononcée la résolution de la vente et que le bien soit restitué au vendeur, il y aurait lieu d'appliquer la théorie des impenses, comme en matière de nullité, v. *supra*, n° 576 (cf. Civ. 3e, 15 avril 1992, *Bull. civ.* 3, n° 133, *Rep. not.* 1993.377, obs. Vermelle ; Civ. 3e, 12 janvier 1994, *J.C.P.* 1994.IV.661). Lorsque des dégradations sont imputables à l'acquéreur, celui-ci doit supporter la remise en état (Civ. 3e, 29 janvier 2003, *R.J.D.A.* 2003, n° 373).

1. Cet avantage indéniable n'est pas sans entraîner quelquefois des inconvénients. Ainsi, la résolution de la vente d'un appartement en copropriété, si elle permet au vendeur de retrouver son droit de propriété sur l'appartement, l'oblige aussi à payer les charges de copropriété échues avant la résolution, ce qui est dans la logique de la

La restitution de la chose vendue au vendeur à la suite de la résolution a, bien entendu, pour contrepartie la restitution à l'acheteur du prix par lui payé, que la résolution soit prononcée à l'initiative de l'une ou l'autre des parties. Le montant du prix à restituer est évidemment celui qui a été perçu par le vendeur plus les intérêts (Civ. 1re, 7 avril 1998, *R.J.D.A.* 1998, n° 946). C'est, comme dans toute répétition de l'indu, celui qui a reçu le paiement qui doit seul le restituer et à condition que lui même reçoive la restitution de la chose (Com. 3 février 1998, *R.J.D.A.* n° 702, qui en déduit que le vendeur originaire ne doit pas garantie au vendeur intermédiaire contre lequel la résolution est prononcée pour avoir livré une chose non conforme à la commande ; Civ. 1re, 7 mars 2000, *R.J.D.A.* 2000, n° 528, arrêt selon lequel le constructeur ne peut être condamné à garantir le vendeur de la condamnation à restituer le prix dès lors que ce vendeur, en raison de la résolution et de la restitution du bien, n'a plus droit au prix, l'obligation de le restituer ne constituant pas un préjudice indemnisable par le constructeur). Lorsqu'il est impossible de procéder à des restitutions en nature, il y a lieu de restituer en valeur (cf. Civ. 1re, 4 novembre 1986, *Bull. civ.* 1, n° 247, *D.* 1988. Somm. 85, obs. Martine, *Rev. trim. dr. civ.* 1988.530, obs. Mestre, qui exclut une société de fait entre les parties pour admettre des restitutions réciproques en valeur). Conformément à la logique de la rétroactivité, c'est le prix payé qui doit être restitué et non pas une valeur estimée par expert au jour de la restitution (Civ. 1re, 19 mars 1996, *D.* 1996.IR.112, *D.A.* 1996.611, *R.J.D.A.* 1996, n° 883). Lorsque le prix a été financé par un prêteur et que celui-ci l'a payé directement au vendeur, c'est l'acheteur qui est créancier de la restitution (Com. 5 décembre 1995, *R.J.D.A.* 1996, n° 329, *D.A.* 1996.198, *Rep. not.* 1996.749, obs. Delebecque, *Rev. trim. dr. civ.* 1996.907, obs. Mestre). La solution est justifiée, car le prix est payé par le prêteur pour le compte de l'acheteur, qui en était le seul débiteur.

La rétroactivité de la résolution, comme celle de la nullité, opère aussi bien envers les tiers qu'envers les parties. On retrouve ici encore l'application du principe *resoluto jure dantis resolvitur jus accipientis* et, ici encore,

---

(Suite de la note 1, p. 823) rétroactivité (Civ. 3e, 11 janvier 1984, *J.C.P.* 1984.IV.88, *Rep. not.* 1984.1067, obs.Souleau. V. aussi, Civ. 3e, 12 janvier 1994, *R.J.D.A.* 1994, n° 386 et Civ. 3e, 4 décembre 2002, *R.J.D.A.* 2003, n° 127, à propos des taxes foncières payées par l'acheteur et qui doivent lui être remboursées par le vendeur). En revanche, si le fonds de commerce vendu est incendié avant que soit prononcée la résolution de la vente, il convient, en raison de la rétroactivité de la résolution, de reconnaître au vendeur la qualité d'assuré quant au droit à l'indemnité d'assurance (Civ. 1re, 18 octobre 1983, *J.C.P.* 1983.IV.354. V. aussi Lyon 20 avril 1989, *D.* 1989.IR.163). Lorsque la résolution de la vente d'un bien frugifère est prononcée, la rétroactivité entraîne comme conséquence que les fruits perçus par l'acheteur devraient être restitués au vendeur (cf. en ce sens, à propos de fermages encaissés par l'acheteur d'un bien rural, Civ. 3e, 22 juillet 1992, *Bull. civ.* 3, n° 263, *J.C.P.* 1992.I.3632, n° 2 et s., obs. Virassamy, *Rep. not.* 1993.732, obs. Aubert). Cependant, il y a lieu de tenir compte de la protection assurée par l'article 549 du Code civil. V. *supra*, n° 576 et 579 à propos de la nullité et *Les biens*, n° 226 et s.

la rétroactivité n'est pas sans danger pour les tiers [1]. Notamment, tous ceux qui ont traité avec celui dont le droit est rétroactivement anéanti par suite de la résolution du contrat qui l'a fait naître ou l'a transféré vont eux-mêmes se trouver sans droit sur la chose. S'il s'agit d'un meuble et s'ils sont de bonne foi, ce qui sera le plus souvent le cas, ils sont en droit d'invoquer l'article 2279 du Code civil. Mais, s'il s'agit d'un immeuble, leur situation est très précaire. En effet, par suite de l'application de la règle *resoluto jure dantis resolvitur jus accipientis*, le sous-acquéreur d'un immeuble est sans droit si le contrat d'acquisition de son auteur, le premier acquéreur, est résolu. C'est la raison pour laquelle le législateur, d'une part, a lié la possibilité pour le vendeur d'un immeuble de se prévaloir de la résolution de la vente pour défaut de paiement du prix par l'acheteur à l'inscription du privilège du vendeur au registre de la conservation des hypothèques (art. 2108 al. 2 C. civ.) [2]. Ainsi, les sous-acquéreurs et tous ceux auxquels le vendeur aura consenti un droit soumis à publicité sur l'immeuble seront-ils avertis. D'autre part, l'action en résolution concernant l'acte transférant ou constituant un droit réel immobilier n'est pas recevable si la demande en justice n'a pas été publiée au registre de la conservation des hypothèques (art. 28, 4e et art. 30-5 du décret du 4 janvier 1955) [3].

En ce qui concerne les actes d'administration accomplis par celui dont le droit vient à être résolu, comme pour la nullité, la jurisprudence admet leur maintien (cf. Aix en Provence 22 mars 1983, *J.C.P.* 1985.IV.86 ; Paris 30 mars 1995, *R.J.D.A.*, 1996, n° 35).

714. – Contrats à exécution successive. Lorsqu'est prononcée la résolution d'un contrat à exécution successive, il n'est pas possible, pour la

---

1. Sur les effets de la nullité envers les tiers, v. *supra,* n° 585 et s. En application du principe de la rétroactivité, les sûretés consenties par l'acquéreur disparaissent par suite de la résolution du contrat en vertu duquel l'acheteur a acquis son droit sur la chose (cf. Paris 16 juin 1983, *D.* 1983.IR.516). De la même façon, lorsque l'acheteur d'un bien rural loué a exercé son droit de reprise à l'encontre du preneur, en refusant le renouvellement du bail, la résolution de la vente a pour effet de permettre au preneur de retrouver ses droits (Civ. 3e, 22 novembre 1988, *J.C.P.* 1989.IV.28). Ainsi encore, tous les actes de disposition accomplis par l'acheteur sont anéantis, ce qui est le cas d'un bail commercial, lequel constitue un acte de disposition et non d'administration (Paris 30 mars 1995, *D.* 1995.IR.124, *R.J.D.A.* 1996, n° 35).

2. En raison de ce que les clauses résolutoires dans les contrats constitutifs ou translatifs de droits réels immobiliers et, en particulier, dans les ventes d'immeubles pour défaut de paiement du prix (art. 1656 C. civ.), doivent être publiées au registre de la conservation des hypothèques, en application de l'article 28-2e du décret du 4 janvier 1955, pour pouvoir être opposées aux tiers, il n'y a pas lieu de leur appliquer les dispositions de l'article 2108, al. 2 du Code civil (cf. Civ. 3e, 8 juillet 1992, *R.J.D.A.* 1992, n° 1061).

3. La Cour de cassation est exigeante en ce qui concerne la publication de demandes en résolution. Elle considère que la publication doit être réalisée de façon distincte, même si cette demande a été présentée dans des conclusions prises dans une procédure dont l'assignation originaire tendant à l'annulation avait été publiée (Civ. 3e, 19 mars 1997, *R.J.D.A.* 1997, n° 716. V. aussi, Civ. 3e, 18 mars 1998, *D.A.* 1998.957, *R.J.D.A.* 1998, n° 660). Cependant, la résiliation d'un contrat de crédit-bail, contrat à exécution successive, n'ayant pas d'effet rétroactif (v. n° 714), il n'est pas nécessaire de procéder à la publication de la demande en résolution (v. Civ. 3e, 27 mai 1998, *R.J.D.A* 1998, n° 905).

même raison qu'en ce qui concerne la nullité [1], d'admettre la rétroactivité. Bien entendu, si les obligations créées de part et d'autre par le contrat n'ont pas été exécutées, il n'y a pas de problème. En ce cas, on considérera que le contrat n'a jamais existé et il n'y aura pas lieu de procéder à des restitutions. En revanche, si le contrat a été exécuté en partie ou totalement, il n'est pas possible d'effacer certaines obligations, telles que celle du bailleur qui a procuré la jouissance du bien loué au preneur jusqu'au prononcé de la résolution. C'est la raison pour laquelle la jurisprudence considère que la résolution d'un contrat à exécution successive opère sans rétroactivité (cf. Civ. 3e, 26 mai 1983, *J.C.P.* 1983.IV.230, *Rep. not.* 1983.1581, obs. Vermelle, à propos d'un bail ; Com. 23 janvier 1992, *J.C.P.* 1992.IV.827 ; Civ. 1re, 1er octobre 1996, *D.* 1996.IR.232, *R.J.D.A.* 1997, n° 163 ; Com. 13 mai 1998, *R.J.D.A.* 1998, n° 843, *Contrats, conc. consomm.* 1998, n° 113, obs. Leveneur ; Colmar 21 janvier 1998, *J.C.P.* 200.IV.1140). Pour marquer l'absence de rétroactivité, on parle quelquefois de résiliation dans cette hypothèse. La solution peut être justifiée par la notion de cause successive à laquelle certains auteurs avaient fait appel autrefois. En effet, c'est la notion de cause de l'obligation qui justifie la résolution des contrats synallagmatiques pour inexécution. Lorsque l'exécution de l'obligation se fait dans la durée, l'obligation peut être exécutée pendant un certain temps et ne plus l'être ensuite. En ce cas, jusqu'au moment de l'inexécution d'une obligation, l'obligation de l'autre partie était pourvue d'une cause, laquelle disparaît en cours d'exécution à partir d'un certain moment seulement [2]. La cause disparaissant en cours d'exécution du contrat, il n'y a pas de raison de remettre en question les obligations antérieures qui ont été exécutées et étaient causées [3]. Au demeurant, la cause successive n'est pas propre aux contrats à

---

1. V. *supra,* n° 577 et 578.

2. Demogue (Traité des obligations en général, t. 2, n° 745) avait justifié la conception de la cause successive en considérant que « les obligations naissent successivement dans le temps ». En réalité, c'est le contrat qui fait naître les obligations, seule leur exécution étant successive, étant entendu que la cause, qui n'est pas simplement une condition de formation, doit demeurer pendant toute la période d'exécution. Si elle vient à disparaître à partir d'un certain moment, l'obligation serait exécutée sans cause.

3. C'est la notion de cause successive qui permet de comprendre et de justifier un arrêt (Civ. 1re, 16 décembre 1986, *J.C.P.*, 1987.IV.67, *Bull. civ.* 1, n° 301, *Rev. trim. dr. civ.* 1987.750, obs. Mestre) rendu dans une espèce dans laquelle, à la suite d'une annonce faite par le propriétaire d'un véhicule de se faire accompagner en vacances par une personne qui prendrait à sa charge les frais de carburant et de repas, un individu avait accepté cette offre. En raison de pannes du véhicule, l'accompagnateur avait versé une somme pour l'achat d'un nouveau véhicule, mais, à la suite d'une brouille survenue entre les intéressés, ceux-ci s'étaient séparés après avoir repris leur voyage et le propriétaire du véhicule ayant refusé de restituer la somme ayant permis l'achat du nouveau véhicule, la Cour de cassation a pu considérer que c'était à bon droit qu'une cour d'appel l'avait condamné à restituer une partie de cette somme. Pour la première chambre civile, la cour n'a pas méconnu le principe selon lequel la cause de l'obligation doit exister au jour de la formation du contrat en décidant que « l'inexécution par le propriétaire de son obligation à prestations successives justifiait la demande en restitution d'une partie de la somme que l'accompagnateur avait versée en exécution de son engagement réciproque et corrélatif ». S'agissant d'un contrat à exécution successive qui a été exécuté de part et d'autre jusqu'à

exécution successive dans lesquels la durée fait partie de l'essence de l'exécution d'une obligation. On la retrouve aussi bien dans des contrats dont l'exécution est échelonnée en fonction de la volonté des parties. Si celles-ci ont conçu les obligations échelonnées d'une façon indivisible, la rétroactivité doit jouer. Au contraire, si leur exécution a été envisagée comme devant être fractionnée, il n'y a pas de raison pour tout anéantir en cas d'inexécution. La résolution n'opérera que pour les obligations inexécutées à partir d'un certain moment. C'est la solution qui a été admise par la Cour de cassation (Civ. 1re, 3 novembre 1983, *J.C.P.* 1984.IV.10, *Rep. not.* 1984.1014, obs. Aubert, *Rev. trim. dr. civ.* 1985.166, obs. Mestre, *Bull. civ.* 1, n° 252 ; Civ. 1re 13 janvier 1987, *J.C.P.* 1987.II.20860, note Goubeaux, *Rev. trim. dr. civ.* 1987.540, obs. Mestre ; Civ. 1re, 1er octobre 1996, *D.* 1996.IR.232, *R.J.D.A.* 1997, n° 163, qui reproche à une cour d'appel de ne pas avoir recherché si, jusqu'à la décision prononçant la résolution, le paiement n'avait pas eu pour contrepartie l'exécution de ses obligations par le cocontractant). Toutefois, lorsque l'inexécution ne survient pas en cours de contrat mais dès l'origine, la jurisprudence admet la rétroactivité de la résolution, qu'elle corrige toutefois par la condamnation au paiement d'une indemnité d'occupation ou d'utilisation (Civ. 3e, 30 avril 2003, *D.* 2003.IR.1408, *Rev. trim. dr. civ.* 2003.501, obs. Mestre et Fages, *Rep. not.* 2003.1175, obs. Savaux, *R.J.D.A.* 2003, n° 694, *J.C.P.* 2004.II.10031, *J.C.P.* 2003.I.170, n° 15 et s., *Rev. contrats* 2004.365, obs. Seube, à propos de la résolution d'un bail) [1].

Lorsque le contrat est résilié, aucune de ses stipulations ne peut produire effet à dater de cette résiliation. Ainsi, lorsqu'une clause de non-concurrence était stipulée au contrat, elle cesse d'être applicable (Civ. 1re, 6 mars 1996, *R.J.D.A.* 1996, n° 882, *Rep. not.* 1996.1025, obs. Delebecque, *Rev. trim. dr. civ.* 1996.907, obs. Mestre). Toutefois, il en irait différemment si les parties avaient décidé au contrat que l'obligation de non-concurrence continuerait à les lier après la cessation de leurs relations contractuelles.

715. – Dommages-intérêts. L'article 1184, al. 2 *in fine* du Code civil envisage la possibilité d'accorder des dommages-intérêts au créancier de l'obligation inexécutée, lorsque la résolution a été prononcée. Il s'agit là d'une faculté pour le juge, lequel n'est pas tenu d'accorder des dommages-intérêts, ceux-ci n'étant pas une conséquence automatique de la résolution. Il faut supposer, pour l'obtention d'une indemnité, que le créancier de l'obligation inexécutée ait éprouvé un préjudice qui n'est

---

(Suite de la note 3, p. 826) un certain moment, les obligations de chaque partie étaient causées jusqu'à ce moment. Elles n'ont été privées de cause qu'au moment de la brouille, l'accompagnateur ne pouvant être tenu par les avances qu'il avait faites sans contrepartie de la part du propriétaire du véhicule. En d'autres termes, lui refuser le droit d'obtenir la restitution de ce qu'il avait avancé sans intention libérale eût été l'obliger sans cause.

1. Sur l'indemnité d'occupation, v. les hésitations de la jurisprudence, supra note 3, p. 814.

pas suffisamment réparé par la résolution et les restitutions auxquelles elle donne lieu (cf. Paris 2 mars 1987, *D.* 1987.IR.72). Au surplus, l'anéantissement du contrat peut être source de préjudice pour le créancier de l'obligation inexécutée (cf. Civ. 3e, 22 juillet 1992, *J.C.P.* 1992.IV.2755, à propos de la réparation du préjudice éprouvé par le vendeur d'un immeuble et résultant de la baisse de la valeur de celui-ci entre le jour de la vente et celui de la résolution de cette vente en raison du non-paiement du prix par l'acheteur). En raison de l'imputabilité de l'inexécution et de la résolution au débiteur de l'obligation inexécutée, le droit commun de la responsabilité contractuelle a vocation à intervenir à son encontre pour l'obliger à la réparation du dommage subi par le créancier. Toutefois, les conditions de la responsabilité contractuelle doivent être remplies et il ne suffirait point de constater la résolution pour condamner à des dommages-intérêts le débiteur de l'obligation dont l'inexécution a entraîné la résolution (cf. Civ. 1re, 28 mars 1995, *J.C.P.* 1995.IV.1355 et Civ. 1re, 15 mars 2003, *Rev. trim. dr. civ.* 2003.505, obs. Jourdain, refusant qu'un vendeur puisse obtenir la réparation du préjudice consistant à avoir été tenu de restituer le prix en raison de la résolution). Ceci étant, en raison des restitutions qui résultent de la résolution, lorsqu'il s'agit d'une restitution en valeur, il y a lieu d'admettre la compensation entre ce que doit restituer le créancier et les dommages-intérêts dus par le débiteur (cf. Civ. 3e, 11 avril 1973, *D.* 1973 Somm. 95, qui admet que le vendeur contre paiement d'une rente viagère est en droit de conserver les arrérages versés à titre de dommages-intérêts). Seul le préjudice résultant de la perte due à la résolution doit être réparé, car il faut un lien de causalité entre la résolution imputable à une partie et le préjudice éprouvé par l'autre (cf. Civ. 3e, 20 décembre 1995, *R.J.D.A.* 1996, n° 327, *D.A.* 1996.230, selon lequel, dans le cas où une vente d'immeuble a été résolue aux torts du vendeur, l'acheteur ayant demandé la réparation du préjudice résultant de l'évolution du marché immobilier, a violé les articles 1153, al. 1er et 1645 du Code civil la cour d'appel qui a évalué le préjudice à la différence entre la valeur d'un immeuble équivalent et le prix restitué, augmenté des intérêts capitalisés, alors que le préjudice résultant de la perte était indépendant du préjudice résultant du retard dans le remboursement du prix de vente). L'indemnité peut avoir été contractuellement prévue (clause pénale ou autre stipulation, v. Civ. 3e, 5 février 2003, *R.J.D.A.* 2003, n° 471).

Il peut arriver que la résolution soit prononcée aux torts réciproques de chacune des parties au contrat lorsqu'aucune des deux n'a exécuté ses obligations envers l'autre. Dans une telle situation, les dommages-intérêts qui peuvent être demandés de part et d'autre ne s'annulent point. En effet, le dommage éprouvé par chaque partie est imputable à l'inexécution de son obligation par l'autre. Il n'y aura compensation entre les dommages-intérêts qu'à concurrence de la plus faible des deux sommes que chacun doit à l'autre. En effet, les dommages sont distincts et chacun doit être réparé par celui qui en est responsable (cf. Com.

11 mars 1986, *J.C.P.* 1986.IV.144, *Bull. civ.* 4, n° 44, *Rep. not.* 1987.402, obs. Aubert, *Rev. trim. dr. civ.* 1987.542, obs. Mestre ; Com. 10 février 1987, *J.C.P.* 1987.IV.129, *Rev. trim. dr. civ.* 1987.542, obs. Mestre ; Com. 5 décembre 2000, *R.J.D.A.* 2001, n° 447). Il se peut aussi que l'inexécution d'une obligation soit imputable à la fois au créancier de cette obligation et au débiteur. Ce peut être le cas lorsque le comportement du créancier a entraîné une rupture abusive du contrat par le débiteur. En ce cas, le dommage éprouvé par le créancier et résultant de l'inexécution et de la résolution ne pourra pas être réparé sans tenir compte de la faute du créancier, le juge devant prononcer un partage de responsabilité entre les parties au contrat (cf. Com. 11 mai 1980, *J.C.P.* 1980.IV.286). Ce n'est que l'application du droit commun de la responsabilité contractuelle en cas de faute du créancier [1].

B. Les clauses résolutoires

716. – Résolution de plein droit. Conditions. Les inconvénients de la résolution judiciaire [2] peuvent être évités par la stipulation dans le contrat d'une clause résolutoire. L'article 1184 du Code civil ne s'oppose pas à la validité de telles clauses qu'autorise la liberté contractuelle. En effet, le principe selon lequel la résolution doit être prononcée judiciairement n'est pas un principe d'ordre public. Il s'explique par l'histoire et il est justifié par le contrôle que le juge doit exercer sur l'existence de la cause de l'obligation après la formation du rapport contractuel, mais il n'en est ainsi que dans les cas où les parties n'ont pas contractuellement aménagé la résolution. Il appartient aux parties de prévoir les sanctions de l'inexécution d'une obligation contractuelle aussi bien par des clauses appropriées sur la responsabilité contractuelle que par des clauses relatives à la résolution.

Cependant, aménager ne veut pas dire reprendre purement et simplement dans le contrat ce qui est déjà prévu par la loi. Il arrive, en effet, que le contrat se borne à stipuler la résolution en cas d'inexécution de son obligation par l'une des parties. Dans une telle hypothèse, les parties ne font que reprendre dans le contrat ce qui est dit à l'article 1184 et la résolution reste une résolution judiciaire (cf. Civ. 1re, 25 novembre 1986, *J.C.P.* 1987.IV.42, *Rev. trim. dr. civ.* 1987.313, obs. Mestre ; Civ. 3e, 7 décembre 1988. *D.* 1988.IR.299, *J.C.P.* 1989.IV.49 ; Civ. 1re, 16 juillet 1992, *J.C.P.* 1992.IV.2695, *Bull. civ.* 1, n° 227, *Rep. not.* 1993.733, obs. Aubert ; Civ. 3e, 24 février 1999, *R.J.D.A.* 1999, n° 511, *Rep. not.* 1999.984, note Dagorne-Labbé). L'intérêt d'une clause résolutoire est de ne point obliger une partie à recourir au juge lorsqu'elle n'a pas obtenu ce qui lui était dû. Il faut pour cela que la stipulation s'y prête, puisqu'il s'agit d'une exception au principe selon lequel la résolution suppose une demande en justice (cf. Req. 3 mai 1937, *D.H.* 1937.364 ; Civ. 1re,

1. V. *infra*, n° 733.
2. Sur lesquels, v. *supra*, n° 712.

17 mai 1993, *D.* 1994.483, note Paulin, l'arrêt approuvant une cour d'appel d'avoir interprété une clause comme dispensant de l'intervention du juge pour « constater » la résolution). Or, lorsque les parties se bornent à prévoir la résolution sans autre précision, il ne paraît pas possible de dispenser le créancier de recourir au juge. La résolution n'aura lieu de plein droit que si, par interprétation des volontés des parties, il n'est pas douteux qu'elles ont entendu qu'il en soit ainsi [1].

À supposer que les parties aient stipulé la résolution de plein droit [2], il s'agit encore de savoir à quelles conditions celle-ci pourra intervenir.

D'abord, il est certain que la résolution ne jouera que si la clause est invoquée par le créancier de l'obligation inexécutée (cf. Com. 3 juin 1997, *R.J.D.A.* 1997, n° 1314). D'une part, le débiteur ne pourrait invoquer la clause pour échapper à l'exécution de son obligation. En effet, la résolution de plein droit est l'exercice d'une prérogative qui ne peut être reconnue qu'au créancier, de la même façon que lui seul peut intenter une action en résolution à l'exclusion du débiteur de l'obligation inexécutée. On ne peut se prévaloir de l'inexécution de sa propre obligation pour échapper à la loi du contrat. D'autre part, le créancier de l'obligation inexécutée n'est point tenu de faire jouer la clause en cas d'inexécution. Si la clause lui permet de ne pas recourir au juge, elle ne saurait lui interdire d'exercer l'option prévue par l'article 1184 entre l'exécution et la résolution (cf. Com. 26 janvier 1953, *Bull. civ.* 3, n° 38 ; Civ. 3e, 12 octobre 1988, *J.C.P.* 1988.IV.383, selon lequel la clause n'empêche pas de demander la résolution en justice ; Civ. 3e, 14 mai 1991, *J.C.P.* 1991.IV.264 ; Civ. 3e, 24 mars 1999, *D.A.* 1999.855, *R.J.D.A.* 1999, n° 527) [3]. En effet, si le créancier est en mesure de solliciter et d'obtenir une exécution forcée en nature, il est évident que celle-ci est toujours préférable à l'anéantissement du contrat [4].

---

1. Lorsque la clause résolutoire a été stipulée pour sanctionner l'inexécution d'une obligation déterminée, elle ne peut être invoquée pour la sanction d'une autre obligation (rapprocher Civ. 3e, 24 février 1999, *D.A.* 1999.547, qui refuse d'appliquer la clause résolutoire en cas de non paiement d'une indemnité d'occupation due après l'expiration du bail, la clause ayant été stipulée en cas de non paiement du loyer). La solution est justifiée, car, la clause étant une exception au principe de la résolution judiciaire, elle est d'interprétation stricte.

2. Sur la distinction entre une clause résolutoire et une stipulation en vertu de laquelle le cédant de parts sociales s'engageait à racheter les parts dans le cas où la société ne pourrait pas exercer l'activité pour laquelle elle devait être agréée, cf. Com. 21 octobre 1997, *R.J.D.A.* 1998, n° 137

3. Indépendamment de l'option entre la résolution de plein droit et l'exécution forcée, il faut admettre que le créancier peut se prévaloir de la résolution judiciaire de l'article 1184 du Code civil même en présence d'une clause résolutoire (cf. Com. 7 mars 1984, *J.C.P.* 1985.II.20407, note Delebecque, *Rev. trim. dr. civ.* 1985.164, obs. Mestre ; Civ. 3e, 4 mai 1994, *J.C.P.* 1995.II.22380, note Boccara, *Rev. trim. dr. civ.* 1995.367, obs. Mestre).

4. Dans une espèce jugée par la Cour de Paris le 24 avril 1987 *D.* 1987.IR.133, un contrat de cession d'actions d'une société prévoyant qu'en cas de non-respect du délai de règlement du prix le cessionnaire serait tenu de rétrocéder les actions en valeur nominale, les juges ont refusé d'y voir une clause résolutoire de la cession, pour considérer que cette sanction de l'obligation de payer le prix n'empêchait pas le cédant de forcer le cessionnaire à l'exécution. La solution n'est pas douteuse, mais elle eût été la même si on avait vu une clause résolutoire dans la stipulation de la rétrocession.

Ensuite, la clause résolutoire ne saurait être invoquée par le créancier de l'obligation inexécutée au mépris de la bonne foi, qui préside à l'exécution des contrats (art. 1134 al. 3 C. civ.) [1]. La jurisprudence interdit le jeu de la clause résolutoire lorsqu'il apparaît que celui qui l'invoque le fait de mauvaise foi (cf. Civ. 3e, 6 juin 1984, *J.C.P.* 1984.IV.260, à propos d'un bailleur qui a reproché au preneur en vertu d'un bail emphytéotique de n'avoir pas payé un loyer fixé à un franc symbolique alors qu'il y avait d'autres contreparties au droit de jouissance du preneur, lesquelles ne faisaient pas défaut ; Civ. 3e, 25 janvier 1983, *Bull. civ.* 3, n° 21, *Rep. not.* 1984.1404, obs. Honorat, *Rev. trim. dr. civ.* 1985.163, obs. Mestre, à propos d'un bailleur qui entendait récupérer sans débours un immeuble dont l'acquisition avait été financée par le preneur ; Civ. 3e, 8 avril 1987, *Bull. civ.* 3, n° 88, *Rep. not.* 1988.375, obs. Aubert, *J.C.P.* 1988.II.21037, note Picod, *Rev. trim. dr. civ.* 1988.122, obs. Mestre, et 146, obs. Rémy, à propos d'un vendeur qui s'était abstenu pendant plus de dix ans de réclamer le paiement de la rente représentant une partie du prix en permettant au débirentier, avec lequel il avait des relations particulières d'affection, de penser qu'il ne le réclamerait pas, le changement de comportement ayant été provoqué par des dissensions entre les parties. V. aussi dans le même sens, Civ. 1re, 16 février 1999, *Bull. civ.* 1, n° 52, *Rep. not.* 2000.248, obs. Mazeaud ; Civ. 3e, 27 mai 1987, *J.C.P.* 1987.IV.261, *Rev. trim. dr. civ.* 1988.121, obs. Mestre, et 148, obs. Rémy, à propos d'un bailleur dont la carence est à l'origine de l'état de l'immeuble qu'il impute à son locataire ; Civ. 3e, 5 juin 1991, *J.C.P.* 1991.IV.304, *Bull. civ.* 3, n° 163, *Rev. trim. dr. civ.* 1992.92, obs. Mestre, à propos d'un bailleur qui aurait pu invoquer plus rapidement la clause résolutoire en cas de manquement du preneur à son obligation de procéder au ravalement de l'immeuble ; Civ. 3e, 17 juillet 1992, *R.J.D.A.* 1992, n° 996, *D.* 1992. Somm. 399, obs. Aubert, à propos d'un bailleur qui a refusé de délivrer aux locataires les quittances de loyers, ne leur permettant pas ainsi de récupérer des allocations de logement ; Paris 19 juin 1990, *D.* 1991.515, note Picod, *Rev. trim. dr. civ.* 1992.92, obs. Mestre ; Paris 29 octobre 1992, *D.* 1993. Somm. 215, obs. Aubert ; Civ. 31 janvier 1995, *R.J.D.A.* 1995, n° 682, *Rep. not.* 1995.749, obs. Delebecque, à propos d'un créancier qui avait reçu le principal de sa créance et attendu plus de six ans pour invoquer la clause résolutoire pour le non-paiement du solde des intérêts ; Com. 1er décembre 1998, *R.J.D.A.* 1999, n° 129, le créancier ne pouvant reprocher au débiteur de ne pas avoir mis en place la garantie prévue au contrat lorsque le premier n'a pas indiqué au second les éléments indispensables à la constitution de la garantie ; Civ. 3e, 24 septembre 2002,

1. V. *supra,* n° 594.

R.J.D.A. 2002, n° 1239 ; Civ. 3e, 12 octobre 2005, *R.J.D.A.* 2006, n° 228). Cependant, encore faut-il que la mauvaise foi soit prouvée par le débiteur envers lequel le créancier invoque la clause résolutoire (cf. Com. 14 janvier 1997, *D.A.* 1997.274, *Rep. not.* 1997.745, obs. Mazeaud, l'arrêt exigeant de la cour d'appel qu'elle donne des motifs propres à caractériser l'abus de la résiliation) [1].

Il résulte de ce qui vient d'être dit que si la résolution n'est pas prononcée en justice, le juge, en cas de difficultés entre les parties quant au jeu de la clause résolutoire, exerce un contrôle *a posteriori*. On retrouve ici un système assez voisin de ce qui est admis dans certaines législations étrangères, encore que, dans ces législation, le droit de résoudre soit indépendant de toute clause l'attribuant à une partie [2]. Cependant, il ne s'agit que d'un contrôle de la régularité d'une résolution intervenue en dehors du juge. Par conséquent, le juge ne saurait paralyser une résolution régulière, qu'il ne peut que constater, par l'octroi de délais au débiteur, lorsque la loi ne le lui permet pas d'une façon spéciale et exceptionnelle (cf. Civ. 3e, 4 juin 1986, *Rev. trim. dr. civ.* 1987.318, obs. Mestre ; Civ. 3e, 26 avril 1989, *J.C.P.* 1989.IV.239 ; Paris 13 mars 1996, *D.* 1996.IR.107 ; Civ. 3e, 19 mai 1999, *R.J.D.A.* n° 765. Comparer, Civ. 3e, 4 janvier 1995, *R.J.D.A.* 1995, n° 260). [3] De la même façon, parce qu'une clause résolutoire n'est pas une clause pénale [4], le juge ne dispose pas d'un pouvoir de modération (cf. Civ. 3e, 20 juillet 1989, *J.C.P.* 1989.IV.358 ; Paris 14 novembre 1990, *D.* 1991.IR.7). Ce serait enlever tout intérêt à la clause résolutoire que de permettre au juge de l'écarter sous le prétexte que le manquement du débiteur n'est pas d'une gravité suffisante pour entraîner l'anéantissement du contrat. C'est la raison pour laquelle la bonne foi du débiteur est indifférente, le créancier étant en droit de se prévaloir de la clause résolutoire à l'encontre d'un débiteur de bonne foi, dès lors que celui-ci n'a pas rempli ses obligations dont l'inexécution est sanctionnée par la résolution de plein droit (cf. Civ. 3e, 10 mars 1993, *D.* 1993.357, note Bihr, *J.C.P.* 1993.I.3725, n° 15 et s., obs. Jamin, *Contrats, conc. consomm.* 1993, n° 149, obs. Leveneur).

---

1. En revanche la bonne foi du débiteur est indifférente (Civ. 3e, 24 septembre 2003, *J.C.P.* 2003.IV.2775, *Rep. not.* 2004.139, note Dagorne-Labbé, 380, obs. Aubert, *Contrats, conc. consomm.* 2003, n° 174, obs. Leveneur, *Rev. contrats* 2004.644, obs. Mazeaud).

2. V. *supra,* n° 702 et 708.

3. Le pouvoir de suspendre la clause résolutoire peut être fondé sur l'article 1244-1 du Code civil relatif aux délais de paiement (Civ. 3e, 2 avril 2003, *J.C.P.* 2003.II.10108). Or, le juge n'est pas tenu de motiver sa décision lorsqu'il refuse d'accorder un délai au débiteur, car il ne fait qu'appliquer le principe du respect de la parole donnée. En revanche, il doit s'expliquer sur les raisons qui lui font écarter temporairement ce principe. Il en va de même lorsque le juge décide de ne pas modérer une clause pénale et ce n'est que lorsqu'il exerce son pouvoir de modération qu'il doit s'en expliquer, v. *supra,* n° 692.

4. V. *supra,* n° 690.

En raison de l'obligation de publier au registre de la conservation des hypothèques les clauses résolutoires concernant l'aliénation d'un droit immobilier (art. 28-2e du décret du 4 janvier 1955) [1], il n'y a pas lieu de lier l'exercice de l'action en constatation de l'acquisition du bénéfice de la clause résolutoire à l'inscription du privilège du vendeur en application de l'article 2108, al. 2 du Code civil [2]. Telle est la position de la jurisprudence (Civ. 3e, 8 juillet 1992, *D.* 1992.IR.230, *Rep. not.* 1992.1529, obs. Aynès).

717. – Résolution de plein droit et mise en demeure. Lorsque la résolution est judiciaire, le préalable d'une mise en demeure adressée par le créancier au débiteur n'est pas nécessaire, ne serait-ce que parce que l'assignation en justice équivaut à une mise en demeure [3] (cf. Civ. 3e, 12 octobre 1988, *J.C.P.* 1988.IV.383, à propos de la résolution judiciaire d'un bail ; Civ. 1re, 23 janvier 2001, *R.J.D.A.* 2001, n° 848, *Contrats conc. consomm.* 2001, n° 69, obs. Leveneur). En revanche, lorsqu'il est prévu que la résolution aura lieu de plein droit à l'initiative du créancier qui se prévaut de la clause résolutoire, faut-il exiger, à titre de condition de la résolution, une mise en demeure préalable ? Une réponse affirmative s'impose, car c'est une garantie indispensable pour le débiteur. En effet, le débiteur peut être en mesure de procurer satisfaction à son créancier et il attend que celui-ci se manifeste. L'article 1656 du Code civil, relatif au pacte commissoire dans la vente, dont on sait qu'il s'agit d'une variété de clause résolutoire en cas de non-paiement du prix par l'acheteur, décide que celui-ci peut encore payer tant qu'il n'a pas été mis en demeure. Généralisant la solution énoncée par ce texte à toutes les clauses résolutoires de plein droit, la jurisprudence fait d'une mise en demeure valable une condition du jeu de la clause (cf. Civ. 3e, 20 décembre 1983, *J.C.P.* 1984.IV.68). Cependant, de la même façon que les parties peuvent, par une clause du contrat, dispenser le créancier de mettre le débiteur en demeure pour lui réclamer des dommages-intérêts [4], elles peuvent stipuler que le contrat sera résolu de plein droit sans sommation si l'obligation n'est pas exécutée au terme prévu (cf. Civ. 1re, 27 janvier 1960, *Bull. civ.* 1, n° 61). Au surplus, si l'obligation devait être remplie dans un délai déterminé, une mise en demeure ne serait pas nécessaire pour le jeu de la clause résolutoire (cf. Civ. 3e, 29 octobre 1986, *J.C.P.* 1987.IV.10) [5].

---

1. L'obligation de publier les clauses résolutoires ne concerne que leur opposabilité aux tiers et l'absence de publicité est, bien entendu, dépourvue d'effet dans les rapports des parties au contrat (cf. Civ. 3e, 28 mai 1997, *R.J.D.A.* 1997, n° 1091).
2. V. *supra,* n° 713.
3. V. *supra,* n° 664.
4. V. *supra,* n° 666.
5. V. *supra,* n° 690.

Cependant, si les parties ont prévu une sommation en précisant que celle-ci devait contenir la déclaration du créancier de se prévaloir de la clause résolutoire, la résolution ne pourrait avoir lieu de plein droit si le créancier a omis de le faire en adressant une sommation au débiteur (cf. Civ. 1re, 6 janvier 1987, *D.* 1987.IR.20, *J.C.P.* 1987.IV.85, *Rep. not.* 1987.554, obs. Vermelle, *Rev. trim. dr. civ.* 1988.148, obs. Rémy. V. aussi Com. 17 mars 1992, *J.C.P.* 1992.I.3608, obs. Virassamy, à propos de l'obligation mise à la charge du créancier de l'obligation non encore exécutée d'adresser une sommation au débiteur avant de se prévaloir de la clause résolutoire). La Cour de cassation a aussi admis que le créancier était en droit de résilier immédiatement sans mise en demeure lorsque le débiteur s'était rendu coupable d'une faute grave (Com. 8 juin 1999, *R.J.D.A.* 1999, n° 917). Cette solution se justifie d'autant plus que l'on sait qu'en l'absence de clause résolutoire, le créancier peut résoudre unilatéralement si ses intérêts sont gravement compromis [1].

718. – Réglementation ou interdiction des clauses résolutoires dans certains contrats. Les avantages de la clause résolutoire pour le créancier de l'obligation non exécutée ne sont pas sans danger pour le débiteur. C'est la raison pour laquelle, au nom du protectionnisme contractuel, le législateur est parfois intervenu pour réduire la liberté des parties en la matière. En réalité, il s'agit de contrats qui, parce qu'ils sont le plus souvent des contrats d'adhésion, pourraient manifester, par la stipulation de clauses résolutoires très sévères, un abus de la puissance d'une partie envers l'autre. A ce titre, les clauses résolutoires peuvent relever de la protection des consommateurs contre les clauses abusives [2]. Cependant, il ne serait pas conforme à l'esprit des textes relatifs au contrôle judiciaire des clauses pénales de les appliquer aux clauses résolutoires [3].

En ce qui concerne le contrat d'assurance, le droit de l'assureur de résoudre le contrat en cas de défaut de paiement de la prime par l'assuré ne peut être exercé que dans les conditions prévues à l'article L. 113-3 du Code des assurances. En matière de bail, la résolution est interdite à l'initiative du bailleur dans les baux à ferme (art. L. 411-31 C. rural) ou bien elle est étroitement réglementée par la loi dans les baux d'habitation (art. 4 et 24 de la loi du 6 juillet 1989). Dans les ventes d'immeubles à construire, l'inexécution par l'acheteur de son obligation de verser une partie du prix avant l'achèvement de la construction ne peut être sanctionnée par le jeu d'une clause résolutoire que dans les conditions prévues à l'article L. 261-13 du Code de la construction et habitation. L'article L. 222-4 du

---

1. V. *supra*, n° 712.
2. V. *supra*, n° 430 et s.
3. Sur le contrôle judiciaire des clauses pénales, v. *supra*, n° 692.

même Code admet des conditions du même genre pour la clause résolutoire stipulée dans un contrat de promotion immobilière en cas de non-paiement par le maître de l'ouvrage.

Section II

L'inexécution du contrat non imputable au débiteur

719. – Absence de responsabilité contractuelle et théorie des risques dans les contrats synallagmatiques. La responsabilité du débiteur envers le créancier suppose que l'inexécution ou l'exécution défectueuse de l'obligation engendrée par le contrat soit imputable au premier. Même si l'inexécution cause un préjudice au créancier, il n'est pas possible de condamner le débiteur à la réparation si son activité n'est pas à l'origine de cette inexécution. De la même façon, le créancier d'une obligation inexécutée ne peut ni demander la résolution en justice contre le débiteur, ni invoquer une clause résolutoire si l'inexécution n'est pas imputable au débiteur. Les sanctions de l'inexécution d'une obligation contractuelle que sont la responsabilité du débiteur et la résolution n'ont pas leur place en cas d'impossibilité d'exécution et plus généralement chaque fois que l'activité du débiteur n'est pas la cause de l'inexécution.

Il convient de préciser dans quelles circonstances on peut considérer que l'inexécution n'est pas imputable au débiteur et quelles sont les conséquences d'une inexécution non imputable. En d'autres termes, il s'agit de savoir ce que l'on entend par cause étrangère entraînant une exonération de la responsabilité contractuelle du débiteur. Si le contrat est unilatéral ou si, bien que synallagmatique, le créancier s'est borné à demander au débiteur la réparation du dommage résultant de l'inexécution, l'effet de la cause étrangère sera justement une exonération de responsabilité, c'est-à-dire qu'il appartiendra au créancier de supporter le dommage sans pouvoir en demander la réparation au débiteur, encore, comme on le verra, qu'il y ait place pour des causes d'exonération seulement partielle de la responsabilité contractuelle. Cependant, dans l'hypothèse d'un contrat synallagmatique, il ne faut pas perdre de vue que des obligations ont été créées à l'encontre de chacune des parties au contrat et au profit de l'autre. Or, lorsqu'une obligation mise à la charge d'une partie fait l'objet d'une impossibilité d'exécution, il s'agit de savoir quel est le sort de l'obligation mise à la charge de l'autre partie, laquelle ne fait l'objet d'aucune impossibilité d'exécution. Ce problème est celui de la théorie des risques, propre aux contrats synallagmatiques.

Après avoir envisagé les causes d'exonération de la responsabilité contractuelle et leurs conséquences, on étudiera la théorie des risques dans les contrats synallagmatiques.

§ 1. Les causes étrangères exonératoires de responsabilité [1]

720. – Obligations de moyens et obligations de résultat. Preuve de l'absence de faute et preuve d'une cause étrangère. La causalité est un élément essentiel de la responsabilité civile, tant contractuelle qu'extra-contractuelle. Il n'y a pas de responsabilité sans causalité, c'est-à-dire sans qu'on puisse imputer la survenance du dommage subi par une personne à l'activité d'une autre personne. En ce qui concerne la responsabilité contractuelle, les articles 1147 et 1148 du Code civil énoncent de la façon la plus nette l'exigence de la causalité. Selon le premier de ces textes, le débiteur est tenu de réparer le dommage subi par le créancier « toutes les fois qu'il ne justifie pas que l'inexécution provient d'une cause étrangère ». Selon le second « il n'y a lieu à aucun dommages-intérêts lorsque, par suite de la force majeure ou d'un cas fortuit, le débiteur a été empêché de donner ou de faire ce à quoi il était obligé ou a fait ce qui lui était interdit ».

La nécessité de la causalité est la même que l'obligation soit de moyens ou qu'elle soit de résultat. Toutefois, si l'obligation est de résultat, il suffit que l'activité du débiteur, même non fautive, soit à l'origine du dommage subi par le créancier [2], tandis que, si l'obligation est de moyens, il faut que le dommage éprouvé par le créancier résulte d'une faute commise par le débiteur, celle-ci devant normalement être prouvée par le créancier, encore qu'il y ait place, dans certains cas, pour une présomption de faute [3].

Parce qu'une faute est nécessaire, s'il s'agit d'une obligation de moyens, il n'y aura pas de responsabilité en l'absence de faute, c'est-à-dire, selon les cas, soit si le créancier ne prouve pas la faute, soit si

---

1. *Bibliographie* : RADOUANT, *Du cas fortuit et de la force majeure,* thèse, Paris, 1919 ; SERIAUX, *La faute du transporteur,* 1984 ; EXNER, *La force majeure*, 1892 ; TUNC, Force majeure et absence de faute en matière contractuelle, *Rev. trim. dr. civ.* 1945.235 ; WIGNY, Responsabilité contractuelle et force majeure, *Rev. trim. dr. civ.* 1935.19 ; JOSSERAND, Force majeure et cas fortuit, *D.H.* 1934. Chron. 25 ; LAPOYADE-DESCHAMPS, *La responsabilité de la victime,* thèse, Bordeaux, 1977 ; CHABAS, Fait ou faute de la victime, *D.* 1973. chron. 207 ; CATHALA et MARTINO, Du concours de responsabilité des professionnels ayant contribué à la réalisation du même dommage, *Rev. gen. assur. terr.* 1981.105 et 127 ; HUET, L'obligation *in solidum* et le jeu de la solidarité dans la responsabilité des constructeurs, *Rev. dr. immob.* 1983.11 ; MAZEAUD, *Traité théorique et pratique de la responsabilité civile délictuelle et contractuelle*, t. 2, 6e éd., 1970 ; MOUSSERON, La gestion des risques par le contrat, *Rev. trim. dr. civ.* 1988.481 ; GRELON et DAL FARRA, Le sort des contrats en cas d'embargo, *Contrats, conc, consomm.* 1994 Chron. 2 ; FARNOCCHIA, *L'excuse contractuelle, Etude de l'inexécution fortuite du contrat,* thèse, *Aix en Provence*, 1994 ; ANTONMATTEI, *Contribution à l'étude de la force majeure*, 1992 ; ANTONMATTEI, Ouragan sur la force majeure, *J.C.P.* 1996.I.3907 ; DEROZIER, Le juge administratif et la force majeure, *Petites Affiches* 12 juillet 1996 ; APPOLLIS, Définition de la force majeure, *R.J.D.A.* 1997.899 ; LEDUC, Catastrophe naturelle et force majeure, *R.G.A.T.* 1997.409 ; DEFFERARD, Une analyse de l'obligation de sécurité à l'épreuve de la cause étrangère, *D.* 1999. Chron. 364 ; COUTANT-LAPALLUS, Variations autour de l'imprévisibilité de la cause étrangère, *Petites Affiches* 26 février 2002 ; MOURY, Force majeure : éloge de la sobriété, *Rev. trim. dr. civ.* 2004.471.

2. V. *supra,* n° 606 et 610.

3. V. *supra,* n° 619 et 620.

le débiteur renverse la présomption de faute énoncée à son encontre. Mais, il convient de remarquer que la preuve de l'absence de faute dans l'exécution d'une obligation de moyens, lorsque la faute est présumée, ne se confond pas avec la preuve d'une cause étrangère, encore que la doctrine assimile quelquefois les deux mécanismes qui sont pourtant tout à fait différents. En effet, lorsque le débiteur prouve qu'il n'a pas commis de faute, il échappera à sa responsabilité en démontrant qu'il s'est conduit d'une façon qui ne peut lui être reprochée, en raison de ce qu'un débiteur diligent, placé dans les mêmes circonstances, aurait eu le même comportement. Il ne prouve absolument pas que son comportement n'est pas à l'origine du dommage éprouvé par le créancier. Au contraire, ce comportement peut très bien être la cause du dommage, mais il n'empêche qu'il ne donnera lieu à aucune responsabilité s'il n'est pas fautif, dès lors que la faute est une condition de l'obligation de réparer le dommage. C'est une chose de prouver l'absence de faute, c'en est une autre de prouver une cause étrangère [1]. Certes, il est tout à fait possible que le débiteur d'une obligation de moyens prouve une cause étrangère. En ce cas, soit parce que le créancier aura prouvé une faute à son encontre, soit parce que sa faute est présumée et qu'il n'est pas en mesure de prouver qu'il n'a pas commis de faute, le débiteur tentera d'échapper à sa responsabilité en prouvant que sa faute n'est pas la cause du dommage éprouvé par le créancier, tout simplement parce que cette cause se trouve dans un fait qui ne lui est pas imputable. Par exemple, si une faute est retenue à l'encontre d'un médecin qui n'a pas pratiqué une intervention chirurgicale selon les règles de l'art, le médecin ne sera pas responsable si le décès du malade en cours d'opération est imputable à un arrêt cardiaque qui n'a rien à voir avec la faute commise, en raison de ce que, même si aucune faute n'avait été commise, le patient serait décédé d'un arrêt du cœur.

Lorsque l'obligation est de résultat, on sait que la preuve de l'absence de faute n'est pas admise, puisque la faute n'est pas une condition de la responsabilité. En ce cas, la seule possibilité pour le débiteur d'échapper à l'obligation de réparer le dommage est de prouver une cause étrangère qui ne lui est pas imputable [2]. Il s'agit d'une preuve d'autant plus importante pour le débiteur que l'inexécution d'une obligation de résultat est présumée être imputable à l'activité du débiteur [3].

721. – Trois causes étrangères. Le Code civil fait allusion à une cause d'exonération de la responsabilité dans l'article 1148, sans la définir pour autant. Il s'agit de la force majeure. Mais, la généralité de la for-

1. V. *supra,* n° 607.
2. V. *supra,* n° 607 et 610.
3. V. *supra,* n° 610.

mule utilisée par l'article 1147 permet d'envisager d'autres causes étrangères exonératoires. Il s'agit, d'abord, du fait d'un tiers et, ensuite, du fait ou de la faute de la victime, c'est-à-dire du créancier lui-même. Certaines de ces causes étrangères ne peuvent entraîner qu'une exonération totale de la responsabilité contractuelle. D'autres laissent place à une exonération seulement partielle de responsabilité dans certains cas.

A. La force majeure

722. – Force majeure ou cas fortuit. La force majeure est la plus évidente des causes d'exonération de la responsabilité contractuelle. L'article 1148 du Code civil précise qu'elle entraîne une exonération totale de la responsabilité du débiteur. Il est vrai que ce texte parle de force majeure ou de cas fortuit. À une certaine époque, la doctrine a prétendu faire une distinction entre les deux notions qui ne supposeraient pas les mêmes éléments. À juste titre, elle n'a pas été suivie par la jurisprudence, pour laquelle il ne s'agit là que de deux termes correspondant à une notion unique [1].

Après avoir envisagé les caractères de la force majeure, on verra quelles sont les conséquences qu'elle entraîne.

1) Les caractères de la force majeure

723. – Définition et conditions de la force majeure. La force majeure est un événement étranger à l'activité du débiteur et qui constitue la cause de l'inexécution de son obligation ou, plus exactement, qui rend l'exécution de cette obligation impossible, comme le précise l'article 1302 du Code civil pour l'obligation de livrer un corps certain qui a péri pour une raison non imputable au débiteur de la livraison ou, de façon générale, l'article 1148, selon lequel il est question d'un événement qui a empêché le débiteur d'exécuter son obligation. Parce que la force majeure doit entraîner une impossibilité d'exécution pour le débiteur, on doit refuser de considérer comme un cas de force majeure un événement qui a simplement pour effet de ne pas permettre l'exécution d'une façon provisoire. En effet, l'impossibilité d'exécution doit être définitive ou, du moins, durable (cf. Soc. 2 février 1994, *R.J.D.A.* 1994, n° 492, à propos de l'incendie d'un restaurant ayant entraîné sa fermeture provisoire pendant les travaux de réfection, ce qui n'avait point rendu impossible l'exécution des contrats de travail avec le personnel et mis fin à l'obligation de l'employeur. V. aussi, Soc. 15 février 1995, *R.J.D.A.* 1995, n° 685). Or, l'impossibilité d'exécuter qui caractérise la force majeure est d'autant plus importante que c'est par référence à la force majeure que doivent être définies les

1. Les rédacteurs du Code civil paraissent bien avoir utilisé les deux termes comme étant synonymes. Plusieurs articles du Code font état soit de la force majeure, soit du cas fortuit. Ainsi, dans les articles 1302 et 1882, par exemple, il est question de cas fortuit. Dans les articles 1929 et 1934, il est question de force majeure.

autres causes étrangères que sont le fait d'un tiers et celui de la victime. En effet, on verra que, lorsqu'il s'agit d'exonération totale de la responsabilité du débiteur, le fait d'un tiers et celui de la victime doivent avoir les mêmes caractères que la force majeure. Il en résulte que la notion de cause étrangère totalement exonératoire de responsabilité civile est une notion unique, en dépit de ses applications différentes.

Pour qu'il y ait impossibilité d'exécution constitutive d'une cause exonératoire de responsabilité et, en particulier, de la force majeure, la jurisprudence traditionnelle exigeait la réunion de trois conditions. Il fallait un événement extérieur à l'activité du responsable et qui fut aussi imprévisible et irrésistible (on dit aussi quelquefois insurmontable ou inévitable, ce qui revient au même) [1].

Cependant, la jurisprudence avait évolué. D'une part, l'extériorité n'est pas une condition systématique de la force majeure. En effet, il y avait des situations dans lesquelles l'exigence de l'extériorité devait apparaître comme superflue. D'autre part, l'imprévisibilité ne doit être envisagée que par rapport à l'irrésistibilité, c'est-à-dire que la prévisibilité d'un événement doit permettre d'éviter sa survenance ou d'éluder ses conséquences. Lorsque la prévisibilité ne peut avoir cet effet, il ne servirait à rien d'exiger que l'événement fût imprévisible. En réalité, il y a un caractère de la force majeure qui est irréductible, c'est l'irrésistibilité, les deux autres caractères devant être considérés comme contingents. Toutefois, en raison d'une divergence entre la première et la deuxième chambre civiles de la Cour de cassation sur les conditions de la force majeure, la première n'exigeant pas systématiquement l'imprévisibilité (cf. Civ. 1re, 6 novembre 2002, *B. Civ.* 1, n° 258, *J.C.P.* 2003, I.152, n° 31, obs. Viney, *Rev. trim. dr. civ.* 2003.301, obs. Jourdain. V. aussi, Soc. 12 février 2003, *R.J.D.A.* 2003, n° 469, *B. Civ.* 5, n° 50, *Rev. contrats* 2003.59, obs. Stoffel-Munck) contrairement à la deuxième (cf. Civ. 2e, 12 décembre 2002, *B. civ.* 2, n° 287, *J.C.P.* 2003.I.152, n° 31, obs. Viney, *Rev. trim. dr. civ.* 2003.301, obs. Jourdain), l'Assemblée plénière de la Cour de cassation, par deux arrêts du 14 avril 2006, qui se voudraient de principe (*D.* 2006.1577, note Jourdain, *D.* 2006.1933, obs. Brun, *J.C.P.* 2006.II.10087, note Grosser, *Petites Affiches* 6 juillet 2006, note Le Magueresse, *Rep. not.* 2006.1212, obs. Savaux) a décidé que la force majeure devait être imprévisible et irrésistible. Non seulement, il se pourrait, selon certains auteurs que le cumul soit exigé pour la responsabilité contractuelle et non pas pour la responsabilité extracontractuelle, ce qui, de toutes façons, ne serait pas cohérent, mais encore et surtout il n'y a aucune raison d'exiger aveuglément la condition d'imprévisibilité, celle-ci ne présentant d'intérêt que lorsque le caractère prévisible de l'évènement permet d'en éviter la survenance. Le fait

1. Sur la question de savoir si les parties au contrat peuvent limitativement déterminer les cas de force majeure et leurs caractères, v. observations Jourdain, *Rev. trim. dr. civ.* 1990.669 ; Civ. 3e, 31 octobre 2006, *J.C.P.* 2006.IV.3281 et 2007.I.115, n° 13).

d'avoir prévu un évènement contre lequel on ne peut rien ne devrait pas permettre d'écarter la force majeure. Dès lors, il parait bien qu'il n'y apas lieu d'exiger systématiquement que la condition d'imprévisibilité soit remplie.

a) L'élément irréductible : l'irrésistibilité

724. – L'impossibilité d'exécution. Seul un événement irrésistible peut constituer un cas de force majeure (cf. 1re, 8 décembre 1998, *D.A.* 1999.167, *R.J.D.A.* 1999, n° 141, *Rep. not.* 1999.369, obs. Delebecque, *Contrats, conc. consomm.* 1999, n° 36). L'irrésistibilité implique que le débiteur n'est pas en mesure d'exécuter son obligation en raison d'un événement contre lequel il ne peut rien faire. C'est l'irrésistibilité qui manifeste le plus l'impossibilité d'exécution que constitue la force majeure. C'est ce qui explique que la Cour de cassation se soit souvent contentée de l'irrésistibilité, sans exiger en même temps l'imprévisibilité. En effet, le fait d'avoir prévu un événement ou bien la possibilité de le prévoir n'interdit pas de retenir la force majeure lorsque cela ne permet pas d'en éviter la réalisation ou d'en supprimer les conséquences, c'est-à-dire l'impossibilité d'exécution. En ce cas, l'irrésistibilité suffit à caractériser la force majeure (cf. Com. 27 janvier 1981, *D.* 1982.110, note Sériaux, *Rev. trim. dr. civ.* 1982.425, obs. Durry ; Com. 1er octobre 1997, *R.J.D.A.* 1997, n° 1317, *D.A.* 1997.1217, *Contrats, conc. consomm.* 1998, n° 4, obs. Leveneur, *Rev. trim. dr. civ.* 1998.121, obs. Jourdain, *D.* 1998. Somm. 199, obs. Delebecque, arrêt dans lequel la Cour de cassation affirme que l'irrésistibilité de l'événement suffit à caractériser la force majeure lorsque sa prévision n'aurait pas permis d'en empêcher les effets, sous réserve que le débiteur ait pris toute mesure pour éviter la réalisation de l'événement ; Com. 28 avril 1998, *R.J.D.A.* 1998, n° 949, *D.* 1999.469, note BMFL, à propos de l'accostage d'un navire rendu impossible en raison de l'encombrement du port d'arrivée ; Com. 16 mars 1999, *Contrats, conc. consomm.* 1999, n° 86, obs. Leveneur, à propos d'une situation prévisible mais contre laquelle rien ne pouvait être fait en dépit de toutes les mesures tentées ; Civ. 1re, 17 novembre 1999, *R.J.D.A.* 2000, n° 508, à propos de l'incendie de marchandises par des émeutiers ayant échappé au contrôle des forces de police ; Civ. 1re, 6 novembre 2002, *J.C.P.* 2002.IV.3053, *Contrats, conc. consomm.* 2003, n° 53, obs. Leveneur, à propos de l'annulation d'un voyage en raison d'une intervention chirurgicale pratiquée, avant le départ, sur l'accompagnateur, l'arrêt affirmant que la seule irrésistibilité caractérise la force majeure et qu'il n'y avait pas lieu de tenir compte du fait que la maladie d'une personne âgée n'est pas imprévisible).

En revanche, lorsque la prévision d'un événement permet d'en éviter la réalisation, l'irrésistibilité n'est point suffisante et il faut exiger l'imprévisibilité (cf. Civ. 1re, 9 mars 1994, *R.J.D.A.* 1994, n° 910, *J.C.P.* 1994.I.3773, obs. Viney, *Rev. trim. dr. civ.* 1994.871, obs. Jourdain, à propos d'un vol de valeurs déposées dans le coffre d'un hôtel ; Paris 12 novembre 1996, *D.* 1996.IR.264, qui considère très justement qu'un transporteur aérien ne peut invoquer la force majeure dès lors qu'en pleine connaissance de cause il a laissé son aéronef se poser à Koweit après l'invasion de ce pays par l'Irak, les passagers ayant été pris en otage, ce qu'il pouvait prévoir et éviter ; Civ. 1re, 20 janvier 1998, *R.J.D.A.* 1998, n° 390, à propos d'une agence de voyages ayant refusé d'exécuter ses prestations en raison d'émeutes dans le pays de destination de son client alors que celles-ci ne présentaient pas un caractère irrésistible ; Versailles 21 janvier 1999, *R.J.D.A.* 1999, n° 414 ; Civ. 1re, 12 décembre 2000, *R.J.D.A.* 2001, n° 272, *D.* 2001.1650, note Paulin, *D.* 2001. Somm. 2230, obs. Jourdain, *Contrats conc. consomm.* 2001, n° 53, obs. Leveneur, arrêt selon lequel l'agression d'un voyageur dans un train par une personne non munie d'un titre de transport ne constitue pas un cas de force majeure dès lors que la S.N.C.F. ne prouvait pas que des rondes avaient été effectuées pour assurer la sécurité des voyageurs et que l'agresseur avait été contrôlé, ce dont il résultait que la prévisibilité de l'agression permettait de prendre des mesures pour l'éviter. V. dans le même sens, Civ. 1re, 3 juillet 2002, *D.* 2002.2631, note Gridel, *Rev. trim. dr. civ.* 2002.821, obs. Jourdain ; Civ. 1re, 21 novembre 2006, *D.* 2007.15, obs. Gallmeister ; T.G.I. Cambrai 23 janvier 2003, *D.* 2003.IR.533. Comparer, pour une agression d'un chauffeur de camion qui était imprévisible, Com. 29 mai 2001, *R.J.D.A.* 2001, n° 1081 ; Paris 17 mai 2002, *R.J.D.A.* 2002, n° 986, à propos de troubles politiques qui étaient prévisibles par l'organisateur d'un voyage ; Civ. 2e, 23 janvier 2003, *D.* 2003.2465, note Depadt-Sébagi et Civ. 2e, 13 juillet 2006, *J.C.P.* 2006.IV.2769, à propos de la chute d'un voyageur d'un train en marche ; Com. 11 octobre 2005, *J.C.P.* 2006.I.111, obs. Jourdain, à propos de l'incendie d'un établissement bancaire).

L'irrésistibilité est appréciée *in abstracto*, c'est-à-dire par référence à ce qu'une personne normalement raisonnable est en mesure de faire pour éviter les conséquences d'un événement dont elle n'a pu empêcher la survenance. En effet, l'irrésistibilité s'applique à l'événement lui-même, c'est-à-dire qu'elle suppose que le débiteur n'a pas pu empêcher la survenance de l'événement (par exemple, une entreprise n'a pas pu éviter la grève de son personnel, si cette grève est provoquée par un syndicat qui proteste contre une politique des salaires imposée par l'autorité publique ; si la grève est provoquée par le comportement de l'entreprise, même s'il est légitime, l'irrésistibilité de l'événement est beaucoup plus douteuse. V. Paris 3 mai 2002, *R.J.D.A.* 2002, n° 986. Sur les conditions d'imprévisibilité et d'irrésistibilité en ce qui concerne la grève, v. Civ. 1re, 6 octobre 1993, *J.C.P.* 1993.II.22154, note Waquet, *J.C.P.* 1994.I.3773, n° 7, obs. Viney ; Com. 6 mai 1997, *R.J.D.A.* 1997, n° 1044, à propos d'une grève des cheminots qui, ayant été annoncée quelques jours avant la conclusion d'un contrat de transport de marchandises périssables par la S.N.C.F., ne pouvait constituer un événement insurmontable, le transporteur ayant la possibilité d'acheminer les marchandises par d'autres moyens ; Paris 29 janvier 1997, *R.J.D.A.* 1997, n° 1010, admet, en revanche, qu'une grève de cheminots constitue un cas de force majeure pour la S.N.C.F. en se fondant notamment sur le fait que la grève avait pour justification des projets de textes du gouvernement non connus au moment de la conclusion du contrat de transport et dont la maîtrise échappait au transporteur, que les réquisitions par l'État menaçaient la cohésion sociale et que l'expulsion des grévistes était impossible en raison de leur multiplication sur l'ensemble du territoire national ; Civ. 1re, 11 juin 1996, *R.J.D.A.* 1997, n° 324, qui décide qu'une grève sans préavis constitue un cas de force majeure pour l'employeur. V. aussi, sur ce dernier point, Amiens, 4 décembre 1996, *J.C.P.* 1996.IV.1749), mais elle s'applique aussi aux conséquences de l'événement, c'est-à-dire que la survenance de l'événement doit avoir empêché absolument le débiteur d'exécuter son obligation (par exemple, une grève des services publics ne constitue pas un événement irrésistible si l'autorité qui gère lesdits services dispose d'un droit de réquisition ; en revanche, en raison de l'impossibilité de forcer des grévistes à travailler, lorsque le droit de réquisition ne peut être exercé, il y a impossibilité d'exécuter l'obligation) [1]. Une intéressante application a été faite quant à l'impossibilité de remédier aux conséquences de l'événement par un arrêt de la chambre sociale à propos de la destruction partielle d'un hôtel par un cyclone. La chambre sociale a considéré que cette destruction ne rendait pas impossible la reprise de l'exploitation après remise en état, ce qui permettait la poursuite du contrat de travail conclu avec un employé, l'employeur n'étant donc pas dans l'impossibilité d'accomplir ses obligations (Soc. 12 février 2003, *D.* 2003.IR.665).

Si la survenance d'une guerre constitue souvent un événement contre lequel le débiteur ne peut rien, il n'en va pas toujours de même en ce qui concerne les conséquences de la guerre (cf. Versaille 6 avril 1995, *R.J.D.A.* 1995, n° 818, qui admet l'affirmative en se fondant sur l'imprévisibilité). En effet, la guerre peut rendre plus difficile l'exécution de l'obligation sans que cette exécution soit pour autant impossible. C'est ce qui explique que, dans la jurisprudence, la guerre ne constitue pas toujours un cas de force majeure (cf. Versailles 6 avril 1995, *R.J.D.A.*

1. Un des arrêts rendus par une chambre mixte de la Cour de cassation le 4 février 1983 (v. *infra,* n° 726), en ce qui concerne l'interruption de la fourniture de courant en raison d'une grève du personnel d'E.D.F., a insisté, à juste titre, pour caractériser la force majeure, sur le fait qu'E.D.F. ne pouvait recourir à la réquisition ou faire appel à une main-d'œuvre de remplacement (v. aussi sur ce point, Civ. 1re, 24 janvier 1995, *R.J.D.A.* 1995, n° 545, *D.* 1995.327, note Paisant). Les trois arrêts ont mis en évidence le fait qu'E.D.F. était dans l'obligation d'appliquer les décisions prises par le gouvernement en matière de salaires. Comparer, Paris, 11 mai 1988, *D.* 1988.IR.169, à propos de la grève du personnel d'une entreprise de transport de fonds.

1995, n° 818, qui admet l'affirmative en se fondant sur l'imprévisibilité ; Paris 12 novembre 1996, *D.* 1996.IR.264).

En effet, une exécution plus difficile ou plus onéreuse de l'obligation n'est pas une exécution impossible. C'est la raison pour laquelle le débiteur d'une somme d'argent ne saurait invoquer des difficultés financières pour être exonéré de sa responsabilité en cas de non-paiement. Au demeurant, s'agissant de l'obligation de donner une chose de genre, il n'y a pas d'impossibilité d'exécution, une chose de même qualité et en même quantité pouvant toujours être trouvée par le débiteur, quel que soit le prix qu'il ait à payer pour cela *(genera non pereunt)* [1]. Ainsi encore, on doit approuver une décision rendue par la Cour de Paris, le 16 janvier 1989 (*D.* 1989.IR.59), selon laquelle la destruction de l'immeuble où une société avait installé ses locaux, même si elle était imprévisible, ne constituait pas un événement irrésistible pouvant dispenser la société de sa responsabilité à raison de l'inexécution des obligations mises à sa charge par un contrat d'entretien de matériel téléphonique, dès lors que la société s'était réinstallée dans de nouveaux locaux qui supposaient un matériel téléphonique pour lequel le contrat d'entretien pouvait être poursuivi. De même n'est pas irrésistible pour E.D.F. une microcoupure de courant dont les conséquences peuvent être évitées avec l'utilisation d'un onduleur (Trib. com. Paris 23 octobre 1989, *J.C.P.* 1990.II.21573, note Paisant, le jugement considérant également que la condition d'extériorité n'est pas davantage remplie, E.D.F. qualifiant les coupures d'anomalies de son réseau, de même que la condition d'imprévisibilité, E.D.F. admettant aussi qu'il s'agissait d'anomalies reconnues). En revanche, on a pu considérer comme irrésistible pour la S.N.C.F. une coupure de courant à l'origine du retard d'un train, cette coupure étant due à de graves conditions climatiques locales (Bourges 10 novembre 1993, *J.C.P.* 1994.IV.1220). Un ouragan d'une violence exceptionnelle ayant entraîné l'effondrement d'une charpente constitue un événement irrésistible, la charpente ayant subi depuis sa construction de nombreuses tempêtes sans dommage (Civ. 3e, 11 mai 1994, *R.J.D.A.* 1994, n° 778 v. aussi, Versailles 30 octobre 2003, *R.J.D.A.* 2004, n° 405) [2]. L'expropriation de l'exploitant d'un fonds de commerce ne constitue pas un événe-

1. Dans une espèce où un mandataire n'a pas pu restituer au mandant des fonds reçus pour le compte de celui-ci, la Cour de cassation a refusé de l'exonérer de sa responsabilité pour inexécution de son obligation au motif que le retrait d'un concours bancaire, invoqué par le mandataire, ne remplissait pas les conditions de la force majeure (Crim. 11 octobre 1993, *R.J.D.A.* 1994, n° 8). Il eût été plus simple et plus logique de se fonder sur le principe *genera non pereunt*.

2. Un arrêté de catastrophe naturelle de l'autorité administrative ne suppose pas que les conditions de la force majeure soient remplies. Pour cette raison, un tel arrêté est insuffisant pour permettre de considérer que la condition d'irrésistibilité est remplie (v. en ce sens, Civ. 3e, 10 décembre 2002, *D.* 2003.IR.106, *Rep. not.* 2003.262, obs. Savaux, *R.J.D.A.* 2003, n° 243).

ment insurmontable rendant impossible la continuation d'un contrat de travail conclu avec un employé, l'employeur étant créancier d'une indemnité d'expropriation, ce dont il résulte qu'il est tenu envers l'employé au paiement des indemnités de licenciement, l'abandon de son exploitation résultant de son initiative et non de l'expropriation (Soc. 22 juin 1994, *R.J.D.A.* 1994, n° 1117, *J.C.P.* 1995.II.22361 note Antonmattei. V. aussi, Soc. 20 juin 1995, *R.J.D.A.* 1995, n° 1331, dans une hypothèse où le non-renouvellement d'un titre de séjour d'un employé était dû au fait de l'employeur).

b) Les éléments contingents

725. – L'extériorité : justification et limites. Si l'événement invoqué par le débiteur comme constitutif de la force majeure n'est pas extérieur à son activité, l'inexécution de l'obligation doit pouvoir être rattachée à cette activité. Ainsi, lorsque l'obligation doit être exécutée par l'intermédiaire d'un employé du débiteur, il n'est pas possible de voir dans le fait ou dans la faute de cet employé un cas de force majeure (V. Civ. 3e, 2 avril 2003, *J.C.P.* 2003.IV.1981, *D.* 2002.IR.1135). Par exemple, le fait du chauffeur d'une entreprise de transport, s'il est à l'origine du dommage subi par le passager ou la marchandise, ne saurait permettre d'exonérer le transporteur de sa responsabilité. De la même façon le vice de la chose utilisée par le débiteur pour l'exécution de son obligation n'est pas un cas de force majeure (Civ. 3e, 2 avril 2003, *J.C.P.* 2003.IV.1981, *D.* 2003.I.R.1135 ; Civ. 3e, 2 avril 2003, *R.J.D.A.* 2003, n° 692). Ainsi, les défauts du véhicule qui sont à l'origine d'un accident de transport ne doivent pas permettre d'exonérer le transporteur de sa responsabilité, ce qui, de toutes façons, ne préjuge absolument pas d'un recours du transporteur contre le fabricant, le vendeur ou le loueur du véhicule. Ainsi encore, le vice de l'eau à l'origine de la corrosion des canalisations servant à sa distribution ne saurait constituer un cas de force majeure permettant d'exonérer le distributeur de sa responsabilité contractuelle (Civ. 1re, 26 mai 1994, *Bull. civ.* 1, n° 190, *J.C.P.* 1994.IV.1895, *J.C.P.* 1994.I.3809, n° 11, obs. Viney). Le vice du sang fourni à un receveur par un centre de transfusion sanguine ne saurait constituer une cause étrangère (Civ. 1re, 12 avril 1995, *J.C.P.* 1995.II.22467, note Jourdain, *R.J.D.A.* 1995, n° 811 ; Civ. 1re, 9 juillet 1996, *D.* 1996.610, note Lambert-Faivre). De la même façon, lorsque le vice de conception d'un toit ne lui a pas permis de résister au poids de la neige, ce qui a provoqué la mort de volailles qu'un éleveur devait livrer, le dommage ne résulte pas d'un événement extérieur à la chose du débiteur (Civ. 1re, 19 juillet 1988, *J.C.P.* 1988.IV.348, *Bull. civ.* 1, n° 249, *Rev. trim. dr. civ.* 1989.96, obs. Jourdain) [1].

En revanche, est extérieure à l'activité du débiteur la crainte d'un attentat mettant ledit débiteur dans l'obligation, pour épargner des vies, de ne pas exécuter la prestation à laquelle il était tenu (cf. Paris 14 mars 1990, *D.* 1990.IR.84). Ainsi encore, la mise en liquidation judiciaire d'une entreprise ne la libère pas de son obligation lorsque la production a été arrêtée à la suite de cette mise en liquidation (Soc. 20 octobre 1993, *R.J.D.A.* 1994, n° 265).

A fortiori, l'événement qui est à l'origine de l'inexécution de son obligation par le débiteur n'est-il pas étranger à son activité lorsqu'il a été provoqué par sa faute (cf. Paris 17 juin 1987, *J.C.P.* 1988.IV.147, à propos de l'impossibilité pour une société de télévision d'exécuter l'obligation mise à sa charge par un contrat conclu en violation de son cahier des charges, le ministre de tutelle s'étant fondé sur cette violation pour ne point permettre l'exécution, ce dont il résultait que la décision ministérielle ne pouvait constituer une cause étrangère non imputable).

En réalité, si l'extériorité ne révèle pas à elle seule l'impossibilité d'exécuter, elle est souvent un élément de cette impossibilité. Cependant, à s'en tenir à l'exigence stricte de l'extériorité, cela pourrait quelquefois aboutir à des solutions inéquitables ou absurdes. C'est la raison pour laquelle il convient d'admettre des tempéraments. En fait, la condition d'extériorité ne doit pas être admise sans nuance, pour la raison qu'il y a des situations où un événement imprévisible et irrésistible ou bien seulement irrésistible démontre suffisamment l'impossibilité d'exécuter sans qu'il soit nécessaire d'exiger en même temps son extériorité.

En d'autres termes, condition courante de la force majeure dans la majorité des cas, l'extériorité ne s'impose pas nécessairement dans des situations marginales. Ainsi en est-il pour la maladie. Il serait parfaitement injuste de retenir la responsabilité du débiteur envers le créancier lorsqu'il est dans l'impossibilité d'exécuter son obligation par suite d'une maladie prolongée contre laquelle il ne peut rien, sous prétexte que la maladie ne serait pas un phénomène extérieur au débiteur (cf. Soc. 18 janvier 1967, *Bull. civ.* 5, n° 54 ; Civ. 1re, 10 février 1998, *D.* 1998.539, note Mazeaud, *Rep. not.* 1998.1051, obs. Mazeaud, *Rev. trim. dr. civ.* 1998.689, obs Jourdain, *J.C.P.* 1998.II.10124, note Paisant, *J.C.P.* 1998.I.155, n° 12, obs. Jamin, Ass. Plén. 14 avril 2006, *J.C.P.* 2006.II.10087, *D.* 2006.1566, note Noguero. Cf. Noguéro, La maladie du débiteur, *D.* 2006. Chron. 1566. V. cependant, Paris 27 janvier 1993, *D.* 1993.IR.132, qui refuse de considérer l'état de santé d'un vendeur d'immeuble comme un cas de force majeure l'exonérant de sa responsabilité en cas de retard dans la délivrance de l'immeuble, l'arrêt soulignant toutefois le fait que la mauvaise santé du vendeur était antérieure à la vente, ce dont il résultait aussi et surtout qu'elle n'était pas imprévisible).

---

1. La jurisprudence n'est pas toujours logique en ce que certains événements sont considérés comme des cas de force majeure alors qu'on devrait fortement en douter. Par exemple, il a été admis qu'un phénomène naturel de vieillissement par désagrégation progressive de la voûte des piliers d'une mine désaffectée et louée à usage de champignonnière, ledit phénomène étant à l'origine d'un effondrement, est un cas de force majeure (Civ. 3e, 7 juin 1989, *J.C.P.* 1989.IV.292). Non seulement, il ne s'agit pas d'un phénomène extérieur, mais encore, il ne paraît pas imprévisible, la prévisibilité permettant d'éviter le dommage.

En revanche, dans un arrêt du 24 septembre 1992, la Cour de Metz, (*J.C.P.* 1993.IV.1706), a considéré que l'accident dont avait été victime un contractant constituait une impossibilité d'exécuter son obligation, qui était imprévisible et insurmontable, sans qu'il y ait lieu d'exiger l'extériorité. Toutefois, l'arrêt va trop loin en ce qu'il affirme que la condition d'extériorité n'est pas requise en matière contractuelle, ce qui est faux [1].

Ainsi encore, si la condition d'extériorité devait être exigée sans nuance, il ne serait jamais possible de considérer la grève dans une entreprise comme constitutive d'un cas de force majeure. Or, si la jurisprudence n'admet pas que la grève puisse être toujours une cause d'exonération de la responsabilité contractuelle de l'entreprise qui n'est pas en mesure de satisfaire ses clients en raison de la grève, elle a pu considérer quelquefois qu'elle était constitutive d'un cas de force majeure (cf. Paris 11 juillet 1991, *J.C.P.* 1991.IV.422, à propos d'une grève du personnel d'E.D.F., imputable non pas à l'entreprise mais au fait du prince en matière de politique salariale ; Paris 29 janvier 1997, *R.J.D.A.* 1997, n° 1010, dans une situation proche ; Civ. 1re, 6 octobre 1993, *Contrats, conc. consomm.* 1994, n° 3, obs. Leveneur, *Rev. trim. dr. civ.* 1994.873, obs. Jourdain, qui ne mentionne pas l'extériorité et casse l'arrêt d'une cour d'appel, lequel avait refusé d'admettre que la grève constituait un cas de force majeure en raison de l'absence d'extériorité, en reprochant aux juges du fond de ne pas avoir recherché en quoi la grève, imputable à des causes internes à l'entreprise, pouvait constituer un événement imprévisible et irrésistible. V. aussi, Civ. 1re, 24 janvier 1995, *R.J.D.A.* 1995, n° 545, *D.* 1995.327, note Paisant, *J.C.P.* 1995.I.3893, n° 1, obs. Viney, qui oppose la grève imputable à des mouvements de grande ampleur dans le secteur public, constitutifs de la force majeure, et celle qui est imputable à des causes non extérieures à l'entreprise, à propos d'une grève du personnel d'E.D.F. ; Paris 18 mai 1995, *R.J.D.A.* 1995, n° 1330). En réalité, ce n'est pas tant quant à la condition d'extériorité que la grève pose un problème que quant aux conditions d'imprévisibilité et d'irrésistibilité (cf. cependant, Paris 11 mai 1987, *D.* 1987.IR.140, qui, à propos de la grève des musiciens d'un théâtre lyrique, retient la responsabilité de celuici envers un chef d'orchestre mis dans l'impossibilité d'effectuer des

---

1. Voisin de la maladie, le problème s'est posé de savoir si le chômage devait entraîner une exonération de responsabilité. La Cour de cassation l'a admis (Civ. 3e, 19 avril 1972, *D.* 1973.205, note Souleau). La solution est criticable, non pas parce que le chômage est un événement qui n'est pas extérieur, mais parce qu'il s'agissait en l'espèce d'une obligation de payer une somme d'argent, laquelle est une obligation de résultat à l'exécution de laquelle il n'est pas possible d'échapper en invoquant une cause étrangère (v. aussi, Civ. 1re, 10 février 1998, *D.* 1998.539, note Mazeaud). Certes, cela est sévère pour le débiteur. Mais, il lui appartient alors d'invoquer l'article 1244-1 du Code civil pour solliciter des délais de paiement. La même solution doit être admise pour la maladie, lorsqu'il s'agit de l'obligation de payer une somme d'argent (cf. Paris 19 avril 1991, *D.* 1992. Somm.199, obs. Paisant).

répétitions dans des conditions régulières, l'arrêt mettant en évidence le fait que le théâtre était responsable des relations avec son personnel, ce qui permet de penser que la condition d'extériorité était importante en l'espèce, encore que les juges ne paraissent pas avoir essentiellement envisagé l'exonération de responsabilité du fait de la grève, en raison du comportement du théâtre. V. aussi Paris 11 mai 1988, *D.* 1988.IR.169, à propos de la grève du personnel d'une entreprise de transport de fonds, arrêt selon lequel la grève n'est pas en elle même un cas de force majeure, ce qui oblige le juge à caractériser l'impossibilité d'exécuter l'obligation).

726. – L'imprévisibilité. La condition selon laquelle l'événement invoqué par le débiteur doit avoir été pour lui imprévisible pour pouvoir constituer un cas de force majeure est souvent admise en jurisprudence (cf. Civ. 2e, 1er avril 1999, *R.J.D.A.* 1999, n° 1154, à propos de la responsabilité extra-contractuelle du fait des choses. V. aussi, Civ. 2e, 13 juillet 2000, *Rev. trim. dr. civ.* 2000.847, obs. Jourdain). En réalité, ce n'est que lorsque la prévisibilité d'un événement permet d'éviter sa survenance ou ses conséquences que la condition d'imprévisibilité doit être exigée (cf. Civ. 1re, 3 juillet 2002, *R.J.D.A.* 2002, n° 11, *D.* 2002.2631, note Gridel, à propos de l'agression d'un voyageur dans un train). Encore convient-il de savoir à quel moment doit être appréciée l'imprévisibilité. Selon la jurisprudence, c'est au moment de la conclusion du contrat (cf. Com. 21 novembre 1967, *J.C.P.* 1968.II.15462, note le Galcher-Baron ; Com. 3 octobre 1989, *J.C.P.* 1990.II.21423, conclusions Jéol). En effet, il serait absurde pour un débiteur de s'engager alors qu'il peut prévoir qu'il ne sera pas en mesure d'exécuter son obligation. S'il s'engage malgré tout, en estimant qu'il pourra surmonter la survenance d'un événement qu'il était en mesure de prévoir, il n'a qu'à s'en prendre à lui-même et son créancier n'a pas à en subir les conséquences (cf. Riom 6 juin 1995, *J.C.P.* 1995.IV.2602, à propos d'une occupation de la voie ferrée par les salariés grévistes d'une entreprise, fait qui n'était pas ignoré de la S.N.C.F. ; Civ. 1re, 2 octobre 2001, *Contrats, conc. consomm.* 2002, n° 24, obs. Leveneur, arrêt selon lequel le malaise du participant à un voyage ne constitue pas un cas de force majeure, même s'il est survenu le jour du départ, car, étant informé de l'existence d'une assurance en cas d'annulation pour un tel motif, le participant ne l'avait pas souscrite) [1]. Remarquons bien qu'il ne s'agit pas de savoir

1. Le fait par l'autorité administrative de considérer un événement comme une catastrophe naturelle ne saurait autoriser à admettre que celle-ci constitue un cas de force majeure si les conditions et, en particulier, l'imprévisibilité n'en sont pas remplies (cf. Civ. 3e, 24 mars 1993, *J.C.P.* 1993.IV.1379. *Rev. trim. dr. civ.* 1993.594, obs. Jourdain ; Civ. 3e, 14 février 1996, *R.J.D.A.* 1996, n° 1160 ; Civ. 3e, 10 décembre 2002, *D.* 2003.IR.106, à propos de l'irrésistibilité).

si le débiteur a commis une faute. La question n'est pas là. Il s'agit simplement de l'obliger à exécuter son engagement puisqu'il pensait pouvoir être en mesure de l'honorer. Au contraire, si le débiteur s'est engagé dans l'ignorance d'un événement actuel ou futur qu'il ne pouvait prévoir, l'impossibilité d'exécution résultant de cet événement doit conduire à une exonération de responsabilité [1].

L'imprévisibilité de l'événement constitutif de la force majeure doit être appréciée *in abstracto*, c'est-à-dire qu'il s'agit de déterminer ce qui est normalement imprévisible pour un homme raisonnable. En d'autres termes, il convient de rechercher si l'événement était normalement imprévisible, car il est évident qu'avec des investigations très poussées aucun événement ne serait imprévisible pour un débiteur contractuel (cf. Versailles 5 avril 2002, *R.J.D.A.* 2002, n° 949, qui considère que la présence d'une mine sur le parcours d'un rallye automobile était imprévisible pour l'organisateur).

Ainsi, la grève n'est-elle pas toujours un événement imprévisible pour une entreprise (cf. Civ. 1re, 18 mai 1989, *J.C.P.* 1989.IV.268, à propos d'une grève de la S.N.C.F., les juges du fond ayant retenu la responsabilité de la S.N.C.F. alors qu'ils n'ont pas recherché si l'extension de la grève à un autre réseau était prévisible). Tout dépend des circonstances dans lesquelles elle est survenue au moment où le débiteur s'est engagé (cf. Civ. 1re, 11 juin 1996, *R.J.D.A.* 1997, n° 324 et Amiens 4 décembre 1996, *J.C.P.* 1996.IV.1749, à propos d'une grève sans préavis considérée comme imprévisible).

Le problème s'est posé assez fréquemment en ce qui concerne les contrats pour la fourniture de courant électrique conclus avec E.D.F. Si la grève pouvait être prévue au moment de la conclusion du contrat, en raison des circonstances, il ne peut y avoir d'exonération de la responsabilité du fournisseur de courant. Mais, le plus souvent, la grève intervient des années après la conclusion du contrat et il est évident que le fournisseur ne pouvait prévoir qu'il y aurait une grève à tel moment. Si on devait admettre qu'une grève dans une entreprise est toujours prévisible, on ne pourrait jamais considérer la grève comme étant un cas de force majeure. Autrefois, la Cour de cassation avait adopté cette position sévère (cf. Civ. 1re, 7 mars 1966, *J.C.P.* 1966.II.14878, note Mazeaud, *Rev. trim. dr. civ.* 1966.823, obs. Durry). Mais, elle est venue

---

1. Cependant, lorsqu'un événement n'était pas prévisible lors de la conclusion du contrat et qu'il pouvait être prévu par la suite, c'est-à-dire à un moment où l'obligation est en cours d'exécution, il doit être tenu compte de cette prévisibilité pour ne point exonérer le débiteur de sa responsabilité (cf. Com. 23 février 1988, *J.C.P.* 1988.IV.167, qui casse l'arrêt d'une cour d'appel qui avait reconnu les caractères de la force majeure à l'agression à main armée du chauffeur d'un camion et avait exonéré le transporteur de sa responsabilité envers l'expéditeur alors que les juges auraient dû déterminer si l'agression était prévisible pour le chauffeur qui s'était aperçu, dès son départ, qu'il était suivi. Comparer, Com. 14 février 1995, *R.J.D.A.* 1995, n° 686, la force majeure étant caractérisée en raison de ce que les juges du fond avaient relevé que l'agression du chauffeur n'avait pas pu être prévue par celui-ci).

par la suite à une position moins radicale (cf. Ch. Mixte 4 février 1983, 3 arrêts, *J.C.P.* 1983.IV.123, *D.* 1984.IR.165, obs. Goineau, *Cahiers jur. elec. et gaz* 1983.247, conclusions Cochard, *Rev. trim. dr. civ.* 1983.549, obs. Durry, l'un de ces arrêts considérant, en particulier, que la cause de la revendication du personnel était imprévisible lors de la conclusion du contrat d'abonnement ; Civ. 1re, 25 janvier 1995, *D.* 1995.327, note Paisant, *R.J.D.A.* 1995, n° 545, qui considère qu'E.D.F. ne peut interdire à son personnel de participer à une grève frappant l'ensemble du secteur public) [1]. De la même façon, constitue un cas de force majeure une grève qui a paralysé toutes les banques françaises et a empêché l'une d'elles d'exécuter un ordre de son client qu'elle avait accepté à un moment où elle ne pouvait prévoir la grève (Com. 6 mars 1985, *J.C.P.* 1985.IV.178 ; Paris 18 mai 1995, *R.J.D.A.* 1995, n° 1330).

S'il peut être difficile d'éviter un vol, il est beaucoup plus facile de le prévoir [2]. Il en résulte que la condition d'imprévisibilité ne sera pas toujours remplie pour le vol (cf. Com. 3 octobre 1989, *J.C.P.* 1990.II.21423, conclusions Jéol, à propos d'un vol à main armée de pièces de monnaie confiées à un transporteur, lequel connaissait la nature de la marchandise et s'était engagé, en conséquence, à prendre des précautions particulières de sécurité). Si la crainte d'un attentat n'était pas prévisible au moment de la conclusion d'un contrat, elle justifie l'inexécution de son obligation par le débiteur lorsqu'elle est apparue ultérieurement (Paris 14 mars 1990, *D.* 1990.IR.84). La dessiccation du sol sous l'effet de la sécheresse, *a fortiori* lorsque le phénomène est bien connu dans la région concernée, ne constitue pas un événement imprévisible et irrésistible pour un constructeur (Toulouse 10 septembre 1996, *Petites Affiches* 3 février 1997, note Sempé).

Le changement de goût du public ne saurait exonérer de sa responsabilité celui qui n'exécute pas les enregistrements prévus pour des chansons, un tel changement pouvant être prévu (Civ. 1re, 18 octobre 1977, *D.* 1978.IR.57). On doit admettre que c'est à tort qu'une cour d'appel a considéré comme constituant un cas de force majeure l'agression du chauffeur et d'un véhicule d'un transporteur par des manifestants, alors que le contrat avait été conclu par les parties en connaissance de ce risque d'agression (Bordeaux 6 juin 1977, *J.C.P.* 1979.II.19047, note

---

1. En revanche, le Tribunal d'instance de Saint-Denis a considéré qu'une grève sans préavis à E.D.F. ne constituait pas un cas de force majeure envers un abonné resté chez lui pour recevoir un préposé qui devait passer ce jour-là (Trib. inst. Saint-Denis 25 août 1983, *D.* 1985.26, note Choley).

2. Il arrive qu'en ce qui concerne le vol, on confonde l'imprévisibilité et l'irrésistibilité. Ainsi, à propos du vol d'un chèque expédié par une lettre ordinaire, la Cour de cassation a considéré que le risque de vol n'était pas imprévisible en raison de ce que l'administration des postes permet de se prémunir contre la réalisation de ce risque (Civ. 1re, 9 mai 1994, *R.J.D.A.* 1995, n° 6). En réalité, il s'agissait plutôt de l'irrésistibilité, le vol pouvant être évité par l'utilisation du procédé de l'administration des postes.

Rodière). N'est pas constitutive de la force majeure l'interruption de courant qui aurait été provoquée par un froid exceptionnel, s'il n'est pas prouvé que, les jours de l'interruption, le froid a été si exceptionnel qu'il ne pouvait être prévu (T. inst. Angers 11 mars 1986, *J.C.P.*, 1987.II.20789, note Gridel, *Rev. trim. dr. civ.* 1986.589, obs. Mestre). De la même façon, la suppression d'une autorisation administrative, qui était précise et révocable, ne peut être considérée comme imprévisible (Soc. 21 janvier 1987, *J.C.P.* 1987.IV.101). Ainsi encore, l'apparition sur le marché de nouveaux produits dans un secteur en pleine évolution n'est ni imprévisible, ni insurmontable et, par conséquent, elle ne saurait délier un acheteur de son obligation d'acquérir les produits qu'il a commandés (Versailles 29 septembre 1988. *D.* 1988.IR.260). Le risque de contamination par le sida étant connu à la date d'une transfusion sanguine, celui-ci n'était pas imprévisible et ne saurait dès lors constituer une cause d'exonération de la responsabilité d'un centre de transfusion (T.G.I. de Paris 1er juillet 1991, *J.C.P.* 1991.II.21762, note Harichaux). L'exigence d'un État relative à l'informatisation des services d'une entreprise ne constitue pas un événement imprévisible empêchant l'exécution d'un contrat de travail (Paris 8 septembre 1995, *D.* 1995.IR.258).

2) Les conséquences de la force majeure

727. – Effet exonératoire de responsabilité et exceptions. L'effet le plus remarquable de la force majeure est de faire disparaître la responsabilité du débiteur en cas d'inexécution de son obligation [1]. C'est une cause de libération ou d'exonération de la responsabilité. Toutefois, lorsque l'événement de force majeure n'est que temporaire, il ne doit entraîner qu'une suspension des effets du contrat (cf. Civ. 1re, 24 février 1981, *D.* 1982.479, note Martin ; Versailles 30 avril 1998, *R.J.D.A.* 1998, n° 1076 ; Civ. 3e, 22 février 2006, *R.J.D.A.* 2006, n° 509, *D.* 2006.2972, note Beaugendre). En effet, lorsque l'exécution redevient possible au bout d'un délai raisonnable, il n'y a pas de raison de considérer que le débiteur est libéré.

Cependant, l'effet exonératoire de responsabilité de la force majeure suppose que le débiteur n'a point accepté de prendre à sa charge des événements constitutifs de la force majeure ou bien que la nature de l'obligation n'impose point cette prise en charge. On sait, en effet, que certaines obligations, en raison de leur nature même, ne sont pas susceptibles d'entraîner une exonération de responsabilité du débiteur en cas d'inexécution. Tel est le cas des obligations de donner une chose de genre et, en particulier, de l'obligation de payer une somme d'argent [2] ainsi que celui des obligations de garantie, encore que la garantie puisse être plus ou moins étendue [3]. Au surplus, on sait que lorsque le

1. Sur les effets de la force majeure, v. observations Mestre, *Rev. trim. dr. civ.* 1990.659.
2. V. *supra,* n° 614 et 726.
3. V. *supra,* n° 615.

débiteur a été mis en demeure d'exécuter, la loi, sous certaines conditions, lui impose de prendre à sa charge les cas de force majeure [1].

Il est une exception remarquable à l'exonération de responsabilité par la force majeure qui résulte de la loi du 5 juillet 1985 sur l'indemnisation des victimes d'accidents de la circulation. Elle concerne la responsabilité contractuelle d'un transporteur de personnes par route, en raison de ce que son article 1er la déclare applicable aux victimes d'accidents de la circulation dans lequel est impliqué un véhicule terrestre à moteur « même lorsqu'elles sont transportées en vertu d'un contrat ». C'est une bonne chose que d'avoir unifié les deux ordres de responsabilité en matière d'accidents de la circulation, car il n'y avait pas de raison valable, dans le droit antérieur à la loi de 1985, de traiter différemment les victimes selon qu'elles étaient transportées à titre bénévole dans un véhicule (responsabilité extra-contractuelle) ou qu'elles avaient conclu un contrat de transport (responsabilité contractuelle). Le transporteur ne peut pas s'exonérer de sa responsabilité en cas d'accident par la preuve de la force majeure. En effet, selon l'article 2 de la loi du 5 juillet 1985, la force majeure n'est pas opposable aux victimes d'un accident de la circulation. Il en résulte, du moins en ce qui concerne la force majeure [2], que le transporteur de personnes est tenu d'une obligation de garantie et non pas seulement d'une obligation de résultat, comme dans le droit antérieur à la loi de 1985. La philosophie qui a inspiré le législateur de 1985 n'est pas très claire, car toutes les causes d'exonération ne sont pas traitées de la même façon. Alors que certaines sont inefficaces, comme la force majeure ou le fait d'un tiers, d'autres conservent leur effet exonératoire à certaines conditions, comme la faute de la victime. En réalité, le législateur n'a pas su choisir, essentiellement pour des raisons d'ordre économique, entre une technique d'indemnisation qui n'a rien à voir avec la responsabilité civile et la responsabilité, laquelle ne peut être retenue si une cause étrangère est prouvée par le responsable désigné. En effet, la très sévère obligation de garantie qui est mise à la charge de tous ceux dont le véhicule est impliqué dans un accident de la circulation n'est supportable que si l'obligation de réparation est répercutée sur un assureur. C'est la raison pour laquelle la loi du 5 juillet 1985 s'insère dans un mécanisme d'assurance obligatoire pour la réparation des dommages résultant d'un accident de la circulation, assurance qui pèse aussi bien sur les transporteurs que sur les propriétaires ou utilisateurs d'un véhicule terrestre à moteur.

728. – Exonération totale de responsabilité. Lorsque l'effet exonératoire de responsabilité de la force majeure n'est pas écarté par la loi ou les volontés des parties au contrat, la force majeure constitue une cause

1. V. *supra*, n° 671.
2. L'article 2 de la loi du 5 juillet 1985 assimile le fait d'un tiers à la force majeure en ce qui concerne l'absence d'exonération.

d'exonération totale de la responsabilité civile. À une certaine époque, notamment en ce qui concerne la responsabilité extra-contractuelle, la jurisprudence a pu admettre, dans certains cas, une exonération seulement partielle de responsabilité par la force majeure. Ainsi, lorsque le débiteur avait commis une faute dans l'exécution de son obligation, faute qui se serait conjuguée avec un événement pouvant avoir les caractères de la force majeure, on avait admis que le débiteur, en raison de sa faute ou du fait qui lui était imputable, devait être déclaré partiellement responsable. Cette solution, qui semble avoir été abandonnée, était très critiquable. En effet, la force majeure, lorsqu'elle peut être retenue, ne peut qu'être la cause exclusive du préjudice. La raison en est non pas qu'elle fait disparaître la faute du débiteur [1], mais qu'elle démontre que cette faute ne peut être la cause de ce préjudice. L'impossibilité d'exécution que révèle la force majeure interdit de retenir la responsabilité du débiteur, parce que son fait n'est pas à l'origine du dommage éprouvé par le créancier. Par conséquent, de deux choses l'une : ou bien il y a force majeure et, dans ce cas, il ne saurait y avoir de responsabilité en raison de l'absence de lien de cause à effet entre le fait du débiteur et le dommage éprouvé par le créancier. Ou bien il n'y a pas de force majeure et, dans ce cas, la responsabilité du débiteur doit être retenue pour le tout. Même pour ceux qui considèrent que la force majeure fait disparaître la faute, il ne peut y avoir de partage entre la force majeure et la faute, puisque, s'il y a force majeure, il ne saurait y avoir de faute [2].

B. Le fait d'un tiers

729. – Notion de tiers. Le fait d'un tiers, lorsqu'il doit entraîner une exonération totale de responsabilité, ne se différencie de la force majeure que parce qu'il s'agit de rattacher la survenance du dommage éprouvé par le créancier à l'activité d'une personne autre que le débiteur, à condition que celui-ci ne soit point tenu de garantir le fait du tiers. En effet, le fait d'un tiers est celui d'une personne totalement étrangère au débiteur (cf. Civ. 1re, 3 février 1993, *D.* 1994. Somm. 12, obs. Delebecque, *D.* 1994.265, note Dorsner-Dolivet, *D.* 1995. Somm. 93, obs. Penneau, *Rev. trim. dr. civ.* 1994. 874, obs. Jourdain, qui n'admet pas la possibilité d'exonérer une clinique de sa responsabilité envers un patient en raison du refus de deux médecins d'exécuter le contrat, ceux-ci ayant un rôle

1. V. *supra*, n° 720.

2. Un arrêt du Conseil d'État du 25 mai 1990 (*J.C.P.* 1990.IV.292, *A.J.D.A.* 1990.824, note Darcy) a admis que des pluies exceptionnelles à l'origine d'inondations constituent un cas de force majeure sauf dans l'hypothèse d'aggravation du dommage par suite d'une faute lourde des services de l'État ou l'intervention d'un ouvrage public. Si l'ouvrage public ou la faute lourde manifeste une rupture dans l'enchaînement causal, le dommage doit avoir pour cause le seul ouvrage public ou la seule faute lourde et la responsabilité de l'État serait alors intégrale, la force majeure ne pouvant plus être prise en considération comme cause du dommage. En revanche, le partage entre la force majeure et la faute ou l'intervention de l'ouvrage public serait contestable pour la raison indiquée au texte.

prépondérant de direction de la clinique, ce dont il résultait que ce refus ne pouvait constituer une cause étrangère pour celle-ci).

Lorsqu'un débiteur exécute son obligation en ayant recours aux services d'autrui, celui qui exécute l'obligation à la place du débiteur ou pour le compte du débiteur n'est pas un tiers dont le fait serait susceptible de constituer une cause étrangère. Ainsi, lorsqu'un débiteur fait exécuter l'obligation par l'un de ses employés, celui-ci n'est pas un tiers [1]. Il en est de même si le débiteur a conclu un contrat, tel qu'un contrat de sous-traitance, pour faire exécuter son obligation par autrui, par exemple le sous-traitant [2]. À juste titre la jurisprudence refuse de considérer comme un tiers celui auquel le débiteur fait appel pour l'aider dans l'exécution de son obligation contractuelle [3] (cf. Civ. 3e, 2 octobre 1979 *J.C.P.* 1979.IV.360, à propos d'un sous-traitant. V. cependant, Civ. 3e, 26 octobre 1977, *J.C.P.* 1977.IV.305, *D.* 1978.IR.41, à propos de l'installateur d'un chauffe-eau dans un immeuble loué, l'arrêt précisant que le bailleur, qui avait mis à la dis-

1. Une telle solution est admise chaque fois qu'il y a un lien de subordination entre une personne et une autre pour laquelle la première exécute l'obligation. Pendant longtemps la jurisprudence a refusé de considérer les médecins comme des préposés de l'établissement hospitalier privé qui a recours à leurs services, ce dont il résultait qu'ils étaient eux-mêmes responsables de leurs propres fautes envers les malades. Cependant, la jurisprudence actuelle tend à considérer que lorsque le médecin est le salarié d'un établissement privé, ce dernier est responsable des conséquences de l'acte médical dans l'hypothèse où le contrat de soins a été conclu entre le patient et l'établissement (Civ. 2e, 4 juin 1991, *Bull. civ.* 2, n° 185, *J.C.P.* 1991.II.21730, note Savatier, *Rev. trim. dr. civ.* 1992. 123, obs. Jourdain ; Civ. 1re, 26 mai 1999, *D.* 1999.719, note Savatier ; Civ. 1re, 9 avril 2002, *J.C.P.* 2002.I.186, n° 20, obs. Viney, *Rev. trim. dr. civ.* 2002.516, obs. Jourdain ; Civ. 1re, 13 novembre 2002, *D.* 2003.IR.41). Cette solution doit être approuvée, l'indépendance dont jouissent les médecins dans l'exercice de leur art n'interdisant pas qu'ils puissent, dans certaines situations, exercer cet art pour le compte de l'établissement qui les emploie. Elle rejoint la solution admise en ce qui concerne les hôpitaux publics, en vertu de laquelle les médecins ne sont pas personnellement responsables envers leurs malades, encore qu'elle ne lui corresponde point totalement, car, en droit public la responsabilité personnelle du médecin envers le patient n'est possible qu'en cas de faute personnelle détachable de la fonction, tandis qu'en droit privé, elle pourrait être admise pour faute simple.

2. Le sous-contrat, en vertu duquel le débiteur met certaines ou toutes les obligations créées à son encontre par le contrat principal à la charge du sous-contractant, ce qu'est un sous-traitant dans le contrat d'entreprise ou louage d'ouvrage, doit être distingué de la cession de contrat, en vertu de laquelle un contractant transmet à autrui ses droits et ses obligations résultant d'un contrat. Tandis que le débiteur principal ne disparaît pas dans l'hypothèse d'un sous-contrat, la cession de contrat, parce qu'elle entraîne substitution d'un contractant à un autre, peut faire disparaître le contractant cédant, notamment lorsqu'il a été libéré par l'autre partie au contrat cédé. Il a été admis qu'en cas de responsabilité pour faute, la démonstration d'une faute du sous-traitant suffit pour retenir la responsabilité de l'entrepreneur principal sans que la faute personnelle du second soit nécessaire (Civ. 3e, 23 juin 1999, *Rep. not.* 1999.11,5, obs. Perinet-Marquet ; Civ. 3e, 11 mai 2006, *J.C.P.* 2006.IV.2221). La solution est justifiée dès lors que la faute du sous-traitant doit être assimilée à celle du débiteur pour le compte duquel il intervient, ce débiteur exécutant son obligation par l'intermédiaire du sous-traitant au lieu de l'exécuter par lui-même.

3. Cela ne préjuge pas, de toutes façons, non seulement du recours du débiteur contre celui auquel il a demandé de l'aider dans l'exécution de son obligation, mais encore de la responsabilité de celui-ci envers le créancier.

position du preneur un chauffe-eau en très bon état, ne pouvait prévoir et empêcher les fautes de l'installateur, ce qui l'exonérait de son obligation de répondre des vices de la chose louée) [1]. De même encore, l'incendie provoqué par un tiers dans les lieux loués peut constituer une cause étrangère de la responsabilité du locataire si celui-ci n'a pas facilité l'introduction du tiers dans l'immeuble (Civ. 3e, 2 octobre 1996, *D.A.* 1996.1217). À juste titre la Cour de cassation a considéré que le bailleur est responsable des troubles de jouissance causés par d'autres locataires, sauf force majeure, ce qui devrait être exceptionnel (Civ. 3e, 19 mai 2004, *J.C.P.* 2004.IV.2409). Les locataires ne sont pas, en effet, des tiers dans leurs rapports avec le bailleur.

730. – Conditions de l'exonération de responsabilité par le fait d'un tiers. Exonération totale. Lorsque le fait d'un tiers remplit les conditions de la force majeure, il entraîne, comme elle, l'exonération totale de la responsabilité du débiteur. Il faut, pour cela, que le fait d'un tiers soit extérieur à l'activité du débiteur, ce qui revient à exiger, sous une autre forme, que l'on soit en présence d'une personne étrangère au débiteur. En effet, le fait du soi-disant tiers n'est pas extérieur à l'activité du débiteur, s'il s'agit d'une personne à laquelle celui-ci a eu recours pour l'exécution de son obligation [2]. Il faut encore que le fait du tiers ait été imprévisible pour le débiteur lors-

---

1. Les contrats conclus par le maître de l'ouvrage avec l'architecte et l'entrepreneur sont des contrats indépendants. Il en résulte que l'architecte et l'entrepreneur sont des tiers l'un par rapport à l'autre (cf. Civ. 3e, 11 octobre 1989, *D.* 1989.IR.275, *J.C.P.* 1989.IV.396, qui en déduit que la responsabilité de l'un envers l'autre est extra-contractuelle ; Civ. 3e, 17 novembre 1993, *J.C.P.* 1994.IV.146 ; Civ. 1re, 16 février 1994, *Rep. not.* 1994.798, obs. Delebecque ; Civ. 3e, 11 janvier 1995, *R.J.D.A.* 1995, n° 341). Par conséquent, le fait de l'architecte peut éventuellement constituer une cause étrangère pour l'entrepreneur (cf. Civ. 3e, 16 octobre 1984, *D.* 1985.431, note Rémery). Cependant, en raison de l'obligation de surveillance des travaux qui incombe à l'architecte, l'inverse n'est pas vrai et, d'une façon générale, en cas de malfaçons imputables à l'entrepreneur, la responsabilité de l'architecte sera retenue en même temps que celle de l'entrepreneur (cf. Civ., 3e, 1er février 1977, *J.C.P.* 1977.IV.80 ; Civ. 3e, 4 juillet 1979, *J.C.P.* 1979.IV.305 ; Civ. 3e, 2 octobre 1979, *J.C.P.* 1979.IV.359, *D.* 1980.IR.109 ; Civ. 3e, 18 juin 1980, *J.C.P.* 1980.IV.331 ; Paris, 17 mars 1988, *D.* 1988.IR.105 ; Versailles 27 mai 1988, *D.* 1988.IR. 201). Mais, il n'en est ainsi que si les faits imputables à chacun ont causé le même dommage et non pas des dommages distincts, auquel cas chacun est responsable du seul dommage qu'il a causé (cf. Civ. 3e, 29 novembre 1978, *J.C.P.* 1979.IV.47, *D.* 1979.IR.220). Il a été admis que le vice d'un matériau utilisé par l'architecte peut constituer le fait d'un tiers exonérant l'architecte de sa responsabilité en cas de vice de construction dans le cas où le défaut n'était pas décelable sans un examen de laboratoire, ce dont il résulte que le vice de construction ne peut être rattaché à l'exécution des obligations de l'architecte (cf. Paris, 5 mai 1988. *D.* 1988.IR.161). Cependant, cette solution n'est pas en harmonie avec la condition d'extériorité (v. *supra,* n° 724), dont il est vrai qu'elle n'est pas admise sans nuance. Aussi bien, la Cour de cassation considère que l'entrepreneur ne peut s'exonérer par la faute d'un autre locateur d'ouvrage (v. n° 731 sur l'absence d'exonération partielle), le vice du procédé utilisé ou son impropriété (Civ. 3e, 26 mai 1994, *J.C.P.* 1994.IV.1873). Il a aussi été admis à juste raison que, lorsque le travail d'un entrepreneur dépend de celui d'un autre, le devoir de conseil peut s'étendre entre eux (Civ. 3e, 31 janvier 2007, *J.C.P.* 2007.IV.1469).

2. V. *supra,* n° 729.

que la prévisibilité aurait permis d'éviter l'intervention dommageable du tiers (cf. Civ. 1re, 29 octobre 1975, *D.* 1976.IR.20, *J.C.P.* 1976.II.18306, note R.R., qui considère que la hâte d'un voyageur descendant d'un train n'est pas imprévisible pour le transporteur, le voyageur pressé en ayant heurté un autre ; Civ. 1re, 18 décembre 1979, *J.C.P.* 1980.IV.94, qui refuse d'exonérer un transporteur dont le chauffeur a donné un coup de frein pour éviter un piéton qui traversait la chaussée, ce fait n'étant pas imprévisible ; Com. 5 janvier 1988, *J.C.P.* 1988.IV.95, qui considère comme prévisible l'agression d'un chauffeur qui s'est arrêté de nuit dans un endroit isolé d'une région dangereuse ; Civ. 1re, 23 juillet 1979, *D.* 1979.IR.562, qui refuse de considérer comme étant imprévisible le déclenchement du signal d'alarme d'un train par un voyageur qui voulait récupérer sa valise, ce qui avait entraîné la chute d'un autre voyageur). Il faut, enfin et surtout, que le fait du tiers ait été irrésistible, en ce sens qu'il doit avoir empêché absolument le débiteur d'exécuter son obligation (cf. Paris 28 novembre 1991, *D.* 1992.IR.80, selon lequel n'est pas plus irrésistible qu'imprévisible l'augmentation des tarifs du fournisseur d'un vendeur, ce dernier ne pouvant dès lors être exonéré de sa responsabilité pour inexécution de l'obligation de livrer l'acheteur ; T.G.I. Cambrai 23 janvier 2003, *Petites Affiches* 13 mai 2004, note Ronget, à propos de l'agression mortelle d'un voyageur dans un train). L'ouverture inopinée de la portière d'un train par un tiers, ce qui avait entraîné la chute d'un voyageur, n'est pas un événement imprévisible et inévitable pour la S.N.C.F dès lors que l'accident pouvait être évité par la mise en place d'un dispositif ne permettant pas l'ouverture d'une portière pendant la marche du train (Civ. 1re, 21 octobre 1997, *D.A.* 1997.1352, *R.J.D.A.* 1997, n° 48. A propos de l'agression d'un voyageur dans un train, v. *supra* n° 724).

Lorsque les conditions de la force majeure sont remplies (cf. Soc. 5 mai 1993, *R.J.D.A.* 1993, n° 606, à propos du retrait par l'administration d'un agrément accordé à un salarié, ce qui justifie la rupture immédiate du contrat de travail), le fait du tiers ne peut qu'être, pour les mêmes raisons qu'en ce qui concerne la force majeure, la cause exclusive du dommage [1]. Il n'est pas nécessaire, dans ces conditions, d'exiger une faute du tiers. Un simple fait non fautif suffit à entraîner une exonération totale de responsabilité en raison de ce que le fait du tiers, lorsqu'il remplit les conditions de la force majeure démontre que l'inexécution de l'obligation n'est pas imputable au débiteur. Cependant, si les conditions de la responsabilité du tiers sont remplies, le créancier pourra demander à celui-ci, sur le fondement des règles de la responsabilité extra-contractuelle ou contractuelle selon les cas, la réparation du dommage. Si le fait du tiers constitue l'inexécution d'une obligation contractuelle de celui-ci envers le créancier, la faute sera nécessaire s'il

1. V. *supra,* n° 728.

s'agit d'une obligation de moyens. Si l'obligation du tiers est de résultat, la faute n'est pas nécessaire [1]. Dans le cas où il n'y aurait pas de rapport contractuel entre le tiers et le créancier, celui-ci pourrait agir contre le tiers sur le fondement de la responsabilité extra-contractuelle, laquelle sera, selon les cas, fondée ou non sur la faute.

731. – Obligation *in solidum* des coresponsables d'un dommage [2]. Lorsque le fait d'un tiers ne constitue pas un cas de force majeure pour le débiteur, il ne peut entraîner d'exonération totale de responsabilité. Cependant, il n'empêche que ce fait est pour partie la cause du dommage subi par le créancier. En d'autres termes, le dommage a deux causes, un fait ou une faute imputable au créancier et un fait ou une faute imputable au tiers. Cette situation est fréquente. Tel est le cas lorsque les défauts d'une construction sont imputables à l'architecte et à l'entrepreneur. En ce cas, le créancier, en l'occurrence le maître de l'ouvrage, a deux débiteurs avec lesquels il est lié par des contrats distincts, chacun d'eux étant un tiers par rapport à l'autre, mais aucun d'eux n'étant un tiers par rapport au créancier. Il se peut aussi que le tiers ne soit pas contractuellement lié envers le débiteur, ce qui n'empêche pas son fait d'être pour partie à l'origine du dommage. Ainsi, lorsque le dommage subi par le voyageur est dû pour partie au fait d'un autre voyageur non imprévisible ni irrésistible pour le transporteur, il est évident que, si la victime est contractuellement liée au transporteur, elle est un tiers par rapport au voyageur dont le fait a partiellement causé le dommage.

Il n'est pas douteux que le créancier de l'obligation inexécutée pourra agir contre le tiers pour lui demander la réparation du dommage. Si le tiers est aussi débiteur de la victime en vertu d'un contrat, celle-ci disposera de deux actions en responsabilité contractuelle, l'une contre un débiteur et l'autre contre le second débiteur (par exemple le maître de l'ouvrage peut agir contre l'architecte et contre l'entrepreneur). Si le tiers n'était pas contractuellement lié envers la victime, celle-ci pourra disposer d'une action en responsabilité extra-contractuelle contre lui, laquelle viendra se superposer à l'action en responsabilité contractuelle contre le débiteur (par exemple, le voyageur pourra agir contre le transporteur, contractuellement tenu, et contre l'autre voyageur, cette fois-ci sur le fondement de la responsabilité extra-contractuelle).

La question est de savoir si chacun, quelle que soit la nature de sa responsabilité, n'est tenu qu'à proportion de sa part dans le dommage ou bien si chacun est tenu à la réparation intégrale envers la victime, sauf le recours de celui qui a payé contre l'autre pour lui réclamer sa contribu-

---

1. Si la faute de l'architecte constitue une cause étrangère pour l'entrepreneur (v. *supra*, note 1, p. 854), le maître de l'ouvrage pourra demander la réparation du dommage à l'architecte. Cependant, la faute n'est pas une condition de la responsabilité de l'architecte, lequel est tenu d'une obligation de résultat (art. 1792 C. civ.).

2. Sur l'obligation *in solidum*, V. FRANÇOIS, *Obligations, Régime général,* n° 224 et s.

tion dans la dette de la réparation. Normalement, une responsabilité partielle ne devrait entraîner qu'une obligation de réparation seulement partielle à la charge de chacun des coresponsables. En d'autres termes, le fait ou la faute de chacun devrait entraîner pour l'autre une exonération partielle de responsabilité. Cependant, la jurisprudence, à juste titre, n'admet pas cette solution et elle considère que chacun des coresponsables d'un même dommage [1] est tenu à la réparation intégrale envers la victime, sauf le recours de celui qui a payé le tout contre l'autre pour lui réclamer sa part (cf. Civ. 3e, 22 novembre 1978, *J.C.P.* 1980.II.19296, note Langlade ; Civ. 3e, 25 mars 1980, *J.C.P.* 1980.IV.224 ; Civ. 1re, 10 novembre 1981, *J.C.P.* 1982.IV.41 ; Civ. 3e, 12 mai 1993, *D.* 1994. Somm. 20, obs. Delebecque ; Com. 21 février 1995, *R.J.D.A.* 1995, n° 817 ; Com. 5 mars 1996, *D.* 1996.IR.105 ; Civ. 1re, 20 mars 1996, *R.J.D.A.* 1996, n° 1518 ; Civ. 3e, 3 juillet 1996, *J.C.P.* 1996.IV.1994 ; Com. 14 janvier 1997, *R.J.D.A.* 1997, n° 612 ; Com. 3 décembre 2002, *R.J.D.A.* 2003, n° 468). C'est le système de l'obligation dite *in solidum* des coresponsables d'un dommage c'est-à-dire que chacun est obligé à la réparation de l'entier dommage, quel que soit le fondement de l'obligation de réparation qui pèse sur chacun. Ainsi, il importe peu qu'ils soient tenus tous les deux contractuellement (cf. Civ. 1re, 28 mars 1995, *J.C.P.* 1995.IV.1316, *R.J.D.A.* 1995, n° 935) ou délictuellement, c'est-à-dire en application des règles de la responsabilité extra-contractuelle, ou que l'un soit tenu contractuellement et l'autre délictuellement. La solution n'est pas fondée, en effet, sur la nature de la responsabilité.

Il est vrai que le fondement de l'obligation *in solidum* des coresponsables d'un dommage est discuté, certains y voyant une indivisibilité de la causalité [2], tandis que d'autres n'y voient qu'une garantie dans l'intérêt de la victime. En réalité, la seconde justification paraît s'imposer à la lumière du droit positif sur d'autres problèmes de causalité et, en particulier, en ce qui concerne l'exonération partielle par la faute de la victime [3]. L'obligation *in solidum* des coresponsables d'un dommage présente un intérêt considérable pour le créancier [4].

---

1. Si les dommages sont distincts, chacun n'est tenu que de la réparation du seul dommage qu'il a causé (cf. Civ. 3e, 29 novembre 1978, *D.* 1979.IR.220, *J.C.P.* 1979.IV.47 ; Civ. 1re, 21 novembre 1995, *R.J.D.A.* 1996, n° 461). La jurisprudence exige, en effet, à juste titre, que l'intégralité du dommage soit due à l'activité des coresponsables (Civ. 3e, 8 mars 1995, *R.J.D.A.* 1995, n° 758). S'il n'en était pas ainsi, l'obligation de chacun au tout serait contestable.

2. L'indivisibilité du lien de causalité implique qu'il n'est pas possible de scinder les causes du dommage. Mais alors on ne comprend pas pourquoi ce qu'on ne peut faire dans les rapports des coresponsables et de la victime, on pourrait le faire dans les rapports entre coresponsables, en autorisant le recours de celui qui a payé contre l'autre.

3. Lorsque la victime a commis une faute, elle doit supporter une part de son dommage, ce qui démontre que la causalité est divisible. V. aussi la note précédente en ce qui concerne les recours entre coresponsables.

4. Lorsque la clause d'un contrat d'assurance de responsabilité exclut la prise en charge par l'assureur des conséquences de l'obligation *in solidum*, ce qui constitue une stipulation valable, l'assureur est tenu, de toutes façons, de la part contributive de son assuré (cf. Civ. 1re, 30 janvier 2001, *J.C.P.* 2001.IV.1523).

Au demeurant, dans certaines hypothèses, le législateur la prévoit en édictant même une obligation solidaire (par exemple, art. 1792-4 C. civ.). Parce que chacun est tenu au tout, ce n'est pas le créancier qui supportera l'insolvabilité de l'un des responsables, mais le coresponsable. Parce que chacun est tenu au tout, la suspension des poursuites contre l'un en raison d'une procédure collective de redressement ou de liquidation judiciaire n'empêche pas d'agir contre l'autre (cf. Civ. 3e, 6 juillet 1983, *J.C.P.* 1983.IV.298). Au surplus, c'est un avantage qui n'est pas mince pour le créancier de ne point être tenu de diviser ses poursuites contre chacun des responsables [1].

En fin de compte, l'obligation *in solidum* des coresponsables interdit, dans les rapports de chaque responsable et de la victime, de prononcer une exonération partielle de responsabilité par le fait d'un tiers, lorsque celui-ci n'est pas la cause exclusive du dommage. Mais, bien entendu, en raison du recours de celui qui a payé contre son coresponsable, il y a place pour l'exonération partielle dans les rapports entre coresponsables, ce qui entraîne à distinguer entre l'obligation à la dette (dans les rapports des coresponsables avec la victime) et la contribution à la dette (dans les rapports entre coresponsables) [2].

1. L'obligation *in solidum*, fondée sur la garantie de la réparation dans l'intérêt de la victime, ne saurait être étendue à des dettes qui ne sont pas de réparation. Ainsi, lorsqu'à la suite de la résolution, des restitutions doivent intervenir (v. *supra,* n° 713), ces restitutions ne sont pas dues *in solidu*m par des contractants qui ne sont pas tenus solidairement de la même dette (cf. Com. 25 mai 1993, *D.* 1993.IR.166, à propos de deux contrats de fourniture résolus, chacun ayant été conclu par un fournisseur différent de l'autre, l'arrêt, se fondant sur l'absence d'indivisibilité naturelle des restitutions des deux prix, refusant à juste titre d'admettre que chaque fournisseur est tenu de la dette de restitution de l'autre. La solution eût été différente si la solidarité avait été expressément stipulée, ce qui eût été possible, bien qu'il s'agît de deux dettes différentes, et aurait manifesté, en réalité, l'existence de deux cautionnements solidaires).

2. Sur le principe du recours entre coresponsables, cf. Civ. 1re, 7 juin 1977, *D.* 1978. 289, note Larroumet, *J.C.P.* 1978.II.19003, note Dejean de la Batie, *Rev. trim. dr. civ.* 1978.364, obs. Durry ; Civ. 3e, 22 juin 1994, *R.J.D.A.* 1994, n° 180, *Rep. not.* 1994. 1463, obs. Delebecque, qui précise, à juste titre, que le recours ne s'exerce qu'à concurrence de la part de chacun des codébiteurs de la dette, l'obligation *in solidum* ne se différenciant pas de la solidarité à cet égard, v. art. 1214 C. civ. Sur le recours d'un constructeur contre le maître de l'ouvrage, Civ. 3e, 22 juin 1977, *D.* 1977.IR.472 ; sur celui d'un promoteur contre un constructeur, Civ. 3e, 10 novembre 1981, *D.* 1982.IR.177 ; sur celui d'un bailleur contre le syndicat des copropriétaires, Paris 27 janvier 1981, *D.* 1982.IR.436 ; sur celui de l'entrepreneur principal contre un sous-traitant, Civ. 3e, 23 novembre 1983, *J.C.P.* 1984.IV.38, *D.* 1984.IR.240 ; sur celui d'un centre de transfusion sanguine, qui avait fourni un sang cotaminé, contre le responsable d'un accident qui avait rendu nécessaire la transfusion de la victime, Civ. 2e, 20 octobre 2005, *D.* 2006.492). Le juge ne peut pas écarter le recours de l'assureur d'un coresponsable qui a payé la totalité de la dette au motif que l'assuré n'a pas été appelé en cause et qu'on ne peut procéder au partage entre coresponsables. Il lui appartient de mettre en cause d'office le coresponsable assuré (Civ. 1re, 3 janvier 1996, *J.C.P.* 1996.IV.414).

Ce recours est fondé sur la subrogation de l'article 1251 3e du Code civil, c'est-à-dire que celui qui a payé se voit investi des droits de la victime désintéressée contre le coresponsable, ce qui peut quelquefois être contraire au principe du non cumul des responsabilités contractuelle et extra-contractuelle.

C. *Le fait du créancier*

732. – Exonération totale de responsabilité. Il peut arriver que le dommage éprouvé par le créancier, qui se plaint de l'inexécution de son obligation par le débiteur, trouve son origine dans un fait du créancier lui-même. Par exemple, en dépit de la faute commise par le médecin, le malade serait décédé des suites d'une autre affection contre laquelle on ne pouvait rien ou encore la marchandise remise au transporteur a péri en cours de transport en raison de son état, ce dont il résulte qu'on ne peut imputer au transporteur de ne pas avoir exécuté son obligation de la remettre en bon état au destinataire. Au même titre que la force majeure ou le fait d'un tiers, le fait du créancier doit entraîner une exonération de la responsabilité du débiteur et pour les mêmes raisons, c'est-à-dire que l'inexécution de l'obligation n'est pas imputable au débiteur si le dommage trouve sa cause dans un fait du créancier.

Si le fait du créancier constitue pour le débiteur un événement ayant les caractères de la force majeure, l'exonération de responsabilité sera totale. Ainsi, le fait par le propriétaire d'un véhicule, qui l'avait confié à un garagiste pour des réparations, de n'avoir pas averti celui-ci qu'il avait lui-même effectué des réparations antérieures qui, parce qu'elles ont été mal exécutées, sont à l'origine d'un accident, interdit d'obliger le garagiste à réparer les conséquences de cet accident (Civ. 1re, 12 octobre 1976, *D.* 1977.IR.30). De nombreuses décisions de la jurisprudence appliquent les principes qui gouvernent la force majeure pour prononcer une exonération totale de la responsabilité du débiteur lorsque le dommage éprouvé par le créancier a pour cause exclusive un fait de celui-ci (cf. Rennes 27 février 2002, *J.C.P.* 2002.IV.2788, à propos d'un voyageur qui est descendu du train sur la voie au lieu de descendre du côté du quai. Comparer, Civ. 2e, 23 janvier 2003, *D.* 2003.IR.605, qui considère que le fait, pour un passager, de descendre d'un train en marche ne constitue pas pour la SNCF un événement imprévisible qui, en raison du système de fermeture des portes demeure possible). Mais, si l'exonération totale de responsabilité suppose que le fait du créancier soit la cause exclusive de son dommage (cf. Civ. 1re, 29 avril 1981, *J.C.P.* 1982.II.19730, note Courbe ; Orléans 10 novembre 1997, *J.C.P.* 1998.IV.2121), il n'est pas nécessaire que ce fait soit fautif. La raison en est la même qu'en ce qui concerne le fait d'un tiers [1]. Parce qu'il n'y a pas de lien de causalité entre l'activité du débiteur et le dommage subi par le créancier, il n'y a pas de responsabilité du premier envers le second, peu important que le fait de celui-ci dans lequel le dommage trouve sa cause constitue ou non une faute.

Si la loi du 5 juillet 1985 sur l'indemnisation des victimes d'accidents de la circulation a interdit toute exonération de responsabilité par la preuve de la force majeure ou celle du fait d'un tiers [2], il n'en

---

1. V. *supra*, n° 730.
2. V. *supra*, n° 727.

va pas de même en ce qui concerne la faute de la victime. Plusieurs dispositions de cette loi prévoient l'exonération de responsabilité par la faute de la victime. Il s'agit d'une faute et non pas simplement d'un fait non fautif. Toutes ces dispositions ne concernent pas nécessairement le passager transporté dans un véhicule à moteur. Ainsi, l'article 4 relatif à la faute du conducteur, victime d'un accident, est étranger à la responsabilité contractuelle envers les passagers. En revanche, l'article 3 sur l'effet exonératoire de la faute de la victime, en ce qui concerne les dommages corporels, est applicable à la responsabilité du transporteur, de même que l'article 5, en ce qui concerne les dommages aux biens et l'article 6 relatif à l'incidence de la faute de la victime principale (par exemple le passager) sur le droit à réparation des victimes par ricochet (par exemple, les proches parents du passager qui éprouvent un dommage économique ou moral du fait des blessures ou du décès de celui-ci). S'il s'agit d'une victime autre que celles qui sont visées à l'alinéa deuxième de l'article 3, leur faute leur est opposable à condition d'avoir été inexcusable [1] et de constituer la cause exclusive de l'accident. Par conséquent, il semble que la faute de la victime doive avoir les caractères de la force majeure, puisqu'elle doit être la cause exclusive de l'accident [2]. Cependant, c'est une chose de décider qu'elle est la cause exclusive, c'en est une autre d'apprécier son caractère inexcusable. Les deux conditions sont cumulatives. Si la victime est l'une de celles qui est visée à l'alinéa deuxième de l'article 3, sa faute ne lui est opposable que s'il s'agit d'une faute intentionnelle [3]. En ce qui concerne les dommages aux biens (par exemple, les bagages du passager), il n'est pas nécessaire que la faute de la victime soit inexcusable. Une faute légère suffit à entraîner une exonération de la responsabilité du transporteur. Il n'est pas nécessaire non plus que la faute du créancier soit la cause exclusive du dommage. En effet, pour ces dommages, l'article 5 de la loi du 5 juillet 1985 revient au droit commun de la responsabilité civile, selon lequel il peut y avoir exonération partielle de responsabilité par la faute de la victime [4].

---

1. Sur la faute inexcusable, v. *supra,* n° 624. Il n'y a pas de raison d'apprécier différemment le caractère inexcusable de la faute du créancier et de celle du débiteur.

2. Telle n'est cependant pas la solution de la Cour de cassation, pour laquelle lorsque les juges du fond ont considéré que la faute de la victime était la seule cause possible du dommage, ils n'ont pas à rechercher si elle était imprévisible et irrésistible pour le défendeur à l'action en responsabilité (Civ. 2e, 17 février 1993, *Rev. trim. dr. civ.* 1993.600, obs. Jourdain). C'est une solution contestable, car seuls les caractères de la force majeure démontrent que la faute de la victime est la cause exclusive de l'accident.

3. Sur la faute intentionnelle, v. *supra,* n° 623. L'article 3, al. 3 la définit comme celle en vertu de laquelle la victime « a volontairement recherché le dommage qu'elle a subi ». Cette disposition concerne des enfants, des personnes âgées et des handicapés.

4. La jurisprudence n'admet l'exonération de la responsabilité de l'employeur en cas d'inexécution de son obligation de sécurité que si le salarié a commis une faute inexcusable à l'origine de son dommage (Ass. Plén. 24 juin 2005, *D.* 2006.1881).

733. – Partage de responsabilité entre le créancier et le débiteur. Lorsque la faute de la victime ne constitue pas un cas de force majeure pour le débiteur, elle ne saurait entraîner une exonération totale de la responsabilité civile de celui-ci (Civ. 1re, 9 octobre 1991, *Bull. civ.* 1, n° 259, *D.* 1992. Somm. 403, obs. Penneau). Ce n'est pas à dire que le débiteur sera tenu à la réparation intégrale du dommage. En effet, si la victime a commis une faute qui est pour partie à l'origine de son dommage, il est illogique et inéquitable d'obliger le débiteur à la réparation intégrale.

C'est illogique parce que l'obligation de réparation suppose que le dommage soit dû à l'activité du débiteur. Si cette activité n'est que pour partie la cause du dommage, on doit admettre une exonération partielle de responsabilité. A la causalité partielle doit correspondre une responsabilité partielle. Sans doute, on sait que, dans les rapports de la victime et des coresponsables, le fait d'un tiers n'est pas une cause d'exonération partielle de responsabilité [1]. Mais, il en est ainsi pour garantir la victime et, de toutes façons, celui des coresponsables qui a réparé intégralement le dommage dispose d'un recours contre l'autre, ce qui démontre qu'il ne doit pas supporter le poids de la réparation intégrale, sa responsabilité définitive étant seulement partielle.

Il est aussi inéquitable d'obliger le débiteur à une réparation intégrale envers le créancier si celui-ci a commis une faute qui a contribué à la production de son dommage. En effet, la faute du créancier doit être sanctionnée, comme l'est le fait imputable au débiteur. Le créancier doit être responsable envers lui-même lorsqu'il a commis une faute.

Telles sont les raisons pour lesquelles la faute du créancier entraîne un partage de responsabilité. La jurisprudence l'affirme depuis longtemps (cf. notamment l'arrêt de principe de Civ. 1re, 31 janvier 1973, *D.* 1973.149, conclusions Schmelck ; Civ. 1re, 17 février 1987, *J.C.P.* 1988.II.21082, note M.M. ; Civ. 1re, 9 octobre 1991, *Bull. civ.* 1, n° 259, D. Somm. 403, obs. Penneau ; Civ. 1re, 30 mars 1994, *D.* 1994.IR.104, *J.C.P.* 1994.IV.1488 ; Civ. 1re, 21 novembre 1995, *J.C.P.* 1996.IV.92). Cependant, en raison de ce qu'il s'agit d'admettre la responsabilité du créancier envers lui-même, une faute doit être exigée (Versailles 28 octobre 1988, *D.* 1988.234, note Estoup ; Civ. 1re, 4 juillet 1995, *Contrats, conc. consomm.* 1995, n° 201, obs. Leveneur, *J.C.P.* 1995.I.3893, n° 2, obs. Viney, *R.J.D.A.* 1996, n° 15, *J.C.P.* 1996.II.22620, note Paisant et Brun ; Civ. 2e, 23 janvier 2003, *D.* 2003.IR.605). Il ne s'agit pas simplement, comme dans le cas de l'exonération totale, de détruire le lien de causalité entre l'activité du débiteur et le dommage éprouvé par le créancier. Il s'agit aussi de sanctionner la victime, en mettant

1. V. *supra,* n° 731.

une part de son dommage à sa charge, ce qui suppose qu'elle ait commis une faute. Ceci étant, le partage de responsabilité doit être prononcé aussi bien lorsqu'il s'agit de l'inexécution d'une obligation de résultat que de celle d'une obligation de moyens. Si l'obligation est de moyens, des fautes auront été commises de part et d'autre et le partage se fera en fonction de la gravité respective des fautes. Si l'obligation est de résultat, la faute du débiteur n'est pas une condition de sa responsabilité, mais la faute de la victime sera une cause d'exonération partielle proportionnelle à sa gravité.

Lorsque chacune des parties a commis une faute dans l'exécution de ses obligations et que cette faute est la cause du préjudice de l'autre, il convient, hors de tout partage de responsabilité, parce qu'il ne s'agit pas de cause d'exonération, d'obliger chacune d'elles à réparer le préjudice subi par l'autre. Si le préjudice de chacune est égal à celui de l'autre, les fautes étant aussi d'égale gravité, il n'y a pas lieu de prononcer de condamnation (en ce sens, Com. 21 février 1995, *R.J.D.A.* 1995, n° 816). En revanche, dans le cas, d'abord, où le préjudice de l'une est plus important que celui de l'autre, la seconde sera tenue de réparer la différence. Si les fautes ne sont pas d'égale importance et que chacune d'elles est la cause de l'ensemble des préjudices, il convient de condamner le responsable de la faute la plus grave à due concurrence.

733 *bis*. – Obligation de modérer le dommage. Indépendamment de la faute de la victime, la question se pose de savoir si le créancier de l'obligation inexécutée ou mal exécutée est tenu de prendre les mesures nécessaires pour modérer le dommage qu'il a subi du fait de l'inexécution. Contrairement à d'autres systèmes juridiques, qui admettent cette obligation (*mitigation of damages*), le droit français ne contient aucune disposition à cet égard, sauf en vertu de conventions internationales ratifiées par la France (par exemple la Convention de Vienne du 11 avril 1980 sur la vente internationale de marchandises).

La jurisprudence a pu parfois consacrer cette obligation de modération qui se traduit, lorsqu'elle n'est pas accomplie, par une diminution des dommages-intérêts auxquels le créancier prétend (cf. Douai 15 mars 2001, *D.* 2002.307, note André, dans une espèce dans laquelle il était reproché à la victime de l'inexécution d'avoir distribué des dividendes au lieu d'investir en vue d'une éventuelle solution de remplacement, car elle ne pouvait pas compter sur une perpétuation des relations avec son cocontractant).

Le concept de *mitigation of damages* ne correspond pas à celui de faute du créancier. En effet, le comportement du créancier n'est en rien une cause de la survenance du dommage. Il est, à cet égard, en droit d'obtenir une réparation intégrale. Cependant, une fois le dommage survenu, ce qu'on lui reproche est de ne pas avoir pris en considération les intérêts du débiteur, lorsque cela était possible, pour diminuer le montant de ce dommage. Il est difficile de considérer comme fautive l'abstention du créancier. Le droit commun pourrait ne pas permettre la consécration de la *mitigation of damages* en droit français, sauf à faire appel à une interprétation extensive de l'article 1134, al. 3 du Code civil, l'abstention du créancier devant être assimilée à un comportement de mauvaise foi, ce qui ne s'impose point avec évidence. La Cour de cassation a refusé d'admettre l'existence d'une obligation de modérer le dommage en droit commun (Civ. 2e, 19 juin 2003, *D.* 2004. Somm. 1346, obs. Mazeaud, *J.C.P.* 2003.II.10170, note Castets-Renard, *R.J.D.A.* 2004, n° 496, *Rep. not.* 2003.1574, obs. Aubert, *Rev. trim. dr. civ.* 2003.716, obs. Jourdain, *Petites Affiches* 17 octobre 2003, note Reifegerste, et 31 décembre 2003, note Dagorne-Labbé. V. Aubert, La victime peut-elle être obligée de minimiser son dommage ? *R.J.D.A.* 2004, p. 355. V. aussi Civ. 1re, 3 mai 2006, *D.* 2006.1403, à propos de la victime d'une hépatite à la suite d'un traitement médical, l'arrêt ayant considéré que le refus de celle-ci de suivre d'autres traitements préconisés ne pouvait autoriser à réduire son indemnisation. Comparer, Com. 14 janvier 2003, *R.J.D.A.* 2003, n° 393, arrêt par lequel la Cour de cassation a approuvé une Cour d'appel d'avoir admis le principe d'une limitation des dommages-intérêts en raison de ce que le créancier avait pris des risques). La position de la jurisprudence est contestable et il faut souhaiter une évolution. Dans la mesure où le créancier est en mesure de limiter le montant de ses dommages en prenant les mesures nécessaires, il n'y a pas de raison de lui permettre d'obtenir une indemnisation intégrale lorsqu'il n'a rien fait, y compris en l'absence de faute de sa part. Il est de son devoir de prendre en considération les intérêts de son cocontractant. Certes, il n'est pas nécessairement de mauvaise foi lorsqu'il ne le fait point. Cependant, du moins lorsqu'il s'agit de responsabilité contractuelle, l'article 1135 du Code civil autorise le juge à créer des obligations contractuelles implicites à la charge de chacune des parties.

De toutes façons, les parties au contrat pourraient parfaitement stipuler l'obligation de modérer le dommage à la charge de l'une des parties en cas d'inexécution par l'autre.

§ 2. La théorie des risques dans les contrats synallagmatiques [1]

734. – *Res perit debitori* ou *res perit creditori ?* Dans un contrat unilatéral, lorsque l'obligation fait l'objet d'une impossibilité d'exécution, le débiteur est libéré par suite de la cause étrangère qui ne lui est pas imputable. C'est, on le sait, la solution qui résulte des articles 1148

1. *Bibliographie* : RADÉ, Pour une approche renouvelée de la théorie des risques, *Petites Affiches* 7 juillet 1995.

et 1302 du Code civil [1]. Le créancier n'obtiendra pas ce qui lui était dû, un point c'est tout. Mais si le contrat est synallagmatique, il s'agit de savoir quelles conséquences l'impossibilité d'exécuter une obligation entraîne sur l'obligation de l'autre partie. Si elle n'a pas été exécutée, doit-elle encore l'être ? Si elle a été exécutée, doit-il y avoir lieu à répétition au profit du créancier de l'obligation qui fait l'objet d'une impossibilité d'exécution ?

Si on considère que l'impossibilité d'exécution d'une obligation n'empêche pas que l'obligation de l'autre partie doive être exécutée, on met les risques résultant de l'inexécution d'une obligation à la charge du créancier de cette obligation *(res perit creditori)*. *Brevitatis causa*, on parle de risques du contrat, étant entendu qu'il s'agit des risques d'une impossibilité d'exécution. En effet, c'est le créancier de l'obligation dont l'exécution est impossible qui supporte le risque de la survenance d'une cause étrangère, puisqu'il doit exécuter son obligation sans rien recevoir en contrepartie. Si, au contraire, on admet que le créancier de l'obligation impossible à exécuter ne doit pas lui-même, en raison de cette impossibilité, exécuter sa propre obligation, on met les risques du contrat à la charge du débiteur de l'obligation qui fait l'objet de l'impossibilité d'exécution *(res perit debitori)*, puisque la prestation qu'il attendait et qui pouvait lui être fournie ne le sera pas. Or, la réponse à cette question ne se présente pas de la même façon, en droit français, selon qu'il s'agit d'un contrat autre qu'un contrat translatif de propriété ou bien d'un contrat translatif.

A. *Contrat non translatif de propriété*

735. – *Res perit debitori.* Supposons que l'immeuble donné à bail périsse dans un incendie fortuit qui n'est imputable ni au bailleur ni au preneur. En ce cas, le bailleur est libéré de son obligation de procurer la jouissance au preneur, mais le preneur doit-il continuer à payer le prix du bail ? La réponse doit être négative. Dans un contrat synallagmatique, lorsque l'obligation d'une partie fait l'objet d'une impossibilité d'exécution par suite d'un cas de force majeure non imputable au débiteur, l'autre partie est aussi libérée de son obligation. En d'autres termes, le contrat est anéanti et les risques sont, par conséquent, pour le débiteur de l'obligation dont l'exécution est impossible *(res perit debitori)*.

En réalité le Code civil n'énonce pas le principe de cette solution d'une façon générale, contrairement à certains codes étrangers de

1. Si la perte fortuite, c'est-à-dire en raison d'une cause étrangère, ne peut donner lieu à la responsabilité du débiteur de la livraison ou de la restitution, celui-ci est tenu de céder au créancier les droits et actions dont l'objet est l'indemnisation de la perte (par exemple, une action en responsabilité contre un tiers auquel la perte est imputable ou le droit à indemnité à l'encontre de l'assureur de choses). La solution est affirmée par l'article 1303 du Code civil (cf. Civ. 1re, 27 juin 1995, *D.* 1995.IR.175, *J.C.P.* 1995.IV.2125, *Contrats, conc. consomm.* 1995, n° 179, note Leveneur).

même inspiration [1]. Il ne contient que des dispositions propres à tel contrat et consacrant la solution. Ainsi, en ce qui concerne le bail, l'article 1722 décide que le bail est résilié si la chose est détruite (cf. Civ. 3e, 6 mars 1996, *R.J.D.A.* 1996, n° 753 ; Civ. 3e, 19 mars 1997, *R.J.D.A.* 1997, n° 615 ; Civ. 1re, 1er avril 1998, *D.* 1998.IR.115 ; Civ. 3e, 30 septembre 1998, *R.J.D.A.* 1998, n° 1191) et il faut comprendre ce texte comme énonçant une solution propre à la destruction fortuite de la chose, puisqu'il précise qu'il n'y a lieu à aucun dédommagement, ce qui ne serait pas le cas si la destruction était imputable au preneur ou au bailleur. [2]

En ce qui concerne le contrat d'entreprise ou louage d'ouvrage, l'article 1790 précise qu'en cas de perte fortuite de la chose confiée au locateur d'ouvrage, qui n'en est pas propriétaire, le maître de l'ouvrage n'est pas tenu de payer la rémunération qui avait été envisagée par les parties. De la même façon qu'à propos de l'*exceptio non adimpleti contractus* [3], la jurisprudence considère que ces dispositions ne sont que la consécration d'un principe général non écrit dans la loi et elle admet l'application du principe *res perit debitori* à tous les contrats synallagmatiques non translatifs de propriété.

---

1. En droit allemand, le § 324 du B.G.B. énonce un principe général selon lequel si l'exécution de l'obligation d'une partie est impossible et que cette inexécution ne lui est pas imputable, elle ne peut demander l'exécution à l'autre partie. Si l'impossibilité est seulement partielle, l'autre obligation est réduite en conséquence. Les articles 1462, 1463 et 1464 du Code civil italien admettent la même solution, de la même façon que l'article 119 du Code suisse des obligations, qui précise que si l'autre partie avait exécuté son obligation, elle a le droit de répéter ce qu'elle a exécuté. C'est encore la même idée qui est exprimée à l'article 1694 du Code civil du Québec selon lequel celui qui est libéré par une impossibilité d'exécution ne peut exiger de son cocontractant qu'il exécute son obligation, étant aussi admis que lorsque l'impossibilité n'est que partielle, l'autre partie demeure tenue jusqu'à concurrence de son enrichissement.

2. La Cour de cassation a pu, il est vrai, considérer que le principe de la disparition du bail par la perte de la chose louée, tel qu'il est affirmé à l'article 1722 du Code civil, était applicable même si la perte était imputable au preneur (cf. Civ. 3e, 4 avril 2001, *R.J.D.A.* 2001, n° 664). Cependant, elle a précisé, en ce cas, que celui-ci était tenu envers le bailleur au paiement de dommages-intérêts (Civ. 3e, 22 janvier 1997, *R.J.D.A.* 1997, n° 332, *Contrats, conc. consomm.* 1997, n° 58, obs. Leveneur, *D.* 1998.43, note Farnocchia). De toutes façons, il ne faut pas confondre la disparition de la chose louée, même imputable au preneur, avec l'inexécution de ses obligations par le preneur et, dans ce dernier cas, le bail ne disparaît pas (cf. Civ. 3e, 19 février 1997, *J.C.P.* 1997.IV.799, à propos de la violation par le preneur d'une réglementation administrative, ce qui avait entraîné l'interdiction par l'administration de la poursuite de son activité). Lorsque le locataire consommateur est bénéficiaire d'une promesse de vente, l'article L. 311-31 du Code de la consommation prévoit qu'en cas de défaillance dans l'exécution de ses obligations, il est redevable d'une indemnité envers le bailleur. Cependant, la Cour de cassation a admis à juste titre que cette indemnité n'était pas due lorsque le contrat a pris fin par le vol de la chose louée non imputable au locataire (Civ. 1re, 16 juillet 1998, *D.A.* 1998.1561). L'évacuation temporaire d'un immeuble en raison de la présence d'amiante non seulement n'équivaut pas à une perte au sens de l'article 1722 du Code civil, mais encore doit donner lieu à l'exécution de l'obligation de garantie du bailleur contre les vices de la chose louée (Civ. 3e, 2 juillet 2003, *R.J.D.A.* 2003, n° 1048, *Petites Affiches* 25 juin 2004, note Meyer).

3. V. *supra*, n° 699.

Au demeurant, le principe ne concerne pas seulement les contrats qui ont pour objet la jouissance d'une chose. On doit admettre qu'il est applicable à tout contrat synallagmatique. Ainsi, lorsque la grève constitue un cas de force majeure empêchant des salariés non grévistes d'exécuter les obligations nées du contrat de travail, l'employeur n'est pas tenu au paiement du salaire (cf. Paris 18 mars 1987, *D.* 1987.IR.101). Lorsque l'exploitation d'un fonds de commerce a rendu nécessaire la conclusion d'un contrat de distribution, la disparition du fonds rend impossible l'exécution de ce contrat, qui doit être anéanti en application de la théorie des risques dans le cas où cette disparition n'est pas imputable au fait de l'une des parties (cf. Nancy 18 novembre 1991, *R.J.D.A.* 1992, n° 575, admettant la caducité d'une convention d'approvisionnement exclusif en raison de la disparition du fonds de commerce).

La justification de ce principe se trouve, comme pour l'exception d'inexécution et la résolution, dans la notion de cause de l'obligation [1]. En effet, si une obligation engendrée par un contrat synallagmatique ne peut être exécutée, l'autre obligation ne doit pas l'être non plus, car elle serait dépourvue de cause. Une fois encore, c'est de l'interdépendance des obligations créées par un contrat synallagmatique dont il est question. Si on obligeait le preneur à payer le loyer jusqu'à l'expiration du bail alors que la chose louée a disparu par suite d'un cas fortuit, on romprait l'interdépendance entre les obligations du bailleur et du preneur.

On peut remarquer que, dans les contrats qui ont pour objet la jouissance d'une chose ou la remise d'un corps certain, sans pour autant que la propriété en soit transférée du patrimoine d'une partie au contrat dans celui de l'autre, le principe selon lequel les risques du contrat sont à la charge du débiteur de l'obligation dont l'exécution est impossible correspond généralement au principe selon lequel une chose est aux risques de son propriétaire *(res perit domino)*. En effet, dans l'exemple du bail, le propriétaire, c'est-à-dire le bailleur, doit supporter les risques de perte fortuite de la chose louée et il doit supporter en même temps les risques du contrat [2].

---

1. V. *supra,* n° 696.

2. Il est vrai qu'en ce qui concerne le contrat de louage d'ouvrage, il résulte de l'article 1790 du Code civil que, si la perte de la chose doit être supportée par son propriétaire, en l'occurrence le maître de l'ouvrage, celui-ci n'est pas tenu pour autant de payer au locateur d'ouvrage la rémunération prévue. Mais, d'une part, il ne s'agit pas d'un contrat en vertu duquel la jouissance d'une chose est procurée par le propriétaire à son cocontractant. D'autre part, la solution de l'article 1790 n'a de sens que par rapport à celle de l'article 1788, qui envisage l'hypothèse dans laquelle le locateur d'ouvrage est propriétaire des matériaux qu'il utilise. En ce cas, la propriété sera transférée après achèvement des travaux au maître de l'ouvrage, ce qui explique qu'avant ce transfert les risques de la perte sont pour le locateur d'ouvrage qui est propriétaire (cf. Civ. 3e, 28 octobre 1992, *Bull. civ.* 3, n° 281, *Rev. trim. dr. civ.* 1993.602, obs. Gautier, sur les conséquences de l'article 1788). Sur l'application du principe *res perit domino* dans les contrats translatifs de propriété, v. *infra,* n° 737 et s.

736. – Théorie des risques et résolution pour inexécution. Le principe selon lequel les risques du contrat sont à la charge du débiteur de l'obligation qui fait l'objet d'une impossibilité d'exécution n'est pas, en jurisprudence, toujours distingué de la résolution de l'article 1184 du Code civil. Aussi bien, la jurisprudence fonde quelquefois l'anéantissement du contrat en raison de l'impossibilité d'exécution d'une obligation sur l'article 1184, en décidant même qu'il s'agit d'une résolution (cf. l'arrêt de principe de Civ. 14 avril 1891, *D.P.* 1891.1.329, note Planiol, S. 1894.1.391. V. aussi, Civ. 1re, 2 juin 1982, *Bull. civ.* 1, n° 205, *J.C.P.* 1982.IV.285, *Rep. not.* 1983.334, obs. Aubert ; Paris 5 janvier 1993, *D.* 1993.IR.122). Il est vrai qu'il y a des points communs entre la théorie des risques et la résolution de l'article 1184 du Code civil. Dans les deux cas, l'anéantissement du contrat est fondé sur la disparition de la cause de l'obligation après la formation du contrat. Dans les deux cas, la disparition opère rétroactivement s'il s'agit d'obligations qui devaient être exécutées d'une façon instantanée, tandis que la disparition n'opère que pour l'avenir s'il s'agit d'un contrat à exécution successive tel que le bail [1]. Enfin, lorsque l'impossibilité d'exécution n'est que temporaire, elle opère plutôt comme l'*exceptio non adimpleti contractus*, en ce sens qu'elle n'entraîne qu'une suspension des effets du contrat. Tout cela n'est que très normal puisque les trois mécanismes sont justifiés par la cause de l'obligation.

Cependant, la théorie des risques n'est pas la résolution. Parce qu'elle ne sanctionne pas l'inexécution d'une obligation imputable à une partie, le juge n'a pas à la prononcer. Il ne dispose, contrairement à la résolution, d'aucun pouvoir d'appréciation. Il doit se borner à constater l'anéantissement du contrat, sauf à vérifier si les conditions en sont remplies et notamment s'il y a bien impossibilité d'exécution non imputable au débiteur, de la même façon que, lorsqu'est stipulée une clause résolutoire, il vérifie les conditions d'application de la clause. En d'autres termes, la théorie des risques opère de plein droit, sans intervention du juge (cf. Com. 28 avril 1982, *Bull. civ.* 4, n° 145, *J.C.P.* 1982.IV.237, *Rep. not.* 1983.334, obs. Aubert). Au surplus, à la différence d'une clause résolutoire, la théorie des risques ne dépend pas de l'initiative de telle partie plutôt que de telle autre et n'importe quelle partie au contrat qui a intérêt à l'invoquer peut le faire, aussi bien le débiteur de l'obligation qui fait l'objet d'une impossibilité d'exécution que l'autre partie au contrat, qui est aussi libérée de son obligation [2].

---

1. V. *supra*, n° 714.

2. En matière de bail, la solution est implicitement affirmée par l'article 1722 du Code civil, lorsqu'il s'agit d'une perte totale de la chose louée. En revanche, lorsque la perte n'est que partielle, il résulte du texte que, parce qu'il attribue au preneur une option, seul celui-ci peut invoquer la disparition du bail (cf. Civ. 3e, 1er février 1995, *R.J.D.A.* 1995, n° 409 ; Civ. 3e, 24 mars 2004, *D.* 2004.IR.995).

Cependant, la charge des risques de l'inexécution d'une obligation en application de la théorie des risques n'est pas d'ordre public. Les parties au contrat pourraient aménager la charge des risques d'une façon différente de ce qui est prévu par la loi, puisqu'il ne s'agit que de leur intérêt particulier. Ainsi, elles pourraient mettre les risques à la charge du créancier de l'obligation qui fait l'objet d'une impossibilité d'exécution [1].

B. Contrat translatif de propriété

737. – Transfert de propriété et transfert des risques de la chose : *res perit domino.* Dans les contrats translatifs de propriété, tels que la vente ou l'échange, le principe admis par le droit français, lorsqu'il s'agit du moins d'un corps certain, est que la propriété est transférée du patrimoine de l'aliénateur dans celui de l'acquéreur dès que les consentements des parties ont été régulièrement échangés. Lorsque le contrat est consensuel, le transfert de propriété est opéré *solo consensu* dès l'échange des consentements dépouillés de toute condition de forme [2]. Lorsque le contrat n'est pas consensuel, le transfert de propriété a lieu immédiatement dès l'échange des consentements intervenu en la forme requise par la loi [3]. En ce cas, le transfert de propriété est toujours un transfert immédiat, mais il n'est pas un transfert *solo consensu*.

Le principe du transfert immédiat de la propriété emporte une conséquence essentielle quant à la charge des risques de perte fortuite de la chose. En effet, il est une règle selon laquelle la perte fortuite d'une chose doit être supportée par son propriétaire [4]. C'est le principe *res perit domino*. Par conséquent, le transfert de propriété entraîne le transfert des risques de la chose. C'est au moment où le transfert de propriété est opéré que l'aliénateur cesse de supporter les risques de perte fortuite de la chose et que ceux-ci sont mis à la charge de l'acquéreur (cf. Civ. 1re, 10 octobre 1995, *D.* 1995.IR.246, *D.A.* 1995.153, qui considère que doit être mis à la charge de l'acheteur le risque de vol de la chose vendue, le vol étant antérieur à la livraison et à la publicité du transfert de propriété, s'agissant d'un navire). Le lien établi entre le transfert de la propriété et celui des risques de la chose est parfaitement justifié, puisque c'est au propriétaire de supporter la perte de la chose. Ce lien est affirmé par l'article 1138, al. 2 du Code civil [5].

---

1. L'article 119 du Code suisse des obligations précise que les risques du contrat, qui pèsent normalement sur le débiteur de l'obligation qui fait l'objet d'une impossibilité d'exécution, peuvent être mis à la charge du créancier de cette obligation par le contrat.
2. Sur le transfert immédiat et *solo consensu* de la propriété, v. *Les biens*, n° 373 et s.
3. V. *Les biens* n° 378 et s. Il faut aussi tenir compte de ce que, lorsqu'un contrat translatif est consensuel en vertu de la loi, il peut être transformé en contrat solennel par la volonté des parties, le principe du consensualisme n'étant pas d'ordre public, v. *supra*, n° 299 et s. sur les promesses synallagmatiques de contrats.
4. V. *Les biens* n° 245.
5. L'article L. 132-7 du Code du commerce en tire la conséquence quant à la charge des risques de perte de la chose vendue, lorsqu'il s'agit d'une chose à transporter : la chose voyage aux risques de celui auquel elle appartient.

Le principe du transfert immédiat de la propriété et des risques de la chose vient modifier la façon dont se présente la théorie des risques du contrat dans les contrats synallagmatiques translatifs de propriété. En effet, les risques du contrat sont ici liés aux risques de la chose, c'est-à-dire que lorsque le débiteur de l'obligation de livraison de la chose ne peut plus exécuter son obligation parce que la chose a péri en raison d'un cas fortuit, il s'agit de savoir qui est le propriétaire de la chose. Supposons, par exemple, que A vende une chose à B et qu'avant la livraison de la chose, celle-ci périsse en raison d'une cause qui n'est pas imputable au débiteur de la livraison, en l'occurrence A. Dans une telle situation, A est libéré de son obligation de livrer (cf. art. 1302, al. 1 C. civ.). Mais B est-il pour autant libéré de son obligation de payer le prix ? Il faudrait admettre l'affirmative si le contrat n'était pas translatif de propriété [1]. Mais, le contrat ayant pour objet de transférer la propriété, la charge des risques du contrat est déplacée vers celle des risques de la chose, c'est-à-dire qu'il convient de déterminer qui était propriétaire au moment de la perte de la chose, puisque la perte d'une chose doit être supportée par son propriétaire. Si le vendeur est demeuré propriétaire de la chose jusqu'à la livraison, c'est à lui de supporter la perte (cf. Civ. 1re, 4 juillet 1995, *R.J.D.A.* 1995, n° 1352, *D.A.* 1995.16). Il en résulte qu'il n'aura pas à livrer, puisqu'il est libéré de son obligation, en application de l'article 1302 du Code civil, mais il ne pourra pas non plus percevoir le prix, car, s'il pouvait exiger le paiement, la perte ne serait pas pour lui. Si la propriété a été transférée à l'acheteur avant la livraison, c'est à lui de supporter la perte et, en ce cas, il doit être tenu de payer le prix au vendeur, car s'il était libéré de son obligation, il ne supporterait pas la perte de la chose. Or, en vertu du principe du transfert immédiat de la propriété, c'est l'acheteur, devenu propriétaire dès la conclusion du contrat et avant la livraison, qui doit supporter la perte fortuite de la chose. La conséquence en est que, malgré l'absence de livraison de la chose, il devra en payer le prix au vendeur. La solution est affirmée par l'article 1138, al. 2 du Code civil d'une façon implicite mais certaine [2].

---

1. V. *supra*, n° 735.

2. La jurisprudence n'est pas toujours cohérente en ce qui concerne l'application des articles 1138 et 1302 du Code civil. Ainsi, dans l'hypothèse d'une promesse d'achat d'actions d'une société, la Chambre commerciale de la Cour de cassation (Com. 7 décembre 1993, *R.J.D.A.* 1994, n° 417) a considéré, sans se référer à la théorie des risques, que, lorsque les actions ont perdu toute valeur et ont dû être annulées entre le jour de la conclusion de la promesse d'achat et celui de son exécution, le promettant devait en payer le prix au bénéficiaire, qui en était propriétaire au moment de la perte de la chose, cette perte ne lui étant pas imputable. Si elle avait été appliquée, la théorie des risques aurait dû conduire à une solution opposée, la perte devant être supportée par celui qui était actionnaire avant l'exécution de la promesse.

738. – Systèmes juridiques étrangers et exceptions en droit français au transfert immédiat de la propriété. Certains systèmes juridiques étrangers admettent la même solution que le droit français, encore que la justification n'en soit pas toujours la même [1]. En droit italien, il résulte de l'article 1465 du Code civil que, lorsque le corps certain qui fait l'objet d'un contrat translatif ou constitutif de droit réel a péri pour une raison non imputable à l'aliénateur ou au constituant, l'acquéreur n'est pas libéré de son obligation. Au contraire, dans d'autres systèmes juridiques dans lesquels la propriété n'est pas transférée immédiatement dès l'accord des volontés, ce qui est le cas en droit allemand [2], la logique du contrat synallagmatique voudrait que l'acquéreur non encore propriétaire n'ait pas à supporter la perte de la chose avant la livraison ou l'inscription au livre foncier. Il en résulte que la perte fortuite de la chose avant le moment où est opéré le transfert de propriété devrait le libérer de son obligation.

La même solution doit être admise en droit français lorsqu'il n'y a pas de transfert immédiat de la propriété, ce qui est le cas, en particulier, pour les choses de genre. En effet, en ce qui concerne la vente d'une chose de genre, la propriété ne sera transférée que lorsque la chose aura été individualisée, c'est-à-dire au plus tard au moment de la livraison. Par conséquent, la perte fortuite de la chose avant la livraison sera pour le vendeur, demeuré propriétaire, et l'acheteur ne sera pas tenu de payer le prix [3]. Ainsi encore, lorsqu'une chose en cours de fabrication est détruite fortuitement avant la livraison, la perte en est pour le vendeur-fabricant ou le locateur d'ouvrage, l'acquéreur ou le maître de l'ouvrage n'étant pas tenu au paiement du prix [4]. La raison en est que le fabricant ou le locateur d'ouvrage est propriétaire au moment de la perte [5].

Les parties à un contrat translatif de propriété peuvent décider de retarder le transfert de la propriété, bien que la chose ait été livrée à

1. Le droit romain ignorait le principe du transfert immédiat de la propriété dans les rapports des parties au contrat translatif (v. *Les biens*, n° 364 et s.). Cependant, il admettait malgré tout qu'en cas de perte fortuite de la chose avant la livraison, l'acheteur était tenu de payer le prix. Cette solution était difficilement justifiable en droit romain. La règle *res perit creditori* (ici, le créancier de la livraison) n'était pas conforme à l'essence du contrat synallagmatique (v. *supra*, n° 735). Il est vrai que le droit romain n'avait pas dégagé, par la notion de cause de l'obligation, l'interdépendance entre les obligations créées par le contrat.

2. V. *Les biens*, n° 370 et 371.

3. V. *Les biens*, n° 384, en ce qui concerne le transfert de propriété d'une chose de genre.

4. C'est la solution admise par l'article 1788 du Code civil, v. *supra*, note 2, p. 866.

5. En cas de vente d'un immeuble à construire en l'état futur d'achèvement, le transfert de la propriété du terrain et des constructions existantes a lieu le jour de la vente. En revanche, pour les constructions non encore réalisées, il a été admis, parce que l'obligation de construire est un élément prédominant du contrat, que le transfert des risques n'est opéré que par la livraison et il en résulte qu'avant ce moment, les risques pèsent sur le débiteur, comme dans le louage d'ouvrage (Civ. 3e, 11 octobre 2000, *R.J.D.A.* 2001, n° 143).

l'acquéreur [1]. Tel est le cas lorsque les parties au contrat de vente ont stipulé une clause de réserve de propriété en vertu de laquelle l'acheteur ne deviendra propriétaire qu'après avoir payé intégralement le prix. Une telle clause a pour objet de garantir le vendeur en cas de non-paiement du prix par l'acheteur [2]. Cependant, elle n'est pas sans danger pour le vendeur, puisque, demeuré propriétaire, malgré la livraison de la chose, ce sera à lui d'en supporter la perte fortuite (cf. Com. 20 novembre 1979, *D.* 1980.IR.571, obs. Audit, *J.C.P.* 1981.II.19615, note Ghestin, *Rev. trim. dr. com.* 1981.348, obs. Hemard, et, dans la même affaire, Metz 29 octobre 1980, *D.* 1981.138, note Guyon, *J.C.P.* 1981.II.19615, note Ghestin, Com. 19 octobre 1982, *D.* 1983.IR.482, obs. Audit) [3].

739. – Dissociation du transfert de la propriété et du transfert des risques en vertu des volontés des parties. Le lien opéré par l'article 1138 du Code civil entre le transfert de la propriété et celui des risques de la chose n'est pas d'ordre public. Les parties au contrat translatif peuvent parfaitement décider d'une dissociation entre les deux transferts [4]. Le principe *res perit domino* n'est qu'une règle supplétive. Ainsi, dans le cas où a été stipulée une clause de réserve de propriété, les parties peuvent décider que la perte fortuite de la chose

1. Il ne faut pas confondre le retard du transfert de propriété avec la promesse synallagmatique de contrat (sur laquelle, v. *supra*, n° 299 et s.). S'il y a promesse synallagmatique de contrat, il est évident qu'il n'y a pas de transfert de propriété puisqu'il n'y a pas encore de contrat translatif. Il n'y a qu'un contrat préparatoire auquel il manque une condition pour être transformé en contrat définitif. S'il y a retard dans le transfert de propriété, le contrat définitif existe d'ores et déjà, ce dont il résulte que les parties sont tenues d'exécuter les obligations mises à leur charge par le contrat, mais la propriété ne sera transférée qu'ultérieurement, v. notre note, *J.C.P.* 1994.II.22491.

2. Lorsque le transfert de la propriété a été retardé jusqu'à la rédaction d'un acte notarié, il en va de même. Jusqu'à ce moment, le vendeur est propriétaire et, par conséquent, il doit supporter la perte de le chose. La Cour de cassation a appliqué ce principe dans un cas où l'immeuble vendu avait été endommagé, avant le transfert de propriété, par des insectes, ce qui l'avait conduit à obliger le vendeur à indemniser l'acheteur qui avait découvert le dommage subi par l'immeuble (Civ. 3e, 13 novembre 1997, *R.J.D.A.* 1997, n° 33). Cependant, si la condamnation du vendeur à des dommages-intérêts doit être approuvée, la justification de la condamnation donnée par la Cour de cassation est contestable. En effet, ce n'était pas parce que le vendeur était demeuré propriétaire jusqu'à la rédaction d'un acte notarié et que les insectes avaient endommagé l'immeuble avant cette rédaction qu'il devait indemniser l'acheteur, mais tout simplement parce que, sauf clause contraire stipulée à l'acte de vente, le vendeur est tenu de garantir l'acheteur contre le vices cachés de la chose vendue. L'indemnisation de l'acheteur devrait être refusée s'il avait connu le dommage subi par l'immeuble ainsi que sa cause au moment de la vente.

3. L'obligation du vendeur de supporter la perte de la chose lorsque le transfert de propriété est retardé ne concerne que la perte fortuite. Dans le cas où la perte serait imputable à l'acheteur, par hypothèse non encore propriétaire, le vendeur ne devrait pas la supporter et il serait en droit soit de demander des dommages-intérêts à l'acheteur, soit de le contraindre au paiement du prix, si celui-ci n'a pas encore été payé (cf. Rouen 15 janvier 1992, *R.J.D.A.* 1992, n° 1031, à propos d'une cession d'actions de société).

4. V. BONHOMME, La dissociation des risques et de la propriété, *Mélanges* Calais-Auloy, p. 69.

sera supportée par l'acheteur, bien qu'il ne soit pas propriétaire (cf. Limoges 5 mars 1984, *D.* 1984, Flash n° 12, qui admet la validité d'une telle stipulation, en précisant que, lorsqu'un contrat d'assurance a été conclu par l'acheteur pour le cas où la chose périrait, le vendeur doit bénéficier de la subrogation réelle, ce dont il résulte que l'indemnité d'assurance, qui remplace la chose détruite, est due au vendeur ; Com. 7 juillet 1993, *J.C.P.* 1993.II.22153, note Larroumet). De la même façon, l'article L. 132-7 du Code de commerce, selon lequel la marchandise vendue voyage aux risques de celui auquel elle appartient, autorise les conventions contraires. Ainsi, la marchandise pourrait, conformément à l'accord des parties, voyager aux risques du vendeur en dépit du transfert de propriété qui serait intervenu au moment de la conclusion du contrat (v. Com. 23 juin 1998, *R.J.D.A.* 1998, n° 1202, l'arrêt en déduisant, en cas de vol de la marchandise en cours de transport, que l'acheteur n'est pas tenu de payer le prix). Au demeurant, dans les ventes de marchandises à transporter, des solutions variables sont prévues par les Incoterms en ce qui concerne le transfert des risques de la chose en cours de transport [1].

740. – Dissociation du transfert de propriété et du transfert des risques en vertu de la loi. La loi elle-même déroge au principe affirmé à l'article 1138, al. 2 du Code civil dans certaines situations. Ainsi, la mise en demeure opère un déplacement des risques de la chose dans les contrats translatifs, comme elle opère un déplacement des risques du contrat dans les contrats non translatifs qui ont pour objet la remise d'une chose. Par conséquent, lorsque le vendeur a été mis en demeure de livrer, l'acheteur, bien que devenu propriétaire par l'effet du contrat translatif, ne supportera pas la perte fortuite de la chose, conformément à ce qui est dit à l'article 1302, al. 1er du Code civil et sous réserve de l'exception prévue par l'alinéa deuxième de ce texte [2].

Ainsi encore, lorsqu'il s'agit d'un contrat translatif de propriété sous condition suspensive ou sous condition résolutoire [3], il est fait exception à la règle *res perit domino*. En effet, si la condition se réalise, elle rétroagit, en principe et sauf exception, au jour de la conclusion du contrat. Par conséquent, celui dont le droit est soumis à la réalisation d'une condition est censé être devenu propriétaire non pas au jour de la réalisation de la condition, mais bien au jour de la conclusion du contrat. Supposons que la chose ait péri *pendente conditione* et que la condition se réalise par la suite. En raison de la rétroactivité, on devrait admettre que la perte sera supportée par

1. Les Incoterms, ou règles internationales pour l'interprétation des termes commerciaux, sont élaborées par la Chambre de Commerce Internationale et proposés aux parties à une vente internationale de marchandises à transporter.

2. V. *supra*, n° 671.

3. Sur le transfert conditionnel de propriété, v. *Les biens*, n° 309 et s.

celui dont le droit est ultérieurement confirmé (l'acquéreur, si la condition est suspensive, ou bien l'aliénateur, si la condition est résolutoire). Cependant, une telle solution, bien qu'elle soit conforme à la logique de la rétroactivité de la condition, serait injuste, en raison de ce qu'elle ferait supporter la perte par celui qui n'était pas encore propriétaire au moment où la chose a péri et alors qu'il ne savait pas s'il allait le devenir. L'équité veut qu'il ne soit pas tenu de payer le prix et que l'on fasse exception à la rétroactivité de la condition dans cette hypothèse. C'est la solution admise par l'article 1182 du Code civil [1].

1. V. *Les biens*, n° 314 et s.

Chapitre II

Les effets du contrat à l'égard des tiers[1]

741. – Les parties au contrat et leurs ayants cause universels ou à titre universel. Selon l'article 1165 du Code civil, « les conventions n'ont d'effet qu'entre les parties contractantes ; elles ne nuisent point au tiers et elles ne lui profitent que dans le cas prévu par l'article 1121 ». Il résulte de ce texte un principe essentiel, celui de l'effet relatif des contrats, encore appelé principe de la relativité des contrats ou des conventions. La portée du principe énoncé à l'article 1165 est précisée par l'article 1122, selon lequel « on est censé avoir stipulé pour soi et pour ses héritiers et ayants cause, à moins que le contraire ne soit exprimé ou ne résulte de la nature de la convention ». Les héritiers et ayants cause, dont il est question dans cette disposition, ce sont, sous réserve de précisions qu'on apportera ultérieurement, les héritiers et légataires universels ou à titre universel, en ce qui concerne les personnes physiques, et les sociétés qui prennent la suite d'une autre société en cas de nationalisation, de pri-

1. *Bibliographie* : WEILL, *La relativité des conventions en droit privé français,* thèse, Strasbourg, 1938 ; CALASTRENG, *La relativité des conventions,* thèse, Toulouse, 1939, BERTRAND, *L'opposabilité des contrats aux tiers,* thèse, Paris, 1979 ; DUCLOS, *L'opposabilité*, 1985 ; LARROUMET, *Les opérations juridiques à trois personnes,* thèse, Bordeaux, 1968 ; GOUTAL, *Recherches sur le principe de l'effet relatif des contrats*, 1981 ; SAVATIER, Le prétendu principe de l'effet relatif des contrats, *Rev. trim. dr. civ.* 1934.525 ; AUSSEL, *Essai sur la notion de tiers en droit civil français,* thèse, Montpellier, 1951 ; *Les effets des contrats à l'égard des tiers, Comparaisons franco-belges*, sous la direction de FONTAINE et GHESTIN, 1992 ; AUBERT, A propos d'une distinction renouvelée des parties et des tiers, *Rev. trim. dr. civ.* 1993.263 ; GUELFUCCI-THIBIERGE, De l'élargissement de la notion de partie au contrat… à l'élargissement de la portée du principe de l'effet relatif, *Rev. trim. dr. civ.* 1994.275 ; GHESTIN, Nouvelles propositions pour un renouvellement de la distinction des parties et des tiers, *Rev. trim. dr. civ.* 1994.777 ; BACACHE, *La relativité des conventions et les groupes de contrats*, 1996 ; DJOUDI, *Le principe de l'effet relatif des contrats*, thèse, Paris, 1993 ; DELMAS-SAINT HILAIRE, *Le tiers à l'acte juridique*, 2000 ; CHARBONNEAU et PANSIER, Du renouveau de la notion de partie, *Rep. not.* 2000.284 ; MATHIEU-IZORCHE, Une troisième personne bien singulière ou 2 + 1 = tout autre chose, *Rev. trim. dr. civ.* 2003.51.

vatisation ou de fusion, en ce qui concerne les personnes morales [1]. En effet, dans ces situations, il y a transmission de la totalité ou d'une fraction d'un patrimoine, c'est-à-dire d'une universalité, et on doit admettre le principe de la continuation de l'auteur par ses ayants cause universels ou à titre universel [2]. Il en résulte que les ayants cause universels ou à titre universel doivent subir les effets de tous les contrats conclus par leur auteur, sauf s'il s'agit de contrats marqués par l'*intuitus personae* en la personne de celui-ci, auquel cas il n'y aura pas de transmission à l'ayant cause du bénéfice ou de la charge d'un tel contrat.

Il est vrai que l'article 1122 du Code civil vise les ayants cause sans autre précision et, dans cette mesure, on pourrait penser qu'il est applicable aussi bien aux ayants cause à titre particulier qu'aux ayants cause universels et à titre universel. Cependant, cette interprétation, qui a été soutenue, est tout à fait déraisonnable, comme on le verra ultérieurement [3]. Ce qu'il importe de constater pour le moment, c'est que les ayants cause dont il est question à l'article 1122 ne sont pas des tiers. Ils sont assimilés aux parties au contrat, justement en raison de leur vocation à succéder à la totalité ou à une fraction du patrimoine de leur auteur qui avait conclu le contrat. Par conséquent, l'article 1122

1. En cas de nationalisation, de privatisation ou de fusion de sociétés, la personne morale qui succède à la société nationalisée, privatisée ou absorbée est l'ayant cause à titre universel de celle-ci, en raison de ce qu'elle a vocation à recevoir la totalité de ses droits et de ses obligations. Elle est donc dans la même situation que l'héritier d'une personne physique (cf. Com. 16 février 1988, *J.C.P.*, 1988.IV.156 et Com. 1er juin 1993, *D.* 1993.IR.153, *R.J.D.A.* 1993, n° 622, à propos des fusions et scissions ; Com. 30 mars 1993, *D.* 1993.384, note Le Cannu, à propos de la transmission de l'universalité en cas de fusion ou d'apport partiel d'actif et l'absence d'une telle transmission en cas de cession d'une branche d'activité dans le cadre d'une procédure collective ; Com. 15 mars 1994, *R.J.D.A.* 1994, n° 658, à propos d'un apport partiel d'actif soumis au régime des fusions et scissions, en application de l'article L. 236-1 du Code de commerce ; Paris 3 février 1994, *D.* 1994.IR.97, à propos d'une privatisation ; Pau 13 septembre 1994, *J.C.P.* 1995.IV.433, qui se fonde sur la transmission universelle pour admettre que la société résultant de la fusion bénéficie de la créance résultant du cautionnement conclu par une des sociétés fusionnées).

2. L'ayant cause est celui qui reçoit ou a vocation à recevoir un droit ou une obligation qui se trouvait dans le patrimoine de son auteur. S'il a vocation à ne recevoir qu'un droit isolément considéré *(ut singuli)*, il s'agit d'un ayant cause particulier. S'il a vocation à recevoir plusieurs droits isolément considérés, on parle d'ayant cause à titre particulier. Au demeurant, ces deux sortes d'ayant cause sont dans la même situation et on les qualifie indifféremment d'ayants cause à titre particulier, pour les opposer aux ayants cause universels et à titre universel dont la situation est caractérisée par le fait qu'ils ont vocation à recevoir une universalité *(ut universi)*, c'est-à-dire un ensemble de droits et d'obligations. Alors que les ayants cause universels ont vocation à recevoir la totalité du patrimoine de leur auteur, les ayants cause à titre universel n'ont vocation à recevoir qu'une fraction de ce patrimoine. Mais, il importe peu qu'ils aient droit à la totalité ou seulement à une fraction, car leur situation est la même et ce qui la caractérise est leur vocation à une universalité.

3. V. *infra*, n° 778 et 781.

n'apporte aucune dérogation au principe qui est exprimé à l'article 1165. Il ne fait effectivement qu'en préciser la portée [1].

742. – Effet relatif des contrats. Le principe de l'effet relatif des contrats signifie que seules les parties et les personnes qui leur sont assimilées par l'article 1122 du Code civil deviennent créancières et débitrices en vertu du contrat. Ce principe est dans la logique de l'effet créateur d'un rapport d'obligation du contrat. Le contrat repose sur les volontés des parties. Dès lors, il ne peut créer de droits et d'obligations qu'au profit et à l'encontre de ceux qui ont consenti à sa conclusion. Ceux qui n'ont pas consenti, c'est-à-dire les tiers par opposition aux parties, ne sauraient devenir créanciers ou débiteurs en vertu du contrat. Le principe de l'effet relatif des contrats est une conséquence du principe de l'autonomie de la volonté. On est engagé contractuellement ou on est créancier contractuellement parce qu'on le veut. C'est une règle élémentaire de bon sens tout en étant une protection nécessaire de la liberté des sujets de droit. Tous les systèmes juridiques admettent le principe de la relativité des conventions, au point qu'on peut considérer qu'il s'agit d'un principe universel [2].

Si, comme on l'a vu, la portée de la règle énoncée à l'article 1165 du Code civil [3] doit être appréciée à la lumière des dispositions de l'article 1122, il convient aussi de tenir compte d'un autre texte qui permet de préciser la signification de cette règle. Il s'agit de l'article 1119 aux termes duquel « on ne peut, en général, s'engager ni stipuler en son propre nom que pour soi-même ». Cette disposition n'a de sens qu'à la lumière de l'article 1165. Stipuler en son propre nom pour soi-même ou s'engager en son propre nom pour soi-même, cela veut dire conclure un contrat sans passer par l'intermédiaire d'un représentant. En effet, le propre de la représentation, du moins lorsqu'elle est parfaite, c'est-à-dire lorsque le représentant agit pour le compte et au nom du représenté [4], est que les effets du contrat conclu par le représentant se produiront directement dans le patrimoine du représenté. En d'autres termes, le représentant n'est pas lié par le contrat qu'il conclut au nom du représenté. Le représentant est un tiers qui, par conséquent, est protégé par le principe de l'effet relatif des contrats. Cependant, la volonté du représenté a été transmise par le représentant qui avait le

---

1. Au demeurant, l'article 1165 du Code civil précise que l'exception au principe qu'il énonce est contenue à l'article 1121 et non pas à l'article 1122. Ce n'est pas un oubli du législateur.

2. On retrouve le principe de l'effet relatif des contrats non seulement dans les systèmes juridiques civilistes, mais aussi dans les systèmes de *common law (privity of contract)*.

3. Le principe de l'effet relatif des contrats est quelquefois exprimé dans une formulation latine : *res inter alios acta aliis nec nocere nec prodesse potest*. C'est la raison pour laquelle, lorsqu'il s'agit de préciser qu'un contrat ne peut lier les tiers, on dit qu'il est *res inter alios acta* à leur égard.

4. Sur la représentation parfaite, v. *supra*, n° 155 et s.

pouvoir de le faire. En ce cas, le représentant ne stipule pas ou ne s'engage pas pour lui-même. Il stipule ou s'engage pour autrui, en ce sens qu'il agit pour le compte et au nom du représenté. La précision de l'article 1119 du Code civil a le mérite de lever tout doute quant au point de savoir si la représentation constitue une exception au principe de l'effet relatif des contrats. Il n'y a pas d'exception, car le représentant n'agit pas pour lui-même [1]. Dès lors, le représenté est lié en application du mécanisme de la représentation, qui repose sur le pouvoir du représentant [2] d'agir pour autrui.

743. – Opposabilité du contrat aux tiers. Cependant, le principe de l'effet relatif des contrats ne saurait signifier qu'un tiers n'est pas obligé de tenir compte de l'existence d'un contrat conclu par d'autres personnes. En effet, on peut être à l'abri d'un contrat auquel on n'est pas partie, en ce sens qu'on ne pourra pas devenir créancier ou débiteur en vertu de ce contrat, sans que pour autant on puisse méconnaître son existence. Par exemple, si mon débiteur vend un immeuble qui lui appartient, n'étant pas partie à la vente, je ne suis pas plus créancier du prix que je ne suis débiteur de l'obligation de délivrance envers l'acheteur. Il est évident qu'un créancier ne devient pas créancier ou débiteur en vertu des contrats conclus par son débiteur. Cependant, je suis bien obligé de tenir compte de l'existence de ce contrat de vente. En effet, si mon débiteur ne me paie pas, je ne pourrai plus saisir l'immeuble dans son patrimoine, puisqu'il en est sorti. Par conséquent, l'existence du contrat conclu par mon débiteur s'impose à moi et elle me nuit en ce que le contrat me prive d'un élément sur lequel portait mon droit de gage général sur le patrimoine de mon débiteur. En d'autres termes, ce contrat m'est opposable, c'est-à-dire que je ne peux méconnaître qu'il existe. De la même façon, si mon débiteur est créancier en vertu d'un contrat, j'ai le droit d'invoquer l'existence de ce contrat, qui m'est favorable en ce qu'il augmente la consistance du patrimoine de mon débiteur.

Il ne faut pas confondre le principe de l'effet relatif des contrats et celui de l'opposabilité des contrats aux tiers. Le second principe, contrairement au premier, n'est pas affirmé par un texte de portée générale du Code civil. Il n'empêche qu'il est un principe aussi essentiel que celui de l'effet relatif.

Les effets des contrats à l'égard des tiers se ramènent à l'étude de ces deux principes. Après avoir envisagé l'opposabilité du contrat aux tiers, on étudiera le principe de l'effet relatif des contrats.

---

1. Lorsque la représentation est imparfaite et que le cocontractant du représentant ignore que celui-ci n'agit pas pour lui-même, l'effet du contrat conclu ne se produira dans le patrimoine du représenté que par une cession des droits et des obligations engendrés par le contrat, v. *supra*, n° 161. En ce cas, le représenté prendra la place du représentant dans le rapport contractuel.

2. Sur le pouvoir du représentant, v. *supra*, n° 166 et s.

Section I

L'opposabilité du contrat aux tiers

744. – Signification de l'opposabilité du contrat aux tiers et détermination des tiers. Le principe de l'opposabilité du contrat aux tiers signifie que les tiers, c'est-à-dire tous ceux qui ne consentent pas à la conclusion du contrat par eux-mêmes ou par la voie de la représentation, doivent tenir compte de l'existence du contrat dans la mesure où il peut leur nuire, sans qu'il crée pour autant une obligation à leur charge. De la même façon, les tiers ont la possibilité de se prévaloir du contrat, notamment envers les parties, sans pour autant devenir créanciers en vertu du contrat. Le contrat a créé une situation juridique dont les tiers peuvent invoquer l'existence comme ils peuvent se la voir opposer.

Le problème est de savoir en quoi exactement consiste cette opposabilité. Pour cela, il convient de se demander avant tout qui est tiers par rapport à un contrat conclu entre d'autres personnes. D'une façon générale, on doit considérer comme étant des tiers tous ceux qui n'ont pas été parties au contrat soit par eux-mêmes, soit par l'intermédiaire d'un représentant [1]. On doit aussi assimiler aux parties, en raison de leur vocation à succéder à tous les droits et obligations de leur auteur, les ayants cause universels ou à titre universel des parties [2]. Cependant, quant à l'opposabilité du contrat, il peut arriver, dans certaines situations, que les ayants cause universels ou à titre universel et, en particulier, les héritiers soient traités comme des tiers. En réalité, la notion de tiers est essentiellement relative. Tout dépend, pour déterminer qui est tiers par rapport à un contrat, du problème dont il est question. Du point de vue le plus général, on peut considérer qu'il y a trois catégories de tiers. Ce sont les *penitus extranei*, les créanciers chirographaires des parties et leurs ayants cause.

§ 1. Les *penitus extranei*

745. – Détermination des *penitus extranei*. *Les penitus extranei*, ce sont les tiers au plein sens du mot, c'est-à-dire ceux qui sont complètement étrangers. Dans l'acception la plus courante, les *penitus extranei*, ce sont ceux qui n'ont aucun lien avec les parties, c'est-à-dire qui ne sont ni leurs créanciers, ni leurs ayants cause. S'il est certain que le contrat leur est opposable, il n'empêche que cela ne présente aucun intérêt de le constater, puisqu'ils n'auront pas de raison de se le voir opposer en l'absence de lien avec l'une des parties. Par exemple, une

---

1. Sur la considération selon laquelle, dans la représentation parfaite, le représenté n'est pas un tiers, tandis que le représentant est un tiers, v. *supra*, n° 742.
2. V. *supra*, n° 741.

personne me propose d'acquérir un immeuble. Or, je viens de le vendre. Le problème de l'opposabilité du contrat de vente à cette personne ne se pose même pas : le contrat de vente que j'ai conclu ne la prive de rien, puisqu'elle n'est ni mon créancier, ni mon ayant cause. Elle échappe à la possibilité de conclure un contrat, un point c'est tout. En revanche, l'opposabilité du contrat aux créanciers et aux ayants cause suppose une situation juridique déterminée en vertu de laquelle ceux-ci sont tenus de respecter l'existence des contrats conclus par leur débiteur ou par leur auteur. Or, tant que les créanciers ou les ayants cause ne sont pas pris en cette qualité, ils sont des *penitus extranei*, c'est-à-dire qu'ils ont un lien avec un contractant, mais que ce lien ne met pas encore en cause leur qualité de créancier ou celle d'ayant cause. Par conséquent, il faut élargir la notion de *penitus extraneus* à des personnes qui ne sont pas totalement étrangères aux parties et qui vont se voir opposer le contrat conclu par l'une d'elles, indépendamment de leur qualité de créancier ou d'ayant cause. De la même façon, elles pourront invoquer le contrat. En réalité, il y a deux hypothèses dans lesquelles l'existence du contrat présente un intérêt dans les rapports d'une des parties avec un tiers qu'on doit considérer comme un *penitus extraneus*. Dans la première hypothèse, le contrat est opposé par une partie à un tiers. Dans la seconde, c'est un tiers qui se prévaut de l'existence du contrat envers une partie.

A. *L'existence du contrat est invoquée par l'une des parties envers un tiers* [1]

746. – Complicité d'un tiers dans la violation d'une obligation contractuelle. Parce que l'existence du contrat conclu entre deux personnes s'impose aux tiers, ceux-ci ne sauraient agir d'une façon telle que leur comportement démontrerait qu'ils n'entendent point tenir compte de l'existence du contrat. Si leur comportement est source de préjudice pour l'une des parties au contrat, ils seront tenus de le réparer. Cependant, encore que certains auteurs aient pu admettre le contraire, il s'agit d'une responsabilité extra-contractuelle des tiers, laquelle les obligera à réparer le dommage causé sur le fondement des articles 1382 et 1383 du Code civil. En effet, puisque les tiers ne sont pas tenus de l'accomplissement d'une obligation contractuelle, il n'est pas possible de les obliger à la réparation du dommage sur le fondement de la responsabilité contractuelle. Mais, cela n'empêche pas de retenir

1. *Bibliographie* : HUGUENEY, *De la responsabilité du tiers complice de la violation d'une obligation contractuelle,* thèse, Dijon, 1910 ; HUET, *Responsabilité délictuelle et responsabilité contractuelle,* thèse, Paris, 1978 ; STARCK, Des contrats conclus en violation des droits contractuels d'autrui, *J.C.P.* 1954.I.1180 ; LALOU, 1382 contre 1165, *D.H.* 1928, chron. 69 ; JEOL, La protection des réseaux de distribution sélective : faut-il désespérer de la justice ?, *J.C.P.* 1992.I.3588.

une faute à leur encontre, faute qui consiste à avoir agi en méconnaissance des droits conférés à autrui par un contrat dont ils n'entendent pas respecter l'existence.

En réalité, les tiers auront nui à l'une des parties au contrat par l'établissement de rapports avec l'autre partie, ces rapports n'étant pas compatibles avec ceux qui résultent du contrat auquel la victime du dommage est partie. C'est la raison pour laquelle on considère qu'il y a complicité d'un tiers dans la violation de son obligation contractuelle par la partie qui noue des rapports avec le tiers. Par exemple, si un ancien employé est lié par une clause de non-concurrence pendant un certain temps envers son ex-employeur, il est évident que l'existence de la convention qui stipule cette clause s'impose à toute personne qui serait susceptible d'embaucher l'ex-employé dans un emploi où il pourrait faire concurrence à son ancien employeur. Dans le cas où, en connaissance de cette clause, un nouvel employeur engagerait le débiteur de l'obligation de non-concurrence, il conviendrait d'obliger ce nouvel employeur à réparer le préjudice résultant de la violation de l'obligation, violation dont il se serait rendu le complice. Plus précisément, à côté de la responsabilité contractuelle du débiteur de l'obligation, en l'occurrence l'ex-employé, il convient de retenir la responsabilité extra-contractuelle du tiers complice, en l'occurrence le nouvel employeur.

La responsabilité du tiers complice de la violation d'une obligation contractuelle n'est qu'une conséquence de l'opposabilité du contrat aux tiers. Il ne s'agit pas de considérer que le contrat a fait naître une obligation à la charge des tiers, ce qui est impossible, parce que contraire au principe de la relativité des contrats de l'article 1165 du Code civil. Il s'agit de sanctionner, par le droit commun de la responsabilité extra-contractuelle, une faute qui consiste à avoir méconnu l'existence d'un contrat conclu par autrui. Depuis longtemps, la jurisprudence admet que le tiers qui se rend complice de la violation d'une obligation contractuelle engage sa responsabilité extra-contractuelle envers la partie au contrat qui subit un préjudice en raison d'un tel comportement (cf. Com. 23 octobre 1984, *J.C.P.* 1985.IV.1, Com. 23 avril 1985, *J.C.P.* 1985.IV.234, Com. 28 avril 1987, *J.C.P.* 1987.IV.222, Com. 5 février 1991, *D.* 1991.IR.69 et Com. 15 novembre 1994, *R.J.D.A.* 1995, n° 236, Com. 24 mars 1998, *R.J.D.A.* 1998, n° 1063, *D.* 1999. Somm. 113, obs. Libchaber, Com. 22 février 2000, *R.J.D.A.* 2000, n° 929, Paris 25 octobre 2000, *D.* 2001.1311, obs. Serra, à propos de la violation d'une obligation de non-concurrence due par un ex-employé. V. aussi, Paris 22 septembre 1982 et 24 janvier 1983, *D.* 1983.IR.421, obs. Serra. *Adde*, en ce qui concerne l'obligation de non-rétablissement du vendeur d'un fonds de commerce, Com. 13 mars 1979, *D.* 1980.1, note Serra, Com. 20 février 1979, *D.* 1979.IR.317, Com. 30 octobre 1979, *D.* 1980.IR.109. V. aussi, Versailles 14 octobre 1993, *R.J.D.A.* 1994, n° 317, à propos d'une banque acceptant la cession à son profit de créances de son client, ces créances ayant fait l'objet d'une convention d'affacturage avec un autre établissement financier, la convention d'affacturage ayant pour objet de transmettre lesdites créances à celui-ci ; Com. 18 janvier 1994, *Contrats, conc., consomm.* 1994, n° 112, obs. Leveneur, à propos d'ex-employés, tenus d'une obligation de non-concurrence envers leur ex-employeur, qui avaient constitué une société contre laquelle l'ex-employeur avait intenté une action en responsabilité, celle-ci ne pouvant être fondée que sur l'article 1382 du Code civil ; Dijon 15 avril 2004, *J.C.P.* 2004.IV.2273, à propos d'une clause de non rétablissement stipulée dans l'acte de cession d'un fonds de commerce et à la violation de laquelle avait participé un concurrent) [1].

Cependant, il est évident que pour qu'une faute puisse être retenue à l'encontre du tiers, il faut qu'il ait connu le contrat qui a engendré une obligation dont il s'est rendu complice de la violation. Tous les arrêts insistent à juste titre sur la nécessité de cette connaissance, car on ne peut reprocher son comportement au tiers qui ignorait l'existence du contrat (cf. Com. 21 mars 1995, *R.J.D.A.* 1995, n° 926, à propos de l'obligation de non-concurrence d'un salarié, le nouvel employeur l'ayant engagé sciemment au mépris de la clause ; T.G.I. Roanne 11 janvier 1978, *D.* 1979.IR.309, obs. Alaphilippe et Karaquillo, qui refuse de retenir la responsabilité d'un commerçant qui avait acquis le droit de commercialiser des articles de sport en utilisant le nom d'un sportif, ce commerçant ayant ignoré la convention conclue entre ce sportif et son club, en vertu de laquelle le premier avait attribué au second le monopole d'exploiter son nom).

Si le principe est que le tiers qui, en connaissance de cause, permet à une partie à un contrat de ne pas respecter son obligation contractuelle se rend complice de la violation de cette obligation et, par conséquent, engage de ce fait sa responsabilité, sur le fondement de l'article 1382 du Code civil, envers le créancier de l'obligation inexécutée (cf. Com. 4 mai 1993, *R.J.D.A.* 1993, n° 889), il est arrivé que, dans certains cas, cette connaissance ne fût point suffisante pour retenir la responsabilité du tiers, l'acte de concurrence déloyale supposant d'autres éléments pour que celle-ci soit caractérisée. Il en était ainsi en cas de violation d'une clause d'approvisionnement exclusif. Si un distributeur A est tenu de s'approvisionner exclusivement auprès d'un fournisseur B et qu'il ne respecte pas son obligation contractuelle en s'adressant à un autre fournisseur C, la jurisprudence considérait que la seule connaissance par C de la clause d'exclusivité liant A et B est insuffisante pour permettre de condamner C sur le fondement de l'article 1382 du Code civil (cf. Com. 12 juillet 1983, *D.* 1984.489 ;

1. En revanche, en l'absence de faute de sa part, l'acquéreur d'un fonds de commerce n'est pas complice de l'inexécution par le cédant de contrats de franchise conclus par ce dernier (Com. 15 mai 2007, *J.C.P.* 2007.IV.2237). La solution est justifiée par l'absence de transmission au cessionnaire des contrats conclus par le cédant pour l'exploitation du fonds.

Com. 27 mai 1986, *D.* 1987. Somm. 264, obs. Serra). Cette solution, qui n'est pas conforme au droit commun de la complicité d'un tiers dans la violation d'une obligation contractuelle, serait justifiée par les impératifs de la libre concurrence entre entreprises. Toutefois, il semblerait que la jurisprudence revienne à une application plus orthodoxe de la responsabilité d'un tiers complice de la violation d'une obligation contractuelle, la seule connaissance étant suffisante pour prononcer une condamnation à des dommages-intérêts (cf. Com. 18 octobre 1994, *Bull. civ.* 4, n° 310, *J.C.P.* 1995.I.3853, n° 5 et 6, obs. Viney ; Com. 9 avril 1996, *D.A.* 1996.681, *D.* 1997. Somm. 26, obs. Mazeaud).

Indépendamment de la complicité proprement dite, la Cour de cassation a pu admettre la responsabilité d'une personne dont la faute est à l'origine du dommage résultant de l'inexécution d'une obligation contractuelle par une autre personne [1]. La solution doit être approuvée, car la faute du tiers l'oblige à réparation dès lors qu'elle est la cause du dommage, même si les conditions de la responsabilité du débiteur en vertu du contrat ne sont pas remplies. Le comportement d'un tiers peut même être source de responsabilité envers une partie à un contrat alors qu'on ne peut pas reprocher à l'autre partie de ne pas avoir violé son obligation [2].

747. – Le contrat en tant que preuve d'une situation juridique dans les rapports d'une des parties avec un tiers. Indépendamment de toute complicité d'un tiers dans la violation d'une obligation contractuelle, une partie à un contrat peut invoquer l'existence et le contenu de ce contrat à titre de preuve de l'existence d'une situation juridique dans ses rapports avec un tiers. Il s'agit là encore d'une conséquence du principe de l'opposabilité du contrat aux tiers. La prescription acquisitive abrégée de l'article 2265 du Code civil en fournit un excellent exemple [3]. En effet, pour paralyser l'action en revendication intentée contre lui plus de dix ou vingt ans après son entrée en possession, le possesseur de bonne foi doit avoir acquis en vertu d'un juste titre. Or, le juste titre est une acquisition *a non domino*. Par conséquent, le possesseur invoquera le contrat

---

1. Dans un arrêt remarqué du 26 janvier 1999 (*R.J.D.A.* 1999, n° 490, *D.A.* 1999.418, *D.* 1999. Somm. 263, obs. Delebecque, *Rev. trim. dr. civ.* 1999.405, obs. Jourdain, *Petites Affiches* 23 juin 2000, note Arcaute-Descazeaux), la première chambre civile de la Cour de cassation a décidé que « le contractant, victime d'un dommagé né de l'inexécution d'un contrat peut demander, sur le terrain de la responsabilité délictuelle, la réparation de ce préjudice au tiers à la faute duquel il estime le dommage imputable ». Il s'agissait, en l'occurence, de la faute d'un associé d'une société civile qui avait empêché la société d'exécuter l'obligation mise à sa charge par un contrat conclu avec une autre personne. Il n'y avait pas de complicité de l'associé dans l'inexécution par la société, car celle-ci n'avait pas commis de faute permettant de retenir sa responsabilité.

2. Un arrêt de la première chambre civile du 17 octobre 2000 (*D.* 2001.952, note Billiau et Moury) en constitue une très bonne illustration. Un contrat d'édition d'un livre avait été conclu entre un éditeur et un auteur. Un journal ayant diffusé des informations contenues dans ce livre, il a méconnu le contrat d'édition en agissant ainsi et sa responsabilité pouvait être retenue envers l'éditeur.

3. Sur cette prescription, v. *Les biens* n° 628 et s.

par lequel il a acquis d'un non-propriétaire. La situation juridique créée par ce contrat est opposable aux tiers, en l'occurrence au *verus dominus* qui intente une action en revendication. Il est aussi admis qu'un contrat peut être invoqué contre un tiers à titre de preuve de la propriété (cf. Civ. 3e, 2 novembre 1983, *J.C.P.* 1984.IV.11 ; Civ. 3e, 29 avril 1986, *J.C.P.* 1986.IV.190 ; Civ. 3e, 2 juillet 1997, *D.* 1997.IR.208). Ainsi encore, lorsqu'il est admis que celui qui a accompli un acte d'administration avec une personne qui était sans droit pour l'accomplir peut se prévaloir de cet acte envers le véritable propriétaire du bien qui est l'objet de l'acte [1], ledit acte n'est rien d'autre qu'un contrat dont une partie se prévaut de l'existence envers un tiers, en l'occurrence le véritable propriétaire.

En matière d'enrichissement sans cause, l'existence d'un contrat entre l'enrichi et un tiers peut constituer une cause de l'enrichissement, lequel n'apparaît donc pas comme injustifié, ce qui interdit à l'appauvri d'intenter l'action de *in rem verso* contre l'enrichi [2]. Ainsi, par un arrêt de principe du 28 février 1939 (*D.* 1940.1.5, note Ripert), la Cour de cassation a considéré que le propriétaire d'un fonds de commerce n'était pas enrichi sans cause au détriment du fournisseur des marchandises livrées au locataire-gérant de ce fonds de commerce, qui ne les avait pas payées, le propriétaire du fonds étant devenu, en vertu d'une clause du contrat, propriétaire des marchandises à la fin de la location-gérance. En effet, la clause attribuant la propriété des marchandises au propriétaire du fonds justifiait l'enrichissement de celui-ci. Si le fournisseur des marchandises n'était évidemment pas partie au contrat de location-gérance du fonds, cela n'empêchait pas de lui opposer ce contrat, en ce sens que le propriétaire du fonds pouvait s'en prévaloir envers lui pour donner une cause à son enrichissement.

B. L'existence du contrat est invoquée par un tiers envers l'une des parties [3]

748. – Le contrat en tant que mode de preuve d'une situation juridique favorable aux tiers. De la même façon que les parties peuvent invoquer l'existence du contrat envers les tiers en tant que mode de preuve d'une situation juridique [4], les tiers peuvent se prévaloir d'un contrat en

1. Tel est le cas lorsqu'un acte d'administration accompli par celui dont le droit est ensuite anéanti ou résolu est invoqué par son cocontractant contre la personne à laquelle le bien doit être restitué en conséquence de la nullité ou de la résolution, v. *supra*, n° 587, en ce qui concerne la nullité, et n° 713, en ce qui concerne la résolution.

2. L'action *de in rem verso* est celle qui sanctionne l'enrichissement sans cause. Elle est intentée par l'appauvri contre l'enrichi, de façon à obliger le second à indemniser le premier.

3. *Bibliographie* : HUET, *Responsabilité délictuelle et responsabilité contractuelle*, thèse, Paris, 1978 ; LIMPENS, La théorie de la relativité aquilienne en droit comparé, *Mélanges Savatier*, p. 559 et s. ; NERET *Le sous-contrat*, 1979 ; DURRY, *La distinction de la responsabilité délictuelle et de la responsabilité contractuelle*, Institut de Droit comparé de l'Université Mc. Gill, Montréal, 1986 ; DEBAT, Le contrat, source de responsabilité envers les tiers, *Petites Affiches* 23 septembre 2003.

4. V. *supra*, n° 747.

ce qu'il prouve une situation juridique qui est favorable à leur intérêt, sans que pour autant ils soient créanciers en vertu de ce contrat. La solution est admise depuis longtemps par la Cour de cassation, qui prend soin de distinguer entre l'effet relatif du contrat, ce dont il résulte qu'un tiers ne peut prétendre à un droit de créance en vertu du contrat, et la situation créée par le contrat, laquelle peut être invoquée par tout tiers intéressé (cf. Req. 27 juillet 1896, *D.P.* 1897.1.421, S. 1897.1.327, à propos d'un contrat de bail qui est invoqué par un tiers, en l'occurrence un nouveau preneur, en tant que mode de preuve d'une situation qui lui est favorable ; Civ. 1re, 3 janvier 1996, *Bull. civ.* 1, n° 7, *Rep. not.* 1996.1022, obs. Delebecque, *Rev. trim. dr. civ.* 1996.904, obs. Mestre, à propos de la preuve de l'étendue d'un préjudice éprouvé par une personne recherchée dans un contrat conclu entre deux autres personnes v. aussi, dans une situation identique, Civ. 1re, 10 mai 2005, *D.* 2005.1735, *D.* 2006.1156, note Guégand-Lécuyer, *Rev. trim. dr. civ.* 2005.596, obs. Mestre et Fages. *Adde* Com. 1re juillet 2003, *J.C.P.* 2003.IV.2537). Ainsi, dans le cas où la victime du dommage que j'ai causé a été indemnisée par une autre personne en exécution d'un contrat conclu entre cette personne et la victime, je peux me prévaloir de la situation créée par ce contrat pour échapper à mon obligation de réparer le dommage. En effet, un dommage ne saurait être réparé deux fois et ce principe ne serait pas respecté si je ne pouvais me prévaloir du contrat conclu entre la victime et une autre personne pour démontrer que je ne peux être tenu d'exécuter mon obligation de réparation. Toutefois, il n'en est ainsi que dans le cas où le droit qui est né au profit de la victime du dommage que j'ai causé a effectivement un caractère indemnitaire, c'est-à-dire qu'il doit avoir pour objet la réparation du dommage. S'il ne devait pas en être ainsi, je ne pourrais pas invoquer la situation créée par le contrat pour me dispenser de l'obligation de réparation [1]. Il faut aussi tenir compte de ce que si l'indemnité reçue par la victime en exécution du contrat par elle conclu avec autrui et dont j'invoque l'existence fait que je ne serai pas tenu de payer des dommages-intérêts, cela n'empêche pas que je puisse être tenu de rembourser le cocontractant de la victime par lequel elle a été indemnisée [2]. C'est sur le fondement du principe selon lequel les tiers peuvent invoquer un contrat conclu entre deux autres personnes qu'il a été admis que, pour faire échec à l'exécution de

---

1. Ainsi, lorsque le contrat d'assurance conclu par la victime du dommage que j'ai causé a un caractère indemnitaire, je peux m'en prévaloir pour ne pas réparer ce dommage. Si l'assurance n'est pas indemnitaire, elle ne me dispense pas d'exécuter mon obligation de réparer.

2. Lorsque l'assurance contractée par la victime a un caractère indemnitaire, ce qui est le cas pour l'assurance de dommages (art. L. 121-l C. assurances), l'assureur qui a indemnisé la victime peut se faire rembourser par le responsable (art. L. 121-12 C. assurances). Si l'assurance n'a pas de caractère indemnitaire, le recours de l'assureur contre le responsable est exclu (art. L. 131-2 C. assurances), mais, en ce cas, on sait que le responsable ne peut invoquer le contrat d'assurance pour échapper à son obligation de réparation, v. la note précédente.

la garantie demandée par le créancier, une caution pouvait se prévaloir, à la suite d'une expropriation du créancier, de l'accord conclu entre celui-ci et une autre personne stipulant que celle-ci était réputée avoir acquis les créances de l'exproprié (Com. 22 octobre 1991, *J.C.P.* 1992.I.3570, obs. Billiau, *Rep. not.* 1992.321, obs. Aubert, *D.* 1993.181, note Ghestin) [1]. De la même façon, parce que l'assureur de la responsabilité d'une personne ne peut être tenu au-delà de l'obligation de réparation qui pèse sur celle-ci, il peut opposer à la victime, qui lui demande directement la réparation du dommage [2], la transaction conclue par elle avec l'assuré et dont l'objet est de limiter son droit à réparation (Civ. 1re, 23 juin 1988, *D.* 1998.IR.175, *J.C.P.* 1998.IV.2832).

749. – Responsabilité d'un contractant envers un tiers. L'inexécution ou la mauvaise exécution d'une obligation contractuelle permet de retenir la responsabilité du débiteur envers le créancier, lorsque le fait ou la faute qui est à l'origine de l'inexécution ou de la mauvaise exécution est imputable au débiteur. Cette question a été précédemment envisagée [3]. Il s'agit de la responsabilité contractuelle dont le régime, à plusieurs points de vue, n'est pas toujours le même que celui de la responsabilité extra-contractuelle. Cependant, il peut arriver que l'inexécution d'une obligation contractuelle cause aussi un préjudice à un tiers. Les exemples abondent. Ainsi, lorsque le passager n'arrive pas sain et sauf à destination, ses proches parents, notamment dans le cas où il est décédé, peuvent éprouver un préjudice économique ou moral. Or, les proches parents du passager sont des tiers par rapport

1. Comparer la solution de l'arrêt rapporté au texte avec celle de Com. 19 mai 1992, cité *infra*, n° 775, rendue aussi en matière de cession de créance, le second arrêt refusant de permettre au débiteur de se prévaloir du contrat de cession. V. Soc. 5 juin 1996, *Bull. civ.* 5, n° 230, *D.* 1997. Somm. 25, obs. Delebecque, *J.C.P.* 1997.I.4002, n° 7 et s., obs. Billiau, dans une espèce où, aux termes de la clause d'un contrat conclu entre une entreprise de nettoyage et son client, il était interdit audit client d'embaucher des employés de l'entreprise ayant effectué un travail chez lui. Or, un employé ayant démissionné et prétendant n'avoir pu retrouver un emploi en raison de cette clause, il avait demandé des dommages-intérêts aux parties au contrat, ce qui lui avait été accordé par une cour d'appel. La Cour de cassation a cassé la décision de la cour d'appel en se fondant sur ce que l'employé n'étant pas partie au contrat conclu par son précédent employeur, il ne pouvait en invoquer les clauses, sauf à prouver une faute délictuelle. Par conséquent, cet arrêt justifie la solution par l'appel au principe de l'effet relatif des contrats qui viendrait interdire d'invoquer les stipulations du contrat comme constitutives d'un préjudice éprouvé par un tiers. C'est une motivation d'autant plus contestable que l'employé n'invoquait pas la méconnaissance d'une obligation contractuelle et, par conséquent, ne pouvait se prévaloir de la responsabilité délictuelle d'un contractant envers lui-même, tiers au contrat. En réalité, le vrai problème était de savoir si la clause constituait la cause du préjudice de l'employé. Dans l'affirmative, il pouvait se prévaloir de l'existence du contrat pour faire admettre que celle-ci lui nuisait et, par conséquent, demander réparation de son préjudice. Cependant, s'il n'est pas douteux que la clause avait pour effet de restreindre les possibilités d'embauche, elle ne les supprimait pas et, dans cette mesure, on pouvait douter qu'elle fût la cause du préjudice du demandeur d'emploi.

2. V. *infra*, n° 823 et s., en ce qui concerne l'action directe de la victime contre l'assureur du responsable.

3. V. *supra*, n° 597 et s.

au contrat de transport, en vertu duquel ils ne peuvent être ni créanciers ni débiteurs du transporteur [1]. Lorsque le sous-traitant n'exécute pas ses obligations envers son cocontractant, l'entrepreneur principal, il en résultera un préjudice pour le maître de l'ouvrage qui est un tiers par rapport au contrat de sous-traitance en vertu duquel l'entrepreneur principal s'est déchargé de certaines de ses obligations sur le sous-traitant. De la même façon, si le bailleur n'exécute pas ses obligations envers le preneur, le sous-locataire en souffrira, bien qu'il soit un tiers par rapport au bail principal. Le piéton qui est renversé par une automobile qui n'a pas été réparée correctement par un garagiste éprouve un préjudice du fait de l'inexécution de son obligation par le garagiste, alors qu'il est un tiers par rapport au contrat de réparation. Dans toutes ces hypothèses, l'inexécution d'une obligation contractuelle est à l'origine d'un préjudice éprouvé par un tiers.

Depuis longtemps que la jurisprudence admet que le tiers est fondé à invoquer les principes qui gouvernent la responsabilité extra-contractuelle pour obtenir de celui qui n'a pas exécuté l'obligation mise à sa charge par un contrat la réparation du dommage en résultant. Il ne s'agit pas de permettre au tiers de se prévaloir de la responsabilité contractuelle du débiteur auquel l'inexécution du contrat est imputable, puisque le contrat ne peut rendre un tiers créancier. Ce serait violer ouvertement l'article 1165 du Code civil que de retenir la responsabilité contractuelle du débiteur envers un tiers. Cependant, si l'inexécution d'une obligation contractuelle, lorsqu'elle est imputable au débiteur, est à l'origine d'un préjudice éprouvé par un tiers, on retient la responsabilité extra-contractuelle du débiteur envers le tiers, si l'inexécution de cette obligation constitue en même temps un fait générateur de la responsabilité extra-contractuelle. Selon les cas, ce fait générateur devra ou non être fautif, en raison de ce qu'en matière de responsabilité extra-contractuelle, comme en matière de responsabilité contractuelle, il y a des hypothèses dans lesquelles la responsabilité est objective ou de plein droit et d'autres dans lesquelles la faute est une condition de la responsabilité. Toutefois, il n'y a pas nécessairement de correspondance entre les cas dans lesquels la responsabilité contractuelle est objective et ceux dans lesquels la responsabilité extra-contractuelle a la même nature. La raison en est que le critère de la distinction entre la responsabilité de plein droit et la responsabilité fondée sur la faute n'est pas le même en matière contractuelle et en matière extra-contractuelle [2]. Il en résulte que la responsa-

1. Encore que la jurisprudence ait pu utiliser autrefois abusivement la technique de la stipulation pour autrui pour faire naître une créance contractuelle des proches parents du passager contre le transporteur, v. *infra*, n° 803.

2. En matière contractuelle, le critère tient à la distinction des obligations de moyens et de résultat. En matière extra-contractuelle, non seulement il y a plusieurs critères, mais encore, en raison de l'absence d'obligation préexistante, ils n'ont rien à voir avec la distinction des obligations de moyens et de résultat.

bilité du débiteur peut être de plein droit envers le créancier en vertu du contrat, tandis qu'elle sera fondée sur la faute envers un tiers. En d'autres termes, le même fait sera qualifié différemment selon qu'il donne lieu à une responsabilité contractuelle ou bien à une responsabilité extra-contractuelle. Au demeurant, en raison des conditions imposées pour la responsabilité extra-contractuelle de plein droit, c'est le plus souvent sur la faute que reposera la responsabilité extra-contractuelle d'un contractant envers un tiers [1]. Il y a une certaine hypocrisie à retenir ainsi la responsabilité extra-contractuelle d'un contractant envers un tiers du seul fait de l'inexécution de son obligation contractuelle [2]. Certes, la responsabilité contractuelle est sauve et, par là même, le principe de l'effet relatif des contrats. Cependant, ce principe n'est-il pas indirectement tourné par l'appel à la responsabilité extra-contractuelle ? On peut sérieusement le penser. Dès lors, il vaudrait mieux, parce que cela serait plus orthodoxe, consacrer le principe de la relativité aquilienne [3].

750. – Applications traditionnelles. La jurisprudence a retenu la responsabilité extra-contractuelle d'un contractant envers un tiers, victime de l'inexécution de son obligation contractuelle par le contractant, dans les domaines les plus divers.

Ainsi, la responsabilité du sous-traitant envers le maître de l'ouvrage a été engagée sur le fondement des principes qui gouvernent la responsabilité extra-contractuelle et notamment de la faute, lorsque le sous-traitant a commis une faute dans l'exécution de l'obligation qu'il assume envers l'entrepreneur principal en vertu du contrat de sous-traitance et que cette faute est à l'origine du préjudice éprouvé par le maître de l'ouvrage (cf. Com. 17 février 1981, *J.C.P.* 1981.IV.157 ; Civ. 3e ; 22 juin 1982, *J.C.P.* 1982.IV.316) [4].

---

1. Il faut que cette faute soit caractérisée. Tel n'est pas le cas, par exemple, en ce qui concerne un architecte qui ne s'est pas informé de ce que le maître de l'ouvrage était propriétaire de l'immeuble sur lequel des travaux ont été effectués, alors qu'il ne l'était pas. Pour la Cour de cassation, il n'y a pas de faute et, par conséquent, l'architecte n'est pas responsable envers le propriétaire de l'immeuble (Civ. 3e, *R.J.D.A.* 2000, n° 933).

2. V. *infra*, n° 751.

3. Sur lequel, v. *infra* n° 751.

4. Le contrat de sous-traitance, en vertu duquel l'entrepreneur principal fait exécuter par le sous-traitant des obligations mises à sa charge par le contrat d'entreprise conclu avec le maître de l'ouvrage, ne déchargeant pas l'entrepreneur principal de ses obligations envers le maître de l'ouvrage, même si celui-ci a agréé le sous-traitant, l'entrepreneur principal reste responsable envers le maître de l'ouvrage en cas d'inexécution par le sous-traitant. Dès lors, il est contractuellement tenus envers lui, tandis que le sous-traitant, lui aussi tenu contractuellement envers l'entrepreneur principal, serait tenu envers le maître de l'ouvrage sur le fondement de la responsabilité extra-contractuelle. Le maître de l'ouvrage ayant deux débiteurs de la réparation du dommage qu'il a subi, ceux-ci sont tenus *in solidum*, peu important que l'un soit obligé extracontractuellement et l'autre contractuellement (cf. Civ. 3e, 11 juin 1976, *Rev. trim. dr. civ.* 1977.136, obs. Durry, Civ. 3e, 5 janvier 1978, *J.C.P.* 1978.IV.78) v. *supra,* n° 731. Cependant, la responsabilité contractuelle du sous-traitant envers le maître de l'ouvrage a pu être envisagée, v. *infra,* n° 790 ter et 791.

La responsabilité extra-contractuelle d'un médecin a pu être retenue envers les proches parents d'un patient décédé des suites d'une intervention chirurgicale en raison d'une faute commise par le médecin dans l'exécution du contrat médical (Civ. 1re, 21 novembre 1978, *D.* 1979.IR.117, *J.C.P.* 1979.II.19033, note Savatier ; Civ. 1re, 13 février 2001, *J.C.P.* 2002.II.10099, note Lisanti-Kalczynski. V. aussi Bordeaux 9 juin 1994, *J.C.P.* 1995.IV.437, en ce qui concerne la responsabilité d'un centre transfusion sanguine envers le conjoint d'un transfusé, contaminé par le virus du sida, V. aussi, Civ. 1re, 28 avril 1998, *J.C.P.* 1998.II.10088, rapport Sargos), de même que celle d'un notaire envers le créancier du vendeur, ledit créancier ayant été oublié par le notaire qui avait été chargé, en vertu d'une convention de séquestre, de payer plusieurs créanciers de ce vendeur (Amiens 2 novembre 1976, *J.C.P.* 1979.II.19069, note Galle) ou celle d'une association envers les membres de la famille d'un enfant autres que ses parents qui avaient confié l'enfant à l'association, laquelle avait commis une faute dans sa surveillance (Bordeaux 21 janvier 1980, *J.C.P.* 1980.IV.252) ou encore celle d'un transporteur envers le réceptionnaire de la marchandise qui n'a pas contracté avec lui (Rouen 16 avril 1992, *R.J.D.A.* 1992, n° 586). Encore mieux, dans le célèbre arrêt Perruche, l'Assemblé plénière de la Cour de cassation a considéré que la faute dans l'exécution d'un contrat (en l'occurrence, celles d'un médecin et d'un laboratoire envers la mère d'un enfant qui n'a pas pu procéder à une interruption de grossesse en raison de cette faute et a ainsi mis au monde un enfant handicapé) autorise un tiers (en l'occurrence, l'enfant) à demander la réparation de son dommage sur le fondement de la responsabilité extra-contractuelle (Ass. plén. 17 novembre 2000, *J.C.P.* 2000.II.10438, rapport Sargos, conclusions Sainte-Rose et note Chabas).

En l'absence de rapport contractuel entre l'installateur de la chose vendue et l'acquéreur de cette chose, la responsabilité extra-contractuelle de l'installateur, qui a commis une faute, a été retenue envers l'acquéreur (Civ. 2e, 8 juin 1979, *D.* 1980.IR.33, obs. Larroumet, *D.* 1980.563, note Espagnon), comme a été aussi retenue la responsabilité extra-contractuelle du réparateur d'un engin envers le sous-acquéreur de cet engin, la réparation ayant été effectuée d'une façon défectueuse pour le compte de l'ancien propriétaire qui l'avait vendu à une personne, laquelle l'avait ensuite revendu au sous-acquéreur qui se plaignait de ce que la réparation n'était pas satisfaisante (Com. 25 mai 1982, *J.C.P.* 1982.IV.276). Si la rupture brusque de facilités de caisse consenties par un banquier à son client constitue une faute contractuelle envers ledit client, elle constitue aussi une faute génératrice de responsabilité extra-contractuelle envers le tiers au profit duquel un chèque a été tiré par le client et que le banquier a refusé de payer pour défaut de provision (Com. 26 avril 1984, *J.C.P.* 1984.IV.206, *D.* 1985.IR.31, obs. Cabrillac). Ainsi encore, le paiement par la banque tirée d'un chèque irrégulier constitue une faute délictuelle envers un tiers, bénéficiaire d'un autre chèque dont la provision était insuffisante en raison de l'émission du chèque irrégulier (Com. 4 juin 1991, *D.* 1992.399, note Martin).

Le syndic de copropriété est le représentant contractuel du syndicat des copropriétaires et non pas de chacun des copropriétaires, mais la faute qu'il commet a permis de retenir sa responsabilité extra-contractuelle envers un copropriétaire qui éprouve un préjudice en raison de cette faute (Civ. 3e, 9 juillet 1985, *Rep. not.* 1986.295, obs. Souleau. V. aussi, Civ. 3e, 6 janvier 1999, *D.A.* 2000.426, note Asfar, *Rev. trim. dr. civ.* 1999.403, obs. Jourdain, à propos de la faute commise par un mandataire dans l'exécution de sa mission, cette faute étant source de préjudice pour un tiers, en l'occurence un sous-traitant).

Le vice de construction d'un immeuble permet de retenir la responsabilité contractuelle du constructeur envers son créancier en vertu du contrat, le maître de l'ouvrage. Mais, la responsabilité extra-contractuelle du constructeur a été retenue envers le locataire de l'immeuble qui ne peut jouir de celui-ci en raison du vice de construction (Civ. 3e, 31 janvier 1978, *Bull. civ.* 3 n° 56 ; Civ. 3e, 8 avril 1987 *D.* 1987.IR.108 ; Civ. 3e, 25 janvier 1989, *J.C.P.* 1989.IV.111). A l'inverse, lorsqu'un contrat de louage d'ouvrage a été conclu entre un entrepreneur et le locataire d'un immeuble, la responsabilité extra-contractuelle de l'entrepreneur peut être retenue envers le propriétaire (Civ. 1re, 15 décembre 1998, *Bull. civ.* 1, n° 368, *Rep. not.* 1999.745, obs. Mazeaud, *Contrats, conc. consomm.* 1999, n° 37, obs. Leveneur, *Rev. trim. dr. civ.* 1999.623, obs. Mestre).

Bien que seul le donateur ait eu recours aux services d'un conseil juridique et fiscal, à l'exclusion du donataire, il a été admis que ce dernier pouvait demander au conseil, par une action en responsabilité extra-contractuelle, la réparation du préjudice qu'il éprouvait du fait d'un redressement fiscal, en raison de la faute commise par le conseil, qui avait sous-estimé la valeur des biens donnés (Paris, 27 mars 1987, *D.* 1987.IR.107).

Il a été admis que le fabricant d'un isolant thermique utilisé pour la construction d'un immeuble commettait une faute délictuelle, dans ses rapports avec l'architecte lorsque le matériau était inefficace et rendait l'immeuble impropre à sa destination (Civ. 3e, 13 mai 1987, *J.C.P.* 1987.IV.244 v. aussi, Civ. 3e, 7 mars 1990, *J.C.P.* 1990.IV.174).

Lorsque deux sociétés se sont groupées pour la réalisation d'un ouvrage et que seule l'une d'elles, qui avait la charge de certains travaux, a passé commande, pour l'exécution de ces travaux, d'un élément qui s'est révélé défectueux et que l'autre société éprouve un dommage du fait de l'inexécution de son obligation par le fabricant de l'élément, la responsabilité de celui-ci envers la seconde société peut être retenue en application de l'article 1382 du Code civil (Com. 4 mai 1993, *R.J.D.A.* 1994, n° 16).

Parce qu'il n'y a pas de lien contractuel entre le fabricant d'un médicament et le consommateur final de celui-ci, la responsabilité du fabricant envers le consommateur est fondée sur l'article 1383 du Code civil et une faute est nécessaire (Versailles 5 juin 1992, *D.* 1995. Somm. 255, obs. Storck). Cependant, en ce qui concerne la responsabilité des fabricants pour les dommages causés par les défauts des produits qu'ils ont mis sur le marché, depuis l'introduction en droit français d'une directive européenne du 25 juillet 1985, le régime de la responsabilité est le même en matière contractuelle et en matière extra-contractuelle, ce dont il résulte qu'il n'est pas nécessaire, en principe et sauf pour la compétence judiciaire ou la détermination de la loi applicable lorsqu'il y a un conflit de lois, de distinguer selon que la victime du dommage est un tiers ou un créancier contractuel (art. 1386-1 C. civ.). Toutefois, conformément à la solution retenue par la directive de 1985, l'article 1386-18, al. 1er du Code civil laisse à la victime du dommage le choix entre le régime de responsabilité issu de la directive et le régime traditionnel, lequel distinguait normalement entre la responsabilité contractuelle et la responsabilité extra-contractuelle [1].

Le constructeur d'un immeuble est responsable délictuellement et non pas contractuellement envers un locataire-attributaire, lequel n'est ni le maître de l'ouvrage, ni l'acquéreur de l'immeuble, du moins tant que l'attribution de propriété n'est pas intervenue à son profit (Civ. 3e, 14 novembre 1991, *J.C.P.* 1992.IV.158 ; Civ. 3e, 11 octobre 1995, *Contrats, conc., consomm.* 1996, n° 21, obs. Leveneur). Tenu d'une obligation de conseil et d'assistance envers le franchisé quant au choix d'un terrain adapté à l'exploitation, le franchiseur engage sa responsabilité délictuelle envers un voisin du franchisé pour méconnaissance de cette obligation, ledit voisin éprouvant un préjudice consistant en un trouble anormal de voisinage (Civ. 2e, 21 mai 1997, *J.C.P.* 1998.II.10057, note Mauger-Velpeau, *Rev. trim. dr. civ.* 1998.115, obs. Jourdain, *Contrats, conc. consomm.* 1997, n° 128, obs. Leveneur). Parce qu'ils ne sont pas liés par un contrat, les constructeurs auxquels fait appel un maître de l'ouvrage, par exemple un architecte et un entrepreneur, ne peuvent exercer entre eux des recours que sur le fondement de la responsabilité extra-contractuelle (Civ. 3e, 30 avril 2002, *J.C.P.* 2002.IV.1980).

---

1. La jurisprudence la plus récente avait, cependant, mis à la charge du vendeur professionnel une obligation de sécurité bénéficiant tant à l'acheteur qu'aux tiers, en cas de dommage causé par un défaut du produit. Il en résultait qu'il n'y avait pas à distinguer normalement entre le régime contractuel et le régime extra-contractuel de la responsabilité (cf. Civ. 1re, 17 janvier 1995, *D.* 1995.350, note Jourdain ; Civ. 1re, 28 avril 1998, *J.C.P.* 1998, éd. E, Act. p. 775).

751. – La relativité aquilienne et les limites de la responsabilité d'un contractant envers un tiers. On peut se demander si toute inexécution de son obligation contractuelle par le débiteur peut être génératrice de sa responsabilité extra-contractuelle envers un tiers (v. observations Jourdain, *Rev. trim. dr. civ.* 1995.895 et observations Viney, *J.C.P.* 1998.I.1144). Certains auteurs ne l'admettent point en se fondant sur la théorie dite de la relativité aquilienne [1]. En effet, il résulte de cette théorie que n'importe quel manquement du débiteur à son obligation contractuelle n'est pas susceptible de donner lieu à sa responsabilité extra-contractuelle envers un tiers qui subirait un préjudice en raison de ce manquement. La faute dans l'exécution d'une obligation contractuelle ne constitue pas nécessairement une faute extra-contractuelle au sens des articles 1382 et 1383 du Code civil. Il y a des situations dans lesquelles une faute n'existe qu'à l'égard de certaines personnes et non pas d'autres. Or, seuls ceux envers lesquels un comportement apparaît comme fautif peuvent demander à l'auteur de cette faute la réparation du dommage en résultant et non pas les personnes qui ne sont pas créancières en vertu du contrat, même si elles éprouvent un dommage résultant de cette faute [2].

Selon la théorie de la relativité aquilienne, n'importe qui ne peut se prévaloir d'une faute commise par une autre personne pour demander la réparation d'un dommage causé par cette faute. Seul peut s'en prévaloir celui qui est protégé par la règle dont la faute constitue une violation. Ainsi, si un contrat met telle obligation à la charge du débiteur, c'est bien entendu dans l'intérêt du créancier. Seul le créancier pourra se plaindre de la violation de son obligation par le débiteur et lui demander, en conséquence, la réparation du préjudice en résultant. Le tiers qui éprouve un préjudice en raison de cette faute ne pourra invoquer la responsabilité extra-contractuelle du débiteur contractuel, puisque l'obligation qui a été violée par celui-ci n'était pas établie dans son intérêt. Cependant, il n'en est ainsi que si la violation de l'obligation contractuelle ne constitue pas en même temps une faute au sens des articles 1382 et 1383 du Code civil [3]. Si, au contraire, la violation d'une obligation contractuelle constitue en même temps une faute qui serait susceptible d'être invoquée par toute personne y ayant intérêt, parce qu'il s'agit de la méconnaissance d'une obligation qui incombe-

---

1. Le terme est emprunté à la *lex aquilia*, qui est traditionnellement considérée comme ayant consacré, en droit romain, la responsabilité délictuelle pour faute.

2. Une obligation légale d'information, par exemple pèse sur le vendeur, mais il a été admis que seul l'acheteur peut invoquer sa violation à l'exclusion des sous-acquéreurs (Civ. 3e, 3 décembre 2002, *R.J.D.A.* 2003, n° 248).

3. Cette solution a été consacrée par certaines décisions de la Cour de cassation selon lesquelles la responsabilité extracontractuelle d'un contractant en vers un tiers ne peut être retenue qu'en cas de « manquement au devoir général de ne pas nuire à autrui » (Com. 8 octobre 2002, *J.C.P.* 2003.I.1152, n°3, obs. Viney ; Com. 5 avril 2005, *J.C.P.* 2005.IV.2197, *Rev. trim. dr. civ.* 2005.602, obs. Mazeaud. V. aussi l'arrêt cité à la note précédente.

rait à n'importe qui envers n'importe qui, la responsabilité extra-contractuelle du débiteur pourra être retenue envers le tiers qui éprouverait un dommage du fait de l'inexécution de cette obligation, bien qu'elle ait été intégrée au contrat. Par exemple, lorsque le propriétaire d'un immeuble n'effectue pas les réparations qui lui incombent en vertu du bail et qu'il en résulte un dommage qui est éprouvé par une personne hébergée par le locataire, le propriétaire sera tenu de réparer ce dommage en application du droit commun de la responsabilité extra-contractuelle. En effet, le fait dommageable est constitué envers quiconque éprouverait un dommage, qu'il s'agisse d'un contractant ou d'un tiers. En revanche, lorsque le débiteur contractuel accepte d'assumer une obligation spéciale qui ne lui serait pas autrement imposée envers quiconque et en dehors de tout contrat, sa violation ne peut être invoquée que par le créancier en vertu du contrat. Par exemple, si une personne s'engage à faire construire, dans un lotissement, un immeuble ne dépassant pas une certaine hauteur, dans l'intérêt des autres titulaires de lots, et qu'il dépasse la hauteur prévue, sa responsabilité extra-contractuelle ne pourra pas être retenue envers un voisin, étranger au lotissement, qui se plaindrait de ce que la hauteur de l'immeuble le gène, dès lors que les règlements d'urbanisme n'interdisaient pas de construire un immeuble de cette hauteur. Dans une telle situation, il y a violation d'une obligation imposée dans l'intérêt particulier de telles personnes et non pas de l'obligation générale de ne pas nuire à quiconque [1].

Si la théorie de la relativité aquilienne vient ainsi limiter la possibilité de retenir la responsabilité d'un contractant envers un tiers, il ne paraît pas qu'elle ait été consacrée d'une façon générale par la jurisprudence dont la majorité des décisions, à quelques exceptions près [2], considère que toute inexécution d'une obligation contractuelle est susceptible de constituer un fait générateur de responsabilité extra-contractuelle envers un tiers (cf. Civ. 1re, 16 décembre 1992 et Civ. 3e, 24 février 1993, *Rev. trim. dr. civ.* 1993.362, obs. Jourdain ; Civ. 1re, 21 mai 1997, *Contrats, conc. consomm.* 1997, n° 128, obs. Leveneur, *J.C.P.* 1998.II.10057, note Mauger-Velpeau, *Rev. trim. dr.*

1. V. cependant, Civ. 1re, 1er mars 2006 (*J.C.P.* 2006.IV.1657), arrêt selon lequel un tiers au lotissement pourrait éventuellement invoquer la responsabilité délictuelle d'un coloti qui n'aurait pas respecté ses obligations prévus par le règlement du lotissement dans le cas où il aurait subi un préjudice personnel résultant du non respect du règlement. Il est évident qu'une telle solution est contraire à la relativité aquilienne.

2. Voir, par exemple, Com. 17 juin 1997, *R.J.D.A.* 1997, n° 1340, *Rev. trim. dr. civ.* 1998.113, obs. Jourdain, arrêt selon lequel si la faute contractuelle d'un mandataire dans ses rapports avec le mandant peut être qualifiée de faute délictuelle à l'égard d'un tiers, c'est à la condition qu'elle constitue aussi la violation d'une obligation générale de prudence dont la violation serait susceptible de retenir la responsabilité au profit de quiconque. Or, toujours selon cet arrêt, tel ne serait pas le cas du manquement à son obligation de conseil par un courtier d'assurance. V. aussi les arrêts cités à la note précédente. *Contra*, à propos d'un mandataire, Civ. 1re, 18 mai 2004, *D.* 2005.Pan.194).

civ. 1998.115, obs. Jourdain, qui, après avoir rappelé que le franchiseur est tenu envers le franchisé d'une obligation de conseil et d'assistance dans le choix d'un terrain adapté à l'exploitation, considère que le franchiseur, en cas de manquement à cette obligation, engage sa responsabilité délictuelle envers un tiers, victime de troubles de voisinage ; Civ. 1re, 25 novembre 1997, *D.A.* 1997.64, qui décide que l'intermédiaire professionnel, en l'occurrence un agent immobilier, qui, après avoir été mandaté par l'une des parties, prête son concours à la rédaction d'un acte, est tenu de s'assurer de l'efficacité juridique de l'acte, même à l'égard de l'autre partie ; Com. 7 mars 2000, *R.J.D.A.* 2000, n° 630, qui admet que l'inexécution d'une obligation contractuelle, en l'occurrence le non paiement de la redevance de location-gérance d'un fonds de commerce, peut constituer une faute délictuelle envers un tiers, en l'espèce, le locataire des lieux, le bail ayant été résilié par le bailleur ; Civ. 1re, 13 février 2001, *D.* 2001. Somm. 2234, obs. Delebecque, *R.J.D.A.* 2001, n° 825, *J.C.P.* 2001.I.338, n° 8, obs. Viney, *Contrats, conc. consomm.* 2001, n° 86, obs. Leveneur, *J.C.P.* 2002.II.10099, note Lisanti-Kalczynski, qui affirme le principe selon lequel les tiers à un contrat sont fondés à invoquer le manquement du débiteur à son obligation lorsqu'il en résulte un préjudice à leur égard, la solution étant appliquée à la victime par ricochet, en l'occurrence la fille d'une personne contaminée par le virus du sida à la suite d'une transfusion ; Com. 5 mars 2002, *R.J.D.A.* 2002, n° 942, à propos du dommage éprouvé par le dirigeant d'une société concessionnaire, lequel s'était porté caution de celle-ci, le dommage trouvant son origine dans la résiliation abusive du contrat de concession par le concédant, l'arrêt condamnant la Cour d'appel pour avoir exigé une faute du concédant détachable et indépendante du contrat, ce qui n'était pas démontré ; Civ. 2e, 28 mars 2002, *Contrats, conc. consomm.* 2002, n° 105, obs. Leveneur, à propos des fautes commises par une société chargée du contrôle technique d'un véhicule par le vendeur de celui-ci, fautes qui sont à l'origine du préjudice subi par l'acheteur du véhicule ; Rouen 8 novembre 2002, *R.J.D.A.* 2002, n° 622, à propos du préjudice subi par le père de l'exploitant d'un fonds de commerce qui avait remplacé son fils pour l'exploitation du fonds, celui-ci ayant été blessé par une armoire frigorifique défectueuse et le père ayant dû embaucher un salarié pour l'exploitation de son propre fonds de commerce, les frais ainsi exposés étant imputables au fabricant du meuble défectueux. V. aussi, sur le rejet de la relativité aquilienne et l'assimilation de la faute du débiteur envers le créancier à une faute délictuelle envers les tiers, Civ. 1re, 18 juillet 2000, *Bull. civ.* 1, n° 221, *Rev. trim. dr. civ.* 2001.146, obs. Jourdain ; Com. 1er juillet 2003, *J.C.P.* 2004.I.163, n° 9, obs. Viney).

Par un arrêt de principe du 6 octobre 2006, l'Assemblée plénière de la Cour de cassation (D. 2006.2484, obs. Gallmeister, D. 2006.2825, note Viney, J.C.P. 2006.II.10181, avis Gariazo et note Billiau, *J.C.P.*

2007.I.115, n° 4, obs. Germain) a affirmé que « le tiers à un contrat peut invoquer, sur le fondement de la responsabilité délictuelle, un manquement contractuel dès lors que ce manquement lui a causé un dommage » (dans le même sens, v. Com. 6 mars 2007, *J.C.P.* 2007.IV.1779, D. 2007.1078, obs. Chevrier ; Civ. 1re, 22 mai 2007, *J.C.P.* 2007.IV.2244). On ne saurait rejeter plus catégoriquement la relativité aquilienne, ce qui est loin d'être incontestable.

La théorie de la relativité aquilienne correspond à une nécessité. En effet, on ne peut admettre sans nuance que tout manquement contractuel constitue une source de responsabilité extra-contractuelle envers les tiers qui éprouveraient un préjudice en raison de ce manquement. L'appel à la responsabilité extra-contractuelle masque une évidente violation du principe de l'effet relatif des contrats, sans compter que la responsabilité extra-contractuelle n'est pas construite sur les mêmes impératifs que la responsabilité contractuelle. Ainsi, la frontière entre la responsabilité de plein droit et la responsabilité pour faute ne passe pas au même endroit dans les deux resposabilités, ce dont il résulte que le manquement à une obligation de résultat, qui conduit à une responsabilité objective en matière contractuelle, ne saurait être systématiquement sanctionné par une responsabilité de même nature en matière extra-contractuelle, où la faute pourrait être une condition de la responsabilité.

Cependant, il faut aussi admettre que le manquement contractuel peut éventuellement être source de responsabilité extra-contractuelle lorsqu'il constitue une activité qui serait source d'une telle responsabilité. Toute la difficulté est de déterminer quand il en est ainsi et quand le manquement contractuel doit être limité au créancier contractuel. Lorsqu'il s'agit du préjudice par ricochet, on conçoit la responsabilité extra-contractuelle du débiteur contractuel envers le tiers. En revanche, la question est beaucoup plus délicate lorsque le préjudice est éprouvé par un tiers qui n'est pas une victime par ricochet.

752 - Extension de la responsabilité contractuelle à des personnes qui n'apparaissent pas comme des créanciers immédiats du débiteur responsable. Indépendamment de l'unification des responsabilités contractuelle et délictuelle, qui a pour conséquence de faire disparaître l'intérêt d'admettre la responsabilité extra-contractuelle d'un débiteur contractuel au profit d'un tiers qui éprouve un dommage du fait de l'inexécution de l'obligation contractuelle [1], il a été proposé en doctrine d'étendre le régime de la responsabilité contrac-

1. L'unification des deux responsabilités est admise par la loi non seulement en ce qui concerne les accidents de la circulation automobile (loi du 5 juillet 1985) et les transports aériens (Code de l'aviation civile, Convention de Varsovie du 30 octobre 1924 et Règlement européen du 6 octobre 1997) ou maritimes (loi du 18 juin 1966), mais encore pour la responsabilité des fabricants pour les dommages causés par les défauts de leurs produits (Directive du 25 juillet 1985 et art. 1386-1 et s. C. civ.).

tuelle du débiteur à certaines personnes qui pourraient ne pas être considérées comme des tiers. En d'autres termes, il s'agirait d'étendre, du moins à certains points de vue, l'effet obligatoire du contrat au profit d'autres personnes que le créancier immédiat envers lequel le débiteur s'est engagé. On retrouvera cette question lorsqu'on étudiera l'effet relatif du contrat [1].

§ 2. Les créanciers chirographaires [2]

753. – Détermination de la situation des créanciers chirographaires. Les créanciers chirographaires sont ceux qui, parce qu'ils ne sont pas investis d'un droit de préférence sur un élément du patrimoine de leur débiteur, sont soumis à la loi de l'égalité en ce qui concerne la poursuite des biens de celui-ci. Ils peuvent, pour obtenir le paiement de leur créance, saisir n'importe quel bien qui se trouve dans le patrimoine du débiteur, conformément à ce qui est dit aux articles 2284 et 2285 du Code civil. Comme l'énonce l'article 2285, ils ont un droit de gage général sur le patrimoine de leur débiteur, en ce sens qu'à défaut d'affectation spéciale d'un ou plusieurs biens en garantie du paiement préférentiel de la créance, le débiteur, comme le précise l'article 2284, engage la totalité de son patrimoine en s'obligeant personnellement, l'obligation personnelle dont il est question dans ce texte s'opposant à l'obligation réelle [3].

Les créanciers chirographaires sont dans une situation différente de celle des ayants cause et leur assimilation aux ayants cause universels, quelquefois admise par la doctrine, est tout à fait artificielle [4]. D'une part, un ayant cause, qu'il soit universel ou à titre particulier, est une personne qui tient ses droits sur un bien d'une autre personne, son auteur. Or, il n'y a rien de tel en ce qui concerne les créanciers chirographaires. Leur situation est caractérisée purement et simplement par leur droit de gage général sur le patrimoine de leur débiteur, sans qu'ils puissent invoquer un droit portant spécialement sur tel élément qui serait affecté à leur garantie [5]. Dès lors, la notion de créancier n'a rien à voir avec celle d'ayant cause. D'autre part, si, comme on le verra, les ayants cause universels se voient

---

1. V. *infra*, n° 789 et s.

2. *Bibliographie* : BONNECASE, La condition juridique du créancier chirographaire, *Rev. trim. dr. civ.* 1920.103 ; FAVENNEC-HERY, La date certaine des acte sous seing privé, *Rev. trim. dr. civ.* 1992.1 ; MARCOU, Incertitudes sur la date des actes sous seing privé : de l'écrit sur support papier à l'écrit électronique, *J.C.P.* 2001. éd. N, p. 44.

3. Sur la distinction entre l'obligation personnelle et l'obligation réelle, v. *supra,* n° 32 et s.

4. V. cependant, *infra,* n° 769.

5. Au contraire, les créanciers qui sont titulaires d'un droit portant spécialement sur un bien qui se trouve dans le patrimoine de leur débiteur peuvent être assimilés à des ayants cause à titre particulier, en raison de l'affectation spéciale de ce bien qui fait l'objet de leur droit de préférence, lequel est souvent doublé d'un droit de suite, encore qu'à d'autres points de vue leur qualité de créanciers soit loin d'être indifférente.

opposer les contrats conclus par leur auteur [1], il n'empêche que ce qui, avant tout, caractérise leur situation, c'est que, parce qu'ils continuent la personne de leur auteur, ils sont liés par les contrats conclus par celui-ci, ce dont il résulte qu'ils ne sont pas concernés par le principe de l'effet relatif des contrats [2]. Or, il n'y a non plus rien de tel en ce qui concerne les créanciers chirographaires. Ceux-ci sont protégés par le principe de l'effet relatif des contrats, en ce sens que les contrats conclus par leur auteur ne peuvent les rendre ni créanciers ni débiteurs. Cependant, ils sont, comme tous les tiers, tenus de respecter l'existence des contrats conclus par leur débiteur, de la même façon qu'ils peuvent invoquer cette existence. En d'autres termes, le principe de l'opposabilité des contrats aux tiers les concerne. Il les concerne même plus que tout autre tiers en raison de leur droit de gage général sur le patrimoine de leur débiteur. En effet, l'augmentation ou la diminution de la consistance du patrimoine du débiteur en vertu des contrats que celui-ci peut conclure affecte leur droit de gage général. Ainsi, le débiteur, en s'engageant envers autrui, peut augmenter son insolvabilité, ce qui va nuire à ses créanciers chirographaires. Si le débiteur aliène un bien, celui-ci échappera à la poursuite de ses créanciers, puisqu'il sort du patrimoine du débiteur. Inversement, si le débiteur acquiert un bien, cela va profiter à ses créanciers qui pourront le saisir, de la même façon que ceux-ci vont profiter de toutes les créances que leur débiteur fait naître à son profit en vertu des contrats qu'il conclut.

Cependant, si le principe est celui de l'opposabilité aux créanciers chirographaires des contrats conclus par leur débiteur, il y a des situations dans lesquelles cette opposabilité est exceptionnellement écartée. On envisagera, d'abord, comment se manifeste exactement cette opposabilité et, ensuite, on verra dans quels cas elle est écartée.

A. *Le principe de l'opposabilité des contrats conclus par le débiteur*

753 bis. – Opposabilité des droits et obligations résultant d'un contrat. Les créanciers d'une personne doivent tenir compte de tous les contrats conclus par celle-ci, comme ils peuvent se prévaloir de leur existence. Ce n'est là que le principe de l'opposabilité des contrats aux tiers, sans que ceux-ci deviennent pour autant créanciers ou débiteurs en vertu de ces contrats. En réalité, l'opposabilité du contrat se manifestera envers les créanciers de chaque partie au contrat par l'opposabilité des droits et des obligations créées par le contrat, s'il s'agit d'un contrat qui est simplement créateur d'un rapport d'obligation entre les parties. Si le contrat est en même temps

1. V. *infra*, n° 770.
2. V. *supra*, n° 741 et *infra*, n° 776.

un contrat translatif ou constitutif de droit réel, le droit réel né au profit d'une partie ou l'obligation réelle née à son encontre est opposable à ses créanciers [1], comme l'est la transmission à autrui du droit réel.

1) Contrats constitutifs ou translatifs de droit réels

754. – Opposabilité en principe non soumise à l'accomplissement d'une mesure de publicité. L'opposabilité aux créanciers des contrats constitutifs ou translatifs de droits réels conclus par leur débiteur n'obéit pas à des règles différentes de celles qui concernent les droits et les obligations personnels engendrés par le contrat. Certes, on sait qu'il existe, en droit français, un système de publicité foncière. Mais, celui-ci a pour objet de régler les conflits entre titulaires de droits réels concurrents qui les tiennent du même auteur, c'est-à-dire qu'il s'agit d'un conflit entre ayants cause à titre particulier, sauf certaines hypothèses concernant les clauses d'inaliénabilité, les conditions suspensives et résolutoires ainsi que les actions en nullité ou en résolution d'une convention translative de droit réel immobilier et d'autres actes ou décisions judiciaires relatifs à de tels droits (cf. art. 28 et 30 du décret du 4 janvier 1955) [2]. En réalité, lorsqu'il ne s'agit pas d'un conflit entre ayants cause à titre particulier tenant leur droit du même auteur, la publicité foncière sert à régler le conflit entre l'ayant cause de l'acquéreur d'un droit réel immobilier et l'auteur de celui-ci, à condition qu'il s'agisse d'un acte ou d'une décision dont il est question à l'article 28 du décret du 4 janvier 1955. Les créanciers chirographaires des parties à un acte constitutif ou translatif de droit réel immobilier ne sont pas des tiers dont la protection relève de l'accomplissement de la mesure de publicité. Il en résulte que les contrats translatifs ou constitutifs de droits réels conclus par leur débiteur leur sont opposables sans qu'il soit nécessaire d'accomplir une formalité quelconque.

En d'autres termes, il n'y a pas à distinguer, en ce qui concerne l'opposabilité des contrats aux créanciers, entre leur effet constitutif ou trans-

1. Quant à la situation juridique résultant de certains contrats indépendamment de leur effet créateur d'un rapport d'obligation personnelle ou de leur effet constitutif ou translatif de droit réel, elle s'impose *erga omnes* et il n'y a pas de particularisme de la situation des créanciers. Par exemple le contrat de société s'impose envers tout tiers intéressé et, en particulier, ceux qui sont appelés à devenir créanciers de la société. Cependant, l'existence de la société en tant que personne morale suppose son immatriculation au registre du commerce et des sociétés. Il en est ainsi aussi bien pour les sociétés civiles que pour les sociétés commerciales. Au demeurant, en droit commercial, certains contrats ne sont opposables aux tiers et, en particulier, aux créanciers des parties que si des formalités ont été accomplies. Cependant, dans chaque cas, il convient de préciser quelle est la finalité de la formalité pour déterminer ceux qu'elle protège, lorsque la loi ne les désigne pas. Or, il ne s'agit pas toujours des créanciers des parties au contrat. A cet égard, les formalités du droit commercial peuvent concerner l'existence des droits et des obligations engendrées par le contrat ainsi que son effet translatif de droit ou d'obligation aussi bien que la situation juridique résultant du contrat considérée à d'autres points de vue.

2. V. *Les biens*, n° 387 et s.

latif de droit réel et leur effet créateur d'un rapport d'obligation entre les parties. Le transfert immédiat de la propriété dès la conclusion du contrat est opposable aux créanciers de l'aliénateur qui, par conséquent, à partir de la conclusion du contrat, ne pourront plus saisir la chose aliénée dans le patrimoine de leur débiteur puisqu'elle ne s'y trouve plus. Au contraire, dès la conclusion du contrat, elle fait partie du droit de gage général des créanciers de l'acquéreur qui, par conséquent, pourront la saisir même avant la livraison. Dans le cas où le transfert de la propriété d'un corps certain n'a point lieu de plein droit dès la conclusion du contrat, seuls devraient pouvoir saisir la chose les créanciers de celui qui est demeuré propriétaire, en l'occurrence l'aliénateur [1].

Si tel est le principe de l'opposabilité, celui-ci comporte quelques exceptions en vertu desquelles le contrat ne sera opposable aux créanciers que si les formalités de publicité foncière ont été accomplies.

755. – Exceptions. Il en est ainsi, d'abord, en ce qui concerne le contrat par lequel un débiteur constitue une hypothèque au profit de son créancier. Parce que l'hypothèque entraîne, au profit du créancier hypothécaire, une rupture de l'égalité entre créanciers et qu'elle fait échapper, à concurrence du montant des créances garanties par elle, l'immeuble à la poursuite des créanciers chirographaires, il est parfaitement compréhensible qu'elle ne leur soit opposable que s'ils ont pu en connaître l'existence par la consultation du registre de la conservation des hypothèques. Certains privilèges immobiliers ne sont également opposables par leur titulaires aux créanciers chirographaires que s'ils ont été inscrits. Lorsqu'une sûreté porte sur un meuble, elle n'est opposable aux créanciers chirographaires qu'à travers le respect de certaines conditions, qui ne constituent pas toujours en l'accomplissement d'une formalité [2].

Ensuite, pendant longtemps, sur le fondement de l'article 941 du Code civil, la jurisprudence avait considéré que la donation d'un immeuble n'était opposable aux tiers, y compris ceux qui pouvaient se prévaloir d'un droit de créance concernant l'immeuble envers le donateur (par exemple, le locataire de l'immeuble) que si le contrat de donation avait été publié au registre de la conservation des hypothèques. Cette solution s'expliquait par des raisons d'ordre historique. Mais, elle n'était pas en harmonie avec les dispositions relatives à la publicité des droits réels immobiliers, laquelle a essentiellement pour objet de régler les conflits entre titulaires de droits réels concurrents. Aussi bien, la jurisprudence admet aujourd'hui que le défaut de publi-

1. V. *infra,* n° 758 en ce qui concerne le transfert de la propriété d'une chose de genre par le paiement.

2. Si l'on met à part certains gages dits sans dépossession qui supposent des mesures de publicité particulières, le gage de droit commun n'est opposable aux tiers et, en particuliers, les créanciers chirographaires du constituant, que par la dépossession de celui-ci ou bien par l'accomplissement d'une mesure de publicité (V. art. 2337 et 2338 C. civ.).

cité d'une donation ne peut être invoqué que par les titulaires de droits réels concurrents sur l'immeuble (cf. Civ. 3e, 17 juin 1980, *J.C.P.* 1981.II.19584, note Dagot) [1].

2) L'effet créateur d'un rapport d'obligation

756. – Principe. Le principe est que les créanciers d'une partie à un contrat vont se voir opposer l'existence des droits et obligations créées au profit ou à l'encontre de leur débiteur et qu'ils peuvent s'en prévaloir envers lui aussi bien qu'envers l'autre partie au contrat conclu par leur débiteur. Il en est ainsi aussi bien quant à l'existence de ces droits et de ces obligations que quant à leur disparition ou leur transmission. Cependant, cette opposabilité n'est pas toujours une opposabilité de plein droit, c'est-à-dire résultant de la seule existence du contrat. Elle peut quelquefois être soumise à l'accomplissement de certaines conditions ou formalités.

757. – L'existence des droits et des obligations. L'existence des droits et des obligations nés au profit ou à l'encontre d'une personne en vertu d'un contrat est opposable à ses créanciers. S'il s'agit des droits, l'opposabilité sera invoquée par les créanciers en raison de ce que l'existence du contrat va leur profiter. S'il s'agit des obligations, c'est le débiteur qui opposera l'existence du contrat à ses créanciers, auxquels cette existence est susceptible de nuire. L'existence du contrat est aussi opposable par une partie aux créanciers de l'autre partie.

En particulier, lorsque le contrat fait naître un droit de créance au profit de l'une des parties, ses créanciers vont pouvoir en invoquer l'existence au moyen de l'action oblique ou indirecte dont il est question à l'article 1166 du Code civil [2]. En effet, lorsqu'une personne néglige de faire valoir ses droits envers autrui, ses créanciers peuvent le faire à sa place. Cependant, le droit sera invoqué par les créanciers de son titulaire au nom et pour compte de celui-ci [3]. L'action oblique n'est pas pro-

---

1. La publicité des restrictions au droit de disposer (art. 28-2e et art. 30 al. 2 du décret du 4 janvier 1955), telles que le pacte de préférence ou la promesse unilatérale de vente, n'a pas pour objet la protection des créanciers de celui qui restreint son droit de disposer mais plutôt celle de ses ayants cause. En effet, si le bénéficiaire d'un pacte de préférence est un créancier en raison de ce que son droit concernant l'immeuble est un droit de créance, il sera en général en conflit avec un ayant cause à titre particulier du débiteur du pacte auquel celui-ci aura aliéné l'immeuble. Il est vrai que le conflit est possible entre deux bénéficiaires successifs d'un pacte concernant le même immeuble, lesquels ne sont que des créanciers. Mais, leur situation est très voisine de celle dans laquelle se trouvent deux titulaires de droits réels concurrents sur le même immeuble. Sur le pacte de préférence, v. *supra*, n° 292.

2. Sur laquelle, v. FRANÇOIS, *Obligations, Régime général*, n° 278 et s.

3. L'action oblique ne suppose pas la mise en cause du débiteur. Cependant, une fois celle-ci intentée et ayant produit son effet, c'est-à-dire la réintégration d'un actif dans le patrimoine du débiteur, le paiement au créancier sur l'actif suppose l'intervention du débiteur (v. Com. 21 janvier 2004, *R.J.D.A.* 2004, n° 749). La solution est justifiée dans la mesure où l'action oblique ayant produit ses effets, la représentation du débiteur par le créancier agissant cesse.

pre aux droits de créance d'origine contractuelle. Au demeurant, elle ne concerne pas seulement les droits de créance et elle peut être intentée pour tous les droits de caractère patrimonial non attachés à la personne de leur titulaire. Cependant, en raison de la fréquence de la naissance de droits de créance par la voie contractuelle, elle présente un intérêt tout particulier en ce qui concerne les contrats conclus par un débiteur. L'action oblique n'est, en réalité, qu'une conséquence du droit de gage général des créanciers sur le patrimoine de leur débiteur. C'est parce que les créanciers ont un droit sur tout élément faisant partie de l'actif du patrimoine de leur débiteur qu'ils peuvent faire valoir les droits que celui-ci néglige de faire valoir par lui-même. Dès lors, la créance née au profit de A en raison du contrat conclu avec B pourra être invoquée par les créanciers de A, aux fins de paiement de celui-ci de façon à pouvoir s'en partager le montant conformément à ce qui est dit à l'article 2285 du Code civil. En ce qui concerne les créances de leur débiteur, qu'elles soient ou non d'origine contractuelle, les créanciers disposent d'un moyen très efficace qui est la saisie-attribution en vertu de laquelle ils font interdiction au débiteur de leur débiteur de payer celui-ci, la saisie entraînant transmission à leur profit de la créance de ce dernier. Toujours est-il que si l'action oblique et la saisie-attribution ne sont pas propres aux droits de créance d'origine contractuelle, elles supposent, lorsqu'il s'agit de créances résultant d'un contrat, que l'effet créateur de droit de celui-ci peut être invoqué par les propres créanciers de celui qui a ainsi fait naître un droit à son profit. Il est évident que le fait pour un créancier de faire valoir ainsi une créance de son débiteur suppose que le contrat conclu par son débiteur lui est opposable et qu'il peut se prévaloir de cette opposabilité.

758. – Le problème de la date certaine. Selon l'article 1328 du Code civil, la date d'un contrat ne peut être invoquée à l'encontre des tiers que si elle est certaine, lorsqu'il s'agit d'un acte sous-seing privé [1]. La date certaine n'est conférée à un tel acte que par l'accomplissement de la formalité de l'enregistrement, laquelle suppose la perception d'une taxe par l'administration habilitée à cet effet. Toutefois, d'une part, si le contenu d'un acte sous-seing privé non enregistré est repris dans un acte authentique, la date certaine sera conférée au jour de la rédaction de l'acte authentique [2]. D'autre part, un acte sous-seing privé non enregistré aura date certaine au jour du décès de celui qui l'a signé, puisque, par hypothèse, celui-ci ne pourrait y apposer sa signature après son décès.

1. S'il s'agit d'un acte authentique, sa rédaction par un officier public lui confère par la même date certaine, sauf inscription de faux si la date est contestée.

2. Lorsqu'un bail de la chose vendue est mentionné dans un acte authentique de vente, le bail doit être considéré comme ayant date certaine (Civ. 3e, 15 mars 2000, *R.J.D.A.* 2000, n° 512, *D.* 2000, A.J. 285, obs. Rouquet).

Dans les rapports des parties au contrat, il est inutile d'exiger les conditions qui résultent de l'article 1328 du Code civil pour faire la preuve de la date du contrat. La date qui est indiquée par les parties ou sur laquelle elles sont d'accord, si aucune date n'est indiquée dans l'*instrumentum*, est suffisante (cf. Civ. 3e, 24 mars 1993, *Contrats, conc., consomm.* 1993, n° 178, obs. Leveneur, *Rep. not.* 1994. 340, obs. Mazeaud, qui considère que, dans les rapports entre le promettant et le bénéficiaire d'une promesse unilatérale de vente, il n'y a pas à exiger que la levée de l'option par le bénéficiaire ait date certaine pour être opposée au promettant).

En revanche, envers les tiers, la date indiquée par les parties ne constitue pas une preuve suffisante de la date à laquelle le contrat a été conclu. La raison en est que les parties peuvent antidater ou postdater leur contrat, de façon à faire croire aux tiers, contrairement à leur intérêt, que le contrat a été conclu à telle date, alors qu'il a été conclu à une autre date. En effet, l'absence de date certaine au sens de l'article 1328, permettrait des fraudes envers les tiers. C'est la raison pour laquelle il faut admettre que la date certaine est une condition essentielle de l'opposabilité du contrat aux tiers quant au moment auquel il a été conclu. C'est la seule garantie possible pour les tiers [1]. Toutefois, la jurisprudence admet que l'exigence de la date certaine ne concerne pas les actes de commerce, la preuve de la date étant libre, sauf exception (cf. Com. 17 mars 1992, *R.J.D.A.* 1992, n° 787, *D.* 1992. Somm. 399, obs. Delebecque, *Rev. trim. dr. civ.* 1993. 359, obs. Mestre ; Com. 4 mai 1999, *R.J.D.A.* 1999, n° 775). On peut expliquer la solution par la liberté de la preuve, affirmée en matière commerciale par l'article L. 110-3 du Code de commerce. En effet, dès lors que l'existence de l'acte peut être prouvée par tous moyens, la date indiquée à l'acte doit pouvoir l'être également. Cependant, la liberté de la preuve n'existe, aux termes de l'article L. 110-3 du Code de commerce, qu'à l'égard des commerçants. Par conséquent, dans la mesure où la preuve de la date envers les tiers est liée à celle de l'acte, il n'y a pas de raison de ne point exiger la date certaine d'un acte de commerce quant à sa preuve envers des non-commerçants.

En raison de l'assimilation des ayants cause universels des parties à celles-ci, il n'est pas douteux que la date du contrat n'a pas besoin d'être certaine pour que le contrat leur soit opposable (Civ. 3e, 18 décembre 2002, *D.* 2003.IR.179, à propos d'une promesse unilatérale de vente opposable à un légataire universel). Or, la jurisprudence a assimilé

---

1. Les époux communs en biens ne sont pas des tiers l'un envers l'autre, chacun ayant le pouvoir d'engager les biens communs dans les conditions prévues à l'article 1413 du Code civil. Il en résulte que les engagements pris par l'un des époux ne doivent pas avoir date certaine pour que le créancier puisse s'en prévaloir envers l'autre époux (cf. Civ. 1re, 29 janvier 1975, *J.C.P.* 1975.II.18081, note Patarin ; Civ. 1re, 6 juillet 1988, *Rep. not.* 1988.1476, obs. Champenois). Au demeurant, le représenté n'est pas un tiers en ce qui concerne les contrats conclus par le représentant.

autrefois expressément les créanciers chirographaires à des ayants cause universels quant à l'application de l'article 1328 du Code civil (Civ. 11 février 1946, *D.* 1946.389, note Chéron, *J.C.P.* 1946.II.3099, note R.C.). Il en résulte que le contrat conclu par leur débiteur et qui n'aurait pas acquis date certaine leur est opposable à la date indiquée au contrat. Cette solution est contestable. D'abord, elle n'est pas juridiquement fondée, car la situation des créanciers chirographaires n'a rien à voir avec celle des ayants cause universels [1]. Le droit de gage général sur le patrimoine du débiteur qui caractérise la situation des premiers n'a rien de commun avec le principe de la continuation de la personne de leur auteur qui caractérise celle des seconds. Les créanciers chirographaires sont des tiers, tandis que les ayants cause universels n'en sont pas. Ensuite, les créanciers chirographaires, justement parce qu'ils sont des tiers auxquels la fausse date d'un contrat est susceptible de nuire, méritent une protection qui doit résulter de la nécessité de la date certaine à leur égard. Certes, ils ne sont pas dépourvus de protection, en raison de ce que, indépendamment de l'action paulienne [2], il est admis que la date du contrat ne leur sera pas opposable, s'ils prouvent qu'elle est fausse. En effet, en prouvant la fausseté de la date du contrat conclu par leur débiteur, ils prouvent que celle-ci a été simulée [3]. Mais, ils seraient beaucoup mieux protégés par l'exigence de la date certaine à leur égard. Cela couperait court à toute difficulté. Dès lors que les créanciers chirographaires sont des tiers, il n'y a pas d'obstacle à ce qu'on leur permette d'invoquer l'article 1328. Il n'y a pas de raison valable de les obliger à prouver la fausseté de la date d'un contrat non enregistré, alors qu'il n'en va pas de même en ce qui concerne les ayants cause à titre particulier, qui sont considérés comme des tiers quant à l'application de l'article 1328.

759. – L'extinction des droits et des obligations. La disparition du rapport d'obligation est opposable aux créanciers des parties comme l'est sa naissance. Il s'agit même, d'une façon générale, d'une opposabilité sans condition. Notamment, l'accomplissement d'une formalité n'est pas nécessaire en principe.

Le procédé le plus courant pour éteindre un rapport d'obligation est le paiement [4]. Le paiement consiste en l'exécution de son obligation par le débiteur, qu'il s'agisse de l'obligation de transférer la propriété d'une somme d'argent ou bien d'une obligation de donner ou de faire.

Dans le cas particulier où le contrat a pour effet de transférer la propriété d'une chose, il convient de distinguer selon que cette chose est une chose de genre ou bien un corps certain. S'il s'agit d'un corps certain, le paiement n'a pas normalement pour objet le transfert de

---

1. V. *supra*, n° 753.
2. Sur laquelle, v. *infra*, n° 763.
3. Sur la simulation, v. *infra*, n° 764 et s.
4. Sur le paiement, v. FRANÇOIS, *Obligations, Régime général*, n° 6 et s.

propriété de la chose en raison du principe du transfert immédiat de la propriété dès la conclusion du contrat. En d'autres termes, le paiement n'a pour objet qu'une obligation de faire qui consiste en la livraison de la chose. En ce cas, ce qui est opposable aux créanciers de l'aliénateur comme à ceux de l'acquéreur de la chose, c'est beaucoup plus le transfert de propriété lui-même que la livraison. En effet, que l'obligation de livraison ait ou non été exécutée, ce qui compte pour eux c'est de savoir laquelle des parties au contrat est propriétaire de la chose de façon à pouvoir la saisir, la faire vendre et se payer sur le prix [1].

S'il s'agit d'une obligation de transférer la propriété d'une chose de genre, la propriété ne sera transférée que par la remise de la quantité voulue au créancier. En d'autres termes, le transfert de propriété résulte du paiement qui éteint en même temps l'obligation envers les parties et envers leurs créanciers. Le créancier peut recevoir le paiement, ce qui éteint son droit de créance, comme le débiteur peut effectuer le paiement, ce qui éteint son obligation. De façon à éviter que le paiement soit reçu par le créancier qui risque de dilapider la chose de genre qui lui est remise, notamment s'il s'agit d'une somme d'argent, ses propres créanciers ont intérêt à pratiquer une saisie-attribution entre les mains de son débiteur, en lui faisant défense de payer, de façon à obtenir le transfert de la créance à leur profit pour s'en partager le montant. En effet, une fois le paiement effectué, son opposabilité aux créanciers de celui qui l'a reçu les prive de toute possibilité d'action. Quant aux créanciers de celui qui doit effectuer le paiement, ils ne pourraient empêcher celui-ci de payer que par une saisie-attribution préalable portant, par exemple, sur son compte bancaire. Une fois le paiement effectué, ils sont aussi sans possibilité d'action [2].

760. – La preuve du paiement envers les tiers. La jurisprudence avait admis que la preuve du paiement devait être faite conformément aux dispositions de l'article 1341 du Code civil, c'est-à-dire qu'il devait être constaté par écrit. Il en résultait que les parties au contrat ne pouvaient invoquer l'existence d'un paiement envers leurs créanciers que si ce paiement avait été constaté par une quittance, celle-ci étant justement l'*instrumentum* qui a pour objet de constater un paiement [3]. La Cour de cassation a opéré un revirement en considérant le paiement comme un

---

1. V. *supra*, n° 754.

2. Ces règles reçoivent exception en cas de procédure de redressement ou de liquidation judiciaire, en raison de ce que non seulement aucun créancier ne peut, en principe recevoir le paiement de sa créance au détriment des autres, l'égalité entre créanciers étant renforcée, mais encore parce que certains procédés de paiement qui n'apparaissent pas comme normaux sont nuls, même s'ils ont été effectués avant l'ouverture de la procédure collective et cela pendant une période remontant dans le temps fixé par le tribunal (période dite suspecte).

3. Si la quittance avait été établie frauduleusement avant le paiement, l'article 1353 du Code civil pourrait fonder une preuve par tous moyens de l'absence de paiement (cf. Civ. 1re, 28 juin 1989, *J.C.P.* 1989.IV.332).

fait juridique, lequel relève de la preuve par touts moyens (Civ. 1re, 6 juillet 2004, *B. civ.* 1, n° 202, *Rev. contrats* 2005.286, obs. Stoffel-Munek). De toutes façons, avant ce revirement, d'après la jurisprudence dominante, le paiement était opposable aux tiers, même si l'écrit qui le constate n'avait pas date certaine. Par conséquent, l'opposabilité de la date des quittances ne suppose pas que celles-ci soient enregistrées. Il est vrai que la jurisprudence ne considère pas les créanciers chirographaires comme des tiers quant à l'exigence de la date certaine [1]. Cependant, la dispense de date certaine des écrits constatant des paiements pourrait concerner d'autres tiers que les créanciers chirographaires. Il n'y avait aucun obstacle d'ordre juridique à soumettre les quittances à l'application de l'article 1328 du Code civil. En réalité, les obstacles sont d'ordre pratique. En effet, les paiements sont des actes trop courants pour qu'on les soumette, du moins lorsqu'il s'agit d'un paiement par des procédés normaux consistant en l'exécution pure et simple de l'obligation, à la formalité de la date certaine. On devait, dès lors, admettre l'existence d'une coutume en vertu de laquelle les paiements sont dispensés de la date certaine. Cependant, l'opposabilité des paiements aux créanciers en l'absence de date certaine n'empêche nullement ceux-ci de contester la date d'un paiement effectué par leur débiteur à l'un d'eux s'il prouvent que la date est fausse, en invoquant la simulation [2].

761. – Transmission des droits et des obligations engendrés par le contrat. Les droits de créance et les obligations engendrés par un contrat peuvent être transmis à titre particulier par le créancier ou par le débiteur en vertu d'une cession de créance ou d'une cession de dette. Les droits et les obligations résultant d'un contrat synallagmatique peuvent, de la même façon, être transmis au moyen de la cession de contrat [3].

La cession de la dette, qu'elle résulte ou non d'un contrat synallagmatique, est opposable aux créanciers du cessionnaire dès la conclusion du contrat de cession de la même façon qu'elle peut être invoquée par les créanciers du cédant, lorsqu'ils y ont intérêt. Ce n'est que le principe de l'opposabilité sans condition du contrat aux créanciers des parties. Ne serait-ce que parce qu'elle n'envisage pas la cession de dette, ce qui n'empêche pas d'en admettre la validité, la loi ne prévoit aucune formalité quant à son opposabilité aux créanciers des parties au contrat de cession. Il n'en va pas de même en ce qui concerne la cession de créance. En droit commun [4], l'article 1690 du Code civil considère que la cession de créance n'est opposable aux tiers que si elle a été

1. V. *supra*, n° 758.
2. V. *infra*, n° 764 et s.
3. Sur la cession de créance, de dette et de contrat, v. *supra*, n° 85 et 215 et FRANÇOIS, *Obligations, Régime général*, n° 338 et s. et 495 et s.
4. La cession de créance est prévue par les articles 1689 et s. du Code civil. Ces dispositions concernent la cession de créance de droit commun. Notamment pour les créances commerciales, il y a d'autres procédés de cession.

signifiée au débiteur ou acceptée par lui dans un acte authentique [1]. Les formalités prévues à l'article 1690 ne paraissent pas avoir la même nature selon qu'il s'agit du débiteur cédé ou bien des tiers. Or, les tiers auxquels l'opposabilité de la cession de créance est subordonnée à l'accomplissement d'une formalité sont les créanciers du cédant. En effet, la créance de leur débiteur fait partie de leur droit de gage général et la cession, qui fait sortir la créance cédée du patrimoine de celui-ci, a pour effet de la soustraire à leur droit de poursuite. Ce droit de poursuite s'exerce sur les créances de leur débiteur par la procédure de la saisie-attribution [2]. La saisie-attribution emporte cession de la créance saisie au profit des créanciers saisissants et cette transmission suppose que la saisie soit signifiée au débiteur de la créance (le tiers saisi). Cette signification a le même objet que celle qui est prévue à l'article 1690 du Code civil en ce qui concerne la cession de créance, c'est-à-dire que, d'une part, elle interdit au tiers saisi de payer entre les mains de son propre créancier, celui dont la créance est saisie, et, d'autre part, elle informe les autres créanciers de celui-ci.

Or, il peut y avoir un conflit entre les créanciers saisissants d'une créance et le cessionnaire de la même créance, si celle-ci a été cédée par son titulaire. A partir du moment où, d'une part, les créanciers saisissants doivent signifier la saisie au tiers saisi, et, d'autre part, le cessionnaire de la créance doit signifier la cession au débiteur cédé, qui est en même temps le tiers saisi, il est possible d'admettre, en raison de l'identité des situations des saisissants et du cessionnaire, que le conflit qui les oppose sera réglé par la date de la signification opérée par chacun d'eux. Par conséquent, si les créanciers saisissants ont signifié la saisie avant que le cessionnaire ait signifié la cession, ils l'emporteront dans le conflit qui les oppose à celui-ci, lequel a un droit inopposable aux créanciers saisissants du cédant. Si le cessionnaire a signifié la cession avant la signification de la saisie-attribution, son droit sera opposable aux créanciers saisissants et il pourra écarter la saisie. Telle est, dans ses grandes lignes, la solution du problème qui suppose un conflit entre un ayant cause à titre particulier du cédant, en l'occurrence le cessionnaire, et les créanciers de ce même cédant, lorsqu'ils opèrent une saisie-attribution.

B. Les exceptions à l'opposabilité

762. – Deux situations. Dans deux situations, il est admis qu'un créancier peut écarter l'opposabilité à son égard d'un contrat conclu

---

1. Bien qu'elles ne constituent pas simplement des créances contre la société, les parts sociales peuvent être cédées selon des procédés proches d'une cession de créance. L'opposabilité aux tiers d'une cession de parts sociales suppose aussi l'accomplissement de formalités, celles-ci devant, dans certaines sociétés, correspondre à ce qui est prévu à l'article 1690 du Code civil.

2. V. *supra*, n° 757.

par son débiteur avec une autre personne, même si ce contrat remplit les conditions de forme telles que l'enregistrement lui conférant date certaine ou l'accomplissement d'autres formalités qui seraient nécessaires pour qu'il soit opposable aux créanciers. Il en est ainsi, d'abord, si le contrat est frauduleux et, ensuite, s'il y a une simulation.

1) La fraude [1]

763. – Action paulienne. L'article 1167 du Code civil attribue aux créanciers le droit d'attaquer les actes accomplis par leur débiteur en fraude de leurs droits. L'action par laquelle les créanciers font valoir ce droit est dénommée action paulienne ou révocatoire [2]. Cette action, qui est attachée au droit de gage général des créanciers sur le patrimoine de leur débiteur, n'est pas propre aux contrats conclus par celui-ci. Elle concerne tous les actes juridiques, sauf exception, accomplis par le débiteur et, par conséquent, aussi bien les actes unilatéraux que les contrats [3]. L'action paulienne a pour objet le rétablissement des éléments du patrimoine du débiteur aux fins de saisie. Lorsqu'un débiteur s'est appauvri volontairement au détriment de ses créanciers, c'est-à-dire en diminuant la consistance de son patrimoine et, par là même, en restreignant les éléments sur lesquels porte le droit de gage de ses créanciers, il serait parfaitement injuste de considérer que les actes du débiteur leur sont encore opposables. L'action paulienne a justement pour objet de permettre aux créanciers de faire déclarer inopposables à leur égard les actes ainsi accomplis par le débiteur et que l'on considère comme frauduleux. La fraude paulienne est constituée, non pas à proprement parler par la volonté du débiteur de nuire à ses créanciers, mais par l'accomplissement d'un acte juridique par le débiteur qui ne peut ignorer qu'il nuit à ses créanciers. Certes, il se peut que le débiteur ait entendu nuire à ses créanciers et il n'est pas douteux que, dans une telle hypothèse, la fraude sera constituée. Mais, plus généralement, tout appauvrissement du débiteur par un acte accompli en connaissance du préjudice qu'il cause à ses créanciers peut être considéré comme un acte frauduleux susceptible d'être attaqué par l'action paulienne [4]. Par conséquent, l'action paulienne,

---

1. Sur l'action paulienne, v. FRANÇOIS, *Obligations, Régime général*, n° 297 et s.

2. Le terme d'action paulienne provient de ce que cette action, encore que rien ne soit moins sûr, trouverait son origine dans une initiative d'un préteur romain dénommé Paulus.

3. Ainsi, la renonciation à une succession par le débiteur peut être attaquée au moyen de l'action paulienne par ses créanciers. De même, la renonciation par le débiteur à invoquer la prescription extinctive ou acquisitive à son profit peut être attaquée par l'action paulienne.

4. La révocation des actes frauduleux sur le fondement de l'article 1167 du Code civil suppose que le débiteur qui s'est appauvri par l'acte frauduleux soit insolvable (cf. Com. 14 novembre 2000, *D.* 2000.441, obs. Avéna-Robardet). En effet, si le créancier peut poursuivre des biens suffisants pour le désintéresser, il n'y a pas de raison de lui permettre d'intenter l'action paulienne.

en ce qu'elle suppose une faute du débiteur et un préjudice subi par ses créanciers, se rapproche d'une action en responsabilité civile. Cependant, elle ne consiste pas simplement en la mise en jeu de la responsabilité du débiteur, dans la mesure où ses conditions et ses effets ne sont pas exactement ceux d'une action en responsabilité. Il ne s'agit pas non plus d'une action en nullité relative à l'initiative des créanciers. En effet, l'acte attaqué par la voie paulienne n'est pas anéanti *erga omnes*, comme il devrait l'être s'il était annulé [1].

En réalité, l'action paulienne est une action originale qui ne saurait être ramenée à aucune autre action. Elle est une action en inopposabilité aux créanciers d'un acte accompli par leur débiteur en fraude de leurs droits (v. Civ. 1re, 30 mai 2006, D. 2006.2717, note François). C'est le principe de l'opposabilité du contrat aux créanciers des parties qui permet de saisir son originalité, en ce qu'elle a pour objet d'écarter, en raison de la fraude, le principe de cette opposabilité. L'idée qui justifie l'action paulienne est très simple. Le contrat est opposable aux créanciers des parties parce qu'ils ont un droit de gage général sur le patrimoine de leur débiteur et qu'ils doivent subir toutes les fluctuations de l'état de ce patrimoine, qui résultent des actes accomplis par le débiteur. Cependant, il n'est pas permis de nuire impunément à ses créanciers en compromettant, par des actes frauduleux, leur droit de poursuite. Dans une telle situation, il faut autoriser les créanciers à rétablir les éléments qui font l'objet de leur droit de gage général. Le meilleur moyen est de considérer que l'acte frauduleux n'existe pas à l'égard des créanciers. Tel est l'objet de l'action paulienne. Elle permet d'écarter l'opposabilité aux créanciers de l'acte accompli par leur débiteur. En raison de ce que, le plus souvent, c'est au moyen de contrats frauduleux que le débiteur nuit à ses créanciers, l'action paulienne présente un intérêt tout particulier en ce qui concerne l'exception

---

1. D'une part, l'acte continue à produire ses effets dans les rapports entre les parties qui l'ont passé (cf. Paris, 24 mai 2002, *R.D.J.A.* 2002, n° 1183). D'autre part, il est révoqué seulement envers les créanciers qui l'ont attaqué (Paris 24 mai 2002, précité ; Civ. 3e, 9 juillet 2003, *J.C.P.* 2003.IV.2587) et non pas envers ceux qui sont restés inactifs, que dans la mesure de leur intérêt, c'est-à-dire qu'il subsiste pour le reste. Supposons que le débiteur se soit frauduleusement appauvri à concurrence de 10 000. Ses créanciers sont au nombre de cinq et trois seulement intentent l'action paulienne aux fins de reconstitution de leur gage, le montant total des créances de ceux qui agissent étant de 3 000. L'acte frauduleux ne sera révoqué que pour 3 000 et les deux créanciers qui n'agissent pas ne pourront pas bénéficier des effets de l'action intentée par les trois autres (v. Civ. 1re, 30 mai 2006, précité au texte). Au surplus, le débiteur demeure lié envers celui avec lequel l'acte a été conclu. Toutefois, lorsque le créancier, après avoir fait déclarer un acte inopposable pour fraude, procède à la saisie du bien, qui était l'objet de la fraude, et que celui-ci est vendu sur la poursuite du créancier, l'acquéreur ne sera pas lié par les droits frauduleusement consentis à autrui par le débiteur saisi et l'immeuble sera acquis libre de tout droit (Civ. 1re, 29 janvier 2002, *D.* 2002.2153, note François ; Civ. 1re, 12 juillet 2005, *D.* 2005.2336 ; Civ. 1re, 13 juillet 2004, *Rep. not.* 2004.345, obs Théry). Il s'agit d'une suite logique de l'inopposabilité. V. aussi, Civ. 1re, 30 mai 2006, *Petites Affiches*, 3 janvier 2007, note Gibirila, qui considère que le bien doit être affecté au créancier saisissant.

qu'elle constitue au principe de l'opposabilité des contrats aux créanciers des parties [1].

La Cour de cassation a quelquefois utilisé l'action paulienne pour protéger un créancier contre un acte accompli par son débiteur alors qu'il n'y avait pas nécessairement d'appauvrissement. Ainsi, un arrêt de la troisième Chambre civile du 6 octobre 2004 (*J.C.P.* 2004.IV.3169, D. 2004.3098) a admis que « l'action paulienne est recevable, même si le débiteur n'est pas insolvable, dès lors que l'acte frauduleux a eu pour effet de rendre impossible l'exercice d'un droit spécial du créancier sur la chose aliénée » par le débiteur. Il s'agissait, en l'espèce, du bénéficiaire d'une promesse synallagmatique de vente qui n'a pas pu faire valoir son droit à l'obtention du transfert de la propriété du bien parce que le promettant avait, avant la réitération de la promesse par acte authentique, fait donation du bien à une autre personne. Il est évident que la Cour de cassation a dénaturé l'action paulienne dans la mesure où elle a sanctionné par elle, en réintégrant le bien dans le patrimoine du promettant, un acte qui n'était pas nécessairement d'appauvrissement. L'objet de l'action paulienne n'est pas de sanctionner l'inexécution d'une obligation contractuelle (v. aussi, Com. 10 janvier 2006, *Rev. trim. dr. civ.* 2006.343, obs. Revet).

2) La simulation [2]

764. – Définition. La simulation consiste, de la part des parties à un contrat, à dissimuler l'existence, la nature ou un élément du contrat de façon à créer envers les tiers une situation apparente qui ne correspond pas à la situation réelle.

La simulation peut porter sur l'existence du contrat. Par exemple, une personne vend son immeuble à une autre, alors qu'il est convenu entre les parties que le vendeur demeure en réalité propriétaire de l'immeuble. Lorsque la simulation porte sur la nature du contrat, il s'agit d'une cause simulée. Par exemple, un contrat de donation est

---

1. Les dispositons du Code de commerce relatives au redressement et à la liquidation judiciaire des entreprises déclarent nuls certains actes accomplis par le débiteur depuis la date de la cessation de ses paiements et autorisent le tribunal à annuler d'autres actes qui ne seraient pas nuls de plein droit. Contrairement au droit antérieur qui n'admettait qu'une inopposabilité (art. 29 et s. de la loi du 13 juillet 1967), la loi de 1985, d'abord, et, ensuite, celle de 2005 énoncent le principe d'une nullité, ce dont il résulte que les effets ne sont pas ceux de l'action paulienne, alors que pourtant il s'agit, comme pour l'action paulienne, de ne point admettre l'existence envers les créanciers d'actes accomplis par le débiteur aux abois et qui leur nuisent. En effet, l'action en nullité est intentée dans l'intérêt des créanciers de celui qui fait l'objet d'une procédure de redressement ou de liquidation et elle a pour objet « de reconstituer l'actif du débiteur ».

2. *Bibliographie* : DAGOT, *La simulation en droit privé*, 1967 ; GLASSON, *De la simulation,* thèse, Paris, 1897 ; BARTIN, *Des contre-lettres,* thèse, Paris, 1885 ; BREDIN, Remarques sur la conception jurisprudentielle de l'acte simulé, *Rev. trim. dr. civ.* 1956.261 et s ; DEBOISSY, *La simulation en droit fiscal*, 1997 ; ARCELIN, Interposition de personnes et prête-nom : deux cas de simulation ? *Petites Affiches* 16 juillet 2002.

dissimulé en un contrat de vente ou, au contraire, une vente est dissimulée en une donation. La simulation peut concerner un élément du contrat tel que le prix dans la vente. Par exemple, les parties fixent un prix apparent qui ne correspond pas au prix réel, lequel peut être supérieur ou éventuellement inférieur, auquel cas il y aura donation partielle simulée. La personne même de l'une des parties au contrat peut faire l'objet d'une simulation. Tel est le cas lorsqu'il y a interposition de personnes [1]. Par exemple, le mandataire fait croire à son cocontractant qu'il agit pour lui-même alors qu'il agit en réalité pour le compte d'autrui, ce qui correspond à la convention de prête-nom [2]. Ainsi encore, un donateur déclare conclure le contrat de donation avec telle personne, alors que le donataire apparent n'est qu'une personne interposée, le donataire véritable demeurant occulte.

Ce qui caractérise la simulation, c'est l'existence de deux actes, l'un, l'acte apparent ou ostensible, dont l'existence est destinée à s'imposer aux tiers, l'autre, l'acte secret ou contre-lettre, qui, dans les rapports des parties, a pour objet de rétablir la réalité [3].

765. – Validité de principe de la simulation. La simulation peut être frauduleuse, en ce qu'elle a pour objet de nuire aux tiers. Ainsi, lorsqu'une vente est purement fictive, elle aura le plus souvent pour objet de faire échapper un bien à la saisie par les créanciers du vendeur. Lorsque, dans un acte de vente apparent, on indique un prix inférieur au prix réel, il s'agit de réaliser une fraude fiscale qui a pour objet le paiement d'une taxe moins élevée. Lorsqu'une donation est faite par interposition de personnes, il s'agit le plus souvent de tourner une prohibition de la loi, de la même façon que lorsqu'une donation est dissimulée en une vente, il s'agit de faire échec aux droits des héritiers réservataires contre les aliénations consenties à titre gratuit par leur auteur [4].

Cependant, la simulation n'est pas nécessairement frauduleuse. La convention de prête-nom, souvent, n'a pas pour objet de dissimuler une fraude. La donation déguisée sous forme de vente peut fort bien correspondre à un but louable (cf. Civ. 3e, 12 octobre 2005, *R.J.D.A.* 2006, n° 222). Même dans les hypothèses où un contrat est purement fictif, il est possible qu'il n'y ait aucune intention de fraude envers quiconque. En fait, la simulation correspond aux buts les plus variés que peuvent poursuivre les parties à un contrat.

---

1. L'interposition de personnes ne suppose pas que l'acte apparent et l'acte secret soient conclus entre les mêmes personnes (Civ. 1re, 28 novembre 2000, *Rep. not.* 2001.237, obs. Libchaber, *Rev. trim. dr. civ.* 2001.134, obs. Mestre et Fages, *D.* 2001.1139, obs. Delebecque).

2. V. *supra*, n° 163.

3. L'acte est ici le *negotium* et non pas l'*instrumentum*. En d'autres termes, il suffit que les parties contredisent ce qu'elles ont voulu faire croire, en ce sens qu'elles expriment une volonté réelle qui ne correspond pas à la volonté apparente.

4. Sur plusieurs hypothèses d'interposition frauduleuse de personnes, cf. observations Mestre, *Rev. trim. dr. civ.* 1989.530 et s.

C'est la raison pour laquelle le législateur n'a pas cru devoir prohiber la simulation d'une façon générale. Non seulement le principe d'une telle prohibition n'est pas édicté par la loi, mais encore la jurisprudence a plusieurs fois affirmé que la simulation n'est pas en elle-même une cause de nullité d'un contrat (cf. Civ. 1re, 22 octobre 1975, *D.* 1976.IR.6 ; Civ. 1re 11 juillet 1979, *D.* 1979.IR.548, *J.C.P.* 1979.IV.315 ; Com. 26 mars 1996, *D.A.* 1996.691, *R.J.D.A.* 1996, n° 1054, *Rep. not.* 1996.933, obs. Le Cannu, *J.C.P.* 1996, éd. E.II.884, note Jeuland). Toutefois, ce principe doit être précisé à deux points de vue.

D'une part, la simulation n'est valable que dans le cas où la contre-lettre correspond à une opération qui n'est pas prohibée. Dans le cas contraire, la nullité de la contre-lettre entache la validité de la simulation. Il en résulte que l'ensemble de l'opération réalisée par les parties est frappée de nullité, c'est-à-dire aussi bien l'acte ostensible que la contre-lettre. Ainsi, lorsqu'une donation est faite à une personne frappée d'une incapacité de recevoir à titre gratuit, sous forme d'une vente ou avec interposition de personnes, les deux actes permettant la simulation doivent tomber. La solution s'explique par le fait qu'il n'est pas possible de considérer comme valable ce qui est fait d'une façon dissimulée, alors que l'opération eût été nulle si elle avait été faite sans simulation. En d'autres termes, le principe de la validité de la simulation ne s'applique que si l'opération réelle est elle-même valable. Quant à l'acte apparent, il doit aussi remplir les conditions de validité qui sont les siennes, sinon il doit être annulé lorsque l'une de ces conditions vient à manquer et, par là-même, la simulation est aussi nulle. Par exemple, si un contrat d'une autre nature est dissimulé sous forme de vente, il faut que l'acte apparent indique un prix réel et sérieux [1]. En d'autres termes, la validité de la simulation suppose que les conditions de validité tant de la contre-lettre que de l'acte ostensible soient remplies.

D'autre part, le législateur, dans certaines hypothèses, a déclaré nulles les contre-lettres seulement, ce dont il résulte qu'on doit s'en tenir aux actes apparents, lesquels ne sont pas frappés de nullité. Il s'agit par là de déjouer une fraude en ne permettant pas aux parties de faire tomber la totalité de l'opération, c'est-à-dire à la fois l'acte ostensible et la contre-lettre. C'est ainsi que, pour déjouer une fraude fiscale, l'article 1589-2 du Code civil des impôts déclare nulles les contre-lettres qui ont pour objet d'augmenter le prix d'une cession d'office ministériel ainsi que celles qui ont pour objet de dissimuler une partie

---

1. Toutefois, en ce qui concerne les donations déguisées sous forme de vente, la jurisprudence n'est pas toujours allée jusqu'au bout de la logique qui veut que la donation déguisée corresponde à une vente véritable remplissant toutes les conditions de validité de la vente. En effet, si le prix indiqué dans l'acte apparent n'est pas sérieux, des arrêts ont admis que la simulation n'en est pas moins valable. V. Najjar, La validité des donations indirectes ou déguisées sous seing-privé, *D.* 1995. Chron. 115.

du prix de vente d'un immeuble, de la cession d'un fonds de commerce, d'une clientèle ou de celle d'un bail [1]. Dans ces hypothèses, l'acquéreur ou le cessionnaire peut se borner à payer le prix stipulé dans l'acte apparent, le vendeur ou le cédant ne pouvant invoquer la nullité de l'acte ostensible sous le prétexte d'indivisibilité entre les deux actes ou de poursuite d'un but illicite (cf. Ch. Mixte 12 juin 1981, *D.* 1981.413, conclusions Cabannes ; Civ. 3e, 13 avril 1988, *J.C.P.* 1988.IV.211). De la même façon, la reconnaissance de dette portant sur la partie du prix dissimulée est nulle et l'acquéreur n'est tenu de payer que le prix figurant à l'acte ostensible (Com. 18 janvier 1994, *R.J.D.A.* 1994, n° 638 *D.* 1996.235, note Orsini ; Civ. 1re, 24 mars 1998, *D.A.* 1998.802, arrêt selon lequel le billet à ordre souscrit en vue du paiement d'une soulte prohibée par l'article 1589-2 du Code civil est nul, la nullité étant opposable au bénéficiaire qui était au courant de la situation). La nullité de la reconnaissance de dette résultant de la dissimulation du prix est fondée, la simulation étant prohibée, sur la poursuite d'un but illicite, c'est à dire la cause illicite.

766. – Les parties et les tiers. Inopposabilité de la contre-lettre aux tiers. Dès lors que la simulation n'est pas en elle-même une cause de nullité d'un contrat, il paraît évident que, dans les rapports des parties, c'est la contre-lettre qui doit l'emporter sur l'acte apparent. Non seulement, les parties connaissent la situation réelle, puisqu'elles ont créé une apparence trompeuse volontairement, mais encore seule la contre-lettre correspond à ce qu'elles ont réellement voulu, ce qui constitue la seule volonté contractuelle pouvant les lier. Cependant, la contre-lettre ne peut l'emporter sur l'acte ostensible que si son existence est prouvée (cf. Paris 8 avril 1987, *D.* 1987.IR.120, à propos d'une donation déguisée). Or, il convient d'appliquer, quant à la preuve de la contre-lettre dans les rapports des parties, les règles qui concernent la preuve des actes juridiques en droit commun (cf. Civ. 1re, 24 mars 1953, *D.* 1953.367) [2]. En particulier, lorsque l'acte ostensible a été constaté par écrit, la contre-lettre ne peut être prouvée que par écrit, conformément à l'article 1341 du Code civil, puisqu'il s'agit de prouver contre le contenu d'un acte, en l'occurrence l'acte apparent (cf. Civ. 1re, 21 juillet 1980, *Bull. civ.* 1, n° 232, *J.C.P.*

1. S'il ne s'agit pas d'une vente ou cession d'un bien envisagé à l'article 1589-2 du Code civil, ce texte n'est pas applicable (cf. Civ. 3e, 20 mars 1996, *D.* 1996.IR.104, *J.C.P.* 1996.IV.1140, à propos de la constitution d'un droit d'usage et d'habitation). La jurisprudence a même considéré que lorsqu'une promesse de vente est stipulée dans une transaction, elle n'est pas soumise à l'article 1589-2 du Code civil (Ass. Plen. 24 février 2006, *J.C.P.* 2006.II.10065). On peut expliquer la solution en considérant que la promesse de vente n'existe pas en elle-même ; elle n'est qu'un élément d'une transaction à laquelle elle s'intègre.

2. Conformément au droit commun de la charge de la preuve, c'est à celui qui invoque l'existence d'une contre-lettre de la prouver (v. Soc. 7 janvier 1997, *J.C.P.* 1997.II. 22931, à propos d'un contrat de travail fictif).

1980.IV.382 ; Paris, 17 mai 1988, *D.* 1988.IR.171. V. cependant, Paris, 6 décembre 1989, *D.* 1990.IR.2, qui considère qu'il peut y avoir une convention réelle purement verbale, la preuve de celle-ci pouvant être rapportée par l'affirmation de celui qui a agi en apparence pour lui-même, alors qu'il a agi en réalité pour autrui ; Civ. 3e, 5 mars 1997, *D.A.* 1997.441, *R.J.D.A.* 1997, n° 824, *Rep. not.* 1997.744, obs. Delebecque, arrêt selon lequel, le vendeur d'un immeuble ayant reconnu avoir perçu un prix supérieur à ce qui était indiqué à l'acte, il n'était point nécessaire d'exiger une preuve par écrit de la contre-lettre dont l'existence n'était pas contestée) [1].

A l'égard des tiers et en particulier des créanciers des parties au contrat qui fait l'objet d'une simulation, il n'est pas possible de faire prévaloir la contre-lettre. La solution est affirmée à l'article 1321 du Code civil selon lequel « les contre-lettres ne peuvent avoir leur effet qu'entre les parties contractantes, elles n'ont point d'effet contre les tiers ». Ce texte interdit aux parties au contrat d'invoquer la contre-lettre envers les tiers. En d'autres termes, les contre-lettres ne sont pas opposables aux tiers, qui peuvent s'en tenir à l'acte ostensible, à condition qu'il s'agisse véritablement d'un tiers (Civ. 1re, 12 novembre 1998, *Contrats, conc. consomm.* 1999, n° 35, obs. Leveneur). L'article 1321 établit une exception au principe de l'opposabilité des contrats aux tiers du seul fait qu'ils existent. Cette exception est parfaitement justifiée. En effet, la simulation a pour objet de créer une apparence qui n'est pas conforme à la réalité telle qu'elle résulte de la contre-lettre. Parce qu'ils ignorent la réalité et qu'ils ne peuvent s'en tenir qu'à l'apparence, les tiers ne sauraient voir leur sécurité menacée par l'opposabilité de la contre-lettre. Certes, les parties ayant entendu créer une apparence trompeuse envers les tiers, c'est faire produire effet à leur volonté que de déclarer la contre-lettre inopposable aux tiers. Cependant, les tiers se sont fiés à cette apparence et ce serait rendre leur situation incertaine que de permettre aux parties de leur opposer la contre-lettre, si tel était l'intérêt de l'une d'elles. La logique de la simulation impose la solution affirmée par l'article 1321. Supposons qu'un bien ait fait l'objet d'une vente fictive. L'intérêt des créanciers de l'acheteur est de se fier à l'acte ostensible de façon à pouvoir saisir l'immeuble dans son patrimoine. Certes, l'intérêt des créanciers du soi-disant vendeur est opposé. Mais, en ce cas, ce n'est pas le vendeur qui leur opposera la contre-lettre. Ce sont, au contraire, les créanciers du vendeur qui ont intérêt à s'en prévaloir, ce qui n'est pas la même chose [2]. En ce qui concerne l'opposabilité de la contre-lettre aux tiers, il faut s'en tenir à la solution de l'article 1321 du Code civil. La jurisprudence s'y tient (cf. Req. 8 mars 1893, *D.P.* 1893.1.243,

---

1. Lorsque la simulation est frauduleuse, elle peut être prouvée par tous moyens entre les parties, car la preuve de la fraude est toujours libre (cf. Com. 19 novembre 2002, *J.C.P.* 2003.IV.1084, *R.J.D.A* 2003, n° 352).

Crim. 3 novembre 1981, *D.* 1982.IR.282 ; Civ. 1re, 31 janvier 1989, *J.C.P.* 1989.IV.118, *Rev. trim. dr. civ.* 1989.544, obs. Mestre ; Aix-en-Provence 14 mai 1992, *J.C.P.* 1993.IV.287) [1]. Toutefois, l'inopposabilité de la contre-lettre aux tiers étant fondée sur l'apparence qui est seule connue d'eux, la logique voudrait que, dans le cas où un tiers a connu la situation réelle, la contre-lettre lui soit opposable par la partie qui a intérêt à s'en prévaloir dans ses rapports avec les tiers. La solution n'est pas douteuse lorsque le tiers a participé à la simulation. En ce cas, il ne peut pas invoquer l'acte apparent et les parties sont en droit de lui opposer la contre-lettre (cf. Civ. 3e, 8 juillet 1992, *J.C.P.* 1993.II.21982, note Wiederkehr, *Rev. trim. dr. civ.* 1993. 352, obs. Mestre). Elle doit être admise aussi lorsque le tiers a connu la simulation sans y avoir participé.

Les tiers auxquels la contre-lettre est inopposable ne constituent pas une catégorie homogène. On verra, en effet, que, dans certaines situations, les ayants cause universels des parties peuvent être considérés comme des tiers, du moins lorsqu'il s'agit d'héritiers réservataires aux droits desquels il a été porté atteinte par un contrat simulé [2]. Cependant, cette solution est une exception au principe selon lequel les ayants cause universels ne sont pas des tiers. Si la simulation ne concerne pas les *penitus exranei*, elle concerne les ayants cause à titre particulier [3] et les créanciers chirographaires. Certes, on a vu que la jurisprudence ne considérait pas les créanciers comme des tiers en ce qui concerne l'exigence de la date certaine [4], mais, on sait que cette solution est critiquable. Au contraire, la jurisprudence a toujours considéré les créanciers comme des tiers en ce qui concerne la simulation. Leur intérêt de ne pas se voir opposer les contre-lettres est évident, dans la mesure où celles-ci portent atteinte à leur droit de gage général. Cela démontre à l'évidence que les créanciers chirographaires ne sauraient être assimilés aux ayants cause universels [5]. Cependant, les créanciers ne peuvent apparaître comme des tiers quant à la simulation que lorsqu'ils invoquent un droit qui ne se confond pas avec

---

2. V. *infra*, n° 768, en ce qui concerne le conflit entre des tiers ayant des intérêts différents, les uns ayant intérêt à ce que l'acte ostensible leur soit opposable, tandis que les autres ont intérêt à invoquer la contre-lettre.

1. Il résulte de l'arrêt de la Chambre criminelle du 3 novembre 1981 que si, quant aux effets de droit civil de la simulation, la contre-lettre est inopposable aux tiers cela n'empêche pas le ministère public ou une partie civile de prouver l'existence de cette simulation aux fins d'une poursuite pénale, lorsqu'elle a servi à commettre une infraction qui doit être réprimée. En ce cas, la poursuite et la répression de l'infraction, qui supposent la démonstration de la simulation, n'interdisent pas aux tiers qui ne sont pas parties au procès pénal de continuer à se fonder sur l'acte ostensible.

2. V. *infra*, n° 770.

3. Sur l'inopposabilité des contre-lettres aux ayants cause à titre particulier, v. *infra*, n° 774.

4. V. *supra*, n° 758.

5. Sur la différence entre la situation des créanciers chirographaires et celle des ayants cause universels ou à titre universel, v. *supra*, n° 758.

celui de leur débiteur. Au contraire, lorsque les créanciers font valoir un droit qui ne leur appartient pas en propre, parce qu'ils ne font que représenter leur débiteur dans l'exercice d'un droit qui appartient à celui-ci et que la loi les autorise à exercer, c'est non pas l'acte ostensible qui leur sera opposable, mais la contre-lettre. Ainsi, lorsque les créanciers agissent par la voie de l'action oblique de l'article 1166 du Code civil, la contre-lettre conclue par leur débiteur leur est opposable (cf. Civ. 1re, 12 octobre 1982, *D.* 1983.IR.32, *J.C.P.* 1983.IV.3, *Rep. not.* 1983.787, obs. Aubert).

767. – Droit des tiers d'invoquer la contre-lettre. Si les parties ne peuvent invoquer la contre-lettre envers les tiers, il faut, en revanche, admettre que les tiers peuvent invoquer la contre-lettre si tel est leur intérêt. En ce cas, s'ils sont en mesure de prouver la simulation, ce qu'ils peuvent faire par tous moyens (cf. Com. 22 mars 1988, *J.C.P.* 1988.IV.200) [1], ils écarteront l'opposabilité à leur égard de l'acte ostensible. L'article 1321 du Code civil, encore qu'il n'énonce pas que les tiers peuvent se prévaloir de la contre-lettre, ne s'y oppose pas, en ce qu'il se borne à dire que « les contre-lettres n'ont point d'effet contre les tiers ». La formule signifie littéralement que les contre-lettres ne peuvent point être invoquées contre les tiers, pour les raisons qui ont été précédemment envisagées. On ne saurait en tirer un principe général selon lequel seuls les actes ostensibles existent envers les tiers et peuvent être invoqués par eux. Au demeurant, si la raison pour laquelle les contre-lettres sont inopposables aux tiers tient à l'ignorance dans laquelle ils sont de leur existence, ce qui implique, comme on l'a vu, que lorsqu'ils connaissent cette existence, les contre-lettres leur sont opposables, il faut admettre que, si les tiers connaissent les contre-lettres et qu'ils peuvent prouver leur existence, celles-ci peuvent être par eux invoquées à l'encontre de parties ou de l'une d'elles.

Telle est la solution consacrée par la jurisprudence, qui admet au profit des tiers une action en déclaration de simulation en vertu de laquelle les tiers écartent l'opposabilité à leur égard de l'acte ostensible pour se prévaloir de la contre-lettre (cf. Civ. 1re, 7 février 1967, *D.* 1967.278 ; Civ. 2e, 14 décembre 1983, *Rev. trim. dr. civ.* 1985.369, obs. Mestre). La fraude à leurs droits n'est pas une condition de l'action en déclaration de simulation, ce qui permet de ne pas confon-

1. Lorsque les tiers prouvent l'existence d'une contre-lettre, il est certain qu'ils prouvent contre le contenu de l'acte ostensible. Dès lors, on devrait leur appliquer l'article 1341 du Code civil. Cependant, contrairement à ce qui a pu être soutenu, ce n'est pas par la voie oblique de l'article 1166 que les tiers invoquent la simulation aux lieu et place de leur débiteur qu'ils représenteraient. Ils invoquent un droit qui leur est propre, par exemple en tant que préalable à une saisie des biens de leur débiteur. Or, lorsqu'un tiers invoque un droit qui lui est propre, il n'y a pas de raison de le soumettre à l'application de l'article 1341. Ce texte ne concerne que la preuve du contrat par les parties et les personnes qui leur sont assimilées.

dre cette action avec l'action paulienne [1] (Civ. 3e, 4 juin 2003, *J.C.P.* 2004.II.10136, note Dagot, *R.J.D.A.* 2003, n° 913, *Rev. trim. dr. civ* 2004.93 obs. Mestre et Fages ; Civ. 1re, 17 septembre 2003, *R.J.D.A.* 2004, n° 268, *Rev. trim. dr. civ* 2004.93 obs. Mestre et Fages). Il suffit que le tiers qui invoque la contre-lettre ait intérêt à le faire, tandis que l'action paulienne suppose, outre la fraude, que le créancier ait subi un préjudice. Au surplus, l'action paulienne ne peut être intentée que par un créancier, tandis que l'action en déclaration de simulation peut être intentée par tout tiers qui y a intérêt, même s'il ne s'agit pas d'un créancier [2]. Lorsque l'action en déclaration de simulation protège les intérêts des créanciers, il s'agit aussi bien des créanciers postérieurs à l'acte attaqué que des créanciers antérieurs (cf. Civ. 11 avril 1927, *Gaz. Pal.* 1927.2.163 ; Civ. 1re, 17 septembre 2003, précité). Au contraire, l'action paulienne ne peut, en principe, être intentée que par les créanciers dont la créance est antérieure à l'acte qui leur nuit. Ces différences entre l'action en déclaration de simulation et l'action paulienne tiennent à ce qu'indépendamment de toute fraude, la première a pour objet de permettre de rétablir la réalité si tel est l'intérêt du demandeur, ce qui n'implique pas d'autre condition que la preuve de la simulation. Au contraire, l'objet de l'action paulienne est d'écarter les effets d'un acte frauduleux, lequel n'a pas besoin d'être simulé pour être considéré comme tel.

Pour autant, l'action en déclaration de simulation ne se confond pas avec l'action oblique. Sans doute, dans les rapports des parties au contrat simulé, on sait que la contre-lettre écarte l'acte ostensible. Sans doute, lorsqu'un créancier intente l'action oblique pour faire valoir le droit de son débiteur résultant d'une contre-lettre, l'acte ostensible ne lui est pas opposable [3]. Si ces considérations ont pu entraîner la Cour de cassation autrefois à rattacher l'action en déclaration de simulation intentée par des créanciers à l'action oblique (cf. Civ. 15 mai 1914, *D.* 1916.1.72), cette solution est contestable lorsque les créanciers ne se bornent pas à faire valoir le droit de leur débi-

1. Cependant, lorsque la simulation a pour objet de permettre aux parties de cacher une fraude aux droits des créanciers qui, si elle n'était pas cachée, serait sanctionnée par l'action paulienne, les créanciers lésés peuvent, préalablement à l'action paulienne, faire établir la simulation, de façon à invoquer la contre-lettre pour ensuite, invoquer son absence d'effet à leur égard, sur le fondement de l'article 1167 du Code civil (cf. Paris 21 mars 1984, *D.* 1986.131, note Potiron, à propos d'une donation au profit de l'épouse simulée dans un partage de communauté). Toutefois, le préalable de l'action en déclaration de simulation suppose une apparence non conforme à la réalité. Tel n'est pas le cas lorsqu'une fraude est commise sans simulation au détriment d'un créancier (cf. Versailles 23 avril 1992, *D.* 1992. Somm. 400, obs. Delebecque, qui déclare non fondée l'action en déclaration de simulation d'un créancier parce qu'il n'y a pas d'acte réel contraire à l'acte apparent, ce qui n'empêche pas qu'il puisse y avoir une fraude relevant de l'action paulienne).

2. L'ayant cause à titre particulier peut se prévaloir de la contre-lettre, si tel est son intérêt.

3. V. *supra*, n° 766 *in fine*.

teur. Les créanciers ont un droit propre à agir en déclaration de simulation. Ce droit propre est justifié par leur qualité de tiers par rapport aux contrats conclus par leur débiteur. Leur intérêt ne se confond pas avec celui de leur débiteur, sauf lorsqu'ils intentent l'action oblique, auquel cas ils représentent le débiteur. Dès lors que leur intérêt ne se confond pas avec celui de leur débiteur, ils doivent être investis d'un droit qui ne se confond pas non plus avec celui du débiteur [1]. Dans cette mesure, mais dans cette mesure seulement, l'action en déclaration de simulation se rapproche de l'action paulienne.

768. – L'action en déclaration de simulation et les conflits d'intérêts entre les tiers. Comme on vient de le voir, l'action en déclaration de simulation est justifiée par l'intérêt d'un tiers à se prévaloir de la contre-lettre plutôt que de l'acte apparent. Ainsi, en cas de vente ou de donation fictive, les créanciers de l'aliénateur ont intérêt à prouver que le bien n'est jamais sorti du patrimoine de leur débiteur. En cas de donation déguisée sous forme de vente, les créanciers du donateur ont intérêt à prouver l'aliénation à titre gratuit pour faire ensuite admettre que leur débiteur s'est frauduleusement appauvri à leur détriment. Au contraire, dans le cas où un contrat à titre onéreux serait déguisé sous l'apparence d'un contrat à titre gratuit, par exemple si une vente est déguisée sous forme d'une donation, les créanciers de l'aliénateur ont intérêt à prouver que le contrat a fait naître un droit de créance (le prix) au profit de leur débiteur. Les créanciers de celui qui, dans un contrat, a dissimulé une partie du prix qui lui est dû par l'autre partie ont, pour la même raison, intérêt à prouver que le prix stipulé dans la contre-lettre est plus élevé que celui qui figure dans l'acte apparent [2].

Cependant, les intérêts des créanciers de l'autre partie au contrat simulé sont opposés, c'est-à-dire qu'il leur est préférable de s'en tenir à l'opposabilité de l'acte ostensible. Ainsi, en cas de vente ou de donation fictive, l'intérêt des créanciers de l'acquéreur est de s'en tenir à l'acte apparent qui a fait entrer un bien dans le patrimoine de leur débiteur. En cas de donation déguisée sous forme de vente, l'intérêt des créanciers de l'acquéreur est de prouver la contre-lettre pour bénéficier de

1. Il est évident que lorsqu'un créancier entend se prévaloir d'une simulation pour l'écarter et faire admettre à son égard l'opposabilité de l'acte secret, son intérêt ne se confond pas avec celui de son débiteur qui a entendu cacher la réalité au créancier. V. pour une illustration remarquable de cette situation, Paris 11 juillet 1990, *D.* 1991.33, note Larroumet, à propos de la simulation de l'acquisition d'un immeuble par une société, alors que l'immeuble avait été acquis en réalité par un associé de ladite société de façon à organiser son insolvabilité au détriment de ses créanciers. V. aussi, T.G.I. Paris 16 octobre 1997, *Rev. jur. com.* 1999.313, note Raffray).

2. L'intérêt à invoquer la contre-lettre n'est pas propre aux créanciers et il concerne aussi bien les ayants cause à titre particulier, v. *infra*, n° 772. Il concerne aussi les ayants cause universels ou à titre universel, lorsqu'il est porté atteinte par la contre-lettre à un droit qui leur est propre, v. *infra*, n° 770.

l'enrichissement sans contrepartie de leur débiteur. Mais, ils peuvent aussi avoir intérêt à s'en tenir à l'acte apparent pour éviter que l'aliénation soit remise en cause, s'il devait y avoir appauvrissement frauduleux de l'aliénateur ou si leur débiteur était frappé d'une incapacité de recevoir à titre gratuit. Si une partie du prix de vente d'un bien a été dissimulée, les créanciers de l'acquéreur ont intérêt à s'en tenir à l'acte apparent.

Il résulte de ce qui précède qu'il peut y avoir un conflit entre les tiers, les uns invoquant la contre-lettre et les autres s'en tenant à l'acte ostensible. La jurisprudence paraît hésitante. Des arrêts de la Cour de cassation, statuant soit dans l'hypothèse de conflit entre créanciers de chacune des parties au contrat simulé, soit dans celle de conflit entre les ayants cause de ces parties, ont admis des solutions opposées, les uns faisant prévaloir l'acte apparent (cf. Civ. 25 avril 1939, *D.* 1940.1.12 ; Civ. 1re, 22 février 1983, *J.C.P.* 1985.II.20359, note Verschave), les autres faisant prévaloir la contre-lettre (cf. Civ. 10 mai 1949, *D.* 1949.277, note Leonan, *J.C.P.* 1949.II.4972, note Becqué). Si les tiers auxquels la contre-lettre est opposée par d'autres tiers qui ont intérêt à s'en prévaloir en connaissaient l'existence, ce qui de toute façon doit être prouvé, il faut admettre que la contre-lettre doit l'emporter sur l'acte ostensible [1]. La solution est justifiée par la considération selon laquelle l'apparence prévaut sur la réalité pour protéger la bonne foi des tiers qui se sont fiés à cette apparence, c'est-à-dire que la réalité leur est opposable lorsqu'ils l'ont connue. Mais, s'il y a un conflit entre des tiers qui ignoraient l'existence de la contre-lettre et d'autres tiers qui veulent faire prévaloir celle-ci, l'acte ostensible devrait prévaloir dans le cas où ceux qui invoquent la contre-lettre le font au lieu et place de leur débiteur, c'est-à-dire par la voie oblique de l'article 1166 du Code civil. En effet, dans une telle situation, l'article 1321 du Code civil doit recevoir application, puisque les créanciers qui invoquent la contre-lettre le font comme le ferait leur débiteur, c'est-à-dire qu'ils ne peuvent pas l'opposer aux autres tiers. Si l'on admet que l'action en déclaration de simulation n'est pas l'exercice d'un droit propre des créanciers mais simplement une application de l'action oblique, l'acte ostensible doit toujours prévaloir dans un conflit entre tiers dont certains ignorent la contre-lettre. Cependant, si l'action en déclaration de simulation est l'exercice d'un droit propre des tiers, il semble qu'on doive admettre aussi que l'acte ostensible l'emporte sur la contre-lettre. En effet, sur le fondement de la théorie de l'apparence, dont l'article 1321 n'est qu'une application, en cas de conflit entre celui qui connaît la réalité, qu'il soit tiers ou partie, peu importe, et celui qui l'ignore, c'est toujours ce dernier qui doit être préféré.

1. L'arrêt de la 1re Chambre civile du 22 février 1983, qui fait prévaloir l'acte ostensible, paraît bien réserver le cas où les tiers seraient de mauvaise foi.

§ 3. Les ayants cause

769. – Le principe de l'opposabilité des contrats conclus par leur auteur. Le principe de l'opposabilité des contrats conclus par leur auteur s'impose aussi aux ayants cause, c'est-à-dire à ceux qui tiennent leur droit d'une autre personne, qu'il s'agisse des ayants cause universels ou à titre universel ou qu'il s'agisse des ayants cause à titre particulier. L'assimilation des ayants cause aux créanciers [1] est quelquefois admise même lorsqu'il s'agit des ayants cause particuliers. Ainsi, en vertu de l'article 583 du Nouveau code de procédure civile, la tierce opposition n'est pas ouverte aux créanciers et ayants cause d'une partie, parce qu'ils sont censés avoir été représentés à l'instance par celle-ci, sauf dans le cas où leur situation ne se confond pas avec celle de leur débiteur ou auteur, ce qui suppose un moyen qui leur est propre, c'est-à-dire que ne pourrait pas invoquer leur débiteur ou auteur (cf. Civ. 3e, 5 avril 1995, *R.J.D.A.* 1995, n° 822, qui refuse à un locataire-gérant d'un fonds de commerce le droit de former tierce opposition à un jugement prononçant la résolution du bail dans les rapports entre le propriétaire de l'immeuble et le propriétaire du fonds de commerce, titulaire du bail commercial).

A. Les ayants cause universels ou à titre universel

770. – Les contrats conclus par leur auteur leur sont toujours opposables, sauf ceux qui portent atteinte à la réserve successorale. Les ayants cause universels, qui ont vocation à recevoir la totalité du patrimoine de leur auteur, et les ayants cause à titre universel, qui ont vocation à recevoir une fraction de ce patrimoine, sont, en ce qui concerne les personnes physiques, les héritiers et les légataires universels ou à titre universel [2] et, en ce qui concerne les personnes morales, les sociétés nationalisées, qui succèdent à tous les droits et obligations de la société qui fait l'objet d'une nationalisation, les sociétés privatisées dans l'hypothèse inverse, et les sociétés absorbantes ou fusionnées, lorsqu'il y a absorption d'une société par une autre ou fusion réalisée autrement que par absorption.

L'opposabilité à leur égard des contrats conclus par leur auteur s'impose d'une façon absolue, en ce qu'ils n'ont pas le droit de critiquer ces contrats, même s'ils ne sont pas conformes à leurs intérêts, notamment en ce qu'ils diminuent l'actif qui leur est dévolu ou augmentent le passif auquel ils succèdent. Parce qu'ils continuent la personne de leur auteur, ils n'ont pas de droit propre, c'est-à-dire qui ne se confonde point avec celui de leur auteur. C'est ainsi qu'ils ne sauraient

1. V. *supra*, n° 753.
2. Sont aussi des ayants cause universels ou à titre universel les bénéficiaires d'une donation-partage ainsi que les institués contractuels, c'est-à-dire ceux auxquels une succession est dévolue par une donation que la loi autorise exceptionnellement.

invoquer une éventuelle fraude à leurs droits pour intenter une action paulienne. Au demeurant, celle-ci n'est donnée qu'aux créanciers, comme attribut de leur droit de gage général sur le patrimoine de leur débiteur, ce qui ne correspond absolument pas à la situation des ayants cause. Les ayants cause universels ou à titre universel ne peuvent davantage écarter l'opposabilité à leur égard des contre-lettres pour se prévaloir des actes ostensibles, en cas de simulation. La solution a été rappelée par la Cour de cassation à propos d'une société absorbante (cf. Civ. 1re, 4 mars 1981, *J.C.P.* 1981.IV.181). Ils ne peuvent non plus invoquer le défaut d'accomplissement de la publicité foncière par celui auquel leur auteur a transmis un bien (cf. Civ. 1re, 5 mai 1987, *J.C.P.* 1987.IV.236, *Bull. civ.* 1, n° 142 ; Civ. 3e, 20 mars 1991, *Bull. civ.* 3, n° 98, *Rep. not.* 1991.1317, note Aynès, *D.* 1992.151, note Fournier) [1]. Les ayants cause universels ne sont pas non plus des tiers quant à l'exigence de la date certaine (Civ. 3e, 18 décembre 2002, *J.C.P.* 2002.IV.1307, *D.* 2003.IR.179, *R.J.D.A.* 2003, n° 250).

En vérité, la notion d'opposabilité aux ayants cause universels ou à titre universel des contrats conclus par leur auteur ne présente le plus souvent aucune autonomie par rapport à celle d'effet obligatoire à leur égard des contrats conclus par leur auteur. La raison en est que les ayants cause qui continuent la personne de leur auteur sont liés par tous les contrats conclus par celui-ci, parce que le patrimoine de leur auteur vient se fondre dans leur propre patrimoine. Parce qu'ils n'ont pas de droit propre, en ce qui concerne ce qui leur est transmis, ils sont aux lieu et place de leur auteur, ce qui implique qu'ils soient assimilés aux parties.

Toutefois, dans une situation particulière, la loi attribue aux ayants cause universels un droit qui leur est propre et qu'ils ne tiennent pas de leur auteur. Il s'agit des héritiers réservataires. En effet, certains héritiers se voient attribuer une réserve, c'est-à-dire qu'une portion du patrimoine du défunt doit obligatoirement leur revenir et leur auteur ne saurait les en priver par des actes de disposition à titre gratuit au profit de non héritiers ou au profit d'autres héritiers, même réservataires. Pour faire respecter leur droit à la réserve, les héritiers réservataires disposent d'une action en réduction des libéralités qui dépassent la quotité disponible, c'est-à-dire la fraction de son patrimoine dont leur auteur peut disposer à titre gratuit. Or, l'action en réduction n'est pas la mise en œuvre d'un droit qu'ils tiennent de leur auteur. Il s'agit d'un droit que la loi leur attribue en propre, bien que ce droit suppose leur qualité d'héritier qui accepte la succession. En d'autres termes, en tant qu'héritiers

1. En revanche, lorsqu'il y a un conflit entre un ayant cause particulier du défunt et un ayant cause particulier de l'héritier, le conflit doit être réglé par référence à la publicité foncière (*contra*, Bordeaux 12 novembre 1987, *Rep. not.* 1989.42, note Vialard). La solution s'explique en raison de ce que l'héritier continue la personne du défunt et, par conséquent, l'ayant cause de l'héritier et celui du défunt tiennent leurs droits du même auteur, v. *infra*, n° 771 et *Les Biens*, n° 389.

réservataires, les ayants cause universels apparaissent comme des tiers par rapport aux actes à titre gratuit qui entament leur réserve. C'est la raison pour laquelle, lorsqu'un acte de disposition à titre gratuit a été dissimulé sous la forme d'un acte à titre onéreux, par exemple une donation a été simulée sous la forme d'une vente, les héritiers réservataires ont intérêt à prouver la simulation pour ensuite intenter l'action en réduction pour atteinte à leur réserve. Or, lorsqu'ils intentent une action en déclaration de simulation à cette fin, ils n'exercent pas le droit de leur auteur, mais ils exercent un droit qui leur appartient en propre, ce qui explique, en particulier, qu'ils peuvent prouver la simulation par tous moyens et qu'ils ne sont pas tenus de le faire conformément aux dispositions de l'article 1341 du Code civil, comme devrait le faire leur auteur ou comme ils devraient eux-mêmes le faire s'ils exerçaient le droit de celui-ci (cf. Civ. 1re, 24 novembre 1987, *J.C.P.* 1989.II.21214, note Testu ; Civ. 1re, 7 février 1989, *D.* 1989.IR.66 ; Civ. 1re, 8 juin 1999, *J.C.P.* 1999.IV.2451).

B. Les ayants cause particuliers ou à titre particulier [1]

771. – Conflits entre ayants cause tenant leurs droits du même auteur. Les ayants cause particuliers sont ceux qui tiennent leur droit sur un bien d'une autre personne, tandis que les ayants cause à titre particulier sont ceux auxquels leur auteur a transmis plusieurs biens isolément considérés *(ut singuli)*. Par opposition aux ayants cause universels ou à titre universel, ils n'ont aucune vocation à une universalité de droit ou à une fraction de cette universalité.

Le problème de l'opposabilité des contrats conclus par leur auteur se pose essentiellement lorsqu'il y a un conflit entre ayants cause tenant leurs droits du même auteur, lequel a, par conséquent transféré des droits concurrents sur le même bien à des personnes différentes. Par exemple, une personne vend deux fois le même bien à des acquéreurs différents ou cède la même créance successivement à deux cessionnaires. Le principe de l'opposabilité sans condition des contrats conclus par leur auteur imposerait une solution qui serait fondée sur la règle *prior tempore potior jure*, c'est-à-dire que le premier ayant cause dans le temps devrait l'emporter sur le second à condition que le contrat ait acquis date certaine. En effet, en vertu du principe selon lequel on ne peut transmettre à autrui plus de droits qu'on en a *(nemo plus juris ad alium transferre potest quam ipse habet* ou encore *nemo dat quod non habet)*, on doit admettre que celui qui a déjà transmis un droit à une personne ne peut le transmettre à une autre, puisque ce droit est sorti de son patrimoine. Cependant, les conflits entre ayants cause tenant leur droit du même auteur ne sont pas toujours réglés en application de ce principe, en raison de ce que le législateur a instauré,

1. *Bibliographie* : LABORDE-LACOSTE, *Essai sur la notion d'ayant cause à titre particulier,* thèse, Bordeaux, 1916.

dans de nombreuses situations, des systèmes de publicité dont l'objet est justement de régler les conflits entre ayants cause, celui qui doit l'emporter n'étant pas l'ayant cause qui a acquis son droit le premier, mais celui qui, le premier, a procédé à l'accomplissement de la formalité de publicité aux fins de porter son droit à la connaissance de ceux avec lesquels il est susceptible d'entrer en conflit. En d'autres termes, la publicité est une condition de l'opposabilité du droit de l'ayant cause au tiers, c'est-à-dire à ceux qui peuvent faire valoir des droits concurrents sur le même bien et qui les tiennent du même auteur.

Ainsi, en ce qui concerne les droits réels et les obligations réelles, le conflit entre ayants cause est réglé par la publicité foncière, lorsqu'il s'agit de droits réels immobiliers ou d'obligations réelles grevant des immeubles [1]. S'il s'agit de droits réels mobiliers, le conflit entre ayants cause est réglé, non pas par l'inscription du droit sur un registre, lequel n'existe qu'exceptionnellement en matière mobilière (par exemple, pour les navires ou les aéronefs), mais par la tradition réelle de la chose entre les mains de l'ayant cause, qui en devient possesseur (art. 1141 C. civ.) [2].

En ce qui concerne les droits personnels, le conflit entre cessionnaires successifs de la même créance est réglé par l'accomplissement des formalités prévues à l'article 1690 du Code civil, celui qui doit l'emporter étant le premier qui y a procédé [3].

La transmission des droits de propriété sur des choses incorporelles [4] peut aussi être soumise, quant à son opposabilité aux tiers, à l'accomplissement de mesures de publicité. Ainsi, la cession et le nantissement de fonds de commerce obéissent à des règles très voisines de celles du transfert ou de la constitution de droits réels immobiliers, en vertu des dispositions des articles L. 141-1 et suivants du Code de commerce. En vertu de l'article 613-9 du Code la propriété intellectuelle, la cession d'un brevet d'invention doit être inscrite sur un registre national pour être opposable aux tiers.

772. – Simulation. Les ayants cause à titre particulier méritent d'être protégés contre les contrats simulés conclus par leur auteur autant que les créanciers. Aussi bien, la jurisprudence a-t-elle toujours considéré qu'ils étaient des tiers quant à l'application du principe énoncé à l'article 1321 du Code civil. Ainsi, une contre-lettre ayant pour objet de diminuer le montant d'une créance tel qu'il figure à l'acte ostensible serait inopposable au cessionnaire de la créance, lequel est en droit de

---

1. V. *Les biens*, n° 389. Lorsque le conflit a lieu entre personnes tenant leurs droits d'auteurs différents, la publicité foncière n'intervient pas (cf. Civ. 3e, 4 février 1987, *J.C.P.* 1987.IV.121).

2. V. *Les biens*, n° 394 et s. En ce qui concerne le gage et qu'il n'y a pas de dépossession, le recours à l'article 1141 du Code civil est impossible. Le conflit est réglé par différentes mesures de publicité aussi bien pour le gage de droit commun que pour des gages spéciaux.

3. V. *supra*, n° 761 et FRANÇOIS, *Obligations, Régime général*, n° 352 et s.

4. Sur lesquels, v. *Introduction à l'étude du droit privé*, n° 520 et s.

s'en tenir à ce qui est indiqué à l'acte apparent, dans la mesure toutefois où il ignore l'existence de la contre-lettre. De même, si une vente fictive d'un immeuble est conclue entre deux personnes et que l'acquéreur revend l'immeuble à un sous-acquéreur, celui-ci ne pourra se voir opposer par le premier vendeur la contre-lettre aux termes de laquelle le second vendeur n'est jamais devenu propriétaire de l'immeuble. Il s'agit d'une hypothèse typique de la propriété apparente [1]. Ainsi encore, si en vertu d'une contre-lettre, le prix d'un bail était réduit par rapport au prix figurant à l'acte apparent, l'acquéreur de l'immeuble, qui succéderait aux droits et aux obligations résultant du bail conclu par son auteur, serait en droit de s'en tenir au prix stipulé à l'acte ostensible, la contre-lettre ne lui étant pas opposable par le preneur.

Cependant, comme les créanciers, les ayants cause à titre particulier peuvent avoir intérêt à se prévaloir de la contre-lettre plutôt que de se voir opposer l'acte ostensible. Il faut donc leur reconnaître le droit d'intenter l'action en déclaration de simulation. Ainsi, le cessionnaire d'une créance peut invoquer la contre-lettre contre le débiteur cédé, dans le cas où celle-ci stipulerait un montant de la créance supérieur à celui qui est indiqué à l'acte ostensible, à condition que la totalité des droits du cédant lui aient été transmis. Si le prix d'un bail est plus élevé en vertu d'une contre-lettre que ce qui résulte de l'acte ostensible, l'acquéreur de l'immeuble pourra faire prévaloir la contre-lettre contre l'acte apparent. En cas de conflit entre ayants cause qui ont des intérêts opposés, les uns s'en tenant à l'acte ostensible, alors qu'ils ignorent la contre-lettre, tandis que les autres entendent faire prévaloir celle-ci, la question doit être réglée de la même façon qu'en ce qui concerne les conflits entre créanciers [2]. Il en irait de même dans le cas où le conflit opposerait des créanciers d'une partie au contrat simulé et des ayants cause de l'autre partie.

Section II

L'effet relatif des contrats

773. – L'article 1165 du Code civil. Le principe de l'effet relatif des contrats, qui est affirmé à l'article 1165 du Code civil, signifie qu'un contrat ne peut créer de droits et d'obligations qu'au profit et à l'encontre de ceux qui y sont parties pour avoir donné leur consentement [3]. Le contrat crée une sphère d'activité juridique qui ne saurait être étendue aux tiers pour les rendre créanciers ou débiteurs. En effet, seules les parties au contrat peuvent devenir créancières ou débitrices, puisqu'elles seules ont consenti à la conclusion du contrat et qu'il n'y a pas de droit ou d'obligation résultant du contrat sans les volontés du créancier et du débiteur.

---

1. Sur laquelle, v. *Les biens*, n° 295 et s.
2. V. *supra*, n° 768.
3. V. *supra*, n° 741 et 742.

Ce principe juridique correspond à une donnée socio-économique essentielle selon laquelle on ne saurait aliéner sa liberté en vertu d'un contrat si on ne l'a pas voulu. Par conséquent, il faut admettre que les tiers, c'est-à-dire tous ceux qui n'ont pas consenti au contrat, ne sauraient devenir créanciers ou débiteurs en vertu du contrat. D'une façon générale, en dehors de quelques décisions que l'on doit considérer comme aberrantes, la jurisprudence s'en tient au principe qui est énoncé à l'article 1165 du Code civil. Ainsi, il a été admis par la Cour de cassation que l'article 1165 avait été violé par une cour d'appel qui avait considéré que le syndic du règlement judiciaire d'un débiteur pouvait continuer l'exécution des contrats conclus par celui-ci pour le compte de tiers alors qu'il ne pouvait le faire que pour le compte du débiteur qu'il représentait (cf. Com. 3 février 1981, 2 arrêts, *J.C.P.* 1981.IV.134). Parce que le syndicat des copropriétaires est un tiers par rapport au contrat par lequel l'un des futurs copropriétaires a réservé l'appartement qu'il a acquis, il n'est tenu d'aucune obligation envers le copropriétaire en vertu de ce contrat, ledit copropriétaire ne pouvant faire retenir la responsabilité du syndicat pour inexécution de l'obligation de conformité par le vendeur de l'immeuble à construire (Paris 4 décembre 1985, *D.* 1986, Flash, n° 2).

Ainsi encore, le locataire, qui n'est pas partie au contrat de vente de l'immeuble, n'est pas tenu de transmettre à l'acheteur le dépôt de garantie que le bail a mis à sa charge au profit de son bailleur (Civ. 3e, 18 janvier 1983, *Bull. civ.* 3, n° 14, *Rep. not.* 1983.1167, obs. Aubert).

Dans une cession de parts sociales, la garantie du passif à laquelle s'oblige le cédant peut être invoquée par le seul cessionnaire, en l'occurrence une société, à l'exclusion non seulement de la société dont les droits sociaux ont été cédés, mais encore du président de la société cessionnaire agissant à titre personnel (Versailles, 20 janvier 1988, *J.C.P.* 1988.IV.261) [1]. Le cessionnaire de parts sociales ne succède pas de plein droit aux obligations du cédant, s'il n'entend point les reprendre à sa charge. Par conséquent, ce serait violer l'article 1165 du Code civil que de les mettre à sa charge sans constater qu'il y a consenti (Com. 1er avril 1997, *D.A.* 1997.614).

---

1. En revanche, c'est à tort qu'une cour d'appel s'est référée au principe de l'effet relatif des contrats pour refuser de mettre à la charge de l'assureur du maître de l'ouvrage le prix stipulé au contrat conclu entre ce dernier et un maître d'œuvre chargé de la surveillance des travaux nécessaires pour remédier à des désordres imputables au maître de l'ouvrage (Paris 9 mai 1988, *D.* 1988.IR.171). En effet, il ne s'agit pas de ne point obliger l'assureur en vertu d'un contrat auquel il n'est pas partie, mais simplement de faire produire son effet au caractère indemnitaire de l'assurance de choses. Si le prix est surévalué, l'assureur est en droit de le contester comme ne correspondant pas à l'indemnisation réelle de l'assuré.

Parce que le locataire d'un appartement dans un immeuble en copropriété n'a pas contracté avec le syndicat des copropriétaires, il ne peut invoquer envers celui-ci des droits réservés aux copropriétaires liés au syndicat contractuellement (cf. Civ. 3e, 23 mars 1988, *Bull. civ.* 3, n° 64, *Rep. not.* 1989.366, obs. Souleau ; Civ. 3e, 20 juillet 1988, *Bull. civ.* 3, n° 134, *J.C.P.* 1988.IV.348, *Rep. not.* 1989.367, obs. Souleau).

Parce que le contrat n'oblige pas les tiers, le créancier d'une société ne peut exercer son droit de gage général sur les biens d'une autre société (Civ. 1re, 6 juillet 1988, *Rev. trim. dr. civ.* 1989.76 obs. Mestre). Ainsi encore, parce que deux sociétés faisant partie du même groupe sont des personnes juridiquement distinctes l'une de l'autre, malgré les participations de l'une dans l'autre et l'existence de dirigeants communs, l'une ne peut être tenue de plein droit des dettes contractuelles de l'autre (Paris, 31 mai 1989, *D.* 1989.IR.227).

Parce qu'un groupement d'achat, chargé, en vertu d'un contrat dit de référencement, de négocier avec des fournisseurs dans l'intérêt de ses adhérents, n'est pas partie aux contrats de vente conclus entre ceux-ci et les fournisseurs, il ne saurait être tenu au paiement du prix des fournitures (Com. 23 octobre 1990, *J.C.P.* 1990.IV.412, sur pourvoi contre Versailles 16 décembre 1987, *D.* 1988.IR.50. V. aussi sur la même question, Versailles 14 avril 1988, *D.* 1988.IR.144 ; Com. 22 mars 1994, *R.J.D.A.* 1994, n° 922, *J.C.P.* 1994.I.3781, n° 4 et s., obs. Virassamy ; Com. 25 octobre 1994, *R.J.D.A.* 1995., n° 273 ; Com. 3 janvier 1995, *R.J.D.A.* 1995, n° 426). En l'absence d'engagement exprès de garantie de ses membres (sur cette garantie, v. Com. 3 janvier 1995, *D.* 1995.IR.52), le groupement d'achat n'est tenu ni en tant que garant, en cas de défaillance de l'un de ses membres envers le fournisseur, ni en tant que débiteur d'une obligation d'information de l'éventuelle insolvabilité de celui-ci (cf. en ce sens, Com. 28 mai 1991, *D.* 1991.IR.196, *J.C.P.* 1991.IV.289). Parce qu'il n'y a pas de lien de droit entre un G.I.E. de cartes bancaires et les clients des banques adhérentes, le G.I.E. n'étant qu'un mandataire de celles-ci, il doit être mis hors de cause dans un litige entre la banque et le client envers lequel il n'assume aucune obligation (Paris 5 décembre 1997, *D.A.* 1998.251). Parce qu'une agence de voyages est un tiers par rapport au contrat de transport conclu, par son intermédiaire, entre son client et un transporteur, elle ne peut agir contre celui-ci sur le fondement de la responsabilité contractuelle (Civ. 1re, 22 juin 2004, *J.C.P.* 2004.IV.2715).

Parce que le médecin, salarié d'un établissement de soins, n'est pas partie au contrat de soins conclu entre le patient et l'établissement, sa responsabilité contractuelle ne peut être retenue envers le patient (Civ. 1re, 4 juin 1991, *J.C.P.* 1991.IV.308). Parce que le créancier d'une obligation pesant sur un époux n'a pas consenti à son extinction, la convention conclue entre le débiteur et son conjoint ne peut avoir pour effet d'éteindre la dette dans les rapports du débiteur et du créancier (Civ. 1re, 2 juin 1992, *R.J.D.A.* 1993, n° 3, *J.C.P.* 1992.I.3632, n° 5, obs.

Billiau, *D.* 1993. Somm. 211, obs. Delebecque, *Rev. trim. dr. civ.* 1993. 122, obs. Mestre). Parce qu'il est un tiers au contrat de cession de créance, le débiteur cédé ne peut prétendre que ce contrat a créé à son profit le droit d'invoquer le bénéfice d'une clause stipulée dans les seuls rapports des parties et, par conséquent, il ne peut reprocher à celles-ci de ne pas avoir exécuté cette clause, les parties étant libres d'y renoncer (Com. 19 mai 1992, *R.J.D.A.* 1992, n° 802) [1].

Lorsque le vendeur a livré la marchandise à l'acheteur en la confiant pour le compte de l'acheteur à un tiers, chargé de son entreposage, il ne saurait exiger de l'acheteur qu'il procède au retirement de la marchandise dans l'entrepôt. En effet, le vendeur est un tiers au contrat liant l'acheteur et l'entreprise d'entreposage (Com. 1er décembre 1992, *R.J.D.A.* 1993, n° 391). La vente et le mandat donné par le vendeur et l'acheteur à un tiers pour que celui-ci fixe le prix de vente sont des contrats distincts, ce qui doit conduire à admettre que, l'arbitre n'étant pas partie à la vente, il ne peut invoquer des moyens portant sur celle-ci, en particulier pour faire juger qu'elle est valable (Com. 2 décembre 1997, *R.J.D.A.* 1998, n° 403). Parce que le locataire est un tiers, il ne peut exiger de l'assemblée générale des copropriétaires, dont il n'est pas membre, qu'elle soit saisie d'une demande d'autorisation d'effectuer des travaux en application de la loi du 10 juillet 1965 (Civ. 3e, 16 juin 1993, *R.J.D.A.* 1993, n° 831). Parce que le responsable d'un dommage est un tiers au contrat d'assurance de choses conclu par la victime, il ne peut critiquer la prise en charge du sinistre par l'assureur (Civ. 2e, 2 octobre 1997, *D.* 1997.IR.221) [2]. Un intermédiaire, tiers à la

---

1. Tandis que, dans l'arrêt rapporté au texte, la Chambre commerciale se fonde sur le principe de l'effet relatif des contrats pour refuser au débiteur cédé le droit de se prévaloir de la cession de créance, dans un autre arrêt du 22 octobre 1991 (cité *supra,* n° 748), elle s'est fondée sur le principe de l'opposabilité du contrat aux tiers pour permettre à une caution d'invoquer la cession de créance et refuser de payer le cédant. Cependant, il ne paraît pas qu'il y ait de contradiction entre ces deux décisions. En effet, dans l'arrêt de 1991, un tiers invoquait la situation créée par le contrat dans son ensemble pour prétendre que son créancier avait perdu cette qualité, tandis que, dans l'arrêt de 1992, un tiers prétendait invoquer à son profit une stipulation que les parties étaient libres de révoquer ou de ne point exécuter dans la mesure où, à défaut de stipulation pour autrui, elle n'avait pas fait naître de droit au profit du tiers.

2. En revanche est plus contestable la solution d'un arrêt (Civ. 1re, 28 janvier 1997, *J.C.P.* 1997.IV.604) selon laquelle, une agence de voyages A ayant vendu à un client un voyage organisé par un agence de voyages B et le voyage ayant été annulé en raison d'un changement d'hôtel non accepté par le client, ce qui avait conduit à la condamnation de l'agence A au paiement d'une indemnité contractuellement prévue au profit du client, l'agence A ne pouvait recourir contre B en se prévalant de son obligation de payer l'indemnité, car cette obligation était prévue par un contrat auquel l'agence B n'était pas partie. En effet, il s'agissait non pas de l'effet envers l'agence B du contrat conclu par l'agence A avec son client, mais de l'opposabilité de ce contrat à l'agence B. Dans la mesure où, d'une part, il obligeait le débiteur à payer l'indemnité qui y était stipulée et, d'autre part, l'inexécution de son obligation par le débiteur avait pour cause le manquement à une obligation de l'agence B, l'action récursoire devait être déclarée bien fondée.

convention conclue entre deux autres personnes, ne peut agir contre l'une de ces personnes sur le fondement de la responsabilité contractuelle (Com. 6 janvier 1998, *R.J.D.A.* 1998, n° 550, à propos d'une promesse de porte-fort non ratifiée, un intermédiaire étant intervenu pour proposer le bénéficiaire de la promesse).

Le contrat conclu par une société civile n'est pas conclu par les associés de celle-ci. Dès lors, une Cour d'appel ne peut considérer, sans violer l'article 1165 du Code civil, que les associés sont liés comme s'ils avaient eux-mêmes conclu le contrat (Civ. 3e, 8 novembre 2000, *D.* 2000.444, obs. Lienhard, *R.J.D.A.* 2001, n° 336, *J.C.P.* 2001.II.10450, conclusions Weber et note Chartier, *D.* 2002. Somm. 478, obs. Hallouin, *Petites Affiches* 22 mai 2000, note Salati). De la même façon, lorsque l'associé d'une société civile, tenu du paiement des dettes sociales sur patrimoine personnel, est poursuivi par un créancier social, il ne peut invoquer la nullité relative du contrat créateur de la dette (Civ. 3e, 28 mars 2001, *R.J.D.A.* 2001, n° 984).

774. – Domaine d'application du principe de l'effet relatif et exceptions à l'article 1165 du Code civil. Si le principe de l'effet relatif des contrats est simple à poser et si plusieurs de ses applications paraissent évidentes, il n'en va pas de même en ce qui concerne son domaine d'application, en raison de ce que certaines personnes, bien qu'elles n'aient pas contracté, peuvent être assimilées à des parties au contrat. Tel est le cas en ce qui concerne les ayants cause des parties. En outre, la question s'est posée de savoir si certains tiers ne devaient pas plutôt être assimilés à des parties, notamment dans le cadre d'un ensemble contractuel. Enfin la loi elle-même admet des exceptions au principe de l'effet relatif des contrats. Ainsi, l'article 1165 réserve le cas qui est prévu à l'article 1121. En vertu de ces exceptions, des tiers pourront devenir créanciers ou éventuellement débiteurs en vertu d'un contrat à la conclusion duquel ils n'ont pas participé, ni par eux-mêmes, ni par l'intermédiaire d'un représentant [1].

§ 1. Le principe de l'effet relatif des contrats et la situation des ayants cause des parties

775. – Les deux catégories d'ayants cause. Le problème de savoir si un contrat à la conclusion duquel les ayants cause des parties n'ont pas participé doit produire effet à leur égard en leur qualité d'ayants cause, c'est-à-dire peut ou doit les rendre créanciers ou débiteurs, ne

1. La représentation (sur laquelle, v. *supra*, n° 153 et s.) ne constitue pas une exception au principe de la relativité des contrats, en raison de ce que la volonté du représentant est considérée comme étant l'émanation de celle du représenté.

se pose pas de la même façon selon qu'il s'agit des ayants cause universels ou à titre universel ou bien des ayants cause particuliers ou à titre particulier. Alors que la solution est très simple pour les premiers, elle fait l'objet de controverses dans la doctrine en ce qui concerne les seconds et les décisions de la jurisprudence ne sont pas toujours très claires.

A. *Les ayants cause universels ou à titre universel*

776. – L'article 1122 du Code civil. On sait que les ayants cause universels ou à titre universel sont ceux qui ont vocation à recevoir la totalité ou une fraction du patrimoine de leur auteur, qu'il s'agisse de personnes physiques ou de personnes morales. En d'autres termes, les ayants cause universels ou à titre universel, parce qu'ils reçoivent une universalité ou une fraction d'universalité, recueillent à la fois l'actif et le passif du patrimoine de leur auteur, c'est-à-dire tous les droits ou une quote-part de ces droits et toutes les obligations ou une quote-part de celles-ci, sans qu'il y ait lieu de distinguer entre la nature de ces droits et de ces obligations, c'est-à-dire aussi bien les droits et les obligations sur les choses corporelles (droits réels et obligations réelles) que les droits et les obligations portant sur des choses incorporelles (droits personnels et obligations personnelles, droits de propriété sur les choses incorporelles). L'ayant cause universel ou à titre universel continue la personne de son auteur, en ce sens que tout ce qui se trouvait dans le patrimoine de l'auteur vient se fondre dans le patrimoine de l'ayant cause. Par-là même, il faut admettre que le rapport d'obligation qui liait l'auteur à son cocontractant est transmis de plein droit à son ayant cause. Il en résulte nécessairement que les ayants cause universels ou à titre universel échappent au principe de l'effet relatif des contrats conclus par leur auteur. Ils ne sont pas des tiers, parce qu'ils doivent être assimilés aux parties dont ils continuent la personne [1]. Cette solution, inhérente à la notion d'ayant cause qui a voca-

1. Les ayants cause universels sont tenus, par conséquent, de toutes les obligations mises à la charge de leur auteur par le contrat, même lorsque, du vivant de celui-ci, ils pouvaient se prévaloir envers lui d'une qualité qui leur permettait de défendre leur intérêt opposé à celui de leur auteur. Ainsi, lorsqu'une indivision existe entre une personne et ceux qui sont appelés à lui succéder, ceux-ci, avant le décès, sont en droit d'attaquer les actes que la première a accompli seule sur les biens indivis sans le consentement des coindivisaires. Mais une fois un indivisaire décédé, les coindivisaires qui sont ses héritiers sont tenus des obligations de leur auteur, ce qui ne leur permet plus d'attaquer, à l'encontre des intérêts de l'acquéreur par exemple, l'acte accompli par leur auteur sans leur consentement (cf. Civ. 1re, 5 mai 1987, *J.C.P.* 1987.IV.236, à propos d'une vente consentie par un indivisaire sans le consentement de ses coindivisaires qui lui ont succédé ; Civ. 1re, 2 juin 1987, *J.C.P.* 1988.II.21068, note Salvage, à propos d'un bail rural conclu dans les mêmes conditions). Toutefois, l'ayant cause universel n'est tenu que s'il a accepté la succession. Son intérêt peut être de la refuser de façon à se prévaloir par exemple de sa qualité d'indivisaire.

tion à une universalité ou une fraction de celle-ci, est affirmée à l'article 1122 du Code civil, selon lequel « on est censé avoir stipulé pour soi et ses héritiers et ayants cause ». Dans ce texte, le terme « stipuler » est synonyme de « contracter ».

777. – Exceptions à la transmission à l'ayant cause des droits et des obligations dérivant des contrats conclus par son auteur. Le principe selon lequel l'ayant cause est lié par les contrats conclus par son auteur n'est pas d'ordre public. En effet, l'article 1122 du Code civil admet que l'ayant cause est lié « à moins que le contraire ne soit exprimé ou ne résulte de la nature de la convention ». En d'autres termes, il y a place pour des exceptions qui tiennent à une volonté contraire, laquelle peut être expresse ou implicite.

En premier lieu, il est possible que les parties au contrat prévoient que son bénéfice ou sa charge ne sera pas transmis à l'ayant cause, alors que la solution inverse eut été admise en l'absence de stipulation expresse l'écartant. Une telle clause peut, conformément à l'intérêt de l'une des parties, être stipulée dans n'importe quel contrat, en principe.

En second lieu, lorsqu'un contrat a été conclu *intuitu personae*, c'est-à-dire en considération de la personne d'un des contractants ou quelquefois des deux, le bénéfice ou la charge du contrat ne sera pas transmis à l'ayant cause (cf. Aix-en-Provence, 12 juin 1997, *R.J.D.A.* 1998, n° 436). Ainsi, l'article 1795 du Code civil admet, sur le fondement de l'*intuitus personae*, que le contrat de louage d'ouvrage est dissous par la mort du locateur d'ouvrage. De même, l'article 2003 décide que le mandat prend fin par la mort du mandant ou celle du mandataire. Toutefois, lorsque la loi présume qu'un contrat est conclu *intuitu personae*, les parties peuvent décider le contraire, auquel cas le contrat sera transmis à l'ayant cause [1].

En tout cas, lorsqu'un contrat apparaît comme étant conclu *intuitu personae* à raison de sa nature, il n'est pas nécessaire de stipuler expressément qu'il ne sera pas transmissible à l'ayant cause. Cela résulte suffisamment du texte de l'article 1122 du Code civil. Toutefois, il peut y avoir des hésitations, dans certaines situations, à considérer que le contrat a été conclu *intuitu personae*.

---

1. D'autres fois, c'est, au contraire, la loi qui présume l'absence d'*intuitus personae*, les parties pouvant décider le contraire (cf. art. 1870, al. 1 et 2 C. civ. à propos de la société civile).

B. Les ayants cause particuliers ou à titre particulier [1]

778. – Controverse. Le problème de savoir si l'ayant cause particulier, c'est-à-dire celui qui tient ses droits de son auteur sur un bien déterminé, ou l'ayant cause à titre particulier, c'est-à-dire celui qui tient ses droits de son auteur sur plusieurs biens isolément considérés et qui ne forment pas une universalité de droit [2], est lié par les contrats conclus par son auteur est un des problèmes les plus controversés, des opinions divergentes ayant été soutenues en doctrine. Quant à la jurisprudence sur cette question, elle est quelque peu confuse. Les arrêts distinguent volontiers, comme le font souvent les auteurs, entre les droits et les obligations résultant du contrat, du moins lorsqu'il s'agit de droits personnels et d'obligations personnelles. La transmission des droits de créance est souvent admise au profit de l'ayant cause, encore que le principe n'en soit pas affirmé d'une façon générale, tandis que celle des obligations est le plus souvent écartée, le principe en ayant été affirmé (cf. Civ. 15 janvier 1918, *D.P.* 1918.1.17).

En réalité, le problème ne peut être clairement saisi et la solution éventuelle à lui donner comprise que si les termes du débat sont précisés à la lumière de certaines données fondamentales. Après avoir envisagé ces données, on verra quelle est la solution possible.

1) Les données du problème

779. – L'article 1122 du Code civil ne concerne pas le problème. L'article 1122 doit être écarté du débat. En effet, contrairement à ce qui a été quelquefois soutenu, ce texte n'apporte aucun élément de

1. *Bibliographie* : LEPARGNEUR, De l'effet à l'égard de l'ayant cause des contrats générateurs d'obligations relatifs au bien transmis, *Rev. trim. dr. civ.* 1924.481 et s. ; GARREAU de la MECHENIE, La vocation de l'ayant cause particulier aux droits et obligations de son auteur, *Rev. trim. dr. civ.* 1944.219 et s. ; MOURGEON, *Les effets des conventions à l'égard des ayants cause à titre particulier en droit français,* thèse, Paris, 1934 ; CHOTEAU, A propos du refus à l'acquéreur de l'action en résiliation du bail pour manquements antérieurs du preneur, *D.* 1959. chron. 271 ; DALLANT, Les positions actuelles sur l'article 1743 du Code civil, *J.C.P.* 1958.I.1431 ; AYNES, *La cession de contrat et les opérations juridiques à trois personnes*, 1984 ; LARROUMET, L'action de nature nécessairement contractuelle et la responsabilité civile dans les ensembles contractuels, *J.C.P.* 1988.I.3357 ; FIECHTER-BOULVARD, *La transmission de l'engagement dans les contrats en chaîne*, thèse, Grenoble, 1992 ; GOSSEMENT, Les conditions de l'action directe en responsabilité civile du vendeur d'un sol pollué par son sous-acquéreur, au terme d'une chaîne de contrats de vente, *Petites Affaires* 18 août 2004 ; Deshayes, *La transmission de plein droit des obligations à l'ayant-cause particulier*, 2004.

2. L'acquéreur d'une universalité de fait, c'est-à-dire de biens groupés en fonction d'une certaine communauté d'affectation, à l'occasion de laquelle un passif est né, n'est pas un ayant cause universel, mais un ayant cause à titre particulier. Tel est le cas de l'acquéreur d'un fonds de commerce. Le fonds de commerce ne constitue pas, sauf s'il est exploité par une entreprise individuelle à responsabilité limitée, un patrimoine autonome. Il se fond dans le patrimoine de son titulaire dont il ne constitue qu'un élément parmi d'autres, en dépit de la communauté d'affectation des éléments qui le composent et du passif qui résulte de son exploitation.

solution et ne permet pas de préciser la position du législateur sur la question de savoir si l'ayant cause à titre particulier est lié par les contrats conclus par son auteur. En ce qu'il assimile les ayants cause et les héritiers, l'article 1122 ne peut concerner que les ayants cause universels ou à titre universel. Les données fondamentales qui permettent de poser le problème, en ce qui concerne l'ayant cause à titre particulier, et de le résoudre sont ailleurs.

780. – Contrats conclus par l'auteur en ce qui concerne le bien transmis à l'ayant cause. La première donnée a pour objet la délimitation du problème. Celui-ci ne se pose qu'en ce qui concerne les contrats conclus par l'auteur et qui sont relatifs au bien transmis à l'ayant cause. Par exemple, il s'agit de savoir si l'acquéreur d'un immeuble est lié par le contrat de bail conclu par l'aliénateur en ce qui concerne cet immeuble, c'est-à-dire qu'il convient de déterminer si l'acquéreur devient créancier et débiteur en vertu de ce bail. Ainsi encore, il s'agit de savoir si l'acquéreur d'un fonds de commerce peut bénéficier de la clause de non-concurrence qui a été stipulée dans le contrat par lequel son auteur a lui-même acquis le fonds de commerce et qui a créé une obligation à la charge du vendeur originaire. L'acquéreur d'un immeuble est-il lié par le contrat conclu par son auteur et qui a pour objet des travaux à effectuer dans l'immeuble ? L'acquéreur est-il en droit d'exiger l'accomplissement de ces travaux du locateur d'ouvrage et est-il tenu de lui en payer le prix ? Si un bien qui est vendu a été endommagé en raison de l'inexécution de son obligation par un cocontractant du vendeur, l'acheteur peut-il mettre en jeu la responsabilité contractuelle du débiteur de son auteur ? Dans toutes ces hypothèses, il y a un lien entre le contrat conclu par l'auteur et le bien qui est transmis à l'ayant cause. En aucun cas, le problème ne pourrait se poser de savoir si l'ayant cause est lié par les contrats conclus par son auteur qui n'ont aucun rapport avec le bien qui est transmis à l'ayant cause. Par exemple, si une personne est propriétaire de deux immeubles et qu'elle vend l'un à une personne, il est certain que celle-ci est absolument étrangère aux contrats conclus par l'auteur et qui concernent l'immeuble qui ne lui est pas vendu. En ce cas, l'ayant cause apparaît, par rapport à de tels contrats, comme un *penitus extraneus*. L'ayant cause particulier ou à titre particulier n'a cette qualité qu'en ce qui concerne le bien ou les biens sur lesquels il tient ses droits de son auteur et non pas en ce qui concerne d'autres biens sur lesquels aucun droit ne lui est transmis par celui-ci.

781. – L'absence de continuation de l'auteur par l'ayant cause. La seconde donnée fondamentale tient à la différence de nature entre la situation de l'ayant cause universel ou à titre universel et celle de l'ayant cause particulier ou à titre particulier et c'est justement la raison pour laquelle on doit considérer que l'article 1122 du Code civil ne règle que la situation des premiers. En effet, si l'ayant cause universel ou à titre universel est lié par les contrats conclus par son auteur, c'est en vertu du principe de la continuation de l'auteur par l'ayant cause. Or, ce principe ne peut être admis que lorsqu'une personne acquiert la totalité ou une fraction du patrimoine d'une autre. Cela est nécessaire, en particulier pour le cocontractant de l'auteur, puisque le patrimoine de ce dernier disparaît pour être absorbé par le patrimoine de l'ayant cause. Mais, le principe de la continuation de l'auteur par l'ayant cause ne se justifie absolument pas en ce qui concerne l'ayant cause particulier ou à titre particulier. En effet, lorsqu'un ou plusieurs droits considérés *ut singuli* sont transférés d'un patrimoine dans un autre, cela n'empêche pas que l'auteur reste titulaire de son patrimoine [1] et que, par conséquent, il puisse demeurer créancier en vertu des contrats qu'il a conclus, même s'ils concernent le bien transmis à l'ayant cause, et en assumer les obligations. Pour autant, cela ne signifie pas nécessairement qu'il ne saurait y avoir de vocation légale de l'ayant cause particulier ou à titre particulier à devenir créancier ou débiteur en vertu des contrats conclus par son auteur qui concernent le bien qui lui est transmis. Mais, cette vocation légale ne saurait reposer sur les mêmes principes que ceux qui justifient la transmission à l'ayant cause universel ou à titre universel de la totalité ou d'une fraction des droits et des obligations de l'auteur. Il ne peut s'agir que d'une vocation légale spéciale, fondée sur l'intérêt de l'ayant cause et non pas sur la nécessité d'assurer une continuité patrimoniale.

782. – Contrats constitutifs de droits réels et d'obligations réelles et contrats engendrant des droits et obligations personnels. La troisième donnée essentielle du problème tient à la distinction qu'il convient de faire entre les contrats relatifs au bien transmis qui sont générateurs de droits réels et d'obligations réelles et ceux qui engendrent des droits personnels et des obligations personnelles. Le droit réel bénéficie à tous les titulaires successifs d'un droit sur la chose. Ainsi, lorsqu'une personne acquiert la propriété d'un immeuble qui bénéficie d'une servitude, elle acquiert en même temps la servitude qui augmente ses prérogatives de propriétaire. Lorsqu'une personne acquiert un immeuble qui est grevé d'un droit réel au profit d'autrui, tel qu'une hypothèque, une servitude ou tout autre droit réel sur la chose d'autrui, elle est tenue de l'obligation réelle qui est la contrepartie de ce droit réel, obligation réelle qui vient diminuer les prérogatives du

1. Si l'ayant cause particulier ou à titre particulier est un légataire, il est évident que l'auteur disparaît, puisqu'il s'agit d'une transmission par décès. Cependant, le légataire particulier ou à titre particulier ne succède pas pour autant à la totalité ou à une fraction du patrimoine du testateur. Il est dans la même situation qu'un acheteur ou un donataire et ce sont les héritiers ou les légataires universels qui continuent le patrimoine de l'auteur, ce qui justifie leur obligation de procéder à la délivrance des legs particuliers ou à titre particulier.

propriétaire. Ce qui caractérise l'obligation réelle, c'est qu'elle ne grève que le bien sur lequel elle porte et non pas la totalité du patrimoine du débiteur. C'est cette affectation spéciale de l'obligation réelle qui explique, d'abord, que le débiteur peut s'en affranchir en faisant abandon de son droit réel sur le bien et, ensuite, qu'elle est de plein droit transmissible à tout acquéreur de ce droit, ce qui, par-là même, libère le titulaire antérieur du droit [1]. Parce que l'obligation réelle ne pèse sur une personne qu'en sa qualité de titulaire d'un droit réel, elle cesse d'en être tenue, si elle abandonne son droit ou le transmet à autrui et l'acquéreur du droit en est obligatoirement tenu à sa place en sa seule qualité de titulaire du droit [2]. Dès lors, on doit admettre que les contrats conclus par l'auteur relativement au bien transmis à l'ayant cause lient de plein droit celui-ci lorsqu'ils sont générateurs non seulement de droits réels qui augmentent les prérogatives du droit transmis, mais encore d'obligations réelles qui sont la contrepartie de droits réels constitués au profit d'autrui sur le bien. La notion même de droit réel et celle d'obligation réelle impliquent que ces contrats ne puissent être considérés comme *res inter alios acta* par l'ayant cause. De tels contrats échappent nécessairement au principe de l'effet relatif. Toutefois, la transmission à l'ayant cause suppose, lorsqu'il s'agit de droits réels et d'obligations réelles portant sur des immeubles, que les formalités de la publicité foncière aient été accomplies (cf. Civ. 3e, 23 mai 1991, *J.C.P.* 1991.IV.277, à propos d'une servitude de lotissement).

Au contraire, en ce qui concerne les droits et les obligations personnels, l'ayant cause n'est pas lié de plein droit, du seul fait de la transmission d'un bien, par les contrats générateurs de ces droits et obligations. Le contrat a créé un rapport entre contractants qui ne disparaît pas du seul fait que le bien à l'occasion duquel le contrat a été conclu est aliéné à une autre personne. Le créancier en vertu du contrat peut avoir intérêt à le demeurer et le droit né à son profit doit lui demeurer acquis s'il correspond à son intérêt. Quant à l'obligation, qui grève non pas un bien déterminé, mais la totalité du patrimoine du débiteur (cf. art. 2092 C. civ.), elle doit continuer à peser sur lui si le créancier en vertu du contrat ne l'en décharge pas. Cependant, il n'en résulte pas pour autant que le droit ou l'obligation ne pourra pas être transmis à l'ayant cause. D'une part, il se peut qu'en raison même de l'aliénation du bien, l'auteur n'ait plus aucun intérêt à demeurer créancier de son cocontrac-

1. V. *supra*, n° 32 et s. à propos de l'obligation réelle. Pour une application aux restrictions au droit de propriété qui, dans les lotissements, grèvent les lots, cf. Civ. 3e, 9 décembre 1986, *J.C.P.* 1987.IV.61, Civ. 3e, 3 juin 1987, *J.C.P.* 1987.IV.275, Civ. 3e, 7 novembre 1990, *J.C.P.* 1991.IV.5, Civ. 3e, 11 mai 1994, *R.J.D.A.*, n° 1202, ces arrêts en déduisant que l'acquéreur d'un lot voit peser sur lui l'obligation réelle, même si l'acte d'acquisition ne le mentionne pas. V. aussi, Civ. 3e, 20 décembre 1989, *J.C.P.* 1990.IV.72. V. aussi, à propos d'une charge réelle, Civ. 3e, 13 octobre 2004, D. 2005.934, note Mary et, en ce qui concerne la suspension de la prescription, Civ. 3e, 14 décembre 2005, *J.C.P.* 2006.IV.1098.

2. V. la note précédente.

tant. Au contraire, c'est l'ayant cause qui peut avoir intérêt à être investi du droit de créance de son auteur. Par exemple, si une clause de non-concurrence a été stipulée dans une vente de fonds de commerce au profit de l'acquéreur, on ne voit pas très bien quel intérêt pourrait encore avoir celui-ci à en bénéficier s'il a revendu le fonds. C'est le sous-acquéreur qui a intérêt à s'en prévaloir. De même, en cas de revente d'une chose par l'acquéreur, c'est le sous-acquéreur qui a intérêt à invoquer la garantie des vices contre le vendeur originaire [1]. D'autre part, s'il s'agit non plus de la transmission du droit de créance, mais de celle de l'obligation, ce n'est pas parce que l'ayant cause en serait tenu que l'auteur cesserait pour autant d'être obligé. S'étant engagé sur l'ensemble des éléments de son patrimoine, il continuera à être obligé envers son créancier en vertu du contrat, s'il n'est pas libéré par celui-ci.

783. – Cession légale de contrat. La dernière donnée du problème est que, dans plusieurs situations, il n'y a aucune hésitation quant à savoir si l'ayant cause est lié par les contrats conclus par son auteur. Une réponse affirmative s'impose, soit parce que la loi en décide ainsi, soit parce que le contrat en vertu duquel le bien est transmis à l'ayant cause prévoit la transmission à celui-ci des droits et des obligations personnels dérivant d'un contrat conclu par l'auteur relativement au bien transmis.

En premier lieu, le législateur a quelque fois admis une vocation légale de l'ayant cause à être lié par les contrats conclus par son auteur. Il s'agit d'une vocation légale spéciale, qui n'a rien à voir avec celle de l'ayant cause universel [2]. Dans ces hypothèses, il s'agit d'assurer à l'ayant cause les droits dérivant du contrat, mais aussi de faire peser sur lui les obligations corrélatives, sans que pour autant

---

1. Il est vrai que si le sous-acquéreur se prévaut de la garantie contre son propre vendeur, celui-ci a encore intérêt à mettre en jeu la garantie du vendeur originaire. Mais, en ce cas, si on admet que la garantie due par le vendeur originaire a été transmise au sous-acquéreur, le vendeur intermédiaire, parce qu'il est aussi tenu de la garantie envers le sous-acquéreur, en est tenu avec le vendeur originaire. Dès lors, conformément à l'article 1251, 3e du Code civil, le vendeur intermédiaire, dont la garantie a été mise en jeu, sera subrogé dans les droits du sous-acquéreur contre le vendeur originaire (cf. Civ. 3e, 13 mai 1987, *D.* 1987.IR.128 qui considère qu'une société civile immobilière, maître de l'ouvrage, est subrogée dans les droits des acquéreurs des appartements auxquels a été transmise l'action en garantie contre l'entrepreneur, l'arrêt en déduisant que le recours fondé sur la subrogation de la société contre l'entrepreneur est enfermé dans les limites de l'article 1792 du Code civil. En effet, si l'action en garantie prévue par ce texte a été transmise par le maître de l'ouvrage aux acquéreurs, ceux-ci ne pourraient invoquer la responsabilité extra-contractuelle de l'entrepreneur – v. *infra*, n° 790 – et le maître de l'ouvrage, subrogé dans leurs droits, ne le pourrait davantage). Sans toujours faire expressément allusion à la subrogation, la jurisprudence admet que « le vendeur intermédiaire ne perd pas la faculté d'exercer l'action en garantie quand elle présente pour lui un intérêt direct et certain », en dépit de sa transmission au sous-acquéreur (cf. Civ. 1re, 19 janvier 1988, *D.* 1988.IR.38, *Bull. civ.* 1, n° 20, *Rev. trim. dr. civ.* 1988.549, obs. Rémy. V. surtout, Civ. 1re, 6 juillet 1988, *J.C.P.* 1988.IV.330, *Bull. civ.* 1, n° 231, *Rev. trim. dr. civ.* 1989.320, obs. Mestre, qui fonde la subrogation du vendeur intermédiaire dans les droits du sous-acquéreur contre le vendeur originaire sur l'article 1251-3e).

2. V. *supra*, n° 781.

l'auteur en soit déchargé, si son créancier en vertu du contrat n'y consent pas. Ainsi, en vertu de l'article 1743 du Code civil, il est admis que l'acquéreur de l'immeuble loué ne peut expulser le preneur. La raison en est que le bail conclu par l'auteur lie son ayant cause [1].

En vertu de l'article L. 121-10 du Code des assurances, en cas d'aliénation de la chose assurée, on doit considérer, sauf si l'acquéreur en décide autrement, que le contrat d'assurance l'oblige envers l'assureur et le rend créancier de celui-ci [2]. Selon l'article 1601-4 du Code civil, la cession de ses droits par l'acquéreur contre le vendeur d'un immeuble à construire a pour effet de transmettre au cessionnaire les obligations de l'acquéreur contre le vendeur [3]. Il en va de même en cas de vente de l'immeuble (cf. art. 1646-1 al. 2 C. civ.). Lorsqu'une entreprise est cédée, les droits et les obligations du cédant dérivant des contrats de travail conclus pour l'exploitation de cette entreprise sont transmis au cessionnaire (art. L. 122-12, al. 2 C. du travail).

Ces textes réalisent une cession légale de contrat par l'auteur à l'ayant cause. L'ayant cause est substitué à l'auteur en ce qui concerne les droits et les obligations engendrés par le contrat conclu par l'auteur relativement au bien transmis à l'ayant cause. Cette cession est légale en ce qu'elle ne repose pas sur les volontés des parties,

---

1. L'acquéreur est, en principe, tenu par toutes les stipulations du bail conclu par son auteur. Toutefois, certains droits peuvent être accordés à l'auteur en considération de sa personne et ils ne seront pas transmis à son ayant cause (cf. Civ. 1re, 20 mars 1989, *D.* 1990.169, note Massip, *Rep. not.* 1989.696, obs. Massip, à propos d'un bail conclu par le tuteur d'un incapable pour neuf ans avec clause de renouvellement de plein droit. L'immeuble ayant été vendu, l'acquéreur s'est vu refuser le droit d'invoquer l'article 456, al. 3 du Code civil, seul l'incapable pouvant bénéficier de la protection instituée par ce texte). Le bail ne lie l'acquéreur qu'à certaines conditions. Il faut qu'il s'agisse d'un bail véritable (cf. Civ. 3e, 19 avril 1989, *J.C.P.* 1989.IV.226, qui considère que l'absence de titre locatif prive l'utilisateur de l'immeuble de tout droit d'occupation qui puisse être invoqué envers l'acquéreur) et que celui-ci ait date certaine (art. 1743, al. 1er C. civ.). Toutefois, la Cour de cassation a assoupli la seconde condition en distinguant selon que l'acquéreur avait ou non connaissance du bail avant la vente de l'immeuble. Ce ne serait que dans le cas où l'acquéreur aurait ignoré le bail avant la vente qu'il conviendrait d'exiger que le bail ait une date certaine antérieure à la vente, ce qui est logique puisque l'exigence de la date certaine a pour objet la protection de l'acquéreur contre une antidate (cf. Civ. 3e, 20 juillet 1989, *Bull. civ.* 3, n° 169, *J.C.P.* 1989.IV.357, *Rev. trim. dr. civ.* 1990.101, obs. Rémy, *Rep. not.* 1990.494, obs. Vermelle, qui admet implicitement qu'un bail verbal lie l'acquéreur si celui-ci l'a connu avant la vente). La Cour de cassation avait précédemment admis que l'exigence de la date certaine n'était pas d'ordre public (Soc. 15 juillet 1953, *D.* 1953.729, note Léris). Certaines stipulations du bail, marquées par l'*intuitus personae*, ne seraient pas transmises. C'est ce qui a été admis à propos d'un pacte de préférence stipulé dans un bail (Com. 13 février 2007, *J.C.P.* 2007.II.10114).

2. L'article L. 242-1 du Code des assurances décide que le bénéfice de l'assurance de choses conclue par le maître de l'ouvrage est transmis aux propriétaires successifs (cf. Civ. 1re, 8 octobre 1996, *R.J.D.A.* 1997, n° 197). Cependant, il s'agit plutôt d'une cession de la créance éventuelle d'indemnité que d'une cession de contrat, l'obligation de l'assuré quant au paiement de la prime ayant, en principe, été exécutée par le maître de l'ouvrage.

3. De même, il résulte de l'article 1831-3 du Code civil que la cession par le maître de l'ouvrage de ses droits dérivant du contrat de promotion immobilière a pour effet d'investir le cessionnaire de tous les droits et obligations du maître de l'ouvrage envers le promoteur.

c'est-à-dire de l'auteur-cédant et de l'ayant cause-cessionnaire. Au surplus, sauf exception [1], il s'agit d'une cession impérative, c'est-à-dire que l'auteur et l'ayant cause ne pourraient pas décider que les droits et les obligations engendrés par le contrat conclu par le premier ne seraient pas transmis au second. Il s'agit d'une vocation totalement légale de l'ayant cause à succéder aux contrats conclus par son auteur, en ce sens que, même si elle ne correspond pas à l'intérêt de l'ayant cause, le bénéfice et la charge du contrat lui sont de plein droit transmis. Pour autant, l'auteur-cédant n'est pas déchargé de ses obligations envers le cocontractant cédé. Il ne pourrait l'être que si celui-ci y consentait pour accepter comme débiteur le seul cessionnaire [2]. Le maintien de l'obligation du cédant n'est pas contraire aux principes qui régissent la cession de contrat. C'est une chose de se substituer un tiers, en l'occurrence l'ayant cause, dans les obligations engendrées par un contrat, ce qui est réalisé par la cession de contrat, et c'en est une autre que d'être libéré envers le cocontractant cédé. On ne peut être libéré d'une obligation personnelle sans le consentement du créancier. C'est là une différence essentielle de nature entre l'obligation réelle, dont le débiteur est libéré par l'abandon de son droit réel ou la transmission de celui-ci, et l'obligation personnelle [3].

784. – Cession conventionnelle des droits et des obligations dérivant du contrat. Lorsque la cession des droits et des obligations dérivant du contrat conclu par l'auteur n'est pas prévue par la loi, rien n'empêche l'auteur et l'ayant cause de la stipuler dans le contrat en vertu duquel le bien du premier est transmis au second. La liberté des conventions autorise une telle stipulation, laquelle va obéir au droit commun des contrats qui réalisent la transmission d'une créance, d'une dette ou d'un contrat. Lorsqu'il n'apparaît pas à l'évidence que l'intérêt de l'ayant cause est de bénéficier des droits de créance résultant des contrats conclus par son auteur relativement au bien transmis, il y a lieu de procéder ainsi, pour éviter toute contestation ultérieure, au cas où l'auteur prétendrait être demeuré créancier. Ainsi, dans l'hypothèse de la vente d'un fonds de commerce, il peut être conforme à l'intérêt de l'acquéreur du fonds de se faire céder par le vendeur le bénéfice des contrats en vertu desquels celui-ci a commandé des marchandises auprès d'un fournisseur (cf. Paris 23 janvier 1992, *D.* 1992.IR.126, à propos de la cession

---

1. La cession du contrat d'assurance prévue par l'article L. 121-10 du Code des assurances n'est pas impérative, dans la mesure où la loi admet que l'acquéreur peut résilier le contrat d'assurances et échapper aux obligations d'un assuré, ce dont il résulte qu'il n'en aura pas non plus les droits (art. L. 121-10, al. 2 C. assurances).

2. Certaines des dispositions prévoyant la cession du contrat à l'ayant cause précisent même expressément que l'auteur est tenu (cf. art. L. 121-10, al. 3 C. assurances, encore qu'il admette une décharge totale pour les primes à échoir, ce qui est une solution exceptionnelle en matière de cession de contrat ; art. 1831-3, al. 1er C. civ., en ce qui concerne le contrat de promotion immobilière).

3. V. *supra*, n° 782.

d'un contrat de franchise à l'occasion de la cession du fonds de commerce du franchiseur). Toutefois, l'acquéreur du fonds pourrait n'avoir aucun intérêt à bénéficier de la créance de fournitures de ces marchandises. C'est aux parties au contrat de vente de décider s'il doit ou non y avoir cession [1]. Si les marchandises ont été payées par le vendeur, l'acquéreur du fonds sera simplement cessionnaire de la créance de fourniture. Si les marchandises n'ont pas été payées, il peut accepter d'assumer l'obligation d'en payer le prix au fournisseur, auquel cas il y aura cession de contrat. Toutefois, il pourrait en régler le prix au vendeur, qui en fera son affaire dans ses rapports avec le fournisseur et, en ce cas, il y aura simple cession de la créance de fourniture. En fin de compte, la liberté de l'auteur et de l'ayant cause est totale et il leur appartient de décider au mieux de leurs intérêts respectifs. Dans l'hypothèse où les marchandises auraient été livrées à l'auteur par le fournisseur, le contrat conclu entre l'auteur et l'ayant cause pourrait décider de mettre l'obligation de payer le prix à la charge du second, ce qui réaliserait une cession de dette, laquelle ne déchargerait point le cédant de son obligation envers le créancier-cédé [2].

2) *La solution*

a) Le droit positif

785. – Les créances. La jurisprudence n'est pas d'une grande cohérence sur le problème de savoir si l'ayant cause particulier ou à titre particulier est lié par les contrats conclus par son auteur relativement au bien transmis. D'une façon générale, les décisions qui refusent de lier l'ayant cause invoquent l'article 1165 du Code civil. Cependant, il paraît bien que ce texte n'est pas appliqué en la matière avec beaucoup de rigueur, plusieurs décisions ayant admis que l'ayant cause était lié. Si l'on met à part un arrêt de la Chambre des Requêtes du 12 janvier 1937 (*D.H.* 1937.99), qui, pour refuser d'admettre que l'acquéreur d'un fonds de commerce puisse bénéficier des créances nées à l'occasion de l'exploitation du fonds au profit de son auteur en vertu des contrats conclus par celui-ci, a pu utiliser une formulation générale selon laquelle « en dehors des cas exceptionnels pour lesquels il est disposé autrement par des textes spéciaux, l'aliénation d'un bien à titre particulier n'a pas pour effet de transférer à l'acquéreur les droits déjà nés sur la tête du disposant à l'occasion de la jouissance ou de l'exploitation de ce bien et qui ne font pas corps avec lui ou n'affectent pas sa constitution » [3], la plupart des arrêts se gardent d'utiliser des formules de portée générale

---

1. Les parties peuvent exclure toute cession, v. Civ. 3e, 31 janvier 2007, *J.C.P.* 2007.IV.1475, à propos d'un contrat d'entreprise relatif au bien transmis.

2. La cession de dette obéit, sur ce point, au même principe que celui qui régit la cession de contrat.

3. La réserve de la dernière partie de la formule paraît bien viser les droits réels qui augmentent les prérogatives d'un propriétaire. Or, s'agissant d'un droit réel, on sait que le problème ne se pose pas, v. *supra*, n° 782.

(cf. Versailles, 23 mars 1989, *D.* 1989.IR.168, à propos du contrat d'entretien d'un véhicule vendu par son propriétaire).

Les critères proposés par la doctrine pour tenter d'expliquer la jurisprudence ne sont pas sûrs. On a prétendu, en effet, que les créances seraient transmises à l'ayant cause lorsqu'elles seraient des accessoires du bien aliéné et qu'elles ne le seraient pas lorsqu'elles ne pourraient pas être considérées comme des accessoires. Or, il n'y a rien de plus imprécis que cette notion d'accessoire dont on peut avoir une conception plus ou moins extensive. S'il est vrai que la jurisprudence a pu quelquefois faire appel à la notion d'accessoire pour justifier la transmission de la créance résultant du contrat conclu par l'auteur, notamment en ce qui concerne l'action en garantie dont dispose un sous-acquéreur ou le maître de l'ouvrage contre le vendeur originaire, le fabricant ou le constructeur [1], dans d'autres décisions elle se borne à admettre le principe de la transmission, en considérant que l'action de l'ayant cause est nécessairement de nature contractuelle sans autre justification. Ainsi encore, il a été admis que l'obligation de ravalement d'un immeuble assumée par le vendeur envers l'acquéreur d'un lot de copropriété devait être exécutée au profit du sous-acquéreur, auquel la créance de son auteur avait été transmise de plein droit (Civ. 3e, 14 avril 1982, *Bull. civ.* 3, n° 90, *D.* 1982.IR.432, obs. Giverdon, *D.* 1983.IR.481, obs. Larroumet, *Contra,* Civ. 4 décembre 2002, *R.J.D.A.* 2003, n° 126 et Civ. 3e, 15 mars 2006, D. 2006.947. V. aussi, Civ. 1re, 26 mai 1999, *Contrats, conc. consomm.* 1999, n° 153, obs. Leveneur, arrêt selon lequel l'acquéreur d'un chalutier, que le vendeur avait fait réparer, dispose d'une action contractuelle directe contre le réparateur fondée sur l'inexécution d'une obligation de celui-ci, car l'acquéreur jouit de tous les droits et actions attachés à la chose qui appartenait à son auteur. Sur l'affirmation du principe de la transmission à l'ayant cause des actions en responsabilité contractuelle de son auteur, v. Civ. 1re, 21 janvier 2003, *R.J.D.A.* 2003, n° 581, D. 2003.2993, note Bazin-Beust, *Rep. not.* 2003.1172, obs. Aubert) [2]. La notion d'accessoire a aussi été utilisée pour justifier la jurisprudence selon laquelle le sous-acquéreur d'un fonds de commerce doit bénéficier de la clause de

---

1. V. *infra*, n° 790. Il est vrai que l'article 1615 du Code civil admet que les accessoires de la chose sont transmis à l'acheteur. Mais, d'une part, ce texte est propre à la vente. D'autre part, il s'agit toujours de savoir ce que l'on doit entendre par accessoire de la chose vendue. C'est ainsi qu'en ce qui concerne la cession de créance, il est admis que les accessoires de la créance sont transmis, « notamment toutes les actions en justice attachées à la créance » (Civ. 1re, 10 janvier 2006, *Petites Affiches,* 31 octobre 2006, note Mecarelli ; Civ. 1re, 24 octobre 2006, D. 2006.2787 ; Civ. 1re, 19 juin 2007, *J.C.P.* 2007.IV.2538).

2. La Cour de Cassation a admis autrefois que le bénéfice d'une clause d'habitation bourgeoise ne pouvait être invoquée par l'acquéreur d'un immeuble contre le cocontractant de son auteur (Civ. 29 mars 1933, *D.H.*1933.282). La solution n'est pas justifiable sur le fondement de la notion d'accessoire, car la clause est incontestablement un accessoire de la propriété de l'immeuble. Surtout, la clause d'habitation bourgeoise peut être analysée en une servitude, v. *Les biens*, n° 818.

non-concurrence stipulée dans le contrat par lequel le revendeur a acquis la propriété du fonds du vendeur originaire (Lyon 6 novembre 1998, *R.J.D.A.* 2000, n° 7) [1] ou encore la créance d'indemnité d'éviction due au vendeur, sauf clause contraire dans le contrat de cession du fonds de commerce (Civ. 3e, 6 avril 2005, *J.C.P.* 2005.IV.2215).

Cependant, on ne voit pas en quoi la garantie due au profit de l'aliénateur ou la clause de non-concurrence dont il bénéficiait serait accessoire au bien transmis, tandis que ne le seraient pas les créances résultant des contrats de fourniture conclus par le vendeur d'un fonds de commerce (cf. Req. 12 janvier 1937, précité) [2], les créances en réparation d'un dommage subi par le bien aliéné avant son aliénation (cf. Civ. 3e, 25 janvier 1983, *Bull. civ.* 3, n° 26, *Rep. not.* 1983.1168, obs. Aubert ; Civ. 3e, 18 juin 1997, *R.J.D.A.* 1997, n° 1533, *D.A.* 1997.895, *Rev. trim. dr. civ.* 1997.964, obs. Gautier, *Contrats, conc. consomm.* 1997, n° 178, obs. Leveneur, *Rep. not.* 1997.1008, obs. Delebecque, *Rev. trim. dr. civ.* 1998.376, obs. Mestre ; Com. 25 janvier 2000, *R.J.D.A.* 2000, n° 644 ; Civ. 3e, 4 décembre 2002, *D.* 2003.IR.182, *Rep. not.* 2003.245, obs. Libchaber. *Contra,* Civ. 3e, 17 novembre 2004, *Rev. contrats* 2005.347, obs. Libchaber, arrêt selon lequel les actions à fins de dommages-intérêts ne sont pas transmises à l'ayant cause). Il est vrai qu'en ce qui concerne les créances, le vendeur peut encore avoir intérêt à les conserver, malgré

1. Cette solution n'est pas toujours admise en jurisprudence. Ainsi, à propos, il est vrai, d'un locataire-gérant et non pas de l'acquéreur d'un fonds de commerce, la Cour de cassation a décidé, en se fondant sur l'article 1165 du Code civil, qu'il ne pouvait pas bénéficier de la clause de non concurrence stipulée au profit du loueur dès lors que, d'une part, il n'était pas établi que le débiteur de l'obligation de non concurrence avait entendu en faire bénéficier le locataire-gérant et, d'autre part, il ne suffisait pas aux juges du fond de considérer que la clause constituait un accessoire du fonds de commerce (Com. 1er octobre 1996, *R.J.D.A.* 1997, n° 13, *Rev. trim. dr. civ.* 1997.420, obs. Mestre). En revanche, il a été admis que la clause de non concurrence souscrite par le membre d'une profession libérale au profit d'un confrère auquel il avait cédé les éléments constitutifs de son cabinet devait être, sauf clause contraire, présumée comprise parmi les droits transmis par le cessionnaire lorsque, à son tour, il a conclu la même opération avec un autre confrère (Civ. 1re, 3 décembre 1996, *D.A.* 1997.219, *R.J.D.A.* 1997, n° 467, *J.C.P.* 1997.II.22799, note Daigre, *Rep. not.* 1997. 327, obs. Delebecque, *D.* 1997.151, rapport Chartier et note Serra).

2. Il est vrai qu'en ce qui concerne le fonds de commerce, on pourrait faire valoir, pour s'opposer à la transmission des créances et des dettes résultant des contrats conclus par le vendeur pour l'exploitation du fonds que, sauf exception légale, les créances et les dettes ne font pas partie des éléments constitutifs du fonds de commerce (en ce sens, à propos de la créance résultant d'un contrat de distribution conclu par le cédant du fonds, Paris 19 juin 1991, *D.* 1991.IR.204 ; Paris 24 septembre 1991.IR.248 ; Paris 30 juin 1994, *R.J.D.A.* 1995, n° 130 ; Com. 25 janvier 2000, *R.J.D.A.* 2000, n° 644, à propos de la créance de réparation d'un dommage, le cédant restant créancier après la cession du fonds). Cependant, c'est une chose de ne pas comprendre les créances et les dettes relatives à l'exploitation du fonds de commerce dans les éléments de celui-ci. C'en est une autre que de considérer lesdites créances et dettes comme transmises à l'ayant cause particulier au titre de la vocation éventuelle de celui-ci à être lié par les contrats conclus par son auteur pour l'exploitation du fonds. Or, se fondant sur une interprétation des volontés des parties à une cession de fonds de commerce, les juges ont pu admettre la transmission d'une obligation contractuelle du cédant au cessionnaire (cf. Civ. 1re, 4 juillet 1995, *Contrats, conc., consomm.* 1995, n° 198, obs. Leveneur, *Rep. not.* 1995. 1299, obs. Honorat, *J.C.P.* 1996.II.22623, note Leveneur, *Rev. trim. dr. civ.* 1996.416, obs. Gautier, à propos d'une obligation de garantie des vices cachés née d'une vente conclue par le cédant avec un tiers).

l'aliénation du bien. Il en va de même, en matière de cession légale de contrat (cf. art. 1743 C. civ.), lorsqu'il s'agit des manquements du cocontractant antérieur à la cession (V. Civ. 3e, 2 octobre 2002, D. 2003. Somm. 731, obs. Damas, à propos de la cession légale du bail de l'immeuble vendu en cours de location, v. *infra* n° 787). Les actions en justice intentées par l'aliénateur avant l'aliénation (Paris 25 mars 1993, *D.* 1993.IR.148 ; Civ. 2e, 22 mars 2007, D. 2007.1087, *J.C.P.* 2007.IV.1855) ne sont pas transmises. Il en va de même en de qui concerne l'appartenance à une association de chasse agréée par l'aliénateur d'un immeuble inclus dans le domaine d'intervention de cette association (Civ. 3e, 26 février 2000, *D.* 2000.IR.81, l'arrêt décidant que les ayants cause à titre particulier d'un propriétaire, titulaire d'un droit de chasse par suite de l'apport de ses terres à une association de chasse agréée, ne figurent pas parmi les bénéficiaires pouvant être admis comme membres de l'association par application de l'art. L. 222-9 C. rur.). En fin de compte, la jurisprudence paraît assez incohérente. Il est très difficile de s'en tenir au principe de l'effet relatif des contrats et de lui faire subir des entorses qui sont difficilement justifiables, si on n'admet pas une vocation de l'ayant cause à bénéficier des contrats conclus par son auteur.

786. – Les obligations. En ce qui concerne, non plus les créances, mais les obligations engendrées à l'encontre de l'auteur par les contrats qu'il a conclus relativement au bien aliéné, il se pourrait que la jurisprudence soit plus cohérente. En effet, elle s'en tient le plus souvent au principe de leur intransmissibilité, sans doute influencée, d'une part, par l'hostilité à la transmission des dettes qui caractérise encore de nos jours la position de nombreux juristes français et, d'autre part, par la considération selon laquelle il est difficile d'envisager une transmission de plein droit des dettes à l'ayant cause, cette transmission devant reposer sur son acceptation de prendre à sa charge la dette d'autrui, en l'occurrence celle de son auteur.

Le principe de l'intransmissibilité a été affirmé par un arrêt de la Chambre civile de la Cour de cassation du 15 janvier 1918 (*D.P.* 1918.1.17) selon lequel « l'ayant cause à titre particulier n'est pas de plein droit et comme tel directement tenu des obligations personnelles de son auteur, ce principe s'appliquant même aux conventions que ce dernier aurait passées par rapport à la chose formant l'objet de la transmission, à moins qu'elles n'aient eu pour effet de restreindre ou de modifier le droit transmis » [1]. Le plus souvent, les arrêts se tiennent au principe de l'intransmissibilité (cf. Civ. 3e, 16 novembre 1988, *D.* 1989.157, note Malaurie, *Rev. trim. dr. civ.* 1989.577, obs. Zénati). Ainsi, le propriétaire qui vend son immeuble donné à bail reste tenu envers le preneur des réparations qu'il devait effectuer, celles-ci ne pou-

1. La réserve de la dernière partie de la formule pourrait bien ne concerner que les obligations réelles, dont l'objet est justement de restreindre les prérogatives du droit réel transmis, v. *supra*, n° 782.

vant être mises à la charge de l'acquéreur (Civ. 3e, 9 juillet 1970, *J.C.P.* 1971.II.16745, note Mourgeon. V. aussi, Civ. 3e, 15 décembre 1999, *D.* 2000.A.J.123, obs. Rouquet, *Rev. trim. dr. civ.* 2000.351, obs. Gautier, à propos d'une indemnité d'éviction du locataire ne pesant que sur le vendeur de l'immeuble). Le sous-acquéreur n'est pas tenu de payer le prix de vente dû par son vendeur au vendeur originaire (Com. 4 nov. 1965, *Bull. civ.* 4, n° 556). L'acquéreur d'un immeuble n'est pas obligé envers un cocontractant de son vendeur auquel celui-ci avait promis la réparation d'un dommage causé par l'immeuble, alors que pourtant il avait été stipulé à la vente que l'acquéreur serait tenu envers le cocontractant du vendeur (Civ. 1re, 6 juin 1966, *D.* 1966.484, note Voulet). L'acquéreur d'un immeuble n'est point lié par la promesse de bail conclue par son vendeur et il ne saurait être tenu de l'accepter, l'inexécution de la promesse par le vendeur ne pouvant donner lieu qu'à des dommages-intérêts au profit des bénéficiaires (Civ. 3e, 16 novembre 1988, *D.* 1989.157, note Malaurie, *Rev. trim. dr. civ.* 1989.577, note Zénati). L'adjudicataire d'un immeuble sur saisie n'est pas tenu de l'obligation contractée par son auteur, le propriétaire de l'immeuble saisi, de transférer la propriété d'un appartement dans l'immeuble à titre de dation en paiement, l'immeuble ayant été acquis contre remise au vendeur originaire de locaux à construire (Civ. 2e, 9 janvier 1991, *J.C.P.* 1992.II.21846, note Steinmetz, *Rev. trim. dr. civ.* 1992. 134, obs. Gautier). Le successeur d'un office de notaire n'est pas tenu de la responsabilité professionnelle de son auteur (Paris 24 mars 1992, *Rep. not.* 1993.1141, note Forgeard). Le cessionnaire de parts sociales ne succède pas de plein droit aux obligations personnelles du cédant, en l'occurrence un engagement de caution (Com. 1er avril 1997, *R.J.D.A.* 1997, n° 1048). Le cessionnaire d'un fonds de commerce n'est pas tenu de plein droit et en l'absence de cession de l'obligation de non concurrence assumée par le cédant (Paris 14 juin 1993, *J.C.P.* 1994, éd. E. Pan. 302), l'arrêt précisant que les créances et les dettes résultant des contrats conclus pour l'exploitation du fonds ne font pas partie de celui-ci (v. aussi, dans le même sens, Com. 1er avril 1997, *Bull. civ.* 4, n° 89, *J.C.P.* 1997.IV.1146, *D.* 1998. Somm. 111, obs. Libchaber, *Rev. trim. dr. civ.* 1998.135, obs. Derruppé, *Rev. trim. dr. civ.* 1998.375, obs. Mestre). L'acquéreur d'un fonds de commerce n'est pas tenu de plein droit des obligations résultant d'un contrat conclu par son vendeur pour l'exploitation du fonds (Com. 24 juin 1997, *R.J.D.A.* 1997, n° 1334, *Rep. not.* 1998.345, obs. Mazeaud, *Rev. trim. dr. civ.* 1998.376, obs. Mestre ; Com. 3 juin 1998, *R.J.D.A.* 1998, n° 1178, à propos d'une clause d'approvisionnement exclusif). Lorsque des colotis ont accepté des restrictions à leurs droits, qui constituent des obligations personnelles et non pas des servitudes, elles ne s'imposent pas à l'acquéreur d'un lot qui n'y a pas consenti (Civ. 3e, 23 janvier 2002, *R.J.D.A.* 2002, n° 623).

Cependant, des arrêts ont admis parfois la transmissibilité de la dette de l'auteur à l'ayant cause, en ce qui concerne l'obligation de non concurrence (cf. Rouen 28 novembre 1925, *D.* 1927.2.172, note Lepargneur, S.1925.2.125) [1], la clause d'exclusivité d'approvisionnement qui liait le vendeur d'un fonds de commerce (Req. 17 février 1931, *Gaz. Pal.* 1931.1.663) ou encore, les obligations résultant d'un contrat de chauffage conclu par une S.C.I. à laquelle ont succédé des copropriétaires (Civ. 3e, 18 juin 2003, *R.J.D.A.* 2003, n° 911).Ces décisions sont difficilement justifiables à l'égard de l'article 1165 du Code civil. Les arrêts ne font plus ici allusion à la notion d'accessoire, laquelle ne paraît pas en harmonie avec la charge d'une obligation personnelle qui repose sur la volonté du débiteur. La transmission de la dette à l'ayant cause ne paraît possible que si on admet sa vocation à être lié par les contrats conclus par son auteur, ce qui suppose que l'article 1165 ne lui est pas applicable.

b) Solution envisageable

787. – Les créances. A la lumière des données du problème qui ont été précédemment dégagées, il n'est pas impossible d'admettre une vocation de l'ayant cause particulier ou à titre particulier à être lié par les contrats conclus par son auteur [2], ce qui doit avoir pour conséquence de le faire échapper à l'article 1165 du Code civil. Cependant, cette vocation n'a rien à voir avec celle de l'ayant cause universel. Tandis que celle du second est fondée sur la nécessité d'assurer une continuité patrimoniale, ce dont il résulte qu'elle ne s'explique qu'à travers le principe de la continuation de l'auteur par l'ayant cause, le principe jouant même si l'ayant cause n'y a pas intérêt, celle du premier est fondée sur son intérêt, à condition qu'il ne soit pas en opposition avec celui de son auteur.

En effet, en ce qui concerne les créances résultant des contrats conclus par l'auteur, il faut admettre que l'ayant cause à titre particulier doit en bénéficier, en vertu d'une transmission implicite, s'il est conforme à son intérêt de devenir créancier à la place de son auteur et à condition que l'auteur n'ait pas intérêt à continuer à être créancier de son cocontractant. Ainsi, lorsqu'une chose est aliénée par celui qui l'avait précédemment acquise, il est conforme à l'intérêt de l'acquéreur de bénéficier de l'obligation de conformité ou de garantie due par le vendeur originaire envers son acquéreur immédiat. Celui-ci, parce qu'il n'a plus de droit sur la chose, n'a plus intérêt à invoquer la garantie de son propre vendeur, sauf son recours contre lui, si sa garantie est mise en jeu par le sous-acquéreur auquel il a aliéné la chose. Mais, en ce cas, le vendeur intermédiaire sera subrogé dans les droits du sous-acquéreur contre le vendeur originaire [3]. Ainsi encore, l'acqué-

1. La motivation de cet arrêt est tout à fait contestable, en ce qu'elle est fondée sur l'existence d'une obligation réelle, ce qui ne saurait être en ce qui concerne une chose incorporelle, puisqu'il s'agissait de la vente d'un fonds de commerce, le vendeur étant lié par une clause de non-concurrence envers un tiers.

2. Sur ces données, v. *supra*, n° 781 et s.

3. V. *supra*, note 1, p. 920.

reur d'un fonds de commerce a intérêt à invoquer une clause de non-concurrence stipulée au profit de son vendeur, lequel n'a plus d'intérêt à en bénéficier une fois qu'il a aliéné le fonds. En revanche, l'acquéreur n'a pas nécessairement intérêt à invoquer les créances résultant des contrats de fourniture conclus par le vendeur du fonds de commerce. Au contraire, son intérêt peut être de s'approvisionner auprès d'autres fournisseurs.

Cependant, il ne suffit pas que l'ayant cause ait intérêt à bénéficier d'une créance résultant d'un contrat conclu par son auteur pour que cette créance lui soit implicitement transmise. Encore faut-il que l'auteur n'ait plus intérêt à demeurer créancier de son cocontractant. Si l'auteur a encore intérêt à invoquer le droit de créance qui est né à son profit, il convient de ne pas admettre la transmission de ce droit à l'ayant cause. Ainsi, il n'y a pas de raison de faire bénéficier l'ayant cause de la créance de réparation contre un cocontractant de l'auteur qui a intérêt à la faire valoir. En d'autres termes, l'ayant cause n'est pas seul juge de son intérêt. Lorsqu'il est en conflit avec son auteur qui peut encore avoir intérêt à demeurer créancier, il convient de considérer que la transmission implicite n'a pas lieu au profit de l'ayant cause. Il n'y aurait place que pour une transmission expresse de la créance. Ce critère de l'intérêt rejoint celui de l'*intuitu rei*, qui est proposé par certains auteurs. Il en diffère en ce qu'il n'assure pas une transmission de plein droit chaque fois qu'une créance est née en considération d'un bien. Au demeurant, même si l'intérêt de l'ayant cause paraît évident, il est toujours possible d'écarter la transmission de la créance par une stipulation appropriée du contrat en vertu duquel le bien est transmis à l'ayant cause [1].

Toutefois, dans les cas où la loi admet une cession légale et impérative à l'ayant cause du contrat conclu par son auteur, la vocation de l'ayant cause à être ainsi lié par le contrat n'est pas nécessairement fondée sur son intérêt [2]. Pour assurer cette vocation, le législateur se fonde sur d'autres considérations qui tiennent à l'intérêt du cocontractant de l'auteur. Même lorsqu'on doit admettre une vocation de l'ayant cause fondée sur son intérêt, celle-ci peut être écartée par une stipulation appropriée du contrat qui a fait naître la créance au profit de l'auteur, si le cocontractant de celui-ci entend ne pas être lié envers un éventuel ayant cause de son créancier. Par exemple, il doit être possible dans le contrat ayant pour objet la vente d'un fonds

1. L'intérêt de l'ayant cause particulier à bénéficier des droits de son auteur relatifs au bien transmis ne concerne pas exclusivement les créances provenant des contrats relatifs au bien et il peut exister aussi bien pour des droits qui ne sont pas d'origine contractuelle et résultent, par exemple, d'une décision de justice (cf. Lyon, 15 février 1989, *D.* 1989.IR.83, à propos du droit de l'acquéreur d'un immeuble de se prévaloir d'une décision d'expulsion du locataire prononcée sur la demande et au profit du bailleur-vendeur).

2. V. *supra*, n° 785, en ce qui concerne les hypothèses de cession légale et impérative du contrat conclu par l'auteur.

de commerce de stipuler que le vendeur n'assumera une obligation de non concurrence qu'envers l'acquéreur à l'exclusion d'un sous-acquéreur, à condition toutefois que l'obligation soit effective, car, si le fonds devait être immédiatement revendu, l'obligation du vendeur initial serait inexistante.

788. – Les obligations. En ce qui concerne les obligations résultant des contrats conclus par l'auteur, il faut distinguer selon qu'elles sont ou non la contrepartie du droit que l'ayant cause a intérêt à invoquer à l'exclusion de son auteur. En effet, lorsque ces obligations ont été engendrées par un contrat synallagmatique, il ne paraît pas possible de permettre à l'ayant cause d'invoquer les droits sans être tenu des obligations corrélatives. Ce serait réaliser une dissociation entre les droits et les obligations qui n'est pas compatible avec leur interdépendance au sein du contrat qui les a engendrées. Par conséquent, si l'ayant cause n'entend point être tenu des obligations, il ne sera pas investi des droits de créance. Mais, dans le cas où il accepterait, parce que c'est conforme à son intérêt, de bénéficier des droits, il devra être tenu des obligations, ce qui réalise une cession implicite de contrat (cf. Paris 14 juin 1993, *J.C.P.* 1994, éd. E. Pan. 302, à propos des contrats conclus pour l'exploitation d'un fonds de commerce). Toutefois, l'auteur ne serait pas pour autant déchargé des obligations envers son cocontractant (cf. Com. 27 janvier 1998, *D.A.* 1998.411, *R.J.D.A.* 1998, n° 718, *Rev. trim. dr. civ.* 1998, n° 401, obs. Gautier, arrêt selon lequel, même lorsque les dettes liées à l'exploitation d'un fonds de commerce sont transmises à la société en cas d'apport en société du fonds de commerce, l'apporteur n'est pas de plein droit déchargé de ces dettes). Il faudrait pour cela que celui-ci y consente, ce qui est conforme aux principes qui régissent la cession de contrat, dans la mesure où un créancier ne peut perdre son débiteur initial sans y consentir.

Si le contrat relatif au bien transmis a fait naître simplement une obligation à la charge de l'auteur, sans le rendre créancier ou encore si le contrat était synallagmatique et que le cocontractant de l'auteur avait exécuté son obligation envers celui-ci qui n'aurait pas encore exécuté la sienne, il ne serait pas conforme à l'intérêt de l'ayant cause de mettre l'obligation à sa charge, s'il ne l'a pas acceptée expressément dans une stipulation du contrat en vertu duquel le bien lui est transmis. En effet, autant il ne paraît pas admissible de lui transférer les droits sans le charger des obligations, autant il serait peu conforme à son intérêt de le charger implicitement des obligations en l'absence de droit en contrepartie. Il convient de ne pas perdre de vue que la vocation de l'ayant cause est fondée sur son intérêt, lorsque celui-ci n'est pas incompatible avec celui de son auteur. Or, on n'a jamais intérêt à être débiteur en vertu d'un contrat si on ne l'a pas voulu.

En fin de compte, on doit admettre une vocation de l'ayant cause particulier ou à titre particulier à être lié par les contrats conclus par son auteur en ce qui concerne le bien transmis. Cependant, d'une part, cette vocation n'a rien à voir avec celle de l'ayant cause universel ou à titre universel. D'autre part, la vocation de l'ayant cause à titre particulier n'a pas pour effet d'effacer la différence radicale de nature entre le droit réel ou l'obligation réelle et le droit personnel ou l'obligation personnelle. En effet, le droit et l'obligation réels sont de plein droit transmissibles à l'ayant cause, quel que soit son intérêt et même si c'est contraire à son intérêt. Au surplus, par la transmission à l'ayant cause, l'auteur n'est plus investi du droit réel et il n'est plus tenu de l'obligation réelle qui est la contrepartie d'un droit réel au profit d'autrui. Au contraire, la transmission du droit personnel est fondée sur le seul intérêt de l'ayant cause, celui-ci n'étant tenu de l'obligation que s'il entend profiter du droit, ce qu'il peut refuser. Quant à l'auteur, il reste tenu de l'obligation personnelle, si son créancier ne consent point à le libérer.

§ 2. Le principe de l'effet relatif des contrats et les groupes de contrats [1]

789. – La responsabilité dans les groupes de contrats. La jurisprudence admet que l'inexécution de son obligation contractuelle par le débiteur permet de retenir sa responsabilité extra-contractuelle envers un tiers qui éprouve un préjudice en raison de cette inexécution [2]. Cependant, on s'est demandé s'il n'était pas préférable, du

1. *Bibliographie* : HUET, *Responsabilité délictuelle et responsabilité contractuelle,* thèse, Paris, 1978 ; NERET, *Le sous-contrat,* 1979 ; MALINVAUD, L'action directe du maître de l'ouvrage, contre les fabricants et fournisseurs de matériaux et composants, *D.* 1984. Chron. 41 ; TEYSSIE, *Les groupes de contrats,* 1975 ; LARROUMET, L'action de nature nécessairement contractuelle et la responsabilité civile dans les ensembles contractuels, *J.C.P.* 1988.I.3357 ; VINEY, L'action en responsabilité entre participants à une chaîne de contrats, *Mélanges Holleaux*, p. 399 ; DELEBECQUE, La notion de groupe de contrats : quels critères ?, *Cahiers dr. entreprise,* 1989, n°4, p. 25 ; LARROUMET, L'effet relatif des contrats et la négation de l'existence d'une action en responsabilité contractuelle dans les ensembles contractuels, *J.C.P.* 1991.I.3531 ; JAMIN, Une restauration de l'effet relatif des contrats, *D.* 1991. Chron. 257 ; JOURDAIN, La nature de la responsabilité civile dans les chaînes de contrats après l'arrêt de l'Assemblée plénière du 12 juillet 1991, *D.* 1992. Chron. 149 ; ROULET, Opérations de sous-traitance et responsabilité, *Petites Affiches* 14 juin 1993 ; LEVENEUR, Ombres et lumières sur les actions directes dans les chaînes de contrats, *Contrats conc. consomm.* 1993. Chron. 5 ; FIECHTER-BOULVARD, *La transmission de l'engagement dans les contrats en chaîne,* thèse, Grenoble, 1992 ; BACACHE, *La relativité des conventions et les groupes de contrats,* 1996 ; LEBORGNE, *L'action en responsabilité dans les groupes de contrats : étude de droit interne et de droit international privé,* thèse, Grenoble, 1995 ; JOURDAIN, La responsabilité civile dans les groupes de contrats, *in Les obligations en droit français et en droit belge,* 1994, p. 93 ; BOUBLI, Transfert de propriété et responsabilité dans les groupes de contrats : à propos de Civ. 1re, 12 juillet 1992, *Rev. dr. immob.* 1992.27 ; LISANTI-KALCZYNSKI, L'action directe dans les chaînes de contrats ? Plus des dix ans après l'arrêt Besse, *J.C.P.* 2003.I.102 ; LARONDE-CLERAC, La nature toujours controversée de la responsabilité dans les chaînes de contrats, *Contrats, conc. consomm.* 2003 chron. 6 ; LACOUR, Plaidoyer pour la défense du maillon faible : l'avenir contesté de l'action directe dans les chaînes de contrats, *Petites Affiches* 9 juin 2005 ; PUIG, Faut-il supprimer l'action directe dans les chaînes de contrats ?, *Mélanges Calais-Auloy*, p. 913 ; MAINGUY, L'actualité des actions directes dans les chaînes de contrats, *Mélanges Béguin*, p. 449.

2. V. *supra*, n° 749 et s.

moins dans certaines situations, de retenir la responsabilité contractuelle du débiteur envers le tiers. La question s'est posée à plusieurs points de vue et elle a fait l'objet de développements en droit positif en plusieurs étapes, avec des retours en arrière.

790. – Extension de la responsabilité contractuelle : responsabilité du fabricant envers un sous-acquéreur ou du fournisseur de matériau envers le maître de l'ouvrage. Parce que le maître de l'ouvrage est un tiers par rapport au contrat conclu par l'entrepreneur avec un fournisseur de matériau, de la même façon que le sous-acquéreur est un tiers par rapport au contrat de vente conclu par son propre vendeur avec un vendeur originaire ou le fabricant, la jurisprudence traditionnelle avait admis que la responsabilité du fournisseur de matériau envers le maître de l'ouvrage ou bien celle du vendeur originaire ou encore du fabricant envers un sous-acquéreur était de nature extra-contractuelle lorsque le maître de l'ouvrage ou le sous-acquéreur était victime d'un dommage résultant, en particulier d'un vice du matériau ou de la chose vendue (cf. Com. 3e, 19 juin 1984, *Bull. civ.* 3, n° 120, *Rev. trim. dr. civ.* 1985.407, obs. Rémy, à propos d'un maître de l'ouvrage ; Com. 26 juin 1978, *Bull. civ.* 4, n° 177 à propos d'un sous-acquéreur. V. aussi, Paris 27 janvier 1993, *D.* 1993.IR.166).

Cependant, en ce qui concerne, d'abord, la responsabilité du fabricant ou d'un vendeur originaire envers le sous-acquéreur, de nombreuses décisions avaient admis depuis longtemps que le premier était responsable envers le second en application des principes gouvernant la responsabilité contractuelle. Il y avait donc une divergence de solutions d'autant plus regrettable que, selon son intérêt, le sous-acquéreur pouvait se placer soit sur le terrain contractuel, soit sur le terrain extra-contractuel, ce qui était contraire au principe du non-cumul des deux responsabilités, lequel interdit toute option entre l'une et l'autre [1]. Mais, la Cour de cassation a fini par adopter une attitude cohérente, en ce qu'elle a considéré que l'action du sous-acquéreur contre le fabricant ou le vendeur originaire était nécessairement de nature contractuelle (cf. Civ. 1re, 9 octobre 1979, *D.* 1980.IR.222, obs. Larroumet, *Rev. trim. dr. civ.* 1980.354, obs. Durry ; Com. 4 novembre 1982 *J.C.P.*, 1983.IV.28 ; Civ. 1re, 4 mars 1986, *J.C.P.*, 1986.IV.140 ; Civ. 3e, 10 mai 1990, *J.C.P.*, 1990.IV.258 ; Civ. 1re, 21 janvier 2003, *R.J.D.A.* 2003, n° 581), ce qui prohibe le recours à la responsabilité extra-contractuelle [2].

---

1. Sur le principe du non cumul des responsabilités, v. Baccache Gibeili, *Les obligations, La responsabilité civile extracontractuelle.*

2. La nature contractuelle de la responsabilité du vendeur originaire envers un sous-acquéreur en cas de ventes successives a été consacrée essentiellement à propos de la garantie des vices cachés des articles 1641 et suivants du Code civil ou de la non-conformité (cf. en particulier, Civ. 3e, 8 juillet 1992, *J.C.P.* 1992.IV.2652 ; Com. 4 mai 1993, *R.J.D.A.* 1994, n° 15). Cependant, elle peut être étendue à d'autres obligations du vendeur et, en particulier, à l'obligation de sécurité, qui est distincte de la garantie des

Ensuite, en ce qui concerne la responsabilité du fabricant ou fournisseur de matériau envers le maître de l'ouvrage, après avoir envisagé pendant longtemps l'action de ce dernier sur le seul terrain extra-contractuel, la jurisprudence a fini par admettre la même solution que pour le sous-acquéreur, c'est-à-dire que l'action en responsabilité est nécessairement de nature contractuelle (cf. Civ. 1re, 29 mai 1984, *J.C.P.*, 1985.II.20387, note Malinvaud, *D.* 1985.213, note Bénabent, *Rev. trim. dr. civ.* 1985.407, obs. Rémy, 1985.588, obs. Huet ; Ass. Plen., 7 février 1986, *J.C.P.*, 1986.II.20616, note Malinvaud, *D.* 1986.293, note Bénabent, *Rev. trim. dr. civ.* 1986.364, obs. Huet, 595, obs. Mestre et 605, obs. Rémy ; Civ. 1re, 21 juin 1988 *D.* 1988.IR.169 *J.C.P.*, 1988.IV.311 ; Civ. 3e, 10 mai 1990, *J.C.P.*, 1990.IV.258 ; Civ. 3e 30 octobre 1991, *Contrats, conc., consomm.* 1992, n° 25, obs. Leveneur, *J.C.P.* 1992.I.3570, obs. Jamin, *J.C.P.* 1992.I.3572, obs. Viney ; Civ. 3e, 14 novembre 1991, *D.* 1992.IR.2, *J.C.P.* 1992.I.3608, obs. Jamin, *Bull. civ.* 3, n° 271 ; Com. 10 décembre 1991, *Contrats, conc., consomm.* 1992, n° 47, obs. Leveneur ; Civ. 3e, 26 mai 1992, *R.J.D.A.* 1992, n° 1012, *J.C.P.* 1992.I.3608, obs. Jamin, *J.C.P.* 1992.I.3625, obs. Viney, *Rev. dr. immob.* 1993. 515, obs. Malinvaud et Boubli ; Civ. 1re, 23 juin 1993, *Contrats, conc., consomm.* 1993, n° 190, obs. Leveneur, *Rev. dr. immob.* 1993. 515, obs. Malinvaud et Boubli ; Com. 2 mars 1999, *R.J.D.A.* 1999, n° 519 ; Aix-en-Provence 1er mars 1993, *J.C.P.* 1993.IV.2564 ; Civ. 3e, 14 février 1996, *R.J.D.A.* 1996, n° 1176 ; Civ. 1re, 22 février 2000, *Contrats, conc. consomm.* 2000, n° 91, obs. Leveneur, à propos d'une action en responsabilité pour non conformité ; Civ. 3e, 28 mars 2001, *Contrats, conc. consomm.* 2001, n° 118, obs. Leveneur, à propos d'une action en garantie) [1].

(Suite de la note 2, p. 946) vices cachés (cf. Civ. 1re, 27 janvier 1993, *Bull. civ.* 1, n° 44, *Rev. trim. dr. civ.* 1993. 592, obs. Jourdain). Dans la mesure où la responsabilité du vendeur envers un sous-acquéreur est fondée sur une transmission du bénéfice de la garantie au sous-acquéreur par l'acheteur intermédiaire il n'y a pas de raison de limiter cette transmission à la seule réparation des dommages résultant du défaut de sécurité ou du vice caché et l'action en résolution doit être également transmise au sous-acquéreur (Com. 17 mai 1982, *Bull. civ.* 4, n° 182, *D.* 1983.IR.479, obs. Larroumet, *Rev. trim. dr. civ.* 1983. 135, obs. Durry ; Civ. 1re, 27 janvier 1993, *Bull. civ.* 1, n° 45, *J.C.P.* 1993.I.3684, obs. Ghestin, *Contrats, conc., consomm.* 1993, Chron. 5, par Leveneur, *D.* 1994. Somm. 238, obs. Tournafond. Comparer, Paris 15 novembre 1988, *J.C.P.* 1990, éd. E.II.15670, note Larroumet).

1. Après avoir refusé de l'admettre (cf. Civ. 3e, 7 mai 1986, *D.* 1987.257, note Benabent, *Rev. trim. dr. civ.* 1987.361, obs. Rémy), la jurisprudence a étendu le bénéfice de l'action contractuelle du maître de l'ouvrage contre le constructeur au sous-acquéreur qui tient ses droits sur l'immeuble du maître de l'ouvrage (cf. Civ. 3e, 26 mai 1992, *R.J.D.A.* 1992, n° 701 ; Civ. 3e, 8 février 1995, *R.J.D.A.* 1995, n° 569 ; Civ. 3e, 8 octobre 1997, *R.J.D.A.* 1997, n° 1483 ; Civ. 3e, 9 juin 1999, *D.A.* 1999.1172). Ici encore, la solution est légitime dès lors qu'on considère que l'action bénéficie aux acquéreurs successifs par voie de transmission.

790 *bis.* – Justification. Comment un tiers à un contrat, ici le maître de l'ouvrage ou le sous-acquéreur, peut-il se prévaloir de la responsabilité contractuelle du débiteur en vertu de ce contrat, lorsqu'il subit un préjudice en raison de l'inexécution ou de l'exécution défectueuse de l'obligation qui incombe à ce débiteur ? L'opposabilité du contrat aux tiers ne saurait justifier cette solution, puisqu'il s'agit de faire naître une créance contractuelle au profit du tiers. Dès lors, la jurisprudence ne viole-t-elle pas ouvertement le principe affirmé à l'article 1165 du Code civil alors que celui-ci eut été sauf si on avait reconnu au sous-acquéreur ou au maître de l'ouvrage une action en responsabilité extra-contractuelle fondée sur le fait que l'inexécution de son obligation par le fabricant ou le fournisseur de matériau constituait en même temps un fait générateur de responsabilité délictuelle envers un tiers ?

L'intérêt d'attribuer au maître de l'ouvrage et au sous-acquéreur une action de nature contractuelle est de soumettre au même régime juridique la sanction de l'inexécution de son obligation par le fournisseur de matériau ou le fabricant aussi bien envers son créancier contractuel immédiat, l'entrepreneur ou l'acquéreur intermédiaire, qu'envers le maître de l'ouvrage ou le sous-acquéreur. Si ce régime est impérativement prévu par la loi, il sera identique. S'il a été contractuellement aménagé par le contrat de vente initial, cet aménagement s'imposera au sous-acquéreur ou au maître de l'ouvrage, encore que l'identité de régime pose des problèmes lorsque le sous-acquéreur, par exemple par ce qu'il est un consommateur, bénéficie d'une protection particulière (cf. notre chronique, *J.C.P.*, 1988.I.3357). Cependant, il ne suffit pas de considérer une solution comme opportune, laquelle, au demeurant, est relative et non pas admise unanimement, pour la légitimer juridiquement. Au-delà de l'opportunité éventuelle, il faut justifier la solution.

En réalité, il faut bien voir qu'il est impossible d'attribuer une action en responsabilité contractuelle au sous-acquéreur ou au maître de l'ouvrage si on doit encore le considérer comme un tiers. Il y a une incompatibilité radicale entre la qualité de tiers et la voie contractuelle. Si le sous-acquéreur ou le maître de l'ouvrage dispose d'une action nécessairement contractuelle contre le fabricant ou le fournisseur de matériau, c'est qu'il n'est pas un tiers. Au demeurant, c'est aussi la raison pour laquelle on ne peut lui accorder en même temps une action extra-contractuelle. Ou bien il est un tiers et il ne pourrait alors recourir qu'à la responsabilité extra-contractuelle. Ou bien il n'est pas un tiers et il n'y a que la voie contractuelle.

Il reste encore à déterminer pourquoi le sous-acquéreur ou le maître de l'ouvrage n'est pas un tiers par rapport au contrat conclu par le fabricant avec le premier acquéreur ou par le fournisseur des matériaux avec le constructeur. La raison tient à ce qu'il ne s'agit pas d'un *penitus extraneus* mais d'un ayant cause du premier acquéreur ou du constructeur. Or, on sait que, dans certaines hypothèses, l'ayant cause particulier devient créancier en vertu des contrats conclus par son auteur [1]. La situation du sous-acquéreur ou celle du maître de l'ouvrage correspond à l'une de ces hypothèses (cf. Paris 22 mai 1987, *D.* 1987.IR.147, qui affirme très justement que les ayants cause particuliers d'une société coopérative, maître de l'ouvrage, sont, en qualité de propriétaires actuels de l'immeuble, recevables à exercer toutes les actions de leur auteur à l'encontre des locateurs d'ouvrage qui ont procédé à l'édification de l'immeuble. V. aussi, Civ. 3e, 8 février 1995, *R.J.D.A.* 1995, n° 569. Comparer, Civ. 3e, 6 décembre 1989, *J.C.P.*, 1990.IV.44, *Bull. civ.*, n° 229, *Rev. trim. dr. civ.* 1990.288, obs. Jourdain ; Civ. 3e, 13 décembre 1989, *Bull. civ.* 3, n° 235, *D.* 1990.IR.11, *J.C.P.*, 1990.IV.66, *Rev. trim. dr. civ.* 1990.289, obs. Jourdain). En réalité, l'obligation de garantie ou de conformité due par le fabricant ou le fournisseur de matériau ne présente normalement d'intérêt que pour celui qui est investi d'un droit sur la chose au moment où son inexécution vient à se manifester par la survenance d'un dommage éprouvé par le sous-acquéreur ou le maître de l'ouvrage [2].

En fin de compte, l'action en exécution de l'obligation contractuelle assurée par le fabricant est transmise par le premier acquéreur à celui auquel il aliène la chose et ainsi de suite jusqu'au dernier acquéreur [3]. Au demeurant, la solution n'est pas propre à l'action en responsabilité et le sous-acquéreur doit pouvoir intenter toutes les actions contractuelles de son auteur sanctionnant l'inexécution de ses obligations par le fabricant (cf. Civ. 1re, 4 mars 1997, *Contrats, conc. consomm.* 1997, n° 93, obs. Leveneur, *Rep. not.* 1997.1343, obs. Mazeaud, *Petites Affiches* 19 septembre 1997, note Mouloungui, à propos de la résolution de la vente originaire sur la demande du sous-acquéreur. Comparer, Paris, 15 novembre 1988, *J.C.P.*, 1989.II.21251, note Larroumet) [4]. De la même façon, les actions contractuelles en garantie sont transmises par le constructeur au maître de l'ouvrage qui les transmettra à son tour à

1. V. *supra*, n° 778 et s.

2. Se fondant sur une interprétation littérale de la Convention de Vienne du 11 avril 1980 relative à la vente internationale de marchandises, la Cour de cassation refuse de l'appliquer dans les rapports entre un sous-acquéreur et le vendeur originaire de la marchandise (Civ. 1re, 5 janvier 1999, *D.* 1999.383, note Witz). C'est une solution contestable. En effet, si les droits du sous-acquéreur contre le vendeur originaire sont fondés sur une transmission, cette solution s'impose aussi bien en droit international, les droits du vendeur originaire dérivant de la Convention de Vienne étant nécessairement transmis au sous-acquéreur, du moins dans la conception française.

3. Des décisions ont refusé d'admettre cette solution en ce qui concerne les dommages causés par les médicaments, la responsabilité du fabricant envers le consommateur étant alors considérée comme étant de nature délictuelle (cf. Versailles 25 juin 1992, *D.* 1995. Somm. 255, obs. Storck). On a prétendu, en effet, que la transmission du bénéfice de l'action ne serait pas possible dans cette situation. Cependant, il n'est pas certain que les obstacles techniques invoqués soient dirimants, sans compter que, depuis l'introduction en droit français de la directive européenne du 25 juillet 1985 relative à la responsabilité du fait des produits défectueux, la responsabilité du fabricant est identique envers les tiers et envers les créanciers contractuels (art. 1386-1 C. civ.).

4. La clause compromissoire est transmise aussi dans les chaînes de contrats (V. Civ. 1re, 6 février 2001, *D.* 2001. Somm. 1135, obs. Delebecque).

celui auquel il aliénera l'immeuble et ainsi de suite [1]. Lorsque l'obligation contractuelle du débiteur originaire est enfermée par la loi ou le contrat dans certaines limites ou conditions, il n'y a pas de raison de permettre au dernier acquéreur ou au maître de l'ouvrage d'échapper à ces limites et conditions en invoquant la responsabilité extra-contractuelle. Aussi bien, la jurisprudence décide que les exceptions opposables à l'acquéreur originaire ou au cocontractant du fournisseur des matériaux sont opposables à son ayant cause, le sous-acquéreur ou le maître de l'ouvrage. Ainsi, lorsque les clauses relatives à la garantie sont valables entre professionnels de la même spécialité, la limitation conventionnelle de la garantie est opposable au sous-acquéreur ou au maître de l'ouvrage qui n'est pas de la même spécialité que le fabricant et l'acquéreur originaire (Civ. 3e, 26 mai 1992, *R.J.D.A.* 1992, n° 1012, *J.C.P.* 1992.I.3608, obs. Jamin, *J.C.P.* 1992.I.3625, obs. Viney, *Rev. dr. immob.* 1993. 515, obs. Malinvaud et Boubli ; Civ. 1re, 7 juin 1995, *R.J.D.A.* 1996, n° 47, *Contrats, conc., consomm.* 1995, n° 159, obs. Leveneur, *D.* 1996. Somm. 14, obs. Tournafond, *D.* 1996.395, note Mazeaud ; Com. 28 janvier 2004, *R.J.D.A.* 2004, n° 667) [2]. En effet, l'action

1. La Cour de justice des Communautés européennes, à propos d'un problème de compétence judiciaire, a refusé de considérer que l'action du sous-acquéreur contre le vendeur originaire était de nature contractuelle (C.J.C.E. 17 juin 1992, *J.C.P.* 1992.II.21927, note Larroumet, *D.* 1993 Somm. 214, obs. Kullmann, *Rev. trim. dr. européen.* 1992.709, obs. Vareilles-Sommières, *Rev. crit. dr. int. priv.* 1992.726, obs. Gaudemet-Tallon, *J.C.P.* 1993.I.3664, obs. Viney). Bien que la solution ne concerne que la détermination du tribunal compétent pour connaître de l'action intentée par le sous-acquéreur contre le vendeur originaire, en application des options de compétence prévues à l'article 5 de la Convention de Bruxelles du 27 septembre 1968, aujourd'hui remplacée par un règlement européen, et qu'elle ne préjuge absolument pas de la nature de l'action quant au fond du droit, il n'en demeure pas moins qu'elle s'intègre mal dans la conception de la jurisprudence française quant à la nature de cette action, sans compter que, du strict point de vue du droit européen de la compétence judiciaire, elle n'est pas à l'abri de la contestation.

2. Selon un intéressant arrêt de la Cour de Toulouse (26 janvier 2000, *J.C.P.* 2000.IV.2370) dont la solution est juridiquement incontestable, s'il est vrai que la Cour de cassation a décidé que le fabricant peut opposer au sous-acquéreur la clause limitative de responsabilité acceptée par le vendeur intermédiaire, encore faut-il pour cela que le sous-acquéreur exerce une action contre le fabricant. Or, en l'espèce, le sous-acquéreur avait seulement formé un appel en garantie – sur l'action intentée contre lui-même par celui auquel il avait revendu la chose – contre le vendeur intermédiaire, lequel ne pouvait lui opposer la clause limitative de responsabilité consentie dans ses rapports avec le fabricant.

L'action en responsabilité contractuelle qui est transmise aux sous-acquéreurs successifs est l'action du premier acheteur ou maître de l'ouvrage contre le vendeur originaire ou le fabricant. Par conséquent, si une clause relative à la garantie a été stipulée dans le contrat initial, elle est opposable au sous-acquéreur. Si la vente initiale ne contient pas une telle clause, il a été admis, lorsque la garantie a été contractuellement limitée ou exclue dans les rapports entre un revendeur intermédiaire et son propre acquéreur, qu'elle ne peut pas faire échec à l'action contractuelle du sous-acquéreur contre le vendeur originaire (Civ. 3e, 16 novembre 2005, *R.J.D.A.* 2006, n° 528, *D.* 2006.971, note Cabrillac, *J.C.P.* 2006.II.10069). La solution doit être approuvée. Certes, le sous-acquéreur ne peut pas avoir plus de droits que ceux qui lui ont été transmis par son auteur. Il en résulte que la clause stipulée dans la vente intermédiaire lui est opposable s'il agit contre le vendeur intermédiaire. Cependant, il n'en résulte évidemment pas que cette clause limite ses droits contre le vendeur originaire dont la garantie à laquelle il est tenu n'a pas été contractuellement limitée ou exclue.

contractuelle du sous-acquéreur ou du maître de l'ouvrage lui étant attribuée par voie de transmission, il ne peut pas avoir plus de droits que son auteur *(Nemo plus juris ad alium transterre potest quam ipse habet)* [1]. Certes, dans les situations où il bénéficie d'une protection particulière (par exemple, lorsqu'il s'agit d'un consommateur ou d'une personne qui n'est pas de la même spécialité), celle-ci ne lui sera pas assurée dans ses rapports avec le débiteur contractuel originaire. Cependant, il ne faudrait pas perdre de vue que l'action contractuelle qui lui a été transmise par son auteur vient se superposer et non pas se substituer à l'action dont il dispose contre ce dernier. Dès lors, s'il entend ne pas se voir opposer les exceptions opposables à son auteur, il n'a qu'à agir contre celui-ci [2].

790 *ter.* – La notion d'ensemble contractuel et l'extension du domaine de la responsabilité contractuelle. On a estimé, sur le modèle qui vient d'être développé en ce qui concerne le sous-acquéreur et le maître de l'ouvrage, qu'il convenait d'étendre le domaine de la responsabilité contractuelle à d'autres personnes qui n'apparaissent pas véritablement comme des tiers et devraient plutôt être assimilées à des parties au contrat. Il en résulterait que, lorsque ces personnes éprouvent un dommage en raison de l'inexécution de ses obligations par l'une des parties au contrat, leur action contre celle-ci serait nécessairement de nature contractuelle, c'est-à-dire qu'elles devraient se fonder sur les règles gouvernant la responsabilité contractuelle du débiteur, bien qu'elles n'aient pas contracté avec lui. Certains auteurs sont allés jusqu'à considérer que la responsabilité d'un débiteur contractuel devrait être de nature contractuelle envers les tiers chaque fois qu'il y avait inexécution d'une obligation contractuelle dont les tiers pouvaient se plaindre, quels que soient ces tiers, c'est-à-dire qu'ils aient ou non un lien avec le contrat dont l'inexécution de l'obligation est à l'origine de leur préjudice. D'autres auteurs ont limité le domaine de la responsabilité contractuelle aux tiers qui avaient un

---

1. Parce que le maître de l'ouvrage n'a que les droit qui lui sont transmis par le constructeur, la prescription de 10 ans est applicable à son action entre le fournisseur des matériaux, ce dernier et le constructeur étant commerçants et il importe peu que le maître de l'ouvrage ne soit pas commerçant (Civ. 3e, 26 juin 2002, *J.C.P.* 2002.IV.2430, *Bull. civ.* 3, n° 148, *Rev. trim. dr. civ.* 2003.103, obs. Jourdain).

2. Parce que l'acquéreur originaire reste responsable envers le sous-acquéreur ou le maître de l'ouvrage, il a intérêt à agir contre le vendeur originaire ou le fabricant dans le cas où sa responsabilité serait mise en jeu. A juste titre, la jurisprudence admet cette solution (cf. Civ. 3e, 31 mai 1995, *D.* 1995.IR.159 ; Civ. 3e, 3 juillet 1996, *R.J.D.A.* 1996, n° 1385. Comparer, Civ. 3e, 8 janvier 1997, *J.C.P.* 1997.II.22877, note Monsallier). La solution peut être légitimement fondée sur la subrogation légale de l'article 1251, 3e du Code civil (Civ. 1re, 4 février 2003, *J.C.P.* 2003.I.184, n° 18, obs. Mayaux, *Rev. trim. dr. civ.* 2003.512, obs. Jourdain). Lorsque l'acquéreur d'un immeuble affecté de désordres l'a revendu, il peut néanmoins agir contre les constructeurs s'il a revendu l'immeuble moins cher en raison des désordres (Civ. 3e, 27 juin 2001, *D.* 2002. Somm. 1005, obs. Brun). En ce cas, l'action n'aura pas été transmise au sous-acquéreur, car il n'y a pas intérêt, puisque les désordres étaient connus de lui et qu'ils ont justifié un prix d'achat moins élevé.

lien avec le contrat inexécuté. Cette seconde conception est la seule qui soit compatible avec l'article 1165 du Code civil, dans la mesure où le lien d'un tiers avec le contrat inexécuté permet de considérer que ce tiers n'en est pas un et doit être assimilé à une partie.

En effet, en raison du lien qui existe entre deux ou plusieurs contrats, la victime du dommage étant partie à l'un de ces contrats mais non pas à celui qui a engendré une obligation à la charge du débiteur qui ne l'exécute pas ou bien l'exécute mal, on doit pouvoir admettre que le débiteur ne saurait être tenu envers la victime d'une façon différente de celle dont il est tenu envers son cocontractant immédiat. Ainsi, il y a un lien économique évident entre le contrat de sous-traitance et le contrat principal de louage d'ouvrage, en raison de ce que l'entrepreneur principal fait exécuter par le sous-traitant des obligations mises à sa charge par le contrat principal conclu avec le maître de l'ouvrage. En raison de ce lien, la responsabilité du sous-traitant, qui est partie au contrat de sous-traitance mais non pas au contrat principal de louage d'ouvrage, devrait être de nature contractuelle même envers le maître de l'ouvrage, qui est partie au contrat principal de louage d'ouvrage mais non pas au contrat de sous-traitance. Le lien économique entre les deux contrats devrait, du point de vue de la responsabilité, se doubler d'un lien d'ordre juridique entre deux parties à chaque contrat qui n'ont pas contracté entre elles. La raison en est double. D'une part, il y a lieu d'assurer le même traitement aux victimes, en l'occurrence l'entrepreneur principal et le maître de l'ouvrage. D'autre part, il ne faut pas déjouer les prévisions des parties au contrat dont l'obligation est inexécutée, le régime de la responsabilité du débiteur ayant été impérativement prévu par la loi ou bien organisé par le contrat. L'idée qui permet d'étendre la responsabilité contractuelle du sous-traitant envers le maître de l'ouvrage est que celui-ci n'éprouve de préjudice que parce qu'il est créancier contractuel de l'entrepreneur principal, lui même créancier contractuel du sous-traitant et que le préjudice résulte de l'inexécution de son obligation par le sous-traitant.

Ainsi encore, la responsabilité du bailleur principal envers le sous-locataire devrait être de nature contractuelle bien qu'il n'y ait pas de contrat entre eux, parce que c'est le bail principal qui a permis la sous-location par le preneur principal au sous-locataire. De même, lorsque l'immeuble que son propriétaire a fait construire est loué, la responsabilité du constructeur envers le preneur devrait être sa responsabilité contractuelle dérivant du contrat de louage d'ouvrage et non pas sa responsabilité extra-contractuelle.

D'une façon générale, on peut estimer que chaque fois que le contrat conclu entre A et B a rendu nécessaire ou permis la conclusion d'un contrat entre B et C, le préjudice éprouvé par C en raison de l'inexécution de l'obligation assumée par A envers B devra être réparé au profit de C, qui intente à cette fin une action contre A, sur le fondement des règles gouvernant la responsabilité contractuelle de A et non pas sur celui des règles gouvernant sa responsabilité extra-contractuelle. Il s'agit de ne pas déjouer les prévisions du débiteur tenu à la réparation du dommage sur le fondement de l'idée que la victime (C) n'éprouve de préjudice que parce qu'elle est créancière en vertu d'un contrat qui la lie au créancier de l'obligation qui n'est pas exécutée (B) et que ce préjudice résulte de l'inexécution de son obligation par le débiteur (A) de son débiteur (B).

791. – Evolution de la jurisprudence. Pendant longtemps, en dehors de la transmission au sous-acquéreur ou au maître de l'ouvrage de l'action contractuelle du premier acquéreur contre ce fabricant ou du constructeur contre le fournisseur des matériaux [1], la jurisprudence n'a pas accueilli l'extension du domaine de la responsabilité contractuelle aux tiers qui ont un lien avec le contrat et elle a consacré la solution traditionnelles selon laquelle la responsabilité d'un contractant envers un tiers, quel qu'il soit, obéit au droit commun de la responsabilité extra-contractuelle [2].

Après que la Chambre commerciale de la Cour de cassation eut écarté la responsabilité extra-contractuelle du sous-traitant envers le maître de l'ouvrage sans affirmer expressément que l'action du second contre le premier était nécessairement contractuelle (Com. 2 février 1987, *D.* 1987.543, note Jourdain, *J.C.P.*, 1987.II.20892, note Dubois), la première Chambre civile a affirmé le principe selon lequel lorsque « le

1. V. *supra*, n° 790. Lorsque le tiers est un ayant cause à titre particulier, l'extension de la responsabilité contractuelle à son profit est possible sans qu'il soit besoin de se fonder sur la notion d'ensemble contractuel, encore que les chaînes translatives de contrats constituent aussi des ensembles contractuels. Indépendamment de l'action du sous-acquéreur ou du maître de l'ouvrage contre le fabricant ou le fournisseur de matériau, on devrait admettre une action contractuelle au profit de l'acquéreur d'un immeuble contre le constructeur avec lequel a contracté le maître de l'ouvrage qui a vendu l'immeuble (en ce sens, s'agissant de la garantie décennale de l'article 1792 du Code civil, cf. Civ. 1re, 28 novembre 1967, *D.* 1968.163 ; Civ. 3e, 26 avril 1983, *Bull. civ.* 3, n° 91, *J.C.P.* 1983.IV.230 ; Civ. 3e, 8 octobre 1997, *J.C.P.* 1997.IV.2264 ; Civ. 3e, 9 juin 1999, *D.A.* 1999.1172). Au demeurant, ce texte, tel que modifié par la loi du 4 janvier 1978, énonce le principe de la responsabilité du constructeur « envers le maître ou l'acquéreur de l'ouvrage ». Cependant lorsqu'il ne s'agit pas de la garantie décennale, la Cour de cassation n'avait pas admis la transmission de l'action contractuelle à l'acquéreur (cf. Civ. 3e, 7 mai 1986, *D.* 1987.257, note Bénabent, *Rev. trim. dr. civ.* 1987.361, obs. Rémy, qui, à propos de la responsabilité contractuelle de droit commun d'un architecte, casse un arrêt d'une Cour d'appel ayant considéré qu'elle pouvait être invoquée par l'acquéreur de l'immeuble, les juges n'ayant pas recherché l'existence d'un lien contractuel entre l'architecte et l'acquéreur, ce dont il résulte que celui-ci est un tiers par rapport au contrat de louage d'ouvrage). Or, s'il y a transmission de la garantie décennale, on ne voit pas pourquoi il n'y aurait pas transmission d'une action contractuelle autre que celle résultant de la garantie décennale. C'est la solution qui a finalement été consacrée par la Cour de cassation (Civ. 3e, 26 mai 1992, *R.J.D.A.* 1992, n° 701 ; Civ. 3e, 8 février 1995, *R.J.D.A.* 1995, n° 569 ; Civ. 3e, 26 juin 2002, *R.J.D.A.* 2002, n° 1255, *Rev. trim. dr. civ.* 2003.103, obs. Jourdain).

2. V. *supra*, n° 750.

débiteur d'une obligation contractuelle a chargé une autre personne de l'exécution de cette obligation, le créancier ne dispose contre cette personne que d'une action de nature nécessairement contractuelle » (Civ. 1re, 8 mars 1988, *J.C.P.*, 1988.II.21070, note Jourdain, *Rev. trim. dr. civ.* 1988.551, obs. Rémy, 741, obs. Mestre, et 764, obs. Jourdain. Dans le même sens, Chambéry, 18 janvier 1988, *D.* 1988.380, note Dubois, *Rev. trim. dr. civ.* 1988.547, obs. Rémy). Cette solution ne peut être comprise qu'à la lumière de l'extension de la responsabilité contractuelle entre parties extrêmes dans un ensemble contractuel. Surtout, la première Chambre civile a affirmé, le 21 juin 1988 (*D.* 1989.5, note Larroumet, *J.C.P.*, 1988.II.21125, note Jourdain, *J.C.P.*, 1988. éd. E. 15294, note Delebecque, *Rep. not.* 1989.356, obs. Aubert, *Rev. trim. dr. civ.* 1989.74, obs. Mestre et 107, obs. Rémy), que « dans un groupe de contrats, la responsabilité contractuelle régit nécessairement la demande en réparation de tous ceux qui n'ont souffert du dommage que parce qu'ils avaient un lien avec le contrat initial. En effet, dans ce cas, le débiteur ayant dû prévoir les conséquences de sa défaillance selon les règles contractuelles applicables en la matière, la victime ne peut disposer contre lui que d'une action de nature contractuelle, même en l'absence de contrat entre eux ». L'extension de la responsabilité contractuelle a été ainsi expressément fondée sur l'existence d'un ensemble contractuel.

En réalité, dans un ensemble contractuel, ce qui suppose que deux contrats au moins sont liés pour réaliser une opération économique globale, chacune des parties à un contrat compris dans l'ensemble ne serait pas un tiers par rapport à un autre contrat du même ensemble. Il conviendrait donc de procéder à une nouvelle lecture de l'article 1165 du Code civil à la lumière de la notion d'ensemble contractuel. Le principe affirmé par ce texte s'appliquerait à ceux qui sont étrangers à l'ensemble contractuel et non pas à ceux qui auraient conclu un contrat en faisant partie. En d'autres termes, on envisagerait extensivement la notion de partie à un contrat en y incluant des personnes qui n'auraient pas donné leur consentement à la conclusion d'un contrat déterminé, dès lors qu'elles ont donné leur consentement à la conclusion d'un autre contrat du même ensemble. La notion d'ensemble contractuel ferait que le lien économique entre les contrats qui le composent serait aussi un lien d'ordre juridique.

Cependant, la troisième chambre civile de la Cour de cassation a toujours refusé d'admettre que la responsabilité du sous-traitant envers le maître de l'ouvrage pût être de nature contractuelle et elle s'est tenue à la conception traditionnelle selon laquelle il s'agissait d'une responsabilité délictuelle (Civ. 3e, 22 juin 1988, *J.C.P.* 1988.II.21125, note Jourdain, *Rev. trim. dr. civ.* 1989. 110, obs. Rémy ; Civ. 3e, 11 décembre 1991, *J.C.P.* 1992.IV.570 ; Civ. 3e, 18 novembre 1992, *J.C.P.* 1993.IV.240, *Rev. dr. immob.* 1993. 516, obs. Malinvaud et Boubli. Dans le même sens, Cons. d'Etat 6 mars 1987, *D.* 1987.IR.75 ; Cons. d'Etat 11 juillet 1988, *D.* 1989, Somm. 223, obs. Terneyre). La même solution avait été consacrée en ce qui concerne la responsabilité du sous-traitant en second envers l'entrepreneur principal (Civ. 3e, 13 décembre 1989 et 28 mars 1990, *D.* 1991. 25, note Kullmann).

Par un arrêt du 12 juillet 1991, l'Assemblée plénière de la Cour de cassation (*J.C.P.* 1991.II.21743, note Viney, *R.J.D.A.* 1991.583, conclusions Mourier et rapport Leclercq, *D.* 1991 Somm. 321, obs. Aubert, *J.C.P.* 1991, éd. E.II.218, note Larroumet, *D.* 1991.549, note Ghestin, *D.* 1992. Somm. 119, obs. Bénabent, *Rev. trim. dr. civ.* 1991.750, obs. Jourdain) a mis un terme à l'évolution de la jurisprudence de la première chambre civile en faveur de la responsabilité contractuelle dans les rapports entre les parties extrêmes à un ensemble contractuel. La solution a été rendue à propos d'un contrat de sous-traitance, mais il n'est pas douteux qu'elle a une portée générale, c'est-à-dire qu'elle concerne tous les ensembles contractuels autres que ceux en vertu desquels il y a transmission du bénéfice d'une action contractuelle au profit d'un sous-acquéreur ou du maître de l'ouvrage [1]. La solution est fondée sur une lecture stricte de l'article 1165 du Code civil, ce dont il résulte que la responsabilité d'une partie extrême, en l'occurrence le sous-traitant, envers l'autre, en l'occurrence le maître de l'ouvrage, ne peut être que de nature délictuelle. La première chambre civile s'est inclinée devant la position adoptée par l'Assemblée plénière (Civ. 1re, 23 juin 1992, *Contrats, conc., consomm.* 1992, n° 200, obs. Leveneur ; Civ. 1re, 7 juillet 1992, *R.J.D.A.* 1993, n° 216). Parce que la responsabilité du sous-traitant envers le maître de l'ouvrage est de nature extra-contractuelle, lorsqu'elle est assurée pour les dommages causés aux tiers, l'assureur doit sa garantie, même si le dommage a été causé dans l'exécution de l'ouvrage (Civ. 3e, 10 janvier 2001, *J.C.P.* 2001.IV.1378). Pour logique qu'elle soit, la solution ne correspond pas à l'économie de l'assurance de responsabilité pour les dommages causés aux tiers. Ce sont d'autres dommages qui ont été prévus par l'assureur et non pas les défauts qui affectent la construction.

Cependant, il peut arriver que le maître de l'ouvrage soit investi, comme le sous-acquéreur, de droits qui lui sont transmis contre le sous-traitant. En ce cas, son action sera de nature contractuelle (cf. Com. 22 mai 2002, *R.J.D.A.* 2002, n° 1025, *D.* 2002. Somm. 2843, obs. Delebecque, *Rev. trim. dr. civ.* 2003.94, obs. Jourdain, *Bull. civ.* 4, n° 89, qui considère que le sous-traitant ne peut invoquer les limitations de responsabilité stipulées dans le contrat conclu entre le maître de l'ouvrage et le vendeur intermédiaire, contrat auquel le sous-traitant n'est pas partie).

Dans l'hypothèse d'une action en responsabilité intentée par le maître de l'ouvrage contre le fournisseur du sous-traitant, la Cour de cassation a

1. V. *supra,* n° 790.

considéré que, puisque la responsabilité du sous-traitant était de nature extra-contractuelle, celle du fournisseur envers le maître de l'ouvrage devait avoir la même nature (Civ. 3e, 28 novembre 2001, *R.J.D.A.* 2002, n° 381, *J.C.P.* 2002.II.10037, note Mainguy, *D.* 2002.1442, note Karila, *J.C.P.* 2002.I.186, n° 2, obs. Viney, *Rev. trim. dr. civ.* 2002.104, obs. Jourdain, *Rep. not.* 2002.255, obs. Libchaber). Si l'on considère, parce qu'il y a une transmission du sous-traitant au maître de l'ouvrage des produits ou matériaux acquis par le premier, que le maître de l'ouvrage est un ayant-cause du sous-traitant, la solution n'est pas justifiable et la responsabilité du fournisseur comme du sous-traitant devrait être contractuelle (v. en ce sens, Com. 22 mai 2002, *B. civ.* 4, n° 89, *D.* 2002. Somm. 2843, obs. Delebecque, *Rev. trim. dr. civ.* 2003.94, obs. Jourdain).

791 *bis*. – Appréciation. Encore qu'on puisse regretter le manque d'audace de l'Assemblée plénière, plusieurs raisons peuvent être invoquées en faveur de la position qu'elle a adoptée.

En premier lieu, la règle de l'effet relatif des contrats est fondée sur le principe de l'autonomie de la volonté [1]. Comment encore respecter ce principe si la responsabilité contractuelle devait intervenir au profit de personnes qui n'ont pas consenti à la conclusion du contrat et peuvent difficilement être considérées comme des parties ? Si l'effet créateur de droits et d'obligations du contrat est limité aux parties contractantes, c'est parce qu'elles ont accepté d'entrer dans les liens d'un contrat. Le contrat ne reposerait plus sur la volonté si l'on pouvait étendre son effet créateur de droits et d'obligations au-delà des parties et de ceux qui bénéficient d'une transmission des droits des parties. Au surplus, on peut se demander dans quelle mesure il est possible de lire l'article 1165 du Code civil de façon large pour étendre la responsabilité contractuelle entre parties extrêmes dans un ensemble et de continuer à le lire de façon étroite en ce qui concerne, dans un ensemble, les autres prérogatives attribuées au créancier [2]. Or, on ne peut battre en brèche le principe de l'effet relatif des contrats en attribuant à un créancier contractuel du créancier tous les droits contractuels de ce dernier contre le débiteur du débiteur.

---

1. V. *supra*, n° 116 et 790.

2. Cf. Civ. 1re, 11 février 1986, *D.* 1986.541, note Gross, *Rev. trim. dr. civ.* 1987.100, obs. Mestre, qui admet que celui auquel a été donné à bail un bien avec faculté de l'acheter – location dite financière avec promesse de vente, proche d'un crédit-bail – peut, avant la levée de l'option, agir en résolution de la vente conclue par son bailleur si ce bien est impropre à sa destination, même si la transmission du droit de résoudre par le locataire a été exclue par le contrat de location. L'arrêt fonde sa solution sur l'interdépendance entre la vente au bailleur et la location, telle qu'elle est affirmée par le Code de la consommation. Cependant, cette interdépendance, en vertu de laquelle l'anéantissement de l'un des deux contrats entraîne la disparition de l'autre, ne suffit pas à justifier le droit du locataire de demander lui-même la résolution de la vente. Au-delà de l'interdépendance, le principe de l'effet relatif s'y oppose.

En second lieu, il n'est pas facile de cerner avec précision la notion d'ensemble contractuel. Doit-on considérer comme constitutifs d'un ensemble tous les contrats qui sont économiquement liés ? Ou bien ne serait-il pas préférable d'admettre qu'il y a un ensemble contractuel dans le seul cas où un débiteur, en vertu d'un contrat, ne peut procurer satisfaction à son créancier que si son propre débiteur, en vertu d'un autre contrat, exécute l'obligation qu'il assume envers lui. En d'autres termes, lorsque le créancier en vertu d'un premier contrat éprouve un dommage parce que son débiteur n'a pas pu exécuter son obligation en raison de l'inexécution de l'obligation mise à la charge d'une autre personne par un second contrat et dont il est créancier, on devrait pouvoir envisager une action du créancier extrême contre le débiteur extrême sans obliger le second plus ou moins sévèrement envers le créancier extrême qu'envers son créancier immédiat. C'est pour cette raison que l'action du créancier extrême contre le débiteur extrême devrait être nécessairement contractuelle. Certes, elle correspond à plusieurs cas de figure. Mais, il sera toujours nécessaire que le lien entre les deux parties extrêmes dans un ensemble passe par un créancier-débiteur immédiat, c'est-à-dire que A n'aura une action contractuelle contre C que parce qu'il est créancier de B et que celui-ci est lui-même créancier de C, l'inexécution de l'obligation de B envers A ayant été provoquée par l'inexécution de l'obligation assumée par C envers B. Ce n'est que dans une telle hypothèse qu'il serait légitime de prendre des libertés avec la lecture classique de l'article 1165 du Code civil. Au-delà, le principe n'existerait plus. Or certains auteurs sont allés assez loin dans les applications de la notion d'ensemble contractuel. Ainsi, bien que plusieurs entrepreneurs puissent intervenir dans une opération de construction, la jurisprudence traditionnelle admet qu'ils sont des tiers les uns par rapport aux autres [1]. On a estimé qu'il serait plus judicieux de lier les différents contrats conclus par le maître de l'ouvrage avec chacun des entrepreneurs dans un ensemble contractuel, ce qui aurait, en particulier, l'avantage d'expliquer que chaque entrepreneur est tenu d'une obligation de renseignements envers les autres et que son manquement devrait être sanctionné par une responsabilité contractuelle dans le cadre d'un recours en garantie de l'entrepreneur condamné envers le maître de l'ouvrage (v. observations Rémy, *Rev. trim. dr. civ.* 1987.365. Sur la notion d'ensemble contractuel en jurisprudence, v. aussi observations Jourdain, *Rev. trim. dr. civ.* 1990.287 et s.). [2]

En troisième lieu, il faut déterminer le régime juridique de l'action nécessairement contractuelle du créancier extrême contre le débiteur extrême. Certainement, le débiteur devrait être tenu à réparation de la

1. V. *supra*, n° 729 *in fine*.

2. Cette conception est rejetée par la Cour de cassation (cf. Civ. 1re, 16 février 1994, *D.* 1994. Somm. 210, obs. Delebecque, *Rep. not.* 1994.798, obs. Delebecque, *J.C.P.* 1994.I. 3781, n° 11 et s., obs. Jamin).

même façon envers le créancier extrême qu'envers son créancier immédiat. C'est pour cette raison que l'action en responsabilité du créancier extrême serait de nature contractuelle. Mais, il ne conviendrait pas pour autant d'attribuer au créancier extrême des droits plus étendus contre le débiteur extrême que ceux dont il dispose contre son débiteur immédiat. Ce n'est pas parce que le créancier extrême saute l'échelon intermédiaire que constitue son débiteur immédiat qu'il pourrait obtenir plus que ce à quoi il devait s'attendre en agissant contre son débiteur immédiat sur le fondement du contrat conclu entre eux. L'action de nature nécessairement contractuelle puise son régime à la fois dans le contrat conclu par le créancier extrême et dans celui conclu par le débiteur extrême. Or, ce régime ne serait peut-être pas facile à construire.

Cependant, il faut bien voir que le refus d'admettre la nature contractuelle de la responsabilité entre parties extrêmes dans un ensemble contractuel au nom du principe de l'effet relatif des contrats pour retenir la responsabilité extra-contractuelle entre ces parties extrêmes est d'une grande hypocrisie le plus souvent. En effet, on accorde par l'appel à la responsabilité extra-contractuelle ce que l'on refuse à la responsabilité contractuelle. C'est une violation indirecte de l'article 1165 du Code civil. Il vaudrait mieux, en ce cas, s'inspirer de la théorie de la relativité aquilienne [1].

§ 3. Les exceptions au principe de l'effet relatif des contrats

792. – Droits et obligations. En ce qu'il précise, après avoir énoncé le principe de l'effet relatif des contrats, que ceux-ci peuvent néanmoins profiter aux tiers dans le cas prévu à l'article 1121, l'article 1165 du Code civil apporte une exception au principe. C'est même la seule exception que le Code civil envisage, le texte n'admettant que les contrats profitent aux tiers que dans le cas prévu à l'article 1121. Cependant, la jurisprudence, se fondant sur d'autres dispositions, pourrait admettre d'autres exceptions. En réalité, il convient de se demander s'il n'y a pas deux sortes d'exceptions au principe de la relativité des contrats, les unes consistant à créer un droit au profit d'un tiers, les autres mettant une obligation à la charge d'un tiers. On envisagera ces deux situations.

A. *Un contrat fait naître un droit au profit d'un tiers* [2]

792 *bis*. – Exceptions apparentes et exceptions réelles. Dans plusieurs hypothèses, il est admis qu'un tiers peut se prévaloir d'un droit

1. Sur laquelle, v. *supra* n° 751.

2. *Bibliographie* : LAMBERT, *La stipulation pour autrui, de la nature du droit conféré au tiers bénéficiaire,* thèse, Paris, 1893 ; CHAMPEAU, *La stipulation pour autrui en droit français,* thèse, Paris, 1893 ; FLATTET, *Les contrats pour le compte d'autrui,* thèse, Paris, 1950 ; WEILL, *De la relativité des conventions en droit privé français,* thèse, Strasbourg, 1938 ; BOYERDRIOT, *Du fondement juridique de la stipulation pour autrui,*

de créance contre une personne avec laquelle il n'a pas contracté, celle-ci ayant conclu un contrat avec un autre que celui qui invoque le droit en question. Il est tentant, pour expliquer le droit du tiers, de considérer qu'il y a exception au principe de la relativité des conventions dans ces hypothèses. En réalité, si quelquefois le droit du tiers s'explique effectivement par une dérogation au principe qui est énoncé à l'article 1165 du Code civil, il n'en est pas toujours ainsi et souvent il n'y a pas d'exception au principe, le droit du tiers s'expliquant par un autre mécanisme. On prendra deux exemples de ces fausses exceptions à l'effet relatif des contrats, les accords dits collectifs et les actions directes ou du moins certaines d'entre elles.

(Suite de la note 2, p. 958) thèse, Toulouse, 1933 ; LARROUMET, *Les opérations juridiques à trois personnes en droit privé,* thèse, Bordeaux, 1968 ; Travaux de l'Association Henri Capitant, *La stipulation pour autrui,* 1952 ; ROUAST, *Essai sur la notion juridique de contrat collectif,* thèse, Lyon, 1909 ; ROUJOU de BOUBEE, *Essai sur l'acte juridique collectif,* 1961 ; ROUHETTE, Les accords collectifs en droit français, *Travaux de la société de législation comparée,* 1979 ; COZIAN, *L'action directe,* 1969 ; DEBRAY, *Privilèges sur créance et actions directes,* thèse, Paris, 1928 ; ROBINO, *Les privilèges et autres causes de préférence sur les créances,* thèse, Bordeaux, 1950 ; SOLUS, *L'action directe et l'interprétation des art. 1753, 1798 et 1994 C. civ.,* thèse, Paris 1914 ; HEBRAUD, L'action directe de la victime d'un dommage contre l'assureur, *Rev. crit. législ. et jurispr.* 1931.488 ; PICARD, L'autonomie de l'action directe, *Rev. gen. ass. terr.* 1933.725 ; PICARD, L'action directe de la victime d'un accident contre l'assureur et l'inopposabilité des déchéances postérieures à l'accident, *Rev. crit. legisl. et jurispr.* 1930.571 et 666. BOYER, Clause de substitution et promesse unilatérale de vente, *J.C.P.* 1987.I.3310 ; VENANDET, La stipulation pour autrui avec obligation acceptée par le tiers bénéficiaire, *J.C.P.* 1989.I.3391 ; VALLANSAN, La rétrocession indirecte des exploitations par les SAFER et la stipulation pour autrui, *Rep. not.* 1990. 1185 ; JAMIN, *La notion d'action directe,* 1991 ; FRANÇOIS, *Les opérations juridiques à trois personnes attributives,* thèse, Paris, 1994 ; MARTIN, La stipulation de contrat pour autrui, *D.* 1994. Chron. 145 ; GRIMALDI, Réflexions sur l'assurance-vie et le droit patrimonial de la famille, *Rep. not.* 1994.737 ; TCHENDJOU, *Les applications contemporaines de la stipulation pour autrui,* thèse, Paris, 1995 ; BEHAR-TOUCHAIS, Retour sur la clause de substitution, *Mélanges BOYER,* p. 85; Contrats d'assurance-vie : transmissions et garanties, *Rev. dr. bancaire et bourse* n° spécial, juin 1997 ; VILLANI, La stipulation pour autrui comme moyen de paiement, *R.G.A.T.,* 1997. 429 ; COURTIEU, De l'utilité de la souscription d'une assurance-vie, *Resp. civ. et ass.* 1997. Chron. 26 ; BRUN, Nature juridique de la clause de substitution dans le bénéfice d'une promesse unilatérale de vente : une autonomie de circonstance ?, *Rev. trim. dr. civ.* 1996. 29 ; HOVASSE-BANCHET, La fonction de garantie de l'assurance sur la vie, *Rep. not.* 1998. 81 et 510 ; RAUTURIER, La révocation du bénéficiaire acceptant d'un contrat d'assurance-vie, *Banque et Droit* juillet 1997. 24 ; LUCET, Assurance-vie : le décès du bénéficiaire avant acceptation, *Rep. not.* 1997. 1248. LUCET, Assurance-vie : l'influence de l'aléa sur les droits des tiers, *Rep. not.* 1996. 971 ; AULAGNIER, Peut-on échapper à une réforme de l'assurance-vie ?, *Rev. dr. bancaire et bourse* 1996, n° 57, Suppl. p. 4 ; LECUYER, Assurance-vie, libéralité et droit des successions, *Rev. dr. bancaire et bourse,* Suppl. Ingénierie patrimoniale, déc. 1998, p. 5 ; CHAPLEAU-MUSSEAU, La protection du conjoint bénéficiaire d'une assurance-vie, *R.J.D.A.* 1999.31 ; MISTRETTA, La stipulation pour autrui accessoire d'une stipulation que l'on fait pour soi-même : une technique adaptée au droit des affaires ?, *D.A.* 1999.541 ; TONGLET, La révocation implicite du tiers bénéficiaire d'une stipulation pour autrui, *Petites Affiches* 29 août 2000 ; GRIMALDI, L'assurance-vie et le droit des successions, *Rep. not.* 2001.3 ; BEAUCHAMPS, De la nature juridique des contrats d'assurance-vie, *Petites Affiches* 10 juillet 2001 ; HOVASSE, La clause bénéficiaire en assurance-vie à l'épreuve de la réforme du divorce et des libéralités, *J.C.P.* 2007.I.150.

793. – Accords collectifs. Bien qu'ils correspondent à des cas de figure très différents, les accords collectifs ont ceci en commun qu'il s'agit de contrats conclus par un organisme qui représente les intérêts de plusieurs personnes qui en sont membres, celles-ci étant tenues dans les contrats individuels qu'elles sont amenées à conclure à reprendre le contenu des accords collectifs ou, à supposer qu'elles ne le reprennent pas, celles-ci étant liées par l'accord collectif. Ainsi, l'accord collectif peut créer des droits au profit des adhérents des organismes, comme il peut créer des obligations à leur charge. Il existe, en droit français, plusieurs exemples de ces accords collectifs. Le plus connu, celui qui a connu le plus grand succès, est la convention collective conclue entre des employeurs ou des organismes d'employeurs et un ou plusieurs syndicats d'employés. Elle a pour objet les conditions de travail et les rémunérations versées par l'employeur (art. L. 131-1 et s. et art. R. 131-1 et s. du Code du travail). Une loi du 23 décembre 1986 sur les rapports entre locataires et bailleurs a prévu des accords collectifs de location conclus entre un ou plusieurs bailleurs et des associations regroupant des locataires ou entre des organismes représentant des bailleurs et d'autres organismes représentant des locataires. Ainsi encore, en ce qui concerne le tarif des honoraires médicaux, le législateur a prévu des conventions conclues entre médecins et la sécurité sociale (décret 12 mai 1960, modifié par décret 7 janvier 1966, loi du 3 juillet 1971).

Quel est l'effet de ces accords collectifs envers les médecins, les bailleurs et locataires, employés et employeurs ? Il n'est pas douteux qu'ils ont une force à la fois obligatoire et créatrice de droit. Cependant, il n'en est pas systématiquement ainsi. En ce qui concerne les médecins, ceux-ci ne sont liés par la convention conclue avec la sécurité sociale que s'ils y adhèrent. Il en est ainsi même si la loi prévoit qu'ils sont liés du simple fait qu'ils n'ont pas manifesté leur volonté de ne pas l'être. Par conséquent, il n'y a aucune dérogation à l'effet relatif des contrats. En ce qui concerne les accords collectifs de location et les conventions collectives de travail, le problème est différent, car il n'y a pas à constater l'adhésion expresse ou implicite des locataires, bailleurs, employés et employeurs. Si l'accord collectif a été conclu par un ou plusieurs employeurs ou bailleurs pris individuellement, ceux-ci sont liés parce qu'ils ont consenti et il n'y a pas de dérogation à l'article 1165 du Code civil. Du coté des employés ou des locataires, le problème est différent, car le contrat est conclu par des syndicats ou des associations représentant leurs intérêts. Il en est de même lorsque l'accord est conclu entre des organismes ou syndicats de bailleurs et d'employeurs, d'une part, et des organismes ou syndicats de locataires ou d'employés, d'autre part. Mais, dans de telles situations, la dérogation à l'effet relatif des contrats est encore seulement apparente. En effet, les droits et les obligations engendrés par l'accord collectif, qui constitue un contrat-cadre, en raison de ce que son contenu doit être repris dans les contrats individuels de travail ou de bail, profitent ou sont mis à la charge des membres des organismes en question, parce que ces organismes ont représenté leurs membres dans la négociation et la conclusion de l'accord. En vertu des statuts de ces organismes, il est admis non seulement que l'organisme collectif représente ses membres, mais encore que ceux-ci sont liés par les accords conclus par ceux qui les représentent. En raison de ce qu'il y a représentation, le contrat collectif, en dépit de son rayonnement au-delà des seules personnes qui l'ont conclu, ne constitue pas une dérogation au principe de l'effet relatif des contrats [1]. Il est vrai qu'en ce qui concerne la convention collective de travail, la loi admet son extension à des employeurs qui ne l'ont pas conclue ou qui ne font pas partie des organismes qui l'ont conclue, lorsque l'administration en décide ainsi (art. L. 133-8 C. travail). Mais, en ce cas, l'application de la convention collective résulte de ce que son contenu est repris par le règlement de l'autorité administrative. Sa force est donc celle de la loi et il y a encore moins exception à l'article 1165 du Code civil. A propos du raccordement d'un immeuble à un réseau de télévision par câble, (v. Civ. 3e, 28 juin 2000 *Bull. civ.* 3, n° 131, *Rev. trim. dr. civ.* 2001.160, obs. Gautier), il a été décidé qu'« un accord proposé par un bailleur et approuvé par la majorité des locataires s'impose à tous », ce qui correspond à un acte collectif qui lie les minoritaires. Cependant la justification de la solution ne laisse pas d'être problématique, puisque non seulement la loi n'a rien prévu à cet égard, mais encore le groupement des locataires ne constitue ni une société, ni une association, ni l'équivalent d'un groupement de copropriétaires fondés sur la loi de la majorité.

794 – Actions directes [2]. Dans le sens le plus large, l'action directe est l'action en justice qui est intentée par un tiers contre un débiteur en vertu d'un contrat, lequel s'est engagé envers une autre personne que celle qui intente l'action directe. L'action directe a pour objet de permettre à une personne, qui est créancière de celui que le contrat a rendu créancier, d'agir contre le débiteur de son débiteur. Ainsi, A est débiteur de B et il conclut un contrat avec C en vertu duquel celui-ci devient son débiteur. B, s'il est titulaire d'une action directe, aura le droit d'agir contre C, pour lui réclamer ce que le contrat a mis à sa charge au profit de A. A la différence de l'action oblique, en vertu de laquelle une personne agit contre le débiteur de son débiteur pour faire entrer dans le patrimoine du débiteur une valeur qu'elle pourra

1. Seuls sont représentés par les organismes signataires les membres de ces organismes, la représentation ne pouvant intervenir entre les organismes signataires. Dès lors, dans le cas où la convention collective a fait l'objet d'une modification par certains des organismes signataires et non par les autres, la modification ne saurait être opposée aux membres des organismes qui n'y ont pas adhéré (cf. Ass. plen 20 mars 1992, *D.* 1992.IR.108).

2. V. aussi, FRANÇOIS, *Obligations, Régime général*, n° 331 et s.

ensuite saisir, ce qui implique non seulement que le titulaire de l'action oblique se borne à agir par représentation de son débiteur [1], mais encore qu'il n'a aucun droit de préférence sur le produit de l'action oblique, le titulaire de l'action directe n'agit pas par représentation des droits de son débiteur. Il agit exclusivement pour lui-même et il doit seul bénéficier des effets de l'action qu'il intente. A la différence de l'action oblique, l'action directe n'est pas une conséquence du droit de gage général des créanciers sur le patrimoine de leur débiteur. Parce qu'elle a pour objet l'attribution à un créancier d'un droit exorbitant du droit commun, elle est spéciale, en ce sens qu'elle suppose un texte dont l'interprétation se prête à l'attribution d'un tel droit à un créancier contre un débiteur de son débiteur.

Certains textes consacrent expressément une action directe au profit d'un créancier (par exemple, la loi du 31 décembre 1975 sur la sous-traitance confère au sous-traitant une action directe en paiement par le maître de l'ouvrage de ce que celui-ci doit à l'entrepreneur principal et à concurrence de ce que ce dernier doit au sous-traitant [2] ; art. 1799-1, al. 2 du Code civil, en vertu duquel le prêteur du maître de l'ouvrage ne peut verser les fonds à celui-ci tant que le constructeur n'a pas été payé, ce qui implique que ce dernier a une action en paiement contre le prêteur).

D'autres textes ont été interprétés par la jurisprudence comme supposant l'existence d'une action directe. Ce sont, au demeurant, les hypothèses les plus nombreuses d'actions directes. Ainsi, sur le fondement de l'article 1753 du Code civil, la jurisprudence a admis, en cas de sous-location, une action directe du bailleur principal contre le sous-locataire pour le paiement du loyer. Sur le fondement de l'article 1994 du Code civil, une action directe est admise au profit du mandant contre celui que le mandataire s'est substitué pour l'exécution de sa mission [3]. Sur le fondement de l'article 1798 du Code civil, on admet que les ouvriers de l'entrepreneur ont une action directe en paiement contre le maître de l'ouvrage à concurrence de ce que celui-ci doit à l'entrepreneur et dans

---

1. Il en résulte que les exceptions opposables au débiteur par le débiteur de celui-ci sont opposables au créancier qui agit par la voie oblique (Civ. 1re, 9 octobre 1991, *D.* 1992.421, note Barret).

2. Les dispositions de la loi du 31 décembre 1975 sur la sous-traitance ont été étendues au contrat de transport par une loi du 3 février 1998, ce dont il résulte que le sous-traitant auquel s'adresse un transporteur principal a une action directe en paiement contre l'expéditeur ou le destinataire. La loi du 3 février 1998 institue aussi une action directe en paiement au profit du loueur de véhicules industriels avec chauffeur contre l'expéditeur ou le destinataire, dont elle considère qu'ils sont garants du prix de la location dû par le transporteur ou le loueur, cette obligation étant impérative (art. 34 de la loi du 30 décembre 1982, modifié par la loi du 3 février 1998).

3. Cette action fait l'objet de controverses en raison de ce qu'on peut se demander s'il ne conviendrait pas de distinguer la cession du contrat de mandat et le sous-mandat. En effet, en vertu de la cession par le mandataire de ses droits et obligations résultant du contrat de mandat, des rapports s'établissent entre le mandant et le cessionnaire du contrat. Au contraire, il n'y aurait pas de rapports entre le mandant et le sous-mandataire, sauf éventuellement une action directe du premier contre le second.

la limite de ce que ce dernier doit à ses ouvriers. En vertu de l'article L. 124-3 du Code des assurances, l'assureur ne peut, dans l'assurance de responsabilité, payer l'indemnité à une autre personne que la victime, tant que celle-ci n'a pas été désintéressée des conséquences pécuniaires du dommage qu'elle a subi. Aussi bien, on admet que la victime a une action directe contre l'assureur du responsable [1].

En dehors de textes spéciaux, la jurisprudence a admis l'existence d'actions directes dans des situations où il y avait cession de contrat ou bien transmission à l'ayant cause particulier de droits qui appartenaient à son auteur. Ainsi, dans l'hypothèse d'une cession de contrat, c'est-à-dire des droits et des obligations résultant d'un contrat, on considère quelquefois que le cessionnaire a une action directe contre le cédé, de la même façon que celui-ci a une action directe contre le premier. Pour attribuer au sous-acquéreur ou au maître de l'ouvrage le droit de demander au vendeur originaire ou au fournisseur de l'entrepreneur l'exécution de son obligation de conformité ou de garantie engendrée par le contrat conclu par celui-ci avec l'acquéreur-revendeur ou l'entrepreneur, la jurisprudence considère que le sous-acquéreur bénéficie d'une action directe qui est nécessairement de nature contractuelle [2].

L'existence d'une action directe est aussi admise par la jurisprudence, sur le fondement de l'article 1121 du Code civil, au profit du bénéficiaire d'une stipulation pour autrui contre le promettant [3].

795 – Les actions directes et l'article 1165 du Code civil. Pour autant, toutes les actions directes ne constituent pas une exception au principe de l'effet relatif des contrats.

En ce qui concerne les actions directes entre le cessionnaire et le cédé, lorsqu'il y a cession de contrat, elles sont une conséquence de la cession qui implique l'établissement d'un rapport d'obligation entre ces deux personnes, même si le cédé ne participe pas à la conclusion de l'opération. Il en est de même pour la cession de créance. Celle-ci a pour effet de substituer le cessionnaire au cédant dans sa qualité de créancier du débiteur cédé, même si celui-ci n'a pas à consentir à la cession. Parce qu'il y a transmission d'un droit ou d'une obligation en vertu de la cession à titre particulier de la créance ou du contrat, le droit du cessionnaire ainsi que son obligation sont dérivés et non pas directes. Par opposition au droit direct qui appartient à son titulaire qui en est investi sans que ce droit ait appartenu auparavant à une autre personne, le droit dérivé est un droit qui, parce qu'il a fait l'objet d'une transmission, figurait dans le patrimoine d'une autre personne,

---

1. Cette action avait été consacrée par la jurisprudence avant que la loi du 13 juillet 1930 sur les assurances terrestres admette la solution qui figure aujourd'hui à l'article L. 124-3 du Code des assurances.
2. V. *supra*, n° 790.
3. Sur la stipulation pour autrui, v. *infra*, n° 796 et s.

en l'occurrence le cédant, avant de se trouver dans celui de son titulaire actuel, en l'occurrence le cessionnaire. Tandis qu'un droit dérivé a pu être affecté par certains éléments lorsqu'il appartenait au cédant et qu'il en reste affecté chez le cessionnaire en vertu du principe *nemo plus juris ad alium transferre potest quam ipse habet*, un droit direct ne saurait être ainsi affecté, puisqu'il n'a pas fait l'objet d'une transmission. Il en résulte que la soi-disant action directe du cessionnaire d'une créance ou d'un contrat n'est pas la mise en œuvre d'un droit direct, mais bien celle d'un droit dérivé. Au contraire, l'action directe du bénéficiaire d'une stipulation pour autrui contre le promettant est la mise en œuvre d'un droit direct, comme on le verra.

En ce qui concerne l'action directe contractuelle qui est attribuée au sous-acquéreur ou au maître de l'ouvrage contre le vendeur originaire ou le fournisseur de l'entrepreneur, on remarquera que, si elle est justifiée par la transmission implicite à l'ayant cause particulier des droits de son auteur contre un cocontractant, il s'agit encore de la cession d'une créance [1].

La plupart des actions directes qui ont été admises par la loi ou par la jurisprudence sur le fondement de textes qui s'y prêtaient (actions directes du sous-traitant contre le maître de l'ouvrage, des ouvriers de l'entrepreneur contre le même maître de l'ouvrage, du constructeur contre le prêteur de maître de l'ouvrage, du bailleur contre le sous-locataire, du sous-traitant du transporteur ou du loueur de véhicule industriel avec chauffeur contre l'expéditeur ou le destinataire, par exemple) ne paraissent pas constituer des exceptions au principe de l'effet relatif des contrats, sauf à y voir la sanction d'un droit résultant d'un contrat faisant partie d'un ensemble contractuel, ce qui a été soutenu. Il est vrai qu'elles sont accordées à une personne contre le débiteur contractuel de leur débiteur, lequel constitue le lien entre deux contrats. Par exemple, le preneur principal est le lien entre le bail principal et la sous-location. C'est parce qu'il y a un bail principal qu'il peut y avoir une sous-location. L'entrepreneur principal est le lien entre le louage d'ouvrage et la sous-traitance. C'est parce qu'il y a un louage d'ouvrage principal qu'il y a sous-traitance. Cependant, il semble que, dans ces hypothèses, les actions directes, qui sont unilatérales et non pas réciproques [2], correspondent davantage à un privilège sur une créance. Le

---

1. Il est vrai qu'en doctrine plusieurs explications de cette action directe ont été avancées. Pour certains auteurs, il s'agirait d'une application du mécanisme de la stipulation pour autrui, ce qui est assez artificiel, car le droit mis en œuvre par le sous-acquéreur s'est trouvé dans le patrimoine de son auteur avant de se trouver dans son propre patrimoine, ce qui n'est pas compatible avec le mécanisme de la stipulation pour autrui. Il s'agit d'un droit dérivé et non pas d'un droit direct.

2. Si le bailleur a une action contre le sous-locataire, la jurisprudence n'admet pas l'action contractuelle du sous-locataire contre le bailleur principal. De même, si le sous-traitant a une action contre le maître de l'ouvrage, la jurisprudence n'admet pas l'action contractuelle du maître de l'ouvrage contre le sous-traitant.

titulaire de l'action directe bénéficierait d'un privilège, c'est-à-dire d'un droit de préférence lui permettant d'échapper au concours avec les autres créanciers de son débiteur, sur la créance de son débiteur envers celui contre lequel il intente l'action directe, c'est-à-dire le débiteur de son débiteur. Un tel privilège, qui constitue une rupture de l'égalité entre les créanciers, ne pourrait être attribué que spécialement en vertu d'une disposition légale s'y prêtant, ce qui explique les cas limités où une action directe est donnée à un créancier et ce dont il résulte qu'elle serait unilatérale et non pas réciproque. Or, techniquement, le privilège sur une créance correspond à l'action directe, en ce qu'il a pour effet de transmettre au créancier privilégié la créance de son débiteur contre autrui, du moins à partir d'un certain moment de la procédure. En effet, dès sa naissance, la créance qui est l'objet d'un privilège n'est pas indisponible [1]. Elle continue à faire partie du patrimoine de son titulaire et le créancier privilégié n'en sera investi que lorsqu'il réalisera son privilège en intentant l'action directe. C'est donc un droit fragile qui est susceptible de disparaître si le créancier cède sa créance, cette cession étant opposable au bénéficiaire de l'action directe qui n'a pas encore intenté celle-ci. En d'autres termes, il n'y aurait pas d'exception à l'article 1165 du Code civil.

Restent l'action directe du bénéficiaire d'une stipulation pour autrui et celle de la victime contre l'assureur du responsable. Ces actions sont très différentes de celles qui consistent en la réalisation d'un privilège portant sur une créance. Le bénéficiaire d'une stipulation pour autrui est investi d'un droit direct contre le promettant dès le jour de la conclusion du contrat qui l'a fait naître. Quant à la victime, elle bénéficie contre l'assureur du responsable d'un droit dont celui-ci ne peut pas disposer. Dans ces deux situations, il y a une exception très nette au principe de l'effet relatif des contrats, en ce qu'un contrat fait naître un droit au profit d'un tiers, c'est-à-dire d'une personne qui n'a pas participé à sa conclusion. On envisagera ces deux exceptions.

1) La stipulation pour autrui

796 – Articles 1121 et 1165 du Code civil. La stipulation pour autrui est prévue à l'article 1121 du Code civil dont on ne saurait comprendre le sens sans le rattacher à l'article 1165. En effet, il résulte de ce dernier texte que les conventions ne profitent aux tiers que dans le cas prévu à l'article 1121. En d'autres termes, la stipulation pour autrui constitue une exception au principe de l'effet relatif des contrats, en ce qu'un contrat crée un droit au profit d'un tiers. C'est ce que n'ont pas

1. Il peut cependant arriver que la créance qui est l'objet du privilège soit, dès sa naissance, indisponible au profit du titulaire de l'action directe. En ce cas, on parle d'action directe parfaite, par opposition à l'action directe imparfaite, laquelle correspond à la situation dans laquelle il n'y a pas d'indisponibilité de la créance au profit du titulaire de l'action directe.

vu les auteurs du XIXe siècle qui ont voulu faire entrer la stipulation pour autrui dans le cadre du principe de la relativité des conventions et ont prétendu la justifier par des mécanismes tels que l'offre de contrat, la gestion d'affaires ou l'engagement unilatéral de volonté, mécanismes dont l'objet était de ramener la stipulation pour autrui à l'établissement d'un lien de droit entre le débiteur et le créancier non dérogatoire au principe de l'effet relatif. Cependant, ces explications sont abandonnées depuis longtemps. Elles ne conviennent pas, parce que la stipulation pour autrui, de par sa nature même, constitue une exception au principe de la relativité des contrats.

797 – Systèmes juridiques étrangers. La stipulation pour autrui n'est pas propre au système juridique français. On la retrouve dans tous les systèmes juridiques civilistes. L'article 112 du Code suisse des obligations s'inspire de la même idée que celle qui est exprimée dans le Code français, comme l'article 1411 du Code civil italien. Quant au Code civil allemand, s'il s'étend davantage que ne le font les autres codes sur la stipulation pour autrui (§ 1328 à 1335), il consacre des solutions qui ont été admises par la jurisprudence dans les autres systèmes civilistes [1]. En effet, dans tous ces systèmes, la stipulation pour autrui a correspondu à une nécessité incontestable pour faire produire l'effet créateur de droit d'un contrat au-delà du cercle des parties contractantes. Elle a aussi une vertu explicative de bon nombre d'institutions qui seraient très difficiles à justifier si on ne faisait pas appel à elle. Pour autant, on ne doit pas déformer certains mécanismes par le recours à la stipulation pour autrui, en ce qu'il peut éventuellement y avoir d'autres dérogations au principe de la relativité des conventions que la stipulation pour autrui, sans compter que certaines dérogations peuvent n'être qu'apparentes et que le recours à la stipulation pour autrui est alors artificiel [2].

Dans les systèmes de *common law*, la stipulation pour autrui, telle qu'elle est pratiquée dans les systèmes civilistes, n'existe pas. Cependant, il est admis qu'un contrat peut faire naître un droit au profit d'un tiers, lorsqu'une *consideration* est fournie par celui qui a ainsi intérêt à faire naître un droit au profit d'autrui. En raison de ce que le tiers n'a pas lui-même fourni de *consideration*, on n'admettait pas qu'il dispose lui-même d'une action en justice pour contraindre le débiteur à s'exécuter à son profit ou pour lui réclamer des dommages-intérêts en cas d'inexécution. Cependant, à une époque récente, le droit anglais a admis que le bénéficiaire pouvait contraindre le promettant à l'exécution.

---

1. Le Code civil du Québec s'étend lui aussi beaucoup plus que le Code français sur la stipulation pour autrui (art. 1445 à 1450). Au demeurant, les solutions qu'il consacre sont généralement les mêmes que celles de la jurisprudence française.
2. V. *supra*, n° 792 et s.

798 – Plan. Après avoir défini la stipulation pour autrui et envisagé son utilité, on verra quels sont ses éléments fondamentaux et, ensuite, quels sont les rapports entre les trois personnes intéressées.

a) Définition et utilité de la stipulation pour autrui

799 – La stipulation pour autrui et les autres opérations à trois personnes. La stipulation pour autrui est un contrat en vertu duquel une personne, appelée stipulant, obtient d'une autre personne, appelée promettant, qu'elle s'engage envers une troisième personne, appelée tiers bénéficiaire. Il s'agit d'une opération à trois personnes [1], laquelle a pour objet et pour effet de créer au profit d'un tiers, qui, par conséquent, n'est pas partie au contrat conclu entre le stipulant et le promettant, un droit direct contre ce dernier. C'est une opération originale qui ne peut être ramenée à aucune autre.

Elle se distingue de la représentation, dans la mesure où, à la différence de la représentation parfaite [2], le stipulant ne contracte pas pour le compte et au nom du tiers bénéficiaire. A la différence de la représentation imparfaite [3], le promettant sait qu'il s'engage envers le bénéficiaire, au profit duquel il a la volonté de faire naître un droit direct contre lui-même, sans qu'il soit besoin que le stipulant cède au bénéficiaire le droit issu du contrat.

Elle se distingue de la cession de créance, en raison de ce que, d'une part, le cessionnaire d'une créance, contrairement au bénéficiaire d'une stipulation pour autrui, est partie au contrat qui a pour objet de lui conférer un droit contre le débiteur cédé. D'autre part et surtout, le droit du bénéficiaire contre le promettant est un droit direct, c'est-à-dire qu'il n'a jamais appartenu au stipulant qui le céderait au bénéficiaire, tandis que le droit du cessionnaire de la créance contre le débiteur cédé est un droit dérivé, c'est-à-dire qu'il appartenait au cédant avant d'appartenir au cessionnaire, auquel il est transmis [4].

En apparence, la stipulation pour autrui pourrait ressembler à la cession de dette par laquelle le débiteur cédant et le cessionnaire font naître un droit au profit du créancier cédé contre le cessionnaire, sans que pour autant le cédant puisse être déchargé de son obligation si le cédé n'y consent pas. Cependant, la stipulation pour autrui se distingue de la cession de dette en ce qu'elle fait naître au profit du bénéficiaire un droit direct, tandis que le droit du créancier

1. Sur les opérations à trois personnes, v. *supra*, n° 78 et s.
2. Sur la représentation parfaite, v. *supra*, n° 155 et s.
3. Sur la représentation imparfaite, v. *supra,* n° 158 et s.
4. Cependant, la jurisprudence a quelquefois confondu les deux opérations (cf. Civ. 1re, 2 juillet 1970, *D.* 1970.150, note Aubert, *Rev. trim. dr. civ.* 1970.346, obs. Loussouarn). V. *supra*, n° 795 sur la différence entre droit direct et droit dérivé. Sur la qualification de la « délégation » d'honoraires à un expert d'assurance et l'hésitation entre la stipulation pour autrui et la cession de créance, cf. Trib. com. Paris, 29 octobre 1986 et Trib. inst. Paris 10e, 28 avril 1987, *J.C.P.* 1988.II.21114, note Pons.

cédé contre le débiteur cessionnaire de la dette n'est pas un droit direct. C'est son droit contre le cédant qu'il pourra faire valoir contre le cessionnaire auquel l'obligation du premier a été transmise [1].

La stipulation pour autrui ne saurait non plus être confondue avec la délégation en vertu de laquelle le délégant procure au délégataire l'engagement du délégué, non seulement en raison de ce que le délégataire participe à l'opération, mais encore et surtout parce que l'engagement du délégué envers le délégataire est un engagement abstrait, tandis que l'engagement du promettant, en vertu de la stipulation pour autrui, n'est pas séparé de cause, ce qui permet de comprendre que les exceptions opposables par le promettant au stipulant sont opposables par lui au bénéficiaire. Contrairement à la délégation, il n'y a pas d'inopposabilité des exceptions dans la stipulation pour autrui. La raison en est que les deux opérations n'ont pas la même finalité économique [2].

800 – Evolution de la stipulation pour autrui. La stipulation pour autrui constitue sans aucun doute l'un des cas les plus remarquables de la création du droit par la jurisprudence sous l'influence des besoins de la pratique.

En droit romain, la stipulation pour autrui n'était pas concevable en raison de ce que le rapport d'obligation supposait un lien personnel issu du contrat entre le créancier et le débiteur (*alteri nemo stipulari potest*). Cependant, le droit romain, dans certains cas exceptionnels, a fini par admettre qu'on pouvait stipuler pour autrui et créer un droit dont le bénéficiaire pouvait réclamer l'exécution au promettant.

L'ancien droit français, ayant repris à son compte l'ancienne règle romaine *alteri nemo stipulari potest*, s'en est débarrassé de plus en plus au cours d'une lente évolution.

Bien étrangement, sans tenir compte des acquis de l'évolution de l'ancien droit, le Code civil de 1804 a enfermé la stipulation pour autrui dans des limites étroites (cf. la formule restrictive de l'art. 1121 C. civ.). Pendant la plus grande partie du XIXe siècle, on a peu utilisé les cas dans lesquels l'article 1121 du Code civil autorisait la stipulation pour autrui et la doctrine avait limité le dévelop-

---

1. La Cour de cassation a pu considérer que la cession de dette n'était pas réalisable par l'utilisation de la stipulation pour autrui (cf. Civ. 1re, 10 avril 1973, *D.* 1974.21, note Larroumet).

2. Sur la délégation, v. *supra*, n° 79 et François, *Obligations, Régime général*, n° 54 et suivants. En ce qui concerne le caractère abstrait de la délégation, v. *supra*, n° 482. Sur la distinction entre la stipulation pour autrui et la délégation imparfaite à propos de l'engagement de l'assureur dans l'assurance de groupe au profit d'une banque en cas de défaillance de l'emprunteur à la suite de la réalisation d'un risque prévu au contrat d'assurance, v. Civ. 1re, 14 novembre 1995, *J.C.P.* 1996.IV.37, *Bull. civ.* 1, n° 404, *Rep. not.* 1996.750, obs. Delebecque.

pement du mécanisme en le justifiant par des procédés qui, parce qu'ils ne faisaient pas échapper l'opération au principe de la relativité des conventions, le rendaient souvent vain. Il est vrai que le contexte économique et social de l'époque ne venait pas se heurter aux justifications étroites de l'institution.

Il en a été différemment après 1850, époque à laquelle les assurances sur la vie firent leur apparition et se développèrent. Le besoin s'est fait sentir de donner un cadre juridique à l'opération et on songea à la stipulation pour autrui. Mais, les conceptions alors admises pour justifier la stipulation pour autrui ne cadraient pas avec les nécessités de l'assurance sur la vie au profit d'un tiers en cas de décès [1]. Notamment, il fallait faire échapper l'indemnité l'assurance aux prétentions des créanciers de l'assuré [2] et de ses héritiers [3]. Or, la théorie de l'offre de contrat, alors admise par la majorité des auteurs et consacrée par la jurisprudence pour expliquer la stipulation pour autrui, ne permettait pas de faire échec à ces prétentions [4].

---

1. Dans l'assurance sur la vie en cas de décès au profit d'un tiers, l'assureur s'engage à verser la somme prévue au contrat au bénéficiaire désigné par l'assuré, en cas de décès de l'assuré ou de la personne autre que l'assuré sur la tête de laquelle l'assurance est contractée. Cette assurance s'oppose à l'assurance en cas de vie, dans laquelle l'assureur s'engage à verser à l'assuré la somme prévue au contrat si l'assuré survit au-delà d'un certain âge.

2. L'indemnité d'assurance échappe aux créanciers de l'assuré, qui ont un droit de gage général sur son patrimoine, à condition que cette indemnité n'ait jamais figuré dans son patrimoine.

3. L'indemnité d'assurance échappe à l'emprise des héritiers de l'assuré à condition d'admettre qu'elle n'a jamais pu appartenir à celui-ci, ce dont il résulte qu'elle ne peut être comprise dans la succession. Dans l'assurance sur la vie, lorsque le bénéficiaire a accepté le droit que le souscripteur a fait naître à son profit, le souscripteur ne peut plus révoquer ce droit pour le faire entrer dans son patrimoine et, par voie de conséquence, dans sa succession. Lorsque le bénéficiaire n'a pas accepté, le droit n'appartient pas davantage au souscripteur, les seules prérogatives dont celui-ci est investi étant la possibilité de révoquer la désignation du bénéficiaire et de procéder au rachat du contrat. Dès lors, un créancier du souscripteur ne peut pratiquer une saisie-attribution sur la créance d'indemnité d'assurance (Civ. 1re, 28 avril 1998, *J.C.P.* 1998, *Actualité* n° 20). Tant que le contrat d'assurance-vie n'est pas dénoué, le souscripteur est seulement investi, sauf acceptation du bénéficiaire désigné, du droit personnel de faire racheter le contrat et de désigner ou modifier le bénéficiaire. Dès lors, aucun créancier du souscripteur n'est en droit de se faire attribuer immédiatement ce que ce dernier ne peut recevoir et l'assureur n'étant pas débiteur du souscripteur au moment de la notification d'un avis à tiers détenteur, celui-ci doit faire l'objet d'une mainlevée (Civ. 1re, 28 avril 1998, *D.A.* 1998.1173, *J.C.P.* 1998.II.10112, note Bigot). V. HOVASSE-BANCHET, Insaisissabilité de la valeur de rachat d'un contrat d'assurance-vie, *Rep. not.* 1998.861. Dans l'hypothèse où le droit de rachat est exercé, la Cour de Paris a aussi admis que, lorsque la notification de l'avis à tiers détenteur est antérieure à l'exercice de la faculté de rachat, elle est inopérante (Paris 24 septembre 1998, *D.* 1998.IR.234), solution contestable si on admet la validité de la saisie d'une créance éventuelle, l'appréhension de la créance par le saisissant étant subordonnée à l'existence de la créance.

4. Selon la théorie de l'offre, le stipulant propose au bénéficiaire que le promettant s'engage envers lui. Cependant, d'une part, le contenu de l'engagement du promettant se trouve dans le patrimoine du stipulant tant que le bénéficiaire n'a pas accepté. D'autre part, il est difficilement compréhensible que l'acceptation par le bénéficiaire puisse rétroagir au jour du contrat conclu entre le promettant et le stipulant, une acceptation

Sans abandonner, du moins en apparence, à la fin du siècle dernier, la théorie de l'offre, la jurisprudence a fini par le reconnaître. Cela a été admis par la Cour de cassation dans des arrêts rendus en 1888 à propos de l'assurance sur la vie au profit d'un tiers en cas de décès (Civ. 16 janvier, 6 février, 27 mars 1888, S. 1888.1.121, note T.C. ; Civ. 7 août 1888, S.1889.1.97, note Labbé) [1]. Ces arrêts reconnaissent que le bénéficiaire est investi, de par le contrat conclu entre le stipulant et le promettant, d'un droit direct contre le promettant et que, par conséquent, ce droit n'a jamais appartenu au stipulant [2], ce dont il résulte qu'il ne peut être saisi par ses créanciers et qu'il ne fait pas partie de sa succession [3].

C'est l'assurance sur la vie qui a permis, à la fin du XIXe siècle, à la stipulation pour autrui d'avoir, dans notre système juridique, la place qui est la sienne aujourd'hui en tant qu'institution originale et autonome. Les deux mécanismes sont si intimement liés qu'on peut se demander lequel a permis de justifier l'autre. Toute le monde est

(Suite de la note 4, p. 969) formant un contrat ne rétroagissant pas. Enfin, il est aussi incompréhensible qu'une offre par le stipulant adressée au bénéficiaire puisse lier le promettant. Aussi, certains auteurs ont considéré qu'il s'agissait d'une offre du promettant et non pas du stipulant. On pouvait ainsi échapper aux prétentions des créanciers et héritiers du stipulant. Cependant, d'une part, le problème de la rétroactivité de l'acceptation demeurait et la jurisprudence se tenait à cette rétroactivité, qui est conforme à la nature de la stipulation pour autrui dans tous les systèmes juridiques (cf. Civ. 27 février 1884, S.1886.1.422). D'autre part, si l'offre est faite par le promettant au bénéficiaire, on ne comprend pas comment le stipulant peut la révoquer tant qu'elle n'est pas acceptée par le bénéficiaire, ce droit de révocation étant admis par l'article 1121 du Code civil.

1. Lorsque l'assurance sur la vie en cas de décès a été souscrite par des coemprunteur au profit d'un prêteur, l'assureur étant tenu au remboursement du prêt de l'emprunteur décédé, il est parfaitement logique et conforme à la stipulation pour autrui de considérer que l'obligation de l'assureur, en cas de décès de l'un des emprunteurs, éteint la dette à concurrence de la moitié, l'emprunteur survivant restant tenu de l'autre moitié (Civ. 1re, 12 mars 2002, *Rep. not.* 2003.446, note Sénéchal).

2. Pour la même raison, le droit du bénéficiaire échappe aux prétentions de la communauté lorsqu'un époux commun en biens a stipulé au profit d'un tiers, en particulier en vertu d'une assurance sur la vie en cas de décès dont les primes ont été payées avec ses gains et salaires qui font l'objet d'une libre disposition de sa part (cf. Ass. Plen. 12 décembre 1986, *J.C.P.* 1987.II.20760, conclusions Cabannes et note Boyer, *D.* 1987.269, note Ghestin, *Rep. not.* 1987.541, note Aubert). Toutefois, lorsque les primes ont été payées avec des fonds communs, la Cour de cassation a admis que la valeur du contrat faisait partie de la communauté (Civ. 1re, 31 mars 1992, *J.C.P.* 1992, éd. N, p. 376). V. Lucet, Le sort des contrats d'assurance-vie non dénoués à la dissolution de la communauté, *Rep. not.* 1993.271 ; Bigot, Clair-obscur sur l'assurance-vie, *J.C.P.* 1993.I.3718 ; Lucet, Le sort des contrats d'assurance-vie non dénoués lors de la dissolution de la communauté : clause bénéficiaire acceptée et droits de succession, *Rep. not.* 1995.1212.

3. Le § 328 B.G.B. énonce que le bénéficiaire acquiert directement, en vertu de la stipulation, le droit d'exiger la prestation qui lui est due par le promettant. L'article 1411 du Code civil italien précise aussi que le tiers acquiert son droit par l'effet de la stipulation. L'article 230 du Code libanais des obligations et des contrats est encore plus net en ce qu'il énonce que « le tiers bénéficiaire d'une telle stipulation devient immédiatement et directement créancier du promettant ».

d'accord de nos jours, en doctrine et en jurisprudence, pour considérer que le droit du bénéficiaire contre le promettant est un droit direct qui résulte du contrat conclu entre le stipulant et le promettant. La jurisprudence n'a plus guère besoin de justifier la stipulation pour autrui par la rétroactivité de l'acceptation d'une offre de contracter qui lui serait adressée par le stipulant ou par le promettant. Elle se contente le plus souvent de déclarer que « le tiers bénéficiaire d'une stipulation pour autrui acquiert contre le promettant un droit propre et direct » (Civ. 12 juillet 1956, *D.* 1956.749).

Contrairement à ce qui est quelquefois admis, les termes de droit propre et de droit direct ne sont pas synonymes et ce serait avoir une vue incomplète de la stipulation pour autrui de se borner à considérer que le droit du bénéficiaire est un droit propre. Un droit propre est un droit qui appartient à son titulaire qui le fait valoir exclusivement pour lui-même. Ainsi, lorsqu'un créancier exerce l'action oblique de l'article 1166 du Code civil contre un débiteur de son débiteur il n'invoque pas un droit propre, parce qu'il se borne à exercer un droit de son débiteur qu'il représente. Au contraire, le bénéficiaire d'une stipulation pour autrui, le cessionnaire d'une créance, le titulaire d'une action directe, par exemple, exercent un droit propre, en ce sens qu'ils ne représentent pas autrui en faisant valoir le droit qui leur est attribué. Ils invoquent un droit qui leur appartient exclusivement et qu'ils exercent pour eux-mêmes en dehors de toute représentation.

Cependant, tout droit propre n'est pas nécessairement un droit direct. En effet, le droit du cessionnaire d'une créance contre le débiteur cédé et celui du titulaire d'une action directe, lorsqu'il consiste en la réalisation d'un privilège portant sur une créance, sont des droits dérivés, en ce sens qu'ils ont fait l'objet d'une transmission au profit de leur titulaire actuel. Au contraire, le droit du bénéficiaire d'une stipulation pour autrui est un droit direct, parce que ce droit ne résulte pas d'une transmission au profit du bénéficiaire. Le contrat conclu entre le stipulant et le promettant a créé ce droit au profit du bénéficiaire directement, sans qu'il soit passé par le patrimoine du stipulant dans lequel il n'a jamais figuré.

801 – L'explication du droit direct du bénéficiaire contre le promettant. On a songé à expliquer le droit direct du bénéficiaire contre le promettant par des mécanismes qui permettaient encore de situer la stipulation pour autrui dans le cadre du principe de l'effet relatif des contrats, une fois écartée l'ancienne théorie de l'offre de contrat. Deux explications ont été avancées.

La première, soutenue à la fin du XIXe siècle, faisait appel à la gestion d'affaires. Le stipulant ferait naître, dans ses rapports avec le promettant, un droit au profit du bénéficiaire, parce qu'il aurait pris en main les intérêts de celui-ci dans le cadre d'une gestion d'affaires [1]. En effet, le gérant d'affaires fait naître un droit directement au profit du maître de l'affaire envers celui avec lequel il a contracté pour le maître de l'affaire. Cependant, c'est une explication fausse de la stipulation pour autrui, qui ne permet pas de rendre compte de l'originalité de l'opération. D'abord, la gestion d'affaires ne met en œuvre qu'un mécanisme de représentation, soit parfaite, lorsque le gérant agit pour le compte du maître de l'affaire et au nom de celui-ci, soit imparfaite, ce qui correspond au prête-nom, lorsque le gérant agit pour le compte du maître sans agir en même temps au nom de celui-ci. Or, cela ne correspond pas au mécanisme de la stipulation pour autrui, dans laquelle la représentation parfaite ou imparfaite n'intervient pas [2]. Certes, le stipulant fait naître un droit au profit du bénéficiaire contre le promettant qui a la volonté de s'engager envers ledit bénéficiaire, mais il contracte en son propre nom et non pas au nom du bénéficiaire. Ensuite, le stipulant ne disparaît pas pour ne laisser en présence que le bénéficiaire et le promettant. Non seulement, il a la faculté de révoquer le droit qu'il a fait naître au profit du bénéficiaire tant que celui-ci ne l'a pas accepté, ce qui n'est pas compatible avec la gestion d'affaires dans laquelle le maître de l'affaire doit mener l'affaire jusqu'au bout sans pouvoir révoquer les droits qu'il a fait naître au profit du maître, mais encore, une fois l'acceptation du bénéficiaire intervenue, le stipulant a le droit d'agir contre le promettant pour obtenir l'exécution de la prestation au profit du bénéficiaire, ce que ne peut faire un gérant d'affaires, lequel disparaît une fois que le maître de l'affaire prend ses intérêts en mains par la ratification de la gestion.

Aussi, d'autres auteurs ont prétendu expliquer la stipulation pour autrui par un engagement unilatéral de volonté du promettant envers le bénéficiaire [3]. Cependant, c'est une explication artificielle qui est incompatible avec la complexité de la stipulation pour autrui et la dépendance du droit du bénéficiaire par rapport aux relations entre le promettant et le stipulant. Certes, le droit du bénéficiaire naît à son profit avant toute acceptation de sa part (cf. Com. 23 février 1993, *R.J.D.A.* 1993, n° 676, *Rep. not.* 1993.1060, obs. Aynès, *Rev. trim. dr. civ.* 1994.99, obs. Mestre, à propos d'un cautionnement par la voie de la stipulation pour autrui, l'arrêt affirmant que « l'acceptation des bénéficiaires n'est pas nécessaire dans les rapports entre ceux-ci et le promettant »), celle-ci ayant essentiellement pour effet d'interdire au stipulant de révoquer le droit qu'il a fait naître au profit du bénéficiaire. Cependant, le droit du bénéficiaire ne résulte pas pour autant d'un enga-

1. Sur la gestion d'affaires, v. *supra*, n° 94.
2. V. *supra*, n° 799.
3. V. *supra*, n° 92.

gement unilatéral de volonté du promettant, parce que le promettant s'engage envers le stipulant. En d'autres termes, ce droit résulte d'un contrat, même si le créancier, en l'occurrence le bénéficiaire, n'est pas partie au contrat. En outre, s'il devait y avoir un engagement unilatéral de volonté, on ne comprendrait pas pourquoi cet engagement permettrait au stipulant de révoquer le droit du bénéficiaire avant qu'il soit accepté et pourquoi les exceptions nées dans les rapports du stipulant et du promettant et résultant du contrat générateur de la stipulation pour autrui seraient opposables au bénéficiaire par le promettant.

En fin de compte, il faut se rendre à l'évidence que le droit du bénéficiaire résulte d'un contrat auquel il n'est pas partie. C'est parce que ce droit résulte d'un contrat que l'une des parties à ce contrat, en l'occurrence le stipulant, peut le révoquer avant son acceptation et que l'autre partie au contrat, en l'occurrence le promettant, peut le paralyser en invoquant des exceptions et moyens de défense puisées dans ses relations avec le stipulant. La stipulation pour autrui ne peut être comprise si on refuse d'admettre qu'elle constitue une exception au principe de l'effet relatif des contrats. C'est bien ce qu'affirme l'article 1165 du Code civil. Il s'agit d'un contrat qui fait naître un droit au profit d'un tiers. Il en résulte que l'acceptation du bénéficiaire n'est pas une condition de la naissance de son droit (Civ. 1re, 19 décembre 2000, *D.* 2001.3482, note Ardeef).

802 – Applications de la stipulation pour autrui. Les applications de la stipulation pour autrui sont nombreuses. Elle sert à expliquer et à donner une base juridique solide à un bon nombre d'opérations. Dans le droit des assurances, en dehors de l'assurance sur la vie au profit d'un tiers, la stipulation pour autrui justifie l'assurance pour le compte de qui il appartiendra ou assurance pour compte, en vertu de laquelle l'assureur de choses s'engage, envers l'assuré, à payer l'indemnité prévue en cas de destruction ou d'avarie à celui qui aura un droit sur la chose, en particulier un droit de propriété, au moment de la survenance du dommage (cf. Civ. 3e, 30 mars 1994, *R.J.D.A.* 1994, n° 1136, à propos d'une assurance dommages-ouvrage en matière de construction immobilière, l'assureur ne pouvant verser l'indemnité au constructeur-vendeur de l'immeuble lorsque celui-ci a été vendu en copropriété, ce dont il résulte que les bénéficiaires de l'assurance pour compte sont les copropriétaires ; Civ. 1re, 25 novembre 1997, *J.C.P.* 1998.IV.1055, qui considère que le bénéficiaire de l'assurance pour compte à le droit d'exiger l'exécution du contrat d'assurance à son profit). L'assurance pour compte est utilisée, en particulier, en ce qui concerne les choses en cours de transport qui peuvent faire l'objet d'un transfert de propriété pendant l'exécution de l'opération de transport.

L'assurance souscrite par un employeur en vue de garantir le paiement des indemnités de licenciement est nécessairement conclue dans l'intérêt des salariés qui, pour la Cour de cassation, en sont « les bénéficiaires », ce qui implique une stipulation pour autrui en leur faveur (Soc. 9 juin 1993, *D.* 1994.270, note Jamin).

La donation ou le legs avec charge au profit d'un tiers n'est qu'une application de la stipulation pour autrui, le bénéficiaire de la charge ayant un droit direct contre le donataire-promettant, ce droit résultant du contrat conclu par celui-ci avec le donateur-stipulant. Au demeurant, cette application est expressément envisagée par l'article 1121 du Code civil. La stipulation d'un contrat de vente selon laquelle le prix devra être payé par l'acheteur à un tiers désigné par le vendeur correspond le plus souvent à une stipulation pour autrui. Il en est ainsi, en particulier, lorsque le prix doit être payé sous forme de rente viagère à un crédirentier autre que le vendeur lui-même.

On a pu admettre qu'une convention collective pouvait contenir une stipulation pour autrui au profit des salariés (Soc. 4 février 1981, *J.C.P.* 1981.IV.133, *D.* 1981.IR.427, obs. Langlois). L'engagement du cédant d'un fonds de commerce pris envers le cessionnaire de réembaucher les salariés qui ne suivraient pas celui-ci au cas où il déciderait de transférer le siège de son établissement constitue une stipulation pour autrui au profit desdits salariés (Com. 14 mai 1979, *D.* 1980.157, note Larroumet). Un contrat conclu entre un éditeur et un sous-éditeur peut contenir une stipulation pour autrui en faveur de l'auteur (T.G.I. Paris 15 février 1984, *D.* 1984, Flash, n° 11). Constitue une stipulation pour autrui la clause d'un contrat en vertu de laquelle un nouveau locataire s'engage à payer les loyers que devait le précédent locataire (Paris 12 janviers 1984, *D.* 1984.IR.121). Le contrat conclu entre une banque et un marchand de monnaies anciennes en vertu duquel les monnaies sont placées dans un coffre de la banque peut contenir une stipulation en faveur d'un client du marchand (Paris 20 février 1985, *D.* 1985.IR.344, obs. Vasseur). Le contrat de cession de contrôle d'une société peut créer un droit au profit des tiers qui y sont désignés (Trib. com. Paris 14 décembre 1983, *Rev. trim. dr. civ.* 1985.370, obs. Mestre). L'accord conclu entre deux époux en vertu duquel ceux-ci s'engagent à transférer la propriété d'un immeuble à leurs enfants contient une stipulation pour autrui au profit des enfants, ce qui leur permet de vaincre le refus de leur mère de réitérer par acte authentique la convention conclue et d'obtenir que l'immeuble soit inscrit à leur nom au registre de la conservation des hypothèques, cette convention constituant une donation indirecte à leur profit (Civ. 1re, 5 mai 1986, *J.C.P.* 1986.IV.198, *D.* 1987. Somm. 124, *Rev. trim. dr. civ.* 1987.102, obs. Mestre, *Rep. not.* 1986.1080, obs. Massip, *Bull. civ.* 1, n° 116, *Rep. not.* 1987.1504, obs. Champenois, *Rev. trim. dr. civ.* 1988.383, obs. Patarin) [1]. Constitue aussi une stipulation pour autrui en faveur des clients d'une banque le contrat conclu entre celle-ci et une entreprise de transport de fonds dont l'objet est justement de transporter jusqu'à la banque les fonds remis à l'entreprise par les clients, le fait que ceux-ci soient tenus de prendre à leur charge les frais de transport ne constituant pas un obstacle dans la mesure où le bénéficiaire peut accepter que le contrat conclu entre le stipulant et le promettant mette des obligations à sa charge (Civ. 1re, 21 novembre 1978, *D.* 1980.309, note Carreau, *J.C.P.* 1980.II.19315, note Rodière) [2]. Une société civile ayant acquis auprès d'un promoteur un appartement dont la délivrance est intervenue avec retard, il a été admis que les juges devaient rechercher si le contrat de vente contenait une stipulation pour autrui implicite au profit du gérant de la société acheteuse, lequel devait exercer son activité professionnelle dans l'appartement, la stipulation l'autorisant dès lors à demander la réparation du préjudice qu'il subissait personnellement du fait du retard de la délivrance (Civ. 1re, 14 juin 1989, *J.C.P.* 1989.IV.306, *Bull. civ.* 1, n° 243, *Rep. not.* 1990.504, obs. Vermelle).

Une clause de non concurrence prévue dans un bail commercial en faveur du preneur voisin constitue une stipulation pour autrui en faveur de celui-ci (Paris 6 février 1992, *J.C.P.* 1992.IV.1752), de la même façon que la clause obligeant le preneur à verser des cotisations à l'association des commerçants d'un centre commercial (Civ. 1re, 31 mars 1992, *Contrats, conc., consomm.* 1992, n° 134, obs. Leveneur). La clause d'un contrat de louage d'ouvrage selon laquelle les fournitures commandées par l'entrepreneur seraient payées directement au fournisseur par le maître de l'ouvrage constitue une stipulation pour autrui au bénéfice du fournisseur (Civ. 1re, 29 novembre 1994, *J.C.P.* 1995.IV.253). L'engagement de l'assureur sur la demande de l'adhérent-emprunteur au profit du prêteur dans une assurance de groupe constitue l'engagement du promettant en vertu d'une stipulation pour autrui (Civ. 1re, 14 novembre 1995, *J.C.P.* 1996.IV.37, *D.* 1996.436, note Billiau, *Rep. not.* 1996.750, obs. Delebecque ; Civ. 1re, 31 mars 1998, *D.* 1998.IR.115, *D.A.* 1998.797).

Constitue une stipulation pour autrui au profit de la société dont les parts ont été cédées la clause de l'acte de cession obligeant le cédant à reverser à la société le montant du passif révélé après la cession (Com. 7 octobre 1997, *R.J.D.A.* 1997, n° 1498, *Bull. Joly* 1997. 1058, note Mousseron, *D.* 1998. Somm. 112, obs. Delebecque). Le cautionnement donné par le dirigeant d'une société au profit des

---

1. Une donation indirecte peut être contenue dans un acte ne revêtant pas la forme exigée par l'article 931 du Code civil, dont l'application est réservée aux transferts à titre gratuit entre vifs intervenant entre le donateur et le donataire.

2. V. *infra*, n° 807 bis.

adhérents d'un groupement d'intérêt économique constitue une stipulation pour autrui, l'arrêt en déduisant que la résiliation de l'engagement ne peut être invoquée contre les bénéficiaires, même s'ils n'ont pas accepté, lorsqu'ils n'ont pas été informés de cette résiliation (Com. 23 novembre 1999, *R.J.D.A.* 2000, n° 209). On doit aussi admettre que constitue une stipulation pour autrui la désignation d'une banque comme bénéficiaire de l'assurance-invalidité par le souscripteur d'une assurance sur la vie (Com. 12 juin 2001, *J.C.P.* 2001.IV.2499, l'arrêt en déduisant qu'en cas de liquidation judiciaire du souscripteur, la banque n'est pas tenue de mentionner, lorsqu'elle déclare sa créance contre le souscripteur dans la procédure collective, que son droit lui a été cédé ou constitué en gage à son profit par ledit souscripteur).

D'autres applications pourraient être plus contestables, parce qu'elles ne sont pas fondées sur la volonté du stipulant de faire naître un droit au profit d'autrui et sur celle du promettant de s'engager au profit d'autrui (cf. Civ. 2e, 17 décembre 1954, *D.* 1955.269 note Rodière, admettant que le contrat conclu entre un hôpital et un centre de transfusion sanguine contient une stipulation pour autrui en faveur de ceux sur lesquels est pratiquée une transfusion). [1] Il est vrai que le centre de transfusion sait nécessairement que le sang sera utilisé au profit d'un malade [2].

803 – La stipulation pour autrui présumée. La jurisprudence, voyant dans la stipulation pour autrui un instrument permettant de tenir en échec le principe, parfois gênant, de la relativité des contrats, n'a pas hésité à aller au-delà des besoins de la pratique pour étendre démesurément la stipulation pour autrui hors des

---

1. De façon à faire bénéficier les victimes contaminées par le virus du sida à la suite d'une transfusion de l'obligation de résultat du centre de transfusion quant à la fourniture d'un sang non contaminé, la jurisprudence avait repris la solution de l'arrêt du 17 décembre 1954 (cf. T.G.I. Paris 1er juillet 1991, *J.C.P.* 1991.II.21762, note Harichaux, *D.* 1992.85, note Dorsner-Dolivet ; Paris 26, novembre 1991, *D.* 1992.IR.70 ; T.G.I. Toulouse 16 juillet 1992, *J.C.P.* 1992.II.21965, note Labbée ; T.G.I. Nice 27 juillet 1992, *D.* 1993.38, note Vidal ; Toulouse 9 juin 1992, *D.* 1992.IR.204 ; Aix-en-Provence 12 juillet 1993, *D.* 1994.13, note Vidal ; Civ. 1re, 14 novembre 1995, *D.* 1995.IR.269, *J.C.P.* 1996.IV.18, *Bull. civ.* 1, n° 414, *J.C.P.* 1996.I.3985, n° 8, obs. Viney). V. sur la question, Morançais-Demeester Contamination par transfusion du virus du sida : responsabilités et indemnisation, *D.* 1992. Chron. 189 ; observations Jourdain, *Rev. trim. dr. civ.* 1992.117. Depuis une loi du 19 mai 1998 transposant une directive européenne du 25 juillet 1985 (art. 1386-1 et s. C. civ.), il n'est plus nécessaire de recourir à la stipulation pour autrui. Déjà, avant cette loi, la jurisprudence s'était inspirée de la directive européenne du 25 juillet 1985 pour autoriser les victimes par ricochet, ayants droit d'un transfusé, à invoquer le manquement par l'organisme de transfusion à son obligation de sécurité de résultat sans faire appel à la stipulation pour autrui (Civ. 1re, 13 février 2001, *J.C.P.* 2002.II.10099, note Lisanti-Kalczynski).

2. Plutôt que de prendre des libertés avec la stipulation pour autrui, peut-être aurait-on pu faire bénéficier le transfusé de l'obligation de résultat du centre de transfusion en admettant à son profit la solution selon laquelle est transmise au sous-acquéreur le bénéfice de la garantie due à son auteur, v. *supra*, n° 752.

frontières qui auraient du lui être assignées. C'est ainsi que la Cour de cassation a admis l'existence d'une stipulation pour autrui présumée dans le contrat de transport de personnes pour faire bénéficier les proches parents du passager, en cas de décès de celui-ci notamment, des avantages de la responsabilité contractuelle du transporteur, débiteur d'une obligation de résultat. Pour cela, elle a considéré que le passager stipulait du transporteur non seulement au profit de lui-même, mais encore au profit de ses proches, ce qui relève de l'imagination (cf. Civ. 6 décembre 1932, *D.P.* 1933.1.37, note Josserand, S.1934.1.81, note Esmein. V. sur les limites de cette stipulation pour autrui, Civ. 24 mai 1933, *D.P.* 1933.1.137, note Josserand). C'est déformer la stipulation pour autrui que de l'admettre là où elle ne correspond pas aux volontés des parties à un contrat [1]. Au surplus, il était dans la logique de l'institution de permettre au bénéficiaire, en l'occurrence les proches parents, d'y renoncer. Or, en renonçant à la stipulation pour autrui, les proches parents ne renoncent pas pour autant à intenter une action en responsabilité contre le transporteur. Cependant, n'étant plus créanciers en vertu du contrat de transport, ils invoqueront alors la responsabilité extra-contractuelle du transporteur [2]. Ils y auront intérêt, dans la mesure où ils peuvent intenter l'action en responsabilité extra-contractuelle sur le fondement de l'article 1384, al. 1er du Code civil, ce qui leur permet d'écarter les clauses limitatives de responsabilité éventuellement contenues dans le contrat de transport. En effet, ces clauses sont opposables au demandeur s'il se fonde sur la stipulation pour autrui et, par conséquent, sur la responsabilité contractuelle, tandis qu'elles ne lui seront point opposables s'il se fonde sur la responsabilité extra-contractuelle [3]. Dans deux arrêts rendus le même jour, l'un en matière de transport aérien et l'autre en matière de transport maritime, la Cour de cassation a considéré que les

---

1. Cependant, il n'est pas nécessaire que les volontés des parties au contrat de stipuler pour autrui soient expresses et il serait toujours possible de déceler l'intention de stipuler pour autrui en procédant à une interprétation de ces volontés (cf. Com. 4 novembre 1987, *J.C.P.* 1988.IV.11 Civ. 1re, 14 juin 1989, *J.C.P.* 1989.IV.306, *Bull. civ.* 1, n° 243, *Rev. trim. dr. civ.* 1990.71, obs. Mestre). En effet c'est une chose d'admettre une stipulation pour autrui fondée sur les volontés tacites ou implicites des parties. C'en est une autre de la présumer.

2. V. *supra*, n° 749 et 750.

3. La raison pour laquelle la jurisprudence avait admis une stipulation présumée au profit des proches parents du passager, au début des années 1930, tient à ce qu'à cette époque la responsabilité objective du fait des choses de l'article 1384, al. 1er du Code civil pouvait n'être pas définitivement implantée en droit français. En effet, la situation des proches parents, demandant la réparation de leur préjudice par ricochet, était bien meilleure en tant que créanciers d'une obligation de résultat que ce qu'elle pouvait être sur le terrain de l'article 1382 du Code civil, texte en vertu duquel ils étaient tenus de prouver la faute du transporteur. Mais, le jour où la responsabilité objective du fait des choses a été définitivement implantée, les proches parents n'avaient plus aucun intérêt à prétendre être bénéficiaires d'une stipulation pour autrui et il fallait, par conséquent, leur permettre d'y renoncer.

proches parents du passager pouvaient renoncer « à la prétendue stipulation pour autrui incluse à leur profit dans le contrat de transport » et, par conséquent se placer sur le terrain de la responsabilité extra-contractuelle du transporteur (Civ. 23 janvier 1959, *D.* 1959.101, note Savatier, *J.C.P.* 1959.II.11002, Civ. 23 janvier 1959, 2e arrêt, *D.* 1959.281, note Rodière, v. aussi, Com. 19 juin 1951, *D.* 1951.717, note Ripert, S.1952.1.89, note Nerson, *J.C.P.* 1951.II.6426, note Becqué). Quelque logique que pût être la renonciation à la stipulation pour autrui, il n'empêche qu'elle permettait aux proches parents de choisir le régime de la responsabilité du transporteur qui leur était le plus favorable, ce qui était contraire au principe du non cumul des responsabilités contractuelle et extra-contractuelle. En réalité, c'est parce qu'on avait admis artificiellement une stipulation pour autrui au profit des proches parents qu'on en était arrivé là.

Il est vrai que, de nos jours, le problème paraît ne plus se poser. En effet, dans les transports aériens et maritimes, la responsabilité du transporteur est soumise au même régime, quel que soit le demandeur à l'action en responsabilité, partie au contrat ou tiers, passager ou proche parent [1]. En ce qui concerne les transports terrestres, il n'y a pas de disposition légale analogue. Cependant, il ne paraît pas que les proches parents du passager aient intérêt à invoquer une stipulation pour autrui ou à y renoncer, sans compter que, pour les transports routiers, la loi du 5 juillet 1985 a unifié les régimes de réparation en matière contractuelle et en matière extra-contractuelle. À une époque plus récente, la Cour de cassation a condamné expressément la stipulation pour autrui implicite au profit des proches parents d'une personne décédée dans un accident de transport (Civ. 1re, 28 octobre 2003, *J.C.P.* 2004.II.10006, note Lardeux, *D.* 2004.233, note Delebecque, *Rep. not.* 2004.384, obs. Libehaber, *Rev. trim. dr. civ.* 2004.96, obs. Jourdain, *Petites Affiches* 23 décembre 2003, note Ancel).

On sait que l'assurance pour compte s'analyse en une stipulation pour autrui. A juste titre la Cour de cassation a admis qu'elle ne pouvait être présumée, ce qui n'empêchait pas de la fonder sur une volonté implicite et non équivoque des parties (Civ. 1re, 10 juillet 1995, *D.* 1995.IR.205, *J.C.P.* 1995.IV.2227). Ainsi encore, il a été admis à juste titre qu'en l'absence de stipulation pour autrui, la garantie de passif stipulée entre le cédant et le cessionnaire de parts sociales ne peut bénéficier qu'à ce dernier et non pas à la société dont

---

1. Pour les transports maritimes, cela résulte de l'article 42 de la loi du 18 juin 1966 et pour les transports aériens, de l'article 24 de la Convention de Varsovie et de l'article 2 § 1 du Réglement européen du 9 octobre 1997 relatif à la responsabilité du transporteur aérien de personnes.

les parts ont été cédées, la stipulation pour autrui supposant que la société soit désignée comme bénéficiaire (Paris, 12 octobre 2002, *R.J.D.A.* 2002, n° 159) [1].

b) Les éléments fondamentaux de la stipulation pour autrui

804 – Trois éléments. Les conditions de validité de la stipulation pour autrui tiennent à trois éléments qui n'ont pas tous la même valeur. Le premier concerne le caractère contractuel de la stipulation pour autrui. Le second tient à son caractère accessoire. Ce caractère est affirmé à l'article 1121 du Code civil, mais la jurisprudence paraît bien l'avoir vidé de sa substance. Enfin, la stipulation pour autrui suppose que certaines conditions soient remplies quant au tiers bénéficiaire.

α) Caractère contractuel de la stipulation pour autrui

805 – Volonté du promettant et du stipulant de faire naître un droit au profit d'un tiers. La stipulation pour autrui suppose que le stipulant et le promettant ont voulu que le contrat soit créateur d'un droit au profit d'un tiers. Hors cette volonté, il ne saurait être question de tenir en échec le principe de l'effet relatif des contrats (cf. Civ. 1re, 7 janvier 1997, *R.J.D.A.* 1997, n° 748, *Rep. not.* 1997.1076, obs. Bénabent). Ce principe est justifié par l'autonomie de la volonté, en ce sens que les parties deviennent créancières et débitrices parce qu'elles l'ont voulu. Si l'effet créateur de droit du contrat doit être étendu à un tiers, c'est aussi parce que les parties l'ont voulu. En d'autres termes, l'exception est justifiée par la même règle que le principe. C'est aux parties au contrat de déterminer l'étendue des effets de celui-ci. C'est la raison pour laquelle, non seulement en ce qui concerne le contrat de transport de personnes [2], mais encore d'autres hypothèses, les stipulations pour autrui présumées sont tout à fait contestables [3].

806 – L'intérêt du stipulant. Pendant longtemps, il a été admis que la démonstration d'un intérêt du stipulant à faire naître un droit au profit d'un tiers était une condition de validité de la stipulation pour autrui et certains auteurs se tiennent toujours à cette position. En d'autres termes, la volonté du stipulant ne serait point suffisante. Il faudrait qu'elle corresponde à son intérêt. Pourtant, la majorité des auteurs, favorables à l'exigence d'un tel intérêt, se contentent d'un intérêt moral et considèrent qu'il n'est pas nécessaire que l'intérêt soit pécuniaire.

---

1. Le droit allemand connait un mécanisme proche de la stipulation pour autrui tacite, mais néanmoins différent. Il s'agit de la théorie du contrat avec effets protecteurs pour les tiers, sur laquelle v. Ancel, *Rev. contrats* 2004.471 et s.

2. V. *supra*, n° 803.

3. V. *supra*, n° 802 *in fine*. V. aussi Civ. 12 avril 1967 *Rev. trim. dr. civ.* 1968.143, obs. Chevallier qui admet l'existence d'une stipulation pour autrui sans se fonder sur les volontés certaines du promettant et du stipulant. V. *supra*, note 3, p. 962 sur l'interprétation des volontés du stipulant et du promettant.

Cependant, il ne paraît pas que l'intérêt du stipulant soit nécessaire et la jurisprudence ne mentionne pas, d'une façon générale, cette exigence [1]. En effet, l'intérêt du stipulant est inclus dans son acte de volonté, qu'il s'agisse d'un simple intérêt d'affection, comme dans la donation avec charge, ou qu'il s'agisse de l'exécution d'une obligation du stipulant envers le bénéficiaire, comme dans le paiement par le promettant du prix de vente du bien qu'il a acheté au stipulant à un créancier de celui-ci. La volonté du stipulant fait présumer son intérêt, c'est-à-dire la justification de son acte de volonté. L'intérêt des parties au contrat n'est jamais une condition de validité du contrat en tant que telle. L'intérêt se confond avec la volonté, l'objet ou la cause. Il n'y a pas de raison qu'il en aille différemment pour la stipulation pour autrui. Ainsi, si la volonté du stipulant repose sur une cause illicite, la stipulation pour autrui sera nulle, sans qu'il soit besoin de faire appel à l'illicéité de l'intérêt. Il suffit de se fonder sur la cause illicite (cf. à propos d'une stipulation pour autrui au profit d'une concubine, Civ. 1re, 3 février 1976, *Bull. civ.* 1, n° 51) [2]. Ainsi encore, si le stipulant est privé d'une volonté libre et éclairée en raison de sa démence, la stipulation pour autrui sera annulée pour cette raison et non pas pour l'absence d'intérêt du stipulant.

807 – L'intérêt du bénéficiaire de la stipulation pour autrui. Parce que le stipulant fait naître un droit au profit du bénéficiaire, il agit par là-même dans l'intérêt de celui-ci. Comme la représentation, mais en vertu d'une technique différente, la stipulation pour autrui a pour objet la prise en considération des intérêts d'autrui [3].

De la même façon que la volonté du stipulant permet d'affirmer qu'il a intérêt à stipuler pour autrui, elle permet de présumer l'intérêt du bénéficiaire. Cet intérêt doit être recherché dans les relations

---

1. Toutefois, certains arrêts sont justifiés par l'absence d'intérêt du stipulant ou la disparition de cet intérêt après coup. Ainsi, un arrêt de la 1re Chambre civile de la Cour de cassation du 5 juin 1984 (*J.C.P.* 1984.IV.2607 a considéré qu'une stipulation pour autrui au profit de la femme de l'employé d'une entreprise, lequel était soumis à un risque de transport aérien, devait être résiliée, sans que la femme qui avait accepté cette stipulation pour autrui puisse s'y opposer, dès lors que l'employé n'était plus soumis au risque de transport aérien, en raison de ce que le stipulant, en l'occurrence l'employeur, n'avait plus intérêt au maintien de la stipulation pour autrui contenue dans le contrat d'assurance. Cependant, la solution peut être expliquée par d'autres considérations tenant à ce que le risque assuré avait disparu. Or, l'existence d'un risque déterminé est une condition du contrat d'assurance. V. aussi sur l'intérêt du stipulant, Com. 1er décembre 1975, *D.* 1976.IR.56).

2. La nullité de la stipulation pour autrui, dans les rapports entre le stipulant et le bénéficiaire, pour cause illicite ou immorale, n'entraîne pas la nullité du contrat dans lequel la stipulation pour autrui est contenue, ce dont il résulte que le promettant sera tenu envers le stipulant ou ses héritiers, une fois écarté le tiers bénéficiaire désigné contrairement à la loi (cf. Civ. 8 octobre 1957, *D.* 1958.317, note Esmein).

3. C'est en vertu de cette idée que l'on a parfois considéré la stipulation pour autrui comme étant une application de la gestion d'affaires, v. *supra*, n° 801.

du stipulant et du bénéficiaire. Le stipulant, en effet, peut vouloir gratifier le bénéficiaire, comme il peut vouloir éteindre, en lui procurant l'engagement du promettant, une dette dont il était tenu envers lui [1]. Cependant, il n'est pas possible de faire naître un droit au profit d'un tiers si celui-ci n'entend point faire valoir ce droit. C'est la raison pour laquelle il faut réserver au tiers bénéficiaire le droit de refuser le droit qu'on a fait naître à son profit.

Dans tous les systèmes juridiques, il est admis que le bénéficiaire peut refuser la stipulation pour autrui. Ce droit résulte, en droit français, de l'article 1121 du Code civil, qui interdit au stipulant de révoquer la stipulation pour autrui, lorsque le tiers a déclaré vouloir en profiter. Mais, il n'en résulte pas pour autant que c'est l'acceptation du bénéficiaire qui fait naître son droit contre le promettant [2]. S'il devait en être ainsi, la stipulation pour autrui ne constituerait nullement une exception au principe de l'effet relatif des contrats. Or, elle ne peut remplir l'utilité qu'on attend d'elle que si elle constitue une exception au principe de la relativité des conventions. C'est pourquoi il a toujours été admis que l'acceptation du bénéficiaire devait rétroagir. En réalité, il n'est même pas nécessaire de considérer que l'acceptation rétroagit, parce que cette acceptation n'est pas nécessaire pour faire naître le droit du bénéficiaire contre le promettant [3] (Civ. 1re, 19 décembre 2000, *D.* 2001.3482, note Ardeef). Les effets de l'acceptation sont beaucoup plus restreints. En acceptant la stipulation pour autrui, le bénéficiaire confirme un droit qui est né à son profit en dehors de sa volonté et, par là-même, il interdit au stipulant de le révoquer. En effet, le droit du bénéficiaire est né de l'initiative du stipulant. Dès lors, le stipulant a un droit de regard sur ce droit, c'est-à-dire qu'il peut le modifier ou même le révoquer. La raison en est que le stipulant a pris en main les intérêts du bénéficiaire,

---

1. En réalité, ce n'est pas l'engagement du promettant qui éteint la dette du stipulant envers le bénéficiaire, mais l'exécution de cet engagement. En effet, le stipulant demeure tenu envers le bénéficiaire tant que celui-ci n'a pas obtenu satisfaction par l'exécution de l'obligation du promettant.

2. Sur le système de l'offre, v. *supra*, note 4, p. 969.

3. Il en résulte que, lorsque le bénéficiaire décède avant d'avoir accepté, le droit fait partie de sa succession et peut être invoqué par ses héritiers, sauf s'il lui avait été attribué *intuitu personae*, auquel cas, en l'absence de désignation d'un bénéficiaire subsidiaire, le droit appartiendrait au stipulant et, par conséquent, à ses héritiers (v. cependant, Civ. 1re, 10 juin 1992, *D.* 1992.493, note Aubert, *J.C.P.* 1993.II.22142, note Maury, *Rep. not.* 1992.1449, obs. Aubert, *Rev. trim. dr. civ.* 1994.99, obs. Mestre, qui, à propos d'une assurance contre les accidents en cas de décès, admet que, si le bénéficiaire décède avant d'avoir accepté, le droit revient, non pas à ses héritiers, mais aux bénéficiaires subsidiaires, l'arrêt paraissant faire de l'acceptation du bénéficiaire de premier rang une condition de l'attribution du droit à son profit, la solution n'étant pas fondée sur le caractère *intuitu personae* de cette attribution). En revanche, lorsque le stipulant a désigné un bénéficiaire en sous-ordre sans réserver les droits des héritiers du premier bénéficiaire, en cas de décès de ce dernier avant qu'il ait pu accepter, le bénéfice de la stipulation pour autrui doit être attribué au bénéficiaire en sous-ordre (Civ. 1re, 9 juin 1998, *D.A.* 1998.1209).

sans que celui-ci ait son mot à dire. Certes, il peut refuser le droit et, en ce cas, celui-ci ne lui aura jamais été attribué. Mais, s'il l'accepte, l'acceptation n'est qu'un acte confirmatif ou une ratification de ce qui a été fait par autrui. A partir de l'acceptation, le droit du bénéficiaire n'est plus la chose du stipulant et, par conséquent, il ne peut plus en disposer. Il devient la chose du bénéficiaire qui seul peut en disposer (cf. Civ. 1re, 19 décembre 2000, précité). Son intérêt ne se confond plus avec celui du stipulant.

807 *bis* – Obligation à la charge du bénéficiaire. La volonté du stipulant et celle du promettant de faire naître un droit au profit du bénéficiaire peut aussi avoir pour objet de mettre des obligations à la charge de celui-ci, ce qui ne constitue pas une promesse pour autrui dans la mesure où le bénéficiaire ne sera tenu de ces obligations que s'il accepte de les assumer. Or, son intérêt peut être d'assumer des obligations de façon à profiter du droit créé en sa faveur. Dans la mesure où les obligations sont la contrepartie du droit, il ne saurait être question de permettre au bénéficiaire d'accepter le droit sans prendre à sa charge les obligations.

Il est vrai que la Cour de cassation a affirmé que la stipulation pour autrui ne peut faire naître une obligation à la charge du bénéficiaire. Mais, l'arrêt qui a ainsi statué (Civ. 3e, 10 avril 1973, *D.* 1974.21, note Larroumet) a précisé qu'il s'agissait « d'une obligation stipulée en dehors (du bénéficiaire) », c'est-à-dire une obligation qu'il n'accepterait pas. Or, la question ne se présente pas du tout de la même façon pour les obligations que le bénéficiaire accepte d'assumer. Aussi bien, la jurisprudence admet que la stipulation pour autrui n'exclurait pas que le bénéficiaire soit tenu d'obligations dans le cas où il les aurait acceptées en même temps que le droit stipulé à son profit (cf. Civ. 1re, 21 novembre 1978, *D.* 1980.309, note Carreau, *J.C.P.* 1980.II.19315, note Rodière ; Civ. 1re, 8 décembre 1987, *Bull. civ.* 1, n° 343, *D.* 1988.IR.3, *J.C.P.* 1988.IV.65, *Rev. trim. dr. civ.* 1988.532, obs. Mestre, *D.* 1989.233, obs. Aubert. V. aussi, Civ. 1re, 7 juin 1989, *D.* 1989.IR.196, *J.C.P.* 1989.IV.291, *Rep. not.* 1989.1056, obs. Aubert, *Rev. trim. dr. civ.* 1990.73, obs. Mestre, en ce qui concerne l'obligation pour l'adhérent d'une assurance de groupe de payer la prime à l'assureur, l'arrêt analysant l'assurance de groupe en une stipulation pour autrui conclue entre le souscripteur-stipulant et l'assureur-promettant au profit des adhérents-bénéficiaires).

Toutefois, cette solution a pour conséquence de transformer la stipulation pour autrui d'une façon telle qu'on peut douter qu'il s'agisse encore d'une stipulation pour autrui. En effet, dans la mesure où, d'une part, le bénéficiaire ne peut se voir attribuer le droit sans être tenu des obligations et, d'autre part, il ne peut être tenu des obligations que s'il les accepte, c'est son acceptation qui le rend créancier et débiteur du promettant. Dès lors, il n'y a plus d'exception au principe de l'effet relatif des contrats et on doit admettre qu'il ne s'agit plus d'une stipulation pour autrui. Par conséquent, la Cour de cassation a tort de voir encore une stipulation pour autrui dans cette opération, au demeurant parfaitement valable. En réalité, il s'agit d'une variété de contrat pour autrui dans laquelle le promettant est d'ores et déjà obligé envers le bénéficiaire du fait de son engagement envers le stipulant, mais le droit et l'obligation du bénéficiaire ne naîtront que de son acceptation, ce dont il résulte qu'ils n'existeront jamais s'il n'accepte pas [1].

β) Caractère accessoire de la stipulation pour autrui

808 – Objet principal et objet accessoire du contrat conclu entre le stipulant et le promettant. L'article 1121 du Code civil, en ce qu'il énonce que la stipulation pour autrui est valable « lorsqu'elle est la condition d'une stipulation que l'on fait pour soi-même ou d'une donation que l'on fait à un autre » consacre le caractère accessoire de la stipulation pour autrui. En d'autres termes, il ne pourrait y avoir de stipulation pour autrui que si le contrat a engendré, en dehors de la stipulation pour autrui, un rapport d'obligation entre le promettant et le stipulant. Par exemple, lorsque le prix de vente doit être payé par l'acheteur-promettant à un tiers, il faudrait que le vendeur-stipulant devienne lui-même créancier de l'acheteur à raison de la vente. C'est restreindre considérablement la possibilité de stipuler pour autrui. Il est vrai que lorsque la stipulation pour autrui est la condition d'une donation qu'on fait à un autre, le donateur-stipulant ne stipule pas en même temps pour lui même, puisqu'il est débiteur sans être créancier en dehors de la stipulation pour autrui. Or, on ne voit pas pourquoi il ne serait point nécessaire que le stipulant stipule pour lui-même, lorsque la stipulation pour autrui est contenue dans un acte à titre gratuit, tandis que ce serait nécessaire si elle est contenue dans un contrat à titre onéreux. Aussi bien, presque tous les auteurs non démentis par la jurisprudence considèrent que la stipulation pour autrui est valable même si elle constitue l'opération principale, le stipulant n'ayant pas besoin de stipuler pour lui-même. Si l'on avait dû respecter scrupuleusement le caractère accessoire de la stipulation pour autrui, il n'aurait pas été possible de voir une stipulation pour autrui dans l'assurance sur la vie en cas de décès au profit d'un tiers. En effet, dans un tel contrat, l'assuré-stipulant ne stipule pas principalement pour lui-même et accessoirement pour le

---

1. Selon un auteur (Martin, La stipulation de contrat pour autrui, *D.* 1994. Chron. 145), il s'agirait d'une variété de promesse unilatérale de contrat, le promettant étant d'ores et déjà obligé envers autrui, titulaire d'un droit d'option (v. *supra*, n° 308 et s.). Cependant, l'explication est contestable, car l'obligation du promettant est acceptée par le stipulant dans l'intérêt du bénéficiaire, qui ne deviendra créancier et débiteur du promettant que par son acceptation.

bénéficiaire. La stipulation principale a pour objet l'attribution d'un droit au bénéficiaire contre l'assureur promettant.

En fin de compte, le caractère accessoire de la stipulation pour autrui n'a pas d'autre signification que la nécessité d'un rapport contractuel entre le promettant et le stipulant, c'est-à-dire qu'il se confond purement et simplement avec leur volonté de faire naître, en vertu d'un contrat, un droit au profit d'un tiers. Dans cette mesure, elle est accessoire parce qu'elle se rattache au contrat conclu entre le promettant et le stipulant.

γ) La désignation du tiers bénéficiaire

809 – Moment et modalité de la désignation du bénéficiaire. Si le bénéficiaire est nommément désigné dans le contrat conclu entre le stipulant et le promettant et s'il s'agit d'une personne physique déjà née ou conçue ou d'une personne morale déjà constituée, il n'y a pas de problème. Si aucun bénéficiaire n'est désigné et qu'aucun ne le sera par la suite, le bénéfice de la stipulation doit revenir au stipulant ou à sa succession s'il vient à décéder. C'est une solution logique qui est admise par l'article L. 132-11 du Code des assurances en ce qui concerne l'assurance sur la vie en cas de décès (cf. Civ. 1re, 16 février 1983, *Bull. civ.* 1, n° 63) et qui a valeur de principe général pour toutes les hypothèses de stipulation pour autrui. Cependant, il n'est pas nécessaire que le bénéficiaire soit désigné dans le contrat conclu entre le stipulant et le promettant. En raison de ce que l'attribution d'un droit au profit d'un tiers dépend de la seule initiative du stipulant, il faut admettre que le stipulant, à condition que le promettant ne s'y oppose pas, puisse désigner ultérieurement le bénéficiaire. Au demeurant, en raison de la faculté de révocation qui lui est reconnue avant l'acceptation du bénéficiaire, le stipulant pourrait, avant cette acceptation, substituer un bénéficiaire à celui qu'il a préalablement désigné. Une telle substitution ne constitue pas une cession de la créance issue de la stipulation pour autrui et cela d'autant plus que le stipulant ne pourrait pas céder un droit qui ne lui appartient pas, puisqu'il l'a fait naître au profit d'autrui (cf. Paris 10 décembre 1984, *D.* 1985.520, note Le Roy, à propos d'une assurance sur la vie ; Ass. Plen. 12 décembre 1986, *J.C.P.* 1987.II.20760, conclusions Cabannes et note Boyer, *D.* 1987.269, note Ghestin, *Rep. not.* 1987.541, note Aubert, qui, en cas de changement de bénéficiaire d'une assurance sur la vie par une personne qui avait, d'abord, désigné son épouse pour, ensuite, lui substituer les enfants de son employeur, admet que la créance a été acquise au seul profit des bénéficiaires désignés en dernier lieu, ce dont il résultait que l'épouse n'avait jamais eu de droit sur cette créance ; Civ. 1re, 10 juillet 1996, *D.* 1998.26, note Sauvage, qui, un époux ayant révoqué la désignation de sa femme comme bénéficiaire d'une assurance sur la vie, considère que le nouveau bénéficiaire lui est substitué dès la souscription de l'assurance). Il n'y aurait cession de créance que si le stipulant s'était appliqué à lui-même le bénéfice de la stipulation En ce cas, la désignation ultérieure d'un bénéficiaire réaliserait une transmission du droit du stipulant. Il y aurait cession de créance et non pas stipulation pour autrui

810 – Bénéficiaire indéterminé. S'il n'est pas nécessaire que le bénéficiaire soit désigné dans le contrat conclu entre le promettant et le stipulant, il n'empêche qu'il doit être déterminable au moment où la stipulation produira ses effets à son profit, c'est-à-dire, dans la plupart des cas, au moment où il aura connaissance de la stipulation et se fera connaître au promettant. A une certaine époque, les auteurs et la jurisprudence n'admettaient pas que le bénéficiaire fût seulement déterminable. La raison que l'on pouvait invoquer était que jusqu'à la détermination du bénéficiaire, le droit issu de la stipulation pour autrui n'avait pas de titulaire [1]. Comment, en effet, peut-on envisager qu'un contrat fasse naître directement un droit au profit d'un tiers, si celui-ci n'est pas déterminé ? Tout rapport d'obligation doit avoir un créancier. Certes la rétroactivité de l'acceptation du bénéficiaire permet de considérer que le droit a eu un titulaire dès l'origine. Cependant, la rétroactivité est d'autant plus une fiction ici que l'acceptation n'est pas une condition de la naissance du droit du bénéficiaire. Elle a seulement pour objet de rendre son droit irrévocable. En réalité, on peut expliquer que le droit n'est pas en suspens jusqu'à la détermination du bénéficiaire sans qu'il soit besoin de faire appel à la rétroactivité. Il suffit de considérer que la naissance du droit est retardée jusqu'à la détermination du bénéficiaire [2]. Plus précisément, le principe de la créance du bénéficiaire et les conditions de son attribution résultent du contrat conclu entre le stipulant et le promettant, mais l'existence effective de ce droit est subordonnée à la détermination du bénéficiaire. Une telle solution est parfaitement logique dès lors que le bénéficiaire n'est pas partie au contrat qui fait naître son droit, puisque, par hypothèse, il est un tiers. Dès lors qu'il n'a pas à consentir au contrat générateur de son droit, il n'est pas nécessaire qu'il soit identifié à ce moment là. C'est la détermination du bénéficiaire qui va rendre effective l'existence de son droit. En réalité, il ne s'agit que de l'application du principe

---

1. La théorie de l'offre faite par le stipulant permettait d'éviter cet obstacle, mais on sait qu'elle n'expliquait pas l'originalité de la stipulation pour autrui (v. *supra*, note 4, p. 969). L'explication de la stipulation pour autrui par un engagement unilatéral de volonté du promettant évitait aussi l'obstacle, mais elle ne cadrait pas non plus avec le caractère contractuel de la stipulation pour autrui (v. *supra*, n° 801).

2. En vertu du § 328 du B.G.B., ce sont les circonstances qui déterminent si le droit du tiers naît immédiatement ou sous condition.

selon lequel les contrats dont l'objet n'a pas d'existence actuelle sont parfaitement valables, dès lors que l'objet, en l'occurrence la création d'un droit au profit d'un tiers, est déterminable.

811 – Bénéficiaire futur. Le bénéficiaire d'une stipulation pour autrui doit être considéré comme une personne future, lorsqu'il s'agit d'une personne qui n'a pas encore d'existence. Il s'agit, par exemple, d'une personne physique qui n'est pas encore née ou conçue [1] ou d'une personne morale qui n'est pas encore constituée. A une certaine époque, la jurisprudence s'était montrée défavorable envers les stipulations au profit de personnes futures, du moins lorsqu'elles tendaient à l'attribution d'un droit à titre gratuit au profit du bénéficiaire. On avait invoqué, en effet, la règle de l'article 906 du Code civil, selon laquelle pour bénéficier d'une acquisition à titre gratuit, il faut être conçu au moment de la donation ou du testament. Au demeurant, on retrouve le même obstacle qu'en ce qui concerne les personnes non encore déterminées au moment de la stipulation pour autrui, c'est-à-dire que le droit serait sans titulaire jusqu'à ce que le bénéficiaire existe. Aussi bien, la jurisprudence avait refusé d'admettre la validité de l'assurance sur la vie au profit des enfants nés ou à naître de l'assuré. Cependant, cela ne l'avait pas empêchée d'admettre, dans le même temps, la validité de la stipulation pour autrui pour réaliser une fondation, en vertu du procédé de la donation avec charge, le donataire étant chargé de constituer la fondation, personne future, et de lui attribuer ensuite les biens qui lui étaient destinés par le donateur.

Le législateur a brisé la jurisprudence en ce qui concerne l'assurance sur la vie au profit des enfants à naître dans la loi du 13 juillet 1930 sur les assurances terrestres. En effet, l'actuel article L. 132-8, al. 3, du Code des assurances admet que l'assurance en cas de décès peut être contractée au profit des enfants à naître. Il n'y a aucune raison de ne pas admettre la même solution pour toutes les hypothèses de stipulation pour autrui. En ce qui concerne l'acquisition à titre gratuit d'un droit par le bénéficiaire, il n'y a pas lieu d'opposer l'article 906 du Code civil. En effet, ce texte suppose que l'acte à titre gratuit lie le disposant et l'acquéreur, ce qui n'est pas le cas dans la stipulation pour autrui, puisque le droit est acquis du promettant et

1. L'enfant conçu doit, en effet, être assimilé à l'enfant né, sur le fondement de la règle *infans conceptus pro nato habetur*, ce dont il résulte qu'il n'est pas une personne future (cf. une application par Civ. 1re, 10 décembre 1985, *D.* 1987.449 note Paire, *Rev. trim. dr. civ.* 1987.309, obs. Mestre, à propos d'un contrat d'assurance sur la vie en cas de décès prévoyant une augmentation du capital dû par l'assureur en fonction du nombre d'enfants à charge vivant au foyer. Pour la Cour de cassation, la règle *infans conceptus pro nato habetur* a pour effet d'obliger de tenir compte de l'enfant conçu dans le calcul du nombre d'enfants laissés au décès de l'assuré et vivant au foyer).

non pas du stipulant par un tiers. En d'autres termes, il n'y a pas d'acte d'aliénation entre le disposant et l'acquéreur. Surtout, d'une façon générale, on doit admettre, pour les personnes futures, la même solution que pour les personnes non déterminées au moment de la stipulation, c'est-à-dire que l'existence effective du droit est subordonnée à l'existence du bénéficiaire.

812 – Catégorie dans laquelle le tiers bénéficiaire peut être choisi. Il s'agit de savoir si le bénéficiaire peut être choisi seulement parmi les *penitus extranei* ou bien aussi parmi les ayants cause et créanciers du stipulant.

Il n'est pas douteux qu'un *penitus extraneus* puisse bénéficier d'une stipulation pour autrui. Personne n'a non plus jamais contesté que le stipulant puisse adjoindre au droit de son créancier contre lui-même un droit contre une autre personne, en l'occurrence le promettant, en vertu d'une stipulation pour autrui, l'exécution de son engagement par le promettant ayant pour effet d'éteindre la créance du bénéficiaire contre le stipulant.

Il n'y a pas non plus de difficulté en ce qui concerne les ayants cause à titre particulier du stipulant. On peut toujours adjoindre à une transmission un droit contre une autre personne et, en particulier, un débiteur du stipulant [1]. C'est à propos des ayants cause universels du stipulant que le problème fait difficulté. La raison en est que le droit qu'ils vont invoquer contre le promettant, ils le trouveraient dans la succession de leur auteur s'il n'y avait pas eu de stipulation pour autrui. Contrairement à ce qui a été avancé par certains auteurs, l'article 1122 du Code civil, selon lequel on est censé stipuler pour soi et pour ses héritiers, ne constitue pas un obstacle, car il s'agit justement de savoir si l'auteur peut se placer en dehors de la situation envisagée par l'article 1122 du Code civil de façon à faire naître au profit de ses héritiers ou certains d'entre eux un droit qu'ils ne feront pas valoir en leur qualité d'héritier mais en celle de bénéficiaire d'une stipulation pour autrui.

La Cour de cassation avait refusé d'admettre la validité de la stipulation pour autrui au profit des héritiers et il paraissait bien que la solution n'était pas fondée sur l'intention de leur auteur-stipulant de les considérer comme héritiers, mais sur l'impossibilité de stipuler au profit de ceux qui sont amenés à recueillir le patrimoine de leur auteur (Req. 15 juillet 1875, S. 1877.1.326). Cependant, la loi de 1930 sur les assurances terrestres a admis une solution contraire (art. L. 132-8 C. assurances). S'agit-il d'une solution

1. On a parfois justifié par la stipulation pour autrui l'action directe contractuelle du sous-acquéreur contre le vendeur originaire (v. *supra*, n° 790 et 790 bis). Le revendeur aurait stipulé de son propre vendeur au profit de son ayant cause, le sous-acquéreur. Mais, il s'agit plutôt d'une transmission (v. *supra*, n° 785 et 787).

dérogatoire au droit commun ou bien doit-elle être étendue aux autres hypothèses de stipulation pour autrui ? En réalité, des distinctions sont nécessaires [1].

Si la stipulation pour autrui est faite au profit de tous les héritiers, le stipulant considère les bénéficiaires en tant qu'héritiers. Quoique la jurisprudence ait pu autrefois affirmer le contraire, il s'agit d'une question d'intention du stipulant. En voulant faire naître un droit au profit de ses héritiers pris globalement, le stipulant les considère en leur qualité d'héritiers. C'est parce qu'ils sont héritiers qu'il veut les rendre créanciers. Il est alors très difficile d'admettre que ce droit ne fasse pas partie de la succession. Il ne s'agit pas d'un droit direct contractuel contre le promettant, mais bien d'un droit dérivé successoral, avec les conséquences que cela implique. La solution de l'article L. 132-8 du Code des assurances déroge certes à cela, mais elle est justifiée par des raisons d'encouragement de l'assurance sur la vie qu'on ne retrouve pas dans les autres applications de la stipulation pour autrui [2].

Si la stipulation pour autrui est faite au profit d'un héritier ou certains héritiers seulement, la solution doit être plus nuancée, toujours en se fondant sur l'intention du stipulant. S'il a considéré les héritiers en tant que tels, il faut admettre la même solution que précédemment. Mais, le plus souvent, le stipulant n'aura pas considéré les héritiers en tant que tels et il aura voulu leur conférer un droit direct et non pas successoral, ce dont il résulte que non seulement ils peuvent l'invoquer même s'ils n'acceptent pas la succession, mais encore que l'émolument de ce droit ne fait pas partie des biens de la succession.

En fin de compte, il ne doit pas y avoir d'obstacle à l'attribution d'un droit non compris dans la succession au profit d'un héritier. L'ordre public successoral ne s'y opposera pas, si les règles sur la réserve et la quotité disponible ne sont pas tournées. Il n'y a qu'une question d'intention du stipulant [3].

---

1. Lorsque les héritiers trouvent dans la succession de leur auteur un droit que celui-ci aurait fait naître pour lui même en vertu d'un contrat d'assurance et qu'il ne l'a pas fait valoir avant son décès, il est évident que les héritiers ne sont pas bénéficiaires d'une stipulation pour autrui (*cf.* Civ. 1re, 24 février 2004, *D.* 2004.IR.848).

2. Parce que le droit du bénéficiaire d'une assurance sur la vie est d'origine contractuelle, même au profit de tous les héritiers, la Cour de cassation a admis que la présomption légale de survie des article 720 et 722 du Code civil, laquelle ne concerne que les droits d'origine successorale, n'est pas applicable à l'assurance sur la vie (Civ. 1re, 11 octobre 1988, *D.* 1989.333, note Breton, *Rep. not.* 1989. 159, note Breton, *D.* 1989. Somm. 245, obs. Berr, à propos d'enfants bénéficiaires d'une assurance sur la vie en cas de décès de leurs parents, disparus ensemble dans un accident d'avion).

3. La clause de continuation de la société, après le décès d'un associé, avec un ou certains héritiers de l'associé, dont la validité est admise par l'article 1870 du Code civil, constituerait une stipulation pour autrui.

c) Les rapports entre les trois personnes intéressées

813 – Trois séries de rapports. La stipulation pour autrui suppose trois séries de rapports de droit. En premier lieu, il y a des rapports entre le promettant et le stipulant, puisque le premier s'engage envers le bénéficiaire à la demande du second. En second lieu, le bénéficiaire acquiert un droit envers le promettant, ce dont il résulte un rapport entre ces deux personnes En troisième lieu, la stipulation pour autrui suppose des rapports entre le stipulant et le bénéficiaire, puisque le premier fait naître un droit au profit du second soit pour le gratifier, soit pour éteindre une dette dont il était tenu envers lui.

Cependant, ces rapports de droit ne résultent pas tous de la stipulation pour autrui. S'il n'est pas douteux que le droit du bénéficiaire contre le promettant est engendré par la stipulation pour autrui, il n'en va pas de même des rapports entre le stipulant et le bénéficiaire. Ils sont extérieurs à la stipulation pour autrui, mais, à travers la notion de cause, ils sont pris en considération pour justifier le droit du bénéficiaire contre le promettant. Quant aux rapports entre le stipulant et le promettant, si la stipulation pour autrui fait aussi naître un droit au profit du premier contre le second, il n'empêche que ces deux parties peuvent être créancières et débitrices l'une envers l'autre en dehors de la stipulation pour autrui et que ce rapport n'est pas sans influence sur la stipulation pour autrui et, par conséquent, sur le droit du bénéficiaire contre le promettant.

α) Les rapports du promettant et du stipulant

814 – Effets du contrat conclu entre eux indépendamment de la stipulation pour autrui. Le promettant et le stipulant sont liés par un contrat sur lequel vient se greffer la stipulation pour autrui, même si celle-ci constitue l'objet principal de ce contrat. Il en résulte que le promettant et le stipulant pourront devenir créanciers et débiteurs en vertu de ce contrat et indépendamment de la stipulation pour autrui. En ce cas, les effets du contrat se produiront conformément au droit commun des effets des contrats dans les rapports des parties [1].

Supposons par exemple la vente d'un immeuble pour un prix de 500 000 euros, le vendeur-stipulant demandant à l'acheteur-promettant de s'engager à payer 200 000 euros à un tiers. Il y a donc stipulation pour autrui à concurrence d'une partie du prix dû par l'acheteur. Mais, le vendeur est créancier de l'acheteur à concurrence de 300 000 euros indépendamment de la stipulation pour autrui. Si le vendeur n'obtient pas le paiement du prix qui lui est dû, il est évident qu'il pourra user de tous les moyens dont dispose un créancier en vertu d'un contrat, en l'occurrence un contrat synallagmatique. Ainsi, il pourra faire valoir l'*exceptio non adimpleti contractus* ou

---

1. V. *supra*, n° 591 et s.

demander la résolution de la vente. A cet égard, il n'y a rien d'original, dans les rapports du promettant et du stipulant. La stipulation pour autrui n'entraîne aucune modification des effets du contrat dans les rapports des parties. C'est dans les rapports du promettant et du bénéficiaire qu'il s'agit de déterminer quels sont les effets de la résolution du contrat sur lequel vient se greffer la stipulation pour autrui [1].

815 – Effets de la stipulation pour autrui. Indépendamment des effets résultant du contrat en dehors de la stipulation pour autrui, il s'agit de savoir si la stipulation pour autrui elle-même produit des effets dans les rapports du stipulant et du promettant. En particulier, le stipulant peut-il agir en exécution de la stipulation pour autrui ou demander la résolution du contrat générateur de la stipulation, si le promettant n'exécute pas son engagement envers le bénéficiaire ? Ainsi, dans l'exemple que l'on a pris, le stipulant dispose-t-il d'une action en justice pour contraindre le promettant à payer la somme de 200 000 euros au bénéficiaire ?

Certains auteurs avaient répondu par la négative pour la raison que le créancier de l'engagement du promettant est le bénéficiaire et non pas le stipulant. Il fallait donc réserver l'action en exécution au seul bénéficiaire. Il est vrai que la jurisprudence avait autorisé le stipulant à demander la résolution du contrat, lorsque le promettant ne s'exécutait pas envers le bénéficiaire, celui-ci ne pouvant pas lui-même agir en résolution [2]. Cependant, la Cour de cassation a admis que le stipulant pouvait agir en exécution de la stipulation pour autrui au profit du bénéficiaire (Civ. 1re, 12 juillet 1956, *D.* 1956.749, note Radouant ; Com. 14 mai 1979, *D.* 1980.157, note Larroumet ; Civ. 1re, 14 décembre 1999, *D.* 2000, Somm. 361, obs. Delebecque, *Bull. civ.*, n° 341 ; Paris 22 novembre 2005, *J.C.P.* 2006.II.10104). En réalité, la solution est tout à fait justifiée. C'est le stipulant qui a permis que naisse un droit au profit du bénéficiaire. En d'autres termes, le stipulant est le cocontractant du promettant et on sait que son acte de volonté permet de présumer son intérêt à faire naître un tel droit au profit d'autrui [3]. Dès lors, il est parfaitement normal de considérer que la stipulation fait aussi naître au profit du stipulant le droit d'exiger du promettant l'exécution de la prestation au profit du tiers ainsi que son corollaire, c'est-à-dire le droit de provoquer la résolution du contrat ou celui de demander au promettant la réparation du dommage résultant pour le stipulant de l'inexécution de l'obligation envers le bénéficiaire. Dans l'exemple précédemment envisagé, le stipulant n'est pas

1. V. *infra*, n° 821 et 822.
2. V. *infra*, n° 821.
3. V. *supra*, n° 806.

créancier du promettant à raison d'une obligation de donner 200 000 euros. Il est créancier à raison d'une obligation de faire. En effet, le promettant s'est engagé envers le stipulant à l'exécution d'une prestation au profit d'autrui. Si le stipulant ne peut exiger l'exécution à son profit, cela n'empêche pas d'admettre qu'il est devenu créancier de l'exécution de cette obligation envers autrui, dont il a intérêt à ce qu'elle soit accomplie en raison de ses relations avec le bénéficiaire. Ce droit repose sur sa qualité de créancier du promettant. En d'autres termes, si la stipulation pour autrui engendre un droit au profit d'un tiers, que celui-ci peut faire valoir directement par exception au principe de l'effet relatif des contrats, elle engendre aussi un droit au profit du stipulant, envers lequel le promettant s'est engagé. C'est parce que le stipulant est créancier du promettant en vertu de la stipulation pour autrui qu'il peut invoquer l'*exceptio non adimpleti contractus* ou la résolution, comme il peut mettre en jeu la responsabilité contractuelle du promettant si celui-ci n'exécute pas son engagement envers le bénéficiaire [1].

β) Les rapports du stipulant et du bénéficiaire

816 – Deux idées. Les rapports du stipulant et du bénéficiaire sont extérieurs à la stipulation pour autrui, encore que celle-ci fasse naître au profit du stipulant le droit de la révoquer tant qu'elle n'a pas été acceptée. En réalité, deux idées dominent les rapports du stipulant et du bénéficiaire. D'une part, le bénéficiaire n'est ni le créancier, ni l'ayant cause du stipulant en ce qui concerne ses droits résultant de la stipulation pour autrui. D'autre part, le stipulant peut révoquer le droit qu'il a fait naître au profit du bénéficiaire.

817 – Le bénéficiaire n'est ni créancier ni ayant cause du stipulant en vertu de la stipulation pour autrui. En premier lieu, le bénéficiaire n'est pas créancier du stipulant en vertu de la stipulation pour autrui. En effet, la stipulation pour autrui crée un droit au profit du bénéficiaire envers le promettant et non pas envers le stipulant Par conséquent, si le promettant n'exécute pas son obligation envers le bénéficiaire, celui-ci ne pourra pas en demander l'exécution au stipulant. Il n'en irait différemment que si le stipulant avait garanti cette exécution, par exemple en vertu d'un cautionnement, mais cela n'a rien à voir avec la stipulation pour autrui. Cependant, le bénéficiaire peut être créancier du stipulant en dehors de la stipulation pour autrui. Tel est le cas lorsque la stipulation pour autrui intervient en faveur d'un créancier du stipulant, dans le but d'éteindre cette créance par l'exécution par le promettant. Dans une telle hypothèse,

1. Certains codes étrangers attribuent expressément au stipulant le droit d'agir en exécution au profit du tiers bénéficiaire (cf. art. 112, al. 1er C. suisse des obligations, § 335 B.G.B.).

le droit de créance extérieur à la stipulation pour autrui demeure, la stipulation n'ayant pas pour effet de l'éteindre si le créancier n'y consent pas en vertu d'une manifestation de volonté extérieure à la stipulation pour autrui [1]. Puisque le bénéficiaire n'est pas créancier du stipulant en vertu de la stipulation pour autrui, les autres créanciers du stipulant ne pourront pas demander que le paiement fait par le promettant entre les mains du bénéficiaire leur soit inopposable, notamment en intentant l'action paulienne de l'article 1167 du Code civil ou en vertu des règles propres aux procédures de redressement et de liquidation judiciaires des entreprises. La solution s'impose en raison de ce que le promettant paie pour son propre compte et non pas au nom ou pour le compte du stipulant. C'est une conséquence du droit direct du bénéficiaire contre le promettant [2].

En second lieu, le bénéficiaire n'est pas davantage un ayant cause du stipulant en ce qui concerne son droit contre le promettant. Cela signifie que son droit ne lui a pas été transmis par le stipulant [3]. Le droit du bénéficiaire provient directement du contrat conclu entre le stipulant et le promettant, sans être passé au préalable dans le patrimoine du stipulant. C'est un droit direct et non pas un droit dérivé.

La conséquence du caractère direct du droit du bénéficiaire est très importante lorsque, dans les rapports du stipulant et du bénéficiaire, le premier a fait naître au profit du second un droit à titre gratuit, c'est-à-dire lorsque la stipulation pour autrui réalise une donation indirecte. D'abord, les donations indirectes échappent aux conditions de forme des donations. Ensuite, si le principe est que les donations indirectes sont soumises aux conditions de fond des donations, il n'empêche que, pour l'application des règles de la réserve successorale et de la quotité disponible, on doit considérer

1. La Cour de cassation paraît, au contraire, admettre que la stipulation pour autrui entraîne l'extinction du droit du bénéficiaire contre le stipulant qui, par conséquent, serait libéré (Civ. 1re, 14 novembre 1995, *D.* 1996.436, note Billiau, *Rep. not.* 1996.750, obs. Delebecque, *Rev. trim. dr. civ.* 1997.122, obs. Mestre). C'est une solution non seulement inéquitable, mais encore juridiquement contestable. En effet, on ne voit pas pourquoi le stipulant serait libéré si le bénéficiaire n'accepte pas cette libération en échange de la création d'un droit à son profit contre le promettant.

2. Toutefois, les créanciers du stipulant pourraient attaquer la stipulation pour autrui elle-même par l'action paulienne, lorsque le stipulant s'est dépouillé d'un droit au profit du bénéficiaire en fraude des droits de ses créanciers.

3. On sait que c'est là une différence remarquable entre la stipulation pour autrui et la cession de créance, v. *supra*, n° 799. Un arrêt de Civ. 1re, 1er décembre 1987 (*D.* 1987.IR.256, *J.C.P.* 1988.IV.57, *Bull. civ.* 1, n° 315, *Rep. not.* 1988.538, obs. Champenois) en tire la conséquence que, lorsqu'à l'occasion d'un emprunt contracté par des époux communs en biens a été souscrite une assurance sur la vie ou en cas d'accident du mari au profit du prêteur, celui-ci a seul droit à l'indemnité d'assurance, laquelle n'a jamais fait partie du patrimoine du mari, victime d'un accident du travail. Dès lors, la dette de la communauté n'a pas été éteinte par fonds propres du mari dont le patrimoine n'est donc pas appauvri, ce qui interdit de lui reconnaître un droit à récompense.

qu'il n'y a donation que dans la mesure de l'appauvrissement du stipulant au profit du bénéficiaire. Or, cet appauvrissement ne correspond pas nécessairement à l'émolument de la créance du bénéficiaire contre le promettant. Si un vendeur abandonne le prix de vente de son immeuble au profit d'un tiers, sans contrepartie, en vertu d'une stipulation selon laquelle l'acheteur doit se libérer envers le tiers, il y appauvrissement du stipulant à concurrence du prix et c'est le montant de celui-ci qui devra être pris en considération pour déterminer si le stipulant a porté atteinte à la réserve de ses héritiers. Mais, il se peut que l'appauvrissement soit inférieur à l'émolument de la créance contre le promettant. Tel est le cas dans l'assurance sur la vie en cas de décès. L'assuré-stipulant ne s'est appauvri qu'à concurrence des primes payées à l'assureur-promettant et non pas à concurrence du capital ou de l'indemnité versée par celui-ci au bénéficiaire. C'est ce qui explique que l'article L. 132-13 du Code des assurances ne permet pas aux héritiers de l'assuré d'intenter l'action en réduction pour atteinte à la réserve contre le bénéficiaire en ce qui concerne le capital auquel il a droit. Ce texte ne soumet que les primes à l'action en réduction, et encore à condition qu'elles aient été manifestement exagérées par rapport aux facultés de l'assuré (article L. 132-13 du Code des assurances). Quant au rapport successoral [1], il est exclu par le même texte, ce qui implique que le bénéfice de l'assurance sur la vie constitue un avantage préciputaire. Il est vrai que toutes les donations indirectes ne sont pas nécessairement dispensées de rapport. L'avantage reçu par le bénéficiaire, dans ses rapports avec le stipulant, pourrait être rapportable.

La prise en considération des rapports entre le stipulant et le bénéficiaire, notamment pour l'application des règles de la réserve et du rapport successoral, ne sont pas sans défavoriser le bénéficiaire (cf. Civ. 1re, 1er juillet 1997, *J.C.P.* 1997.IV.1861, *D.* 1998-543, note Choisez, arrêt selon lequel un héritier, bénéficiaire d'une assurance sur la vie souscrite à son profit par le défunt, doit rapporter à la succession l'intégralité des primes payées, car elles représentaient plus du tiers de l'actif du défunt, âgé de quatre vingt quatre ans, le second paiement des primes étant intervenu à sa sortie de l'hôpital, quatre jours avant le décès). Cependant, il n'y a là qu'un développement logique de la notion de donation indirecte. Le droit direct du bénéficiaire contre le promettant ne saurait permettre de nier l'intention libérale du stipulant, notamment en ce qu'il fait entrer dans le patrimoine du bénéficiaire et sans contrepartie une valeur

1. Le rapport successoral a pour objet de faire figurer dans la part de chaque héritier le montant des donations et des legs qui lui ont été faits par son auteur. Toutefois, dans la mesure où sont respectées les règles sur la réserve, il est possible d'avantager son héritier par une libéralité non rapportable à la succession.

qui aurait du entrer dans son patrimoine (par exemple, l'abandon d'un prix de vente). Certes, les dispositions du Code des assurances, en ce qui concerne les assurances sur la vie, ne sont-elles pas en harmonie avec la notion de donation indirecte. Mais, la raison en est qu'il n'y a appauvrissement qu'à concurrence des primes payées par l'assuré, le capital ou l'indemnité d'assurance ne devant nullement entrer dans son patrimoine.

En fin de compte, bien que le bénéficiaire ne soit pas l'ayant cause du stipulant, le fait qu'il puisse y avoir donation indirecte dans leurs rapports vient diminuer l'avantage que constitue la stipulation pour autrui. C'est toujours en vertu de la notion de donation indirecte que la stipulation pour autrui doit être annulée lorsque le stipulant a poursuivi un but illicite ou immoral en avantageant le bénéficiaire. Ainsi, à l'époque où les donations entre concubins étaient nulles pour cause immorale, devait être annulée la désignation du bénéficiaire lorsque celui-ci était un concubin qui recevait un avantage sans contrepartie (Civ. 1re, 8 octobre 1957, *D.* 1958.317, note Esmein, Civ. 1re, 3 février 1976, *Bull. civ.* 1, n° 51 ; Paris, 3 juin 1987. *D.* 1987.IR.172). L'absence de contrepartie à la charge du bénéficiaire dans ses rapport avec le stipulant est indispensable pour qu'il y ait donation indirecte, laquelle ne saurait exister sans intention libérale du stipulant envers le bénéficiaire [1] (cf. Civ. 1re, 9 juillet 1991, *D.* 1991.IR.225, selon lequel il n'y a pas de donation indirecte résultant d'une assurance sur la vie, le bénéfice de l'assurance étant la contrepartie d'avantages accordés au stipulant par le bénéficiaire).

818 – Faculté de révocation du stipulant. C'est le stipulant qui a permis que le droit du bénéficiaire contre le promettant naisse et cela permet de comprendre qu'il puisse le révoquer. La faculté de révocation est admise par l'article 1121 du Code civil et par tous les codes étrangers. La jurisprudence ne s'y est jamais opposée (cf. Civ. 1re, 24 juin 1969, *D.* 1969.544 ; Ass. Plen. 12 décembre 1986, *J.C.P.* 1987.II.20760, conclusions Cabannes et note Boyer, *D.* 1987.269, note Ghestin, *Rep. not.* 1987.541, note Aubert, dans l'hypothèse d'une substitution de bénéficiaire, qui implique la révocation du droit du bénéficiaire désigné en premier lieu ; Civ. 1re, 6 mai 1997, *R.J.D.A.* 1997, n° 1034, l'arrêt décidant que, dans l'assurance sur la vie, l'assuré peut modifier, jusqu'à son décès le nom du bénéficiaire, dès lors que sa volonté est exprimée de manière certaine et que l'assureur en a connaissance). Cependant, la révocation n'est possible de la part du stipulant que si le promettant ne s'y est pas opposé dans l'acte générateur de la stipulation pour autrui. Or, il pourrait éventuellement avoir intérêt à le faire. Ensuite, une fois que le bénéficiaire a accepté le droit qu'autrui a

1. V. *supra*, n° 185.

fait naître à son profit, la révocation n'est plus possible de la part du stipulant, même avec l'accord du promettant (cf. Civ. 1re, 19 décembre 2000, *D.* 2001.3482, note Ardeef) [1]. La raison en est que, si l'acceptation ne fait pas naître le droit, elle constitue une ratification par le bénéficiaire de ce qui a été fait pour lui par le stipulant [2]. En d'autres termes, à dater de l'acceptation, le stipulant n'a plus de pouvoir sur le droit qu'il a fait naître. Celui-ci devient la chose exclusive du bénéficiaire [3].

γ) Les rapports du promettant et du bénéficiaire

819 – Droit direct du bénéficiaire résultant du contrat conclu entre le stipulant et le promettant. Contrairement aux rapports du stipulant et du bénéficiaire, les rapports du second avec le promettant résultent exclusivement de la stipulation pour autrui. Cependant, ces rapports ne sont pas indépendants des rapports qui existent entre le stipulant et le promettant. Ils sont dominés par deux idées D'une part, le bénéficiaire a un droit direct contre le promettant (cf. Com. 23 mai 1989, *J.C.P.* 1989.IV.274, *Bull. civ.* 4, n° 164, *Rep. not.* 1989.1389, obs. Aubert, *Rev. trim. dr. civ.* 1990.72, obs. Mestre). D'autre part, ce droit résulte du contrat conclu entre le stipulant et le promettant.

820 – Droit direct du bénéficiaire. Le droit direct du bénéficiaire contre le promettant signifie que le premier n'est pas l'ayant cause du stipulant. Parce que le droit du bénéficiaire n'est pas un droit dérivé, le principe *nemo plus juris ad alium transferre potest quam ipse habet* ne saurait être appliqué pour diminuer ou paralyser le droit du bénéficiaire. Il en résulte que le promettant ne peut pas invoquer envers le bénéficiaire les exceptions et moyens de défense qu'il aurait pu opposer au stipulant et qui sont extérieurs au contrat générateur de la stipulation pour autrui. Lorsqu'un débiteur devient

1. Lorsque le stipulant a désigné un bénéficiaire de premier rang et un bénéficiaire substitué par défaut d'attribution au premier, la révocation du droit du bénéficiaire de premier rang doit rendre caduque la désignation du bénéficiaire substitué et son acceptation ne peut permettre d'empêcher la révocation par le stipulant, puisqu'elle est subordonnée ou « défaut d'attribution » au premier bénéficiaire, laquelle est évidemment distincte d'une révocation. C'est la solution qui a été admise à juste titre par la Cour de cassation (Civ. 2e, 2 juin 2005, *D.* 2005.2928).

2. Une assurance pour les risques de décès, invalidité et infirmité ayant été contractée réciproquement par des époux et les primes prélevées sur leur compte joint, il n'y a pas de donation indirecte en raison de l'absence d'intention libérale. L'acceptation par chaque époux de sa désignation au moment de la stipulation a pour effet de la rendre irrévocable. Dès lors, le capital doit être attribué à l'épouse en cas de décès de l'époux, même si celui-ci a désigné ensuite ses parents comme bénéficiaires (Civ. 1re, 13 mai 1998, *Rep. not.* 1998.937, rapport Sargos, *D.* 1999.291, note Raynaud de Lage).

3. La Cour de cassation a considéré, à propos du rachat d'une assurance sur la vie, ce qui constitue une révocation de la stipulation au profit du bénéficiaire, qu'il s'agissait d'un droit exclusivement attaché à la personne du souscripteur-stipulant (cf. art. 1166 C. civ.) et que, par conséquent, il ne pouvait être exercé par l'administrateur du redressement judiciaire du souscripteur (Com. 25 octobre 1994, *D.* 1995.IR.5).

à son tour créancier de son créancier, sa dette est éteinte à concurrence de la moins importante des deux créances. Par exemple, si A doit 500 à B et que B devient débiteur de A pour 300, A ne devra plus que 200. C'est le mécanisme de la compensation légale en vertu de laquelle la dette des créanciers réciproques est éteinte à concurrence de la plus faible des deux créances. Supposons que le stipulant devienne débiteur du promettant avant l'acceptation par le bénéficiaire. Le problème est de savoir si le promettant peut opposer au bénéficiaire la compensation. Si le droit du bénéficiaire était un droit dérivé, c'est-à-dire qui aurait appartenu au stipulant avant de figurer dans son patrimoine, il faudrait admettre l'opposabilité au bénéficiaire de la compensation légale [1]. Cependant, à partir du moment où le droit du bénéficiaire n'a jamais figuré dans le patrimoine du stipulant, la compensation pouvant exister dans les rapports du stipulant et du promettant est inopposable au bénéficiaire.

821 – Etendue du droit du bénéficiaire. On sait que le stipulant et le bénéficiaire deviennent tous les deux créanciers du promettant. Le premier tire son droit non seulement de la stipulation pour autrui [2], mais aussi du contrat conclu avec le promettant, indépendamment de la stipulation pour autrui [3]. Quant au second, sa créance résulte seulement de la stipulation pour autrui. Tandis que le stipulant tire ses droits contre le promettant non seulement de sa qualité de créancier, mais aussi de sa qualité de contractant, le bénéficiaire est seulement créancier du promettant. Il en résulte que le bénéficiaire ne pourrait certainement pas intenter les actions en nullité ou en résolution du contrat générateur de la stipulation pour autrui. Ces actions sont attachées à la qualité de contractant et pas seulement à celle de créancier. Au demeurant, le bénéficiaire serait dépourvu d'intérêt pour les intenter, car il ne pourrait profiter des effets de la nullité et, en particulier, des restitutions auxquelles elle doit donner lieu. C'est le stipulant qui pourra agir en nullité ou en résolution. Cependant, comme il résultera de la nullité ou de la résolution l'anéantissement rétroactif du droit du bénéficiaire, il semble qu'il faille distinguer selon que le bénéficiaire a ou non accepté le droit né en sa faveur avant que l'action en nullité ou en résolution soit intentée par le stipulant. S'il n'a pas encore accepté, il n'y a pas de problème, en raison de ce que le stipulant peut révoquer le droit qu'il a fait naître au profit d'autrui. Si le bénéficiaire a accepté, il est interdit de révoquer son droit. Or l'anéantissement

---

1. Dans la cession de créance, la compensation de ce que le cédant doit au cédé est opposable, en principe, au cessionnaire, celui-ci ne pouvant avoir plus de droits que le cédant. V. François, *Les Obligations, Régime général*, n° 390.
2. V. *supra*, n° 815.
3. V. *supra*, n° 814.

rétroactif de ce droit à la suite de la nullité ou de la résolution demandée par le stipulant équivaut à une révocation. C'est la raison pour laquelle on doit exiger que le bénéficiaire soit mis en cause pour que la nullité ou la résolution lui soit opposable. Dans le cas où il n'aurait pas été mis en cause, il devrait pouvoir s'abriter derrière l'autorité relative de la chose jugée pour écarter les effets à son égard de la nullité ou de la résolution, sauf au promettant à mettre en jeu la garantie du stipulant, au cas où il serait tenu de s'exécuter envers le bénéficiaire. De la même façon, parce qu'il n'est pas cocontractant du promettant, le bénéficiaire ne pourrait invoquer d'autres avantages attachés à cette qualité. Ainsi, il avait été admis qu'il ne pouvait se prévaloir d'une clause compromissoire (Com. 4 juin 1985, *B. civ.* 4, n° 78, *Rev. trim. dr. civ.* 1986.593, obs. Mestre, *Rep. not.* 1986.788, obs. Aubert). Cependant la Cour de cassation a considéré ultérieurement que « la clause d'arbitrage contenue dans le contrat liant le stipulant au promettant peut-être invoquée par et contre le tiers bénéficiaire d'une stipulation pour autrui (Civ. 1re, 11 juillet 2006, *Rev. arb.* 2006.969, note Larroumet. V. aussi sur la question, Larroumet, Promesse pour autrui, stipulation pour autrui et arbitrage, *Rev. arb.* 2005.903).

822 – Le droit du bénéficiaire est dépendant du contrat conclu entre le stipulant et le promettant. C'est dans le contrat conclu entre le stipulant et le promettant que le droit du bénéficiaire trouve son origine. Ce droit ne saurait exister en dehors de ce contrat. Si, pour une raison ou une autre, le contrat vient à disparaître, le droit du bénéficiaire doit disparaître en même temps. Il en résulte que les exceptions opposables par le promettant au stipulant et puisant leur principe dans le contrat générateur de la stipulation pour autrui sont opposables au bénéficiaire [1]. Par conséquent, il faut admettre que le promettant peut opposer au bénéficiaire non seulement les exceptions de nullité, mais encore celles qui tiennent à la nature du contrat, telles que la résolution ou l'*exceptio non adimpleti contractus*, si le stipulant n'exécute pas son obligation envers le promettant (cf. Civ. 1re, 7 mars 1989, *D.* 1989.IR.101, *J.C.P.* 1989.IV.170, à propos de l'opposabilité au bénéficiaire d'une assurance pour le compte de qui il appartiendra de la déchéance encourue par le souscripteur ; Civ. 1re, 29 novembre 1994, *R.J.D.A.* 1995, n° 396, *Rev. trim. dr. civ.* 1995.622, obs. Mestre, *Rep. not.* 1995.1405, obs. Delebecque, à propos de l'inexécution du contrat par le stipulant, l'arrêt admettant que l'exception d'inexécution peut être opposée par le promettent au

1. Ces exceptions sont distinctes de celles qui, nées dans les rapports du promettant et du stipulant, sont extérieures au contrat générateur de la stipulation pour autrui, v. *supra*, n° 820. Sur l'opposabilité au bénéficiaire de la clause pénale stipulée dans le contrat générateur de la stipulation pour autrui, v. obs. Mestre, *Rev. trim. dr. civ.* 1990.72.

bénéficiaire ; Civ. 1re, 20 février 2001, *D.* 2001, Somm. 3321, obs. Groutel, à propos de l'opposabilité d'une franchise stipulée au contrat d'assurance). Il doit pouvoir lui opposer aussi l'éventuelle simulation. En effet, le bénéficiaire n'est pas un tiers, puisqu'il tire son droit du contrat, par exception au principe de l'effet relatif. Dès lors, il ne paraît pas être en mesure d'invoquer l'article 1321 du Code civil [1]. Cependant, le promettant ne pourrait pas opposer au bénéficiaire les exceptions dérivant du contrat s'il se bornait à invoquer un acte passé avec le stipulant ou une décision judiciaire intervenue dans ses rapports avec le stipulant. Il doit opposer directement l'exception ou le moyen de défense en l'invoquant pour la première fois envers le tiers bénéficiaire sans s'en être prévalu auparavant envers le stipulant dans un acte ou dans une instance judiciaire. En effet, si on ne devait pas admettre cette solution, on mettrait le bénéficiaire devant le fait accompli, en ne lui permettant pas de défendre ses intérêts. Ainsi, si le promettant pouvait invoquer la nullité ou la résolution qui aurait été prononcée par une décision de justice rendue entre lui-même et le stipulant, le bénéficiaire ne pourrait pas faire valoir ses arguments. En effet, on ne doit pas priver le bénéficiaire de la possibilité d'invoquer lui-même un moyen de défense pour tenir en échec les prétentions du promettant. Toutefois, il n'en est ainsi que si le bénéficiaire a accepté la stipulation, car l'acceptation rend son droit irrévocable (Civ. 1re, 29 novembre 1994, *R.J.D.A.* 1995, n° 396, *Rev. trim. dr. civ.* 1995.622, obs. Mestre). En revanche, les exceptions et moyens de défense résultant d'un acte ou d'une décision judiciaire entre le promettant et le stipulant avant l'acceptation du bénéficiaire lui seraient opposables puisque le droit du bénéficiaire était révocable et que le fait d'avoir invoqué l'exception ou le moyen de défense au préalable envers le stipulant aurait entraîné la révocation de la stipulation pour autrui par l'anéantissement du contrat qui l'a engendrée.

Ainsi, le promettant pourrait opposer au bénéficiaire la résolution résultant de ce qu'il se serait prévalu d'une clause résolutoire envers le stipulant, avant l'acceptation du bénéficiaire, pour inexécution de ses obligations par le promettant. Mais, après l'acceptation du bénéficiaire la résolution ne pourrait intervenir sans que le bénéficiaire soit mis en cause [2].

---

1. L'article L. 112-1, al. 3 du Code des assurances admet l'opposabilité au bénéficiaire des exceptions opposables au souscripteur dans l'assurance pour le compte de qui il appartiendra. L'article L. 112-6 admet l'opposabilité au tiers qui invoque le bénéfice d'une assurance des exceptions opposables au souscripteur originaire.

2. V. aussi *supra*, n° 821.

2) Le contrat d'assurance de responsabilité

823 – L'action directe de la victime contre l'assureur et le privilège sur créance. Le contrat d'assurance de responsabilité est un contrat en vertu duquel un assuré obtient de l'assureur que celui-ci prenne en charge les conséquences de la responsabilité du premier envers autrui, peu important que la responsabilité de l'assuré soit contractuelle ou extra-contractuelle. Un tel contrat n'a pas pour objet de substituer l'assureur à l'assuré dans l'exécution de l'obligation de réparation. En effet, l'assuré ne cesse pas pour autant d'être tenu envers la victime. Cependant, la charge définitive de la réparation pèsera sur l'assureur et non pas sur l'assuré, lequel est seulement obligé envers la victime, sauf son recours contre l'assureur pour se faire rembourser le montant des dommages-intérêts. Dès lors, on devrait envisager le schéma suivant : dans un premier temps, l'assuré devrait payer l'indemnité à laquelle il est tenu envers la victime et, dans un second temps, il se retournerait contre l'assureur pour mettre en jeu sa garantie. En d'autres termes, l'assuré serait seul créancier de l'assureur. Cependant, la victime serait soumise au risque de l'insolvabilité de l'assuré et il en résulterait qu'elle devrait concourir avec les autres créanciers de l'assuré sur le montant de l'indemnité d'assurance. Or, le contrat d'assurance de responsabilité a été conclu autant dans l'intérêt de la victime que dans celui de l'assuré responsable. Notamment, lorsque, dans plusieurs situations, le législateur rend l'assurance de responsabilité obligatoire, c'est beaucoup plus dans l'intérêt de la victime éventuelle d'un dommage que dans l'intérêt de l'assuré. Il s'agit de faire en sorte que la victime puisse obtenir la réparation du dommage qu'elle a subi. Par conséquent, il convient d'affecter exclusivement l'indemnité d'assurance à la satisfaction de la victime non seulement en la faisant échapper aux prétentions des autres créanciers de l'assuré, mais encore en ne permettant pas à celui-ci d'en disposer à partir du jour de la conclusion du contrat d'assurance. Dans cette optique, une loi du 28 mai 1913 a créé au profit de la victime un privilège portant sur la créance d'indemnité de l'assuré contre l'assureur (art. 2232, 8e C. civ., ce texte précisant que le paiement effectué par l'assureur entre les mains de l'assuré ne serait pas libératoire). Comme pour tous les privilèges sur créance, celui-ci sera réalisé par une action directe de la victime contre l'assureur, action directe dont l'exercice a pour objet de transmettre à la victime la créance de l'assuré contre l'assureur [1]. Lorsqu'elle a admis, pour la première fois, l'existence d'une action directe de la victime contre l'assureur du responsable, la Cour de

1. V. *supra*, n° 795.

cassation s'est fondée sur les dispositions de l'ancien article 2102, 8e du Code civil, devenu l'article 2232, 8e (Civ. 14 juin 1926, *D.P.* 1927.1.57, note Josserand, S.1927.1.25, note Esmein).

824 – Le droit direct de la victime contre l'assureur et l'exception à la relativité des contrats. Cependant, l'attribution à la victime d'un privilège sur la créance d'indemnité de l'assuré envers l'assureur ne réalise pas une affectation suffisante à son profit exclusif de cette indemnité. En effet, si la transmission de la créance par voie d'action directe interdit à l'assuré de recevoir le paiement ou de disposer de la créance une fois qu'elle a été transmise à la victime, cette transmission n'est opérée que par l'exercice de l'action directe [1]. Au surplus, les exceptions et moyens de défense nés dans les rapports de l'assuré et de l'assureur et qui tiennent au contrat d'assurance demeurent opposables à la victime par l'assureur, en particulier les déchéances encourues par l'assuré, ce qui a pour effet de priver la victime de l'indemnité d'assurance. Aussi bien, la Cour de cassation a admis, par un arrêt de principe du 15 juin 1931 (*D.H.* 1931.411, *S.* 1932.1.169) que « la loi a créé au profit de la personne lésée un droit propre sur l'indemnité dont, en vertu du contrat d'assurance, l'assureur est tenu envers l'assuré ; ce droit, qui prend naissance au jour de l'accident, ne saurait, à dater de cet événement, être affecté, ni dans son existence ni dans son objet, par aucune cause de déchéance encourue par l'assuré pour inobservation des clauses de la police ». En revanche, les exceptions et moyens de défense autres que les déchéances sont opposables par l'assureur à la victime [2] (cf. Civ. 2e, 28 juin 1989, *D.* 1989.IR.213, *J.C.P.* 1989.IV.327, à propos de la réduction proportionnelle d'indemnité).

Une telle solution n'est pas en harmonie avec les notions de privilège sur créance et d'action directe qui le sanctionne. En effet, en raison de ce que le privilège est réalisé par une action directe en vertu de laquelle la créance est transférée au créancier privilégié, qui est donc un cessionnaire, celui-ci ne peut avoir plus de droits que le cédant (*nemo plus juris ad alium transferre potest quam ipse habet*).

En réalité, l'action directe de la victime contre l'assureur, qui, depuis la loi du 13 juillet 1930 sur les assurances terrestres, repose sur les dispositions de ce qui est devenu l'article L. 124-3 du Code des assurances, n'a rien à voir avec un privilège sur une créance. Le droit de la victime est un droit direct, par exception au principe de

1. Il s'agit donc d'une action dite imparfaite, v. *supra*, note 1, p. 965.
2. Dans l'assurance de responsabilité en ce qui concerne les accidents de la circulation des véhicules terrestres à moteur, l'inopposabilité des exceptions et moyens de défense est beaucoup plus étendue (cf. art. R. 211-13 C. assurances).

l'effet relatif des contrats [1]. Il serait dès lors tentant de la justifier par une stipulation pour autrui. Cependant, cette explication, qui a été soutenue, ne rend pas compte de l'étendue des prérogatives de la victime contre l'assureur du responsable. En effet, le droit de la victime contre l'assureur est beaucoup plus étendu que celui du bénéficiaire d'une stipulation pour autrui contre le promettant. Dans la stipulation pour autrui, les exceptions et moyens de défense nés du contrat générateur de la stipulation pour autrui sont opposables par le promettant au bénéficiaire [2]. Au contraire, le droit de la victime est beaucoup plus indépendant du contrat qui l'a fait naître, en raison de ce que, en particulier, les déchéances postérieures à la réalisation du sinistre, lui sont inopposables (cf. Civ. 15 juin 1931, précité) de même que des limitations ou exclusions de la garantie, du moins dans l'assurance de responsabilité pour les dommages causés par les véhicules terrestres à moteur (cf. art. R. 211-13 C. assurances). Ainsi, la déchéance du droit à indemnité pour non déclaration par l'assuré du sinistre en temps voulu ne peut être invoquée par l'assureur dans ses rapports avec la victime. Il en résulte que l'on ne saurait assimiler le droit de la victime contre l'assureur au droit du bénéficiaire d'une stipulation pour autrui. Certes, il s'agit aussi d'un droit direct, mais c'est un droit plus fort. En fin de compte, le contrat d'assurance de responsabilité constitue un type original et non réductible à un autre de contrat pour autrui, ce dont il résulte que la stipulation pour autrui, contrairement à ce qui est affirmé par l'article 1121 du Code civil, n'est pas la seule exception au principe de l'effet relatif des contrats [3].

---

1. Parce que la victime bénéficie d'un droit direct, elle doit pouvoir le faire valoir sans qu'il soit nécessaire de mettre en cause l'assuré dans l'action qu'elle intente contre l'assureur. Après avoir admis le contraire, la Cour de cassation s'est rangée à cette solution (Civ. 1re, 7 novembre 2000, *D.* 2001, Somm. 3320, obs. Groutel, *D.* 2002, Somm. 2115, obs. Bonnard, *J.C.P.* 2001.II.10456). V. Civ. 2e, 26 avril 2007, *J.C.P.* 2007.IV.2076 qui se réfère à un «droit propre et exclusif» de la victime, alors qu'il eût mieux valu se référer à un droit direct, qui est nécessairement exclusif.

2. V. *supra*, n° 822.

3. Si le droit de la victime contre l'assureur du responsable résulte du contrat d'assurance, encore faut-il, pour que ce droit puisse être exercé, qu'il existe une dette de réparation de l'assuré envers la victime (cf. Crim. 23 mai 1989, *D.* 1989.IR.221, *J.C.P.* 1989.IV.295, qui casse une décision d'une Cour d'appel ayant obligé l'assureur d'un motocycliste décédé dans un accident de la circulation envers les proches parents de celui-ci aux motifs que le véhicule du motocycliste était impliqué dans cet accident, alors qu'il n'existait aucune dette de réparation du motocycliste envers ses proches parents qui éprouvaient un préjudice du fait de son décès). Parce que l'entrepreneur principal est un tiers au contrat d'assurance conclu par le sous-traitant, il bénéficie contre l'assureur de celui-ci de l'action directe fondée sur l'article L. 124-3 du Code des assurances (Civ. 1re, 9 avril 2002, *J.C.P.* 2002.II.10128, conclusions Sainte-Rose). Toutefois, en ce qui concerne la prescription, la jurisprudence s'écarte de celle du contrat d'assurance (prescription biennale) pour ne tenir compte que de celle de l'action en responsabilité (v. par exemple, Civ. 2e, 13 mai 2004, *D.* 2004.1639).

B. Un contrat fait naître une obligation à la charge d'un tiers [1]

825 – L'absence de promesse pour autrui. La stipulation pour autrui ne saurait convenir lorsqu'il s'agit de savoir si un contrat peut mettre une obligation à la charge d'un tiers, soit en créant en même temps un droit à son profit, soit sans contrepartie. En effet, la stipulation pour autrui a seulement pour objet de créer un droit au profit d'un tiers et certainement pas une obligation à son encontre (cf. Civ. 1re, 10 avril 1973, *D.* 1974.21, note Larroumet). Certains auteurs, dont l'opinion est assez isolée, se sont montrés favorables à l'admission de la promesse pour autrui en droit positif, une telle promesse étant considérée comme le pendant de la stipulation pour autrui quant à la dette. Cependant, une telle conception se heurte à de très sérieuses objections. D'une part, le législateur, après avoir énoncé que le contrat ne lie que ceux qui y sont parties (art. 1119 et 1165 C. civ.), n'apporte d'exception qu'en ce qui concerne la création d'un droit au profit d'un tiers (art. 1121 C. civ.). D'autre part, à supposer que les arguments de texte ne soient pas dirimants, il est certain qu'il faudra faire une place importante au consentement du tiers pour mettre une obligation à sa charge. En effet, on ne voit pas comment on pourrait faire naître par contrat une obligation à la charge d'un tiers sans son consentement. Dès lors, c'est son consentement et lui seul qui l'obligera et il n'y aura aucune exception à l'effet relatif des contrats. Si l'exception peut être admise pour la création d'un droit, c'est parce que cela est conforme à son intérêt, ce qui n'est jamais le cas en ce qui concerne la création d'une obligation. En fin de compte, parce que la liberté individuelle serait méconnue, il n'est pas possible d'admettre la validité de la promesse pour autrui. Cette position n'est pas propre au droit français et on la retrouve dans tous les systèmes juridiques [2].

---

1. *Bibliographie* : BOULANGER, *La promesse de porte-fort et les contrats pour autrui*, thèse, Caen, 1923 ; JOSSERAND, *Les transports*, 2e éd. 1926 ; RODIERE, *Droit des transports*, 2e éd., 1977 ; KOFFLER, *La détermination juridique du contrat de transport,* thèse, Paris, 1930 ; LETURCQ, *De la situation respective de l'expéditeur et du destinataire dans le contrat de transport*, thèse, Paris, 1903 ; LARROUMET, Droits et obligations du destinataire en vertu du contrat de transport, *Proche-Orient – Etudes juridiques*, 1973 ; VON LANDEN BERG, La prétendue entrée du destinataire dans le contrat de transport, *Bull. transp. intern. ch. fer,* 1953.139 ; VERICEL, *Désuétude ou actualité de la promesse de porte-fort, D.* 1988. Chron. 123 ; TILLEMENT, Promesse de porte-fort et droit des sociétés, *Rev. soc*, 1993.51 ; VALLANSAN, Livraison et adhésion du destinataire au contrat de transport, *Petites Affiches* 29 avril 1994 ; DELEBECQUE, Le destinataire de la marchandise : tiers ou partie au contrat de transport, *D.A.* 1995.189 ; TOSI, L'adhésion du destinataire au contrat de transport, *Mélanges Mouly*, t. 2, p. 175.

2. On a vu précédemment que lorsque la stipulation pour autrui mettait une obligation à la charge du bénéficiaire, on pouvait douter qu'on fût encore en présence d'une exception au principe de l'effet relatif des contrats, v. *supra,* n° 807 bis.

826 – La promesse de porte-fort. La promesse de porte-fort, dont il est question à l'article 1120 du Code civil, est quelquefois présentée comme constituant une promesse pour autrui exceptionnellement valable, c'est-à-dire un contrat qui, conclu entre deux personnes, ferait naître une obligation à la charge d'un tiers. En réalité, il n'en est rien. L'obligation du tiers résulte de son seul consentement donné après coup (Com. 25 janvier 1994, *R.J.D.A.* 1994, n° 618, *D.* 1994. Somm. 211, obs. Delebecque, *Rep. not.* 1994.792, obs. Delebecque, *Bull. Joly* 1994.373, note Le Cannu). En raison de ce que le tiers ne peut être obligé sans l'avoir voulu, il ne paraît pas possible d'admettre que son acceptation, à la manière de celle du bénéficiaire d'une stipulation pour autrui, puisse rétroagir [1].

La promesse de porte-fort est l'engagement d'un contractant envers un autre de procurer le consentement d'un tiers, ce dont il résultera que le tiers sera lié par le contrat s'il consent [2]. Ainsi, un indivisaire vend la chose indivise en promettant que les autres indivisaires, qui ne participent pas à la vente, y consentiront après coup. Ainsi encore, le représentant d'un incapable accomplit un acte qu'il n'a pas le pouvoir d'accomplir en promettant que l'incapable donnera son consentement à l'acte, une fois que l'incapacité aura cessé. La promesse de porte-fort est utile, dans l'indivision, en ce qu'elle permet à un indivisaire de saisir l'occasion de conclure un contrat avantageux. En ce qui concerne les incapacités, elle permet d'éluder les formes imposées par la loi pour la conclusion de certains contrats au nom de l'incapable. Cependant, la liberté du tiers pour lequel on s'est porté fort est entière [3]. Il n'est nullement tenu de consentir et seul son consentement le liera une fois qu'il sera donné, soit expressément, soit même tacitement (cf. Com. 22 juillet 1986, *Rev. trim. dr. civ.* 1987.307, obs. Mestre, en ce qui concerne l'acceptation tacite du tiers). En réalité seul le porte-fort s'engage

---

1. Cependant, au mépris de la logique, la jurisprudence a quelquefois admis que l'acceptation du tiers devait opérer rétroactivement (cf. Civ. 1er, 30 janvier 1957, *D.* 1957.182). C'est confondre la gestion d'affaires et la promesse de porte-fort. Si, dans la gestion d'affaires, la ratification par le maître de l'affaire de ce qui a été fait par le gérant a un effet rétroactif, c'est parce qu'il y a représentation et que la ratification vaut mandat. Mais, dans la promesse de porte-fort, celui qui s'engage à rapporter le consentement d'autrui n'agit pas pour le compte d'autrui.

2. Sur la distinction entre la promesse de porte-fort et la convention de prête-nom, v. Paris 6 décembre 1989, *Rev. trim. dr. civ.* 1990.268, obs. Mestre. Sur la distinction entre le mandat et la promesse de porte-fort, v. Com. 6 juin 2000, *R.J.D.A.* 2000, n° 950).

3. Toutefois, la Cour de cassation n'admet pas la validité de la promesse de porte-fort en vertu de laquelle un époux s'engage a rapporter le consentement de son conjoint en ce qui concerne un acte de disposition du logement familial, acte qui suppose les consentements des deux époux (Civ. 1er, 11 octobre 1989, *Rep. not.* 1989.1420, obs. Champenois, *D.* 1990.310, note Le Guidec). La solution limite arbitrairement le principe de la validité de toute promesse de porte-fort. Les impératifs de la cogestion dans les régimes matrimoniaux ne sont pas plus forts que ceux de l'indivision ou de la protection des incapables.

(cf. Com. 17 juillet 2001, *Contrats, conc., consomm.* 2001, n° 170, obs. Leveneur, arrêt selon lequel la promesse ne peut résulter que d'un acte manifestant l'intention certaine du porte-fort de s'engager). Il s'engage à rapporter le consentement du tiers [1]. Si le tiers donne son consentement, il n'y a pas de problème et le contrat liera tous ceux qui y ont consenti, le tiers comme ceux qui ont donné leur consentement auparavant [2]. Si le tiers refuse de donner son consentement, il est évident qu'il ne sera pas obligé. En ce cas, la promesse de porte-fort aura manqué son but.

Cependant, en raison de ce que le porte-fort s'était obligé à procurer le consentement du tiers, il a manqué à son obligation [3]. Dès lors, sa responsabilité doit pouvoir être retenue envers le créancier de la promesse [4] (cf. Com. 4 octobre 1988, *Rep. not.* 1989.560, obs. Honorat,

---

1. Parce que l'objet de la promesse de porte consiste en l'obligation du porte-fort de rapporter le consentement du tiers, il ne parait pas qu'on puisse considérer comme une promesse de porte-fort l'obligation du bailleur de faire respecter par d'autres locataires l'engagement d'exclusivité qu'il a stipulé au bail au profit de l'un deux (V. sur cette obligation, Civ. 3e, 4 mai 2006, J.C.P. 2006.II.10119). En effet, il ne s'agit pas d'obtenir le consentement des autres locataires à la clause mais de la faire respecter par eux. Cependant, il est aussi évident qu'ils ne le respecteront pas s'ils n'y consentent pas, ce qui suppose que l'obligation de le respecter doit être stipulée dans chacun des contrats de bail.

2. Si le porte-fort ne conclut pas en même temps pour lui-même (par exemple, le représentant d'un incapable), il n'est lié que par son engagement de porte-fort et il n'est plus tenu à rien une fois le consentement du tiers intervenu. Si le porte-fort conclut en même temps le contrat pour lui-même tout en s'engageant à rapporter le consentement d'autrui (par exemple, un indivisaire), il reste lié par le contrat une fois le consentement du tiers intervenu. Se fondant sur la qualité de stipulant qui doit être attribuée au porte-fort, créancier du cocontractant envers lequel il s'est porté fort pour autrui, la Cour de cassation a admis qu'il pouvait agir en exécution même après la ratification par celui pour lequel il s'était porté fort (Civ. 2e, 29 juin 1988, *D.* 1988.IR.213, *J.C.P.* 1988.IV.316).

3. L'obligation du porte-fort est une obligation de résultat en principe (v. Paris, 19 juin 1998, *Rev. trim. dr. civ.* 1999.101, obs. Mestre, *Rev. soc.* 1999.96, note Didier ; Versailles, 19 novembre 1998, *D.A.* 1999.384, *R.J.D.A.* 1999, n° 755 ; Civ. 1re, 25 janvier 2005, *D.* 2005.387, *J.C.P.* 2005.IV.1451, *Rev. trim. dr. civ.* 2005.391, obs. Mestre et Fages). Il en résulte que le créancier du porte-fort n'a pas à prouver que celui-ci a commis une faute. Il n'en irait différemment que si le porte-fort s'était engagé seulement à faire son possible pour que le tiers donne son consentement. Dans cette dernière situation, on considère qu'il y a plutôt promesse de bons offices que promesse de porte-fort. A l'opposé de la promesse de bons offices et encore plus sévère que la promesse de porte-fort, il y a la promesse de garantie selon laquelle le porte-fort s'engage à procurer satisfaction au créancier dans le cas où le tiers ne ratifierait pas ou n'exécuterait pas son obligation après avoir ratifié. La promesse de garantie ou de ducroire est effectivement plus sévère que la promesse de porte-fort en raison de ce que la seconde est sanctionnée par la responsabilité du porte-fort et non par l'obligation d'exécuter ce qui aurait été mis à la charge du tiers s'il avait accepté (cf. Com. 22 juillet 1986 et Civ. 1re, 22 avril 1986, *Rev. trim. dr. civ.* 1987.306, obs. Mestre). Proche de la promesse de ducroire est la garantie dite de bonne fin en vertu de laquelle une personne promet qu'un débiteur procurera au créancier la satisfaction que celui-ci attend. On a considéré qu'il s'agissait d'une promesse de porte-fort relative à l'exécution d'une obligation en ce que le porte-fort promet l'exécution par autrui d'une obligation existante et non pas l'engagement d'autrui.

4. Lorsque le tiers et l'héritier du porte-fort (par exemple, l'administrateur légal des biens de son enfant mineur vend un immeuble de celui-ci en se portant fort que l'enfant donnera son consentement à la vente après sa majorité, l'enfant succédant à son père décédé), certains auteurs considèrent que le tiers est tenu de consentir et que la liberté

Rev. trim. dr. civ. 1989.305, obs. Mestre ; Com. 1er octobre 1996, *D.A.* 1996.1252, *Rev. trim. dr. civ.* 1997.989, obs. Vareille ; Bourges, 14 janvier 1998, *J.C.P.* 1998.IV.2469, arrêt intéressant quant à l'évaluation de la réparation due par le porte-fort ; Civ. 1re, 18 avril 2000, *R.J.D.A.* 2000, n° 741, *Bull. civ.* 1, n° 115, *J.C.P.* 2000.I.272, nos 14 et s., *Rev. trim. dr. civ.* 2000.832, obs. Mestre et Fages ; Com. 22 mai 2002, *R.J.D.A.* 2002, n° 1112, arrêt selon lequel la faute du créancier peut constituer une cause d'exonération de la responsabilité du porte-fort ; Com. 22 novembre 2005, *Rep. not.* 2006.1144, arrêt selon lequel le porte-fort ne peut être condamné sous astreinte à rapporter le consentement du tiers, ce dont il résulte qu'il ne peut être tenu qu'à des dommages-intérêts.). Toutefois, si la promesse de porte-fort est nulle, l'absence de ratification par le tiers ne pourrait donner lieu à des dommages-intérêts à la charge du porte-fort [1]. Si la solution n'est pas contestable, son application par la Cour de cassation à un acte de disposition sur le logement familial (art. 215, al. 3 C. civ.) l'est (cf. Civ. 1re, 11 octobre 1989, *Rep. not.* 1989.1420, obs. Champenois, *D.* 1990.310, note Le Guidec). En effet, ce n'est pas parce que l'acte de disposition par un seul des époux est nul qu'il y a lieu d'annuler aussi la promesse de cet époux de procurer le consentement de son conjoint. Il n'y a pas de raison d'exiger que les consentements des époux soient émis simultanément et il est concevable qu'un époux s'engage à obtenir le consentement de son conjoint, ce qui l'expose à des dommages-intérêts en cas d'échec [2]. Ainsi encore, parce que le tiers n'est pas obligé s'il ne consent pas, la promesse de porte-fort peut concerner le consentement d'un mineur (Paris, 6 janvier 2000, *D.* 2000.IR.66).

En fin de compte, la promesse de porte-fort crée une obligation seulement à la charge du porte-fort. En aucun cas, elle ne peut être

---

(Suite de la note 4, p. 1004) de refuser la conclusion du contrat lui est enlevée. Mais, les explications avancées pour justifier cette obligation de consentir ne sont pas convaincantes. En réalité, en tant qu'héritier du porte-fort, le tiers ne peut voir peser sur lui que l'obligation de son auteur, c'est-à-dire l'obligation de payer des dommages-intérêts en cas de refus de consentir. On ne voit pas en vertu de quel mécanisme l'obligation de l'auteur pourrait se transformer une fois qu'elle est transmise à son ayant cause universel. Cette solution a été consacrée à juste titre par la Cour de cassation (Civ. 1er, 26 novembre 1975, *D.* 1976.353, note Larroumet), bien qu'elle ne fasse pas l'unanimité en jurisprudence (cf. Lyon 11 mars 1980, *D.* 1981.617, note Peyrard, *Rep. not.* 1982.360, note Aubert).

1. En revanche, se fondant sur l'autonomie de la promesse de porte-fort, la Cour de cassation a admis que si l'obligation principale du porte-fort est nulle, le porte-fort reste tenu en vertu de la promesse de porte-fort (Civ. 1re, 25 janvier 2005, *D.* 2005.387, *J.C.P.* 2005.IV.1451, *Rev. trim. dr. civ.* 2005.391, obs. Mestre et Fages ; Com. 13 décembre 2005, *J.C.P.* 2006.IV.1133). Il ne s'agit pas, par conséquent, d'un engagement accessoire. Il en irait différemment si le porte-fort avait promis l'exécution d'une obligation par un tiers et non pas l'engagement d'un tiers (Com. 13 décembre 2005, précité), ce qui correspond au porte-fort d'exécution.

2. V. *supra*, note 3, p. 1003.

considérée comme une promesse pour autrui, le tiers n'étant pas obligé sans son consentement. Cela résulte clairement de la formule de l'article 1120 du Code civil [1].

827 – Le contrat de transport de marchandises. Il se pourrait que le contrat pour autrui, sinon la simple promesse pour autrui, soit exceptionnellement valable dans une situation particulière qui est celle du contrat de transport de marchandises. En effet, en vertu de ce contrat, le transporteur s'engage à déplacer une marchandise qui lui est remise par un expéditeur et à la délivrer à un destinataire. Si l'expéditeur et le transporteur participent à la conclusion du contrat, le destinataire est un tiers. Or, le contrat de transport établit un rapport entre le transporteur et le destinataire (cf. Aix-en-Provence 21 janvier 1992, *J.C.P.* 1992.IV.1593 ; Com. 18 octobre 1994, *J.C.P.* 1994.IV.2580, qui en déduit que la responsabilité du transporteur envers le destinataire est nécessairement contractuelle, même si une clause attributive de compétence ne lui est pas opposable pour ne pas avoir été portée à sa connaissance), lequel n'est pas représenté par l'expéditeur, car les droits et les obligations qui résultent pour lui du contrat de transport naissent directement à son profit et à son encontre, alors que le contrat a été conclu par l'expéditeur en son propre nom et pour son propre compte. On retrouve, en ce qui concerne le contrat de transport, un schéma tout à fait voisin de celui de la stipulation pour autrui. Pour autant, même si la doctrine a souvent expliqué la situation du destinataire par la stipulation pour autrui et si la jurisprudence a consacré cette analyse [2], le contrat de transport de marchandises ne correspond pas à la stipulation pour autrui. En effet, d'une part, le destinataire ne devient pas seulement créancier du transporteur en vertu du contrat de transport, mais aussi débiteur. D'autre part, le destinataire est intégré au contrat de transport beaucoup plus que le bénéficiaire est intégré au contrat générateur de la stipulation pour autrui. Alors que la stipulation pour autrui se borne à créer un droit au profit d'un tiers, ce qui ne permet pas au bénéficiaire d'invoquer tous les avantages du contrat conclu par le stipulant, le contrat de transport réalise une assimilation quasi-complète du destinataire à une partie au contrat, alors qu'il est pourtant un tiers et que son rattachement au contrat n'est pas la conséquence de son acceptation bien que, comme le bénéficiaire d'une stipulation pour autrui, il ait la possibilité de refuser d'être intégré au contrat. En réalité, le contrat de transport de mar-

---

1. On retrouve exactement la même conception en vertu de l'article 111 du Code suisse des obligations, de l'article 1443 du Code civil du Québec et de l'article 1381 du Code civil italien, par exemple.

2. L'expéditeur-stipulant stipulerait du transporteur-promettant au profit du destinataire-bénéficiaire.

chandises, conformément aux conceptions des auteurs modernes et en vertu des solutions consacrées par différentes conventions internationales, est un contrat pour autrui, générateur de droits directs et d'obligations directes au profit et à l'encontre d'un tiers, ce dont il résulte que le destinataire devient créancier et débiteur du transporteur sans qu'il soit besoin de lui céder les droits et les obligations de l'expéditeur. Cette solution, qui correspondait à la jurisprudence antérieure à la loi du 6 février 1998, a été consacrée par cette dernière loi qui a modifié l'article L. 132-8 du Code de commerce. En effet, selon ce texte, qui concerne le transport par voie de terre, dans sa rédaction actuelle, « la lettre de voiture [1] forme un contrat entre l'expéditeur, le voiturier et le destinataire ou entre l'expéditeur, le destinataire, le commissionnaire et le voiturier. Le voiturier a ainsi une action directe en paiement de ses prestations à l'encontre de l'expéditeur et du destinataire, lesquels sont garants du prix du transport. Toute clause contraire est réputée non écrite » [2 et 3].

1. Il s'agit du document qui constate le contrat de transport.

2. L'intégration du destinataire au contrat de transport implique que toutes les clauses du contrat lui soient opposables et le lient (cf. Com. 16 janvier 1996, *R.J.D.A.* 1996, n° 500, *J.C.P.* 1996.I.3985, n° 6, obs. Viney). Telle n'est pas, cependant, la position difficilement justifiable de la Cour de cassation dans certaines décisions (cf. Com. 26 mai 1992, 2 arrêts, *R.J.D.A.* 1992, n° 897 et 967, à propos d'une clause limitative de responsabilité et d'une clause attributive de juridiction. V. aussi, Com. 18 octobre 1994, *R.J.D.A.* 1995, n° 282, *J.C.P.* 1995.I.3853, n° 1 et s., obs. Viney ; Com. 25 mai 1997, *D.* 1997.IR.143 ; Com. 25 novembre 1997, *J.C.P.* 1998.IV.1063, *R.J.D.A.* 1997, n° 543). Pour la Cour de cassation, l'intégration du destinataire au contrat de transport résulterait de son adhésion à celui-ci en raison de la livraison de la marchandise (Com. 6 octobre 1992, *J.C.P.* 1992.IV.3000). C'est ce qui expliquerait que si la marchandise n'était pas livrée parcequ'elle a péri en cours de transport, le destinataire ne pouvait pas adhérer au contrat de transport et, par conséquent, la responsabilité du transporteur envers lui ne pouvait être que de nature extracontractuelle (V. Com. 18 mars 2003, *D.* 2003.1164, obs. Chevrier). Cette solution n'est plus admise depuis la loi du 6 février 1998, puisque le contrat pour autrui existe au moment de l'émission de la lettre de voiture.

3. La loi du 6 février 1998, indépendamment des dispositions propres au contrat de transport, crée aussi une action directe du loueur de véhicule contre l'expéditeur et le destinataire qui ont conclu un contrat de transport avec le locataire du véhicule (art. 34 de la loi du 30 décembre 1982, modifié par la loi du 6 février 1998). Cependant, de la même façon que pour l'action directe du sous-traitant contre le maître de l'ouvrage, il ne s'agit pas d'une exception au principe de l'effet relatif des contrats.

Table alphabétique des matières

Les chiffres renvoient aux numéros et non aux pages

- B -

- C -

- D -

- H -

- I -

- L -

- O -

- P -

- S -

- T -

Table analytique des matières

Titre I
LA NATURE DU CONTRAT

Titre II
LA FORMATION DU CONTRAT

Composé par Economica, 49, rue Héricart, 75015 PARIS
Imprimé en France. - JOUVE, 11, bd de Sébastopol, 75001 PARIS
N° 443011G. - Dépôt légal : octobre 2007